거래상 지위남용 규제와 하도급법

해설과 분석

나가사와 데쓰야 저 ㅣ 최재원 역

優越的地位 濫用規制と
下請法の解説と分析

혁신ㅣ경쟁ㅣ규제법 센터

박영사

일본어판 원서
제3판 머리말

　2016년 9월 경제산업성이 발표한 「미래지향형 거래관행을 위하여」라고 명명한 정책방침은 하도급법의 새로운 시대 개막을 알리는 것이었다. 장관의 강한 리더십하에 도입된 이 정책(통칭 「세코(世耕)플랜」)은 임금인상을 할 수 있는 환경을 널리 조성하여 경제의 선순환을 만들기 위해 공급망 체인 전체에 걸쳐 가격결정방법이나 비용부담의 적정화를 도모하기 위한 것이다. 하도급법이 제정되어 60년이 경과했는데도 지금까지 하도급법 운용은 발주서면 교부의무의 철저나 하도급대금 지급지연·감액의 규제 등 비교적 법 위반 여부가 명확해서 쉽게 판단할 수 있는 행위유형에 대한 규제가 중심이었다. 이에 대하여 「세코(世耕)플랜」은 거래당사자 간의 가격설정이나 비용부담의 타당성에 메스를 대는 것으로 하도급법의 운용에 있어서 현저히 난이도가 높은 레벨에 도전하는 것이라고 할 수 있다. 이 방침에 따라 2016년 12월에는 하도급법 운용기준이 개정되어 위반행위사례가 증가되었을 뿐만 아니라 「하도급중소기업진흥법」에 기초한 진흥기준이 개정되어 바람직한 거래관행이 대폭적으로 추가되었다. 그리고 하도급대금 지급어음의 기간에 관한 훈령(通達)도 50년 만에 개정되었다.

　이러한 커다란 움직임을 근거로 제3판에서는 개정된 「하도급법운용기준」 등을 근거로 가필을 하였고 대가의 일방적 설정이나 하도급대금의 지급수단 규제에 관한 해설에 대해서는 전면적으로 새롭게 썼다. 또한 바람직한 거래관행을 「모범사례」로 따로 박스 안에 소개하였다. 그 이외에도 제2판 간행 이후 필자가 변호사로서 집무하는 가운데 내 나름대로 생각한 사항을 여러 곳에 반영하였다.

　제3판의 간행에 있어서도 주식회사 상사법무의 이와사 도모키(岩佐智樹)씨와 시모이나바 가스미(下稲葉かすみ)씨로부터 많은 도움을 받았다. 이 자리를 빌려 두 분께 진심으로 감사드린다. 그리고 언제나 법무법인 오에바시(大江橋)법률사무소의 동료에게는 활발한 논의를 통하여 솔직하게 문제점을 지적받았다. 이 자리에서 감사의 마음을 전하고 싶다.

                                                        2018년 1월
                                                   나가사와 데쓰야(長澤哲也)

한국어판
머리말

저자의 졸저 "우월적 지위남용 규제와 하도급법의 해설과 분석"의 한국어판이 나오게 됨을 감사하게 생각합니다.

일본에서는 우월적 지위남용이 1953년에 일본 공정거래법에 규정되었고, 일본 하도급법은 1956년에 제정되었습니다. 그러나 그 법의 해석에 관한 판례법리는 현재까지 그다지 발전되지 않았기 때문에 일본 공정거래위원회에 의한 해석·운용기준이 유일한 자료라고 할 수 있습니다. 그러나 수범자인 기업의 입장에서는 행정기관인 공정거래위원회의 법률 해석에 의존할 수밖에 없게 되면 법 집행의 투명성이나 안정성 면에서 불안하게 되고 사업 활동도 위축될 수밖에 없습니다. 저는 변호사로서 이러한 우려를 바탕으로 일본 공정거래위원회의 법 집행 실무를 될 수 있는 한 이론적으로 체계화하고 법적 논리를 제시함으로써 법 집행의 예견 가능성을 조금이라도 높일 필요가 있다고 느꼈습니다. 본서는 이러한 의도에서 집필된 것입니다.

처음에 최재원 변호사로부터 졸저를 한국어로 출판하고 싶다는 제안을 받았을 때 매우 영광이라고 생각하면서 기뻤으나 동시에 일본 법에 대한 분석과 해설에 지나지 않은 졸저가 과연 한국 독자들에게 어떠한 도움이 될 수 있는지 불안하기도 하였습니다. 그러나 "정당한 기업 활동과 위법한 거래상 지위남용행위의 경계선을 식별하는 데 도움이 될 뿐 아니라 하도급법의 체계적이고 근본적인 원리에 대한 문제의식을 고취하는 데에도 도움이 된다"라는 최재원 변호사의 말에 저의 불안은 다소나마

기대로 바뀌었습니다. 아무쪼록 한국에서 우월적 지위남용이나 하도급법 실무분야에
서 본서가 조금이라도 도움이 된다면 더할 나위 없이 기쁘겠습니다. 마지막으로 졸
저를 번역하신 최재원 변호사께 깊은 감사의 말씀을 드립니다.

2018년 4월

나가사와 데쓰야(長澤哲也)

역자 머리말

최근의 한국사회는 이른바 갑·을관계가 화두로 되면서 갑·을관계를 바탕으로 하는 정서 또는 논리가 사회, 경제 등 다양한 영역에서 이슈화되고 이에 따른 계층 간 갈등이 심해져 이성적인 대화와 토론이 불가능한 정도에까지 이르게 되었다. 그런데 현재 기업 활동과 관련하여 갑·을 모두 서로 다른 잘못된 인식을 하고 있는 것으로 보인다. 하나의 예를 들면, 우선 '갑'은 다음과 같은 점을 간과하고 있는 것으로 보인다. 즉, "우월적 지위를 남용하여 경제적 이득을 취하려는 모든 시도가 결국 '을'과의 동반성장을 와해시켜 장기적으로는 '갑' 자신의 존속 자체를 위협하게 된다"는 점과 "계약내용과 집행에 있어 정의에 기초한 공정성이 그 어느 때보다도 강조되는 실질적 법치주의가 지금 우리에게 요구되는 시대적 사명"이라는 점이다. 한편 '을' 역시 다음과 같은 점을 오해하고 있는 것으로 보인다. 즉, "자유시장경제에서 기업 간의 격차가 존재하여 우월적 지위가 발생하는 것은 당연하고 그 자체가 나쁜 것은 아니며, 나아가 자유로운 거래협상 결과, '을'의 거래조건이 '갑'에 비하여 불리하게 된다고 하여 그 자체가 당연히 불법인 것은 아니다"라는 점과 "소위 경제민주화도 법치주의의 영역 안에서 안정적으로 지속될 수 있다"라는 점이다.

기업 활동에 있어 갑·을관계를 규제하는 대표적인 법률이 공정거래법이고 그 중에서도 거래상(우월적) 지위남용 규제제도이다. 그러므로 거래상 지위남용 규제제도에 대한 연구는 공정한 경쟁에 대한 관심을 고양하고 경쟁의 공정성을 제고하는 데 도움이 된다. 따라서 거래상 지위남용행위에 대하여 갑·을 모두가 수긍할 수 있는 근본적인 규제원리를 개발하는 것이 필요하다. 이와 같은 규제원리는 거래와 관련한 예견 가능성, 연대적 가치의 중요성, 상호 신뢰를 제고시키고 나아가 지속적인 미래 전략을 가능케 한다고 생각된다. 연혁적으로 살펴보면 거래상 지위남용 규제원리는 하도급법 성립의 이론적인 시발점이 되었고 하도급법은 다시 가맹사업법, 대규모유통업법, 대리점법 등 갑·을관계를 규제하는 대표적인 법률들에 대한 이론적·기술적 토대가 되었다. 이러한 거래상 지위남용 규제제도와 하도급법은 본래 일본의 우월적 지위남용 규제제도와 하청법으로부터 계수된 것인데 그 이후 한국의 특수한 사정에 맞게 독자적으로 빠른 속도로 성장하여 왔다. 다만 아쉬운 것은 거래상 지위남용 규제제도의 근본원리에 대하여 깊이 고민하지 않고 단지 그때그때의 정치적인 동기 내지 입법 수요에 맞추어 급진적으로 추진되었을 뿐, 거래상 지위남용행위가 왜 규제되어야 하는지에 대하여 이론적으로 제대로 규명된 적이 없다는 점이다.

　시장경제는 자유로운 계약을 통한 거래를 존중하는 경제질서이다. 그런데 계약자유의 이념을 실질적으로 구현하기 위해서는 계약의 공정성을 도외시할 수 없고 공정성을 외면한 계약자유는 공허하게 된다. 반대로 계약의 공정성을 지나치게 강조한 나머지 국가가 사인의 계약에 과잉개입하는 경우에는 계약자유는 공염불이 될 수밖에 없다. 그렇다면 기업 간의 거래가 얼마나 불공정해야만 국가가 사인의 계약에 개입할 수 있는지와 관련하여 불공정성 또는 위법성 판단기준이 문제된다. 거래상 지위남용행위의 경우 경쟁제한성을 우선적인 위법성 판단기준으로 삼는 다른 불공정거래행위와는 달리 명확한 기준을 세우기가 어렵다. 법치주의의 중요한 목적이 '법 집행의 예견 가능성을 통한 법적 안정성의 확보'에 있다면 갑·을 모두가 수긍할 수 있도록 '적법한 거래행위와 위법한 거래상 지위남용행위'의 구별기준을 명확하게 설정하는 작업이 반드시 필요하다고 생각한다. 다만 이러한 기준을 설정하는 경우에 '거래상 지위'라든지 '남용'이라는 단어가 갖는 감성적인 매력으로 인하여 입법 활동 및 법 집행에 있어서 정치적인 동기가 작용될 위험이 매우 많다는 점을 주의해야 할 것이다.

　이 번역서의 일본판 원서(原書)는 공정거래사건을 전문적으로 취급하는 일본 현직 변호사가 변호사 실무를 하면서 "정당한 기업 활동과 위법한 우월적 지위남용행위의 경계선을 식별하는 것이 중요하다"는 문제의식을 갖고 집필하였는데 제3판이 나올

정도로 일본에서는 인기가 있는 책이다. 우월적 지위남용 규제논리로부터 하도급법
이 성립되었다는 점에 착안하여 양자의 기본원리, 적용대상거래, 당사자, 법 위반 행
위 면에서 유사점과 차이점 그리고 양자의 관계에 대하여 근본적인 원리를 논리적으
로 설명하고 있다. 일본의 우월적 지위남용 제도와 하청법이 우리 법·제도와 공통
점이 많으므로 우리의 입법 활동과 법 집행에 조금이라도 참고가 되지 않을까 하는
생각에 이 책을 번역하여 출판하게 되었다. 우월적 지위남용 규제제도 또는 하도급
법제도가 법치주의 내에서 안정적으로 입법되고 집행되기 위해서는 법학자, 실무가,
법조인들 사이에서 지속적으로 논의되고 이를 통하여 국민 대다수가 납득할 수 있는
연구 결과가 도출되어야 할 터인데 보잘것없는 이 번역서가 그러한 계기의 일부나마
되기를 간절히 희망한다.

   마지막으로 본 번역서가 출간되기까지 많은 분들의 도움이 있었다. 역자에게 하도
급법의 중요성에 대하여 관심을 갖게 해주신 권오승 전 공정거래위원장님, 지철호
공정위 부위원장님, 신현윤 석사과정 지도교수님, 유진희 박사과정 지도교수님, 츠
치다 카즈히로(土田和博) 와세다대학교 교수님, 하야시 수야(林秀弥) 나고야대학교
교수님, 한국어판 번역서를 낼 수 있도록 허락해 준 원저자인 나가사와 데쓰야(長澤
哲也) 변호사님과 일본의 상사법무(商事法務) 출판사, 번역서를 낼 수 있도록 다대한
격려와 조언을 해주신 이황 고려대학교 ICR center 소장님과 한도율 ICR center 연
구위원님, 공정위 권순국 과장님, 박영사 조성호 기획이사님과 열정적으로 출판작업
을 해 주신 편집부 여러분께 진심으로 감사의 말씀을 드린다. 끝으로 비록 살아생전
효도 한번 제대로 못한 불효자식이지만 하늘에 계신 부모님께 이 자리를 빌려 그리
운 마음을 전해드리고 싶다.

2018년 8월
역자 최재원

목 차

제1장 우월적 지위남용 규제의 기본이론

제2장 적용대상 거래

제3장 적용대상 당사자

제4장 남용행위 · 금지행위

제5장 하도급법에 근거한 서면교부 · 보존의무

제6장 집 행

제7장 자 료

범 례

[문헌 등]

가나이(金井) 외 편저, 공정거래법(独占禁止法)

　가나이 다카시(金井貴嗣)·가와하마 노보루(川濱昇)·센스이 후미오(泉水文雄) 편저,『공정거래법(独占禁止法)〔제5판〕』, (고분도(弘文堂), 2015)

가나이(金井) 외, 2012년 좌담회(2012年座談会)

　가나이 다카시(金井貴嗣) 외,「[좌담회] 최근의 공정거래법 위반사건을 둘러싸고([座談会] 最近の独占禁止法違反事件をめぐって)」, 공정거래(公正取引) 742호, 2면(2012)

가마다(鎌田) 편저, 처음으로 배운다(はじめて学ぶ)

　가마다 아키라(鎌田明) 편저,『처음으로 배우는 하도급법(はじめて学ぶ下請法)』, (상사법무(商事法務), 2017)

가마다(鎌田) 편저, 하도급법 실무(下請法実務)

　가마다 아키라(鎌田明) 편저,『하도급법의 실무(下請法の実務)〔제4판〕』, (공정거래협회(公正取引協会), 2017)

가스부치(粕渕), 대규모소매업 고시해설(大規模小売業告示解説)

　가스부치 이사오(粕渕功),『대규모소매업고시의 해설(大規模小売業告示の解説)』, (상사법무(商事法務), 2005)

가와이(川合) 외, 좌담회(座談会)

　　가와이 고조(川合弘造) 외, 「[좌담회] 과징금도입 후의 시장지배적 지위남용·
　　불공정거래행위([座談会] 課徴金導入後の私的独占·不公正な取引方法)」, Law
　　& Technology 46호, 4면(2010)

가와이(川井) 외, Q & A 하도급법(Q & A 下請法)

　　가와이 요시카즈(川井克倭)·나카야마 다케노리(中山武憲)·스즈키 교조(鈴
　　木恭蔵), 『Q & A 하도급법－하도급거래 규제의 이론과 실무(Q & A 下請
　　法－下請取引規制の理論と実務)』, (세린쇼인(青林書院), 2004)

가와하마(川濱), 최근의 우월적 지위남용 규제(近時の優越的地位濫用規制)

　　가와하마 노보루(川濱昇), 「최근의 우월적 지위남용 규제에 대하여(近時の優
　　越的地位の濫用規制について)」, 공정거래(公正取引) 769호, 2면(2014)

강습회 텍스트(講習会テキスト)

　　공정거래위원회·중소기업청, 『하도급거래 적정화추진 강습회 텍스트(下請取引適
　　正化推進講習会テキスト)』, (공정위HP(公取委HP), 헤이(平)29·11(2017. 11))

고레나가(伊永), 성립요건과 그 의의(成立要件とその意義)

　　고레나가 다이스케(伊永大輔), 「우월적 지위남용의 성립요건과 그 의의(優
　　越的地位濫用の成立要件とその意義)」, 일본경제법학회연보(日本経済法学
　　会年報) 35호, 11면(2014)

고레나가(伊永), 우월적 지위남용 규제의 바람직한 모습(優越的地位濫用規制のあり方)

　　고레나가 다이스케(伊永大輔), 「대규모소매업고시로 본 우월적 지위남용 규
　　제의 바람직한 모습－우월적 지위 가이드라인 및 토이저러스 심결에서의 부
　　당한 반품·감액의 분석을 토대로(大規模小売業告示から見る優越的地位濫用
　　規制のあり方－優越ガイドライン及びトイザらス審決における不当な
　　返品·減額の分析を踏まえて)」, 후나다 마사유키 선생 고희축하(舟田正之先
　　生古稀祝賀), 『경제법의 현대적 과제(経済法の現代的課題)』, 395면 (유희
　　카쿠(有斐閣), 2017)

고무로(小室)·쓰치히라(土平), 논점해설(論点解説)

　　야마자키 히사시(山﨑恒)·마쿠타 히데오(幕田英雄) 감수(監修), 『논점해설
　　실무공정거래법(論点解説実務独占禁止法)』, 173면 이하[고무로 나오히코(小
　　室尚彦)·쓰치히라 미네히사(土平峰久)], (상사법무(商事法務), 2017)

고토(後藤), 공정거래법과 일본경제(独占禁止法と日本経済)

　　고토 아키라(後藤晃), 『공정거래법과 일본경제(独占禁止法と日本経済)』,
　　(NTT출판(NTT出版), 2013)

공정위(公取委), 기업거래연구회보고서(企業取引研究会報告書)

　　공정위(公取委), 「기업거래연구회보고서－용역의 위탁거래 공정화를 향하여
　　(企業取引研究会報告書－役務の委託取引の公正化を目指して)」, (헤이(平)14·
　　11)(2002.11.)

공정위(公取委), 독금연보고(独禁研報告)

　　공정위(公取委), 공정거래법연구회보고(独占禁止法研究会報告), 「불공정거
　　래행위에 관한 기본적 견해(不公正な取引方法に関する基本的な考え方)」,
　　(쇼(昭)57)(1982)

공정위 사무국(公取委事務局) 편, 30년사(三十年史)

　　공정거래위원회 사무국(公正取引委員会事務局) 편, 『독점금지정책 30년
　　사(独占禁止政策三十年史)』, (공정거래위원회 사무국(公正取引委員会事務局),
　　1977)

공정위 사무국(公取委事務局) 편, 신하도급법(新下請法)

　　공정거래위원회 사무국(公正取引委員会事務局) 편, 『신 하도급대금 지급지
　　연 등 방지법(新下請代金支払遅延等防止法)』, (상사법무연구회(商事法務研究
　　会), 1966)

나가사와(長澤), 실무상의 제 논점(実務上の諸論点)

  나가사와 데쓰야(長澤哲也), 「우월적 지위남용의 인정에 있어서 실무상 제
  논점(優越的地位濫用の認定における実務上の諸論点)」, 일본경제법학회연
  보(日本経済法学会年報) 35호, 59면(2014)

나카(中)·고무로(小室), 하도급법운용 재검토(下請法運用見直し)

  나카 야스히코(中泰彦)·고무로 나오히코(小室尚彦), 「하도급법 운용의 재검
  토에 대하여(下請法の運用の見直しについて)」, 공정거래(公正取引) 585호, 10
  면(1999)

네기시(根岸), 제 논점(諸論点)

  네기시 아키라(根岸哲), 「우월적 지위남용 규제에 관한 제 논점(優越的地位
  の濫用規制に係る諸論点)」, 일본경제법학회연보(日本経済法学会年報) 27호,
  21면(2006)

네기시(根岸) 편, 주석 공정거래법(注釈独占禁止法)

  네기시 아키라(根岸哲) 편, 『주석 공정거래법(注釈独占禁止法)』, (유희카쿠
  (有斐閣), 2009)

네기시(根岸)·후나다(舟田), 개설(概説)

  네기시 아키라(根岸哲)·후나다 마사유키(舟田正之), 『공정거래법개설(独占
  禁止法概説)〔제5판〕』, (유희카쿠(有斐閣), 2015)

다나카(田中) 편저, 신 일반지정해설(新一般指定解説)

  다나카 히사시(田中寿) 편저, 『불공정거래행위-신 일반지정의 해설(不公正
  な取引方法-新一般指定の解説)(별책 NBL No.9)(別冊NBLNo.9)』, (상사
  법무연구회(商事法務研究会), 1982)

다다(多田), 예방법무(予防法務)

    다다 도시아키(多田敏明), 「예방법무에서 본 우월적 지위남용의 성립요건 검토(予防法務から見た優越的地位の濫用の成立要件の検討)」, 『우월적 지위남용 규제의 해설(별책 공정거래 No.1)』(『優越的地位濫用規制の解説(別冊公正取引No.1)』), (공정거래협회(公正取引協会), 2011)

다키자와(滝澤), 과징금부과(課徴金賦課)

    다키자와 사야코(滝澤紗矢子), 「우월적 지위남용에 대한 과징금부과를 둘러싸고(優越的地位濫用に対する課徴金賦課をめぐって)」, 일본경제법학회연보(日本経済法学会年報) 35호, 28면(2014)

스가히사(菅久) 편저, 공정거래법(独占禁止法)

    스가히사 슈이치(菅久修一) 편저, 시나가와 다케시(品川武)·고레나가 다이스케(伊永大輔)·하라다 카오루(原田郁) 저, 『공정거래법(独占禁止法)〔제2판〕』, (상사법무(商事法務), 2015)

스즈키(鈴木), 신 하도급법 매뉴얼(新下請法マニュアル)

    스즈키 미쓰루(鈴木満), 『신 하도급법 매뉴얼(新下請法マニュアル)〔개정판〕』, (상사법무(商事法務), 2009)

시라이시(白石), 공정거래법(独占禁止法)

    시라이시 다다시(白石忠志), 『공정거래법(独占禁止法)〔제3판〕』, (유희카쿠(有斐閣), 2016)

시라이시(白石), 공정거래법강의(独禁法講義)

    시라이시 다다시(白石忠志), 『공정거래법강의(独禁法講義)〔제7판〕』, (유희카쿠(有斐閣), 2014)

시라이시(白石), 부당이용 규제와 시장개념(不当利用規制と市場概念)

> 시라이시 다다시(白石忠志), 「『거래상 지위의 부당이용』 규제와 『시장』 개념(『取引上の地位の不当利用』規制と『市場』概念)－공정거래법을 둘러싼 전반적인 논의의 한 단면(独禁法をめぐる－大論議の－断面)」, 법학(法学) 57권 3호, 1면(1993)

시라이시(白石), 사례집(事例集)

> 시라이시 다다시(白石忠志), 『공정거래법 사례집(独禁法事例集)』, (유희카쿠(有斐閣), 2017)

시라이시(白石), 지배적 지위와 우월적 지위(支配的地位と優越的地位)

> 시라이시 다다시(白石忠志), 「지배적 지위와 우월적 지위(支配的地位と優越的地位)」, 일본경제법학회연보(日本経済法学会年報) 35호, 46면(2014)

시라이시(白石) · 다다(多田) 편저, 논점체계(論点体系)

> 시라이시 다다시(白石忠志) · 다다 도시아키(多田敏明) 편저, 『논점체계 공정거래법(論点体系独占禁止法)』, (다이이치 호키(第一法規), 2014)

시라이시(白石) 외, 정담(鼎談)

> 시라이시 다다시(白石忠志) · 나가사와 데쓰야(長澤哲也) · 고레나가 다이스케(伊永大輔), 「〔정담〕 우월적 지위남용을 둘러싼 실무적 과제(〔鼎談〕 優越的地位濫用をめぐる実務的課題)」, 쥬리스트(ジュリスト) 1442호, 16면(2012)

쓰지(辻) · 이코마(生駒), 상세 하도급법(詳解下請法)

> 쓰지 요시히코(辻吉彦) · 이코마 겐지(生駒賢治), 『상세 하도급대금지불지연등 방지법(詳解下請代金支払遅延等防止法)〔개정판(改訂版)〕』, (공정거래협회(公正取引協会), 2000)

야마구치(山口) · 구로사와(黒澤), 논점해설(論点解説)

> 야마자키 히사시(山﨑恒) · 마쿠타 히데오(幕田英雄) 감수(監修), 『논점해설 실무공정거래법(論点解説 実務独占禁止法)』, 243면 이하〔야마구치 마사유키(山口正行) · 구로사와 리사(黒澤莉沙)〕, (상사법무(商事法務), 2017)

오카노(岡野), 우월적 지위의 인정(優越的地位の認定)

　　오카노 준지(岡野純司), 「우월적 지위의 인정－대규모소매업자에 대한 규제를
　　소재로(優越的地位の認定－大規模小売業者に対する規制を素材にして)」, 주오대
　　학 대학원 연구연보(中央大学大学院研究年報) 제35호, 281면(2005)

오카다(岡田), 최근의 전개(最近の展開)

　　오카다 도시히로(岡田外司博), 「우월적 지위남용 규제의 최근의 전개(優越
　　的地位の濫用規制の最近の展開)」, 일본경제법학회연보(日本経済法学会年
　　報) 35호, 3면(2014)

오카무로(岡室)·고레나가(伊永), 공정거래법 심판결의 법과 경제학(独禁法審判決の法
と経済学)

　　오카무로 히로유키(岡室博之)·고레나가 다이스케(伊永大輔), 「우월적 지위
　　남용의 규제취지와 요건해당성－토이저러스사건(優越的地位濫用の規制趣
　　旨と要件該当性－トイザらス事件)」, 오카다 요우스케(岡田羊祐)·가와하마
　　노보루(川濵昇)·하야시 수야(林秀弥) 편, 『공정거래법 심판결의 법과 경제학－
　　사례로 해독하는 일본의 경쟁정책(独禁法審判決の法と経済学－事例で読み
　　解く日本の競争政策)』, 249면(도쿄대학 출판회(東京大学出版会), 2017)

이시가키(石垣), 경제분석(経済分析)

　　이시가키 히로아키(石垣浩晶), 「우월적 지위남용 규제의 경제분석(優越的地
　　位濫用規制の経済分析)」, NBL 985호, 43면(2012)

이마무라(今村), 공정거래법(独占禁止法)

　　이마무라 시게카즈(今村成和), 『공정거래법(独占禁止法)〔신판〕』, (유희카쿠
　　(有斐閣), 1978)

이마무라(今村), 공정거래법입문(独占禁止法入門)

　　이마무라 시게카즈(今村成和), 『공정거래법입문(独占禁止法入門)〔제4판〕』, (유
　　희카쿠(有斐閣), 1993)

진구지(神宮司), 경제법 20강(経済法20講)

　　진구지 후미히코(神宮司史彦), 『경제법 20강(経済法20講)』, (게이소 쇼보
　　(勁草書房), 2011)

하야시(林), 소비자거래와 우월적 지위남용 규제(消費者取引と優越的地位の濫用規制)

　　하야시 수야(林秀弥), 「소비자거래와 우월적 지위남용 규제－행동경제학과
　　경쟁법(消費者取引と優越的地位の濫用規制－行動経済学と競争法)」,
　　NBL 981호, 105면(2012)

하야시 쇼이치로(林 祥一郎), 전자기록채권(電子記録債権)

　　하야시 쇼이치로(林祥一郎), 「전자기록채권이 하도급대금의 지급수단으로서
　　이용되는 경우의 하도급법상의 취급에 대하여(電子記録債権が下請代金の支
　　払手段として用いられる場合の下請法上の取扱いについて)」, NBL 909호,
　　18면(2009)

후지노(藤野), 기업 간 거래적정화(企業間取引適正化)

　　후지노 히로시(藤野洋), 「기업 간 거래의 적정화에 대한 연구－우월적 지위
　　남용의 『법과 경제학(law & economics)』의 시점에서 고찰(企業間取引の適
　　正化についての研究－優越的地位の濫用の『法と経済学(law & economics)』
　　の視点からの考察)」, 상공금융(商工金融) 64권 1호, 23면(2014)

후지이(藤井)·이나쿠마(稲熊) 편저, 축조헤이세이21년 개정(逐条平成21年改正)

　　후지이 노부아키(藤井宣明)·이나쿠마 가쓰노리(稲熊克紀) 편저, 『축조해설
　　헤이세이21년 개정공정거래법(逐条解説 平成21年改正独占禁止法)』, (상사
　　법무(商事法務), 2009)

후지타(藤田), 우월적 지위남용 규제에 관한 고찰(優越的地位濫用規制に関する考察)

　　후지타 미노루(藤田稔), 「우월적 지위남용 규제에 관한 고찰(優越的地位の濫用
　　規制に関する考察)」, 후나다 마사유키 선생 고희축하(舟田正之先生古稀祝賀)
　　『경제법의 현대적 과제(経済法の現代的課題)』, 377면 (유희카쿠(有斐閣), 2017)

히라바야시(平林), 법의 절차화(法の手続化)

　　히라바야시 히데카츠(平林英勝), 「최근의 우월적 지위남용 규제에서 보는 법
　　의 절차화 경향과 과제(最近の優越的地位の濫用規制にみる法の手続化の傾
　　向と課題)」, 판례타임즈(判例タイムズ) 1172호, 110면(2005)

[법령 · 고시 · 운용기준 · 가이드라인 등]

공정거래법(独禁法)

　　독점규제 및 공정거래에 관한 법률(私的独占の禁止及び公正取引の確保に
　　関する法律)(쇼와(昭和)22년(1947년) 4월 14일 법률 제54호, 최종개정: 헤
　　이세이(平成)28년(2016년) 12월 16일 법률 제108호)

대규모소매업특수지정(大規模小売業特殊指定)

　　대규모소매업자의 납품업자와의 거래에 있어서 특정 불공정거래행위(大規模
　　小売業者による納入業者との取引における特定の不公正な取引方法) (헤
　　이세이(平成)17년(2005년) 5월 13일 공정거래위원회(公正取引委員会) 고시
　　제11호)

대규모소매업특수지정운용기준(大規模小売業特殊指定運用基準)

　　「대규모소매업자의 납품업자와의 거래에 있어서 특정 불공정거래행위」의 운
　　용기준(「大規模小売業者による納入業者との取引における特定の不公正
　　な取引方法」の運用基準)(헤이세이(平成)17년(2005년) 6월 29일 공정거래
　　위원회 사무총장훈령(公正取引委員会事務総長通達) 제9호, 최종개정: 헤이세
　　이(平成)23년(2011년) 6월 23일)

물류특수지정(物流特殊指定)

　　특정화주가 물품의 운송 또는 보관을 위탁하는 경우의 특정 불공정거래행위
　　(特定荷主が物品の運送又は保管を委託する場合の特定の不公正な取引
　　方法)(헤이세이(平成)16년(2004년) 3월 8일 공정거래위원회(公正取引委員
　　会) 고시 제1호), 개정: 헤이세이(平成)18년(2006년) 3월 27일 공정거래위원
　　회(公正取引委員会) 고시 제5호

소비세전가 저해행위 등 가이드라인(消費税転嫁阻害行為等ガイドライン)

　　소비세의 전가를 저해하는 행위 등에 관한 소비세전가 대책 특별조치법, 공
　　정거래법 및 하도급법상의 견해(消費税の転嫁を阻害する行為等に関する
　　消費税転嫁対策特別措置法，独占禁止法及び下請法上の考え方)(헤이세이
　　(平成)25년(2013년) 9월 10일 공정거래위원회(公正取引委員会), 최종개정:
　　헤이세이(平成)28년(2016년) 11월 28일)

신문업특수지정(新聞業特殊指定)

　　신문업에 있어서의 특정 불공정거래행위(新聞業における特定の不公正な
　　取引方法)(헤이세이(平成)11년(1999년) 7월 21일 공정위(公取委) 고시 제9호)

역무위탁거래 가이드라인(役務委託取引ガイドライン)

　　역무위탁거래에서 우월적 지위남용에 관한 공정거래법상의 지침(役務の委託
　　取引における優越的地位の濫用に関する独占禁止法上の指針)(헤이세이
　　(平成)10년(1998년) 3월 17일 공정거래위원회(公正取引委員会), 최종개정:
　　헤이세이(平成)23년(2011년) 6월 23일)

우월적 지위 가이드라인(優越ガイドライン)

　　우월적 지위남용에 관한 공정거래법의 견해(優越的地位の濫用に関する独
　　占禁止法上の考え方)(헤이세이(平成)22년(2010년) 11월 30일 공정거래위원
　　회(公正取引委員会), 개정: 헤이세이(平成)29년(2017년) 6월 16일)

우월적 지위 가이드라인 견해(優越ガイドライン考え方)

　　「우월적 지위남용에 관한 공정거래법상의 견해」(원안)에 대한 의견의 개요와
　　이에 대한 견해(「優越的地位の濫用に関する独占禁止法上の考え方」(原案)
　　に対する意見の概要とこれに対する考え方)(헤이세이(平成)22년(2010년)
　　11월 30일 공정거래위원회(公正取引委員会))

유통·거래관행 가이드라인(流通取引慣行ガイドライン)

　　유통·거래관행에 관한 공정거래법상의 지침(流通·取引慣行に関する独占
　　禁止法上の指針)(헤이세이(平成)3년(1991년) 7월 11일 공정거래위원회사무국
　　(公正取引委員会事務局), 최종개정: 헤이세이(平成)29년(2017년) 6월 16일)

일반지정(一般指定)

　　불공정거래행위(不公正な取引方法)(쇼와(昭和)57년(1982년) 6월 18일 공정
　　위(公取委)고시 제15호, 개정: 헤이세이(平成)21년(2009년) 10월 28일 공정위
　　(公取委)고시 제18호)

전자적 기록 제공 유의사항(電磁的記録提供留意事項)

　　하도급거래에서 전자적 기록의 제공에 관한 유의사항(下請取引における電磁
　　的記録の提供に関する留意事項)(헤이세이(平成)13년(2001년) 3월 30일 공정
　　거래위원회(公正取引委員会), 최종개정: 헤이세이(平成)23년(2011년) 6월 23일)

진흥기준(振興基準)

　　진흥기준(振興基準)(중소기업청 헤이세이(平成)28년(2016년) 12월 14일부
　　헤이세이(平成)28·12·9(2016.12.9.) 중 제1호(中小企業庁平成28年12月14
　　日付け平成28·12·9中第1号))

프랜차이즈 시스템 가이드라인(フランチャイズシステムガイドライン)

　　프랜차이즈 시스템에 관한 공정거래법상의 견해에 대하여(フランチャイズ·
　　システムに関する独占禁止法上の考え方について)(헤이세이(平成)14년
　　(2002년) 4월 24일 공정거래위원회사무국(公正取引委員会事務局), 최종개
　　정: 헤이세이(平成)23년(2011년) 6월 23일)

하도급대금 지급수단 훈령(下請代金支払手段通達)

하도급대금의 지급수단에 대하여(下請代金の支払手段について)(헤이세이 (平成)28년(2016년) 12월 14일 중소기업청장관(中小企業庁長官) 2016.12.7. 중 제1호·공정거래위원회 사무총장(公正取引委員会事務総長) 공취기(公取企) 제140호)

하도급법(下請法)

하도급거래 공정화에 관한 법률(下請代金支払遅延等防止法)(쇼와(昭和)31년 (1956년) 6월 1일 법률 제120호, 최종개정: 헤이세이(平成)21년(2009년) 6월 10일 법률 제51호)

하도급법 시행령(下請法施行令)

하도급거래 공정화에 관한 법률 시행령(下請代金支払遅延等防止法施行令)(헤 이세이(平成)13년(2001년) 1월 4일 시행령 제5호, 개정: 헤이세이(平成)15년 (2003년) 10월 3일 시행령(政令) 제452호)

하도급법운용기준(下請法運用基準)

하도급거래 공정화에 관한 법률 운용기준(下請代金支払遅延等防止法に関す る運用基準)(헤이세이(平成)15년(2003년) 12월 11일 공정거래위원회 사무총장 훈령(公正取引委員会事務総長通達) 제18호, 개정: 헤이세이(平成)28년(2016년) 12월 14일 공정거래위원회 사무총장훈령(公正取引委員会事務総長通達) 제15호)

하도급법운용기준 개정견해(下請法運用基準改正考え方)

「하도급거래 공정화에 관한 법률 운용기준」의 개정(안)에 대한 의견의 개요 및 그에 대한 견해 (「下請代金支払遅延等防止法に関する運用基準」の改正(案) に対する意見の概要及びそれに対する考え方)(헤이세이(平成)28년(2016년) 12월 14일 공정거래위원회(公正取引委員会))

일러두기

　우리나라와 일본은 공정거래법과 하도급법을 집행하는 기관 및 법률용어 등의 명칭 면에서 차이가 있다. 본서에서는 한국 독자들이 쉽게 이해할 수 있도록 될 수 있는 한 한국에서 사용하는 용어를 그대로 사용하였다. 그리고 한국과 일본에서 쓰는 용어가 다른 경우에는 괄호에 일본어 한자표현을 그대로 두어 원서의 용어를 알아볼 수 있게 하였다. 혹시 일본어로 된 자료를 원하는 독자가 있을 경우 쉽게 찾을 수 있게 하기 위함이다.

가~바 ― 일본 공정거래법 제2조 제9항 제6호에는 일본 공정거래위원회가 지정하는 불공정거래행위 유형을 규정하고 있는데 그 순서가 일본어 이(イ), 로(ロ), 하(ハ), 니(ニ), 헤(ヘ), 호(ホ)의 순서로 되어 있다. 본서에서는 가, 나, 다, 라, 마, 바로 해석하였다. 일본 공정거래법 제2조 제9항 각호 밑에는 이와 같은 순서로 각각 목이 규정되어 있는 경우가 있다.

강습회 텍스트 ― 일본 공정거래위원회와 중소기업청은 하도급법의 신속하고 분명한 운용과 위반행위의 예방 등을 위하여 매년 원사업자의 하도급 담당자 등을 대상으로 하도급거래적정화를 추진하는 강습회를 개최한다. 이때 자료로 쓰이는 것이 강습회 텍스트(下請取引適正化推進講習会テキスト)이다.

경고와 주의(일본 공정거래법), 권고와 지도(일본 하도급법) ― 일본 공정거래법상 처분은 시정명령과 과징금부과처분이 있고 법령에는 규정되지 않았지만 행정지도로서 경고와 주의가 있다. 경고는 법 위반을 인정할 정도로 증거가 충분하지는 않지만 법 위반의 의심이 있는 경우에 행하고, 주의는 법 위반의 존재를 의심할 증거조차 없지만 법 위반으로 이어질 우려가 있는 경우에 행한다. 한편 일본 하도급법에는 시정명령제도는 없고 권고만 규정되어 있다. 권고에 이를 정도는 아니지만 행위의 개선이 필요한 경우에 (행정)지도가 이루어지는 경우가 있고 일본 공정위는 해마다 지도건수를 발표하고 있다.

경제산업성 — 일본 「경제산업성설치법」 제3조에 정해진 「민간 경제 활력의 향상 및 대외경제관계의 원활한 발전을 중심으로 하는 경제 및 산업발전과 광물자원 및 에너지의 안정적이고 효율적인 공급확보를 도모」하기 위하여 경제산업정책, 통상정책, 산업기술, 무역·통상물류정책 등을 관장하고 있다. 우리나라 산업통상자원부와 비슷한 역할을 담당하고 있다.

공정거래법(独占禁止法) — 정식 명칭은 「사적독점의 금지 및 공정거래의 확보에 관한 법률(私的独占の禁止及び公正取引の確保に関する法律)」이다. 일본에서는 줄여서 「독점금지법」 또는 「독금법」으로 부른다. 본서에서는 우리의 법명 「독점규제 및 공정거래에 관한 법률」 또는 줄여서 「공정거래법」으로 번역하였다.

공정거래위원회(公正取引委員会) — 우리나라의 「공정거래위원회」에 해당한다. 일본에서는 줄여서 공취위(公取委)라고도 부른다. 본서에서는 「공정거래위원회」 또는 줄여서 「공정위」로 번역하였다.

공지조치(周知措置) — 공정거래위원회가 피심인에게 하는 명령으로서, 거래상대방 등 관계자에게 시정명령서의 사본을 첨부해서 통지하도록 하거나 또는 피심인의 종업원이 시정명령에 따른 피심인 이사회 결의내용 등을 확실하게 알 수 있도록 조치하고 각 종업원으로부터 그것을 확인했다는 취지의 증명서 등을 받아 공정거래위원회에 보고하도록 하는 조치를 말한다. 전자의 공지조치는 우리법의 통지명령과 유사하다.

내시(内示) — 공식적이 아니라 비공식적으로 미리 알려주는 것을 뜻한다. 일본에서는 일반적으로 인사이동과 관련하여 많이 사용하고 있는데 인사이동에 앞서 당사자로 하여금 미리 준비기간을 갖도록 하기 위해서이다. 하도급법과 관련해서는 공식적인 발주는 아니지만 발주자의 내시(內示書)가 발주행위로서 어떠한 효력을 가지는가와 관련하여 문제된다.

내항운송업 ― 해상에서의 물품 운송으로 선적항과 양륙항 어느 쪽이 일본 국내에 있는 것을 「내항운송」이라 하고, 「내항운송업」은 내항운송을 하는 사업을 말한다.

대규모소매업특수지정(大規模小売業特殊指定) ― 우리 법제의 「대규모소매점고시」에 해당한다. 정식 명칭은 「대규모소매업자에 의한 납품업자와의 거래에서 특정 불공정거래행위(大規模小売業者による納入業者との取引における特定の不公正な取引方法)(헤이세이(平成)17년(2005년) 5월 13일 공정거래위원회(公正取引委員会) 고시 제11호)」이다. 대규모소매업자의 납품업자에 대한 부당한 반품, 가격후려치기 등을 금지하고 있다. 2005년에 지정되었다.

도도부현(都道府県) ― 도(都)는 도쿄(東京都), 도(道)는 홋카이도(北海道), 부(府)는 교토부(京都府)와 오사카부(大阪府), 그리고 43개의 현(県)을 가리킨다. 정확히 일치하지는 않지만 우리나라 특별시, 광역시, 자치시, 도에 해당한다.

물류특수지정(物流特殊指定) ― 우리법제에는 존재하지 않는다. 정식 명칭은 「특정하주가 물품의 운송 또는 보관을 위탁하는 경우의 특정 불공정거래행위(特定荷主が物品の運送又は保管を委託する場合の特定の不公正な取引方法)(헤이세이(平成)16년(2004년) 3월 8일 공정거래위원회(公正取引委員会) 고시 제1호), 개정: 헤이세이(平成)18년(2006년) 3월 27일 공정거래위원회(公正取引委員会) 고시 제5호)」이다. 하주기업과 물류사업자의 거래에서 하주의 거래상 지위남용을 규제하기 위하여 공정거래위원회가 공정거래법을 위반할 우려가 있는 행위유형을 2004년 「불공정거래행위」로 지정하였다.

배치약·회상(廻商)활동 ― 배치판매는 일본의 특이한 의약품 판매 형태이다. 판매원이 소비자의 가정이나 기업을 방문하여 의약품이 들어간 박스(배치박스)를 놓아두고(配置하고) 다음에 방문할 때 사용한 약의 분량만큼의 약을 다시 채워 넣고 그에 대한 대금을 정산하여 수금하는 형태이다. 판매원이 놓아 둔 약을 일반적으로 「배치약」이라고 하고 수금을 위하여 재방문하는 것

을 회상(廻商)활동이라고 한다. 이는 「의약품, 의료기기 등의 품질, 유효성 및 안정성의 확보 등에 관한 법률(医薬品, 医療機器等の品質, 有効性及び安全性の確保等に関する法律)」에 규정되어 있다.

법원 ― 일본에서는 재판소라 부른다. 지방재판소, 고등재판소, 최고재판소 등이 있다. 본서에서는 지방법원, 고등법원, 대법원으로 번역하였다. 일본에는 우리의 헌법재판소에 해당하는 법원은 따로 존재하지 않고 그 대신 최고재판소가 헌법재판을 담당하고 있다.

부당한 공동행위(不当な取引制限) ― 일본에서의 정식 명칭은 「부당한 거래제한(不当な取引制限)」이다.

불공정거래행위(不公正な取引方法) ― 일본에서의 정식 명칭은 「불공정한 거래방법(不公正な取引方法)」이다.

불공정거래행위의 일반지정(不公正な取引方法の一般指定) ― 일본 공정거래위원회가 「불공정거래행위(不公正な取引方法)(쇼와(昭和)57년(1982년) 6월 18일 공정위(公取委)고시 제15호, 개정: 헤이세이(平成)21년(2009년) 10월 28일 공정위(公取委)고시 제18호)의 행위유형에 대하여 지정한 것」을 말한다. 과거 한국 공정거래위원회도 불공정거래행위에 해당하는 행위유형을 지정한 바 있었으나 지금은 시행령 제36조 제1항 별표 1의2에서 정하고 있다. 일본은 2009년 불공정거래행위에 과징금을 부과하면서 과징금 부과대상이 되는 행위유형은 일본 공정거래법 제2조 제9항 제1호부터 제5호까지 법으로 정하였고(법정불공정거래행위), 과징금대상이 되지 않는 유형은 해당 행위 제6호에서 일본 공정거래위원회가 정하도록 하였다(이를 법정유형과 대비하여 일반지정유형이라 한다). 불공정거래행위의 일반지정에 해당하는 행위유형은 공동의 거래거절, 차별대가 등 15가지가 있다.

세코(世耕)플랜 ― 대기업과 중소기업 간 거래에서 중소기업에게 불리한 거래조건이 근절되지 않고 있는 상황에서 일본 경제산업성은 2016년 9월, 「가격결정방법의 적정화」, 「비용부담의 적정화」, 「지급조건의 개선」을 중점과제로 하는 「미래지향형 거래관행을 위하여」를 공표하였는데, 이를 소위 「세코(世

耕)플랜」이라 한다. 당시 경제산업성 장관이었던 세코 히로시게(世耕弘成)의 이름을 따서 「세코플랜(世耕 PLAN)」이라고 명명한 것이다. 2016년 12월에는 세코플랜에 근거하여 하도급중소기업진흥법에 기초한 진흥기준이 개정되었고 또한 「하도급대금의 지급을 가능한 한 현금」으로 하는 등의 훈령도 발표되었다.

소비세전가 저해행위 등 가이드라인(消費税転嫁阻害行為等ガイドライン) ― 일본어 원명은 「소비세의 전가를 저해하는 행위 등에 관한 소비세전가 대책 특별조치법, 공정거래법 및 하도급법상의 견해(消費税の転嫁を阻害する行為等に関する消費税転嫁対策特別措置法, 独占禁止法及び下請法上の考え方)(헤이세이(平成)25년(2013년) 9월 10일 공정거래위원회(公正取引委員会), 최종개정: 헤이세이(平成)28년(2016년) 11월 28일)」이다. 2013년 제정된 「소비세전가대책특별조치법(원명은 「消費税の円滑かつ適正な転嫁の確保のための消費税の転嫁を阻害する行為の是正等に関する特別措置法」)」은 2014년과 2019년에 예정된 소비세율을 인상함에 있어서 소비세의 원활하고 적정한 전가를 확보하기 위한 목적으로 제정된 것이다. 소비세를 가격에 전가하기 쉽게 하기 위하여 공정거래위원회뿐만 아니라 주무 장관 등이 소비세의 전가 거부 등의 행위에 대해 실효성 있는 감시 · 감독을 하도록 하였다. 공정거래위원회는 소비세전가대책특별조치법 집행의 통일성을 유지함과 함께 법 운용의 투명성을 확보하고 위반행위를 미연에 방지하기 위하여 본 가이드라인을 작성하였다.

소화(消化)매입 ― 소화매입거래란 대규모소매업자가 PB상품을 고객에게 판매한 시점에 비로소 당해 상품에 대하여 납품업자와의 매매가 성립한 것으로 하는 거래이다.

시장지배적 지위남용(私的独占) ― 일본에서의 정식 명칭은 사적독점(私的独占)이다. 배제형 사적독점과 지배형 사적독점의 두 가지 행위유형이 있다. 본서에서는 양자의 구별 없이 「시장지배적 지위남용」으로 번역하였다.

시정명령(排除措置命令) — 일본에서의 정식 명칭은 「배제조치명령(排除措置命令)」이고, 위반행위를 배제하라는 의미로 이와 같이 명명되었다. 사건번호로는 「平成21年(措)第7号」와 같이 쓰인다. 본서에서는 「헤이세이(平成)21년(措) 제7호)」와 같이 번역하였다.

시행령(政令) — 일본에서는 정령(政令)이라고 부른다. 일본국헌법 제73조 제6호에 근거하여 내각이 제정하는 명령이다. 일본 행정기관이 제정하는 명령 가운데 가장 우선적인 효력을 갖는다.

신문업특수지정(新聞業特殊指定) — 일본어명은 「신문업에 있어서의 특정 불공정거래행위(新聞業における特定の不公正な取引方法)(헤이세이(平成)11년(1999년) 7월 21일 공정위(公取委)고시 제9호)」이다. 우리의 「신문업에 있어서의 불공정거래행위 및 시장지배적 지위남용행위의 유형 및 기준」에 해당한다.

역무위탁거래 가이드라인(役務委託取引ガイドライン) — 일본어명은 「역무위탁거래에서 우월적 지위남용에 관한 공정거래법상의 지침(役務の委託取引における優越的地位の濫用に関する独占禁止法上の指針)(헤이세이(平成)10년(1998년) 3월 17일 공정거래위원회(公正取引委員会), 최종개정: 헤이세이(平成)23년(2011년) 6월 23일)」이다.

우월적 지위 가이드라인(優越ガイドライン) — 정식 명칭은 「우월적 지위남용에 관한 공정거래법의 견해(優越的地位の濫用に関する独占禁止法上の考え方)」이다. 2009년 일본 공정거래법 개정으로 우월적 지위남용이 과징금 부과대상이 되자 이에 대한 내용을 명확히 함으로써 법 운용의 투명성과 예견 가능성을 확보하기 위하여 의견수렴절차를 거쳐 2010년 제정되었다.

우월적 지위 가이드라인 견해(優越ガイドライン考え方) — 정식 명칭은 「우월적 지위남용에 관한 공정거래법상의 견해」(원안)에 대한 의견의 개요와 이에 대한 견해(「優越的地位の濫用に関する独占禁止法上の考え方」(原案)に対する意見の概要とこれに対する考え方)(헤이세이(平成)22년(2010년) 11월 30일 공정거래위원회(公正取引委員会))」이다.

유통·거래관행 가이드라인(流通取引慣行ガイドライン) ― 정식 명칭은 「유통·거래
관행에 관한 공정거래법상의 지침(流通·取引慣行に関する独占禁止法上の
指針)(헤이세이(平成)3년(1991년) 7월 11일 공정거래위원회사무국(公正取引委員
会事務局), 최종개정: 헤이세이(平成)29년(2017년) 6월 16일)」이다. 1991년 7월
제정되었고, 2017년 6월 최종 개정되었다.

　　일본 공정거래위원회는 다양한 가이드라인을 제정하여 운용하고 있는데 가
이드라인이 필요한 이유는 일본 공정거래법의 법조문이 대단히 간결하게
되어 있기 때문이다. 가이드라인은 주로 불공정거래행위에 관하여 규정되
어 있다. 불공정거래행위는 법률로 정의되어 있고 이를 보완하여 공정거래
위원회의 고시, 일반지정으로 불리는 규정들이 있으나 이마저도 추상적이
기 때문에 가이드라인이 필요하게 된 것이다. 가이드라인 덕분에 법 집행
의 투명성과 사업자의 예견 가능성을 확보할 수 있다고 한다.

　　다만 이 가이드라인은 어디까지나 일본 공정거래위원회의 견해를 나타내는
것일 뿐이고 법적인 구속력은 없다. 그러나 일본 공정거래위원회 자신은
이 가이드라인에 따라 법을 집행하고 있고 법원 판결 가운데에는 일본 공
정거래위원회의 가이드라인을 참조하는 경우도 있기 때문에 실무상은 대단
히 큰 영향력을 가지고 있다고 할 수 있다.

일본의 연호 ― 일본은 서력기원(약칭 「서기」)과 함께 일왕의 연호를 같이 쓴다. 판
례나 일본 공정거래법인 하도급법 관련 심결 등은 일반적으로 일왕의 연호
를 기준으로 삼는다. 본서에서는 쇼와(昭和)와 헤이세이(平成)가 쓰였다.
서력기원으로 바꾼 부분도 있지만, 판례, 심결의 사건번호는 일본식 표현
을 그대로 두었다. 부연하면 1926년이 쇼와(昭和) 1년이고 1989년에 쇼와
(昭和) 64년으로 끝을 맺는다. 1989년 쇼와(昭和) 일왕이 죽고 헤이세이(平
成) 일왕이 즉위하였기 때문에 1989년이 헤이세이(平成) 1년으로 시작한
다. 따라서 2018년은 헤이세이(平成) 30년이 된다.

자유화 대상 수요자 ― 일본은 1995년 특정전기사업제도를 신설하였는데 이는 일
정한 범위의 전력수요자에 대하여 전력소매사업자의 신규진입을 가능하게

하는 제도이다. 2005년에는 50kw 이상의 수요자를 대상으로 소매자유화를 인정하였는데 소매자유화 인정대상이 되는 수요자를 「자유화 대상 수요자」라고 한다.

전자적 기록 제공 유의사항(電磁的記録提供留意事項) ― 정식 명칭은 「하도급거래에서 전자적 기록의 제공에 관한 유의사항(下請取引における電磁的記録の提供に関する留意事項)(헤이세이(平成)13년(2001년) 3월 10일 공정거래위원회(公正取引委員会), 최종개정: 헤이세이(平成)23년(2011년) 6월 23일)」이다.

정보성과물의 「제공」 ― 「제공」은 원사업자가 정보성과물을 고객에게 '판매'하는 경우뿐만 아니라 '실시허락'이나 '사용허락'하는 경우를 포함해서 제공하는 것을 말한다. 제조위탁에서 물품의 「판매」에 상당하는 것이지만 정보성과물의 경우에는 물품과는 다르고 소유권을 이전시키는 것이 아니라 정보성과물을 이용하는 권리를 인정하는 방법으로 거래하는 경우도 많기 때문에 「판매」에 해당하지 않아도 하도급법의 적용대상이 되는 거래에 해당된다는 것을 명확히 하기 위하여 「제공」이라는 용어가 사용되었다.

지그(jig) ― 공작물을 부착하거나 공작물에 부착되어 가공부분의 위치를 쉽고 정확하게 고정하기 위한 보조용 기구를 말한다.

진흥기준(振興基準) ― 진흥기준은 하도급을 받는 중소기업의 진흥을 도모하기 위하여 수급사업자 및 원사업자가 따라야 할 일반적인 기준으로서 하도급 중소기업진흥법 제3조의 규정에 근거하여 경제산업성 고시에서 구체적인 내용이 정해져 있다(중소기업청 헤이세이(平成)28년(2016년) 12월 14일부 헤이세이(平成)28・12・9 중 제1호(中小企業庁平成28年12月14日付け平成28・12・9中第1号)).

집중구매가격 ― 물건을 한꺼번에 대량으로 구매하면 구매가격이 낮아지기 때문에 하나의 회사가 일괄하여 원재료 등을 저렴하게 구매하는 것을 집중구매라고 하며 이때의 가격을 집중구매가격이라 한다.

프랜차이즈 시스템 가이드라인(フランチャイズシステムガイドライン) ― 정식 명칭은 「프랜차이즈 시스템에 관한 공정거래법상의 견해에 대하여(フランチャイズ・システムに関する独占禁止法上の考え方について)(헤이세이(平成)14년

(2002년) 4월 24일 공정거래위원회사무국(公正取引委員会事務局), 최종개정: 헤이세이(平成)23년(2011년) 6월 23일」이다.

하도급대금 지급수단 훈령(下請代金支払手段通達) ― 정식 명칭은 「하도급대금의 지급수단에 대하여(下請代金の支払手段について)(헤이세이(平成)28년(2016년) 12월 14일 중소기업청장관(中小企業庁長官) 2016.12.7. 중 제1호 · 공정거래위원회사무총장(公正取引委員会事務総長) 공취기(公取企) 제140호)」이다.

하도급법(下請法) ― 일본에서의 정식 명칭은 「하청대금지불지연등방지법(下請代金支払遅延等防止法)」이고 줄여서 하청법(下請法)이라고 부른다. 본서에서는 「하도급거래 공정화에 관한 법률」 또는 「하도급법」으로 번역하였다.

하도급법운용기준(下請法運用基準) ― 정식 명칭은 「하청대금지불지연등방지법에 관한 운용기준(下請代金支払遅延等防止法に関する運用基準)」이다.

하도급법운용기준 개정견해(下請法運用基準改正考え方) ― 정식 명칭은 「하청대금지불지연등방지법에 관한 운용기준」의 개정(안)에 대한 의견의 개요 및 그에 대한 견해(「下請代金支払遅延等防止法に関する運用基準」の改正(案)に対する意見の概要及びそれに対する考え方, 헤이세이(平成)28년(2016년) 12월 14일 공정거래위원회(公正取引委員会))이다.

(행위의) 확산 ― 거래상 지위남용행위가 거래질서에 미칠 수 있는 파급효과를 말한다. 유사한 위반행위가 계속 · 반복적으로 발생할 가능성이 있거나 불특정 다수의 거래상대방에게 널리 피해를 입힐 가능성이 있는 경우에 행위의 확산이 있다고 할 것이다.

현품(現品) ― 실제의 물품. 현재 실제로 존재하는 물품을 가리킨다. 현물이라고도 한다. 사는 사람이 상품의 품질을 점검해 보고 상품의 구매여부를 결정하는 매매형식을 현품매매라고도 한다.

훈령 ― 상급관청이 하급관청의 권한행사를 지시하기 위해 하는 일반적 형식의 명령을 말한다. 원서(原書)에는 통달(通達)로 기재되어 있으나 「훈령」으로 번역하였다.

번역의 한계

이 책을 번역하면서 독자 여러분의 가독성과 관련하여 다음과 같은 점을 고민하였으나 번역상 한계가 있음을 밝혀둔다.

먼저 용어의 선택에서 어떠한 한국 독자들을 대상으로 할지 여부가 고민되었다. 하나의 예로 '주지(周知)시키다'는 '알려주다'라는 뜻인데 젊은 독자들에게는 '공지하다'가 좀더 친근한 용어인 것으로 보여 본서에서는 피심인에 대한 경고조치 중 하나로서의 '주지조치'를 '공지조치'로 번역하였다. 그러나 '주지시키다'에는 '단순히 알려주는 의미'에 그치지 않고 '상대방이 확실하게 알 수 있도록 분명히 해두는 의미'가 있으므로 '공지하다'로 번역하면 정확한 번역이 아니라고 생각된다. 여기서는 젊은 독자의 이해의 편의상 부득이 '공지조치'로 번역하였으나 이러한 번역결과에 대하여는 여전히 회의적이라는 점을 밝혀둔다.

다음으로 간접적인 표현을 어느 정도로 번역해야 하는지 고민하였다. 일본 사람들은 자신의 주장을 직접적으로 표현하지 않고 간접적으로 에둘러 표현하는 것이 일반적이다. 예컨대 ① "A는 B이다"라는 직접적인 표현보다는 ② "A는 B가 아니라고 말하기는 곤란하다고 하지 않을 수 없다"라는 식의 간접적인 표현을 즐겨 쓰고 있는데 이 책의 원서에서도 이와 같은 표현이 매우 자주 발견된다. 이 책의 번역과정에서 처음에는 직역(直譯)하여 ②의 형태로 간접적인 표현을 사용하였다. 그 이후 독자들이 쉽게 이해할 수 있도록 하기 위하여 의역(意譯)하여 ①의 형태로 간결하게 표현을 고쳤었다. 그러나 엄밀히 따져서 ①과 ②는 다른 의미일 수 있다는 생각에 이르게 되었고 '함부로 원저자인 나가사와 변호사의 저술의도를 침해하지 말아야 한다'는 생각에 ②의 형태로 다시 직역하거나 아니면 중간 정도의 간접적인 표현을 사용하여 "A는 B가 아니라고 말하기는 곤란하다" 정도로 다시 고쳤다. 그 결과 직접적인 표현에 익숙한 한국 독자들은 이 책에 대하여 불필요하게 난해하다거나 문장 표현이 조악하다고 느낄 수 있다고 생각된다. 이 점에 대하여 독자들께 송구스럽게 생각하고 널리 혜량하여 주실 것을 희망한다.

우월적 지위남용 규제의
기본이론

우월적 지위남용 규제의 기본이론

01 규제의 취지

(1) 규제의 역사

　우월적 지위남용 규제는 1953년 공정거래법 개정에 의해 도입되었다. 1953년 공정거래법 개정은 1952년 4월 샌프란시스코 조약이 발효되어 일본이 독립하고 이후 미군점령 하에서 도입된 정책이 재검토됨에 따라 이루어진 것이었다. 1953년 공정거래법 개정으로 카르텔 규제와 기업결합 규제가 대폭 완화되었고 또한 기업규모의 크기 그 자체에 대한 규제였던 부당한 사업능력 격차의 배제에 관한 규정도 삭제되었다.[1] 부당한 사업능력 격차의 규제가 없어도 사적 독점의 금지규정(시장지배적 지위의 남용금지와 유사한 규정: 편집자 주)에 따라 규제할 수 있었기 때문에 삭제된 것이다. 다만 사적 독점의 금지규정에 의해 해결할 수 없는 문제로서 대규모 사업자가 자신의 지위를 남용하여 중소기업을 부당하게 압박하는 사태가 우려되었다. 우월적 지위남용 규제는 이에 대처하기 위해 불공정거래행위의 한 유형으로 대기업에 의한 경제력 집중의 폐해를 방지하기 위한 것이었다.[2] 우월적 지위남용 규제는 사업능력의 격차 그 자체를

1　공정위사무국편(公取委事務局編), 30년사(三十年史), 88-94면.
2　제16회 국회 참의원 경제안정위원회 제12호에서 요코타 마사토시 공정거래위원회위원장의 답변(第16回国会参議院経済安定委員会第12号における横田正俊公正取引委員会委員長の答弁)(쇼(昭)28・8・4)(1953.8.4.).

해소하는 것이 아니라 격차에서 발생하는 개별적 폐해를 해소하려고 하는 것이다.[3]

　우월적 지위남용 규제가 도입된 배경에는 대기업이 중소기업을 종속시켜 중소기업에서 근무하는 다수의 저임금 노동자들이 고통 받는 현실 때문이었다고 알려져 있다.[4] 오늘날에도 일본에서는 "현실적으로 대기업과 중소기업 사이에 거래상의 지위 및 경쟁 조건에 상당한 불균형이 존재하고, 중소기업과 대기업 사이에 고정적이고 지속적인 거래가 이루어지는 경우에는 아직도 대등한 계약 당사자로서 자유로운 협상에 의해 거래조건이 정해지는 상황이 아니다"라고 인식되고 있다.[5] 그리고 우월적 지위남용 규제가 적용되는 사안은 민사법상 계약 위반이나 공서양속 위반을 구성하는 경우가 많기 때문에 남용행위의 상대방은 사법적(司法的) 구제를 받으려는 것이 일반적이지만, 현실적으로 민사법에 의한 구제는 충분하게 기대할 수 없기 때문에 공정거래법의 우월적 지위남용 규제에 따른 행정적인 수단이 필요하다고 인식되었다.[6]

　우월적 지위남용 규제는 21세기 들어 추진된 경제구조개혁에도 적극적으로 자리매김하고 있다. 경제구조개혁은 자기책임 원칙과 시장원리에 입각한 것이지만 규제개혁 이후 시장의 공정한 경쟁 질서를 확보하기 위해서는 우월적 지위남용에 대해 엄정하고 적극적으로 대처해야 할 필요가 있다.[7] 특히 중소기업은 「우리나라 경제 활력의 원천」이고 「시장경쟁의 새싹」, 「혁신의 담당자」이므로[8] 중소기업이 독립된 경제주체로서 그 기동성과 유연성을 발휘하여 성장 · 발전해 나가는 것은 경쟁을 촉진하고 경제 활동에 창조적인 변화를 가져올 것이다.[9] 다만 공정거래위원회는 "대기업과 중소기업의 거래뿐만 아니라 대기업 간, 중소기업 간의 거래도 우월적 지위남용 규제의 대상이 될 수 있다"고 하면서[10] 우월적 지위남용 규제는 중소기업 보호와

3　진구지(神宮司), 경제법20강(経済法20講), 302면.

4　이마무라(今村), 공정거래법(独占禁止法), 148면.

5　우에스기 아키노리(上杉秋則), 「공정한 경쟁조건의 정비와 경쟁정책(公正な競争条件の整備と競争政策)」 우에스기 아키노리(上杉秋則) 외, 『21세기의 경쟁정책(21世紀の競争政策)』, 142면(도쿄 누노이 출판(東京布井出版), 2000).

6　우월적 지위 가이드라인 견해(優越ガイドライン考え方), 43면.

7　각료회의결정(閣議決定), 「규제개혁추진 3개년 계획(規制改革推進3か年計画)」, Ⅱ. 3. (헤이(平)13 · 3 · 30)(2001.3.30.).

8　중소기업정책심의회 답신(中小企業政策審議会答申) 「21세기를 향한 새로운 중소기업정책의 모습(21世紀に向けた新たな中小企業政策の在り方)」(헤이(平)11 · 9 · 22)(1999.9.22.).

9　공정위(公取委), 「기업거래연구회보고서 – 역무의 위탁거래 공정화를 위하여(企業取引研究会報告書 – 役務の委託取引の公正化を目指して)」, 제1. 1. (2) (헤이(平)14 · 11)(2002.11.).

10　우월적 지위 가이드라인(優越ガイドライン) 제2. 2. (주7).

는 다르다는 점을 강조하고 있다.

(2) 우월적 지위남용 규제와 민사법

근대 시민사회에서는 사인(私人)이 자유의사에 따라 자율적으로 법률관계를 형성
할 수 있다는 사적자치의 원칙(계약자유의 원칙)이 확립되어 있고, 그것은 헌법상 영
업의 자유(헌법 제22조 제1항) 또는 재산권(헌법 제29조)으로서 공공의 복지에 반하지
않는 범위 내에서 보장된다.[11] 사인이 어떤 조건으로 거래를 할 것인가는 거래당사
자 간의 자율적인 판단에 맡기는 것이 원칙이고 국가는 원칙적으로 여기에 간섭해
서는 안 된다. 거래당사자 간의 자유로운 협상의 결과, 어느 일방 당사자의 거래조
건이 상대방에 비해 또는 종전에 비해 불리하게 되는 것은 모든 거래에 있어서 당
연히 일어날 수 있다.[12] 자본주의 경제 하에서는 경쟁에 의해 비효율적인 기업이 도
태하고 효율적인 기업이 융성하는 과정에서 자원의 효율적 배분이 이루어지기 때문
에 기업 간의 경제력 격차는 필연적으로 예정되어 있는 것이다.[13] 개인이 자신의 사
적 이익을 자유롭게 추구하여 창의력을 발휘하고 이것이 개별 거래과정에서 상대방
의 자유로운 선택에 의해 시장에서 평가됨으로써 개인의 노력이 결실을 맺음과 동
시에 사회 전체의 후생도 증대한다.

사적자치의 원칙은 개인이 자유의사에 의하여 자율적으로 법률관계를 형성하는
것을 기본으로 하기 때문에[14] 일방 당사자가 상대방의 자유의사를 억압하고 상대방
의 자율적인 판단을 방해하는 거래에 대해서는 사적자치 원칙의 수정이 허용될 여지
가 있다. 우월적 지위남용 규제는 사인 간의 계약내용이 공공복리에 반한다는 이유
로 공정거래위원회가 개입하는 것으로서 사적자치 원칙의 한계를 나타내는 것이다.

다만 상대방의 자유롭고 자율적인 판단에 의한 거래를 저해하는 행위를 시정하는
것은 본래 민사법의 과제로서 그간 행위능력 제한 제도, 착오, 사기, 공서양속 위반,
폭리행위론, 급부균등의 법리, 약관규제론 등에 의하여 사인 간의 권리조정을 통한

---

11 대판(最大判) 쇼(昭)48·12·12(1973.12.12.) 민집(民集) 27권 11호, 1536면[미츠비시 수지(三菱樹脂)사건].
12 우월적 지위 가이드라인(優越ガイドライン) 제1. 1.
13 후지노(藤野), 기업 간 거래적정화(企業間取引適正化), 52면.
14 시노미야 가즈오(四宮和夫)·노우미 요시히사(能見善久), 『민법총칙(民法總則)[제8판]』, 10면, 175
   면 이하 (고분도(弘文堂), 2010).

민사적 구제조치가 강구되어 왔다.[15] 이자제한법, 임대차보호법, 소비자계약법 등 민사적인 소비자 법·제도 또한 그 일환이다. 이에 대해 공정거래위원회의 행정조치를 전제로 하는 우월적 지위남용 규제는 사적 이익을 보호하는 것이 아니라 공정한 경쟁 질서라는 공익을 보호하는 것이다.[16]

(3) 공정경쟁저해성

우월적 지위남용의 공정경쟁저해성에 대해서 공정거래위원회는 1982년 불공정거래행위의 개정 이후에 ① 상대방의 자유롭고 자율적인 판단에 의한 거래를 저해하게 될 우려와 ② 상대방이 그 경쟁자와의 관계에서 경쟁에 불리하게 되는 반면에 행위자가 그 경쟁자와의 관계에서 경쟁에 유리하게 될 우려가 있다는 것의 두 가지 점에서 설명하고 있다.[17]

ⅰ. 자유롭고 자율적인 판단의 저해

자유경쟁질서는 개별 거래주체가 각각 독립성을 가지고 가격과 품질을 중심으로 누구와 거래할 것인지 여부와 거래 자체를 할 것인지 말 것인지 여부를 자유롭게 선택할 수 있는 상황을 기반으로 한다. 거래처선택의 자유가 보장되어 있다면 상대방으로부터 현저하게 불리한 거래조건을 제시받은 경우에는 거래처 변경을 통하여 적정한 거래조건으로 거래를 하는 것과 같이 경쟁에 의한 대체관계를 통하여 거래조건의 공정성을 확보하는 것이 가능하다.[18] 그러나 거래처 선택의 자유가 한쪽에만 있는 경우[19] 등 거래처 선택이 제한되어 있는 경우에는 현저하게 불리한 거래조건을 제시받더라도 거래처 변경 등을 통해 적정한 거래조건을 찾기가 불가능하므로 경쟁원리

---

15 네기시(根岸), 제 논점(諸論点), 29−30면.
16 다나카(田中) 편, 신 일반지정해설(新一般指定解説), 89면.
17 공정위(公取委), 독금연보고(独禁研報告) 제1. 2. (5), 역무위탁거래 가이드라인(役務委託取引ガイドライン) 제1. 1., 대규모소매업특수지정운용기준(大規模小売業特殊指定運用基準)「들어가며(はじめに)」1, 우월적 지위 가이드라인(優越ガイドライン) 제1. 1., 공정위 심결(公取委審決) 헤이(平)27·6·4(2015.6.4.) 심결집(審決集) 62권, 119면〔일본 토이저러스(日本トイザラス)사건〕, 고무로(小室)·쓰치히라(土平), 논점해설(論点解説), 176−177면.
18 사네카타 겐지(実方謙二), 『공정거래법(独占禁止法)〔제4판〕』, 356면(유희카쿠(有斐閣), 1998).
19 이마무라(今村), 공정거래법입문(独占禁止法入門), 165면.

가 작동하지 않게 된다. 공정거래법에서 남용행위가 일률적으로 금지되는 것이 아니라 우월적 지위를 이용하여 행해진 남용행위로 제한하여 금지하는 취지가 여기에 있다.

　무엇보다 우월적 지위남용 규제에서 위법한 것으로 취급되는 것은 경쟁원리가 작동하지 않는 상태 그 자체가 아니라 경쟁원리가 작동하지 않는 상태를 이용하여 상대방에게 현저한 불이익을 주는 행위이기 때문에 거래처 선택의 자유가 보장되지 않고 경쟁원리가 작동하지 않는 상태에 있다는 것만으로는 우월적 지위남용의 공정경쟁저해성을 모두 설명할 수는 없다.

　따라서 사업자가 자율성을 확보하여 경쟁기능을 자유롭게 행사할 수 있는 것은 공정한 경쟁질서의 기본요소이므로[20] 거래주체가 거래여부나 거래조건, 거래의 이행·사업수행에 대해 자유롭고 자율적으로 판단하는 것이 자유경쟁의 기반이며 그것을 침해하는 것이 우월적 지위남용의 공정경쟁저해성의 본질적 요소라고 생각하는 것이 통설이다.[21] 이러한 견해는 개별적인 거래에서 사업자의 경쟁기능의 억압이라는 측면에서 공정경쟁저해성을 파악하는 쇼다 아키라(正田彬) 박사의 견해를 기초로 하면서 자유경쟁의 저해를 공정경쟁저해성의 본질로 파악하는 이마무라 시게카즈(今村成和) 박사의 견해와 모순 없이 설명하기 위하여 고안된 것이다.

　자유경쟁기반의 침해가 우월적 지위남용의 공정경쟁저해성이라고 설명하는 견해에 대하여 이마무라 박사는 "자유롭고 자율적인 판단에 의하여 거래가 이루어지는 상태로 자유경쟁기반을 파악하여 우월적 지위남용 규제에서 위법한 것은 남용행위이지 우월적 지위 자체가 아니고, 따라서 남용행위가 제거되어도 우월적 지위는 그대로 남는 것이 일반적이기 때문에 남용행위를 제거하는 것으로써 자유경쟁기반이 확보된다고 할 수 없다"고 비판하였다. 덧붙여 이마무라 박사는 직접적으로 경쟁원리가 작동하지 않는 것을 이용하는 행위 그 자체에서 우월적 지위남용의 공정경쟁저해성을 찾아야 한다고 하였다.[22] 또한 시라이시 다다시(白石忠志) 교수는 이러한 생각을 더욱 발전시켜 "우월적 지위에 있는 사업자는 남용행위의 상대방을 수요자군

20　쇼다 아키라(正田彬),『전정 공정거래법(全訂独占禁止法)〔Ⅰ〕』, 410-411면(일본평론사(日本評論社), 1980).

21　공정위(公取委), 독금연보고(独禁研報告) 제2. 9. (1), 다나카(田中) 편, 신 일반지정해설(新一般指定解説), 33면(네기시 아키라(根岸哲) 발언), 가나이(金井) 편, 공정거래법(独占禁止法), 357면(가나이 다카시(金井貴嗣)), 고무로(小室)·쓰치히라(土平), 논점해설(論点解説), 176면.

22　이마무라(今村), 공정거래법입문(独占禁止法入門), 166면.

(또는 공급자군)으로 하는 시장에서 시장지배적 지위에 있고, 따라서 그러한 시장지배적 지위를 이용하여 상대방을 착취하여 초과이윤을 얻으려고 하는 행위를 금지하는 것이 우월적 지위남용 규제"로 파악하였다.[23] 그런데 우월적 지위남용 규제뿐만 아니라 다른 공정거래법 규제에서도 거래상대방의 자유로운 활동을 저해하는 것 자체가 문제될 수 있다.[24] 예를 들어 끼워팔기(일반지정 제10항)는 상대방에게 불필요한 제품의 구입을 강제한다는 점에서 규제된다.[25] 또한 구속조건부거래(일반지정 제12항)로 이론 구성하는 경우에도 당해 구속조건의 「불합리성」 및 상대방이 당해 구속조건을 「어쩔 수 없이 받아들이고 있다」는 점이 강조되는 경우가 있다.[26] 한편 구속조건부 거래 등의 행위요건에 해당하는 경우에도 자유경쟁제한의 유무를 불문하고 상대방의 경쟁기능을 억압하고 불이익을 주는 측면 그 자체를 문제 삼아 우월적 지위남용으로 구성하는 경우도 있다.[27] 구속조건부거래는 우월적 지위남용과는 달리 자유경

---

23 시라이시(白石), 부당이용 규제와 시장개념(不当利用規制と市場概念), 3–19면, 시라이시(白石), 공정거래법(独占禁止法), 417–418면, 시라이시 다다시(白石忠志), 「우월적 지위남용 규제의 개요(優越的地位濫用規制の概要)」, 쥬리스트(ジュリ) 1442호, 12면(2012). EU경쟁법에서 시장지배적 지위남용 규제의 「지배적 지위」 요건과 일본의 우월적 지위남용 규제에서의 「우월적 지위」 요건의 동질성을 나타낸 것으로 시라이시(白石), 지배적 지위와 우월적 지위(支配的地位と優越的地位), 46면 이하.
24 대법원은 공정거래법의 취지로서 사업자의 경쟁적 행동을 제한하는 인위적 제약의 제거와 사업자의 자유로운 활동의 보장을 들고 있다(대판(最判), 헤이(平)22·12·17(2010.12.17.) 민집(民集) 64권 8호, 2067면[NTT 동일본(東日本)사건]. 우월적 지위의 남용은 오로지 후자의 취지에 근거하여 규제되는 것이라 할 수 있다.
25 공정위 심판심결(公取委審判審決) 헤이(平)4·2·28(1992.2.28.) 심결집(審決集) 38권, 41면[후지타야(藤田屋)사건], 시라이시 다다시(白石忠志), 「공정거래법에서의 「끼워팔기」 규제(상), (하)(独禁法における「抱き合わせ」の規制(上)(下))」, 쥬리스트(ジュリ) 1009호, 50면·1010호, 78면(1992).
26 공정위 심판심결(公取委審判審決) 헤이(平)20·9·16(2008.9.16.) 심결집(審決集) 55권, 380면[마이크로소프트(マイクロソフト)사건], 공정위 시정명령(公取委排除措置命令) 헤이(平)21·9·28(2009.9.28.) 심결집(審決集) 56권 제2분책(第2分冊), 65면[퀄컴(クアルコム)사건]. 마이크로소프트사건에서는 ① 지극히 불합리한 내용인 비계쟁조항을 어쩔 수 없이 받아들이게 하는 행위는 ② 상대방의 연구 개발 의욕을 저하시킬 높은 개연성을 가지고 있는 것으로서 그러한 행위에 의해 ③ 시장에서 상대방의 지위를 저하시키고 행위자의 지위를 강화시킴으로써 공정한 경쟁질서에 악영향을 미칠 우려를 가지고 있다는 논리구조를 표면상으로는 가지고 있지만, 실제 인정내용은 ②를 뛰어넘어 ③의 근거로서 ①을 들고 있는 것으로 보인다. 시라이시(白石), 사례집(事例集), 316면 이하 참조.
27 나고야지판(名古屋地判) 쇼(昭)49·5·29(1974.5.29.) 판례시보(判時) 768호, 73면[하타야코기(畑屋工機)사건](상대방에게 다른 사업자로부터 구입을 금지하는 것 자체가 우월적 지위남용에 해당한다고 한 사건), 공정위 심판심결(公取委審判審決) 쇼(昭)52·11·28(1977.11.28.) 심결집(審決集) 24권, 65면[유키지루시유업(雪印乳業)사건](육아용 분유를 판매함에 있어서 그 도매가격 및 소매가격을 자기가 설정한 가격 수준으로 유지하기 위하여 소매업자 및 도매업자로부터 매매 차익의 일부를 직접 또는 간접적으로 징수하여 그것을 수개월간 보관한 후에 당해 도매업자 및 소매업자에게 되돌려주는 제도(払込制)를 실시하는 것이 우월적 지위남용에 해당한다고 한 사건), 도쿄지판(東京地判) 쇼(昭)56·9·30(1981.9.30.) 판례시보(判時) 1045호, 105면[아사히서적(あさひ書籍)사건](20년간 판매 지역을 한

쟁의 제한을 공정경쟁저해성의 본질로 하지만 자유경쟁을 제한하는 행위에는 여러 가지가 존재하고 정당한 경쟁수단에 의해 자유경쟁제한이 초래될 여지도 있다. 자유 경쟁제한을 초래하는 행위 중 구속조건부거래가 경쟁수단으로서 허용되지 않는 것은 「상대방이 상품·용역을 좋은 품질로 저렴하게 제공하는 것을 가능하게 하는 「경쟁」을 인위적으로 방해하는 측면이 있기」때문이다.[28] 즉, 구속조건부거래의 위법성은 자유경쟁제한을 「정상적인 경쟁수단의 범위를 벗어나서 인위성을 야기하는 것」에서 찾고 있기 때문에[29] 이러한 경쟁수단의 부당성은 우월적 지위남용의 공정경쟁저해성과 근본적으로 공통된다고 할 수 있다.[30] 상대방의 경쟁기능을 억압하여 상대방에게 불이익을 주는 것은 정상적인 경쟁수단의 범위를 일탈하는 것이고 그로 인한 불이익이 현저한 경우에는 그 자체로써 공정경쟁저해성이 인정된다고 할 수 있다.

ii. 간접적 경쟁저해

공정거래위원회는 우월적 지위남용의 공정경쟁저해성으로서 상대방의 자유롭고 자율적인 판단을 저해하는 것에 더하여 행위자의 경쟁상의 지위를 강화하고 상대방

정하여 다른 사업자로부터 구입을 금지하는 거래계약을 체결하는 것이 우월적 지위의 남용에 해당한다고 한 사건), 오사카지판(大阪地判) 헤이간(平元)·6·5(1989.6.5.) 판례시보(判時) 1331호, 97면〔일본전기(日本機電)사건〕(자기와의 배타적 거래를 의무지운 것이 우월적 지위남용에 해당한다고 한 사건), 공정위 주의(公取委注意) 헤이세이(平成)29·10·6(2017.10.6.)〔아칸농협(阿寒農協)사건〕(계통 외에 출하를 하는 조합원에 대하여 의무적으로 부과금을 지급하도록 하는 것이 우월적 지위남용이 될 우려가 있다고 한 사건(系統外出荷を行う組合員に対し賦課金の支払を義務付けることが優越的地位の濫用につながるおそれがあるとしたもの)〕 등. 그리고 프랜차이즈 시스템 가이드라인 3 (1)(ア)에서는 프랜차이즈 본부에 의한 가맹점에 대한 남용행위로서 「본부가 가맹점에게 상품, 원재료 등의 주문처 및 가맹점의 점포 청소, 내외장공사 등의 의뢰처를 정당한 이유 없이 본부 또는 본부가 지정한 사업자와만 거래하도록 함으로써 양질염가로 상품 또는 용역을 제공하는 다른 사업자와 거래하지 않도록 하는 것」 및 「본부가 가맹점에 대하여 특정 지역에 성립하는 본부의 상권 유지, 본부가 가맹점에게 공여한 노하우의 보호 등에 필요한 범위를 넘는 지역, 기간 또는 내용의 경업금지의무를 과하는 것」을 들고 있다.

28 대판(最判) 헤이(平)10·12·18(1998.12.18.) 심결집(審決集) 45권, 455면〔시세이도(資生堂) 도쿄 판매 사건〕.

29 대판(最判) 헤이(平)22·12·17(2010.12.17.) 민집(民集) 64권 8호, 2067면〔NTT 동일본(東日本)사건〕에서는 사적독점의 요건으로서 「자신의 시장지배력의 형성, 유지 내지 강화라는 관점에서 볼 때 정상적인 경쟁 수단의 범위를 일탈하는 것과 같은 인위성을 갖는 것」이 필요하다는 것을 판시하고 있다.

30 고무로(小室)·쓰치히라(土平), 논점해설(論点解説), 176면은 우월적 지위남용이 경쟁법상 부당하게 평가되는 근거 중 하나로 우월적 지위에 있는 사업자가 유리한 거래조건을 획득하는 수단이 「가격·품질에 의한 경쟁과는 다른 요인」에 의한 것이라는 것을 들고 있다.

의 경쟁상의 지위를 약화시킬 우려가 있다는 것을 이유로 우월적 지위남용 규제의
취지는 어디까지나 자유경쟁을 저해하는 행위를 제거하는 데 있다고 강조한다.[31] 이
는 공정경쟁저해성을 자유경쟁의 저해로 파악하는 이마무라 시게카즈(今村成和) 박
사의 견해를 따르는 것이다. 이마무라 박사는 우월적 지위남용 규제는「자유롭고 공
정한 경쟁의 촉진에 초점을 맞춘 기존의 법체계와 완전한 조화를 유지하고 있는지
여부에 문제가 있다」는 문제의식을 바탕으로 우월적 지위남용의 공정경쟁저해성을
경쟁에 미치는 영향과 관련시키기 위하여 간접적 경쟁저해설을 주장하였다.[32] 이러
한 견해는 우월적 지위남용 규제를 주관하는 기관은 (중소기업청이 아니라) 공정거래
위원회가 적임자임을 지지하는 것이라고 할 수 있다.

그러나 "간접적 경쟁저해를 가지고 우월적 지위남용의 공정경쟁저해성을 설명하
는 견해는「기교적인 것에 불과하다」"고 평하면서 이마무라 박사 자신이 이러한 견
해를 실질적으로 철회하였다.[33] 이마무라 박사 이외에도 이러한 견해에 대해「상당
히 간접적인 것이라고 말할 수밖에 없다」[34] 또는「에두른 표현」[35]이라는 등의 비판
도 제기되고 있다.

간접적 경쟁저해의 견해에 의하면 남용행위를 넓게 인정하면 할수록 남용행위를
당하는 상대방 간에 경쟁상 유·불리에 대한 차이가 적어지게 되고, 또한 행위자 간
의 경쟁관점에서도 마찬가지로 행위자의 경쟁자가 동일한 행위를 하고 있으면 있을
수록 유·불리의 차가 적어지게 되어 공정경쟁저해성이 적어지게 된다.[36] 또한 우월
적 지위남용의 공정경쟁저해성 판단에서 간접적 경쟁저해를 고려하는 것이 필요조

---

31 우월적 지위 가이드라인 견해(優越ガイドライン考え方), 4면. 한편 상대방의 의사를 억압하고 불이익
    을 행위자로부터 상대방에게 전가하고 양자 간의 격차를 확대하는 것이 허용되면 상대방이 자유경쟁에
    참여함으로써 격차의 축소에 노력하려는 인센티브를 저해하고 나아가 건전한 경제발전에도 악영향을 끼
    친다는 의미에서 자유경쟁 기반을 침해하는 것이라고 하는 견해로서 후지노(藤野), 기업 간 거래적정화
    (企業間取引適正化), 52면.
32 이마무라(今村), 공정거래법(独占禁止法), 148면.
33 이마무라 시게카즈(今村成和), 『사적공정거래법의 연구(私的独占禁止法の研究)(五)』, 258면(유희카
    쿠(有斐閣), 1985).
34 고토(後藤), 공정거래법과 일본경제(独占禁止法と日本経済), 109면.
35 시라이시 다다시(白石忠志), 「우월적 지위남용 규제의 개요(優越的地位濫用規制の概要)」 쥬리스
    트(ジュリ) 1442호, 12면(2012).
36 이케다 쓰요시(池田毅), 「비판(判批)」쥬리스트(ジュリ) 1485호, 6면(2015), 시라이시(白石), 공정거
    래법강의(独禁法講義), 418면, 오카무로(岡室)·고레나가(伊永), 공정거래법심판결의 법과 경제학(独
    禁法審判決の法と経済学), 252면.

건이라고 한다면 소비자를 상대방으로 하는 행위자의 경쟁상 지위강화가 분명하지 않는 사안에서는 공정경쟁저해성이 인정되지 않을 수 있다.[37] 더욱이 간접적 경쟁저해가 필요하다면 1 대 1 거래에서 우월적 지위남용을 이유로 공정거래법 제24조에 기초한 금지청구 등 사인에 의한 민사소송이 곤란해진다.[38] 이러한 점에서 간접적 경쟁저해를 우월적 지위남용의 공정경쟁저해성 판단에서 고려할 필요는 없다고 하는 견해도 유력하다.[39]

무엇보다 우월적 지위남용 규제는 다른 불공정거래행위와는 달리 시장지배적 지위남용의 예방 규제로서 역할을 하는 것이 아니다.[40] 우월적 지위남용이 경쟁에 미치는 영향은 시장지배적 지위남용이나 그 예방 규제로서의 불공정거래행위가 경쟁에 미치는 영향과는 질적으로 다른 것이다(일본에서는 일반적으로 일반 불공정거래행위에 대한 규제는 시장지배적 지위남용과 공동행위에 대한 예방적 규제라고 설명하고 있다 — 역자 주).

iii. 공정경쟁저해성의 입증

공정거래위원회는 '어떤 경우에 공정경쟁저해성이 있는지 여부'에 대해 문제가 되는 불이익의 정도와 행위의 확산 등을 고려하여 개별 사안별로 판단하고 있다.[41] 이러한 요소들은 자유롭고 자율적인 판단을 저해하는지에 대한 판단요소가 아니라 간접적 경쟁저해를 판단함에 있어서의 고려요소이다.[42] 첫째, 불이익의 정도에 관한 예로는 특정한 거래상대방에 대해서만 불이익을 주더라도 그 불이익의 정도가 강한 경우를 들 수 있다.[43] 둘째, 행위의 확산을 보여주는 예로는 행위자가 다수의 거래상대

---

37 가와하마(川濱), 최근의 우월적 지위남용 규제(近時の優越的地位濫用規制), 8면.

38 오카다(岡田), 최근의 전개(最近の展開), 7－8면.

39 진구지(神宮司), 경제법20강(経済法20講), 303면, 하야시(林), 소비자거래와 우월적 지위남용(消費者取引と優越的地位の濫用規制), 113면.

40 후지이(藤井)·이나쿠마(稲熊), 축조헤이세이21년 개정(逐条平成21年改正), 16면. 따라서 2009년(平成21年) 공정거래법 개정에 의해 과징금이 도입된 불공정거래행위의 5개 유형 가운데 우월적 지위남용만이 1회째 위반부터 과징금 대상이 되는 것으로 되어 있다. 시라이시 다다시(白石忠志), 「신공정거래법의 중요논점 우월적 지위남용 규제의 개요(新独禁法の重要論点 優越的地位濫用規制の概要)」, 비즈니스법무(ビジネス法務), 2009년 11월호, 60면.

41 우월적 지위 가이드라인(優越ガイドライン) 제1. 1. 공정위 심결(公取委審決) 헤이(平)27·6·4 (2015.6.4.) 심결집(審決集) 62권, 119면(일본 토이저러스(日本トイザラス)사건).

42 우월적 지위 가이드라인 견해(優越ガイドライン考え方), 4면.

43 우월적 지위 가이드라인(優越ガイドライン) 제1. 1.

방에게 조직적으로 불이익을 주는 경우나 특정한 거래상대방에게만 불이익을 주는 경우라도 그 행위를 방치하면 다른 쪽으로 파급될 우려가 있는 경우[44]를 들 수 있다.[45] 행위의 확산이 크면 클수록 불이익을 받는 상대방의 범위가 확대되기 때문에 경쟁에 미치는 영향이 큰 것으로 평가된다. 공정거래위원회는 다수의 거래상대방에게 2년 이상 조직적이고 계획적으로 일련의 남용행위가 있었던 경우에「바로」간접 경쟁저해의 우려가 있다고 인정하였다.[46]

이에 대해 행위의 확산 등은 공정거래위원회가 착수할 사건을 선택하는 기준에 불과하며 공정경쟁저해성의 인정에는 필요하지 않다는 견해가 유력하다.[47]

(4) 하도급법

1953년 공정거래법 개정으로 우월적 지위남용 규제가 도입된 직후부터 공정거래위원회는 당시 문제가 되고 있던 하도급대금 지연지급 등에 대한 실태조사를 실시해 1954년 3월에는「하도급대금의 부당한 지급지연에 대한 인정기준」을 공표하고 하도급거래에 공정거래법을 적용하도록 하였다. 그러나 별다른 성과가 없었을 뿐 아니라 오히려 하도급대금 지연지급의 정도는 악화되어 1955년도에는 장기어음의 발행이나 하도급대금의 감액도 전년보다 증가하였다.[48] 당시 공정거래위원회는 공정거래법을 운영하여 하도급거래 문제를 해결할 생각이었기 때문에 공정거래법과 별도로 하도급거래를 규율하는 단행법을 만들 생각은 없었다. 그러나 1955년 말 무렵에 중소기업청이 주도적으로 하도급법안을 만든 것이 발각되었다. 공정거래위원회는 아닌 밤중에 홍두깨 격으로 놀라서 "우리가 애써 노력해서 개척한 일을 가로채는 것은 무슨 일이냐"며 크게 분개하여 이에 대항하기 위해 급히 법안 준비에 착수함과 동시에 중소기업청과 협의하였다. 그 결과 하도급법 소관은 공정거래위원회가 주체가 되고 중

---

44 예를 들면 거래상 우월한 지위에 있는 사업자의 특정 지점(支店)에서 행하여진 행위가 다른 지점(支店)에서도 행해지는 경우를 들 수 있다. 우월적 지위 가이드라인 견해(優越ガイドライン考え方) 5면.
45 우월적 지위 가이드라인(優越ガイドライン) 제1. 1.
46 공정위 심결(公取委審決) 헤이(平)27・6・4(2015.6.4.) 심결집(審決集) 62권, 119면〔일본 토이저러스(日本トイザラス)사건〕.
47 네기시(根岸), 제 논점(諸論点), 27－28면, 가나이(金井) 편, 공정거래법(独占禁止法), 357면〔가나이 다카시(金井貴嗣)〕, 이케다 쓰요시(池田毅),「비판(判批)」쥬리스트(ジュリ) 1485호, 6－7면(2015).
48 공정위 사무국(公取委事務局) 편, 30년사(三十年史), 109면.

소기업청이 이에 협조하는 형태로 귀결되었다.[49] 현재도 하도급법에서 중소기업청의
조사권을 인정(하도급법 제9조 제2항)하고 나아가 중소기업청이 위반행위가 있다고 인
정하면 공정거래위원회에 조치청구할 수 있도록 규정한 것(동법 제6조)은 이러한 입
법 당시의 경위를 반영한 것이다.[50]

　공정거래위원회는 하도급법안의 심의과정에서 하도급거래의 문제를 공정거래법만
으로 충분한 성과를 올릴 수 없었던 원인에 대해 다음과 같은 이유를 들고 있다.[51]
우선 공정거래위원회는 수급사업자로부터 피해신고를 기대할 수 없고, 대금 등에 대
한 계약이 명확하지 않은 경우가 많기 때문에 하도급대금의 감액 등을 효과적으로
규제할 수 없으며, 또한 공정거래위원회의 심사·심판절차를 통한 사건해결까지 많
은 시간이 소요됨과 동시에, 수급사업자 입장에서는 원사업자와의 거래관계를 악화
시키는 등 불리한 결과가 생길 수 있다는 것이다. 그리고 위반행위 요건에 대해서도
공정거래법의 우월적 지위남용 규제를 적용하기 위해서는 「거래상 우월한 지위를 이
용한 것인지 여부」와 「부당하게 불이익한 것인지 여부」와 같은 규범적 요건을 개별
적으로 검토해야 할 필요가 있다는 문제가 있다.[52]

　따라서 1956년에 제정된 하도급법에서는 신속하고 효과적으로 수급사업자를 보호
하기 위하여 자본금이라는 객관적 기준으로 적용대상자를 명확히 하고 위반행위에
대해서 원칙적으로 위법이 되는 유형을 법정화하며 원사업자로 하여금 하도급거래
의 발주내용을 서면으로 명확히 하도록 의무화하였다. 또한 하도급법의 집행은 공정
거래법과 달리 법적인 행정처분권한은 설정하지 않고 금지행위를 중지할 것을 '권고'
하는 행정지도에 그치도록 하였다. 이와 같이 하도급법은 금지행위에 대해 원칙적으
로 위법한 유형을 마련해 애매한 회색 지대까지 규제범위를 획일적으로 넓히는 반면
집행에 대하여는 법적 조치를 하지 않음으로써 규제범위와 법 집행 간의 균형을 꾀한
것으로 생각된다.

---

49 이상, 하세가와 다다시(長谷川古), 「하도급법 제정당시의 추억(下請法制定当時の思い出)」, 공정거래
　(公正取引) 549호, 63면(1996).
50 1999년 개정된 일본 중소기업기본법은 "국가는 중소기업에 관한 거래의 적정화를 도모하기 위하여 하도
　급대금지급지연방지, 거래조건의 명확화 촉진, 기타 필요한 시책을 강구하도록 한다"고 규정되었고(동
　법 제20조) 하도급법은 중소기업시책의 일환으로서 명실상부한 역할을 하게 되었다.
51 제24회 국회중의원 상공위원회(国会衆議院商工委員会) 제20호에서 오가와 세이지로(小川清四郎) 공
　정거래위원회 사무국장(公正取引委員会事務局長)의 보충설명(쇼(昭)31·3·20)(1956.3.20.).
52 강습회 텍스트(講習会テキスト) 1. (1) (1면).

도표 1-1   공정거래법과 하도급법의 적용범위

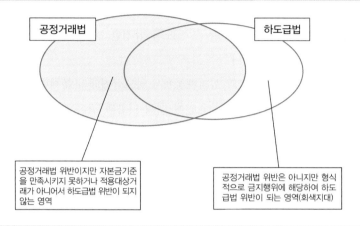

하도급법의 목적은 「원사업자의 수급사업자에 대한 거래를 공정하게 하고 동시에 수급사업자의 이익을 보호함으로써 국민경제의 건전한 발전에 기여하는 것」이다(하도급법 제1조). 여기서 말하는 「하도급거래의 공정화」라 함은 앞의 (3) ⅰ.의 우월적 지위남용 규제의 주축인 공정경쟁저해성과 관련하여 상대방의 자유롭고 자율적인 판단에 의한 거래가 저해되지 않도록 함으로써 자유경쟁의 기반을 다지는 것과 같은 취지라고 생각한다. 즉 하도급법은 단순히 수급사업자를 보호하는 것만을 목적으로 하는 것이 아니라 수급사업자가 자유롭고 자율적인 판단에 의해 거래할 수 있도록 하여 자유경쟁의 기반을 다짐으로써 수급사업자의 자립을 지원하고, 그 기반 위에 수급사업자의 자율적인 노력을 통하여 수급사업자의 경영기반이 강화되는 것을 기대한 것이라고 할 수 있다(중소기업기본법 제3조 · 제5조 제2호 · 제22조 참조).

하도급법은 그 후 수 차례의 개정을 거쳐 금지행위가 확대되었고, 권고와 동시에 그 사실을 공표하는 것을 제한하지 않음으로써 기업으로 하여금 하도급법을 준수하도록 하였다.

또한 최근에는 대기업의 수익 증가로 인한 혜택이 중소기업이나 그의 종업원에게도 미칠 수 있도록(낙수효과, trickle down) 성장과 분배의 선순환을 실현시킨다는 정부방침의 일환으로서 하도급법의 운영을 강화하고 있다. 즉, 정부는 2014년 12월 경제계 및 노동계의 각 대표자를 구성원으로 하는 「경제의 선순환 실현을 위한 노사정 회의」에서 「기업수익의 확대로부터 임금의 상승과 소비의 확대라고 하는 선순환을

계속적으로 추진하고 디플레이션을 확실히 벗어나기 위한 환경을 정부가 조성한다
는 자세로 경제계는 임금인상을 위하여 최대한 노력함과 동시에 거래기업의 제품에
대한 매입가격 상승 등을 염두에 둔 가격전가나 지원·협조에 대해서 종합적인 대책
을 마련한다」는 내용으로 노사정 합의를 하였다.[53] 그리고 정부는 2015년 12월 중소
기업이 쉽게 임금인상을 할 수 있는 환경을 만들 목적으로 「하도급 등 중소기업의
거래조건 개선에 관한 관계부처 등 관련회의」를 설치하고 하도급 등 중소기업의 거
래실태를 파악함과 동시에 거래조건 개선에 필요한 검토를 하였다.[54] 나아가 정부는
2016년 6월 및 8월 각료회의에서 하도급법의 운용강화 등을 통하여 하도급 등 중소
기업의 거래조건의 개선을 도모하는 것을 결정하였다.[55] 이에 따라 경제산업성은
2016년 9월 가격결정방법의 적정화, 비용부담의 적정화 및 지급조건의 개선을 3개
의 축으로 하는 「미래지향형 거래관행을 위하여」(통칭 「세코(世耕)플랜」)를 발표하고
'하도급법운용기준의 개정', '일본 하도급중소기업진흥법(下請中小企業振興法)에 기
초한 진흥기준의 개정' 및 '어음 등에 의한 지급에 관한 통지의 재검토'를 천명하였
다.[56] 그 결과 2016년 12월 공정거래위원회는 하도급법운용기준을 개정하여 위반행
위사례를 큰 폭으로 추가하고 중소기업청은 진흥기준을 개정하여 바람직한 거래관
행을 추가했으며, 공정거래위원회 및 중소기업청은 어음 등 하도급대금 지급조건의
개선을 원사업자에게 요구하는 등 하도급대금지급수단에 대한 행정지도를 하였다.
이와 같이 이번 하도급법의 운용강화는 하도급중소기업의 거래조건의 개선을 위하
여 범정부 차원의 조치로 이루어졌다.[57]

---

53 내각총리대신 외(内閣総理大臣ほか), 「계속된 경제의 선순환을 향한 노사정의 자세에 대하여(経済の
   好循環の継続に向けた政労使の取組について)」 별지(別紙) 2 (헤이(平)26·12·16)(2014.12.16.).
54 내각총리대신결재(内閣総理大臣決裁), 「하도급 등 중소기업의 거래조건 개선에 관한 관계부처 등 연락
   회의 개최에 대하여(下請等中小企業の取引条件改善に関する関係府省等連絡会議の開催について)」
   (헤이(平)27·12·21)(2015.12.21.).
55 각의결정(閣議決定) 「경제재정운영과 개혁의 기본방침2016(経済財政運営と改革の基本方針2016)」
   제2장. 2.(4) ② (헤이(平)28·6·2)(2016.6.2.), 각의결정(閣議決定) 「일본재흥전략(日本再興戦略)
   2016」 제2. Ⅰ.7.(2) ⅰ.) ⑤ (헤이(平)28·6·2)(2016.6.2.), 각의결정(閣議決定) 「일본 일억 총 활약
   플랜(ニッポン一億総活躍プラン)」 5.(8), (헤이(平)28·6·2)(2016.6.2.), 각의결정(閣議決定) 「미
   래에 대한 투자를 실현시킬 경제대책(未来への投資を実現する経済対策)」 제2장. Ⅲ.(2) ③ (헤이
   (平)28·8·2)(2016.8.2.).
56 경제산업성중소기업청(経済産業省中小企業庁) 뉴스 릴리스(ニュースリリース), 「「미래지향형 거래관
   행을 위하여(未来志向型の取引慣行に向けて)」를 발표하다」 (헤이(平)28·9·15)(2016.9.15.).
57 가마다 아키라(鎌田明), 「「하도급거래 공정화에 관한 법률 운용기준(下請代金支払遅延等防止法に
   関する運用基準)」의 개정」, NBL 1091호, 4면, 9-10면(2017).

02 법정 우월적 지위남용(제5호)과 제6호 지정행위 및 하도급법과의 관계

(1) 제6호 지정행위와의 관계

공정거래법 제2조 제9항 제5호는 공정거래법 제19조에 의해 금지된 불공정거래행위 가운데 우월적 지위남용 규제를 법으로 정하였다(「법정 우월적 지위남용」). 공정거래법 제2조 제9항 제5호에 해당하는 법정 우월적 지위남용은 시정명령의 대상이 되는 동시에(공정거래법 제20조) 과징금부과명령의 대상이 된다(동법 제20조의6).

또한 공정거래법 제2조 제9항 제6호는 「전 각호가 규정하는 것 이외에 다음의 어느 하나에 해당하는 행위로서 공정한 경쟁을 저해할 우려가 있는 것 중에서 공정거래위원회가 지정하는 것」도 불공정거래행위에 해당한다고 하고(「제6호 지정」) 동호에서는 「자기의 거래상의 지위를 부당하게 이용하여 상대방과 거래하는 것」을 들고 있다. 현재 제6호에서 지정된 우월적 지위남용 규제는 다음과 같다.

- 일반지정 제13항(거래상대방의 임원선임에 대한 부당간섭)
- 신문업특수지정 제3항
- 물류특수지정
- 대규모소매업특수지정

제6호로 지정된 우월적 지위의 남용에 대해서는 「법정 우월적 지위남용」과 마찬가지로 시정명령의 대상이 되지만(공정거래법 제20조) 과징금납부명령의 대상은 아니다. 그 때문에 「법정 우월적 지위남용」 및 「제6호로 지정된 우월적 지위남용」 모두를 충족하는 행위에 대해 어느 규정이 적용되는지가 문제되는데 법정 우월적 지위남용에 해당하는 행위에 대해서는 법정 우월적 지위남용만 적용되며 제6호 지정행위는 적용되지 않는 것으로 본다.[58] 제6호 지정행위가 적용되는 것은 「전 각호가 열거한 것」 이외로 한정되는 것이고 「전 각호」의 하나인 법정 우월적 지위남용에 해당하는 행위는 제6호 지정행위의 요건에 해당하지 않기 때문이다.[59]

---

58 우월적 지위 가이드라인 「들어가며」(優越ガイドライン「はじめに」) (주2).
59 가와이(川合) 외, 좌담회[시라이시 다다시(白石忠志) 발언], 14–15면.

또한 제6호로 지정된 우월적 지위남용 중 물류특수지정 및 대규모소매업특수지정에서는 대상자가 획일적으로 정해지고 또한 원칙적 위법인 유형이 규정되어 있으며 법정 우월적 지위남용에는 해당하지 않지만 제6호로 지정된 우월적 지위남용에는 해당하는 경우가 생길 수 있다. 이 경우에는 제6호 지정행위만 적용된다.

(2) 하도급법과의 관계

하도급법상 서면교부의무 위반, 서류보존의무 위반 및 행정조사의 거부 등 형사벌이 예정되어 있는 것(하도급법 제10조 – 제12조)을 제외하면 하도급법 위반에 대한 법적 조치는 없고, 다만 공정거래위원회는 위반행위를 한 원사업자에게 위반행위를 중지하도록 하거나 기타 필요한 조치를 취할 것을 「권고」하는데 그칠 뿐이다(동법 제7조). 반면에 하도급법에서는 예컨대 감액한 하도급대금을 수급사업자에게 지급하는 등 원상회복조치 및 불이익보전조치를 취할 것을 권고할 수 있도록 법문에 명시되어 있지만(동법 제7조 제2항 · 제3항), 공정거래법에서는 시정조치로서 원상회복조치 및 불이익보전조치를 명할 수는 없다.[60]

따라서 하도급법 위반행위와 「법정 우월적 지위남용」 모두의 요건을 충족하는 경우에 어느 규정이 적용되는지가 문제된다. 하도급법에서는 법 위반행위자가 하도급법상의 권고에 따를 경우에는 공정거래법을 적용하여 시정명령 및 과징금납부명령을 할 수 없도록 규정하고 있지만(하도급법 제8조), 공정거래위원회는 권고를 하지 않고 처음부터 공정거래법을 적용하는 것이 가능하다고 해석하고 있다.[61] 또한 하도급법 제7조는 「권고할 수 있다」고 규정하고 있고(동법 제7조) 지금까지는 공정거래위원회가 하도급법 또는 공정거래법 중 해당 사안의 해결을 위하여 타당하다고 생각되는 하나의 절차를 선택할 수 있는 것으로 해석하여 왔다.[62] 그러나 우월적 지위남용 가이드라인을 제정하면서 공정거래위원회는 「어떤 사업자와 다른 사업자의 거래에서 공정거래법 제2조 제9항 제5호와 하도급법이 둘 다 적용이 가능한 경우에는 통상 하

---

60 스즈키(鈴木), 신 하도급법 매뉴얼(新下請法マニュアル), 222면. 이에 대해서 공정거래법상의 시정명령에 관해서도 원상회복조치명령을 명할 수 있다고 하는 견해로서 네기시(根岸), 제 논점(諸論点), 28 – 29면.

61 후지이(藤井) · 이나쿠마(稲熊), 축조헤이세이21년(2009년) 개정(逐条平成21年改正), 19면.

62 공정위 사무국(公取委事務局)편, 신하도급법(新下請法), 240 – 241면.

도급법을 적용한다」라는 방침을 밝혔다.[63] 공정거래위원회가 중심이 되어 수급사업
자를 신속하게 보호한다는 하도급법의 입법목적을 견지하기 위해서도 하도급법을
적용할 수 있는 경우에는 하도급법을 우선적으로 적용함으로써 하도급법과 공정거
래법의 역할 분담을 명확히 한다는 방침에 따른 것이다.[64]

---

63 우월적 지위 가이드라인 견해(優越ガイドライン考え方), 6면. 더구나 물류특수지정에 대해서는 하도
   급법과 경합하는 경우 물류특수지정의 적용은 제외된다고 명기되어 있다(물류특수지정 비고 1항 주서
   (物流特殊指定備考1項柱書)).
64 이에 대하여 계속성이 있는 법정 우월적 지위남용에 해당하는 것이 공정거래위원회에서 판명된 경우에는
   공정거래위원회는 과징금을 부과하지 않으면 안 되기 때문에 공정거래법 적용이 우선된다는 견해로서,
   우치다 기요히토(內田淸人), 「하도급법의 실무에 밝은 변호사에 의한 「케이스스터디 하도급법」(下請法
   の実務に明るい弁護士による「ケーススタディ下請法」) (제1회) 하도급법이란-하도급법과 제(諸)
   법의 관계-(下請法とは-下請法と諸法の関係-)」, 공정거래(公正取引) 786호, 47면, 49면(2016).

제
2
장

적용대상 거래

적용대상 거래

01 공정거래법 규제

우월적 지위남용 규제는 거래상대방에 대한 남용행위를 문제삼기 때문에 행위자와 상대방 간에 어떠한 거래관계가 있음을 전제로 한다. 비록 남용행위의 시점에서 거래관계가 개시되지 않은 경우라고 하더라도 새로 거래하려는 상대방에게 남용행위를 하는 경우에는 우월적 지위남용 규제의 대상이 되지만, 거래관계(또는 거래관계 개시의 시도)를 전제하지 않고 행한 행위에 대해서는 우월적 지위남용 규제가 적용되지 않는다.

남용행위의 전제가 되는 거래관계에 대해 공정거래법에서는 대상이 되는 거래를 한정하지 않고 모든 거래에서 발생하는 남용행위를 규제의 대상으로 하고 있다. 하지만 대규모소매업특수지정은 대규모소매업자와 납품거래에 수반하는 행위가 규제대상이 되고 물류특수지정에서는 운송위탁거래 또는 보관위탁거래에 수반하는 행위가 규제대상이 되며 신문업특수지정에서는 일간신문 발행업자의 판매업자에 대한 행위가 규제대상이 된다.

02 하도급법 규제

(1) 총론

하도급법이 적용되는 거래는 우선 위탁거래로서 원사업자가 위탁내용에 적극적으로 관여하고 동시에 원사업자의 업무 활동에 관하여 행해진 것으로 한정된다.

ⅰ. 위탁거래(사양 등의 지정)

당사자 간에 직접적인 위탁거래관계가 존재하지 않으면 기본적으로 하도급법이 적용되지 않는다.[1]

하도급법이 금지하는 행위는 원사업자가 수급사업자에게 「제조위탁 등」을 한 경우의 일정한 행위에 한정된다(하도급법 제4조 제1항·제2항). 「제조위탁 등」이라 함은 하도급법 제2조 제1항 내지 제4항에 정의된 제조위탁, 수리위탁, 정보성과물작성위탁 및 역무제공위탁을 말한다(동법 제2조 제5항). 이러한 거래는 모두 사업자가 다른 사업자에게 일정한 업무를 「위탁」하는 것을 본질로 하고 있다. 단순한 매매거래와는 달리 위탁거래에서는 주문을 받은 수급사업자가 제조한 물품 등을 전용하는 것이 곤란하고 따라서 발주자(원사업자)의 남용행위로 인하여 손해를 입기 쉽다. 이에 수급사업자를 간이·신속하게 보호하는 것을 목적으로 하는 하도급법에서는 적용대상을 '원사업자의 수급사업자에 대한 위탁거래'로 한정한 것으로 생각된다.[2]

「위탁」이란 사업자가 「다른 사업자」에게 「사양, 내용 등을 지정」하고 물품 등의 제조 등을 의뢰하는 것을 말한다.[3] 규격, 품질, 성능, 모양, 디자인, 브랜드 등을 지정하는 것도 「위탁」에 해당한다.[4] 사양 등을 지정하지 않고 물품제조 등을 의뢰하는

---

1 이시가키 데루오(石垣照夫)·오노 가즈코(小野香都子), 「도토 멘테난스 주식회사에 대한 권고에 대하여(東陶メンテナンス株式会社に対する勧告について)」, 공정거래(公正取引) 670호, 57-58면(2006).
2 금형(金型) 제조위탁이 하도급법의 대상 거래에 추가될 때에도 전용 가능성이 없다는 것을 그 이유로 들고 있다. 공정위(公取委), 기업거래연구회보고서(企業取引研究会報告書) 제2. 1. (4).
3 하도급법운용기준(下請法運用基準) 제2.
4 강습회 텍스트(講習会テキスト) 1. (3) 이(イ) (5면).

경우에는 수급사업자는 범용품(汎用品)으로서 당해 물품을 다른 곳에 판매하는 등 전용하는 것이 통상 가능하기 때문에 그러한 경우에는 수급사업자를 보호할 필요성은 높지 않고 하도급법의 적용대상이 되지 않는다.

ㄱ. 수급사업자에게 전용이 곤란한 사양 등의 지정

원사업자가 지정한 '사양'이란 수급사업자가 그 지정에 따라 작업을 수행하여 얻게 된 당해 상품 등의 전용이 곤란해질 정도이면 족하다. 규격품·표준제품 등의 범용제품을 수급사업자로부터 구입하는 경우에도 수급사업자가 당해 물품 등을 다른 곳으로 전용하기 곤란하게 만드는 사양 등을 원사업자가 부가하여 지정하는 경우에는 원사업자가 사양 등을 지정하는 것에 해당하며 하도급법의 거래대상이 된다. 반면, 본래 원사업자에게만 공급되는 물품이었더라도 수급사업자가 원사업자 이외의 사업자에게도 공급할 수 있어서 수급사업자의 카탈로그에 게재되는 등 수급사업자의 규격품·표준제품과 동일하게 취급되는 경우에는 당해 물품의 발주는 제조위탁에 해당하지 않고 따라서 하도급법의 적용대상에서 제외된다.[5]

또한 수리위탁이나 역무제공위탁에 있어서는 그 특성상 '범용적이지 않은 것'이 일반적이고 어떤 형태로든 사양 등이 지정되기 때문에 「위탁」의 요건 충족이 문제가 되는 경우는 거의 없다.[6]

> **┃ 위탁성이 인정된 예**
> • 상품에 원사업자의 각인을 새기고 라벨을 부착하거나 회사명을 인쇄하도록 지정하는 경우로서 라벨 등을 분리하여 범용품으로 되돌리는 것이 일반적으로 쉽지 않은 때[7]
> • 시판용(市販用)으로 미리 정해진 치수로 가공되는 것이 아닌 상품에 대해 자사의 사양에 맞게 일정한 치수로 가공시킨 물건을 구입하는 경우[8]

---

5 야부우치 슌스케(藪内俊輔), 「하도급법 실무에 밝은 변호사에 의한 「케이스스터디 하도급법」(제2회) 하도급법의 적용범위①(下請法の実務に明るい弁護士による「ケーススタディ下請法」(第2回) 下請法の適用範囲①)」, 공정거래(公正取引) 787호, 51면, 53면(2016).
6 가마다(鎌田) 편저, 하도급법실무(下請法実務), 61면.
7 강습회 텍스트(講習会テキスト) 1. (3) Q&A 7 (17면), 가마다(鎌田) 편저, 하도급법실무(下請法実務), 29−30면.
8 강습회 텍스트(講習会テキスト) 1. (3) Q&A 7 (17면), 스즈키(鈴木), 신 하도급법 매뉴얼(新下請法マニュアル), 115면.

▌위탁성이 인정되지 않은 예

- 소매업자가 제조업자의 브랜드상품(각 제조업자 등이 스스로 사양 등을 결정하고 자사 브랜드로 판매하고 있는 상품)을 판매하는 경우에 납품업자가 주문을 받고 나서 생산하는 경우라도 당해 제조업자의 브랜드상품에 대한 범용성이 높고 동시에 자사용으로 변경시키지 않는 경우[9]
- 작가 등이 창작하는 소설, 수필, 논문 등의 작품으로서 특정 출판사의 출판물에 게재하는 것 이외에도 널리 이용되는 등 범용성이 높고 작성을 위탁할 때 출판사가 정하는 사양에 따라 작성을 위탁하는 것이 아닌 경우[10]
- 소매업자가 제조업자에게 전구를 발주하면서 제조업자의 신청에 의하여 부가적인 서비스로서 소매업자의 명칭을 붙인 디자인이 인쇄된 개별 포장용 상자가 준비되고 그것에 동봉된 상태로 전구의 납품을 받지만 전구 자체는 별도로 전용 가능한 경우[11]

ㄴ. 사양 등의 결정에서 원사업자의 능동적인 관여

원사업자가 수급사업자에게 도면 등을 교부하고 일방적으로 사양 등을 지정하는 것이 위탁거래에 해당하는 것은 분명하지만 실제로는 거래내용에 대해 원사업자와 수급사업자가 협의를 거쳐 결정하는 경우가 많다.

원사업자가 수급사업자에게 도면 등을 작성하게 하고 이후 자신의 승인을 거친 후, 그 도면 등에 따라 작업을 시키는 경우와 같이 원사업자가 사양 등을 지정하는 과정에 적극적으로 관여한 경우에는 원사업자가 사양 등을 지정한 것으로 인정된다.[12]

이에 반해 원사업자가 사양 등을 지정하는 과정에 적극적으로 관여하지 않고 단지 수동적으로 관여한 경우에는 원사업자가 사양 등을 지정한 것으로 인정되지 않는다. 예를 들어, 수급사업자가 상품기획을 신청한 것에 대하여 원사업자가 상품의 기획·사양 등에 대한 의견(어드바이스)을 주었더라도 수급사업자가 이를 근거로 자신이 자율적으로 판단하여 사양 등을 결정·변경한 후 다시 원사업자에게 제시하여 원사업

---

9 강습회 텍스트(講習会テキスト) 1. (3) Q&A 10 (18면).

10 사단법인 일본서적출판협회(社団法人日本書籍出版協会), 사단법인 일본잡지협회(社団法人日本雑誌協会), 「출판사의 개정 하도급법의 취급에 대하여(出版社における改正下請法の取扱いについて)」, 1. (1) ① (2004).

11 도쿄지판(東京地判) 헤이(平)26·3·19(2014.3.19.), 헤이(平)25 와(ワ) 10996호·15695호 공간물미등재(하도급대금 등 청구(請負代金等請求)사건·손해배상청구(損害賠償請求)사건).

12 가마다(鎌田) 편저, 하도급법실무(下請法実務), 29면.

자가 구매를 결정한 경우에는 원사업자가 사양 등을 지정한 것으로 인정되지 않으며 당해 거래에 대해 원사업자는 하도급법상의 책임을 지지 않는다.[13] 원사업자의 사양 등에 대한 관여가 수동적인 것에 지나지 않을 경우, 이를 「위탁」으로 인정할지 여부는 수급사업자가 원사업자의 의견에 어쩔 수 없이 따를 수밖에 없는 상황인지 여부 등을 종합적으로 고려하여 판단한다.[14]

발주하는 상품이 원사업자의 브랜드(PB)로서 판매되는 경우에는 기본적으로 하도급법 적용대상에 해당하는 것으로 본다.[15] 원사업자가 자기 브랜드로서 판매하는 상품을 발주하는 경우에는 설령 납품업자가 상품 제조에 관한 사양서를 작성하더라도 원사업자가 당해 사양을 승인하는 등 능동적으로 관여하는 것이 일반적이라고 생각되기 때문이다.

정보성과물작성위탁의 경우에는 주문하는 원사업자가 사양 등을 상세하게 지정하기 곤란한 경우도 있지만 그러한 경우에도 테마, 콘셉트, 길이(시간, 글자 수 등)를 지정하여 작성을 의뢰하면 원사업자에 의한 「위탁」에 해당한다.[16] 이에 반해 예를 들어, 각본가나 작곡가가 제출한 각본이나 악보를 원사업자(방송국)가 사용하는 경우에는 원사업자가 사양 등을 지정하는 것이 아니기 때문에 「위탁」에 해당되지 않는다.[17]

ㄷ. 원사업자의 지휘명령 하에 있는 자에 대한 위탁

하도급법의 대상이 되는 위탁거래는 「다른 사업자」(수급사업자)에게 위탁하는 것이어야 한다. 여기서 '원사업자의 사업장 내에서 종사하는 수급사업자의 종업원에 대한 업무위탁'이 문제된다. 종업원이 수급사업자의 지휘명령 하에 업무에 종사하고 있는 경우에는 위탁거래의 상대방은 당해 수급사업자이고 하도급법이 적용될 수 있다. 반면, 원사업자가 파견근로자의 파견을 받아 원사업자의 지휘명령 하에 당해 파견근로자에게 업무를 시키는 경우에는 당해 업무는 어디까지나 원사업자 스스로가

---

13 나카(中)·고무로(小室), 하도급법 운용 재검토(下請法運用見直し), 15면, 강습회 텍스트(講習会テキスト) 1. (3) Q&A 9 (18면).
14 야부우치(藪内), 앞의 주5) 53면.
15 고토 마사카즈(後藤正和)·다케시마 하지메(竹島載), 「주식회사 패밀리마트에 대한 권고에 대하여(株式会社ファミリーマートに対する勧告について)」, 공정거래(公正取引) 794호, 74면, 76면(2016).
16 가마다(鎌田) 편저, 하도급법실무(下請法実務), 48면.
17 가마다(鎌田) 편저, 하도급법실무(下請法実務), 57면.

하는 것이어서 「수급사업자」에 대한 위탁거래로 인정되지 않으며 하도급법의 대상
이 되지 않는다.[18]

ii. 원사업자 활동의 업무성

하도급법의 대상이 되는 거래는 특정한 위탁거래 중 원사업자가 「업으로」하는 행
위와 관련하여 행한 것으로 한정된다(하도급법 제2조 제1항~제4항). 즉, 뒤에 상술하는
바와 같이 도표 2-2의 「원사업자의 업무내용」에 기재된 업무와 관련된 위탁거래만
하도급법의 대상이 된다.

도표 2-1 | 하도급법적용대상 거래의 기본구조

도표 2-2 | 하도급법적용의 전제가 되는 원사업자의 의무

위탁거래유형	원사업자의 업무내용		
제조위탁	물품의 판매	물품제조·수리의 수탁(請負)	자가사용(自家使用) 물품의 제조·수리
정보성과물작성위탁	정보성과물의 제공	정보성과물작성의 수탁(請負)	자가사용(自家使用) 정보성과물의 작성
수리위탁		물품수리의 수탁(請負)	자가사용(自家使用) 물품의 수리
역무제공위탁		역무제공의 수탁(請負)	

---

18 강습회 텍스트(講習会テキスト) 1. (3) Q&A 18 (20면).

여기서 「업으로」의 의미는 사업자가 어떤 행위를 반복·계속적으로 하고 있고 사회통념상 사업의 수행으로 볼 수 있는 경우를 가리킨다.[19] 원사업자가 반복·계속적으로 하는 행위와 관련된 위탁거래라면 「그것을 수탁하는 사업자와의 거래는 반복·계속일 개연성이 높고, 위탁사업자에 대한 수탁사업자의 거래의존도가 높아지는 경향이 있으므로 그 결과 위탁사업자는 수탁사업자에 대하여 거래상 우월적 지위를 갖는 경우가 많기」 때문에 하도급법에서는 이 점에 주목해서 다른 거래유형과는 구별하여 규제하는 것이다.[20]

원사업자가 판매하는 물품이나 제공하는 정보성과물과 관련된 목적물의 제조·작성을 수급사업자에게 위탁하는 경우에는 보통 원사업자와 그 고객과의 사이에서 물품판매거래나 정보성과물 제공거래가 반복·계속적으로 이루어지기 때문에 업무성이 문제되는 경우는 없다. '업무성'이 문제가 되는 경우는 원사업자가 자가사용(自家使用)하는 물품 등에 대해서 수급사업자에게 제조 등을 위탁하는 경우이다.

또한 하도급법적용의 요건인 「업으로」 행하는 행위는 위탁거래의 전제가 되는 원사업자의 활동(예컨대 고객으로부터의 물품제조를 수탁(請負)받거나 또는 자가사용물품을 자체 제작하는 것)이고 위탁거래 그 자체(예를 들어 수급사업자에 대한 제조위탁)는 아니다. 원사업자가 업으로 하는 활동과 관련된 위탁거래가 설령 1회로 종료되더라도 당해 거래에 대해서 하도급법이 적용된다.[21]

그리고 위탁거래의 상대방인 수급사업자는 자신이 직접 수탁업무를 행할 필요는 없고 수탁업무의 전부를 제3자에게 재위탁하더라도 자기의 책임으로 원사업자로부터 수탁받은 경우에는 수급사업자의 요건을 충족하는 것으로 본다.[22]

ㄱ. 자가사용(自家使用)물품 등의 제조 등

원사업자가 스스로 사용하는 물품 등의 제조 등을 외주하는 행위는 원사업자 자신이 수요자가 되는 위탁거래(user거래)로서 반복·계속하여 이루어진다고 할 수 없고 위탁사업자에 대한 수탁사업자의 거래의존도가 높아지는 개연성이 있다고도 할

---

19 하도급법운용기준(下請法運用基準) 제2. 1. (2).
20 공정위(公取委), 기업거래연구회보고서(企業取引研究会報告書) 2. 1. (1) 아(ア).
21 가마다(鎌田) 편저, 하도급법실무(下請法実務), 30면.
22 가마다(鎌田) 편저, 하도급법실무(下請法実務), 31면.

수 없다. 그리고 이러한 사용자(user)거래에 대해서까지 하도급법의 대상으로 한다
면 그 적용범위가 너무 넓어지게 되는 문제가 있다.[23] 이런 이유로 자가사용물품 등
의 제조 등의 위탁(제조위탁, 수리위탁, 정보성과물작성위탁)은 통상 하도급법의 대상
이 되지 않지만 원사업자가 당해 자가사용물품 등의 제조 등을 「업으로」 행하는 경
우에는 위탁거래도 반복·계속해서 이루어질 개연성이 있기 때문에, 이와 관련된
사용자(user)거래도 하도급법의 대상이 된다. 다만 역무제공위탁에 대해서는 설령
자가이용 역무의 제공을 「업으로」 행하는 경우라도 하도급법의 적용대상에서 제외
된다.

　원사업자가 자가사용물품의 제조 등을 「업으로」 행하고 있다고 인정되기 위해서
는 사내에 자체 제작부문을 설치하는 등 업무의 수행이라고 볼 수 있는 수준이 되어
야 한다.[24] 「업으로」에 해당하는 것은 현실적으로 자체 제작을 행하고 있는 경우에
한하고,[25] 자가사용물품 등을 자체 제작하는 능력이 단순히 잠재적인 경우에 불과한
경우에는 「업으로」 행하고 있는 경우에 해당되지 않는다.[26] 그래서 사내에 자체 제
작부문이 있더라도 외부에 위탁하는 자가사용물품의 제조 등을 자사의 자체 제작부
문에서 하지 않고 있는 경우나 자체 제작을 하기 위하여 필요한 설비나 인원 등이
사내에 존재하지만 자체 제작부문으로서 조직되어 있지 않고 필요에 따라 자체 제작
하고 있는 것에 불과한 경우는 「업으로」에 해당하지 않는다.[27]

▌**자가사용물품 등의 제조 등을 「업으로」 행하고 있다고 인정된 예**
• 자가사용물품의 수리를 사내의 수리부문에서 행하고 있는 경우[28]
• 자신의 사업을 위하여 이용하는 광고선전물이나 사내에서 사용하는 회계용 프로그램, 자사의
　홈페이지 등의 정보성과물의 작성을 사내의 시스템부문에서 하는 경우[29]
• 사내 수리부문은 없지만 보통 자사 부문 내에서 처리하고 있는 간단한 수리작업을 담당자가 부
　재하여 외부 수리업자에게 위탁하는 경우[30]

---

23 쓰지(辻)·이코마(生駒), 상세 하도급법(詳解下請法), 45면.
24 강습회 텍스트(講習会テキスト) 1. (3) 우(ウ) (8면), 1. (3) 에(エ) (12면).
25 가마다(鎌田) 편저, 하도급법실무(下請法実務), 38면.
26 하도급법운용기준(下請法運用基準) 제2. 3. (3).
27 강습회 텍스트(講習会テキスト) 1. (3) 우(ウ) (8면), 동 (3) 에(エ) (12면).
28 강습회 텍스트(講習会テキスト) 1. (3) 우(ウ) (8면).
29 강습회 텍스트(講習会テキスト) 1. (3) 에(エ) (12면).
30 쓰지(辻)·이코마(生駒), 상세 하도급법(詳解下請法), 40면.

▌ 자가사용물품 등의 제조 등을 「업으로」 행하고 있다고 인정되지 않은 예
- 자사 선전용 홈페이지의 일부를 자사에서 작성하고 자사에서 작성하는 것이 곤란한 부분의 작성을 외주하는 경우[31]
- 수리하는 설비는 있지만 자가사용물품의 수리업무 전부를 다른 곳에 위탁하는 경우[32]
- 사내 시스템부문이 있지만 외부에 작성을 위탁하고 있는 프로그램과 동종의 프로그램을 자사 시스템부문에서는 작성하고 있지 않은 경우[33]
- 자사에서 사용하는 프로그램을 사내 시스템부문에서 작성하고 있지만 특수한 지식이 필요한 부문에 대해서는 외주하는 경우[34]
- 수리에 필요한 기술을 가진 작업자가 필요에 따라 자가사용물품을 수리하는 경우[35]
- 시스템 개발에 정통한 종업원이 필요에 따라 사내에서 사용하는 프로그램을 작성하고 있는 경우[36]

원사업자가 자가사용물품 등을 「업으로」 자체 제작하고 있는지 여부는 사업소 단위가 아니라 사업자 단위로 판단하는 것으로 해석하고 있다.[37] 이 해석에 의하면 외주하는 사업소에서는 자체 제작하고 있지 않아도 동일 사업자 내의 다른 사업소에서는 자체 제작하고 있다면 「업으로」 자체 제작하고 있는 것이 된다. 다만, 설령 동일 사업자 내의 다른 사업소에서 자체 제작이 행해지고 있다고 하더라도 수급사업자에게 외주하고 있는 사업소가 거리 등의 관계로 당해 다른 사업소에서 자체 제작하고 있는 물품 등을 사용하는 것이 현실적으로 곤란한 경우에는 당해 사업자는 「업으로」 자체 제작을 한다고 볼 수 없을 것이다. 더욱이 현행법상 동일 「사업자」인지 여부는 법인격 단위로 판단하기 때문에 자체 제작을 하고 있는 사업소가 별도의 법인인 경우에는 100% 자회사일지라도 「업으로」 자체 제작을 하고 있다고 볼 수 없다.[38]

ㄴ. 청부(수탁)맡은 업무의 전부 재위탁

고객으로부터 제조 등을 업으로 수주받는 원사업자가 자신이 제조 등을 할 능력을

---

31 강습회 텍스트(講習会テキスト) 1. (3) Q&A 26 (21면).
32 강습회 텍스트(講習会テキスト) 1. (3) 우-(ウ) (8면).
33 하도급법운용기준(下請法運用基準) 제2. 3. (3).
34 강습회 텍스트(講習会テキスト) 1. (3) Q&A 18 (20면).
35 강습회 텍스트(講習会テキスト) 1. (3) 우-(ウ) (8면).
36 강습회 텍스트(講習会テキスト) 1. (3) 에-(エ) (12면).
37 강습회 텍스트(講習会テキスト) 1. (3) 이-(イ) (7면).
38 가마다(鎌田) 편저, 하도급법실무(下請法実務), 38면.

전혀 가지고 있지 않아서 수탁업무의 전부를 수급사업자에게 재위탁하는 경우라도 원사업자는 제조 등의 청부(수탁)업무를 「업으로」 행하고 있는 자이다.[39] 이 경우 원사업자는 청부(수탁)받은 업무를 스스로 완성시킬 능력을 가지고 있지 않더라도 재위탁을 전제로 고객으로부터 청부(수탁)를 업으로 하고 있기 때문에 재위탁하는 수급사업자에 대하여 반복 · 계속하여 위탁거래가 이루어질 개연성이 있기 때문이다. 하도급법 문언상으로도 수리위탁에 대하여 「업으로 위탁받은 물품의 수리행위 전부 또는 일부를 다른 사업자에게 위탁하는 것」(하도급법 제2조 제2항)으로 규정되어 있어 청부(수탁)업무의 전부를 재위탁하는 것도 하도급법의 대상이 되는 것으로 전제되어 있다.

(2) 제조위탁

> 하도급법 제2조 제1항
> 이 법률에서 「제조위탁」이란 「사업자가 업으로 하는 판매나 업으로 위탁받은 제조(가공을 포함한다. 이하 같다)의 목적물인 물품, 반제품, 부품, 부속품, 원재료, 이들의 제조에 사용되는 금형, 업으로 하는 물품의 수리에 필요한 부품 혹은 원재료의 제조를 다른 사업자에게 위탁하는 것 및 사업자가 사용하거나 또는 소비하는 물품의 제조를 업으로 하는 경우에 그 물품, 그 반제품, 부품, 부속품, 원재료 또는 이들 제조에 사용되는 금형의 제조를 다른 사업자에게 위탁하는 것」을 말한다.

하도급법이 적용되는 위탁거래인 제조위탁은 원사업자가 원사업자의 특정 업무와 관련된 물품 등의 제조를 수급사업자에게 위탁하는 것이다(하도급법 제2조 제1항).

ⅰ. 위탁대상물품 등

하도급법이 적용되는 제조위탁에는 원사업자의 사업상 목적물인 물품(예를 들어 원사업자가 판매하는 물품) 자체를 제조위탁하는 경우뿐만 아니라 당해 물품의 제조과정에서 필요하거나 당해 물품과 밀접한 관련성이 있는 부품 등의 제조물을 제조위탁하는 경우도 포함된다.

---

39 가마다(鎌田) 편저, 하도급법실무(下請法実務), 33면, 43면, 52면, 61면.

이러한 부품 등은 원사업자의 사업상 목적물 그 자체는 아니고 원사업자의 사업상 목적물인 물품을 제조하기 위하여 자가사용하는 물품이다. 따라서 그것을 원사업자가 수급사업자에게 제조위탁하는 행위는 원사업자가 그 부품 등의 자체 제작을 반복·계속해서 행하는 경우에만 하도급법의 대상이 되는 것이 원칙이다. 그러나 수급사업자에게 하는 외주거래의 대부분은 그러한 부품 등을 제조위탁하는 경우라는 것을 하도급법 제정 당시부터 인식하고 있었기 때문에, 부품 등의 제조위탁 전반을 하도급법의 대상으로 포섭하여 수급사업자를 보호하기 위해 제조위탁의 대상물품 범위 자체가 확대되었다고 생각된다.

구체적으로 하도급법상 제조위탁의 대상이 되는 대상물은 아래와 같다. 연료, 제조기계, 공구 등은 설령 물품제조를 위하여 필수불가결한 것이더라도 이하 열거된 반제품, 원재료, 부품, 부속품, 금형의 어디에도 해당되지 않고 그에 대한 제조위탁이 원사업자 업무의 목적물인 물품 그 자체로서 제조위탁되는 경우가 아닌 한, 하도급법의 적용대상이 되지 않는다.[40]

도표 2-3 위탁대상물품 등의 범위

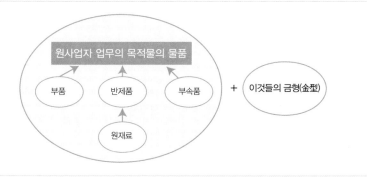

ㄱ. 물품

제조위탁의 전형은 원사업자의 사업상 목적물인 물품을 위탁하는 것이다(완성품 하도급). 「물품」은 동산을 말하고 부동산은 포함되지 않는다.[41] 이런 이유로 건물의 제조위

---

40 가마다(鎌田) 편저, 하도급법실무(下請法実務), 29면.
41 하도급법운용기준(下請法運用基準) 제2. 1. (3).

탁에는 하도급법이 적용되지 않는다. 그리고 무체물인 전기·열·빛(光) 등의 에너지
는 「물품」에 포함되지 않는다.[42]

　디자인이나 프로그램, 영상, 음향 등의 콘텐츠는 「물품」에는 포함되지 않지만 「정
보성과물」에 해당되며 그 작성위탁은 하도급법의 대상이 된다. 그러나 콘텐츠의 정
보기록매체는 「물품」에 해당되기 때문에 콘텐츠와 그 매체를 모두 위탁하는 경우에
는 정보성과물작성위탁과 제조위탁 둘 다에 해당된다.

> ▎「물품」의 예
> • 카탈로그, 포스터, 찌라시(원고나 원화(原畵)는 정보성과물에 해당)[43]
> • 프로그램이나 음향 등 콘텐츠가 기록된 CD 등의 매체(콘텐츠는 정보성과물에 해당)[44]

ㄴ. 원재료, 반제품, 부품, 부속품

　물품의 원재료(원사업자 업무의 목적물인 물품을 만들어 내기 위한 기초가 되는 자재)나
반제품(당해 물품제조과정에서의 제조물), 부품(당해 물품에 그대로 부착되어 물품의 일부를
구성하는 제조물), 부속품(당해 물품에 그대로 부착되거나, 목적물인 물품에 부속됨으로써 그
효용을 증가시키는 제조물)의 제조를 위탁하는 것도 하도급법의 대상이 된다.[45]

> ▎「부속품」의 예
> • 상품이나 제품에 부착시키는 라벨
> • 상품이나 제품을 사용할 때 필요한 취급설명서·품질보증서·보호커버·수납케이스
> • 상품이나 제품과 일체화되어 판매되는 용기·포장자재[46]
> • 상품에 첨부해서 제공되는 경품[47]

　앞의 ㄱ.에서 언급한 것처럼 하도급법상 「물품」에는 부동산이 포함되지 않기 때
문에 건물의 일부를 구성하는 원재료 등은 「물품」의 원재료에는 해당하지 않고 따라
서 그 제조위탁은 하도급법의 대상이 되지 않는다. 그 때문에 예를 들어 건물의 내장

---

42 가와이(川井) 외, Q & A하도급법(Q & A下請法), 54면.
43 강습회 텍스트(講習会テキスト) 1. (3) Q&A 29 (22면).
44 가마다(鎌田)편저, 하도급법실무(下請法実務), 40면.
45 하도급법운용기준(下請法運用基準) 제2. 1. (3).
46 이상, 강습회 텍스트(講習会テキスト) 1. (3) 이(イ) (5면).
47 강습회 텍스트(講習会テキスト) 1. (3) Q&A 11 (18면).

공사를 위탁받은 건설업자가 건물과 일체화되는 부착용(built-in) 가구의 제조를 제3자에게 위탁하는 거래는 하도급법의 적용대상이 되지 않는다. 반면, 예를 들어 건물에 부착하는 것이 아닌 마룻바닥에 두는 가구는 건물과 독립한 「물품」에 해당하고 그러한 가구의 제조위탁은 하도급법의 대상이 될 수 있다. 또한 건물자재 중 건물의 일부를 구성하는 것이 아니라 판매목적으로서 제조위탁한 경우에는 「물품」의 제조위탁으로서 하도급법의 대상이 될 수 있다.[48]

ㄷ. 금형(거푸집)

원사업자의 사업상 목적물인 물품이나 그 원재료, 반제품, 부품 또는 부속품을 제조하기 위하여 이용되는 금형(당해 물품 등의 형상을 본뜬 금속제의 물품)을 제조위탁하는 것도 하도급법의 대상이 된다.

금형은 부품 등과는 달리, 그 자체는 원사업자의 사업상 목적물을 물리적으로 구성하는 것이 아니기 때문에 하도급법 제정 당시에는 제조위탁 전반의 대상물품 등의 범위에는 포함되지 않고 자가사용물품의 제조위탁으로서 원사업자가 반복·계속해서 금형을 자체 제작하고 있는 경우에 한하여 하도급법의 대상이 되었다. 과거에는 원사업자가 스스로 금형을 업으로 자체 제작하는 것이 대부분이었지만, 최근에는 원사업자가 스스로 금형의 자체 제작을 업으로 하지 않는 경우가 많기 때문에 하도급법의 대상이 되지 않는 금형의 제조위탁이 증가하고 있다는 지적이 있어 왔다. 더욱이 금형은 부품 등과 동일하게 물품의 제조를 위하여 사용되고 동시에 다른 물품의 제조를 위하여 전용될 수 없기 때문에 금형을 제조하는 수급사업자를 보호할 필요성은 부품 등의 제조업자와 동일하다고 인식되었다. 그래서 2003년 하도급법 개정에서 금형의 제조위탁이 물품을 구성하는 부품 등의 제조위탁과 동일하게 하도급법의 대상에 포함되었다.[49]

또한 금형 이외의 공구나 제조설비의 제조를 위탁하는 것은 자가사용물품으로서 원사업자가 반복·계속해서 자체 제작하고 있지 않는 한 하도급법의 대상이 되지 않는다.

---

48 강습회 텍스트(講習会テキスト) 1. (3) Q&A 6 (17면).
49 공정위(公取委), 기업거래연구회보고서(企業取引研究会報告書) 제2. 1. (4).

ii. 제조

「제조」는 원재료인 물품에 일정한 공작을 더하여 새로운 물품을 만들어 내는 것을 말한다.[50] 「제조」에는 「가공」도 포함되며(하도급법 제2조 제1항), 「가공」은 원재료인 물품에 일정한 공작을 더해서 일정한 가치를 부가하는 것을 말한다.[51] 「제조」도 넓은 의미에서는 「역무제공」의 일종으로 볼 수 있지만 「제조」에 해당되기 위해서는 원래의 물품에 일정한 공작을 더해서 일정한 가치를 부가하는 행위일 필요가 있다.

구체적으로는 제품조립, 완성품조립, 기계가공, 프레스·판금·제관(製罐) 가공, 절삭, 도금, 용접, 판금, 조립, 도장, 인쇄 등이 포함된다.[52]

▌「제조」에 해당하는 예
- 업무용 오락기계 부품의 조립작업[53]
- 판지, 특수지 등의 원료인 펄프를 만드는 작업, 재단(斷裁)작업 등[54]
- 트럭에 부품 부착작업[55]
- 미장골판지제품의 가공작업[56]
- 인쇄, 제본, 제판(製版) 등의 작업[57]
- 닭고기 제조에 관련된 작업[58]
- 야채 가공작업[59]

▌「제조」에 해당하지 않는 예
- 물품에 일정한 공작을 가하는 것이 필요하지 않은 농경, 축산, 광물의 채굴, 수산·동식물의 채집과 포획 등의 원시적 생산[60]

---

50 하도급법운용기준(下請法運用基準) 제2. 1. (3).
51 하도급법운용기준(下請法運用基準) 제2. 1. (3).
52 쓰지(辻)·이코마(生駒), 상세 하도급법(詳解下請法), 20면, 강습회 텍스트(講習会テキスト) 1. (3) 이(イ) (6면).
53 공정위 권고(公取委勧告) 헤이(平)18·11·15(2006.11.15.)〔세가(セガ)사건〕.
54 공정위 권고(公取委勧告) 헤이(平)16·9·28(2004.9.28.)〔후지제지(富士製紙)사건〕.
55 공정위 권고(公取委勧告) 헤이(平)19·2·20(2007.2.20.)〔와카야마히노 자동차(和歌山日野自動車)사건〕, 공정위 권고(公取委勧告) 헤이(平)20·1·18(2008.1.18.)〔긴키 닛산 디젤(近畿日産ディーゼル)사건〕.
56 공정위 권고(公取委勧告) 헤이(平)20·11·6(2008.11.6.)〔에완팻케지(エーワンパッケージ)사건〕.
57 공정위 권고(公取委勧告) 헤이(平)20·3·27(2008.3.27.)〔히라카와 공업사(平河工業社)사건〕.
58 공정위 권고(公取委勧告) 헤이(平)19·3·28(2007.3.28.)〔재팬팜(ジャパンファーム)사건〕.
59 공정위 권고(公取委勧告) 헤이(平)25·6·27(2013.6.27.)〔요크베니마르(ヨークベニマル)사건〕, 강습회 텍스트(講習会テキスト) 1. (3) Q&A 8 (18면).
60 공정위 사무국(公取委事務局) 편, 신하도급법(新下請法), 84면, 강습회 텍스트(講習会テキスト) 1.

「제조」 행위에는 제조공정의 일부를 이루는 작업도 포함되지만[61] 기본적으로는 어디까지나 원래의 물품에 일정한 가치를 부가하는 것이어야 한다. 포장된 것으로서 판매되는 상품의 포장작업은 「제조」에 해당하지만 운반의 편의를 위하여 하는 포장작업은 「제조」에 해당하지 않는다.[62] 공정거래위원회는 제조공정 중의 검사나 운송작업(라인 간 제작 중 물건의 이동 등) 등의 구내작업도 「제조」에 해당하는 것으로 해석하고 있다.[63] 그러나 「제조」에 해당하기 위해서는 제조공정의 일부를 이루는 작업이라는 것만으로는 충분하지 않고 원래의 물품에 일정한 공작을 가해서 일정한 가치를 부가하는 행위라야 한다. 운송작업이 이 요건을 충족한다는 해석은 어색하다고 생각된다. 운송작업은 「제조」가 아니라 「역무제공」 행위로 생각하는 것이 옳다. 아무튼 구내작업이라도 예를 들어 원재료를 창고에서 공장건물까지 이동하는 작업이나 완성된 물품을 공장건물에서 창고까지 이동하는 작업 등 제조공정의 일부를 이루는 것으로 인정되지 않는 행위는 「제조」에는 해당하지 않는다.

iii. 원사업자의 업무

제조를 다른 사업자에게 위탁하는 행위 가운데 하도급법의 대상이 되는 것은 원사업자가 반복·계속해서 ① 물품판매, ② 물품제조의 수탁, ③ 물품수리의 수탁, ④ 자가사용물품의 수리, 또는 ⑤ 자가사용물품의 제조 중 어느 하나를 하는 경우에 그 목적물인 물품 등에 대하여 수급사업자에게 제조위탁이 이루어지는 경우에 한정된다.

ㄱ. 물품판매업(「유형1」)

원사업자가 물품판매를 업으로 행하고 있는 경우에 그 물품 등(판매의 목적물인 물품의 제조과정에서 필요한 부품 등이나 금형을 포함한다)의 제조를 수급사업자에게 위탁하는 행위가 제조위탁의 전형적인 유형이다. 공정거래위원회는 이 유형을 제조위탁의 「유형1」로 부르고 있다.

---

(3) Q&A 8 (18면).
61 스즈키(鈴木), 신 하도급법 매뉴얼(新下請法マニュアル), 114면.
62 쓰지(辻)·이코마(生駒), 상세 하도급법(詳解下請法), 38면.
63 강습회 텍스트(講習会テキスト) 1. (3) 이(イ) (6면), 동 (3) Q&A 12 (18면).

도표 2-4　물품판매업자에 의한 제조위탁

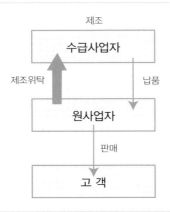

① 원사업자가 스스로 제조하는지 여부는 묻지 않음

　원사업자가 물품의 판매를 업으로 하는 경우에는 첫째, 원사업자가 스스로 제조한 물품을 판매하는 경우와 둘째, 원사업자 스스로는 제조설비를 갖추지 않고 다른 사업자가 제조한 물품을 판매하는 경우가 있다. 후자의 전형은 제조업자가 공장설비 없이 제조 부문을 아웃소싱하는 형태나 대규모소매업자 등이 PB상품으로 판매하는 상품을 조달하는 형태이다.

▌판매물품을 스스로 제조하는 원사업자가 제조위탁하는 예
• 자동차 제조업자가 판매하는 자동차를 구성하는 부품의 제조를 부품 제조업자에게 위탁하는 경우
• 전기기구 제조업자가 판매하는 전기기구를 구성하는 부품의 제조에 이용되는 금형의 제조를 금형 제조업자에게 위탁하는 경우[64]

▌판매물품을 스스로 제조하지 않는 원사업자가 제조위탁하는 예
• 대규모소매업자가 자사에서 판매하는 일용잡화품들 중에 자사의 PB상품의 제조를 일용잡화품 등의 제조업자에게 위탁하는 경우[65]
• 소매업자가 주관하는 공동 매입조직의 운영사업자가 가맹소매업자 등에게 판매하는 의류품, 일용품 등의 PB상품의 제조를 다른 사업자에게 위탁하는 경우[66]

---

64 이상, 하도급법운용기준(下請法運用基準) 제2. 1. (4).
65 공정위 권고(公取委勧告) 헤이(平)17·6·30(2005.6.30.)〔나후코(ナフコ)사건〕, 공정위 권고(公取委勧告) 헤이(平)18·10·27(2006.10.27.)〔이즈미야(イズミヤ)사건〕, 공정위 권고(公取委勧告) 헤이(平)20·6·17(2008.6.17.)〔니토리(ニトリ)사건〕.
66 공정위 권고(公取委勧告) 헤이(平)28·9·27(2016.9.27.)〔시지시재팬(シジシージャパン)사건〕, 다가

- 편의점 본부가 소비자에게 판매하는 자사의 PB상품의 제조를 다른 사업자에게 위탁하는 경우[67]
- 도시락 등을 판매하는 프랜차이즈 본부가 소비자에게 판매하는 도시락 등의 식재료(또는 자사의 프랜차이즈 체인에 소속된 가맹사업자에게 판매하는 식재료)의 제조를 다른 사업자에게 위탁하는 경우[68]
- 사무용품 등의 도매업자가 판매 목적물인 사무용품들 중에 자사의 PB상품의 제조를 사무용품 등의 제조업자에게 위탁하는 경우[69]
- 출판사가 판매하는 서적의 인쇄를 인쇄업자에게 위탁하는 경우[70]
- 항공회사가 기내에서 승객에게 판매하는 물품의 제조를 물품 제조업자에게 위탁하는 경우[71]

② 유상성

물품의 「판매」에 해당하기 위해서는 물품을 유상으로 제공해야 하며 무상으로 배포하는 경품을 제조위탁하는 것은 이 유형에 해당하지 않는다.[72] 다만 원사업자가 무상으로 배포하는 경품을 반복·계속해서 자체 제작하고 있는 경우에는 당해 경품의 제조위탁은 「자가사용물품의 제조」 유형(「유형4」)에 해당하고 하도급법의 대상이 된다.[73]

┃ 원사업자가 물품을 유상으로 제공하는 것으로 인정되지 않은 예
- 금융기관이 무상으로 배포하는 티슈의 제조를 수급사업자에게 위탁하는 경우
- 항공회사가 여객서비스에 부수하여 무상으로 제공하는 기내식의 제조를 수급사업자에게 위탁하는 경우[74]

다 노리아키(高田範昭)·이나모치 미나(稲餅美奈),「주식회사 시지시재팬에 대한 권고에 대하여(株式会社シジシージャパンに対する勧告について)」, 공정거래(公正取引) 796호, 71면(2017).
67 공정위 권고(公取委勧告) 헤이(平)28·8·25(2016.8.25.)〔패밀리마트(ファミリーマート)사건〕, 공정위 권고(公取委勧告) 헤이(平)29·5·10(2017.5.10.)〔야마자키제빵(山崎製パン)사건〕, 공정위 권고(公取委勧告) 헤이(平)29·7·21(2017.7.21.)〔세븐일레븐·재팬(セブン-イレブン·ジャパン)사건〕.
68 공정위 권고(公取委勧告) 헤이(平)29·3·2(2017.3.2.)〔프레나스(プレナス)사건〕.
69 공정위 권고(公取委勧告) 헤이(平)18·4·4(2006.4.4.)〔레이메이 후지이(レイメイ藤井)사건〕.
70 하도급법운용기준(下請法運用基準) 제2. 1. (4).
71 가마다(鎌田) 편저, 하도급법실무(下請法実務), 67면.
72 가마다(鎌田) 편저, 하도급법실무(下請法実務), 31면.
73 강습회 텍스트(講習会テキスト) 1. (3) Q&A 11 (18면).
74 가마다(鎌田) 편저, 하도급법실무(下請法実務), 67면.

▍원사업자가 물품을 유상으로 제공하고 있다고 인정되는 예
• 과자 제조업자가 판매하는 과자에 부속된 경품의 제조를 수급사업자에게 위탁하는 경우(이 경우 경품은 유상으로 제공하고 있는 상품의 「부속품」으로서 제공되는 것으로 평가된다.[75])

③ 「판매」 이외의 형태로 제공하는 물품과 관련된 제조위탁

이 유형의 대상이 되는 원사업자의 업무는 물품의 「판매」이기 때문에 임대 등 「판매」 이외의 형태로 제공하는 물품과 관련된 제조위탁은 원사업자가 「물품판매」를 업으로 하는 유형(「유형1」)의 대상은 되지 않는다.[76]

▍원사업자가 물품을 「판매」하고 있다고 인정되지 않은 예
• 렌털회사나 리스회사가 임대 또는 리스의 목적물인 물품의 제조를 수급사업자에게 위탁하는 경우[77]

④ 시제품(試作品)의 제조위탁

원사업자가 시제품의 제조를 수급사업자에게 위탁하는 경우에 원사업자는 「물품판매」를 반복·계속하고 있다고 인정되는가? 연구개발 단계에서부터 상품화에 이르지 못한 단계에 이르기까지의 시제품의 제조를 위탁하는 경우에는 「판매의 목적물인 물품」을 제조위탁하는 것으로 인정되지 않아 「물품판매」의 유형(「유형1」)에는 해당하지 않는다.

문제는 상품화하는 것을 전제로 최종 상품과 동등한 레벨수준으로서 상품화의 직전 단계에 있는 시제품의 제조를 위탁하는 경우이다. 상품화의 최종단계에 있다고 하더라도 상품의 시판단계에 있지 않은 경우에는 원사업자가 「판매의 목적물인 물품」을 제조위탁하는 것으로 인정하기 어렵다고 생각되지만 공정거래위원회는 「물품판매」를 하는 원사업자가 제조위탁을 하는 유형(「유형1」)에 해당하는 것으로 해석하고 있다.[78] 구체적으로 어떠한 경우에 「상품화의 전 단계에 있는 시제품」에 해당하는지는

---

75 강습회 텍스트(講習会テキスト) 1. (3) Q&A 11 (18면).
76 가마다(鎌田) 편저, 하도급법실무(下請法実務), 31면.
77 쓰지(辻)·이코마(生駒), 상세 하도급법(詳解下請法), 38면.
78 가마다(鎌田) 편저, 하도급법실무(下請法実務), 41면.

명확하지 않지만 대량생산(量産)에 사용되는 금형을 만든 단계 이후의 시제품은 「상
품화의 전 단계에 있는 시제품」으로 판단된다.

　또한 시제품이 「판매의 목적물인 물품」에 해당하지 않는 경우라도 원사업자가 시
제품을 반복·계속해서 자체 제작하고 있다면 그것을 수급사업자에게 외주하는 행위
는 원사업자가 「자가사용물품의 제조」를 행하는 경우의 제조위탁(유형4)에 해당하고
하도급법이 적용된다.[79]

ㄴ. 물품제조청부(수탁)업(「유형2」)

　원사업자가 제3자로부터 위탁을 받고 물품 등의 제조를 업으로 하고 있는 경우에
는 그 물품 등(판매의 목적물인 물품의 제조과정에서 필요한 부품 등이나 금형을 포함한다)의
제조를 수급사업자에게 위탁하는 행위는 하도급법의 대상거래가 된다. 공정거래위원
회는 이 유형을 제조위탁의 「유형2」로 부르고 있다.

도표 2-5 | 물품제조청부(수탁)업자에 의한 제조위탁

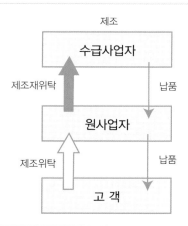

　고객으로부터 물품의 제조를 수탁하고 있는 원사업자가 그 물품 등의 제조를 수급
사업자에게 재위탁하는 경우로서, 스스로는 제조를 하지 않고 수탁업무의 전부를 재
위탁하더라도 물품의 제조를 업으로 위탁받고 있는 한 이 유형에 해당한다.

---

79 가마다(鎌田) 편저, 하도급법실무(下請法実務), 41면.

이 유형의 제조위탁에 해당하기 위해서는 「청부(수탁)」인 이상 유상으로 이루어져야 하며 원사업자가 무상으로 위탁받는 물품의 제조를 재위탁하는 것은 「자가사용물품의 제조」유형(「유형4」)에 해당하지 않는 한 하도급법의 대상이 되지 않는다.

▌물품제조청부(수탁)가 원사업자의 업무로 되는 예

• 정밀기기 제조업자가 제조를 위탁받은 정밀기기에 사용되는 부품의 제조를 부품 제조업자에게 위탁하는 경우

• 금속제품 제조업자가 제조를 위탁받은 금속제품의 제조에 사용되는 금형의 제조를 금형 제조업자에게 위탁하는 경우[80]

• 파친코 오락기 등의 부품 제조업자가 파친코 오락기 등의 제조업자로부터 제조를 위탁받은 부품의 제조에 사용하는 금형의 제조를 다른 사업자에게 위탁하는 경우[81]

• 버스차체의 제조를 위탁받은 회사가 버스차체에 사용하는 부품의 제조를 다른 사업자에게 위탁하는 경우[82]

• 광고선전물의 기획·제작, 인쇄 등을 위탁받은 회사가 기획·제작한 광고선진물의 인쇄를 인쇄업자에게 위탁하는 경우[83]

• 서적 등의 인쇄, 제본, 제판 등을 위탁받은 회사가 인쇄, 제본, 제판 등의 전부 또는 일부를 수급사업자에게 위탁하는 경우[84]

ㄷ. 물품수리청부(수탁)업(「유형3」)

원사업자가 제3자로부터 위탁받은 물품의 수리를 업으로 수탁하고 있는 경우에 그 물품의 수리에 필요한 부품 또는 원재료의 제조를 수급사업자에게 위탁하는 행위는 하도급법 적용대상 거래가 된다. 하도급법 제2조 제1항에서는 「제조위탁」을 「사업자가 …… 업으로 하는 물품의 수리에 필요한 부품 혹은 원재료의 제조를 다른 사업자에게 위탁하는 것」으로 규정되어 있지만 여기서 말하는 「사업자가 …… 업으로 하는 물품의 수리」에는 물품의 수리청부(수탁)를 업으로 하는 경우와 자가사용물품의 수리를 업으로 하는 경우, 두 가지가 모두 포함되어 있다. 공정거래위원회는 이

---

80 이상, 하도급법운용기준(下請法運用基準) 제2. 1. (4).

81 공정위 권고(公取委勧告) 헤이(平)26·6·27(2014.6.27.)〔모리소(森創)사건〕.

82 공정위 권고(公取委勧告) 헤이(平)20·12·11(2008.12.11.)〔니시닛폰 차체공업(西日本車体工業)사건〕.

83 공정위 권고(公取委勧告) 헤이(平)18·3·23(2006.3.23.)〔다이신샤(大伸社)사건〕, 공정위 권고(公取委勧告) 헤이(平)21·12·15(2009.12.15.)〔아스콘(アスコン)사건〕.

84 공정위 권고(公取委勧告) 헤이(平)20·3·27(2008.3.27.)〔히라카와 공업사(平河工業社)사건〕, 동종의 예로서, 공정위 권고(公取委勧告) 헤이(平)21·8·7(2009.8.7.)〔다이센(大仙)사건〕.

두 가지 종류의 제조위탁을 합쳐서 제조위탁의 「유형3」으로 부르고 있다.

도표 2-6 물품수리청부(수탁)업자에 의한 제조위탁

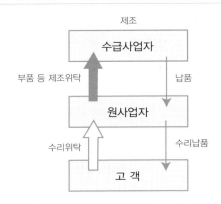

원사업자의 업무가 물품의 수리인 경우에 제조위탁의 대상물은 당해 물품의 수리에 필요한 「부품」 또는 「원재료」에 한정된다. 「반제품」이 제외된 것은 수리를 위하여 반제품이 필요한 경우는 수리 단계를 넘는 제조라고 평가되기 때문이다. 그리고 「부속품」이 제외된 것은 물품의 수리를 위하여 부속품이 필요한 경우는 부속품의 교체로서, 매매로 인정되어야 하기 때문이다.[85] 또한 수리에 필요한 「금형」을 외주하는 것은 자가사용물품으로서의 금형을 외주하는 것으로서 금형을 반복·계속해서 자체 제작하고 있는 경우에만 하도급법이 적용된다.[86]

「물품수리청부(수탁)」에 해당하기 위해서는 「청부(수탁)」인 이상 유상이어야 한다. 다만 물품의 판매업자가 하는 보증기간 중의 수리서비스와 같이 무상으로 보이는 것이라도 그 대가가 물품의 판매가격에 포함되어 있다고 간주되는 경우에는 제조판매업자라 하더라도 「물품수리청부(수탁)」를 업으로 하고 있는 것이 된다.

▎물품수리청부(수탁)가 원사업자의 업무가 되는 예
• 가전제품 제조업자가 소비자에게 판매한 가전제품을 수리하기 위하여 필요한 부품의 제조를 부품 제조업자에게 위탁하는 경우[87]

---

85 이상, 공정위 사무국(公取委事務局) 편, 신하도급법(新下請法), 90-91면.
86 가마다(鎌田) 편저, 하도급법실무(下請法実務), 36면.
87 하도급법운용기준(下請法運用基準) 제2. 1. (4).

ㄹ. 자가사용물품의 수리(「유형3」)

원사업자가 스스로 사용하는 물품의 수리를 업으로 (반복·계속해서) 하는 경우에 그 물품의 수리에 필요한 부품 또는 원재료의 제조를 수급사업자에게 위탁하는 행위는 하도급법의 대상 거래가 된다. 앞의 ㄷ.의 「물품수리청부(수탁)」를 업으로 하는 경우와 마찬가지로 제조위탁의 「유형3」으로 부른다.

도표 2-7 자가사용물품의 수리를 업으로 하는 자에 의한 제조위탁

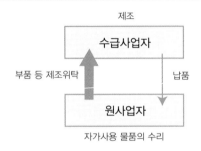

「물품수리청부(수탁)」의 경우에는 원사업자에게 수리청부(수탁)의 고객이 존재하고 업무성이 존재하는 것이 명확하지만, 「자가사용물품의 수리」의 경우에는 원사업자에게 수리 고객은 존재하지 않고 자가사용물품의 수리를 스스로 반복·계속해서 하고 있는 경우에만 하도급법의 대상이 된다. 또한 여기서 업무성(반복·계속성)은 자가사용물품의 수리행위에 대해서만 요구되고 위탁행위, 즉 수리에 필요한 물품 또는 원재료의 제조행위에 대해서는 요구되지 않는다.

┃자가사용물품의 수리가 원사업자의 업무가 되는 예
• 공작기계 제조업자가 자사에서 수리하고 있는 자사공장 내의 공작기계의 수리에 사용되는 부품의 제조를 부품 제조업자에게 위탁하는 경우[88]
• 버스를 운행하는 회사가 버스 수리공장을 사내에 가지고 있어서 일정 규모로 수리가 행해지고 있는 경우에 수리에 필요한 부품의 제조를 부품 제조업자에게 위탁하는 경우[89]

---

88 하도급법운용기준(下請法運用基準) 제2. 1. (4).
89 가마다(鎌田) 편저, 하도급법실무(下請法實務), 36면.

ㅁ. 자가사용물품의 제조(「유형4」)

원사업자가 스스로 사용 또는 소비하는 물품의 제조를 업으로 (반복·계속해서) 하는 경우에 그 물품 등(반제품, 부품, 부속품, 원재료 및 이들 제조에 필요한 금형을 포함한다)의 제조를 수급사업자에게 위탁하는 행위는 하도급법의 대상 거래가 된다. 공정거래위원회는 이 유형을 제조위탁의 「유형4」로 부르고 있다. 자가사용물품의 제조에 사용되는 부품이나 금형 등을 원사업자 스스로는 제조하고 있지 않는 경우라도 완성품이 되는 자가사용물품을 스스로 반복·계속해서 제조하고 있다면 당해 부품이나 금형 등의 제조위탁도 하도급법의 적용대상 거래가 된다.

도표 2-8) 자가사용물품의 제조를 업으로 하는 자에 의한 제조위탁

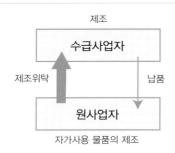

「사업자가 사용 또는 소비하는 물품」에는 문자 그대로 원사업자가 자가사용·소비하는 물품(자사의 공장에서 사용하는 공구·설비·기계류나 사무용품 등)뿐만 아니라[90] 고객 등에게 무상으로 제공하는 물품(경품, 카탈로그, 포스터, 전단지 등)도 포함된다.[91]

▎자가사용물품의 제조가 원사업자의 업무가 되는 예
• 수송용 기기 제조업자가 자사의 공장에서 사용하는 수송용 기기를 자사에서 제조하고 있는 경우에 당해 수송기기의 부품 제조를 부품 제조업자에게 위탁하는 경우
• 공작기계 제조업자가 자사의 공장에서 사용하는 공구를 자사에서 제조하고 있는 경우에 일부 공구의 제조를 다른 공작기계 제조업자에게 위탁하는 경우[92]

---

90 강습회 텍스트(講習会テキスト) 1. (3) 이(イ) (6면).
91 강습회 텍스트(講習会テキスト) 1. (3) Q&A 11 (18면).
92 이상, 하도급법운용기준(下請法運用基準) 제2. 1. (4).

> • 정밀기기 제조업자가 자사에서 제품 운송용 포장재를 제조하고 있는 경우에 제품 운송용 포장재의 제조를 제조업자에게 위탁하는 경우[93]

(3) 정보성과물작성위탁

> 하도급법 제2조 제3항 및 제6항
> ③ 이 법률에서 「정보성과물작성위탁」이란 사업자가 업으로 제공하거나 업으로 위탁받은 작성의 목적인 정보성과물의 작성행위 전부 또는 일부를 다른 사업자에게 위탁하는 것 및 사업자가 사용하는 정보성과물의 작성을 업으로 하는 경우에 그 정보성과물의 작성행위 전부 또는 일부를 다른 사업자에게 위탁하는 것을 말한다.
> ⑥ 이 법률에서 「정보성과물」이란 다음 각호에 해당하는 것을 말한다.
>   1. 프로그램(컴퓨터에 대한 지시명령으로 하나의 결과를 얻을 수 있도록 조합된 것을 말한다)
>   2. 영화, 방송프로그램, 그 외 영상, 또는 음성, 그 외의 음향으로 구성된 것
>   3. 문자, 도형, 기호, 이들의 결합, 또는 이들과 색채와의 결합으로 구성되는 것
>   4. 전 3호에 해당하는 것 이외에 이와 같은 종류로서 시행령으로 정한 것

2003년 하도급법이 개정되어 역무의 위탁거래가 하도급법의 대상이 됨에 따라 정보성과물의 작성위탁도 하도급법의 대상에 추가되었다(하도급법 제2조 제3항).

i. 정보성과물

정보성과물의 작성위탁과 관련하여 자기가 이용하는 정보성과물을 다른 사업자에게 위탁하는 행위도 하도급법의 대상이 된다. 정보성과물의 작성은 역무제공의 일종이지만, 역무제공위탁의 경우 자가이용 역무의 제공위탁은 하도급법이 적용되지 않는다. 따라서 「정보성과물」과 「역무」의 구별이 중요하다.

---

93 강습회 텍스트(講習会テキスト) 1. (3) 이(イ) (6면).

ㄱ. 총론

① 「정보」

「정보성과물」은 창작적인 작업이 필요한 반면에 기계적인 작업은 「역무」에 해당된다.[94] 이것은 정의상 명확하지 않지만 예를 들어 정보처리는 「프로그램」에 해당되지 않음에도 불구하고 정보처리의 결과가 문자, 도형 또는 기호에 의해 구성되기 때문에 정보성과물에 해당된다고 하는 것은 불합리하다. 정보처리의 결과가 「정보성과물」에 해당하지 않는 것은 그것이 기계적인 작업의 결과일 뿐 「정보」로 인정될 수 없기 때문이다. 애초 프로그램이 정보성과물이고 정보처리가 역무라고 구별되는 것도 전자가 컴퓨터에 입력되는 지시명령을 창작적으로 조합시킨 것임에 반하여 후자는 그 프로그램 위에 데이터를 적용시키는 기계적인 작업이기 때문이다.

그리고 정보성과물을 작성하고 있는 것처럼 보여도 원사업자의 지시 그대로 작업을 하는 것에 지나지 않는 경우에는 정보성과물의 작성이 아니다.[95] 이와 같은 작업에 의해 작성된 것에는 수급사업자의 창작성이 인정되지 않기 때문이다.[96]

그러나 정보성과물은 저작권법상의 저작물에 해당할 필요는 없다.[97] 저작물은 「사상 또는 감정을 창작적으로 표현한 것으로서 문예, 학술, 미술 또는 음악의 범위에 속한 것」(일본 저작권법 제2조 제1항 제1호)이어야 하지만 정보성과물은 「사상 또는 감정」을 표현한 것일 필요는 없고 「문예, 학술, 미술 또는 음악의 범위에 속한 것」일 필요도 없다.

> ▌「정보성과물」에 해당하지 않는 예
> • 앙케이트 조사의 집계결과표(의견 등의 기재가 없는 것)[98]
> • 청소업무의 수탁업자가 작성하는 청소종료 보고서[99](역무제공위탁의 일부로 취급된다)

---

94 우에하라 신이치(上原伸一), 「텔레비전과 관계된 정보성과물작성위탁을 중심으로 한 하도급법 대응 – 출발 이유에 기인한 현상과 문제까지(テレビ関係における情報成果物作成委託を中心とした下請法対応ースタート事情から現状と問題まで)」, 공정거래(公正取引) 689호, 14면, 17면(2008) 참조.
95 강습회 텍스트(講習会テキスト) 1. (3) Q&A 16 (19면).
96 또한 이 경우에는 원칙적으로 역무의 제공이 되지만 원사업자가 스스로 이용하는 역무의 위탁인 경우에는 하도급법의 대상이 되지 않는다. 더구나 파견노동자에 대한 위탁인 경우에는 하도급법은 적용되지 않는다.
97 강습회 텍스트(講習会テキスト) 1. (3) Q&A 15 (19면).
98 강습회 텍스트(講習会テキスト) 1. (3) Q&A 31 (22면).
99 가마다(鎌田) 편저, 하도급법실무(下請法実務), 48면.

② 「성과물」

정보성과물 자체는 유형물이 아니다. 정보성과물은 종이나 CD−ROM, USB 메모리 등의 매체를 통하여 거래되는 것이 통상적이지만 정보「성과물」은 이들 매체가 아니라 그 내용(콘텐츠) 자체이다.[100]

최종적인 정보성과물의 작성위탁뿐만 아니라 최종적인 정보성과물(예를 들어 방송프로그램)의 일부를 구성하는 정보성과물(예를 들어 각본)의 작성위탁도 하도급법의 대상이 된다.[101]

그러나 정보성과물의 작성에 필요한 것이라도 「역무」만을 제공하는 행위는 「정보성과물」을 작성하는 것으로 인정되지 않는다. 정보성과물의 작성에 필요한 역무의 제공을 다른 사업자에게 위탁하는 경우에 당해 역무는 단지 위탁사업자가 스스로 이용하는 역무이기 때문에 역무제공위탁에도 해당하지 않는다.[102] 제조위탁에는 원사업자의 사업상 목적물인 물품(완성품)뿐만 아니라 원재료, 반제품, 부품 또는 부속품을 제조위탁하는 것도 하도급법의 적용대상이 되지만, 정보성과물작성위탁에서는 어디까지나 원사업자의 업무 목적인 「정보성과물」의 일부 또는 전부의 작성을 위탁하는 경우에만 하도급법이 적용된다.

시스템개발위탁에서는 청부(수탁)계약으로 하는 경우 또는 준위임계약(일본 민법 제656조)으로 하는 경우 등이 있지만 당해 위탁거래에 대하여 하도급법이 적용되는지 여부는 계약형식에 의해 판단되는 것이 아니라 거래의 실질이 정보성과물의 작성을 위탁하는 것인지 정보성과물의 작성에 필요한 정보처리 등의 역무제공을 위탁하는 것인지에 따라 판단된다.

┃ 정보성과물의 작성에 해당하지 않는 예
• 게임소프트 감수
• 방송프로그램의 감독, AD, 배우, 조명, 촬영(촬영한 데이터를 납품하는 경우는 제외)
• 애니메이션의 감독, 성우[103]

---

100 가마다(鎌田) 편저, 처음으로 배운다(はじめて学ぶ), 36−37면.
101 하도급법운용기준(下請法運用基準) 제2. 3. (4).
102 가마다(鎌田) 편저, 하도급법실무(下請法實務), 49−50면.
103 이상, 강습회 텍스트(講習会テキスト) 1. (3) 에(エ) (11면).

ㄴ. 프로그램

정보성과물인 「프로그램」은 「컴퓨터에 대한 지시명령으로 하나의 결과를 얻을 수 있도록 조합된 것」으로 정의된다(하도급법 제2조 제6항 제1호).

> ▌「프로그램」에 해당하는 예
> • 텔레비전 게임소프트, 회계소프트, 가전제품의 제어 프로그램, 고객관리 시스템[104]
> • 게임소프트를 구성하는 프로그램[105]

정보성과물인 프로그램의 작성과 혼동하기 쉬운 것이 정보처리의 제공이다. 정보처리는 프로그램상에서 계산이나 검색, 데이터의 입출력 등을 처리하는 것으로 프로그램 자체를 작성하는 행위와는 구별된다.[106]

> ▌정보성과물작성위탁에 해당하는 예
> • 프로그램업자가 프로그래밍 언어를 사용하여 소스코드를 기술(記述)하는 작업(코딩)을 다른 시스템 개발업자에게 위탁하는 경우[107]
> • 금융기관이 스스로 반복·계속해서 하는 프로그램의 기능확장·추가에 수반되는 개선보수업무를 수급사업자에게 위탁하는 경우[108]
>
> ▌정보성과물작성위탁에 해당하지 않는 예
> • 생명보험회사 자신이 반복·계속해서 하는 고객정보의 데이터 입력작업을 수급사업자에게 위탁하는 경우[109]
> • 금융기관 자신이 반복·계속해서 하고 있는 프로그램의 버그수정(기능개선, 확장, 추가를 동반하지 않는 것)을 수급사업자에게 위탁하는 경우[110]
> → 이러한 것들은 자가이용 역무의 위탁이기 때문에 역무제공위탁에도 해당하지 않고 하도급법이 적용되지 않는다.

---

104 하도급법운용기준(下請法運用基準) 제2. 3. (2).
105 강습회 텍스트(講習会テキスト) 1. (3) 에(エ) (11면).
106 강습회 텍스트(講習会テキスト) 1. (3) 아(ア) (4면).
107 강습회 텍스트(講習会テキスト) 1. (3) Q&A 19 (20면).
108 가마다(鎌田) 편저, 하도급법실무(下請法実務), 58면.
109 가마다(鎌田) 편저, 하도급법실무(下請法実務), 63면.
110 가마다(鎌田) 편저, 하도급법실무(下請法実務), 58면.

ㄷ. 영상 · 음향으로 구성된 것

「영화, 방송프로그램, 기타 영상 또는 음성, 음향으로 구성된 것」은 정보성과물에 해당한다(하도급법 제2조 제6항 제2호). 「영상」에는 소위 정지영상과 동영상 둘 다 포함된다.

> ▌「영상 · 음향으로 구성된 것」에 해당하는 예
> • 텔레비전 프로그램, 텔레비전 CM, 라디오 프로그램, 영화, 애니메이션[111]
> • 방송프로그램을 구성하는 코너 프로그램, 타이틀 CG
> • 게임소프트를 구성하는 영상 데이터, BGM 등의 음향 데이터
> • 애니메이션을 구성하는 셀화(cell 그림), 배경미술[112]

정보성과물인 방송프로그램 등을 작성하는 과정에서의 작업은 일반적으로 역무제공이지만 영상이나 음향을 창작적으로 제작하는 것이라면 「정보성과물」의 작성이 된다.

> ▌정보성과물작성위탁에 해당하지 않는 예
> • 방송국이 자사 스튜디오에서 비디오카메라 촬영을 수급사업자에게 위탁하는 경우
>
> ▌정보성과물작성위탁에 해당하는 예
> • 방송국이 수급사업자가 주체적으로 촬영한 테이프 등의 데이터를 납품하게 하는 경우[113]

ㄹ. 문자 · 도형 · 기호로 구성된 것

정보성과물에 해당하는 「문자, 도형, 기호, 이들의 결합 또는 이들과 색채와의 결합으로 구성된 것」(하도급법 제2조 제6항 제3호)은 이하에서 언급하는 바와 같이 창작적으로 작성된 것이어야 한다. 그리고 문자, 도형 또는 기호와 같이 어떤 식으로든 형태로 남는 것이어야 한다.

---

111 하도급법운용기준(下請法運用基準) 제2. 3. (2).
112 이상, 하도급법운용기준(下請法運用基準) 제2. 3. (4).
113 이상, 가마다(鎌田) 편저, 하도급법실무(下請法実務), 48면.

> ▌「문자・도형・기호로 구성되는 것」에 해당하는 예
> • 설계도, 포스터 디자인, 상품・용기 디자인, 컨설팅 리포트, 잡지 광고[114]
> • 위탁업체 사업자의 의견 등을 기재한 마케팅 조사보고서[115]
> • 게임소프트를 구성하는 시나리오, 캐릭터 디자인
> • 방송프로그램을 구성하는 각본, 오리지널 테마곡의 악보[116]
> • 해외 게임소프트를 국내용으로 판매하기 위하여 필요한 게임 내 언어를 일본어로 번역한 문서[117]
>
> ▌「문자・도형・기호로 구성되는 것」에 해당하지 않는 예
> • 동시통역

ㅁ. 기타 시행령으로 정한 것

하도급법 제2조 제6항 제4호는 「전 3호에 해당하는 것 이외에 이와 같은 종류로서 시행령으로 정한 것」도 정보성과물에 해당하는 것으로 정하고 있지만 현재 본 호에 근거한 시행령은 제정되지 않았다.

ii. 작성

정보성과물의 「작성」은 정보성과물의 내용(콘텐츠)을 작성하는 것이다. 정보성과물이 화체된 매체의 복제물을 작성하는 것은 여기서 말하는 「작성」이 아니라 제조위탁에서 말하는 「제조」에 해당한다.

iii. 원사업자의 업무

정보성과물의 작성을 다른 사업자에게 위탁하는 행위 가운데 하도급법의 대상이 되는 것은 원사업자가 반복・계속해서 ① 정보성과물의 제공, ② 정보성과물작성의 청부(수탁), 또는 ③ 자가사용 정보성과물의 작성 중 어느 하나를 행하는 경우에 그

---

114 하도급법운용기준(下請法運用基準) 제2. 3. (2).
115 강습회 텍스트(講習会テキスト) 1. (3) Q&A 31 (22면).
116 이상, 하도급법운용기준(下請法運用基準) 제2. 3. (4).
117 강습회 텍스트(講習会テキスト) 1. (3) Q&A 14 (19면).

목적물인 정보성과물에 대해서 수급사업자에게 작성위탁을 하는 경우에 한한다.

ㄱ. 정보성과물제공업(「유형1」)

원사업자가 정보성과물의 「제공」을 업으로 하는 경우에 그 정보성과물의 작성을 수급사업자에게 위탁하는 행위는 하도급법의 대상 거래가 된다. 공정거래위원회는 이 유형을 정보성과물작성위탁의 「유형1」로 부르고 있다.

도표 2-9 ㅣ 정보성과물 제공자에 의한 정보성과물의 작성위탁

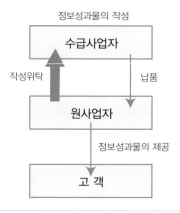

---

①「제공」

「제공」은 원사업자가 정보성과물을 고객용으로 제공하는 것을 의미하며, 정보성과물을 판매하는 경우뿐만 아니라 실시허락이나 사용허락하는 경우도 포함된다.[118] 이는 제조위탁에서 물품의 「판매」에 상당하는 것이지만, 정보성과물의 경우에는 물품과는 다르고 소유권을 이전시키는 것이 아니라 정보성과물을 이용하는 권리를 인정하는 방법으로 거래하는 경우도 많기 때문에 이와 같이 「판매」에 해당하지 않는 거래도 대상이 된다는 것을 명확히 하기 위하여 「제공」이라는 용어가 사용되었다.[119]

정보성과물을 「제공」한다고 인정되는 케이스에는 당해 정보성과물 자체를 단독으

---

118 하도급법운용기준(下請法運用基準) 제2. 3. (3).
119 가마다(鎌田) 편저, 처음으로 배운다(はじめて学ぶ), 37면.

로 제공하는 경우뿐만 아니라 물품 등에 정보성과물이 부속, 내장(內藏), 화체(化体)
등으로 제공되는 경우도 포함된다.[120]

또한 원사업자가 정보성과물을 스스로 작성할 능력을 가지고 있을 필요는 없다.

❙ 정보성과물 자체를 단독으로 제공하는 예
- 프로그램의 개발업자가 소비자에게 판매하는 게임소프트의 작성을 다른 프로그램 개발업자에
  게 위탁하는 경우
- 방송사업자가 방송하는 텔레비전 프로그램의 제작을 프로그램 제작업자에게 위탁하는 경우[121]
- 정보통신사업자가 인터넷상 이용자에게 유료로 제공하는 콘텐츠의 작성을 콘텐츠 작성업자에
  게 위탁하는 경우[122]

❙ 물품 등에 부속되어 정보성과물을 제공하는 예
- 가전제품 제조업자가 소비자에게 판매하는 가전제품의 취급설명서 내용의 작성을 다른 사업자
  에게 위탁하는 경우[123]
- 업무용 기계 제조업자가 해외에 판매하는 상품 취급설명서의 번역을 번역업자에게 위탁하는 경우[124]

❙ 물품 등에 내장되어 정보성과물이 제공되는 예
- 가전제품 제조업자가 소비자에게 판매하는 가전제품에 내장되는 제어 프로그램의 개발을 프로
  그램 개발업자에게 위탁하는 경우[125]

❙ 물품 등에 화체되어 정보성과물이 제공되는 예
- 음료 제조업자가 신상품의 상품패키지 디자인을 디자인회사에 위탁하는 경우[126]
- 포장자재 제조업자가 문방구 제조업자로부터 위탁받은 포장자재에 사용되는 디자인의 작성을
  다른 사업자에게 위탁하는 경우[127]
- 부동산회사가 판매용 주택을 건설하면서 당해 주택의 건설 설계도 작성을 건축설계회사에 위탁
  하는 경우[128]
- 반도체 제조업자가 반도체 회로 설계도의 작성을 다른 사업자에게 위탁하는 경우[129]

---

120 하도급법운용기준(下請法運用基準) 제2. 3. (3).
121 이상, 하도급법운용기준(下請法運用基準) 제2. 3. (6).
122 가마다(鎌田) 편저, 하도급법실무(下請法実務), 51면.
123 하도급법운용기준(下請法運用基準) 제2. 3. (6).
124 가마다(鎌田) 편저, 하도급법실무(下請法実務), 51면.
125 하도급법운용기준(下請法運用基準) 제2. 3. (6).
126 가마다(鎌田) 편저, 하도급법실무(下請法実務), 51면.
127 공정위 권고(公取委勧告) 헤이(平)26·2·27(2014.2.27.)〔쇼에이코포레숀(ショーエイコーポレーショ
    ン)사건〕.
128 강습회 텍스트(講習会テキスト) 1. (3) 에(エ) (10면).
129 강습회 텍스트(講習会テキスト) 1. (3) Q&A 27 (21면).

- 패키지 프로그램 판매업자가 판매하는 프로그램의 내용과 관련된 기획서의 작성을 다른 프로그램업자에게 위탁하는 경우[130]

② 유상성

정보성과물의 「제공」은 유상이어야 한다. 순수하게 무상으로 배포되는 정보성과물의 작성을 위탁하는 행위는 이 유형에는 해당하지 않고 자가사용 정보성과물작성위탁에 해당되는지 여부가 문제된다.

다만 원사업자가 정보성과물을 단독·유상으로 제공하고 있지 않다고 하더라도 정보성과물이 부속, 내장, 화체된 물품 등을 유상으로 제공하고 있다면 그것에 부속된 정보성과물도 유상으로 제공하는 것으로 본다.[131]

▌정보성과물을 유상으로 제공한다고 인정되지 않은 예
- 가전 제조업자가 소비자에게 판매하는 가전제품의 광고선전물 작성을 광고회사에 위탁하는 경우
- 프로그램업자가 리크루트 비디오의 작성을 다른 사업자에게 위탁하는 경우

▌정보성과물을 유상으로 제공한다고 인정되는 예
- 가전 제조업자가 판매하는 가전제품에 무상으로 첨부되는 취급설명서의 작성을 다른 사업자에게 위탁하는 경우

ㄴ. 정보성과물작성청부(수탁)업(「유형2」)

원사업자가 정보성과물작성의 청부(수탁)를 업으로 하는 경우에 그 정보성과물의 작성을 수급사업자에게 위탁하는 행위는 하도급법의 대상 거래가 된다. 공정거래위원회는 이 유형을 정보성과물작성위탁의 「유형2」로 부르고 있다.

---

130 하도급법운용기준(下請法運用基準) 제2. 3. (6).
131 하도급법운용기준(下請法運用基準) 제2. 3. (3).

도표 2-10 정보성과물작성청부(수탁)업자에 의한 정보성과물의 작성위탁

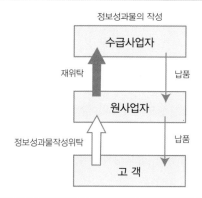

정보성과물의 작성
수급사업자
재위탁 · 납품
원사업자
정보성과물작성위탁 · 납품
고객

이것은 고객으로부터 정보성과물의 작성을 수탁받은 원사업자가 그 정보성과물의 작성을 수급사업자에게 재위탁하는 것을 말한다. 원사업자가 수탁받은 업무를 직접 작성하지 않고 전부를 재위탁하더라도 정보성과물작성 수탁을 업으로 하고 있는 한 이 유형에 해당한다.

원사업자가 고객으로부터 작성을 위탁받은 최종적인 정보성과물의 일부를 구성하는 정보성과물의 작성을 수급사업자에게 위탁하는 행위도 이 유형의 대상이 된다. 그리고 원사업자가 물품 등의 제조를 위탁받는 경우에도 물품 등에 정보성과물이 부속, 내장, 화체되어 있고 원사업자가 이와 같은 정보성과물의 작성을 포함하여 물품 등의 제조를 위탁받고 있다면 당해 정보성과물의 작성을 수급사업자에게 위탁하는 행위도 이 유형의 대상이 된다.

▌정보성과물작성수탁이 원사업자의 업무가 되는 예
• 인쇄물의 기획 · 디자인 · 인쇄를 위탁받은 광고회사가 인쇄물의 기획 · 디자인의 작성을 수급사업자에게 위탁하는 경우[132]
• 텔레비전 프로그램 제작업자가 제작을 위탁받은 방송프로그램을 구성하는 각본의 작성을 각본가에게 위탁하는 경우[133]
• 쇼핑백 제조업자가 백화점으로부터 제조를 위탁받은 쇼핑백의 디자인 작성을 수급사업자에게 위탁하는 경우[134]

---

132 공정위 권고(公取委勧告) 헤이(平)17 · 9 · 21(2005.9.21.)〔다케다인쇄(竹田印刷)사건〕, 공정위 권고(公取委勧告) 헤이(平)18 · 3 · 23(2006.3.23.)〔다이신샤(大伸社)사건〕.
133 하도급법운용기준(下請法運用基準) 제2. 3. (6).
134 공정위 권고(公取委勧告) 헤이(平)19 · 12 · 18(2007.12.18.)〔도쿄아트(東京アート)사건〕.

• 공작기계 제조업자가 사용자로부터 제조를 위탁받은 공작기계에 내장되는 프로그램의 개발을
  프로그램 개발자에게 위탁하는 경우[135]

ㄷ. 자가사용 정보성과물의 작성(「유형3」)

원사업자가 자신이 사용하는 정보성과물의 작성을 업으로 (반복·계속해서) 하고
있는 경우에 그 정보성과물의 작성행위를 수급사업자에게 위탁하는 행위는 하도급
법의 대상 거래가 된다. 이 유형은 정보성과물작성위탁의 「유형3」으로 불린다.

도표 2-11 **자가사용 정보성과물을 업으로 작성하는 자에 의한 정보성과물의 작성위탁**

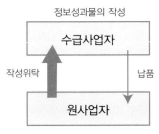

자가사용하는 정보성과물의 작성을 위탁하는 경우에는 자가사용하는 정보성과물
을 스스로 반복·계속해서 작성하는 때에만 하도급법의 대상이 된다.

「사업자가 사용하는 정보성과물」에는 문자 그대로 원사업자가 자가사용하는 정보
성과물(사내에서 사용하는 회계 프로그램, 사원연수용 비디오, 자사 홈페이지 등)뿐만 아니
라[136], 고객 등에게 무상으로 제공하는 정보성과물(광고선전물, 리크루트용 비디오 등)도
포함된다.

▎**자가사용 정보성과물의 작성이 원사업자의 업무가 되는 예**
• 자기 스스로 디자인을 작성하고 있는 광고회사가 신제품의 디자인공모에 참가하면서 디자인의
  작성을 디자인업자에게 위탁하는 경우
• 텔레비전 방송사업자가 자기가 방송하는 프로그램의 광고·선전 작성의 일부를 프로그램 제작

---

135 하도급법운용기준(下請法運用基準) 제2. 3. (6).
136 하도급법운용기준(下請法運用基準) 제2. 3. (3).

회사에 위탁하는 경우[137]
- 포장자재의 제조위탁자가 고객으로부터 제조위탁받은 포장자재에 사용되는 디자인을 자사에서 하고 있는 경우에 이를 디자인업자에게 위탁하는 경우[138]
- 통신판매업자가 고객에게 무상으로 배포하는 상품 카탈로그의 내용·디자인을 자기 스스로 하고 있는 경우에 이것을 디자인업자에게 위탁하는 경우[139]
- 파친코 오락기 등의 부품 제조업자가 파친코 오락기 제조업자에게 자신의 기획안을 제안하기 위하여 필요한 파친코 오락기의 디자인 작성을 다른 사업자에게 위탁하는 경우[140]

(4) 수리위탁

하도급법 제2조 제2항
② 이 법률에서 「수리위탁」이란 사업자가 업으로 위탁받은 물품의 수리행위 전부 또는 일부를 다른 사업자에게 위탁하는 것 및 사업자가 사용하는 물품의 수리를 업으로 하는 경우 수리행위의 일부를 다른 사업자에게 위탁하는 것을 말한다.

하도급법이 적용되는 위탁거래 중 하나인 수리위탁이란 원사업자가 ① 업으로 위탁받은 물품의 수리 또는 ② 업으로 (반복·계속해서) 하는 자가사용물품의 수리를 수급사업자에게 위탁하는 것을 의미한다(하도급법 제2조 제2항).

i. 수리

「수리」는 원래의 기능을 잃어버린 물품에 일정한 공작을 가하여 원래의 기능을 회복시키는 것을 말한다.[141]
'일정한 공작을 가하여 원래의 기능을 회복'시킨다는 요건이 인정되지 않는다면

---

137 이상, 강습회 텍스트(講習会テキスト) 1. (3) 에(エ) (12면).
138 공정위 권고(公取委勧告) 헤이(平)26·2·27(2014.2.27.)〔쇼에이코포레숀(ショーエイコーポレーション)사건〕.
139 가마다(鎌田) 편저, 하도급법실무(下請法実務), 54면 참조.
140 공정위 권고(公取委勧告) 헤이(平)26·6·27(2014.6.27.)〔모리소(森創)사건〕.
141 하도급법운용기준(下請法運用基準) 제2. 2. (2).

「수리」에 해당하지 않기 때문에 고장난 곳의 발견, 정기적인 부품교환 등 고장난 곳의 수리를 동반하지 않는 작업에 그치는 보수점검업무는 물품이 본래 가지고 있는 기능의 유지, 연장을 도모하기 위한 것으로서 「수리」에 해당하지 않고 「역무제공」에 그친다. 다만 보수점검의 결과 정상적으로 기능하지 않는 부분을 회복시켜 정상적으로 기능하도록 하는 것은 「수리」로 인정된다.[142] 위탁하는 보수점검업무의 내용이 점검과 수리 둘 다에 해당되는 경우에는 한 개의 위탁이더라도 수리위탁과 역무제공위탁 모두에 해당될 수 있다.[143]

원사업자가 위탁받은 보수점검업무를 수급사업자에게 재위탁하는 경우에 「수리」위탁의 부분에 대해서는 '제조업무 등의 위탁에 있어서의 자본금 구분'에 해당하면 하도급법이 적용되고, 「역무제공」위탁에 대해서는 '서비스업무의 위탁에 있어서의 자본금 구분'에 해당하면 하도급법이 적용된다. 한편 자가사용물품의 보수점검을 외주하는 경우, 「수리」에 해당하는 부분에 대해서는 반복·계속해서 자기 스스로 수리를 하는 때에는 하도급법이 적용되지만 「역무제공」에 해당하는 부분에 대해서는 설령 반복·계속해서 보수점검을 하고 있다고 하더라도 하도급법이 적용되지 않는다.

ii. 원사업자의 업무

수리를 다른 사업자에게 위탁하는 행위 가운데 하도급법의 대상이 되는 것은 원사업자가 반복·계속해서 ① 물품수리의 청부(수탁) 또는 ② 자가사용물품의 수리 중 어느 하나를 행하면서 그 수리행위를 수급사업자에게 위탁하는 경우로 한정된다.

ㄱ. 물품수리청부(수탁)업(「유형1」)

원사업자가 물품의 수리를 업으로 수탁하고 있는 경우에 그 수리행위의 전부 또는 일부를 수급사업자에게 재위탁하는 행위는 하도급법의 대상 거래가 된다. 공정거래위원회는 이 유형을 수리위탁의 「유형1」로 부르고 있다.

---

142 가마다(鎌田) 편저, 하도급법실무(下請法実務), 45면, 가마다(鎌田) 편저, 처음으로 배운다(はじめて学ぶ), 50−51면.
143 가마다(鎌田) 편저, 하도급법실무(下請法実務), 46면.

물품수리청부(수탁)업자에 의한 수리위탁

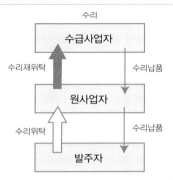

다른 사업자로부터 물품의 수리를 위탁받은 원사업자가 스스로 수리를 하지 않고 수탁받은 수리업무 전부를 재위탁하더라도 수리청부(수탁)를 업으로 하고 있는 한 이 유형에 해당한다.

물품수리를 업으로 위탁받는 사업자는 소위 수리업자에 한하는 것은 아니다. 물품의 판매업자가 자기가 판매한 물품의 수리를 떠맡는 경우에도 물품수리청부(수탁)업자가 된다. 한편 「물품」에는 건물 등의 부동산은 포함되지 않기 때문에 건설업자 등이 위탁받은 건물 등의 수리를 전부 또는 일부 재위탁하는 경우에는 하도급법의 대상이 되지 않는다.

「물품수리청부(수탁)」에 해당하기 위해서는 「청부(수탁)」인 이상 유상이 아니면 안 된다. 하지만 물품의 판매업자가 하는 보증기간 중의 수리서비스는 「물품수리청부(수탁)」에 해당된다.[144] 일견 무상으로 보여도 그 대가가 물품의 판매가격에 포함되어 있기 때문이다. 이와 같이 원사업자가 수주하는 업무가 무상인 경우에 왜 무상인가를 따져서 그것이 다른 판매업무 등의 부가서비스로서 무상 수리위탁을 받는 것이라면 실질적으로는 유상성이 인정되어 「청부(수탁)」에 해당하는 것으로 본다. 그리고 원사업자의 수주 업무에 무상과 유상이 혼재되어 있는 경우에는 유상인 것이 포함되어 있는 한 「청부(수탁)」에 해당하는 것으로 본다.

▌물품수리청부(수탁)가 원사업자의 업무로 되는 예
• 자동차 수리업자가 위탁받은 자동차의 수리를 다른 수리업자에게 위탁하는 경우.[145]

---

144 하도급법운용기준(下請法運用基準) 제2. 2. (2).
145 강습회 텍스트(講習会テキスト) 1. (3) 우(ウ) (8면).

- 자동차 딜러가 위탁받은 자동차 수리를 수리업자에게 위탁하는 경우
- 선박수리업자가 위탁받은 선박수리를 다른 선박수리업자에게 위탁하는 경우[146]
- 연마공구 등의 제조업자가 자동차 정비업자 등으로부터 위탁받은 연마공구 등의 수리를 다른 수리업자에게 위탁하는 경우[147]
- 위생기기 제조업자인 모회사가 고객에게 약속하고 있는 '구입 후 일정 기간의 무상수리'에 대하여 위생기기 유지관리를 하는 자회사가 모회사로부터 위탁을 받고 그 대부분을 다른 수리업자에게 재위탁하는 경우[148]

ㄴ. 자가사용물품의 수리(「유형2」)

원사업자가 자기가 사용하는 물품의 수리를 업으로 (반복·계속해서) 하고 있는 경우에 그 물품의 수리행위의 일부를 수급사업자에게 위탁하는 행위는 하도급법의 대상 거래가 된다. 이 유형은 수리위탁의 「유형2」로 불린다.

법문상 자가사용물품의 수리행위 「전부」를 위탁하는 행위는 하도급법의 대상에서 제외된다. 다만, 예를 들어 자기가 사용하는 기계의 수리를 반복·계속해서 하고 있지만 그 기계의 특정부분의 수리 모두를 다른 사업자에게 위탁하고 있는 경우에는 기계 전체의 수리 「일부」를 위탁하는 것으로서 하도급법의 대상이 될 수 있다.[149]

도표 2-13   자가사용물품의 수리를 업으로 하는 자에 의한 수리위탁

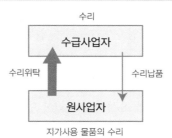

---

146 이상, 하도급법운용기준(下請法運用基準) 제2. 2. (3).
147 공정위 권고(公取委勧告) 헤이(平)25·5·21(2013.5.21.)〔산쿄리카가쿠(三共理化学)사건〕.
148 공정위 권고(公取委勧告) 헤이(平)18·7·4(2006.7.4.)〔도토 멘테난스(東陶メンテナンス)사건〕.
149 가마다(鎌田) 편저, 하도급법실무(下請法実務), 44면, 가마다(鎌田) 편저, 처음으로 배운다(はじめて学ぶ), 33면.

「물품수리청부(수탁)」의 경우에 원사업자에게는 수리청부(수탁)에 대한 고객이 존재하고 업무성의 존재는 명확하지만, 「자가사용물품의 수리」의 경우에는 원사업자에게 수리에 대한 고객은 존재하지 않고 자가사용물품의 수리를 스스로 반복·계속해서 하고 있는 때에만 하도급법의 대상이 된다. 또한 여기서 업무성(반복·계속성)이 필요한 것은 자가사용물품의 수리행위에 대해서이고 위탁행위 즉, 수리에 요구되는 물품 또는 원재료의 제조행위에 대해서는 요구되지 않는다.

❙ 자가사용물품의 수리가 원사업자의 업무가 되는 예
- 제조업자가 자사의 공장에서 사용하고 있는 공구의 수리를 스스로 하고 있는 경우에 그 수리의 일부를 수리업자에게 위탁하는 경우
- 공작기계 제조업자가 자사의 공장에서 사용하고 있는 공작기계의 수리를 스스로 하고 있는 경우에 그 수리의 일부를 수리업자에게 위탁하는 경우[150]

---

(5) 역무제공위탁

하도급법 제2조 제4항
④ 이 법률에서 「역무제공위탁」이란 사업자가 업으로 하는 제공의 목적인 역무의 제공행위 전부 또는 일부를 다른 사업자에게 위탁하는 것[건설업(건설업법(1949년 법률 제100호) 제2조 제2항에 규정한 건설업을 말한다. 이하 본항에서 같다)을 경영하는 자가 업으로 위탁받은 건설공사(동조 제1항에 규정한 건설공사를 말한다)의 전부 또는 일부를 다른 건설업을 경영하는 자에게 위탁하게 하는 것을 제외한다]을 말한다.

2003년 하도급법이 개정되어 원사업자가 업으로 하는 역무의 제공을 수급사업자에게 위탁하는 행위가 하도급법의 대상 거래로 포섭되었다(하도급법 제2조 제4항).

ⅰ. 역무제공

ㄱ. 제조·수리·정보성과물작성 이외의 역무제공

물품 등의 제조·수리나 정보성과물의 작성도 역무를 제공하는 행위이고 광의로는

---

150 이상, 하도급법운용기준(下請法運用基準) 제2. 2. (3).

전자는 후자에 포함되는 것이다.[151] 그러나 하도급법에서는 제조위탁, 수리위탁 및 정보성과물작성위탁과 역무제공위탁은 별개로 정의되어 있다(하도급법 제2조 제1항~제4항). 앞의 (2) ⅱ.와 같이 「제조」란 본래의 물품에 일정한 공작을 더하여 일정한 가치를 부가하는 것이고, 「수리」란 본래의 기능을 잃어버린 물품에 일정한 공작을 가하여 본래의 기능을 회복시키는 것이며, 「정보성과물의 작성」이란 창작적인 작업에 의한 것으로 생각할 수 있다. 그 때문에 역무제공위탁의 대상이 되는 「역무의 제공」은 이들 중 어디에도 해당하지 않는 것으로 해석된다.

역무제공위탁의 대상이 되는 「역무」는 건설업자에 의한 건설공사가 제외되는 것을 빼고는 제한이 없기 때문에 폭넓은 내용의 서비스가 대상이 될 수 있다.

> ▌역무제공위탁의 대상이 되는 「역무」의 예
> ・화물운송(그것에 동반하는 집배, 포장작업, 하역작업), 창고보관, 청소, 빌딩관리, 정보처리, 경비, 품질검사, 보수점검, 정비, 지원서비스 등

ㄴ. 건설공사

건설공사는 1972년 일본 건설업법이 개정되면서 하도급법과 유사한 규정이 포함되었기 때문에 하도급법에서 이와 중복된 규제를 할 필요성이 적다[152]는 이유로, 2003년 하도급법 개정에서는 「역무」에 건설공사가 포함되지 않는다고 명시되었고 건설공사의 위탁은 하도급법의 적용대상에서 제외되었다.

1972년 개정된 일본 건설업법에서는 국토교통부장관 또는 도도부현(都道府県)의 각 지사(知事)는 건설업자에게 하도급법과 유사한 금지규정을 위반한 사실이 있고 그 사실이 공정거래법 제19조(불공정거래행위의 금지)에도 저촉된다고 인정되는 때에는 공정거래위원회에게 조치청구를 할 수 있다고 규정되었다(일본 건설업법 제42조). 그리고 공정거래위원회는 1972년 「건설업의 하도급거래에 관한 불공정거래행위의 인정기준」을 정하였다. 그러나 지금까지 국토교통부장관 또는 도도부현지사가 공정거래위원회에 조치청구를 한 경우는 한 건도 없기 때문에 이 제도는 거의 사문화된 것으로 보인다.[153]

---

151 시라이시(白石), 공정거래법(独占禁止法), 43면.
152 공정위(公取委), 기업거래연구회보고서(企業取引研究会報告書) 제2. 1. (1) 에(ェ).
153 스즈키(鈴木), 신 하도급법 매뉴얼(新下請法マニュアル), 107면.

　또한 하도급법의 적용이 제외되는 건설공사는 건설업(건설공사의 완성을 위탁받는 영업)을 영위하는 자가 업으로 위탁받은 건설공사에 한정된다. 건설공사란 토목건축에 관한 공사로서 일본 건설업법에 정해진 것[154]을 말하는데(일본 건설업법 제2조 제1항), 토목공사는 토지에 접착되어서 설비된 토목공작물을 건설하는 공사이고 건축공사란 건축물(건물)을 건설하는 공사이며 따라서 부동산과 일체화 되지 않는 공사는 건설공사에 해당하지 않기 때문에 그러한 공사의 위탁은 하도급법의 적용대상이 될 수 있다. 예를 들어 건물에 가구를 부착하는 공사는 건설공사(내장공사 가운데 가구공사)에 해당하지만 가구를 건물 내에 반입하여 마루 위에 설치하는 행위를 외부위탁하는 것은 건설공사의 위탁에 해당하지 않고 하도급법상의 역무제공위탁에 해당할 수 있다.

　그리고 건설공사가 하도급법의 적용대상에서 명시적으로 제외되는 것은 역무제공위탁에 관해서만이고 건설공사와 관련한 정보성과물작성위탁에 대해서는 하도급법이 적용된다. 그 때문에 예를 들어 건설업자가 설계도나 측량도와 같은 정보성과물의 작성을 수급사업자에게 위탁하면 정보성과물작성위탁에 관한 하도급법이 적용될 수 있다.[155]

　나아가 정보성과물작성위탁에 해당하지 않는 역무제공위탁이더라도 건설공사 그 자체가 아니라면 하도급법의 적용대상이 될 수 있다. 따라서 예컨대 건설업자가 건설공사와는 별개로 건축확인 등의 신청 대행을 고객으로부터 수탁한 경우에 당해 대행 업무를 제3자에게 재위탁하는 등 건설공사와는 별개로 수탁한 관련 업무를 재위탁하는 경우에는 역무제공위탁에 관한 하도급법이 적용될 수 있다.

　또한 자기의 건설공사에 이용하는 건설자재의 제조를 위탁하는 것이나 건물의 수리를 위탁하는 것은 하도급법의 적용대상이 되지 않는다. 하도급법의 적용대상이 되는 제조위탁의 대상은 「물품」 또는 그 원재료 등에 한정되고, 하도급법의 적용대상이 되는 수리위탁의 대상도 「물품」에 한정되는데, 「물품」에는 건물 등의 부동산은 포함되지 않기 때문이다. 다만 건설자재의 제조위탁이더라도 그것을 제3자에게 판매

---

154 토목일괄(一括)공사, 건축일괄(一括)공사, 목공(大工)공사, 미장(左官)공사, 발판(とび)·토공(土工)·콘크리트공사, 석공사, 지붕공사, 전기공사, 배관공사, 타일·벽돌·블록공사, 철구조물공사, 철근공사, 포장공사, 준설공사, 판금공사, 유리공사, 도장공사, 방수공사, 내장마무리공사, 기계기구설치공사, 열절연공사, 정보통신공사, 조경공사, 착정(鑿井)공사, 창호공사, 수도시설공사, 소방시설공사, 청소시설공사.

155 스즈키(鈴木), 신 하도급법 매뉴얼(新下請法マニュアル), 119면, 하도급법운용기준(下請法運用基準) 제2. 3. (6), 강습회 텍스트(講習会テキスト) 1. (3) Q&A 6 (17면).

할 목적으로 하는 경우에는 하도급법이 적용되는 제조위탁에 해당한다.[156]

ii. 원사업자의 업무

하도급법의 대상이 되는 역무제공위탁은 원사업자 자신이 업으로 하는 역무의 제공을 수급사업자에게 위탁하는 행위에 한정된다. 하도급법이 적용되는 다른 위탁거래와는 달리 자가이용 역무의 제공을 위탁하는 행위는 설령 자기 스스로 반복·계속해서 당해 역무를 자가이용을 위하여 제공하고 있다고 하더라도 하도급법의 적용대상이 되지 않는다.

ㄱ. 역무제공업

하도급법이 적용되는 역무제공위탁은 원사업자가 제3자로부터 위탁을 받고 역무의 제공을 업으로 하는 경우에 그 역무제공행위를 수급사업자에게 재위탁하는 행위이다.

도표 2-14 역무제공청부(수탁)업자에 의한 역무제공위탁

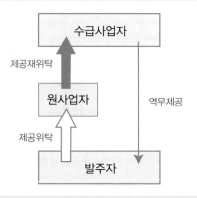

이것은 고객으로부터 역무제공을 수탁받은 원사업자가 그 역무제공행위를 수급사업자에게 재위탁하는 것으로서 자기 자신은 역무제공을 전혀 하지 않고 수탁업무

---

156 강습회 텍스트(講習会テキスト) 1. (3) Q&A 6 (17면).

의 전부를 재위탁하고 있더라도 역무제공을 업으로 위탁받고 있는 한 이 유형에 해당한다.

① 유상성

원사업자가 위탁받은 역무제공은 유상이어야 하고 순수하게 무상제공인 경우에는 하도급법의 대상이 되지 않는다.[157] 다만 일견 무상의 역무제공으로 보여도 유상으로 판매된 물품 등에 부수하여 제공되는 역무로서 역무의 대가가 당해 판매가격에 포함되어 있는 것으로 판단되는 경우에는 역무제공위탁에 해당한다.[158]

> ▌원사업자가 위탁받은 역무제공의 유상성이 인정되는 예
> • 프로그램업자가 자신이 판매하고 있는 프로그램의 고객에게 제공하는 무료 지원서비스의 제공을 다른 사업자에게 위탁하는 경우[159]

② 재위탁업무의 독립수탁성

원사업자가 수급사업자에게 재위탁하는 역무제공업무는 원사업자가 「위탁을 받고 업으로 제공하는 역무의 전부 또는 일부」로 인정되지 않으면 안 된다. 수급사업자에게 제공을 위탁하는 업무는 원사업자가 제3자에게 제공하는 역무의 「전부 또는 일부」로서 독립성을 가져야 하고 독립성이 없는 경우에는 수급사업자에 대한 위탁은 자가이용 역무의 제공위탁이 되고 하도급법의 적용대상이 되지 않는다('업무의 독립성이 없다'는 의미는 원사업자가 수탁받은 업무가 아닌, 원사업자 자신의 업무를 수급사업자에게 위탁한다는 의미이다 – 역자 주).

원사업자가 고객으로부터 역무제공을 위탁받고 있는 경우에 수탁한 역무제공의 전부 또는 일부를 그대로 수급사업자에게 재위탁하는 것으로 인정되는 전형적인 예는 다음과 같다.

> ▌재위탁업무의 독립수탁성이 인정되고 하도급법의 적용대상이 되는 예
> • 빌딩관리회사가 건물주로부터 위탁받은 빌딩관리업무를 빌딩관리업자에게 위탁하는 경우[160]

---

157 하도급법운용기준(下請法運用基準) 제2. 4. (2).
158 강습회 텍스트(講習会テキスト) 1. (3) 오(オ) (13면).
159 강습회 텍스트(講習会テキスト) 1. (3) Q&A 20 (20면).
160 하도급법운용기준(下請法運用基準) 제2. 4. (3).

- 업무용 컴퓨터 수리업자가 고객으로부터 위탁받은 컴퓨터의 검사업무를 검사전문업자에게 위탁하는 경우[161]
- 자동차의 정비점검업자가 고객으로부터 위탁받은 자동차 정비업무를 다른 사업자에게 위탁하는 경우[162]
- 경비회사가 위탁을 받은 경비업무의 일부를 다른 경비회사에게 위탁하는 경우[163]
- 소방용 설비 보수점검업자가 위탁받은 소방용 설비 보수점검업무의 전부 또는 일부를 다른 보수점검업자에게 위탁하는 경우[164]
- 화물운송업자가 위탁받은 화물운송 가운데 일부를 다른 화물운송업자에게 위탁하는 경우[165]
- 내항(內航)운송업자가 다른 내항운송업자와의 사이에 정기용선계약이나 운항위탁계약을 체결하는 경우[166]
- 화물운송업자가 화물운송에 수반되는 집배업무를 다른 사업자에게 위탁하는 경우[167]
- 화물운송업자가 화물운송에 수반되는 하역업무를 다른 사업자에게 위탁하는 경우[168]
- 화물이용 운송업자가 화물운송에 수반되는 창고에서의 화물분리작업 등(창고 내 업무)을 다른 사업자에게 위탁하는 경우[169]
- 화물운송업자가 화물운송과 함께 위탁받은 포장작업을 포장업자에게 위탁하는 경우[170]
- 여행업자가 고객으로부터 위탁받은 해외여행 관련 현지 호텔 등의 예약을 예약업자에게 위탁하는 경우[171]
- 광고회사가 광고주로부터 위탁받은 상품의 종합적인 판매촉진업무의 일부인 상품의 점두(점포 앞) 배포를 이벤트회사에 위탁하는 경우[172]
- 의료법인이 고객으로부터 위탁을 받은 건강검진이나 건강진단의 검사결과의 해석을 외부에 위탁하는 경우[173]

---

161 가마다(鎌田) 편저, 하도급법실무(下請法実務), 63면.
162 공정위 권고(公取委勧告) 헤이(平)22·4·16(2010.4.16.)〔닛산 서비스센터(日産サービスセンター)사건〕.
163 강습회 텍스트(講習会テキスト) 1. (3) 오(オ) (14면).
164 공정위 권고(公取委勧告) 헤이(平)19·12·6(2007.12.6.)〔호치키멘테난스센터(ホーチキメンテナンスセンター)사건〕.
165 하도급법운용기준(下請法運用基準) 제2. 4. (3), 공정위 권고(公取委勧告) 헤이(平)17·12·28(2005.12.28.)〔후쿠야마 통운(福山通運)사건〕 외.
166 하도급법운용기준(下請法運用基準) 제2. 4. (3), 강습회 텍스트(講習会テキスト) 1. (3) Q&A 24 (21면).
167 공정위 권고(公取委勧告) 헤이(平)17·12·28(2005.12.28.)〔후쿠야마 통운(福山通運)사건〕.
168 공정위 권고(公取委勧告) 헤이(平)19·9·28(2007.9.28.)〔삿포로 통운(札幌通運)사건〕.
169 공정위 권고(公取委勧告) 헤이(平)25·4·23(2013.4.23.)〔아사히 유통 시스템(旭流通システム)사건〕.
170 하도급법운용기준(下請法運用基準) 제2. 4. (3).
171 가마다(鎌田) 편저, 하도급법실무(下請法実務), 64면, 공정위 권고(公取委勧告) 헤이(平)25·4·26(2013.4.26.)〔일본여행(日本旅行)사건〕, 공정위 권고(公取委勧告) 헤이(平)28·11·25(2016.11.25.)〔농협관광(農協観光)사건〕.
172 강습회 텍스트(講習会テキスト) 1. (3) 오(オ) (14면).
173 강습회 텍스트(講習会テキスト) 1. (3) Q&A 23 (21면).

- 가전양판점이 고객으로부터 유상으로 위탁받은 컴퓨터 설치 및 초기설정작업을 다른 사업자에게 위탁하는 경우[174]
- 관혼상제 사업자가 소비자로부터 위탁받은 결혼식의 시행과 관련된 비디오 제작이나 관혼상제 의식의 시행과 관련된 사회진행, 미용 및 옷치장, 음향조작 등의 실시를 다른 사업자에게 위탁하는 경우[175]

┃ 재위탁업무의 독립성이 인정되지 않아서 하도급법이 적용되지 않는 예
- 제조업자가 고객인도(운송 중 제품의 소유권이 제조업자에게 있음)의 조건으로 판매한 자사의 상품 운송업무를 운송업자에게 위탁하는 경우[176]
- 화물운송업자가 하주로부터 포장작업의 위탁은 받지 않았지만 자기 스스로 하는 운송작업에 필요한 포장작업을 다른 사업자에게 위탁하는 경우[177]
- 내항운송업자가 위탁받은 화물운송에 필요한 선박을 조달하기 위하여 나용선(裸用船) 계약에 의해 선박을 임대하는 경우[178]
- 호텔업자가 침대정리를 침대시트 공급업자에게 위탁하는 경우
- 문화센터를 영위하는 사업자가 개최하는 교양강좌의 강의를 개인사업자인 강사에게 위탁하는 경우
- 연예기획사가 자사에서 주최하는 콘서트의 공연을 개인사업자인 가수에게 위탁하는 경우[179]
- 항공사가 항공기의 정비, 기내청소를 다른 사업자에게 위탁하는 경우[180]
- 의료법인이 치료행위에 참고하기 위하여 환자에 대한 검사결과의 해석을 외부에 위탁하는 경우[181]

ㄴ. 자가사용 역무의 제공

2003년 하도급법이 개정되기 전인 2002년 11월에 공표된 기업거래연구회 보고서에서는 자가사용 역무의 제공위탁(소위 user거래)에도 하도급법이 적용되는 것이 적절하다고 하였다.[182] 이 보고서에는(자가사용 역무를 업으로 하는지 여부와 상관없이) 하

---

174 가마다(鎌田) 편저, 하도급법실무(下請法実務), 63면.
175 가마다(鎌田) 편저, 하도급법실무(下請法実務), 64면, 공정위 권고(公取委勧告) 헤이(平)28·6·14 (2016.6.14.)〔일본세레모니(日本セレモニー)사건〕.
176 강습회 텍스트(講習会テキスト) 1. (3) Q&A 22 (20−21면). 다만, 물류 자회사를 설치하고 그 자회사를 통하여 운송업자에게 제조한 식품의 배송업무를 위탁하는 경우는 물류 자회사가 위탁자가 되는 역무제공위탁에 해당한다. 스즈키(鈴木), 신 하도급법 매뉴얼(新下請法マニュアル), 104면.
177 강습회 텍스트(講習会テキスト) 1. (3) 오(オ) (13면).
178 강습회 텍스트(講習会テキスト) 1. (3) Q&A 25 (21면).
179 강습회 텍스트(講習会テキスト) 1. (3) 오(オ) (14면).
180 가마다(鎌田) 편저, 하도급법실무(下請法実務), 67면.
181 강습회 텍스트(講習会テキスト) 1. (3) Q&A 23 (21면).
182 공정위(公取委), 기업거래연구회보고서(企業取引研究会報告書) 제2. 1. (1) 우(ウ).

도급법 적용범위를 사용자(user)거래 전반으로 넓혀야 한다는 취지의 의견이 있었지만, 다른 한편으로는 「역무거래는 제조위탁과는 달리 설비 등이 필요하지 않은 경우가 많기 때문에 그 적용범위가 불명확하고 너무 넓은 범위까지 하도급법이 적용될 가능성이 있다」는 비판도 제기되었다.[183] 결국 국회에 제출된 하도급법 개정안에는 자가사용 역무의 위탁이 하도급법의 대상에서 제외되어 업으로 하는 역무제공의 재위탁만이 하도급법의 대상이 되었다. 한편 사용자(user)거래에 대해서는 하도급법 개정시의 부대(附帶)결의에 입각해[184], 물류특수지정이 고시되었고 공정거래법에 기초한 규제가 강조되었다.

하도급법의 대상이 되지 않는 자가사용 역무제공위탁의 전형적인 예로서는 아래와 같이 물품의 제조업자나 판매업자 등이 그 업무와 관련하여 필요한 역무의 제공을 위탁하는 경우 혹은 회사의 간접부문에서 필요한 역무의 제공을 위탁하는 경우를 들 수 있다.

❙ 자가사용 역무의 제공위탁(하도급법 미적용)의 전형적인 예

■ 제조업자에 의한 경우
• 공작기계 제조업자가 자사공장의 청소작업의 일부를 청소업자에게 위탁하는 경우[185]
• 식품 제조업자가 자사의 식품제조공장의 위생검사를 위생검사업자에게 위탁하는 경우
• 의약품 제조업자가 자사의 폐기물 폐기처리를 산업폐기물 처리업자에게 위탁하는 경우
• 인쇄업자가 자사에서 이용하는 인쇄기계의 보수점검업무를 기계 · 기구 제조업자에게 위탁하는 경우

■ 판매업자에 의한 경우
• 공작기계 판매업자가 자사의 상품을 수출하려고 할 때 필요한 통관업무를 수출입대행업자에게 위탁하는 경우
• 물품의 통신판매업자가 고객의 전화에 대한 판매접수 창구업무를 다른 사업자에게 위탁하는 경우

■ 간접부문과 관련된 경우
• 자사에서 이용하는 장부시스템 관리업무를 다른 사업자에게 위탁하는 경우

---

183 「기업거래연구회 보고서(헤이세이(平成) 14년(2002년) 11월 27일 공표)에서 검토한 사항에 대한 의견 제출 결과」 4면(「企業取引硏究会報告書(平成14年11月27日公表)において検討されている事項に対する意見提出結果」 4頁), 국제기업법무협회 제출의견(国際企業法務協会の提出意見).
184 제156회 국회중의원경제산업위원회 22호의 부대결의 제2항(第156回国会衆議院経済産業委員会22号における附帯決議2項)(헤이(平)15 · 6 · 11)(2003.6.11).
185 강습회 텍스트(講習会テキスト) 1. (3) 오(オ) (14면).

- 자사의 사내연수를 컨설팅회사에 위탁하는 경우
- 자사소유 빌딩의 임차인모집을 부동산 중개업자에게 위탁하는 경우[186]
- 기업이 변호사, 공인회계사, 산업의사(産業醫師)와 위임계약을 체결하는 경우[187]

---

186 이상, 가마다(鎌田) 편저, 하도급법실무(下請法実務), 65면.
187 강습회 텍스트(講習会テキスト) 1. (3) Q&A 21 (20면).

제
3
장

적용대상 당사자

적용대상 당사자

01 공정거래법 규제

(1) 우월적 지위

공정거래법이 금지하는 우월적 지위의 남용은 「자기의 거래상의 지위가 상대방보다 우월하다는 점을 이용」하는 것이 요건으로 되어 있다(공정거래법 제2조 제9항 제5호). 제4장에서 언급할 남용행위는 그것만으로 공정거래법 위반이 되는 것이 아니고 「자기의 거래상의 지위가 상대방보다 우월한」 사업자, 즉 우월적 지위에 있다고 인정되는 사업자가 그 우월적 지위를 이용하여 남용행위를 한 경우에만 공정거래법 위반이 된다. 행위자가 우월적 지위에 있다는 것은 남용행위의 존재와 별개로 요구되는 요건으로서 경쟁법에 근거한 정부의 개입을 필요로 하는 사건을 추출해 내는 도구로서의 역할을 하고 있다.[1]

'행위자(甲)의 거래상의 지위가 상대방(乙)보다 우월하다'는 것을 판단함에 있어, 공정거래위원회는 「乙의 입장에서 甲과의 계속적 거래가 곤란하게 되면 사업경영상 커다란 지장이 초래되기 때문에 甲이 乙에게 현저하게 불리한 요청 등을 하더라도 乙이 이것을 받아들일 수밖에 없는 경우」라고 해석하고 있다.[2]

---

1 시라이시(白石), 지배적 지위와 우월적 지위(支配的地位と優越的地位), 54면, 고무로(小室)·쓰치히라(土平), 논점해설(論点解説), 177면.
2 우월적 지위 가이드라인(優越ガイドライン) 제2. 1. 도쿄고판(東京高判) 헤이(平)25·8·30(2013.8.30.) 판

ⅰ. 상대적 우월성

앞의 제1장 1. (3)에서 언급한 바와 같이 우월적 지위남용의 공정경쟁저해성은 일반적으로 자유롭고 자율적인 판단에 의해 이루어졌어야 할 거래상대방의 경쟁기능을 방해하고 상대방에게 불이익을 주는 것에서 찾고 있다. 따라서 「우월적 지위」의 요건에 대해서도 행위자가 상대방의 자유롭고 자율적인 판단에 의한 거래를 방해할 수 있는 지위에 있는지 여부(상대방과의 관계에서 상대적으로 우월한 것)가 중요하고 행위자가 자신의 경쟁자와의 관계에서 우월한 지위에 있는지 여부는 문제되지 않는다.[3]

「우월적 지위」의 유무는 개별 상대방과의 관계에서 판단된다.[4] 동일한 행위자가 다수의 거래처에 불이익을 준 경우, 어떤 거래처는 자유롭고 자율적인 판단을 할 수 없고 단지 그것을 받아들일 수밖에 없지만, 다른 거래처는 행위자의 요청 등을 거부할 수 있는 지위에 있어 자유롭고 자율적인 판단에 따라 불이익을 수용할지 여부를 결정할 수도 있다. 다만, 상대방마다 「우월적 지위」의 유무를 판단하는 것은 공정거래위원회에 실무적으로 커다란 부담이 되기 때문에 「우월적 지위」는 넓게 해석해야 한다는 견해도 있다.[5] 그러나 2009년 공정거래법 개정에 의해 도입된 우월적 지위남용에 대한 과징금은 위반행위의 상대방에 대한 거래액을 기초로 산정되기 때문에 구체적으로 어느 거래처와의 관계에서 우월적 지위에 있는가의 판단이 과징금액을 크게 좌우하는 포인트가 되었다.

ⅱ. 사업경영상의 커다란 지장

乙(상대방)에게 있어 甲(행위자)과의 계속적 거래가 곤란하게 되면 「사업경영상 커다란 지장을 초래」하는 것은 어떠한 경우에 인정되는가?

레시보(判時) 2209호, 12면(세븐일레븐 할인판매금지 25조 청구(セブンイレブン見切り販売禁止25条請求)사건)도 같은 취지로 설시하고 있다.

3 우월적 지위 가이드라인(優越ガイドライン) 제2. 1. 다나카(田中) 편, 신 일반지정해설(新一般指定解説), 89면, 도쿄지판(東京地判) 헤이(平)16 · 4 · 15(2004.4.15.) 심결집(審決集) 51권, 877면(산코간(三光丸)사건).

4 고무로(小室) · 쓰치히라(土平), 논점해설(論点解説), 178면.

5 후나다 마사유키(舟田正之), 「우월적 지위남용의 재검토(優越的地位の濫用の再検討)」『불공정거래행위(不公正な取引方法)』, 14면(유희카쿠(有斐閣), 2009).

　　공정거래위원회는 일본 토이저러스사건 심결에서 「甲이 남용행위를 하고 乙이 이것을 받아들였다는 사실 자체가 특단의 사정이 없는 한 乙에게 있어 甲과의 거래가 필요하고 동시에 중요하다는 것을 의미하며, 한편으로는 ‘甲이 乙에게 현저히 불리한 요청 등을 하더라도 乙이 이것을 받아들일 수밖에 없는 경우’라는 것이 실현된 것으로 평가될 수 있다. 이는 乙에게 있어 甲과의 계속적 거래가 곤란하게 되면 사업경영상 커다란 지장을 초래하는 것과 결부되는 중요한 요소가 되는 것이다」라고 적시하고 있다.[6]

　　여기서 상대방(乙)이 행위자(甲)에 의한 남용행위를 특단의 사정없이 수용한다는 사실은, 「乙에게 있어 甲과의 계속적 거래가 곤란하게 되면 사업경영상 커다란 지장을 초래」하는 관계에서 흔히 나타나는 반면, 그렇지 않은 경우에는 그다지 관찰되지 않는다는 「경험칙」을 기초로 한다.[7] 이는 자신(乙)에게 불리한 요구라 하더라도 그 입장에서는 받아들일 수밖에 없을 정도로 행위자(甲)와의 거래가 「중요성 및 필요성이 있는 경우」라는 정도로 「사업경영상 커다란 지장을 초래」하는 것을 이해하면서, 「사업경영상 커다란 지장을 초래」하는 것의 의의를 희석시키는 해석을 전제로 하고 있는 것으로 보인다.[8]

　　그러나 「乙에게 있어 甲과의 계속적 거래가 곤란하게 되는 것이 사업경영상 커다란 지장을 초래」하는 관계가 아닌 경우에는 특단의 사정없이 남용행위를 수용하는 현상이 그다지 관찰되지 않는다고 하는 경험칙은 우월적 지위 가이드라인에서도 보이지 않는다. 현실사회에서는 상대방이 행위자와의 거래가 끊어진다면 커다란 지장

6　공정위 심결(公取委審決) 헤이(平)27·6·4(2015.6.4.) 심결집(審決集) 62권, 119면〔일본 토이저러스(日本トイザラス)사건〕.

7　고무로(小室)·쓰치히라(土平), 논점해설(論点解説), 181면.

8　공정위가 제정한 우월적 지위 가이드라인 견해(優越ガイドライン考え方), 8면. 우월적 지위 가이드라인에서도 우월적 지위의 각 고려요소에 대한 해설에서 「乙은 甲과 거래를 할 필요성이 높기 때문에 乙에게 있어 甲과의 계속적 거래가 곤란하게 되면 사업경영상 커다란 지장을 초래하기 쉽다」라고 되어 있다(제2. 2. (1)-(4)). 학설상으로도 우월적 지위의 요건에 대해서 「사업경영상 커다란 지장을 초래」하는 것은 법적으로 의미가 있는 것은 아니고 상대방이 불이익한 요구를 받아들일 수밖에 없는 경우에는 「사업경영상 커다란 지장을 초래」하는 것도 추인된다는 견해가 있다. (시라이시(白石) 외, 정담(鼎談), 18-19면〔고레나가 다이스케(伊永大輔) 발언〕, 요코타 나오카즈(横田直和) 「최근 우월적 지위남용 규제 등의 동향(最近の優越的地位の濫用規制等の動向)」, 공정거래(公正取引) 757호, 13면, 17면(2013), 오카다(岡田), 최근의 전개(最近の展開), 6-7면. 한편, 일본 토이저러스사건 심결에서는 남용행위가 존재한다면 「특단의 사정이 없는 한 乙은 甲과의 거래가 필요함과 동시에 중요하다는 것이 추인된다」고 하고 있으나, 남용행위의 존재는 「사업경영상 커다란 지장을 초래하는 것과 결부되는 중요한 요소가 되는 것」이라고 적시하는 데 그치고 있다. 이것은 남용행위를 어쩔 수 없이 받아들인다고 하여 반드시 「사업경영상 커다란 지장을 초래」한다고 추인되는 것이 아니고 동 요건의 존재를 인정하는 중요한 요소가 된다고 보는 것이다(고무로(小室)·쓰치히라(土平), 논점해설(論点解説), 180-181면).

은 없지만 당분간 거래관계의 유지를 위하여 자신에게 현저히 불이익한 요청 등을 받아들이는 것은 거래 현실에서 충분히 있을 수 있는 일이다.[9] 그리고 만약 남용행위가 인정된다는 이유만으로 그 대상이 되는 상대방이 「사업경영상 커다란 지장이 초래」된 것으로 추인되고 그로 인한 행위자의 우월적 지위가 인정된다면 공정거래위원회의 실무운용을 설명할 수 없게 된다. 공정거래위원회는 일정한 남용행위의 대상이 된 상대방 가운데 일부에 한정하여 행위자가 우월적 지위에 있다고 보아 규제의 대상으로 하기 때문이다.

원래 우월적 지위의 요건이 공정거래법에 규정된 취지는 앞의 제1장 1. (3). i.에서 서술한 바와 같이 거래처선택의 자유가 인정되지 않고 경쟁원리가 기능하지 않는 상태에 있는 것을 이용하여 행해지는 행위를 금지하고자 하는 것이었다. 그리고 「乙이 甲과의 계속적 거래가 곤란하게 되면 사업경영상 커다란 지장을 초래」한다는 것은 환언하면 '乙(상대방)이 甲(행위자)과의 거래를 끊는 것이 곤란하기 때문에 乙의 경쟁기능이 침해되고 있는 상태'라는 것으로서 우월적 지위 요건의 본질적 요소를 나타낸 것이다.

행위자와의 계속적 거래가 곤란하게 되는 것이 상대방의 사업경영에 주는 영향에는 정도의 차이, 즉 강약이 있을 수 있다. 상대방이 거래처를 변경하는 것이 아주 곤란하더라도 그로 인해 상대방에게 주는 사업경영상의 지장이 크지 않은 때에는 상대방으로서는 행위자와의 거래를 끊고 당해 거래와 관련된 사업에서 철수하는 선택지가 있다. 따라서 행위자와의 계속적 거래가 곤란하더라도 상대방에게 미치는 사업경영상의 지장이 크지 않은 경우에는 당해 상대방이 행위자와의 거래를 끊는 거래처선택의 자유는 확보되어 있고 경쟁기능은 침해되지 않기 때문에 당해 행위자가 우월적 지위에 있다고 인정되지 않는다고 생각할 수도 있다.[10] 「사업경영상 커다란 지장을 초래」하는지 여부는 남용행위 가운데 공정거래법이 규제해야 하는 것을 찾아내는 요건으로서 적극적으로 평가되어야 하며[11], 「도산, 폐업에 이르는 등 사업의 계속성이 불가능하게 되는 정도까지 요구하는 것은 아니지만 큰 폭의 수익 저하가 예상되는 등 그 후의 경영에 커다란 곤란을 초래하는 것이 간과할 수 없을 정도」에 이르는 것이 필요하다고 해석되고

---

9 시라이시(白石), 지배적 지위와 우월적 지위(支配的地位と優越的地位), 54면.
10 후지타(藤田), 우월적 지위남용 규제에 관한 고찰(優越的地位濫用規制に関する考察), 382-383면.
11 시라이시 다다시(白石忠志), 「우월적 지위남용 가이드라인에 대하여(優越的地位濫用ガイドラインについて)」, 공정거래(公正取引) 724호, 10면, 16면(2011), 시라이시(白石) 외, 정담(鼎談), 19면〔나가사와 데쓰야(長澤哲也) 발언〕, 나가사와(長澤), 실무상의 제 논점(実務上の諸論点), 64-65면.

있다.[12] 후술하는 바와 같이 우월적 지위의 고려요소 가운데 거래의존도는 상대방의 사업경영상 지장을 주는 정도를 측정하는 기준으로 평가할 수 있다.

상대방이 행위자가 아닌 다른 거래처로 변경하는 것이 곤란한 경우라고 하더라도, 당해 행위자와의 거래를 끊는 것이 사업경영상 커다란 지장을 초래하지 않는다면 당해 상대방으로서는 거래가 끊기는 것을 감수하고서라도 여차하면 행위자에게 민사소송 등을 제기하여 자기 구제를 취할 가능성도 있다. 우월적 지위남용에 해당하는 행위는 사법상으로도 계약위반이나 공서양속위반으로 평가될 수도 있기 때문에 우월적 지위남용 규제와 같이 행정기관의 사적자치에 대한 개입은 사법적 구제시스템에 의한 시정(是正)을 기대할 수 없는 경우에 비로소 정당화된다.[13] 따라서 우월적 지위남용에 대해 정부의 개입이 용인되는 경우는 '상대방이 거래관계를 유지하는 것이 그 사업 활동을 영위함에 있어서 생사가 달린 문제가 되는 경우'로 한정되어야 한다.[14] 우월적 지위의 존재를 관대하게 인정하고 우월적 지위남용 규제를 넓게 적용하는 것은 우월적 지위의 요건 등에 위임된 규제대상을 좁히는 기능을 훼손시켜 위반행위의 외연(外緣)을 불명확하게 한다는 문제를 야기한다.[15] 이는 사적자치에 대한 행정기관의 과잉개입을 정당화할 위험을 초래하기 때문에 사인에 의한 자유로운 창의의 발휘를 위축시키고 효율적인 자원배분이 저해될 우려가 있다. 더구나 우월적 지위남용에 대한 규제는 정치적으로 중요 관심사항이 되는 경우가 많기 때문에 과잉규제의 위험이 항상 존재한다.[16] 따라서 행정기관이 남용행위를 규제하는 조건으로서 「사업경영상 커다란 지장을 초래」하는지 여부를 포함시키는 것은 반드시 필요하다.

다만 우월적 지위남용 규제는 우월적 지위의 상태 그 자체가 위법한 것이 아니라 그 지위를 남용하여 불이익을 주는 것에 해악(위법성)이 있다고 보기 때문에 남용행위라는 요건으로 「위법성」을 인정하는 접근법도 생각할 수 있다.[17] 남용행위라는 요

12 고무로(小室)·쓰치히라(土平), 논점해설(論点解説), 179면.
13 무라카미 마사히로(村上政博), 『공정거래법(独占禁止法)〔제4판〕』, 336면(고분도(弘文堂), 2011), 가가미 가즈아키(加賀見一彰), 「우월적 지위남용 규제의 경제분석(優越的地位の濫用規制の経済分析)」, 공정거래(公正取引) 757호, 23면, 25-27면(2013), 우에스기 아키노리(上杉秋則), 『공정거래법에 의한 독점행위 규제의 이론과 실무(独禁法による独占行為規制の理論と実務)』, 422-423면(상사법무(商事法務), 2013), 고토(後藤), 공정거래법과 일본경제(独占禁止法と日本経済), 113면.
14 이마무라(今村), 공정거래법입문(独占禁止法入門), 165면.
15 고레나가(伊永), 우월적 지위남용 규제의 바람직한 모습(優越的地位濫用規制のあり方), 414면.
16 고토(後藤), 공정거래법과 일본경제(独占禁止法と日本経済), 112면.
17 시라이시(白石) 외, 정담(鼎談), 19면〔고레나가 다이스케(伊水大輔) 발언〕.

건 중에서 특히 행위자가 상대방으로 하여금 어쩔 수 없이 불이익을 받아들이도록
강제하였는지 여부에 대해 판단함에 있어, 상대방이 행위자와 계속적 거래가 곤란하
게 되면 사업경영상 커다란 지장을 초래하는지 여부를 가지고 평가할 수도 있다.[18]
행위자로부터 현저히 불이익한 요청을 받아들이는 경우에 당해 불이익을 받아들이
는 것이 우월적 지위를 이용하여 행해지는 것이 아니라고 평가하든지 아니면 (우월적
지위를 이용하더라도) 상대방의 자유롭고 자율적인 판단에 기초해서 행해지는 것으로
평가하든지 결론에 차이는 없다.

iii. 현저히 불이익한 요청 등을 어쩔 수 없이 받아들이는 것

한편, 우월적 지위의 해석에서 뒷부분, 즉 「甲이 현저하게 불이익을 야기하는 요
청 등을 하고 乙이 이것을 어쩔 수 없이 받아들이는 경우」는 우월적 지위의 인정에
서 어떠한 의미가 있는 것일까?

공정거래위원회는 일본 토이저러스사건 심결에서 행위자가 남용행위를 하고 상대
방이 이를 받아들인 사실이 인정되는 경우에는 「甲이 乙에게 현저하게 불이익을 야
기하는 요청 등을 하더라도 乙이 이것을 어쩔 수 없이 받아들이는 경우」가 현실화된
것으로 평가할 수 있다고 적시하고 있다.

앞의 ii.에서 서술한 바와 같이 우월적 지위의 요건 중 본질적인 요소는 상대방이
거래처 선택의 자유가 제약되는 상태에 있는 것, 즉 상대방이 행위자와의 계속적인 거
래가 곤란하게 되면 사업경영상 커다란 지장을 초래한다는 것이다. 「乙에게 현저히 불
이익한 요청 등을 하더라도 乙이 이것을 어쩔 수 없이 받아들이는 경우」라는 것은 단
순히 남용행위가 우월적 지위를 이용하여 이루어졌다는 것, 즉 우월적 지위와 남용행
위 간의 인과관계를 나타낸 것에 지나지 않는다. 거래상 우월적 지위와 관계없는 사정(예
를 들어 이웃 간 교제, 친족관계와 같은 사정이나 과거 은혜에 보답해야 하는 개인적인 사정 등)에

---

18 민사소송 판례에서는 우월적 지위의 요건과 남용행위의 요건을 특히 구별하지 않고 모든 요소를 고려하여
　우월적 지위남용의 성부가 논해지는 경우도 많다(한 예로서 후쿠오카고판(福岡高判) 헤이(平)23 · 4 ·
　27(2011.4.27.). 판례타임즈(判タ) 1364호, 158면[금리스왑 손해배상청구(金利スワップ損害賠償請
　求)사건]. 이것은 특정한 행위의 불법행위 해당성 등이 문제가 되는 민사소송에서는 상대방이 당해 행위
　를 받아들이는 배경으로서 행위자의 우월적 지위를 문제시하면 충분하고 그것이 상대방에게 당해 행위
　를 강제로 받아들이게 했는가의 여부 판단과 중복되는 경우가 많기 때문일 것이다.

의해 남용행위를 받아들인 경우에는 우월적 지위남용 규제의 대상이 되지 않는다.[19]

　공정거래위원회의 우월적 지위 가이드라인의 제정과정에서도 우월적 지위의 인정과 관련하여 현저하게 불이익을 야기하는 요청 등을 상대방이 어쩔 수 없이 받아들이는 것에 대해서는 중점을 두지 않고 해석한다. 즉 우월적 지위 가이드라인 원안에서는 「甲이 거래처인 乙에 대하여 우월한 지위에 있다는 것은 乙이 甲과의 계속적 거래가 곤란하게 되면 사업경영상 커다란 지장을 초래하는 관계에 있다는 것을 말한다」라고 하여 「甲이 乙에게 현저히 불이익한 요청 등을 하더라도 乙이 이것을 어쩔 수 없이 받아들이는 경우」라는 문언은 기재되지 않았다.[20] 그 후, 의견수렴절차를 거쳐 공표된 우월적 지위 가이드라인은 당해 문언이 추가로 기재되었는데 그 이유에 대해 공정거래위원회는 「본 가이드라인 원안의 기재는 우월적 지위의 남용행위로서 공정거래법상 문제가 되는 행위의 범위를 변경하는 것은 아니고, 단지 본 가이드라인의 제정으로 우월적 지위의 남용행위와 관련하여 종래의 법 운용을 변경하는 의미는 아니라는 것을 명확히 하기 위하여 다른 가이드라인의 기재방식에 맞춰 다음과 같이 수정하였습니다」라고 설명하고 있다.[21]

iv. 우월적 지위의 인정에서 고려요소

　공정거래위원회는 우월적 지위의 판단에 있어서 행위자의 시장에서의 지위, 상대방의 거래처변경 가능성, 상대방의 행위자에 대한 거래의존도, 기타 행위자와 거래할 필요성을 나타내는 구체적 사실을 종합적으로 고려하여 판단하고 있다.[22]

ㄱ. 행위자의 시장에서의 유력한 지위

　공정거래위원회는 행위자의 시장점유율이 큰 경우 또는 그 순위가 높은 경우, 거래상대방 입장에서는 그 행위자와의 거래를 통해 자신의 거래량이나 거래액의 증가

19 고무로(小室)·쓰치히라(土平), 논점해설(論点解説), 179면, 181−182면.
20 공정위(公取委), 「『우월적 지위남용에 관한 공정거래법상의 견해(優越的地位の濫用に関する独占禁止法上の考え方)』(원안(原案))」제2. 1. (헤이(平)22·6·23)(2010.6.23.).
21 우월적 지위 가이드라인 견해(優越ガイドライン考え方), 9면.
22 우월적 지위 가이드라인(優越ガイドライン) 제2. 2.

를 기대할 수 있고 이에 따라 행위자와 거래를 할 필요성이 높아지는 경우에 상대방
이 행위자와의 계속적 거래가 곤란하게 되면 사업경영상 커다란 지장을 초래하기 쉽
다고 보고 있다.[23]

　행위자가 시장지배적 지위에 있는 경우에는 행위자의 우월적 지위가 인정되기 쉽
다.[24] 반면 그 이외의 경우에는 행위자가 시장에서 유력한 지위에 있다는 사정 자체
만으로는 우월적 지위가 인정되기 쉽지 않다. 행위자가 시장에서 유력한 지위에 있
다는 것은 행위자의 사정일 뿐이고, 이는 모든 상대방에게 공통되는 것이기 때문이
다. 그 경우 행위자의 시장에서의 지위는 상대방이 다른 대체거래처를 선택할 수 있
는지, 선택한 다른 대체사업자가 거래량을 증가시키거나 신규 진입할 힘이 있는지
등을 엿볼 수 있는 하나의 요소가 되는 것[25]으로서 상대방에 의한 거래처 변경 곤란
성의 높·낮음 또는 상대방의 행위자에 대한 거래의존도의 강약을 간접적으로 보완
하는 사정이 될 수 있을 뿐이다.[26]

ㄴ. 거래처변경 곤란성

① 요건성

　공정거래위원회는 상대방이 다른 사업자와의 거래를 개시 또는 확대하는 것이 곤란
한 상황에서 행위자와의 거래와 관련해서 거액의 투자를 한 경우에는 행위자와 거래
를 할 필요성이 높아지기 때문에 행위자와의 계속적 거래가 곤란하게 되면 사업경영상
커다란 지장을 초래하기 쉽다고 보고 있다.[27] 공정거래위원회는 우월적 지위의 고려
요소 가운데 거래처변경 곤란성에 대해서 라루즈사건[28]까지는 「특정 납품업자 중에

---

23 우월적 지위 가이드라인(優越ガイドライン) 제2. 2. (1), 공정위 심결(公取委審決) 헤이(平)27·6·
　4(2015.6.4.) 심결집(審決集) 62권, 119면〔일본 토이저러스(日本トイザラス)사건〕.
24 공정위 주의(公取委注意) 헤이(平)24·6·22(2012.6.22.)〔도쿄전력(東京電力)사건〕, 시라이시(白石)·
　다다(多田), 논점체계(論点体系), 88−89면〔石井崇〕.
25 시라이시(白石), 지배적 지위와 우월적 지위(支配的地位と優越的地位), 55면.
26 오카노(岡野), 우월적 지위의 인정(優越的地位の認定), 293면, 고레나가(伊永), 우월적 지위남용 규제
　의 바람직한 모습(優越的地位濫用規制のあり方), 402면.
27 우월적 지위 가이드라인(優越ガイドライン) 제2. 2. (3), 공정위 심결(公取委審決) 헤이(平)27·6·
　4(2015.6.4.) 심결집(審決集) 62권, 119면〔일본 토이저러스(日本トイザラス)사건〕.
28 공정위 시정명령(公取委排除措置命令) 헤이(平)25·7·3(2013.7.3.) 심결집(審決集) 60권 제1분책(第
　1分冊), 341면〔라루즈(ラルズ)사건〕.

는 다른 사업자와 거래를 개시 또는 확대하는 것을 통해 라루즈에 대한 매출액과 동액 또는 그 이상의 매출액을 확보하기 곤란한 사업자가 존재하고 있었다」(방점은 필자)라고 적시하여 거래처변경의 곤란성이 높다는 것은 우월적 지위를 인정하는 요건이 아니라 거래필요성을 나타내는 구체적 사실 가운데 하나에 불과하다고 평가하였다.

그러나 본래 우월적 지위란 경쟁원리가 기능하기 위한 전제조건인 거래처선택의 자유가 행위자 측에만 유리하게 작동하는 반면에 상대방에게는 잘 작동하지 않는, 즉 상대방 입장에서는 보다 유리한 거래기회를 확보하기 위하여 행위자 이외의 사업자를 선택할 수 있는 경쟁 메커니즘이 잘 작동하지 않는 상태를 일컫는다.[29] 상대방이 행위자와의 거래의존도가 높은 경우라 하더라도 거래처선택의 자유가 사실상 확보되어 있어 대체적인 거래처로 쉽게 전환할 수 있는 경우에는 행위자와의 거래단절로 인해 경영에 미치는 영향을 회피할 수 있기 때문에 당해 행위자가 상대방보다 우월적 지위에 있다고 할 수 없다.[30] 따라서 상대방이 거래처를 변경하는 것이 곤란하다는 것은 우월적 지위를 인정하는 원칙적인 요건이 되고 그 이외의 고려요소는 거래처변경 곤란성에 대한 판단으로 귀착하는 것으로 생각된다.[31] 공정거래위원회도 다이렛쿠스사건[32]에서 「특정 납품업자는 다른 사업자와의 거래를 개시 또는 확대함으로써 다이렛쿠스에 대한 매출액과 동액 또는 그 이상의 매출액을 확보하는 것이 곤란한 사업자가 있었다」라고 적시함에 이르렀다. 이것은 거래처변경의 곤란성이 높다는 것을 우월적 지위의 요건으로 평가한다는 것을 시사한다.

그러나 거래처변경이 곤란하지 않은 경우라도 발주자가 과점인 업계에서는 다른

---

29 이마무라(今村), 공정거래법입문(独占禁止法入門), 165면. 환언하면 우월적 지위는 행위자가 상대방과의 관계에서 독점적 지위에 있는 것과 똑같고 행위자가 상대방에게 착취적 행위를 하는 상태로 파악할 수 있다. 시라이시 다다시(白石忠志), 「계약법의 경쟁정책적인 한 단면(契約法の競争政策的な一断面)」, 쥬리스트(ジュリ) 1126호, 125-126면(1998).

30 야마다 아키오(山田昭雄) 외 편저, 『해설 유통・거래관행에 관한 공정거래법 가이드라인(解説 流通・取引慣行に関する独占禁止法ガイドライン)』, 207면(상사법무연구회(商事法務研究会), 1991), 오카노(岡野), 우월적 지위의 인정(優越的地位の認定), 286면, 고레나가(伊永), 성립요건과 그 의의(成立要件とその意義), 13면.

31 후치카와 가즈히코(渕川和彦), 「비판(判批)」, 쥬리스트(ジュリ) 1487호, 79면, 81면(2015), 세료 신고(瀬領真悟), 「비판(判批)」, 공정거래(公正取引) 784호, 66면, 73면(2016), 히라야마 겐타로(平山賢太郎), 「우월적 지위남용-일본 토이저러스(優越的地位濫用-日本トイザラス)심결(審決)」, 법교(法教) 437호, 30-31면(2017).

32 공정위 시정명령(公取委排除措置命令) 헤이(平)26・6・5(2014.6.5.) 심결집(審決集) 61권, 103면〔다이렛쿠스(ダイレックス)사건〕.

대체거래처 역시 동일한 거래조건, 즉 현저한 불이익을 요구할 수 있어 어차피 불이익을 회피할 수 없기 때문에 예외적으로 우월적 지위가 인정될 수도 있다.[33]

② 주관적 요소

공정거래위원회는 거래처변경 곤란성 여부를 판단할 때, 각각의 상대방이 행위자와의 거래액에 상응하는 다른 거래처를 찾는 것이 어렵거나 또는 다른 거래처와의 거래를 늘리는 방법만으로는 행위자와의 거래정지에 따른 손실을 보충하는 것이 곤란하다고 인식하는 등 상대방의 주관적 사실에 의존하는 경향이 있다.[34]

이미 거래관계에 있는 상대방은 지금까지 안정적으로 이루어지고 있던 거래를 유지하고 싶어 하는 것이 관례상 당연하고, 설령 다른 거래처로 변경하는 것이 실제로 가능하더라도 그것을 적극적으로 바라지는 않을 것이다.[35] 거래처변경의 곤란성을 인정함에 있어 「거래처를 변경하는 것은 곤란하다」라는 상대방의 인식(주관)에만 너무 의존하는 것은 비즈니스상의 희망과 법적 판단이 혼동될 위험이 있기 때문에[36] 그 점을 유의하여 신중하게 판단하지 않으면 안 된다.[37]

③ 다른 거래처와의 거래개시 · 확대의 가능성

상대방이 행위자 이외의 다른 사업자와의 거래를 개시하거나 확대하기 곤란한 객관적 상황에 처해 있는 경우에는 행위자와의 거래를 단절하는 것이 곤란하다. 상대방이 다른 거래처와 거래하는 것이 곤란한지 여부와 관련하여, 일반적으로 늘 인정되는 경우도 있지만 통상 거래처를 변경하는 것이 용이한 상황이더라도 거래처를 변경하는 시간적 여유가 없는 절박한 상황에 놓여있는 등 일시적으로 거래처변경이 곤란한 경우도 있다.

---

33 네기시(根岸) · 후나다(舟田), 개설(概説), 276면, 고레나가(伊永), 성립요건과 그 의의(成立要件とその意義), 13면.

34 공정위 심결(公取委審決) 헤이(平)27 · 6 · 4(2015.6.4.) 심결집(審決集) 62권, 119면〔일본 토이저러스(日本トイザラス)사건〕.

35 진구지(神宮司), 경제법20강(経済法20講), 305면.

36 다무라 지로(田村次郎) 외, 「우월적 지위남용에 관한 실무상의 문제점(優越的地位の濫用に関する実務上の問題点)」, NBL 990호, 30－31면(2012).

37 오카노(岡野), 우월적 지위의 인정(優越的地位の認定), 284－286면, 시라이시(白石) 외, 정담(鼎談), 20면(고레나가 다이스케(伊永大輔) 발언), 고레나가(伊永), 성립요건과 그 의의(成立要件とその意義), 13면.

> **┃우월적 지위가 인정되었던 사례에서 언급된 사정**
> • 어음의 결제자금을 급여로 지급하기 위하여 단기융자를 신청한 사업자로서 어음의 결제일까지
>   는 다른 금융기관으로부터 융자를 받는 것이 곤란한 경우
> • 토지나 설비의 구입자금을 위하여 융자를 받으려고 하는 사업자가 은행으로부터 융자를 받을
>   수 있다는 취지를 통보받은 이후에 당해 토지나 설비의 구입계약을 진행한 단계에서 당해 융자
>   를 받을 수 없다면 다른 방법으로 자금조달이 곤란한 경우[38]

④ 관계특수적 투자

상대방이 행위자와의 거래관계에서만 의미 있는 투자(관계특수적 투자)를 하고 있
는 경우에는 상대방은 행위자와의 거래를 단절하면 이미 이루어진 투자가 쓸모없게
되기 때문에 거래처를 변경하는 것이 곤란해질 수밖에 없다.[39] 프랜차이즈 계약에서
가맹점사업자가 다액의 초기투자를 한 경우나[40] 제조위탁을 받기 위하여 설비투자를
한 수급사업자가 전형적인 예라고 할 수 있다.[41]

> **┃우월적 지위가 인정되지 않은 사례에서 언급된 사정**
> • 상대방은 행위자와의 거래를 개시하기 위하여 다액의 설비투자를 하였거나 종래의 거래처와의
>   관계를 단절했다는 사정이 인정되지 않은 경우[42]

⑤ 거래처변경을 곤란하게 하는 계약조건의 존재

행위자와의 거래조건에 따라서는 상대방이 행위자와의 거래를 해소하려고 하면
커다란 손실을 입는 경우가 있다. 중도해약시에 고액의 위약금을 지급해야 하는 경
우나[43] 계약해소 후에 일정 기간 경업금지의무를 지는 경우 등이 그 전형적인 예이
다. 이러한 경우에는 상대방이 당해 행위자와 거래를 단절하는 것이 곤란할 것이다.

---

38 이상, 공정위 권고심결(公取委勧告審決) 헤이(平)17·12·26(2005.12.26.) 심결집(審決集) 52권, 436
   면〔미쓰이 스미토모 은행(三井住友銀行)사건〕.
39 우월적 지위 가이드라인(優越ガイドライン) 제2. 2. (3).
40 프랜차이즈 가이드라인(フランチャイズガイドライン) 3. (1) (주3).
41 가와하마 노보루 외(川濱昇ほか), 『베이직 경제법－공정거래법 입문(ベーシック経済法—独占禁止
   法入門)〔제4판〕』, 276－277면〔센스이 후미오(泉水文雄)〕, (유희카쿠(有斐閣), 2014).
42 오사카지판(大阪地判) 헤이(平)18·4·27(2006.4.27.) 판례시보(判時) 1958호, 155면〔메디온·리사치·
   라보라토리즈(メディオン·リサーチ·ラボラトリーズ)사건〕.
43 프랜차이즈 가이드라인(フランチャイズガイドライン) 3. (1) (주3).

> **┃ 우월적 지위가 인정된 사례**
> • 편의점 체인본부(행위자)가 가맹점사업자(상대방)와 체결한 기본계약에서 가맹점사업자가 자기가 마련한 점포에서 경영하는 사업자일지라도 계약 종료 후 적어도 1년간은 편의점 프랜차이즈 사업을 영위하는 다른 편의점 체인본부의 가맹점사업자가 될 수 없는 경우[44]

⑥ 신규거래

우월적 지위를 판단하는 기준시점은 남용행위를 받아들인 시점이다.[45] 행위자와 상대방과의 최초 계약에서 남용행위가 되는 현저한 불이익을 받아들인 경우, 최초 계약의 체결시점에서는 행위자가 상대방과의 관계에서 우월적 지위에 있다고 인정되지 않기 때문에 우월적 지위의 남용에 해당되지 않는다.

새롭게 거래하려고 하는 상대방과의 관계에서는 행위자와 거래를 이미 계속하고 있는 사업자의 경우와 비교했을 때 일반적으로 거래처를 변경하는 것이 용이하고 상대방과의 계속적 거래가 곤란하더라도 사업경영상 커다란 지장을 초래할 가능성이 낮다고 할 수 있다.[46] 향후 새롭게 거래하려고 하는 상대방은 행위자 이외의 다른 거래처를 자유롭게 선택할 수 있는 상황에 있는 것이 일반적이기 때문이다.[47]

다만 아무리 새로 거래하려는 단계일지라도 상대방이 특정한 행위자와의 계약을 자유롭고 자율적으로 판단할 수 없는 경우에는 예외적으로 거래처변경의 곤란성이 인정되고 당해 행위자는 우월적 지위에 해당될 수 있다. 행위자가 상대방의 입장에서 행위자와 계약을 체결하지 않으면 사업경영상 커다란 지장을 초래하는 상황을 만들어 낸 다음 현저하게 불이익을 야기할 수 있는 조항이 들어간 계약서를 계약체결 직전에 제시하는 경우가 전형적인 예라고 할 수 있다.[48] 또한 행위자가 시장에서 독점적 지위에 있는 경우나 주요한 사업자가 모두 문제가 되는 동일 또는 유사한 계약

---

44 공정위 시정명령(公取委排除措置命令) 헤이(平)21 · 6 · 22(2009.6.22.) 심결집(審決集) 56권 제2분책(第2分冊), 6면〔세븐일레븐 · 재팬(セブン−イレブン · ジャパン)사건〕.

45 시라이시(白石), 부당이용 규제와 시장개념(不当利用規制と市場概念), 31면.

46 우월적 지위 가이드라인 견해(優越ガイドライン考え方), 7면, 도쿄지판(東京地判) 헤이(平)23 · 12 · 22(2011.12.22.) 판례시보(判時) 2148호, 130면〔세븐일레븐 수납대행서비스 등 금지청구(セブンイレブン収納代行サービス等差止請求)사건〕.

47 시라이시(白石), 사례집(事例集), 352−353면.

48 하세가와 아키코(長谷河亜希子), 「비판(判批)」 신 · 판례해설(新 · 判例解説) Watch 11호, 195면, 197면(2012).

조항을 이용하기 때문에 상대방에게 회피가능성이 없는 경우도 그 예로 들 수 있다.[49] 더구나 수급관계가 현저히 균형을 잃은 상황이 단기적으로 해소될 기미가 보이지 않고 당해 상품의 취급유무가 경영에 큰 영향을 미치는 경우에는 새로운 단발적 거래를 시작하기 전 단계일지라도 거래처변경 가능성이 없다고 할 수 있다.[50]

한편 프랜차이즈 계약과 같이 행위자와 상대방 사이에 정보격차가 존재함에도 불구하고 계약체결시에 상대방에게 불이익이 되는 조항에 대해서 충분한 정보를 제공하거나 설명하지 않았고, 이후 거래관계에서 이탈이 곤란하게 된 상황에서 당해 불이익 조항이 현실화되는 경우가 있을 수 있다.[51] 그 경우에 상대방이 불이익을 받아들일지 말지를 판단하는 시점은 실질적으로는 계약체결시가 아니라 불이익이 부과되는 시점이 된다. 남용행위는 불이익 조항이 들어간 계약체결 행위가 아니라 당해 불이익을 부과하는 행위이므로 우월적 지위에 있는지 여부에 대한 판단의 기준시점은 불이익 부과 시점이 된다.[52]

ㄷ. 거래의존관계

① 요건성

공정거래위원회는 우월적 지위를 인정함에 있어서 거래의존관계를 「특정납품업자 중에는 당해 특정납품업자의 총매출액에서 차지하는 ○○에 대한 매출액 비율이 높은 자가 존재하고 있었다」(방점은 필자)라고 적시하였는데[53] 거래의존도가 크다는 것

---

49 오카다(岡田), 최근의 전개(最近の展開), 6면.

50 공정위 심판심결(公取委審判審決) 헤이(平)4 · 2 · 28(1992.2.28.) 심결집(審決集) 38권, 41면〔후지타야(藤田屋)사건〕. 다다(多田), 예방법무(予防法務), 32면.

51 가와하마 노보루(川濱昇), 「비판(判批)」, 중판헤이세이21년도(重判平成21年度)(쥬리스트임시증간(ジュリ臨増) 1398호) 287면, 289면(2010), 고레나가(伊永), 성립요건과 그 의의(成立要件とその意義), 20면.

52 이에 대해 고레나가(伊永), 성립요건과 그 의의(成立要件とその意義), 20−21면은 계약내용을 충분하게 이해한 후 의사결정이 이루어졌는가를 다투는 경우에는 우월적 지위에 대한 성립 시기의 문제로서 다룰 것이 아니라 우월적 지위를 「이용해서」 이루어진 행위로 평가해야 한다고 한다.

53 공정위 시정명령(公取委排除措置命令) 헤이(平)23 · 6 · 22(2011.6.22.) 심결집(審決集) 58권 제1분책(第1分冊), 193면〔산요마루나카(山陽マルナカ)Ⅱ사건〕, 공정위 시정명령(公取委排除措置命令) 헤이(平)23 · 12 · 13(2011.12.13.) 심결집(審決集) 58권 제1분책(第1分冊), 244면〔일본 토이저러스(日本トイザラス)사건〕, 공정위 시정명령(公取委排除措置命令) 헤이(平)24 · 2 · 16(2012.2.16.) 심결집(審決集) 58권 제1분책(第1分冊), 278면〔에디온(エディオン)사건〕, 공정위 시정명령(公取委排除措置命令) 헤이(平)25 · 7 · 3(2013.7.3.) 심결집(審決集) 60권 제1분책(第1分冊), 341면〔라루즈(ラルズ)사

을 우월적 지위인정의 요건으로 파악하지 않았던 것으로 보인다.

상대방의 행위자에 대한 거래의존도가 적은 경우에는 설령 상대방이 행위자 이외의 거래처로 변경하는 것이 곤란하더라도 행위자와의 거래 단절이 상대방의 사업경영에 미치는 영향이 작기 때문에 행위자와의 거래를 단절하고 당해 거래와 관련된 사업에서 철수하는 선택도 가능하다. 따라서 이러한 경우에는 거래를 중단하는 것이 곤란하지 않을 뿐더러 경쟁기능이 방해받고 있다고도 할 수 없어 우월적 지위는 인정되지 않는다.[54]

한편 상대방의 행위자에 대한 거래의존도가 높은 경우에는 상대방은 행위자와 거래할 필요성이 높기 때문에 계속적 거래가 곤란하게 되면 사업경영상 커다란 지장을 초래하기 쉽다.[55] 하지만 행위자에 대한 상대방의 거래의존도가 높은 경우더라도 행위자 이외의 거래처로 변경하는 것이 용이하다면 거래상대방의 경쟁기능이 침해되는 상태가 아니어서 우월적 지위는 인정되지 않는다.[56]

② 거래의존관계의 판단기준

상대방의 행위자에 대한 거래의존도는 각각의 상대방에 대해 미시적으로 본 행위자의 점유율로서[57] 일반적으로 상대방의 행위자에 대한 매출액(구입액)을 상대방의 전체 매출액(구입액)으로 나누어서 산출한다.[58]

상대방의 행위자에 대한 거래의존도가 어느 정도 수준이면 거래의존도가 높다고 판단할 수 있을까?

공정거래위원회는 거래의존도를 구간별로 나누어 일정한 구간마다 행위자와의 계속적 거래가 필요하다는 취지로 답변한 상대방의 비율을 산출하고 계속적 거래가 필요하다고 인식하는 자가 대부분을 차지하는 거래의존도 수치를 도출하여 거래의존

건), 공정위 시정명령(公取委排除措置命令) 헤이(平)26·6·5(2014.6.5.) 심결집(審決集) 61권, 103면〔다이렛쿠스(ダイレックス)사건〕.

54 오카노(岡野), 우월적 지위의 인정(優越的地位の認定), 286면, 이시가키(石垣), 경제분석(經濟分析), 45면.
55 우월적 지위 가이드라인(優越ガイドライン) 제2. 2. (1), 공정위 심결(公取委審決) 헤이(平)27·6·4(2015.6.4.) 심결집(審決集) 62권, 119면〔일본 토이저러스(日本トイザラス)사건〕.
56 시라이시(白石), 공정거래법(独占禁止法), 425면.
57 시라이시(白石), 지배적 지위와 우월적 지위(支配的地位と優越的地位), 55면.
58 우월적 지위 가이드라인(優越ガイドライン) 제2. 2. (1), 우월적 지위 가이드라인 견해(優越ガイドライン考え方), 11면.

도가 일정 수치 이상이면 거래의존관계에 있다고 인정하고 있다.

　그러나 거래의존관계에 대한 판단을 상대방의 인식에 의존할 수밖에 없다고 하더라도[59] 상대방의 추상적인 인식에 의존하는 것에는 문제가 있다고 본다. 이미 거래관계에 있는 상대방의 경우 행위자와의 거래를 계속할 필요가 있다는 인식은 비즈니스 관례상 당연하고 공정거래위원회의 보고명령에 답변한 상대방이 「행위자와 거래를 계속할 필요가 있다」는 항목을 선택했다고 하여 당해 상대방이 거래단절 등에 의해 사업경영상 커다란 지장을 초래하는 지위에 있다고는 할 수 없기 때문이다.

　거래의존관계의 판단기준을 정하는 데에 있어서 중요한 것은 거래단절 등에 의해 상대방이 사업경영상 커다란 지장을 받는지 여부이다. 「사업경영상 커다란 지장을 초래」한다는 구체적 내용은 평가되는 사례마다 크게 다르겠지만 대표적인 예로 상대방의 자금융통에 중대한 지장을 가져오거나 판매량이 크게 감소함으로써 조업중단 이하로 생산 활동이 저하하는 경우 등을 생각할 수 있다.[60] 이와 같이 사업경영상 커다란 지장을 초래할 정도의 거래의존관계가 있는지 여부는 사안에 따라 분석할 필요가 있다.

　한편 계속적 거래가 곤란하게 되면 사업경영상 커다란 지장을 초래하게 되는 거래의존도의 일반적 기준과 관련하여 다른 법령이나 규정 등에서 사용되는 기준이 참고가 될 것이다. 상장회사의 경우, 거래처와의 거래정지가 사업경영상 커다란 지장을 초래하는 경우에는 투자가의 투자판단에 중대한 영향을 미치므로 적시개시(適時開示)의 대상이 되는 경우를 들 수 있다. 도쿄 증권거래소는 적시개시를 요하는 거래정지에 대해 거래정지의 상대방에 대하여 「전 사업연도의 매출액 또는 매입액이 매출액 총액 또는 매입액 총액의 100분의 10 이상」과 같은 기준을 설정하고 있다(일본 유가증권상장규정 제402조 제2호의1). 또한 일본 중소기업신용보험법 제12조에 근거한 소위 안전망(safety net)보증제도에서는 거래처의 구조조정 등 사업 활동의 제한으로 인해 경영 안전에 지장이 생기는 중소기업자에 대한 보증한도액의 별도기준을 규정하고 있는데, 그 대상이 되는 특정 중소기업자(동법 제2조 제4항 제2호)의 인정과 관련하여 중소기업청은 '사업 활동에 제한을 가하는 사업자와의 거래의존도가 20% 이상으로 당해 사업 활동의 제한을 받은 후 3개월간의 매출액 등이 전년 같은 기간 대비

---

59 시라이시(白石) 외, 정담(鼎談), 20면[고레나가 다이스케(伊永大輔) 발언].
60 이시가키(石垣), 경제분석(経済分析), 47면.

10% 이상 감소될 것으로 예상되는 경우'와 같은 기준을 설정하고 있다.

▌우월적 지위가 인정된 사례

• 특정 브랜드 배치약의 배치업자의 경우 당해 브랜드 배치약이 회상(廻商) 활동 이후의 핵심 상품으로서 취급 상품에서 차지하는 비율도 상당히 높은 경우[61](배치업자, 회상 활동에 대해서는 일러두기 참조-역자 주)

• 은행 X와 융자거래를 하고 있는 사업자 중에서 주로 은행 X로부터의 차입에 의해서만 자금수요를 충족하고 있는 사업자가 존재하는 경우[62]

• 공사업자 X는 약 8년 전부터 음식점 가맹본부 Y가 발주하는 점포 시공공사를 계속해서 수주하고 있을 뿐 아니라 Y의 가맹점사업자가 되어 Y로부터 사무소를 임차하는 등 Y와 밀접한 관계를 가지고 있고 X의 Y관련 공사 비율이 연간 수주건수의 9할을 넘고 있는 경우[63]

▌우월적 지위가 인정되지 않은 사례

• 상대방은 프리랜서 프로그래머로서 풍부한 경험을 가지고 있고 행위자 이외의 위탁자로부터 업무위탁도 많이 받고 있는 경우[64]

• 스왑 거래를 권유할 당시 상대방 X의 총차입액 중에서 은행 Y로부터의 차입액이 차지하는 비율이 약 13% 정도에 불과한 경우[65]

• 은행 Y의 단기 융자거래처인 X는 은행 Y와 우호적인 관계를 구축함으로써 후에 장기대출을 기대하고 은행 Y가 제안하는 스왑 거래를 계약했지만, X는 이전부터 다른 금융기관을 주거래은행으로 하고 있었고 은행 Y로부터 단기 융자를 받은 것이 은행 Y와 첫 번째 거래였으며 복수의 금융기관을 선택할 수 있고 은행 Y에 대한 의존도는 높지 않은 경우[66]

---

③ 상대방의 일부 사업부문에 국한된 거래의존도

「사업경영상 커다란 지장을 초래」하는 것은 상대방의 사업전체를 보고 판단하는 것이 원칙이다. 그러나 상대방이 다각도로 경영하고 있는 경우나 복수의 사업소에서

---

61 도쿄지판(東京地判) 헤이(平)16·4·15(2004.4.15.) 심결집(審決集) 51권, 877면〔산코간(三光丸)사건〕.

62 공정위 권고심결(公取委勧告審決) 헤이(平)17·12·26(2005.12.26.) 심결집(審決集) 52권, 436면〔미쓰이 스미토모 은행(三井住友銀行)사건〕.

63 오사카지판(大阪地判) 헤이(平)22·5·25(2010.5.25.) 판례시보(判時) 2092호, 106면〔후지오 후드 시스템(フジオフードシステム)사건〕.

64 지재고판(知財高判) 헤이(平)18·4·12(2006.4.12.) 헤이(平)17 네(ネ) 10051호, 공간물미등재〔SCE사건〕.

65 도쿄지판(東京地判) 헤이(平)26·10·20(2014.10.20.) 헤이(平)23 와(ワ) 39757호·헤이(平)25 와(ワ) 928호 공간물미등재〔미쓰이 스미토모 은행(三井住友銀行)사건〕.

66 도쿄지판(東京地判) 헤이(平)18·8·2(2006.8.2.) 금융법무사정(金融法務事情) 1795호, 60면〔아사히 은행(あさひ銀行)사건〕.

사업을 하고 있는 경우 등 상대방의 사업전체 가운데 일부 특정 사업의 경영에만 커다란 지장을 초래하는 경우가 있을 수 있다. 그 경우 당해 특정 사업이 상대방의 경영전체에서 상대적으로 중요한 것이라면 상대방의 「사업경영상 커다란 지장을 초래」하는 것으로 인정될 수 있다.[67] 하지만 그 경우에 상대방 사업소는 거래처선택의 판단권한을 가지고 있다는 전제가 필요할 것이다.

ㄹ. 행위자와 거래할 필요성을 나타내는 기타 사실

공정거래위원회는 우월적 지위의 고려요소 가운데 행위자와 거래할 필요성을 나타내는 기타 정황 사실의 예로서 행위자와의 거래금액, 행위자의 장래 성장가능성, 거래대상인 상품 또는 역무를 취급할 중요성, 행위자의 거래를 통한 상대방의 신용확보, 행위자와 상대방의 사업규모의 차이 등을 들고 있다.[68]

① 행위자와의 거래액의 크기

행위자와 상대방 간의 지금까지의 거래액이 크다면 당해 사업자와의 거래관계를 전제로 경영기반을 구축하고 있을 가능성이 있다. 행위자와 상대방 간의 지금까지의 거래기간이 장기간에 걸쳐 있는 경우에도 동일하다. 따라서 행위자와 상대방 간의 거래액이 크다는 것은 상대방의 입장에서는 행위자와의 계속적 거래가 곤란하게 되면 동등한 거래액을 확보할 다른 거래처를 찾기 쉽지 않다는 것을 뒷받침해줄 수 있고 또한 거래의 필요성을 입증하는 한 요소가 될 수 있으며, 손실액의 절대액이 크면 클수록 그로 인해 상대방의 사업경영에 미치는 영향이 크다는 것을 뒷받침해 줄 수 있는 요소가 될 수 있다.

행위자와 상대방 간의 거래액이 크다는 것에 대해 공정거래위원회는 행위자와 상대방 간의 거래액의 일정 범위구간마다 「행위자와의 계속적 거래가 필요하다」는 취지로 답변한 상대방의 비율을 산출하고 계속적 거래가 필요하다고 인식하는 상대방

---

67 우월적 지위 가이드라인 견해(優越ガイドライン考え方), 9면, 공정위 시정명령(公取委排除措置命令) 헤이(平)23·6·22(2011.6.22.) 심결집(審決集) 58권 제1분책(第1分冊), 193면〔산요마루나카(山陽マルナカ)Ⅱ사건〕, 공정위 시정명령(公取委排除措置命令) 헤이(平)25·7·3(2013.7.3.) 심결집(審決集) 60권 제1분책(第1分冊), 341면〔라루즈(ラルズ)사건〕.
68 우월적 지위 가이드라인(優越ガイドライン) 제2. 2. (4).

이 대부분을 차지하는 거래액의 수치를 도출하여 거래액이 당해 수치 이상의 거래상
대방에 대하여 행위자의 우월적 지위를 인정하는 경우가 있다.

그러나 행위자와 상대방 간의 거래액이 큰 경우에도 동등 또는 그 이상의 대체 거
래처로 거래를 변경할 가능성이 있고 거래액의 절대액이 크다고 하더라도 상대방의
사업 활동규모가 그 이상으로 커서 상대방의 행위자에 대한 거래의존도가 작다고 한
다면 행위자와의 거래액을 잃는다 해도 상대방의 사업경영에 미치는 지장이 크지 않
을 수도 있다.

▌우월적 지위가 인정된 사례
- 편의점 체인과 거래하는 일용품 납품업자는 편의점 체인과의 거래의존도는 그렇게 높지 않지만
  단품 발주수량이 많아서 당해 체인과의 거래가 단절되는 경우에 생산 공정을 재검토해야 할 압
  박을 받거나 편의점 체인용의 상품개발을 할 수 없는 등 경영에 미치는 영향이 큰 경우[69]
- 가정용 배치약의 배치업자와 제조업자 간의 거래기간이 15년에서 100년 이상 장기간에 걸치는 경우[70]

▌우월적 지위가 인정되지 않은 사례
- 상대방은 행위자와 약 7개월 전부터 제조위탁거래를 개시하였을 뿐 그 이전에는 행위자로부터
  전혀 수주를 하지 않고 사업을 하고 있었던 경우[71]

---

② 행위자의 장래 성장가능성

행위자의 장래 성장가능성이란 상대방과 행위자와의 거래액이 장래 증가할 것을
기대할 수 있다는 것을 의미한다. 상대방 입장에서는 행위자와의 거래액 증가를 전
제로 생산라인이나 구입체제를 재검토 하는 등 대응책을 마련할 수 있으며, 이 경우
거래처의 변경이 곤란할 수 있다.

공정거래위원회는 행위자와 거래할 필요성이 있다고 인식하는 이유를 묻는 보고
명령에 대한 상대방의 답변 중 하나로「행위자는 앞으로도 점포 확대 등을 통하여

69 공정위 권고심결(公取委勧告審決) 헤이(平)10 · 7 · 30(1998.7.30.) 심결집(審決集) 45권, 136면〔로손
   (ローソン)사건〕, 와타나베 세이지(渡邊靜二) · 이와부치 겐(岩渕権),「주식회사 로손에 의한 공정거
   래법 위반사건에 대하여(株式会社ローソンによる独占禁止法違反事件について)」, 공정거래(公正
   取引) 576호, 87면, 92면(1998).
70 도쿄지판(東京地判) 헤이(平)16 · 4 · 15(2004.4.15.) 심결집(審決集) 51권, 877면〔산코간(三光丸)사건〕.
71 오사카지판(大阪地判) 헤이(平)18 · 4 · 27(2006.4.27.) 판례시보(判時) 1958호, 155면〔메디온 · 리사
   치 · 라보라토리즈(メディオン · リサーチ · ラボラトリーズ)사건〕.

커나갈 회사이기 때문에 거래액의 증가를 기대할 수 있다는 것」이 있음을 들어, 이러한 경우 행위자의 당해 상대방에 대한 우월적 지위를 인정한 바 있다.

그러나 행위자의 장래 성장가능성이 인정된다고 하더라도 상대방으로서는 생산라인이나 구입체제의 재검토 등 특단의 대응책을 강구하지 않는 경우도 많을 뿐 아니라 일반적으로 거래관계에 있는 이상 특단의 사정이 없는 한 상대방이 행위자와의 거래액 증가를 기대하는 것은 비즈니스상 당연한 일이다. 행위자의 장래 성장가능성이 우월적 지위의 인정에서 고려요소로 되려면 상대방이 앞으로 행위자와의 거래액 증가를 기대하여 어떤 식으로든 대응책을 구체적으로 강구한 경우에 한정되어야 할 것이다.

> ▌우월적 지위가 인정된 사례
> • 가전 양판점이 신규점포를 오픈하거나 다른 가전제품 등의 소매업자를 자회사로 만드는 등 소매업자로서의 규모를 확대하는 경우[72]
> • 식료품 슈퍼업자가 최근 적극적인 M&A 및 신규 출점에 의해 점포수를 확대하고 매출액도 늘고 있는 경우[73]

③ 대상 상품 · 역무를 취급하는 것에 대한 중요성

「거래대상이 되는 상품 또는 역무를 취급하는 것에 대한 중요성」이란 행위자가 판매자이고 상대방이 구매자인 상황에서 행위자가 공급하는 상품 등이 강한 브랜드파워를 갖고 있는 경우 등을 가정할 수 있다.[74] 소비자에게 인기 있는 소매점에 상품을 진열함으로써 납품업자는 당해 상품에 대한 소비자의 인지도, 브랜드파워, 신용성 등을 향상시킬 수 있고 이는 납품업자로 하여금 판매촉진에 대한 기대를 갖게 한다.

공정거래위원회는 보고명령에 대한 상대방의 답변에서 행위자와 거래할 필요성이

---

72 공정위 시정명령(公取委排除措置命令) 헤이(平)20 · 6 · 30(2008.6.30.) 심결집(審決集) 55권, 688면 〔야마다전기(ヤマダ電機)사건〕.
73 공정위 시정명령(公取委排除措置命令) 헤이(平)20 · 6 · 23(2008.6.23.) 심결집(審決集) 55권, 684면 〔에코스(エコス)사건〕, 와타나베 슌이치(渡邊俊一) · 도모자와 고(友澤興), 「주식회사 에코스에 의한 공정거래법 위반사건에 대하여(株式会社エコスによる独占禁止法違反事件について)」, 공정거래 (公正取引) 698호, 50면, 53면(2008).
74 우월적 지위 가이드라인(優越ガイドライン) 제2. 2. (4).

있다고 인식하는 이유로서 「행위자는 소비자에게 인기 있는 소매점인 경우」를 들어
행위자의 당해 상대방에 대한 우월적 지위를 인정하는 경우가 있다. 그러나 행위자
가 소비자에게 인기 있는 소매업자라는 이유에 기인한 판매촉진에 대한 기대는 그
자체로 「계속적 거래가 곤란하게 되면 사업경영상 커다란 지장을 초래」하는 것과 관
련성이 희박하기 때문에 우월적 지위의 인정에서 고려요소로서 기능하는 것은 판매
량 확대를 위한 구체적인 대응책을 강구한 경우에 한정되어야 한다.

> ▌우월적 지위가 인정된 사례
> • 특정 브랜드 배치약의 배치업자는 단골거래처에 당해 브랜드 상표가 붙은 배치상자를 놓고
>   단골거래처로부터 브랜드명으로 불리며 자기의 영업거점 등에 당해 브랜드의 광고를 내는 등
>   당해 브랜드의 배치판매에 있어서 오로지 당해 브랜드의 이미지에 의존하고 있는 경우[75]
>   (배치업자에 대해서는 일러두기 참조 – 역자 주)
> • 게임소프트 유통업자가 구입한 소프트웨어 A는 수요에 비해 수량이 많이 부족하기 때문에 대다
>   수의 소매업자는 소프트웨어 A를 하나라도 많이 확보하기를 희망하고 있는 경우[76]

④ 행위자와 거래함으로써 상대방의 신용확보

행위자와 거래함으로써 확보되고 있던 신용이 행위자와의 거래정지에 의해 훼손
되는 경우에 상대방은 차입곤란을 겪고 행위자 이외의 거래처와의 지급조건이 어쩔
수 없이 변경되어 행위자 이외의 거래처와의 거래도 단절되는 등의 상황이 발생한다
면 상대방의 사업경영에 커다란 지장을 초래한다고 할 수 있다.

행위자와 거래함으로써 상대방이 신용을 확보한다는 것에 대하여 공정거래위원회
는 상대방이 행위자와 거래할 필요성이 있다고 인식하는 이유를 묻는 보고명령에 대
한 상대방의 답변에서 「행위자와 거래함으로써 자사의 신용이 확보되는 것」이 있음
을 이유로 행위자의 당해 상대방에 대한 우월적 지위를 인정하는 경우가 있다.

그러나 행위자와 거래함으로써 확보되는 상대방의 신용정도는 여러 가지가 있을
수 있고 단순히 상대방이 행위자와 거래함으로써 자사의 신용이 확보되기 때문에 행
위자와 거래할 필요가 있다고 인식하는 것만으로는 「계속적 거래가 곤란하면 사업경

---

75 도쿄지판(東京地判) 헤이(平)16 · 4 · 15(2004.4.15.) 심결집(審決集) 51권, 877면〔산코간(三光丸)사건〕.
76 공정위 심판심결(公取委審判審決) 헤이(平)4 · 2 · 28(1992.2.28.) 심결집(審決集) 38권, 41면〔후지타야
   (藤田屋)사건〕, 다다(多田), 예방법무(予防法務), 32면은 신규의 단발거래에서 우월적 지위가 인정될
   수 있는 적극적인 케이스로서 동 사건을 들고 있다.

영상 커다란 지장을 초래」하는 것과 관련성이 적다. 우월적 지위의 인정에서 고려될
수 있는 것은 행위자와 거래함으로써 확보되는 상대방의 신용이 훼손되어 사업경영
상 커다란 지장을 초래하는 정도인 경우에 한정될 필요가 있다.

> ▌우월적 지위가 인정된 사례
> • 일용품 납품업자가 자기가 판매하는 상품이 편의점 체인의 가맹점에서 취급되어 당해 상품에
>   대한 소비자의 신용도가 높아지는 경우[77]
> • 납품업자가 종합양판점업자 X와 거래함으로써 다른 거래처의 신용을 확보할 수 있는 경우[78]

⑤ 사업규모의 격차

행위자와 상대방의 사업규모 차이에 대해서 공정거래위원회는 하도급법의 규정을
근거로 상대방의 사업규모(자본금)가 행위자의 그것보다 현저히 작을 경우 행위자의
당해 상대방에 대한 우월적 지위를 인정한 바 있다.

그러나 행위자와 상대방 간에 사업규모 격차가 크다는 사실은 「계속적 거래가 곤
란하게 되면 사업경영상 커다란 지장을 초래」하는 것과 관련이 적고 기껏해야 간접
사실 정도에 불과한 요소로 보아야 할 것이다.[79]

> ▌우월적 지위가 인정된 사례
> • 행위자인 편의점 체인본부는 점포 수 및 매출액에서 일본 편의점 프랜차이즈 사업자들 가운데
>   최대사업자인 반면 상대방인 가맹점사업자는 거의 대부분이 중소 소매업자인 경우[80]
> • 음식점 체인본부 Y의 사업규모는 공사업자 X와 비교하면 훨씬 크다. Y와 X를 비교하면 업종이
>   다르기 때문에 매출액은 3~6배 정도에 불과하지만 자본금에서는 약 110배에 달하여 종업원 수
>   나 경영이익 등에서도 상당한 규모의 차이가 있는 경우[81]

---

77 공정위 권고심결(公取委勧告審決) 헤이(平)10·7·30(1998.7.30.) 심결집(審決集) 45권, 136면〔로손
   (ローソン)사건〕.
78 공정위 권고심결(公取委勧告審決) 헤이(平)16·4·14(2004.4.14.) 심결집(審決集) 51권, 408면〔포스
   후루(ポスフール)사건〕.
79 시라이시(白石), 부당이용 규제와 시장개념(不当利用規制と市場概念), 29−30면.
80 공정위 시정명령(公取委排除措置命令) 헤이(平)21·6·22(2009.6.22.) 심결집(審決集) 56권 제2분책
   (第2分冊), 6면〔세븐일레븐·재팬(セブン−イレブン·ジャパン)사건〕.
81 오사카지판(大阪地判) 헤이(平)22·5·25(2010.5.25.) 판례시보(判時) 2092호, 106면〔후지오 후드 시
   스템(フジオフードシステム)사건〕.

v. 행위자에 의한 거래단절을 가정하기 어려운 경우

상대방이 자신만이 공급할 수밖에 없는 차별화된 상품을 행위자에게 납품하는 등 오히려 행위자가 상대방과의 거래단절을 시도하기 어려운 경우라도 행위자가 상대방에 대하여 우월적 지위에 있다고 할 수 있는가?

행위자가 상대방과의 거래를 단절하기 어렵다고 인정되는 전형적인 예로서는 행위자가 상대방과의 계속적 거래가 곤란하게 되면 사업경영상 커다란 지장이 초래되는 경우를 들 수 있다.

우월적 지위에 대한 개념의 핵심인「상대방에게 있어 행위자와의 계속적 거래가 곤란하게 되면 사업경영상 커다란 지장을 초래」하는 것은 행위자가 상대방과의 거래를 단절할 수 있다는 것을 전제로 하고 있다. 그러나 행위자의 입장에서 상대방과 거래를 단절하기 어려운 경우에는 설령 상대방이 행위자로부터 받은 불이익한 요청 등을 거절하였더라도 행위자가 제재조치를 취하기 어려울 뿐만 아니라, 상대방에게 행위자와의 계속적 거래가 곤란하게 될 사태는 일어날 수 없으며 따라서 상대방의 사업경영상 커다란 지장을 초래할 일도 없기 때문에 행위자가 상대방에 대하여 우월적 지위에 있다고 인정될 수 없다고 보아야 할 것이다.[82] 우월적 지위 가이드라인 이외의 가이드라인에서는 우월적 지위를 판단하는 고려요소로서「상품의 수급관계」가 언급되어 있는데[83]「상품의 수급관계」에 대해서는「상품의 인기가 높아 수급 압박이 있는 경우에는 그 정도에 비례하여 소매업자의 우월성은 저하될 것이다」라고 해설하고 있다.[84]

행위자가 상대방과의 거래를 단절하기 어려워서 행위자의 우월적 지위가 인정되는 전형적인 예는 행위자가 상대방과의 계속적 거래가 곤란하게 되면 사업경영상 커다란 지장이 초래되는 경우를 들 수 있다.[85] 이에 대하여 공정거래위원회는 상대방이

---

82 이시가키(石垣), 경제분석(経済分析), 45면, 후지타(藤田), 우월적 지위남용 규제에 관한 고찰(優越的 地位濫用規制に関する考察), 383면.

83 헤이세이(平成)17년 개정 전의 유통·거래관행 가이드라인(流通取引慣行ガイドライン) 제2부. 제5. 1. (2), 역무위탁거래 가이드라인(役務委託取引ガイドライン) 제1. 2.

84 야마다 아키오(山田昭雄) 외 편저,『유통·거래관행에 관한 공정거래법 가이드라인(流通·取引慣行に 関する独占禁止法ガイドライン)』, 207면(상사법무연구회(商事法務研究会), 1992).

85 오카노(岡野), 우월적 지위의 인정(優越的地位の認定), 286면, (다무라 지로(田村次朗) 외,「우월적 지위남용에 관한 실무상의 문제점(優越的地位の濫用に関する実務上の問題点)」, NBL 990호, 30−31면(2012), 스가히사 슈이치(菅久修一) 편저,『공정거래법(独占禁止法)〔초판〕』, 170−171면 〔고레나가 다이스케(伊永大輔)〕(상사법무(商事法務), 2013)(더욱이, 같은 책 제2판(2015)에서는 당

행위자에게 필요하고 중요한 거래처일지라도 그러한 사실만으로는 행위자가 상대방
에 대하여 우월적 지위에 있다는 것을 뒤집을 수는 없다고 한다.[86] 양 당사자가 서로
상대방과 거래할 수 없으면 양측 모두에게 커다란 지장을 초래하는 관계에 있다는
것은 논리적으로 있을 수 있고(상호 우월), 이 경우 상대방의 우월성은 남용행위의 판
단시 추가적으로 고려하면 충분하다는 견해도 있다.[87]

　한편 행위자와 상대방이 서로 거래가 필요한 관계에서는 상호 견제력이 생겨 대등
한 거래관계가 형성된다. 대등한 거래관계에서는 행위자 및 상대방 상호 간에 경제
적 합리성에 근거한 거래가 이루어지게 될 것이다. 따라서 양 당사자 모두 우월적
지위를 갖지 않고 당해 당사자 간의 행위는 일방에게만 현저히 불이익한 것이 아니
며 당해 행위를 받아들이는 것은 자유롭고 자율적인 판단에 기초하여 이루어진 것으
로 추인할 수 있다.

도표 3-1 **거래필요성과 대등성의 관계**

상대방 ＼ 행위자	행위자 → 상대방 거래필요성 있음	행위자 → 상대방 거래필요성 없음
상대방 → 행위자 거래필요성 있음	대등성 있음	대등성 없음 행위자＝우월적 지위
상대방 → 행위자 거래필요성 없음	대등성 없음 상대방＝우월적 지위	대등성 있음

　행위자와 상대방이 대등한 관계에 있다는 것을 단적으로 나타내는 사정으로서 행
위자와 상대방 사이에 가격 등의 거래조건 협상이 대등하게 이루어지고 있는 것을
들 수 있다. 가격 등의 거래조건 협상은 상대방과 행위자의 관계에서 가장 중요한
것이다. 따라서 상대방이 행위자와의 관계에서 자유롭고 자율적인 판단에 근거하여

해 기술이 삭제되어 있다), 시바타 준코(柴田潤子), 「비판(判批)」, 공정거래(公正取引) 779호, 59면,
63면(2015), 나가사와 데쓰야(長澤哲也), 「비판(判批)」, 쥬리스트(ジュリ) 1501호, 6-7면(2017).
우월적 지위남용의 성립을 부정하는 근거의 하나로 상대방이 우월적 지위에 있다는 것을 들고 있는 사안으
로서, 센다이지방법원 이시노마키 지원판결(仙台地石巻支判) 헤이(平)25·9·26(2013.9.26.) 판례시보
(判時) 2297호, 99면.

86 공정위 심결(公取委審決) 헤이(平)27·6·4(2015.6.4.) 심결집(審決集) 62권, 119면〔일본 토이저러스
(日本トイザラス)사건〕.

87 시라이시(白石), 공정거래법(独占禁止法), 427면, 다키자와 사야코(滝澤紗矢子), 「判批」, 公正取引
797호, 46면, 50면(2017), 시라이시(白石), 사례집(事例集) 477면, 553면.

대등하게 가격 등을 협상하고 있다면 행위자는 당해 상대방에 대하여 그 의사를 억압하고 착취 행위를 할 수 있는 입장이 아니므로 우월적 지위는 인정될 수 없다. 경쟁시장에서 비용전가가 이루어지더라도 비용을 면제받은 측은 비용을 부담한 측에 어떠한 형태로든 수수료(프리미엄)를 지급하지 않으면 안 되기 때문에[88] 행위자와 상대방 사이에 가격협상이 자유롭게 행해지는 경우에는 설령 행위자가 상대방에 대하여 비용을 전가하는 행위를 하더라도 당해 비용전가에 상응한 적절한 가격설정이 이루어지기 때문이다.[89] 공정거래위원회는 우월적 지위남용에 대한 과징금 도입 당시 우월적 지위의 인정이유에 대해 「납품가격 등의 거래조건과 별개로」 상대방이 행위자로부터의 요청을 받아들일 수밖에 없는 입장에 있다고 하여, 우월적 지위의 판단에서 가격 등의 협상상황은 고려하지 않는다는 견해를 밝히고 있었다.[90] 이에 대하여 2013년 이후의 사건에서는 「납품가격 등의 거래조건과는 별개로」라는 문언이 우월적 지위의 인정이유에서 사라진 것으로 보아[91] 행위자의 상대방에 대한 우월적 지위의 유무는 가격 등의 협상도 포함하여 판단한다고 볼 수 있다.

(2) 거래상대방

남용행위의 상대방은 「거래상대방」이 아니면 안 된다(공정거래법 제2조 제9항 제5호 가목 내지 다목).[92] 남용행위 가운데 구입강제(동호 가목) 및 경제상 이익제공요청(동호 나목)에 대한 행위상대방은 「계속해서 거래하는 상대방」으로 한정되어 있지만 계속

---

88 오카베 다카요시(岡部孝好), 「소화 매입의 거래 디자인(消化仕入れの取引デザイン)」, 회계(會計) 158권 4호, 471면, 482−483면(2000).

89 이에 대하여 가와하마(川濱), 최근의 우월적 지위남용 규제(近時の優越的地位濫用規制), 8−9면은 거래 주변(부수적) 부분에서는 시장 메커니즘이 기능하기 어렵기 때문에 불이익을 강요할 여지가 크다고 지적하고 있다.

90 공정위 시정명령(公取委排除措置命令) 헤이(平)23·6·22(2011.6.22.) 심결집(審決集) 58권 제1분책(第1分冊), 193면(산요마루나카(山陽マルナカ)Ⅱ사건), 공정위 시정명령(公取委排除措置命令) 헤이(平)23·12·13(2011.12.13.) 심결집(審決集) 58권 제1분책(第1分冊), 244면(일본 토이저러스(日本トイザラス)사건), 공정위 시정명령(公取委排除措置命令) 헤이(平)24·2·16(2012.2.16.) 심결집(審決集) 58권 제1분책(第1分冊), 278면(에디온(エディオン)사건).

91 공정위 시정명령(公取委排除措置命令) 헤이(平)25·7·3(2013.7.3.) 심결집(審決集) 60권 제1분책(第1分冊), 341면(라루즈(ラルズ)사건), 공정위 시정명령(公取委排除措置命令) 헤이(平)26·6·5(2014.6.5.) 심결집(審決集) 61권, 103면(다이렉쿠스(ダイレックス)사건).

92 「거래상대방」에 대한 행위가 아니라는 이유로 우월적 지위남용의 적용을 부정한 것으로서 도쿄고판(東京高判) 헤이(平)19·1·31(2007.1.31.) 심결집(審決集) 53권, 1046면(시오도메(汐留)사건).

적인 거래를 새롭게 시작하려는 상대방도 포함한다고 명기되어 있다.

ⅰ. 일반소비자

행위자가 상대방과의 관계에서 우월적 지위에 있다고 인정되는 것은 상대방에게 있어 행위자와의 계속적 거래가 곤란하게 되면「사업경영상 커다란 지장을 초래」하는 경우이기 때문에 남용행위의 상대방은 사업자로 한정하고 일반소비자에 대한 행위는 우월적 지위남용 규제의 대상으로 삼지 않고 있다.[93] 그러나 조문상「거래상대방」에는 제한이 없고 우월적 지위남용의 공정경쟁저해성은 직접적으로는 상대방의 자유롭고 자율적인 판단에 따른 거래를 저해하는 것에 있다고 한다면, 사업자인지의 여부를 묻지 않고 남용행위 상대방에 일반소비자를 포함하는 해석도 가능하다.[94]

ⅱ. 직접적인 거래관계가 없는 경우

행위자와 남용행위의 상대방이 형식적으로는 직접적인 거래관계가 없더라도 남용행위의 상대방을「거래상대방」으로 실질적으로 동일시할 수 있는 경우「거래상대방」의 개념을 확장하여 우월적 지위남용으로 규제하는 것도 생각해 볼 수 있다.[95]

대규모소매업특수지정 사안에서 납품업자의 종업원 개인에게 판매를 강제한 경우 당해 종업원이 해당 요청에 응하지 않으면 자기가 소속된 회사와 행위자와의 거래에

---

93 남용행위의 상대방을 사업자에 한정하는 것은 1953년 공정거래법 개정에 의해 우월적 지위남용 규제가 도입된 취지, 즉 대규모 사업자가 그 지위를 남용하여 중소기업을 부당하게 압박하는 사태에 대하여 불공정거래행위로서 규제하여 대기업에 의한 경제력 집중의 폐해를 방지하기 위함이었다는 입법과정을 반영한 것이다. 네기시(根岸) 편, 주석 공정거래법(注解独占禁止法), 490면〔네기시 아키라(根岸哲)〕.
94 시라이시 다다시(白石忠志),「소비자계약법과 공정거래법 — 부당조항의 무효화와 우월적 지위남용의 금지(消費者契約法と独禁去 — 不当条項の無効化と優越的地位濫用の禁止)」, NBL 1200호, 99 — 100면 (2001), 시라이시(白石), 공정거래법(独占禁止法), 42면, 가나이(金井) 외 편, 공정거래법(独占禁止法), 350면〔가나이 다카시(金井賞嗣)〕, 하야시(林), 소비자거래와 우월적 지위남용(消費者取引と優越的地位の濫用規制), 113면, 네기시(根岸) · 후나다(舟田), 개설(概説), 277면. 도쿄지판(東京地判) 헤이(平)28 · 10 · 6(2016.10.6.) 금융 · 상사판례(金商) 1515호, 42면〔포리시린고(ポリシリコン)사건〕은 상대방이 회사 등이 아니라 소비자이기 때문에 우월적 지위남용의 요건 해당성이 인정되기 쉽다고 한다.
95 가와이(川合) 외, 좌담회(座談会)〔시라이시 다다시(白石忠志) 발언〕, 12면. 재판매가격구속에서는 둘 사이에 끼인 도매업자 등이 있지만 실질적으로는 제조업자가 소매업자와 거래하고 있다고 인정하여 위반으로 판단한 예를 들고 있다.

악영향이 있지 않을까 등을 고려하여 요청에 응할 수밖에 없었다는 이유로 남용행위에 해당한다고 판단한 사례가 있다.[96]

그 외에도 소매업자의 모회사가 자기와는 직접적인 거래관계가 없지만 자신의 자회사에 상품을 판매하는 납품회사에 대하여 자회사의 점포개점 작업을 시키기 위하여 납품업자의 종업원을 파견시키는 등 남용행위를 한 사례를 생각할 수 있다. 이 경우에 자회사의 점포에서 판매되는 상품이나 판매가격, 납품업자 등을 결정하는 것은 모회사이고, 모회사가 자회사의 납품업자와의 사이에서 납품가격 등의 거래조건을 결정하여 구입하고 있는 점 등을 근거로[97] 자회사의 납품업자를 모회사의 거래상대방으로 간주하여 우월적 지위남용 규제가 적용되는 경우를 생각할 수 있다.

한편 대규모소매업특수지정에서 남용행위의 상대방인 「납품업자」는 대규모소매업자 또는 그 가맹점에 상품을 「납품하는」 사업자로 정의되어 있고(비고(備考) 제3항), 남용행위의 주체인 「대규모소매업자」와 「납품업자」 간의 직접적인 계약관계의 존재를 반드시 요구하는 것은 아니다.

iii. 실질적인 동일기업 내의 거래

「거래상대방」이 행위자의 100% 자회사인 경우에는 일반적으로 그 실질이 동일기업 내의 행위에 준하는 것으로 인정되므로 우월적 지위남용으로 규제하지 않는다. 행위자의 「거래상대방」에 대한 주식소유비율이 50%를 초과하는 경우에는 실질적으로 동일기업 내의 행위에 준하는 것으로 인정되는 경우에 한하여 우월적 지위남용 규제가 적용되지 않는다. 실질적으로 동일기업 내의 행위에 준하는 것으로 인정되는

---

96 공정위 시정명령(公取委排除措置命令) 헤이(平)21·3·5(2009.3.5.) 심결집(審決集) 55권, 716면(다이와(大和)사건), 오자와 가즈유키(大澤 一之), 「주식회사 다이와에 의한 우월적 지위남용사건에 대하여(株式会社大和による優越的地位の濫用事件について)」, 공정거래(公正取引) 705호, 67면, 70면(2009).

97 공정위 시정명령(公取委排除措置命令) 헤이(平)20·6·30(2008.6.30.) 심결집(審決集) 55권, 688면(야마다전기(ヤマダ電機)사건)에서는 이들 사정을 고려하여 자회사점포의 개점작업이 자기(모회사)의 업무로 인정되었고 남용행위에 해당한다고 하였다. 히라자와 노리요시(平澤德善) 외, 「주식회사 야마다전기에 대한 시정명령에 대하여(株式会社ヤマダ電機に対する排除措置命令について)」, 공정거래(公正取引) 698호, 54면, 56면(2008). 다만 이 사안은 납품업자는 당해 자회사뿐 아니라 당해 모회사와도 직접적인 거래관계가 인정되었기 때문에 남용행위자와 그 상대방과의 거래관계 유무가 문제가 되었던 것은 아니다. 남용행위의 요건인 「자기의 업무」에 종사시켰다고 인정되는지 여부가 문제되었던 사안이다.

지 여부는 주식소유비율, 임원파견 상황, 재무·영업방침에 대한 관여정도, 거래관계 등을 종합적으로 고려하여 판단한다.[98]

(3) 특수지정

i. 대규모소매업특수지정

대규모소매업특수지정에서 위반행위자가 되는 「대규모소매업자」는 일반소비자가 일상적으로 사용하는 상품의 소매업자이고 전 사업연도의 매출액이 일정액 이상이 거나 또는 일정 면적 이상의 점포를 가지고 있는 자로 형식적·획일적으로 정해진다 (대규모소매업특수지정 비고 제1항). 대규모소매업특수지정에서 「납품업자」는 「대규모 소매업자」에게 상품을 납품하는 사업자이지만 「거래상 지위가 당해 대규모소매업자 에 비하여 열등하지 않다고 인정되는 자를 제외한다」라고 규정되어 있다(동 제3항). 따라서 「대규모소매업자」에 대하여 대등하거나 대등 이상의 거래상 지위가 있는 납 품업자는 「납품업자」에 해당하지 않고 대규모소매업특수지정의 적용대상 당사자가 되지 않는다.[99]

대규모소매업특수지정은 공정거래법 제2조 제9항 제6호에 근거하여 지정된 것이 기 때문에 동호 마. 「자기의 거래상 지위를 부당하게 이용」하는 것으로 인정되지 않 는 당사자에 대해서는 대규모소매업특수지정을 적용할 수 없다.

ii. 물류특수지정

물류특수지정이 적용되는 당사자인 「특정하주」 및 「특정물류사업자」는 하도급법 규제와 마찬가지로 자본금액 또는 출자총액에 따라 형식적·획일적으로 정해진다

---

98 이상, 우월적 지위 가이드라인(優越ガイドライン) 제1. 2. (주6), 유통·거래관행 가이드라인(流通·取引慣行ガイドライン)(付).

99 입증책임은 원칙적으로 모두 공정거래위원회에 있지만 규제의 실효성을 확보하기 위하여 「대규모소매업자」에게 상품을 납품하는 사업자는 규제대상 당사자가 되고 특정의 납품업자에 대해서 규제대상에서 제외된다고 주장하는 「대규모소매업자」는 당해 납품업자에 대하여 거래상의 지위가 열위에 있지 않다는 입증책임을 사실상 지고 있다고 해석될 여지도 있다. 네기시(根岸) 편, 주석 공정거래법(注解独占禁止法), 495-496면[네기시 아키라(根岸哲)].

(물류특수지정 비고 제1항 제1호·제2호, 동 제2항 제1호·제2호). 하지만 하도급법 규제와 달리 물류특수지정은 공정거래법 제2조 제9항 제6호에 근거하여 지정된 것이기 때문에 동호 마.「자기의 거래상 지위를 부당하게 이용」하는 것으로 인정되지 않는 당사자에 대해서는 물류특수지정을 적용할 수 없다.

또한 물류특수지정에서는 이들 자본금·출자총액에 의한 구분에 해당하지 않는 당사자라 하더라도「수탁하는 사업자에 대하여 거래상 우월적 지위에 있는 자」는「특정하주」에 해당하고「특정하주에 대하여 거래상 열위에 있는 자」는「특정물류사업자」에 해당한다고 규정하고 있다(물류특수지정 비고 제1항 제3호, 동 제2항 제3호).

(4) 역외적용

행위자 또는 상대방이 외국에 소재하는 경우에도 우월적 지위남용 규제가 적용될 수 있을까?

앞의 제1장 1. (3)과 같이 우월적 지위남용 규제의 공정경쟁저해성은 주로 상대방의 자유롭고 자율적인 판단을 저해하는 것에서 찾고 있고 이와 함께 행위자의 경쟁상의 지위를 강화하며 상대방의 경쟁상의 지위를 약하게 할 우려가 있는 것도 부가적으로 설명되고 있다. 그 때문에 만약 우월적 지위남용의 상대방이 일본에 소재한다면 일본의 우월적 지위남용 규제를 적용하는 것이 허용되는 것으로 볼 수 있다.[100]

02 하도급법 규제

(1) 자본금 구분에 의한 원사업자·수급사업자의 정의

하도급법 제2조 제7항·제8항
⑦ 이 법률에서「원사업자」란 다음 각호 중 어느 하나에 해당하는 자를 말한다.
  1. 자본금액 혹은 출자총액이 3억 엔을 넘는 법인사업자(정부계약의 지급지연방지 등에 관

---

100 시라이시(白石), 공정거래법(独占禁止法), 183면.

한 법률(1949년 법률 제256호) 제14조에서 규정하는 자를 제외한다)로서, 개인 또는 자본금액 혹은 출자총액이 3억 엔 이하인 법인사업자에게 제조위탁 등(정보성과물작성위탁 및 역무제공위탁시에는 각각 시행령으로 정하는 정보성과물 및 역무에 관한 것으로 한정한다. 다음 각호 및 다음 항 제1호, 제2호에서 같다)을 하는 자

2. 자본금액 혹은 출자총액이 1,000만 엔을 넘고 3억 엔 이하인 법인사업자(정부계약의 지급지연방지 등에 관한 법률 제14조에서 규정하는 자를 제외한다)로서, 개인 또는 자본금액 혹은 출자총액이 1,000만 엔 이하인 법인사업자에게 제조위탁 등을 하는 자

3. 자본금액 혹은 출자총액이 5,000만 엔을 넘는 법인사업자(정부계약의 지급지연방지 등에 관한 법률 제14조에서 규정하는 자를 제외한다)로서, 개인 또는 자본금액 혹은 출자총액이 5,000만 엔 이하인 법인사업자에게 정보성과물작성위탁 또는 역무제공위탁(각각 제1호 시행령에서 규정하는 정보성과물 또는 역무와 관계되는 것을 제외한다. 다음호 및 다음 항 제3호, 제4호에서 같다)을 하는 자

4. 자본금액 혹은 출자총액이 1,000만 엔을 넘고 5,000만 엔 이하인 법인사업자(정부계약의 지급지연방지 등에 관한 법률 제14조에서 규정하는 자를 제외한다)로서 개인 또는 자본금액 혹은 출자총액이 1,000만 엔 이하인 법인사업자에게 정보성과물작성위탁 및 역무제공위탁을 하는 자

⑧ 이 법률에서 「수급사업자」란 다음 각호 중 어느 하나에 해당하는 자를 말한다.

1. 개인 또는 자본금액 혹은 출자총액이 3억 엔 이하인 법인사업자로서, 전항 제1호에서 규정하는 원사업자로부터 제조위탁 등을 받는 자

2. 개인 또는 자본금액 혹은 출자총액이 1,000만 엔 이하인 법인사업자로서, 전항 제2호에서 규정하는 원사업자로부터 제조위탁 등을 받는 자

3. 개인 또는 자본금액 혹은 출자총액이 5,000만 엔 이하인 법인사업자로서, 전항 제3호에서 규정하는 원사업자로부터 정보성과물작성위탁 또는 역무제공위탁을 받는 자

4. 개인 또는 자본금액 혹은 출자총액이 1,000만 엔 이하인 법인사업자로서, 전항 제4호에서 규정하는 원사업자로부터 정보성과물작성위탁, 또는 역무제공위탁을 받는 자

하도급법 시행령 제1조

① 하도급거래 공정화에 관한 법률(이하 「법」이라 한다) 제2조 제7항 제1호의 시행령에서 정한 정보성과물은 프로그램을 말한다.

② 법 제2조 제7항 제1호의 시행령에서 정한 역무는 다음과 같다.

1. 운송
2. 물품 창고에서 보관
3. 정보처리

ⅰ. 자본금 · 출자총액에 의한 구분을 채용

하도급법은 거래당사자의 「자본금액 또는 출자총액」에 따라 하도급법의 대상사업자가 되는지 여부를 형식적·획일적으로 정한다.

업무위탁을 하는 사업자에게 하도급법이 적용되는 것은 자본금액 또는 출자총액이 다음의 구분(도표 3-2)에 해당하는 경우이다.

ㄱ. 제도의 취지

수급사업자의 이익을 간이·신속하게 보호하려는 하도급법의 목적을 위해서는 「우월적 지위」를 인정하기 위한 번거로움을 피할 필요가 있다. 또한 하도급법에 의해 간이·신속하게 규제를 받는 원사업사의 예견 가능성도 확보할 필요가 있어 하도급법의 적용을 받을지 여부에 대해 당사자가 판별하기 쉬운 기준이 필요하다.

도표 3-2 **자본금기준에 의한 하도급법 적용대상 당사자의 정의**

위탁자(원사업자)	수탁자(수급사업자)	
3억 엔 초과	제조업무 등의 위탁*1	3억 엔 이하
	서비스업무의 위탁*2	5,000만 엔 이하
3억 엔 이하 5,000만 엔 초과	제조업무 등의 위탁*1	1,000만 엔 이하
	서비스업무의 위탁*2	5,000만 엔 이하
5,000만 엔 이하 1,000만 엔 초과	1,000만 엔 이하	
1,000만 엔 이하	(하도급법 적용 없음)	

*1 제조위탁, 수리위탁, 운송위탁, 창고보관, 프로그램 작성위탁, 정보처리위탁

*2 역무제공위탁(운송위탁, 창고보관위탁, 정보처리위탁을 제외함), 정보성과물작성위탁(프로그램 작성위탁을 제외함)

「우월적 지위」의 요건에 대체될 수 있는 객관적 지표로 종업원 수나 매출액, 순자산액 등도 생각할 수 있다. 그러나 이 요소들은 상장회사가 아니면 공표되지 않는 정보이기 때문에 거래상대방으로서는 쉽게 알 수 없을 뿐만 아니라 수시로 변동되는 것이다. 이에 비해 자본금액이나 출자총액은 법인등기를 열람하면 누구나 쉽게 알

수 있다. 이러한 이유로 하도급법에서는 「우월적 지위」 요건을 대신하여 자본금액 또는 출자총액을 기준으로 하도급법 대상사업자를 특정하는 방식을 채용하였다.

ㄴ. 회사 이외의 법인사업자

하도급법 적용사업자의 선별기준은 사업자의 「자본금액 또는 출자총액」이라는 획일적인 판단자료에 국한되고 대상이 되는 법인형태 등은 고려되지 않는다. 따라서 회계법인, 법무법인 등 회사 이외의 법인이라도 출자를 받은 사업자인 한 그 출자총액이 일정기준을 충족하면 하도급법상의 원사업자가 된다.[101]

또한 「자본금액 또는 출자총액」은 사업에 제공되는 자본으로서 어느 정도 고정적으로 파악될 수 있고, 자본금계정이 없는 일반재단법인이나 일반사단법인 등의 경우에는 대차대조표상의 지정 순재산 등의 고정적인 재산이 「자본금액 또는 출자총액」에 해당하는 것으로 본다.[102]

ㄷ. 법인격이 없는 단체사업자

하도급법상 원사업자로서 규제가 미치는 것은 어디까지나 법인인 사업자에 대해서이고 법인격이 없는 단체는 하도급법이 적용되지 않는다.

그러나 예를 들어 영화 등의 제작위원회와 같이 법인격이 없는 단체를 구성하는 각 사업자가 공동으로 사업 활동을 하는 경우에는 구성사업자마다 자본금 구분을 충족하면 각각 구성사업자가 원사업자로서 하도급법상의 책임을 진다고 한다.[103]

다만, 이 경우 제3조 서면교부에 대해서는 법인격 없는 단체명으로 행하는 것이 허용된다.[104] 실제는 1개의 거래임에도 불구하고 법인격 없는 단체를 구성하는 다수의 원

---

101 주식회사 이외의 법인에 대하여 권고가 이루어진 예로서 공정위 권고(公取委勧告) 헤이(平)23·6·29(2011.6.29.)〔생활협동조합연합회 코프 주고쿠시코쿠 연합(生活協同組合連合会コープ中国四国事業連合)사건〕, 공정위 권고(公取委勧告) 헤이(平)24·6·22(2012.6.22.)〔생활협동조합 코프 삿포로(生活協同組合コープさっぽろ)사건〕, 공정위 권고(公取委勧告) 헤이(平)24·9·25(2012.9.25.)〔일본생활협동조합연합회(日本生活協同組合連合会)사건〕.
102 강습회 텍스트(講習会テキスト) 1. (3) Q&A 2 (16면).
103 가마다(鎌田)편저, 하도급법실무(下請法実務), 75면.
104 강습회 텍스트(講習会テキスト) 1. (3) Q&A 13 (19면).

사업자가 각각 같은 내용의 제3조에서 규정한 서면을 교부하는 것은 의미가 없기 때문
이다. 한편 수급사업자에 대해서는 법인격이 없는 경우나 개인인 경우도 대상이 된다.

ㄹ. 실질적으로 동일 기업 내의 거래

　모자회사나 형제회사가 각각 원사업자와 수급사업자에 해당하는 경우라도 획일적
기준으로 간이·신속하게 판단하는 하도급법의 취지에서 보면 모자회사 간이나 형제
회사 간의 거래라도 하도급법 적용이 제외되지 않는다고 할 수 있다. 그러나 공정거
래위원회는 「모회사가 자회사의 의결권 50%를 초과하여 소유하는 자회사와의 거래
나 동일 모회사가 총 주주의 의결권 50%를 초과하여 소유하고 있는 자회사 간의 거
래 등 실질적으로 동일회사 내에서의 거래로 보이는 경우」에는 문제삼지 않고 있
다.[105] 원사업자와 실질적으로 일체관계에 있는 자회사 등을 하도급법에서 「수급사
업자」로서 보호할 필요가 없기 때문일 것이다.

　예를 들어, 원사업자가 그 모회사로부터 업무위탁을 받는 경우 당해 업무위탁 자
체는 동일 기업그룹의 내부거래에 해당할 것이나, 만약 당해 위탁업무를 외부 수급
사업자에게 재위탁한다면 이는 하도급법의 적용대상 거래가 된다.

　또한 거래처가 대기업의 자회사이고 실질적으로는 대기업과 일체관계에 있다고
하여 반드시 수급사업자에 해당하지 않는 것은 아니다.[106]

ii. 원사업자·수급사업자의 정의

ㄱ. 총론

① 일본 중소기업기본법과의 관련성

　하도급법 적용사업자를 정하는 기준이 되는 자본금액 등에 대해서는 일본 중소기
업기본법의 중소기업자 정의를 차용하고 있다. 하도급법은 중소기업정책의 일환으로

---

105 강습회 텍스트(講習会テキスト) 1. (3) Q&A 3 (16 – 17면).
106 무카이 고우지(向井康二), 「하도급법 상담코너(下請法相談コーナー)」, 공정거래(公正取引) 607호,
　　82면(2001).

서, 일본 중소기업기본법에서는 자본금 또는 상시 사용 종업원의 수에 의해 중소기업자를 정의하고(동법 제2조 제1항) 이 가운데 외형상 명확한 자본금액 등이 하도급법의 대상사업자의 정의로서 그대로 준용되었다. 따라서 일본 중소기업기본법에서 중소기업자의 정의가 개정되는 것에 따라 하도급법의 대상사업자 정의도 동시에 변경되었다.

일본 중소기업기본법에서는 제조업과 도매업, 서비스업, 소매업과 같은 업종에 따라서 중소기업자가 되는 기준에 차이를 두고 있다. 하도급법의 대상사업자를 정하는 자본금 구분에 대해서도 크게 제조업 등과 서비스업으로 나눠서 각각 기준이 정해진다. 하지만 하도급법에서의 자본금 구분은 위탁하는 「업무내용」에 따라서 정해지는 것이지 위·수탁업자의 「업종」에 의해 정해지는 것은 아니다.[107] 그 때문에 예를 들어 제조업을 주된 사업으로 하는 발주자가 제조업무의 위탁에 더하여 수리업무의 위탁 등 다른 유형의 업무를 위탁하는 경우에는 각각의 위탁업무 유형마다 자본금 구분을 적용하여 하도급법 적용대상사업자를 정하게 된다.

② 2단계 구분

자본금 구분에는 예컨대 제조위탁의 경우, 3억 엔을 경계로 하는 것과 1,000만 엔을 경계로 하는 2단계 구분으로 되어 있다. 이는 1963년 일본 중소기업기본법 제정에 맞춰서 하도급법의 자본금 구분기준을 1,000만 엔에서 5,000만 엔으로 올릴 때 개정 전 보호를 받고 있던 자본금 1,000만 엔 이하의 수급사업자의 「기득권」을 보호하기 위해 기존의 1,000만 엔 구분을 남겨 둔 까닭에 그 이후 2단계 구분이 된 것이다.[108]

2단계 구분에 의해서도 예를 들어 원사업자의 자본금이 2억 엔인 경우 자본금 1,000만 엔을 넘는 법인은 하도급법의 보호를 받을 수 없다. 이러한 규제의 간극을 메우기 위하여 또 하나(예를 들어 1억 엔)의 자본금 구분을 도입해야 한다는 의견도 있지만 많은 기준을 두면 기준 적용이 매우 복잡하게 되어 법 집행이 곤란하게 될 우려가 있기 때문에 개정에는 이르지 않고 있다.[109]

---

107 강습회 텍스트(講習会テキスト) 1. (3) Q&A 17 (19면).
108 에나츠 미치호(江夏美千惠) 외, 「하도급법 시행 20주년을 맞이하여(下請法施行20週年を迎えて)」, 공정거래(公正取引) 309호, 2면, 12면(1976)〔쓰지 요시히코(辻吉彦)발언〕.
109 우가이 신이치(鵜飼信一) 외, 「하도급법의 과거 현재 미래(下請法の過去現在未来)」, 공정거래(公正取引) 669호, 14면, 29면(2006)〔가스부치 이사오(粕渕功) 발언〕.

ㄴ. 제조업무 등의 위탁의 경우

　제조업, 수리업, 운송업, 창고보관업, 프로그램업 및 정보처리업을 위탁하는 거래
에 대해서는 위탁자가 자본금 3억 엔을 초과하는 법인사업자로서 수탁자가 자본금
3억 엔 이하의 법인사업자 또는 개인사업자의 경우 혹은 위탁자가 자본금 1,000만
엔 초과 3억 엔 이하의 법인사업자로서 수탁자가 자본금 1,000만 엔 이하의 법인사
업자 또는 개인사업자인 경우에 하도급법이 적용되는 원사업자·수급사업자가 된다
(하도급법 제2조 제7항 제1호·제2호, 동조 제8항 제1호·제2호, 하도급법 시행령 제1조).

도표 3-3 제조업무 등의 위탁과 관련된 자본금 구분

원사업자 (위탁자)	수급사업자 (수탁자)	원사업자 (위탁자)	수급사업자 (수탁자)
3억 엔 초과			
	3억 엔 이하	3억 엔 이하 1,000만 엔 초과	
			1,000만 엔 이하

　일본 중소기업기본법에서는 「도매업, 서비스업 또는 소매업에 해당하지 않는 사업
(제조업, 건설업, 운송업, 창고보관업)을 주된 사업으로 영위하는 자」를 자본금 등이 3억
엔 이하의 회사 또는 상시 사용하는 종업원의 수가 300인 이하의 회사 및 개인이 중
소기업자로 정의하고 있다(동법 제2조 제1항 제1호). 따라서 하도급법상 제조업, 수리
업, 운수업 및 창고보관업과 관련된 업무위탁에 대해서는 3억 엔이 자본금 구분의 기
준이 된다. 또한 창고에서의 화물 구분작업 등 창고 내 업무는 창고보관업무에는 포
함되지 않고 후술하는 서비스업무로서의 자본금 구분이 적용된다.[110]

　한편, 프로그램업 및 정보처리업은 서비스업의 범주에 속하는 것으로 일본 중소기
업기본법에서 서비스업을 주된 사업으로 영위하는 자는 자본금 등이 5,000만 엔 이

---

110 에비스 나오키(蛭子直樹)·이시와타 오사무(石綿修), 「아사히 유통 시스템 주식회사에 대한 권고에
　　대하여(旭流通システム株式会社に対する勧告について)」, 공정거래(公正取引) 755호, 63-64면
　　(2013).

하의 회사 또는 상시 사용 종업원의 수가 100인 이하의 회사 및 개인이 중소기업자
로 정의되어 있다(동법 제2조 제1항 제3호). 그러나 일본 중소기업기본법상 중소기업자
의 정의는 공정거래법에서 중소기업자에 대한 과징금 경감 기준으로도 사용되기 때
문에(공정거래법 제7조의2 제5항) 서비스업이더라도 프로그램업 및 정보처리업을 주된
사업으로 영위하는 자에 대해서 적용되는 자본금 등은 3억 엔을 기준으로 하고 있다
(동조항 제5호, 동시행령 제11조). 이런 이유로 공정거래법의 보완법인 하도급법에서의
대상사업자의 정의는 프로그램업 및 정보처리업과 관련하여 자본금 등을 3억 엔으로
구분하고 있다.

ㄷ. 서비스업무위탁의 경우

일본 중소기업기본법에서 「서비스업을 주된 사업으로 영위하는 자」는 자본금 등
이 5,000만 엔 이하의 회사 또는 상시 사용 종업원의 수가 100인 이상의 회사 및
개인이 중소기업자로 정의되어 있다(동법 제2조 제1항 제3호).

따라서 하도급법에서도 서비스업무를 위탁하는 거래(역무제공위탁이나 정보성과물작
성위탁)에 대해서는 원사업자·수급사업자를 정의하는 자본금기준은 5,000만 엔이
기본이고, 이에 더하여 영세중소기업을 보호하기 위하여 1,000만 엔의 기준이 병존
한다(하도급법 제2조 제7항 제3호·제4호, 동조 제8항 제3호·제4호). 역무제공위탁 가운데
운송위탁이나 창고보관위탁은 서비스업위탁으로 분류되지 않기 때문에 5,000만 엔 기
준은 적용되지 않는다. 그리고 역무제공위탁 가운데 정보처리위탁이나 정보성과물작
성위탁 중 프로그램 작성위탁은 앞의 ㄴ.에서 서술한 바와 같이 3억 엔 기준에 따르
기 때문에 이에 대해서는 5,000만 엔 기준은 적용되지 않는다.

도표 3-4 **서비스업무의 위탁과 관련된 자본금 구분**

원사업자 (위탁자)	수급사업자 (수탁자)	원사업자 (위탁자)	수급사업자 (수탁자)
5,000만 엔 초과			
	5,000만 엔 이하	5,000만 엔 이하 1,000만 엔 초과	
			1,000만 엔 이하

ㄹ. 혼합적 업무위탁의 경우

외형상은 1회의 위탁거래일지라도 복수의 업무위탁을 포함하고 있는 경우에는 업무위탁의 내용마다 각각의 자본금 기준에 의해 하도급법의 적용 여부가 결정된다.[111] 하지만 복수의 업무위탁에 하도급법이 적용되는 경우라도 수급사업자에게 교부하는 제3조 서면 하나로 위탁내용을 정리하여 기재할 수 있다면 복수로 서면을 교부할 필요는 없다.[112] 한편 복수의 업무가 불가분하게 하나로 위탁되는 경우에는 어느 하나의 자본금 기준에 해당하면 당해 업무위탁은 그 일체로서 하도급법이 적용된다.[113]

▎혼합적 업무위탁의 예

• 자본금 10억 엔의 회사가 자본금 1억 엔 회사에게 유상으로 판매하는 포스터의 작성을 위탁하였다. 포스터 작성에는 디자인 제작과 인쇄 두 가지 업무가 포함된다. 인쇄위탁은 제조위탁으로서 3억 엔의 자본금 기준이 적용되기 때문에 하도급법이 적용된다. 하지만 디자인위탁은 정보성과물위탁으로서 5,000만 엔의 자본금 기준이 적용되기 때문에 하도급법이 적용되지 않을 것으로 보인다. 그러나 포스터의 디자인 제작과 인쇄가 불가분의 일체로서 위탁되는 경우에는 포스터 작성위탁 전체에 대하여 하나의 거래로서 하도급법이 적용된다. 따라서 포스터 디자인의 저작권 등 지식재산권의 귀속에 대해서도 발주단계에서 충분히 협의하고 저작권 등을 원사업자에게 양도하고자 한다면 그 취지를 제3조 서면에 기재할 필요가 있다.

---

(2) 복수 사업자에 의한 위탁거래의 관여

복수의 사업자가 외주 거래처에 대하여 업무를 위탁하는 경우에 어느 사업자가 원사업자로서 하도급법상의 책임을 지는가?

i. 상사(商社) 등의 중간업자

발주처와 수주업자 사이의 위탁거래에서 상사, 대리점, 도매업자 등의 중간업자가 개입하는 경우가 있다. 일례가 슈퍼마켓이 자사에서 판매하는 PB상품의 제조를 외주하는 경우에 상사가 슈퍼마켓과 수주업자 사이에 계약당사자로서 개입하는 경우

---

111 강습회 텍스트(講習会テキスト) 1. (3) Q&A 28 (22면).
112 강습회 텍스트(講習会テキスト) 1. (3) Q&A 30 (22면).
113 강습회 텍스트(講習会テキスト) 1. (3) Q&A 28 (22면).

이다. 중간업자와 수주업자의 자본금이 하도급법에서 정한 원사업자·수급사업자의 기준을 충족하는 경우에 중간업자가 수주업자에 대한 위탁내용에 관여하고 있다면 중간업자는 원사업자로서 수주업자(수급사업자)와의 관계에서 하도급법상의 책임을 진다(도표 3-5 ②).[114]

중간업자가 수주업자에 대한 위탁내용에 관여한다고 인정되는 경우는 어떤 경우일까? 공정거래위원회는 만약 중간업자가 사무절차의 대행(주문서의 중개, 하도급대금의 청구·지급 등)을 하고 있는 경우에 지나지 않는 경우에는 위탁내용의 관여를 인정하지 않지만「제품사양, 수급사업자의 선정, 하도급대금의 결정 등」에 관여하면 위탁내용에 관여한 것으로 보고 있다.[115] 하지만 공정거래위원회의 이러한 해석은 하도급법의 적용범위를 너무 확대시키고 있다고 생각된다. 앞의 제2장 2. (1) ⅰ.에서 서술한 바와 같이 하도급법의 대상거래와 비대상거래(구매거래 등)의 경계를 정하는 요소는 「위탁」성의 유무에 있고「위탁」의 본질은 사양 등을 정하는 것이다. 거래처 선정이나 거래대금 결정 등은 하도급법이 적용되는지 여부를 묻지 않는 거래 전반의 필수행위로서 이러한 것을 기준으로 하도급법의 대상거래인지 여부를 정할 수는 없다. 중간업자와 수주를 받는 수주업자 간의 거래에 하도급법이 적용되는지 여부를 판단함에 있어서도「수급사업자의 선정」이나「하도급대금의 결정」등은 고려하지 말고 오직「위탁」성이 인정되는지 여부, 즉 중간업자가 수주업자에 대하여 사양 등을 지정했는지 여부를 가지고 판단하는 것이 타당할 것이다.

중간업자가 원사업자로서 수주업자에 대하여 하도급법상의 책임을 지는 경우라도 원발주자가 중간업자에게 발주하는 업무가 제조위탁 등의 하도급법 적용대상 거래에 해당하고 원발주자와 중간업자 사이에 하도급법상의 자본금 구분이 충족되는 경우에는 원발주자는 중간업자와의 관계에서 원사업자로서 하도급법상의 책임을 진다(도표 3-5 ①).[116]

한편 중간업자가 수주업자에 대한 위탁내용에 관여하지 않는 경우에 중간업자는

---

114 강습회 텍스트(講習会テキスト) 1. (3) Q&A 1 (16면).
115 강습회 텍스트(講習会テキスト) 1. (3) Q&A 1 (16면).
116 강습회 텍스트(講習会テキスト) 1. (3) Q&A 1 (16면). 마찬가지로 중간업자가 하도급법상의 원사업자에 해당하는지 여부에 관하여 사양이나 제조 스케줄의 구체적 내용의 결정에 관여하는지 유무 또는 대금액의 실질적 결정이 누구의 관점에서 판단하는지 여부에 대한 판례로서 도쿄지판(東京地判) 헤이(平)27·4·28(2015.4.28.) 헤이(平)24 와(ワ) 32039호·헤이(平)25 와(ワ) 3822호·10520호·17583호 〔매매대금 등 청구(売買代金等請求)사건·대금반환 등 청구(代金返還等請求)사건〕.

당해 위탁거래에서 하도급법상의 책임을 지지 않는다(도표 3-5 ④). 그러나 그 경우에도 원발주자(원사업자)가 발주하는 업무가 제조위탁 등의 하도급법 적용대상 거래에 해당하고 원발주자(원사업자)와 수주업자 사이에 하도급법상의 자본금 기준을 충족하는 경우에는 원발주자(원사업자)가 수주업자에 대하여 「제조위탁 등을 하는 것」으로서 하도급법상 원사업자로서의 책임을 지게 된다(도표 3-5 ⑤).[117] 이는 원발주자(원사업자)와 수주업자가 민사상 직접적인 거래관계가 없다고 하더라도 실질적인 위탁자로서 원발주자(원사업자)에게 하도급법상의 책임을 지게 하도록 하기 위함이다. 따라서 원발주자(원사업자)는 중간업자와 수주업자와의 거래내용에 대하여 중간업자가 하도급법을 준수하도록 지도하여야 하고 수주업자에게 하도급법 제3조 소정의 사항을 기재한 발주서면(제3조 서면)이 교부되지 않았다면 원발주자(원사업자)가 하도급법 제3조 위반의 책임을 지게 된다.[118]

다만, 이 경우에도 중간업자가 원발주자(원사업자)의 지시에 따라 수주업자에게 하도급법 제3조의 요건을 충족하는 서면을 교부하였다면 원발주자(원사업자)가 직접적으로 수주업자(수급사업자)에게 발주서면을 (이중으로) 교부할 필요는 없을 것이다. 중간업자가 수주업자에 대한 위탁내용에 관여하지 않아서 당해 위탁거래에 대하여 하도급법상의 책임을 지지 않는 경우에는 가령 원발주자(원사업자)와 중간업자 사이에 하도급법상의 자본금 기준을 충족한다고 하더라도 원발주자(원사업자)와 중간업자의 거래에는 하도급법이 적용되지 않고 중간업자는 수급사업자로도 되지 않는다(도표 3-5 ③).

도표 3-5 중간업자가 개재하는 경우의 하도급법 적용관계

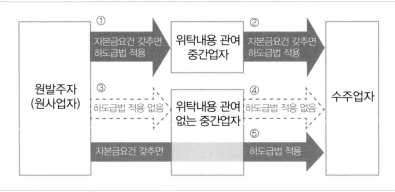

---

117 강습회 텍스트(講習会テキスト) 1. (3) Q&A 1 (16면).
118 강습회 텍스트(講習会テキスト) 1. (3) Q&A 1 (16면).

ii. 터널회사

> ### 하도급법 제2조 제9항
>
> ⑨ 자본금액 혹은 출자총액이 1,000만 엔을 넘는 법인사업자로부터 임원의 임면, 업무집행 또는 존립에 대해서 지배를 받으면서 그 사업자로부터 제조위탁 등을 받는 법인사업자가 그 제조 위탁 등에 관계되는 제조, 수리, 작성 또는 제공행위 전부 또는 상당부분에 대해서 재위탁을 할 경우(제7항 제1호 또는 제2호에 해당하는 자가 각각 전항 제1호 또는 제2호에 해당하는 자에게 제조위탁 등을 하는 경우 및 제7항 제3호 또는 제4호에 해당하는 자가 각각 전항 제3 호 또는 제4호에 해당하는 자에게 정보성과물작성위탁 또는 역무제공위탁을 하는 경우를 제 외한다) 재위탁을 받는 사업자가 임원의 임면, 업무집행 또는 존립에 대해서 지배를 하면서 제조위탁 등을 하는 당해 사업자로부터 직접 제조위탁 등을 받는다면 전항 각호 중 어느 하나 에 해당하는 사업자일 경우에는 이 법률의 적용과 관련하여 재위탁을 하는 사업자는 원사업 자로, 재위탁을 받는 사업자는 수급사업자로 간주한다.

원칙대로라면 원사업자로서 하도급법의 적용을 받아야 하는 원발주자가 원칙대로 라면 수급사업자가 되어야 하는 수주업자에게 자본금요건을 충족하지 않는 회사를 통해서 업무위탁하는 것은 하도급법의 적용을 면하기 위한 탈법적인 행위로서 규제 된다(하도급법 제2조 제9항). 이는 터널회사 규제로 불리는 것으로서 1965년 하도급법 개정시에 국회에서 수정(修正)되어 도입된 것이다.

하도급법상의 자본금 요건을 충족하지 않는 법인사업자(터널회사)로서 다음의 세 가지 요건을 갖추는 경우에는 하도급법상의 원사업자로 간주되어 터널회사 자신이 하도급법의 적용을 받게 된다.

한편 실질적인 위탁자(모회사)는 원칙적으로 하도급법이 적용되지는 않지만, 설령 자회사를 통해서 위탁하고 있는 경우라도 모회사가 실질적인 위탁행위 및 위반행위 의 주체로 인정되는 경우에는 터널회사 규제에 의하지 않고 직접 모회사를 원사업자 로 하여 하도급법이 적용되는 경우가 있다.[119]

ㄱ. 모회사 · 수급사업자 간의 자본금 요건의 충족

모회사는 터널회사를 대신하여 자본금 요건을 충족하고 직접 수급사업자에게 업

---

119 공정위 권고(公取委勧告) 헤이(平)19 · 9 · 28(2007.9.28.)〔삿포로 통운(札幌通運)사건〕.

무위탁을 하였다면 하도급법상의 원사업자에 해당한다고 보아야 한다.

ㄴ. 지배종속관계

터널회사는 자본금액 또는 출자총액이 1,000만 엔을 넘는 법인사업자(모회사)로부터 「임원의 임면, 업무집행 또는 존립에 대해서 지배」를 받고 있어야 한다.

여기서 말하는 「지배」로 인정되는 예는

- 모회사가 터널회사의 의결권을 50% 초과하여 가지고 있는 경우
- 터널회사 상근임원의 과반수가 모회사의 관계자인 경우
- 터널회사 임원의 임면이 실질적으로 모회사에 의해 지배되는 경우

등이 있다.[120]

ㄷ. 전부 또는 상당부분의 재위탁

터널회사 규제의 대상이 되는 업무위탁은 모회사로부터 수주한 제조위탁 등 하도급법 적용대상 거래를 재위탁하는 것이 아니면 안 된다. 예를 들어 모회사의 자가이용역무(自家利用役務)의 위탁을 받은 터널회사가 그것을 제3자에게 재위탁하는 것은 터널회사 규제의 대상이 되지 않는다.

그리고 터널회사가 재위탁하는 거래는 모회사로부터 수탁한 하도급법 적용대상 거래의 「전부 또는 상당부분」이어야 한다. 터널회사가 모회사로부터 수주한 하도급법 적용대상 거래 이외의 업무를 주로 위탁하는 경우에는 하도급법의 적용을 회피하기 위한 것이 아니기 때문이다.

「상당부분」의 재위탁에 해당하는지 여부는 터널회사가 수주한 하도급법 적용대상 거래의 건수(개수) 또는 금액 기준으로 50% 이상을 재위탁하고 있는지 여부에 의해 판단된다.[121] 복수의 사업자에게 재위탁하는 경우에는 그 합계가 50% 이상이 되는지 여부에 의해 결정된다.[122] 예를 들어 모회사가 터널회사에게 완성품의 제조를 위탁하

---

120 가마다(鎌田)편저, 하도급법실무(下請法実務), 78면.
121 가마다(鎌田)편저, 하도급법실무(下請法実務), 77면.
122 강습회 텍스트(講習会テキスト) 1. (3) 가(カ) (15면).

고 터널회사가 완성품에 사용되는 부품의 제조를 수급사업자에게 위탁하는 경우 완
성품의 제조비용에서 차지하는 부품의 하도급대금 비율이 50% 이상이라면 「상당부
분」의 재위탁에 해당하는 것으로 생각할 수 있다.

또한 모회사로부터 수주한 하도급법 적용대상 거래의 전부 또는 상당부분을 재위
탁 하더라도 터널회사 규제에 의해 하도급법이 적용되는 것은 당해 재위탁에 대해서
뿐이고, 터널회사에 의한 그 이외의 업무위탁에는 적용되지 않는다.

> **▌터널회사 규제가 적용된 사례[123]**
> 위생기기 관리회사 X의 자본금액은 1,000만 엔을 넘지만 3억 엔 이하였다. 한편 위생기기 제조업
> 자 Y는 X사 총 주주의 의결권 전부를 가지고 있는 모회사이고 자본금은 3억 엔이 넘었다. X사는
> Y사로부터 위탁을 받은 위생기기와 관련된 무료 수리의 약 80%를 수급사업자에게 재위탁하고 있
> 는 상황에서 수급사업자에 대해 대금을 감액하였다.
> X사의 자본금을 감안하면 본래 자본금이 1,000만 엔 이하의 수급사업자(302개사)와의 거래에 한
> 하여 하도급법이 적용되지만 본 건에서는 X에게 터널회사 규제가 적용되어 자본금이 1,000만 엔
> 을 초과하고 3억 엔 이하의 수급사업자(13개사)와의 거래에 대해서도 하도급법이 적용되어 X사
> 의 수급사업자 중 총 315개사에 대해 감액대금을 반환하도록 권고하였다.

(3) 역외적용

위탁자 또는 수탁자가 외국에 소재하는 경우에도 하도급법은 적용될 것인가?

하도급법은 「원사업자의 수급사업자에 대한 거래를 공정하게 하기 위한」 것과
「수급사업자의 이익을 보호」하는 것을 직접적인 목적으로 하고, 이를 통해 「국민경
제의 건전한 발전에 기여하는 것」을 궁극적인 목적으로 한다(하도급법 제1조). 여기서
말하는 「하도급거래의 공정화」란 앞의 제1장 1. (4)에서 서술한 바와 같이 수급사업
자가 자유롭고 자율적인 판단에 따라 거래할 수 있도록 함으로써 자유경쟁의 기반을
다지는 것으로 이해할 수 있다. 이러한 의미에서 하도급거래의 공정화와 수급사업자
의 이익보호를 직접적인 목적으로 하는 일본 하도급법이 적용되는 것은 수급사업자
가 일본에 소재하는 경우이며, 원사업자의 소재지는 상관없다고 해석하는 것이 타당

123 공정위 권고(公取委勧告) 헤이(平)18·7·4(2006.7.4.)〔도토 멘테난스(東陶メンテナンス)사건〕, 이
    시가키 테루오(石垣照夫)·오노 가즈코(小野香都子), 「도토 멘테난스 주식회사에 대한 권고에 대하여
    (東陶メンテナンス株式会社に対する勧告について)」, 공정거래(公正取引) 670호, 57면(2006).

하다고 보인다.[124]

　이에 대하여 중소기업청은 「하도급법의 취지가 일본 수급사업자의 불이익을 구제하는 것이므로 외국기업에 대해서도 하도급법을 적용해야 한다는 견해도 있지만, 현시점에서 정부는 운영상의 이유로 해외법인을 단속하고 있지 않습니다」라고 밝히고 있다.[125]

---

124 도가우치 마사토(道垣内正人), 「국내법의 국제적 적용범위(国内法の国際的適用範囲)」, 자유와 정의(自由と正義) 61권 5호, 20면, 24면(2010), 이케다 쓰요시(池田毅), 「하도급법의 실무에 밝은 변호사에 의한 「케이스스터디 하도급법」(제3회) 하도급법의 적용범위②(下請法の実務に明るい弁護士による「ケーススタディ下請法」(第3回) 下請法の適用範囲②)」, 공정거래(公正取引) 788호, 54면, 59−60면(2016).
125 중소기업청 웹사이트(中小企業庁ウェブサイト)<http://www.chusho.meti.go.jp/keiei/torihiki/shitauke/110/1_1.htm#Q13>.

남용행위 · 금지행위

제 4 장

남용행위 · 금지행위

01 총론

(1) 행위유형

우월적 지위의 남용행위에 대해서는 공정거래법 제2조 제9항 제5호 가목 내지 다목에 열거되어 있지만, 이 중 동호 다목의 후반부분인 「기타 거래상대방에게 불이익이 되도록 거래조건을 설정·변경하거나 또는 거래를 실시하는 것」이 남용행위에 대한 포괄적인 일반조항으로 볼 수 있다.[1]

남용행위로서 문제가 되는 유형은 크게 거래조건을 「변경」하는 타입과 거래조건을 「설정」하는 타입으로 분류할 수 있다. 거래를 「실시」하는 행위유형은 엄밀히 얘기하면 「거래조건」을 「변경」 또는 「설정」한다고 인정되지 않는 경우를 대비하기 위한 것이다.

i. 거래조건의 변경

거래상대방에게 불이익이 되도록 거래조건을 변경하는 행위의 전형적인 예는 공정

---

[1] 시라이시(白石), 공정거래법강의(独禁法講義), 191면. 다만 공정거래법 제2조 제9항 제5호 가목 및 나목은 본래의 거래 외의 행위를 문제로 하는 것임에 반하여 동호 다목은 본래 거래 그 자체와 관련된 행위를 문제로 하는 것으로 정리할 수 있다. 우월적 지위 가이드라인 견해(優越ガイドライン考え方), 42면.

거래법 제2조 제9항 제5호 다목의 전반부분에 열거된 행위유형(수령거부, 반품, 대가의 지급지연 및 대가의 감액)이다. 거래조건을 변경하는 행위는 일단 합의된 계약을 행위자가 파기함으로써 상대방에게 사전에 예상할 수 없는 불이익을 준다는 문제가 있다.

상대방에게 사전에 예상할 수 없는 불이익을 주는 행위가 「거래조건」을 「변경」하는 행위로 인정되지 않더라도 「거래」를 「실시」하는 행위로서 규제할 수 있다. 예를 들어 수정작업을 요청하는 경우에 수정작업을 시킬 수 없는 것이 「거래조건」으로 되어 있었다면 수정작업을 시키는 것은 당해 「거래조건」을 「변경」하는 것에 해당하지만, 만약 그러한 「거래조건」이 없었다면 수정작업의 요청은 실질적으로 당사자 간의 계약에 반하는 행위에 해당하더라도 「거래조건」을 「변경」하는 행위에는 해당하지 않는다. 이러한 경우에는 수령한 상품의 수정작업을 시키는 행위가 「실시」라는 남용행위에 해당될 수 있다고 볼 수 있다.

ii. 거래조건의 설정

거래상대방에게 불이익이 되도록 거래조건을 설정하는 행위의 전형적인 예는 거래대가의 일방적 설정이다. 거래조건을 설정하는 행위는 주로 당사자 간의 합의내용 자체가 합리적인 범위를 넘는 불이익을 준다는데 문제가 있다.

합리적 범위를 넘는 불이익을 주도록 합의내용 자체를 설정하는 행위가 「거래조건」을 「설정」하는 행위로 인정되지 않는다고 할지라도 「거래」를 「실시」하는 행위로 규제할 수 있다. 예를 들어 당사자 간의 계약내용만으로는 상대방이 자신의 불이익을 줄이는데 문제가 없지만, 계약의 이행과정에서 상대방이 불이익을 줄이는 기회를 방해하는 행위가 있다면, 「거래조건」을 「설정」하는 행위에는 해당하지 않지만 상대방에게 불이익이 되도록 「거래」를 「실시」하는 행위로서 남용행위에 해당된다.

또한 공정거래법 제2조 제9항 제5호 나목에서 규정된 경제상 이익의 제공요청은 경제상 이익제공 자체를 「거래」로 보고 「거래조건」을 무상으로 「설정」하는 행위로도 볼 수 있지만, 가령 경제상 이익제공을 본래의 거래와는 별개의 사실행위로 파악한다면 본래의 거래에 부수적으로 불이익을 준다는 점에서 「거래를 실시하는 것」으로 볼 수도 있다. 같은 이유로 동호 가목의 「구입강제」는 행위자가 거래상대방에게 요청하는 구입행위 자체를 「거래」로 보아 이를 당해 구입거래조건을 설정하는 행위

로 보는 것도 가능하지만, 구입강제는 본래의 거래에 부수적으로 불이익을 준다는
이유로 「거래를 실시하는 것」에 해당한다고 할 수도 있다.

iii. 거래의 실시

앞의 i. 및 ii.에서 서술한 바와 같이 불이익을 부과하는 행위가 「거래조건」의
「변경」이나 「설정」에는 해당하지 않더라도 본래의 거래에 부수적으로 불이익을 주
는 행위는 거래상대방에게 불이익이 되도록 「거래를 실시하는 것」에 해당될 수 있
다. 결국 「거래」의 「실시」는 이행과정에서의 남용행위 중 가장 일반적인 조항으로
평가될 수 있다.

iv. 거래거절

거래를 거절하는 것은 남용행위에 해당될 수 있는가?

남용행위는 「행위를 하는 것」(공정거래법 제2조 제9항 제5호)이 요건으로 되어 있을
뿐 거래거절을 명시적으로 금지행위로 규정하고 있지 않다.[2] 거래거절을 남용행위로
서 규제하는 것은 행위자의 거래처선택의 자유를 직접적으로 제약하는 것이어서 하
도급법에서도 규제의 대상이 아니다.[3]

그러나 거래를 계속하고 있는 경우에는 우월적 지위남용 규제의 대상이 될 수 있
음에도 불구하고 거래를 종결하는 행위 자체가 규제대상에서 제외된다는 법해석은
거래를 종결하는 것 자체가 상대방에게 불이익이 된다는 점을 고려한다면 부적절하
다.[4] 특히 계속적 거래를 중단하는 경우에 해약을 하는 자는 해약을 당하는 자보다
우월적 지위에 있는 경우가 많다.[5] 행위자의 거래의 자유에 대한 개입이라는 의미로

---

2 보복조치의 금지규정(대규모소매특수지정 제9항·제10항, 물류특수지정 제2항, 하도급법 제4조 제1항
  제7호)에서는 「거래를 정지」하는 것이 금지되어 있지만 이것은 토대가 되는 위반행위가 존재하는 것을
  전제로 당해 기본이 되는 위반행위를 금지하는 실효성을 확보하기 위한 규정이다.
3 쓰지(辻)·이코마(生駒), 상세 하도급법(詳解下請法), 14면. 더욱이 하도급에 종사하는 중소기업의 지
  원법으로서의 성격을 가지고 있는 하도급중소기업진흥법에 근거하여 경제산업성이 책정한 진흥기준에
  는 「원사업자는 계속적인 거래관계에 있는 수급사업자와의 거래를 정지하거나 또는 큰 폭으로 감소시키
  려고 하는 경우에는 수급사업자의 경영에 현저한 영향을 주지 않도록 배려하고 상당한 유예기간을 두고
  예고하여야 한다」라고 정해져 있다(진흥기준(振興基準) 제2. 7.).
4 시라이시 다다시(白石忠志), 「비판(判批)」, 순간(旬刊)금융법무사정(金法) 1934호, 24면, 27면(2011).
5 계속적 계약의 해소에 관한 민사법의 판례에서는 피해약자가 당해 거래에 많은 자본과 노력을 투입하고

본다면 대가의 일방적 설정도 거래거절과 마찬가지로 행위자의 거래의 자유를 직접
적으로 제약하는 것이지만, 대가의 일방적 설정은 거래거절과는 달리 남용행위의 전
형으로 되어 있다. 거래거절은 상대방이 실질적으로 거래의 목적을 달성할 수 없는
거래조건을 설정하는 것과 동등한 행위로서 「거래조건」의 「설정」에 해당하는 것으
로 해석할 수도 있고[6] 지금까지 거래관계에 있던 자와 거래를 중단하는 행위는 거래
상대방에게 불이익이 되도록 「거래를 실시하는 것」에 해당된다고 본다. 또한 해석상
의문을 피하기 위하여 거래거절의 문제로서 불공정거래행위의 일반지정 제2항 전단
을 적용하는 것도 가능하다.[7]

v. 임원선임에 대한 부당간섭

공정거래법 제2조 제9항 제6호에 근거한 일반지정 제13항은 상대방의 임원선임
에 대하여 부당하게 간섭하는 행위를 우월적 지위의 남용행위로서 규정하고 있다.
이 유형은 공정거래법 제정 당시부터 불공정거래행위 중 하나로 신설되어 현재까
지 유지되고 있지만 1953년과 1957년에 금융기관이 융자받는 거래처에 임원을 보
내 문제가 되었던 사건 이외에 현재까지 적용된 사안은 없었다. 금융기관이 채권
보전의 관점에서 임원을 보내는 것은 통상적으로 융자받는 기업에 현저히 불이익
하다고 인정하기 어렵다고 본다. 이 유형은 최근 조치를 취한 예가 없고 제한을 강
화할 이유가 없기 때문에 2009년 공정거래법 개정과정에서 과징금의 대상행위로

있는 경우에는 「어쩔 수 없는 사유」가 없으면 해약을 무효로 하는 경우가 있지만 그러한 거래 특수적 투
자의 존재는 해약자가 피해약자와의 관계에서 우월적 지위에 있는 경우(거래처의 변경이 곤란한 경우)
를 근거지우는 것이다. 시라이시 다다시(白石忠志), 「계약법의 경쟁정책적인 한 단면(契約法の競争政
策的な一断面)」, 쥬리스트(ジュリ) 1126호, 125면(1998).

6 시라이시(白石), 공정거래법(独占禁止法), 429면.

7 거래거절을 남용행위로 구성하는 것에 의문을 표시할 우려가 있는 경우에는 「안전대책」으로서 일반지정
제2항 전단을 적용할 수 있다고 지적하는 것으로 시라이시(白石), 공정거래법(独占禁止法), 429면. 공
정위(公取委), 독금연보고(独禁研報告), 제2. 1. (2)에서는 거래거절의 공정경쟁저해성이 인정되는 경
우로서 「유력한 사업자가 거래상대방의 사업 활동을 곤란하게 하는 것 이외에 특별한 이유가 없이 거래
를 거절하는 경우(소위 남용행위)」를 들고 있다. 도쿄고판(東京高判) 헤이(平)14·12·5(2002.12.5.) 판
례시보(判時) 1814호, 82면[노에비아(ノエビア)사건]에서는 상대방이 노에비아(ノエビア) 이외에
「쉽게 거래처를 찾을 수 없다면 거래상대방의 사업 활동을 곤란하게 하는 것 이외에 특별한 이유 없이 거
래를 거절한 것으로 보아야 하기」 때문에 일반지정 제2항의 부당한 거래거절에 해당하거나 그렇지 않더
라도 그러한 규정의 취지에 반하는 행위로서 거래거절행위는 불법행위에 해당한다고 하였다.

부터 제외되었다.[8]

vi. 보복조치

공정거래법 제2조 제9항 제6호에 근거한 대규모소매업특수지정에서는 납품업자가 대규모소매업자의 요구에 응하지 않거나 납품업자가 공정거래위원회에 알렸다는 등의 이유로 대규모소매업자가 당해 납품업자에게 대금 지급을 늦추거나, 거래수량을 줄이거나, 거래를 중단하거나, 기타 불이익한 취급을 하는 것을 금지하고 있다(동 지정 제9항 · 제10항). 물류특수지정에서도 같은 이유로 특정 물류사업자가 특정 하주의 위반행위 사실을 공정거래위원회에 알렸다는 등의 이유로 불이익한 취급을 하는 것을 금지하고 있다(동 지정 제2항). 또한 하도급법에서는 수급사업자가 공정거래위원회 또는 중소기업청에 원사업자의 금지행위 위반과 관련된 해당사실을 알렸다는 등의 이유로 거래수량을 줄이거나 거래를 중단하거나 기타 불이익한 취급을 하는 것을 금지하고 있다(동법 제4조 제1항 제7호). 이들 보복조치 금지규정은 기본이 되는 위반행위가 존재하는 것을 전제로 당해 기본 위반행위를 금지하는 것의 실효성을 확보하기 위한 것으로 평가된다.

(2) 불이익성

i. 불이익 요건

남용행위는 상대방에게 「불이익」이 되는 것이어야 한다. 상대방에게 「불이익」을 주는 것으로 인정되지 않는다면 설령 상대방의 자유롭고 자율적인 판단을 저해하고 일정한 행위를 강제하더라도 공정거래법상 남용행위나 하도급법상 금지행위에 해당하지 않는다.[9] 우월적 지위 남용행위의 일반조항인 공정거래법 제2조 제9항 제5호

---

8 후지이(藤井) · 이나쿠마(稲熊), 축조헤이세이21년(2009년)개정(逐条平成21年改正), 48면.
9 한편, 가와하마 노보루(川濱昇)교수는 「강제, 즉 부당한 불이익이라고 말해도 좋을지 여부에 대해서는 제10항과 구별 문제가 있을 수 있다」라고 하여, 일반지정 제10항의 끼워팔기(거래강제)는 불이익이 요건이 아닌 것과 대비하여 우월적 지위남용 규제와 구별하고 있다(가와하마 노보루(川濱昇) 외, 「〔좌담회〕최근의 공정거래법 위반사건을 둘러싸고(〔座談会〕最近の独占禁止法違反事件をめぐって)」, 공

다목의 후반 부분은「기타 거래상대방에게 불이익이 되도록 거래조건을 설정·변경하거나 또는 거래를 실시하는 것」을 규정하고 있다. 공정거래법 제2조 제9항 제5호 가목(구입강제), 동호 나목(경제상 이익제공요청), 동호 다목의 전반부분(수령거부, 반품, 대가의 지급지연 및 감액)에서는「상대방의 불이익」이 명시적인 요건으로 되어 있지 않지만[10] 이들 행위유형은 상대방에게 불이익이 되는 남용행위를 예시적으로 열거한 것으로서 상대방의 불이익을 당연한 전제로 하고 있다고 할 수 있다. 하도급법상 금지되는 각 행위유형에 대해서도 동일하다.

불이익 부과가 남용행위에 해당하는지 여부는「정상적인 거래관행」, 즉 당해 업계에서 거래상 사회통념에 비추어 판단된다.「정상적인 거래관행」은 공정한 경쟁질서의 유지·촉진이라는 관점에서 인정되는 것을 말한다.[11] 현재의 거래관행에 합치된다고 하여 바로 그 행위가 정당화되는 것은 아니지만[12] 각 사업 분야에서 오랜 세월에 걸쳐 상관습으로 정착된 거래관행은 그것이 남용을 전제로 형성된 것이 아닌 한 정상적인 거래상황의 합치 여부의 판단에 적극적으로 고려하는 것이 허용된다.[13] 그리고 대등한 당사자 간에 존재해야만 하는 거래관행을 기준으로 부당성을 판단하는 것은 아니다. 당사자 간에 어떠한 격차가 존재하는 것이 일반적이고, 대등한 거래로 생각되지 않는 경우를 모두 규제의 대상으로 하는 것은 지나친 개입이 되며, 대등한 당사자 간에 예상되는 거래조건을 모두 상정하여 판단기준을 설정하는 것은 불가능하기 때문이다.[14]「정상적인 거래관행」에는 경제력의 격차가 있는 당사자 간에 성립하는 거래관행도 포함되며 실제 이루어지고 있는 행위와 당해 업계에서의 거래상 사회통념과의 관계에서 그 부당성이 판단된다.[15] 이 경우 단순히 당사자의 격차를 반영

정거래(公正取引) 668호 2면, 15면〔가와하마 노보루(川濱昇) 발언〕(2006)).

10 공정거래위원회는 상대방의 자유의사에 의하는 것은 아니지만 직접적인 이익 범위 내에서 제공되는 경우에 우월적 지위의 남용이 문제되는지 여부에 대해서「통상 직접적인 이익 등을 감안하여 합리적으로 인정되는 범위 내라면 거절하는 자는 없다」라고만 서술할 뿐 불이익 유무가 요건이 되는지 여부에 대해서는 분명히 하고 있지 않다(우월적 지위 가이드라인 견해(優越ガイドライン考え方), 29면). 불이익 유무가 우월적 지위남용의 요건으로 평가하여 불이익성이 인정되지 않는다는 이유로 우월적 지위남용의 해당성을 부정하는 것으로는 도쿄지판(東京地判) 헤이(平)16·4·15(2004.4.15.) 심결집(審決集) 51권, 877면〔산코간(三光丸)사건〕.

11 우월적 지위 가이드라인(優越ガイドライン) 제3.

12 우월적 지위 가이드라인(優越ガイドライン) 제3.

13 고레나가(伊永), 우월적 지위남용 규제의 바람직한 모습(優越的地位濫用規制のあり方), 410면.

14 사네가타 겐지(実方謙二),『공정거래법(独占禁止法)(제4판)』, 360면(유희카쿠(有斐閣), 1998).

15 고레나가(伊永), 성립요건과 그 의의(成立要件とその意義), 15면.

하는 것에 그치지 않고 통상 받아들일 수 없는 정도의 불이익이 부당성의 판단기준
이 된다.[16] 우월적 지위남용 규제에서는 효율적인 자원 배분을 방해하지 않도록 개개
의 거래에서 사적자치를 존중하고 시장메커니즘에 과잉 개입하지 않도록 할 필요가
있기 때문에 부당성의 판단시 「정상적인 거래관행」을 가미함으로써 요건을 좁히는
역할을 했다고 생각된다.[17]

우월적 지위남용 규제의 「불이익성」에 대하여 행위자가 상대방의 거래의 자유를
부당히 침해하고 있는 것 자체를 「불이익」으로 파악하는 견해가 있다.[18] 그러나 불이
익의 정도가 경미하고 합리적인 범위를 넘는 불이익을 주지 않는 경우까지 남용행위
로서 규제하고, 나아가 과징금까지 부과하는 것은 사적자치의 원칙에 대한 과잉개입
이 되고, 오히려 효율적인 자원 배분을 방해하기 때문에 타당하지 않다.

상대방이 받는 불이익은 주관적이 아니라 객관적인 불이익으로서 인정되어야 하
고[19] 상대방의 의사에 반하고 있다는 이유만으로 상대방에 대한 불이익성 요건을 충
족한다고 해서는 안 된다.

ii. 사전에 예상할 수 없는 불이익

우월적 지위남용 규제의 대상이 되는 정상적인 거래관행에 비추어 부당한 불이익
이라 함은 ① 상대방에게 사전에 예상할 수 없는 불이익을 주는 경우와 ② 상대방이
얻게 되는 직접적인 이익 등을 감안하여 합리적이라고 인정되는 범위를 넘는 불이익
을 주는 경우로 분류된다.[20]

사전에 예상할 수 없는 불이익은 당사자 간에 일단 합의된 거래조건을 계약 후에

---

16 도쿄지결(東京地決) 헤이(平)19·8·28(2007.8.28.) 판례시보(判時) 1991호, 89면〔실리콘 웨이퍼 계약
   갱신거절금지가처분(シリコンウェハー契約更新拒絶差止仮処分)사건〕.
17 고레나가(伊永), 성립요건과 그 의의(成立要件とその意義), 15면.
18 후나다 마사유키(舟田正之), 「공정경쟁저해성의 재검토(公正競争阻害性の再検討)」, 『불공정거래행
   위(不公正な取引方法)』, 537면(유희카쿠(有斐閣), 2009).
19 공정위 심판심결(公取委審判審決) 쇼(昭)52·11·28(1977.11.28.) 심결집(審決集) 24권, 65면〔유키지
   루시유업(雪印乳業)사건〕.
20 시라이시(白石), 공정거래법(独占禁止法), 430−431면, 스가히사(菅久) 편저, 공정거래법(独占禁止
   法), 177−178면〔고레나가 다이스케(伊永大輔)〕. 우월적 지위 가이드라인(優越ガイドライン)도 협
   찬금 등의 부담 요청, 종업원 등의 파견 요청 및 반품에 대하여 같은 취지의 기준으로 불이익성을 설명하
   고 있다(제4. 2. (1) 아(ア), 동 2. (2) 아(ア), 동 3. (2) 아(ア)).

행위자가 파기하는 경우(수령거부, 반품, 수정작업지시 요청, 대가의 감액, 대가의 지급지연
등)와 당사자 간에 불이익부담에 대하여 미리 충분한 협의를 거치지 않거나 또는 불
이익부담의 조건이 상대방에게 명확하지 않은 경우(경제상 이익의 제공요청, 구입강제,
대가의 일방적 설정 등)에 발생하는 것이다.

　　그렇다면 상대방에게 가하는 불이익이 사전에 예상할 수 없는 것이라면 당해 불이
익이 합리적 범위를 넘지 않아도 남용행위의 요건인 「정상적인 거래관행에 비추어
부당」한 불이익이 된다고 인정할 수 있을까?

도표 4-1　두 종류의 불이익의 관계

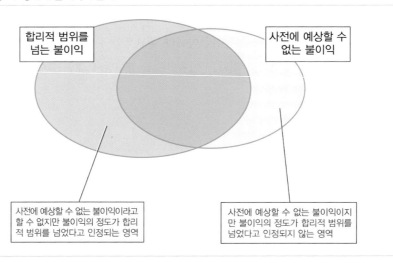

사전에 예상할 수 없는 불이익은 불이익의 '정도'를 양적으로 평가하는 것이 아니
라 불이익의 '내용'을 질적으로 평가하는 것이지만[21] 양적인 측면으로도 합리적인 범
위를 넘는 불이익을 상대방에게 가하는 경우가 많을 것이다. 당사자 간에 일단 합의

21　가와하마 노보루(川濱昇), 「비판(批判)」, 중판헤이세이21년도(重判平成21年度)쥬리스트 임시증간
　　(ジュリ臨増)1398호), 287면, 289면(2010)은 불이익이 사유경쟁의 기반을 침해하는 부당한 것으로
　　평가되는 것은 「당해 불이익이 금전적인 의미에서 현저히 과대하거나 불균형하다는 것만이 문제되는
　　것이 아니고 불이익의 질이 합리적인 경제 활동에 방해가 되는 것도 포함된다」라고 언급한 후에 사전에
　　예상할 수 없는 불이익은 후자로 평가된다는 것을 나타냈다. 또한 오치 야스미(越知保見), 「유통격변 환
　　경하에서 우월적 지위남용 규제의 새로운 과제 –『우월적 지위』의 원천은 무엇인가?(流通激変の環境
　　下における優越的地位の濫用規制の新たな課題 –『優越的地位』の源泉は何か)」, 공정거래(公正
　　取引) 724호, 24면, 26면(2011)은 상대방이 부담하는 불이익이 상대방에게 발생하는 이익의 직접성보
　　다 상대방에게도 이익을 향유할 길이 열려있다는 점이 합리적으로 설명되는 것이 중요하다고 한다.

된 계약을 행위자가 파기하는 경우나 불이익부담의 조건이 상대방에게 불명확한 경우에는 특별한 사정이 없는 한 상대방에게 합리적 범위를 넘는 불이익이 존재하는 것으로 추정된다고 할 것이다.

그러나 논리적으로는 상대방에게 사전에 예상할 수 없는 불이익을 주는 경우에 해당하지만 상대방에게 합리적인 범위를 넘는 불이익이 되지 않는 경우가 있을 수 있다. 예를 들어 계약에서 하도급대금의 단수(우수리)는 사사오입하기로 하였지만 행위자가 일방적으로 우수리를 버리는 경우 상대방으로서는 사전에 예상할 수 없는 불이익을 받는다는 점에서는 차이가 없지만 그 불이익의 정도가 경미하기 때문에 반드시 합리적 범위를 넘는 불이익이라고 할 수는 없다.

우월적 지위 가이드라인에는 사전에 예상할 수 없는 불이익을 주는 경우에 그 불이익의 정도가 합리적 범위를 넘지 않더라도 남용행위로서 문제가 된다고 규정되어 있지 않다. 이는 합리적인 범위를 넘는 불이익을 주는 경우 그 조건에 대해 상대방과 명확히 협의되었더라도(즉, 상대방에게 사전에 예상할 수 없는 불이익을 주는 것이 아닌 경우에도) 남용행위로서 문제가 된다고 규정되어 있는 우월적 지위 가이드라인과 대조적이다.[22] 공정거래위원회는 상대방에게 사전에 예상할 수 없는 불이익을 주는 경우라 하더라도 불이익의 정도가 합리적인 범위를 넘지 않는 경우에는 남용행위에 해당하지 않는다고 판단한 경우가 있다. 예컨대 일반 전기사업자가 자유화 분야의 수요자에 대해 계약기간 도중 전기요금을 인상하는 것과 관련하여 한편으로는 대폭적인 연료비 증가 등을 이유로 전기요금을 인상하는 경우에는 수요자에게 사전에 예상할 수 없는 불이익을 가하는 것이 되기 때문에 남용행위로서 문제가 된다고 하면서도, 다른 한편으로 소비세율 인상을 이유로 전기요금을 인상하는 경우에는 설령 그것이 계약기간 도중에 발생하더라도 가격 인상폭이 소비세율 인상 상당액에 그친다면 수요자에게 부당하게 불이익을 주는 것이 아니므로 남용행위로서 문제가 되지 않는다고 하였다.[23]

이처럼 불이익의 정도가 합리적 범위를 넘는다는 것은 남용행위가 성립하기 위하

---

22 우월적 지위 가이드라인(優越ガイドライン) 제4. 2. (1). 아(ア) (주10), 동 2. (2) 아(ア) (주13).
23 공정위(公取委),「공정거래법에 관한 상담사례집(헤이세이25년도)(独占禁止法に関する相談事例集(平成25年度))」사례 9, 10 (헤이(平)26·6·18)(2014.6.18.). 다만, 이 두 개의 사례 사이에는「전기요금을 인상하는 것에 대한 정책적 허용성·기대도의 차이가 있고, 또한 그것밖에 차이가 없는 것으로 생각된다」라는 견해가 있다(시라이시(白石), 사례집(事例集), 444면).

여 항상 요구되지만, 불이익을 사전에 예상할 수 없다는 것은 남용행위를 판단하는
데 참작사정은 되지만 남용행위의 성립에 필수불가결한 요소는 아니라고 할 것이
다.[24] 상대방이 사전에 예상할 수 없는 불이익을 받았다는 사실은 불이익의 요건이라
기보다는, 불이익의 정도가 합리적인 범위를 넘었다는 것과 상대방의 자유롭고 자율
적인 판단이 저해되어 불이익을 어쩔 수 없이 받아들였다는 것을 추인시킬 수 있는
정황사실로써 고려할 수 있다.

iii. 합리적 범위를 넘는 불이익

불이익부과가 「정상적인 거래관행에 비추어 부당」한 것일 필요가 있다는 것은 우
월적 지위남용 규제가 거래내용 자체를 문제 삼는 것이기 때문에 시장메커니즘에 대
한 과잉개입 또는 자원의 비효율적인 배분이 야기되지 않도록 그 적용요건을 좁히는
역할을 하는 것으로 해석된다.[25] 그 때문에 남용행위의 대상이 되는 불이익의 정도는
「현저하게」로 평가할 수 있는 것이 아니면 안 된다.[26] 우월적 지위의 요건 해석에서

---

24 나가사와(長澤), 실무상의 제 논점(実務上の諸論点), 62-63면, 후지타(藤田), 우월적 지위남용 규제
에 관한 고찰(優越的地位濫用規制に関する考察), 384면. 이에 대하여 공정위 심결(公取委審決) 헤
이(平)27·6·4(2015.6.4.) 심결집(審決集) 62권, 119면〔일본 토이저러스(日本トイザラス)사건〕에서
「사전에 예상할 수 없는 불이익」을 주는 것을 「남용행위」로 판단하고 있다는 점 등을 감안하여 공정거
래위원회는 남용행위가 성립하기 위해서 불이익의 정도가 합리적 범위를 넘는 것이 항상 필요하다는 입
장에 있지 않다고 하는 견해도 있다(고레나가(伊永), 우월적 지위남용 규제의 바람직한 모습(優越的地
位濫用規制のあり方), 408면). 그러나 일본 토이저러스사건 심결의 당해 적시는 「매입거래에서 거래
상대방의 귀책사유가 없는 경우의 반품 및 감액은 일단 체결된 매매계약을 파기하거나 납품업자에게 팔
고 남을 위험이나 할인판매에 의한 매출액의 감소 등 구입자가 져야 하는 불이익을 전가하는 행위이고
거래상대방 입장에서는 통상은 합리성이 없기 때문에 그러한 행위는 원칙적으로 거래상대방에게 사전에
예상할 수 없는 불이익을 주는 것으로서 당해 거래상대방의 자유롭고 자율적인 판단에 의한 거래를 저해
하는 것으로서 남용행위에 해당한다고 해석된다」라고 하는 것이다. 여기서 주목해야 하는 것은 「사전에
예상할 수 없는 불이익」에 해당하는 이유로 일단 체결된 매매계약을 파기한다고 하는 「사전에 예상할 수
없는 불이익」 그 자체를 들고 있는 것이 아니라, 오히려 납품업자에게 구입자가 져야 하는 불이익을 전가
하는 불이익내용의 불합리성을 문제시하고 있는 것이다. 일본 토이저러스사건 심결에서 「사전에 예상할
수 없는 불이익」의 용법에는 문제가 있지만 그것은 여하튼 본질적으로는 공정거래위원회도 반품이나 감
액이라고 하는 「사전에 예상할 수 없는 불이익」을 주는 행위의 평가시 당해 행위에 의해 발생하는 불이
익의 내용이 합리적 범위를 넘는지 어떤지를 중시하고 있는 것이다.
25 진구지(神宮司), 경제법20강(経済法20講), 305-306면.
26 시라이시(白石) 외, 정담(鼎談), 21면〔고레나가 다이스케(伊永大輔) 발언〕. 네기시 아키라(根岸哲)교
수는 「기본적으로 우월적 지위의 남용 규제라는 것은 공정한 거래를 확보하는 데 목적이 있습니다. 다만,
공정위가 무엇이 공정인가라고 하는 것까지 개입할 필요는 없습니다. 그러나 현저히 불공정한 거래에 대
해서는 배제합시다. 불공정한 거래가 횡행하고 있는 상황하에서는 자유경쟁의 기반이 없기 때문에 그 기

도 행위자가 상대방에게 「현저히 불이익」한 요청 등을 하더라도 상대방이 이를 어쩔
수 없이 받아들이는 경우, 이때의 불이익은 현저한 것이어야 한다는 것을 전제로 하
고 있다.[27]

현저한 불이익은 경제적 합리성과 괴리된 과대한 것으로서[28] 상대방이 부담하는
불이익이 합리적인 범위를 넘는 경우로서[29] 궁극적으로는 상당한 수준을 넘는 대가
인지 여부가 문제가 된다.[30] 불이익의 정도는 거래상 사회통념에 비추어 판단하는데,
본래 자신이 부담해야 할 비용을 합리적 이유 없이 상대방에게 부담시켜 당해 비용
부담이 그것에 의해 얻을 수 있는 이익에 비해 과중한 것으로 인정되는 경우[31] 및
합리적 사업자로서 가지고 있는 리스크 관리권을 침해하고 위험에 대처하는 기회를
상실시키는 등 불이익의 질이 합리적인 경제적 활동에 지장이 되는 경우[32]도 합리적
범위를 넘는 불이익에 해당한다.

ㄱ. 상대방에게 이익이 되는 경우

상대방이 불이익을 받는다고 하더라도 그 대가로서의 이익이 합리적으로 예견되
는 경우에는 당해 불이익은 합리적인 범위 내의 것으로서 공정거래법상의 남용행위
나 하도급법상의 금지행위에 해당되지 않는다.

공정거래위원회는 상대방이 불이익을 부담함으로써 「직접적인 이익」을 얻을 수
있는 경우에는 공정거래법상의 남용행위나 하도급법상의 금지행위에는 해당되지 않
는다고 한다.[33] 공정거래위원회가 인정하는 「직접적인 이익」은 구체적인 이익이어야

반을 정비합시다. 이것이 저의 생각입니다」라고 말하고 있다(기시이다이타로(岸井大太郎) 외 〔「좌담
회(座談会)〕 최근의 공정거래법 위반사건을 둘러싸고(最近の独占禁止法違反事件をめぐって)」, 공
정거래(公正取引) 656호, 2면, 14면〔네기시 아키라(根岸哲) 발언〕(2005)).

27 우월적 지위 가이드라인(優越ガイドライン) 제2. 1.
28 네기시(根岸), 제 논점(諸論点), 27면.
29 우월적 지위 가이드라인(優越ガイドライン) 제4. 2. (1) 아(ア), 동 2. (2) 아(ア).
30 가와하마(川濱), 최근의 우월적 지위남용 규제(近時の優越的地位濫用規制), 8면.
31 도쿄지판(東京地判) 헤이(平)23·12·22(2011.12.22.) 판례시보(判時) 2148호, 130면〔세븐일레븐 수
납대행서비스 등 금지청구(セブンイレブン収納代行サービス等差止請求)사건〕.
32 가와하마 노보루(川濱昇), 「비판(批判)」 중판헤이세이21년도(重判平成21年度)〔쥬리스트 임시증간(ジュ
リ臨増) 1398호), 287면, 289면(2010).
33 2005년 폐지 전의 백화점업에서의 특정 불공정거래행위(百貨宿業における特定の不公正な取引方
法)(쇼와(昭和)29년 공정거래위원회(公正取引委員会)고시7호) 제1항의5, 제6항, 2005년 개정 전의

하고 「장래 어떤 편의를 받을 가능성이 있다」라고 하는 간접적인 이익이나 사전에 예상할 수 없고 현실성이 부족한 우발적 · 불확실한 이익은 「직접적인 이익」으로 인정되지 않는다. 기껏해야 「근시일 내에 구체화 될 개연성이 높고 그 이익이 큰 경우」에는 거래상 자유롭고 자율적인 판단에 의한 것으로 볼 여지가 있다고 하는 정도이다.[34]

그러나 개개의 불이익행위를 놓고 보면 합리적인 범위를 넘는 불이익처럼 보이더라도 거래상대방 입장에서는 행위자와의 장래 거래가 유리하게 되거나 최종 수요자에 대한 판매가 촉진되어 향후 납품하는 상품의 매출 증가로 이어진다고 판단하여 「사업상의 교제에 따르는 비용」정도로 당해 불이익행위를 받아들일 수 있다.[35] 계속적인 거래에서는 거래당사자는 서로 주고받는 관계에 있기 때문이다. 따라서 전체 거래의 일부만을 단편적으로 판단하여 경제적 합리성의 결여를 문제삼는 것은 오히려 합리적인 계속적 거래 자체를 소멸시키는 원인이 될 수도 있다.[36] 이러한 견해에 대해서는 「일단 손해를 본다」라고 하는 거래의 경우에는 그러한 거래조건을 사전에 명시적으로 합의해 둘 수 있기 때문에 그와 같은 사전합의가 없는 한 위와 같은 간접적 · 관념적 이익을 「직접적 이익」으로 간주한 나머지 남용행위가 아니라고 말할 수 없다고 한다.[37] 그러나 사전에 명시적인 합의가 없다는 이유만으로 「주고 받는(give and take) 관계」를 인정하지 않는 해석이야말로 거래현실을 아주 무시하는 것으로서 국가가 거래관행에 과잉 개입하는 것으로 생각된다. 시장메커니즘에 대한 과잉 개입

유통거래관행 가이드라인(流通取引慣行ガイドライン) 제2부 제5. 4. (2), 5. (2), 하도급법운용기준(下請法運用基準) 제4. 7. (2), 대규모소매업특수지정(大規模小売業特殊指定) 제1. 4., 제7. 1., 우월적 지위 가이드라인(優越ガイドライン) 제4. 2. (1) 아(ア) (주9), 동 2. (2) 아(ア) (주12), 동 3. (2) 이(イ) (주23).

34 고무로(小室) · 쓰치히라(土平), 논점해설(論点解説), 182면.

35 우메자와 다쿠(梅澤拓), 「금융기관과 우월적 지위남용(金融機関と優越的地位の濫用)」, 쥬리스트(ジュリ) 1442호, 50면, 54면(2012), 시라이시(白石), 지배적 지위와 우월적 지위(支配的地位と優越的地位), 54면, 도케이 도시오(洞雞敏夫) · 오노키 다카코(大軒敬子) · 다무라 지로(田村次朗), 「최근의 우월적 지위남용에 관한 심판 · 심결－일본 토이저러스에 대한 심결을 중심으로(近時の優越的地位の濫用にかかる審判 · 審決－日本トイザラスに対する審決を中心に)」, NBL 1064호, 20면, 23면, 25면(2015).

36 가가미 가즈아키(加賀見一彰), 「우월적 지위남용 규제의 경제분석(優越的地位の濫用規制の経済分析)」, 공정거래(公正取引) 757호, 23면, 27면(2013), 후지타(藤田), 우월적 지위남용 규제에 관한 고찰(優越的地位濫用規制に関する考察), 385면.

37 고무로(小室) · 쓰치히라(土平), 논점해설(論点解説), 187－188면, 와카바야시 아리사(若林亜里砂), 「우월적 지위남용을 둘러싼 최근의 동향에 대하여(優越的地位の濫用規制をめぐる近年の動向について)」, 공정거래(公正取引) 793호, 2면, 6면(2016).

은 오히려 시장메커니즘을 통한 효율적인 자원배분을 방해한다. 불이익행위 자체로부터 도출되는 직접적인 이익은 없더라도 상대방 입장에서는 금전으로 환산할 수 없는 것을 포함하여 장래 실현가능한 구체적 이익을 기대하고 다소 불리한 거래조건을 받아들이거나 아니면 과거의 구체적 이익에 대한 보답으로서 다소 불리한 거래조건을 받아들이는 것은 정상적인 거래관행에 비추어 부당한 것이 아닐 수 있고, 이 경우 합리적인 범위를 넘는 불이익이 아니므로 남용행위에 해당하지 않는다고 해석될 수 있다.[38]

또한 대가의 상당성 여부에 대한 부당성 판단은 시장메커니즘에 대한 개입이 되기 때문에 신중하게 취급할 필요가 있는데 상대방이 받는 경제적 불이익의 객관적 평가는 궁극적으로는 대가의 불균형 문제로 귀착되게 된다.[39] 거래에 부수하여 불이익한 요청이 이루어지는 당사자 간에는 거래의 주요 부분에서도 대등성이 확보되지 않는 경우가 있기 때문에 우월적 지위의 남용으로서 규제할 필요가 있다. 그러나 특히 계속적 거래관계에 있는 당사자 간에 거래의 주요 부분인 상품공급에 관하여 대가협상의 대등성이 확보되어 있다면, 부수적으로 불이익한 요청을 받는다고 하더라도 당해 불이익 등도 종합적으로 감안하여 자사의 이익을 확보할 수 있도록 대가를 협상할 수 있다. 개개의 부수적인 불이익 요청만을 별도로 판단하여 당해 행위를 금지하는 것은 대등한 당사자 간의 계속적 거래를 고려하여 합리적으로 행하는 사업 활동 자체를 부정하는 것으로, 나무를 보고 숲을 보지 못하는 부당한 규제가 된다. 행위자와 상대방 간에 대가의 협상이 대등하게 이루어지고 상대방이 받는 불이익을 감안하여 대가가 설정되었다면 당해 불이익은 합리적인 범위를 넘지 않는 것으로 해석된다.

ㄴ. 상대방에게 통상 발생하는 손실보전

행위 자체는 상대방에게 불이익을 주더라도 행위자가 상대방에게 통상 발생하는 손실을 보전해 주는 경우에는 상대방에게 실질적으로 불이익을 주는 것이 아니기 때문에 남용행위에는 해당하지 않는다.[40]

---

38 시라이시(白石) 외, 정담(鼎談), 21면(伊永大輔発言), 고레나가(伊永), 성립요건과 그 의의(成立要件とその意義), 18면.

39 가와하마(川濱), 최근의 우월적 지위남용 규제(近時の優越的地位濫用規制), 8면.

40 우월적 지위 가이드라인(優越ガイドライン) 제4. 2. (2) 이(イ), 동 제4. 3. (1) 이(イ), 동 3. (2) 이(イ), 동 3. (3) 이(イ), 동 3 (5) 이(イ) (이(イ)), 대규모소매업특수지정(大規模小売業特殊指定) 제1

ㄷ. 불이익 정도의 경미성

상대방에게 주는 불이익의 정도가 합리적인 범위를 벗어나지 않고 정상적인 거래관행에 비추어 부당하다고 할 수 없는 경우로서 불이익의 정도가 경미한 경우를 들 수 있다.

1982년 불공정거래행위의 일반지정 개정에서는 불이익의 정도가 경미하더라도 행위자가 다수의 상대방에게 조직적·제도적 불이익을 강요하는 경우에는 부당한 불이익이 될 수 있다고 하였다.[41] 이러한 견해는 우월적 지위남용의 공정경쟁저해성에 대하여 간접적인 경쟁저해를 중시하여 간접적인 경쟁저해의 우려가 발생하는 경우, 즉 행위의 확장성이 인정되는 경우에는 그 자체로 부당성을 인정하자는 것이다. 그러나 앞의 제1장 1. (3) ⅱ.에서 서술한 바와 같이 간접적 경쟁저해를 우월적 지위남용의 공정경쟁저해성 판단에서 고려할 필요가 없다는 견해도 유력하게 주장되고 있다.

ㄹ. 정당화 사유

상대방에게 불이익을 주는 행위를 정당화하는 합리적 이유가 존재하는 경우 당해 불이익 부과는 정상적인 거래관행에 비추어 부당하지 않기 때문에 남용행위에 해당하지 않는다.

우월적 지위남용의 정당화 사유로는 상대방에게 귀책사유가 있는 경우를 주로 들고 있지만, 그 이외에도 거래 속성상 일정한 행위를 상대방의 의무로 하는 것이 필요한 경우[42]와 공공의 필요성이 인정되는 경우[43] 등도 합리적 이유로 인정되어 불이익

항 제3호, 동 제5항 단서, 동 제7항 제2호, 역무위탁거래 가이드라인(役務委託取引ガイドライン) 제2. 4. (1), 하도급법운용기준(下請法運用基準) 제4. 8. (2).

41 공정위(公取委), 독금연보고(独禁研報告) 제2. 9. (3).

42 프랜차이즈시스템 가이드라인(フランチャイズシステムガイドライン) 3. (1) 아(ア) 및 이(イ)에서는 가맹점사업자에게 불이익을 주는 행위가 남용행위에 해당하는 전제로서 「프랜차이즈 시스템에 의한 영업을 정확하게 실시하기 위하여 필요한 한도」나 「본부의 통일적 브랜드 이미지를 유지하기 위하여 필요한 범위」를 넘는 것이 필요하다고 한다. 히라야마 겐타로(平山賢太郎), 「프랜차이즈와 우월적 지위남용(フランチャイズと優越的地位の濫用)」, 쥬리스트(ジュリ) 1442호, 44면, 49면(2012), 도쿄고판(東京高判) 헤이(平)24·6·20(2012.6.20.) 심결집(審決集) 59권 제2분책(第2分冊), 113면〔세븐일레븐 수납대행서비스 등 금지청구(セブンイレブン収納代行サービス等差止請求)사건〕.

43 공정위(公取委), 「동일본대재해에 관한 Q&A(東日本大震災に関するQ&A)」, 공정위 홈페이지 <http://www.jftc.go.jp/soudan/shinsaikanren/23jishinqa.html>(헤이(平)23·3·30)(2011.3.30.)에서는 「피해자

부과를 정당화할 여지가 있다. 공정거래위원회는 우월적 지위 가이드라인(제3조)에서 「정상적인 거래관행」에 대하여 「공정한 경쟁질서 유지의 입장에서 인정되는 것을 말한다」라고 하고 있다. 또한 일본 토이저러스사건 심결[44]에서는 「공정한 경쟁질서의 유지·촉진의 관점에서 인정되지 않는 것은 『정상적인 거래관행』이라고 인정되지 않는다」라고 하고 있는데 공정한 경쟁질서 유지·촉진의 관점 이외에 사회공공적인 관점도 「정상적인 거래관행」으로서 인정될 여지가 있다고 할 것이다.[45]

정당화 사유의 존재로 말미암아 남용행위성이 부정되기 위해서는 상대방에게 불이익을 주는 행위에 대하여 합리적인 목적이 인정될 뿐만 아니라 당해 목적을 달성하기 위한 수단으로서의 불이익 부과가 상당한 것으로 인정되지 않으면 안 된다. 특히 남용행위의 성질상 불이익 부과 자체에 합리성이 인정되어야 함은 물론이거니와, 상대방의 자유롭고 자율적인 판단을 저해하는 정도와 관련하여 보다 덜 제한적인 방법에 의해서는 당해 목적을 달성할 수 없다고 하는 요건도 충족해야 한다.[46]

(3) 자유롭고 자율적인 판단의 저해

i. 요건

우월적 지위남용에서 공정경쟁저해성의 핵심은 상대방의 자유롭고 자율적인 판단

의 생활 식량을 공급하는 대규모소매업자의 영업이 신속하게 개시되는 것은 피해복구와 피해자의 생활 지원에도 기여하기 때문에 대규모소매업자와 납품업자 사이에 협의가 이루어진 결과 재해를 당한 대규모소매업자의 원상회복이나 재진열작업에 협조하였다고 하여 공정거래법상 문제가 되는 것은 아니다」라는 견해와 「원사업자가 재해를 당하여 공장 등이 멸실되는 등 객관적으로 당초 정해진 납기에 수령하기 곤란한 경우 설령 양자 간에 충분한 협의를 거쳐 상당 기간 납품기간을 연장하는 경우에는 그러한 사정을 충분히 고려하여 대응하도록 조치한다」라는 견해가 있다.

44 공정위 심결(公取委審決) 헤이(平)27·6·4(2015.6.4.) 심결집(審決集) 62권, 119면〔일본 토이저러스 (日本トイザラス)사건〕.

45 오카무로(岡室)·고레나가(伊永), 공정거래법심판결의 법과 경제학(独禁法審判決の法と経済学), 257면.

46 프랜차이즈 체인본부의 가맹사업자에 대한 할인판매 제한에 대하여 법원은 할인판매를 권장하지 않는다는 경영방침의 합리성을 인정한 후에 가맹점사업자는 자기의 경영판단에 따라 판매가격을 결정하는 것이 인정되어 있다는 것을 고려하고 가맹점사업자에게 권장가격으로 판매하는 것이 바람직하다는 취지의 조언이나 지도를 하는 한에서는 남용행위가 되지 않지만, 그 이상으로 가맹점사업자의 경영판단에 영향을 미치는 사실상의 강제를 가하는 경우에는 남용행위에 해당하는 것으로 판단하는 경향이 있다. 도쿄고판(東京高判) 헤이(平)25·8·30(2013.8.30.) 판례시보(判時) 2209호, 12면〔세븐일레븐 할인판매금지 25조 청구(セブンイレブン見切り販売禁止25条請求)사건〕 등.

을 저해함으로써 상대방에게 불이익을 주는 것에서 찾을 수 있다. 따라서 설령 상대
방에게 현저히 불이익한 행위라도 상대방이 자유롭고 자율적인 판단에 의해 그것을
받아들였다면 남용행위에 해당되지 않는다고 할 것이다.[47] 공정거래위원회는 상대방
의 자유롭고 자율적인 판단을 저해하여 불이익을 강제하는 것이 남용행위의 요건이
되는지 여부에 대하여 우월적 지위 가이드라인에서는 명확하게 밝히고 있지 않지만,
심결에서는 「거래상대방의 자유롭고 자율적인 판단에 따른 거래를 저해」하는 것을
남용행위 해당성의 판단사유로 들고 있다.[48] 판례 역시 우월적 지위남용의 성립여부
와 관련하여 불이익의 내용이 정상적인 거래관행에 비추어 부당한지의 여부에 더하
여 상대방이 그 의사에 반하여 아무런 근거도 없이 행위자로부터 불이익을 강제로
받았는지 여부도 검토하였다.[49]

　　공정거래법 제2조 제9항 제5호 다목의 일반조항(「거래상대방에게 불이익이 되도록
거래조건을 설정·변경하거나 또는 거래를 실시하는 것」)의 조문 자체에서는 「자유롭고 자
율적인 판단의 저해」를 남용행위의 요건으로서 발견할 수는 없지만, 공정거래법 제2
조 제9항 제5호 「정상적인 거래관행에 비추어 부당하게」라는 문언으로부터 「자유롭
고 자율적인 판단의 저해」 요건을 찾을 수 있고,[50] 또한 우월적 지위를 「이용하여」

---

47 반대견해로서 고레나가(伊永), 성립요건과 그 의의(成立要件とその意義), 17면은 설령 충분한 협의
　를 거친 합의의 결과라도 합리적 범위를 넘는 불이익이 증명되면 법 위반이 성립된다고 한다. 공정거래
　위원회도 「강제」가 우월적 지위남용의 요건이 된다는 것을 부정한다(우월적 지위 가이드라인 견해(優
　越ガイドライン考え方) 2−3면). 이는 「강제」가 요건이라고 한다면 「강제」의 의미를 엄격하게 해석
　하여 상대방의 명시적인 의사에 반해서 행하는 경우만이 위법하다고 오해될 우려가 있기 때문이다. 다
　만, 「강제」하는 것이 요건으로서 조문상 명기되어 있는 하도급법 제4조 제1항 제6호의 해석으로서 공정
　거래위원회는 「강제하여」란 「하도급거래관계를 이용하여 사실상 구입 또는 이용을 강제적으로 시키고
　있다고 인정되는 경우도 포함된다」고 하고 있다(하도급법운용기준 제4. 6. (1)). 즉 상대방이 외형상은
　승낙하였다고 하더라도 그것이 상대방의 자유롭고 자율적인 판단에 따른 것이 아니라면 남용행위에 해
　당할 수 있다는 것이다.
48 공정위 심결(公取委審決) 헤이(平)27·6·4(2015.6.4.) 심결집(審決集) 62권, 119면〔일본 토이저러스
　(日本トイザラス)사건〕.
49 도쿄고판(東京高判) 헤이(平)17·9·13(2005.9.13.) 자료판 상사법무(資料版商事法務) 327호, 76면
　〔일본신판주주대표소송(日本信販株主代表訴訟)〕. 또한 동 판례에서는 「분명히 우월적 지위남용을 받
　는 상대방의 의사에 반하지 않았다고 하여 우월적 지위남용이 부정되는 것은 아니라고 생각된다」고 적
　시되어 있지만 뒤이어 상대방의 「자발적인 의사에 근거한 면이 크다고 인정되어」 우월적 지위남용이 있
　다고 할 수 없다고 적시하고 있는 것처럼 이것은 단순히 표면적인 「의사」에 반하지 않는다는 것만으로
　우월적 지위남용이 부정되는 것은 아니라고 말하는 것에 지나지 않는다.
50 우월적 지위 가이드라인 견해(優越ガイドライン考え方), 23면에서는 「『향후의 거래에 미치는 영향
　등을 염려해서 어쩔 수 없이 받아들일 수밖에 없다』는 것은 정상적인 거래관행에 비추어 부당하게 불이
　익을 가하는 것이 된다는 것과 관련하여 기재된 것이다」라고 한다.

의 문언으로부터 해당 요건을 도출하는 것도 가능하다.[51]

공정거래위원회는「상대방의 자유롭고 자율적인 판단의 저해」를「요청받은 상대 방은 행위자와의 거래를 계속하기 위하여 그 요청에 어쩔 수 없이 응하였다」든지[52] 「상대방이 향후의 거래에 미칠 영향을 우려해서 어쩔 수 없이 받아들인다」라고 표현 하고 있다.[53]

행위자가 불이익을 주는 행위를 상대방이 어쩔 수 없이 받아들일 수밖에 없다고 판단하게 되는 원인에는 기본적으로 장래의 거래에 미치는 영향을 염려하는 것이 지만 그것만이 아니라 과거에 행한 투자가 헛되이 되는 것을 염려하는 것도 포함 된다.[54]

ii. 판단방법

그렇다면 어떠한 경우에 상대방의 자유롭고 자율적인 판단을 저해했다고 인정할 수 있을까?

앞의 제1장 1. (3) ⅰ.와 같이 우월적 지위의 남용 이외에도 끼워팔기나 구속조건 부거래에서 상대방에 대한 구속 자체도 정상적인 경쟁수단의 범위를 일탈하는 것으 로서 부당하다고 할 수 있다. 그리고 대법원은 1982년 개정 전의 불공정거래행위 일 반지정 제8항(「정당한 이유 없이 상대방과 향후 물자공급을 받는 자와 거래할 것을 구속조건

---

51 시라이시(白石) 외, 정담(鼎談), 21면〔고레나가 다이스케(伊永大輔) 발언〕, 고레나가(伊永), 성립요건 과 그 의의(成立要件とその意義), 16면.

52 공정위 동의심결(公取委同意審決) 쇼(昭)57・6・17(1982.6.17.) 심결집(審決集) 29권, 31면〔미쓰코시 (三越)사건〕 외.

53 우월적 지위 가이드라인(優越ガイドライン) 제4. 1. (1), 동 2. (3) 아(ア), 동 3. (1) 아(ア), 동 3. (2) 아(ア), 동 3 (3) 아(ア), 동 3. (4) 아(ア), 동 3 (5) 아(ア) (아(ア)), 동 3. (5) 이(イ) (아(ア)). 또한 우월적 지위 가이드라인에서는 경제상 이익의 제공 요청 가운데 협찬금 등의 부담 요청 및 종업원 등의 파견 요청에서 남용행위에 해당하는 조건으로「이후의 거래에 미치는 영향 등을 염려해서 불이익을 어 쩔 수 없이 받아들일 수밖에 없다」는 것을 명시적으로 들고 있지 않지만 구입강제와 같은 경우 요청을 받 아들이는 것이「사실상 강제라고 인정되는 경우」도「제공시킨다」에 해당하는 것으로 보고 있다(우월적 지위 가이드라인(優越ガイドライン) 제4. 1. (주8)).

54 우월적 지위 가이드라인 견해(優越ガイドライン考え方), 44면. 또한 구입강제 및 경제상 이익의 제공 요청에서는 상대방이 불이익행위를 어쩔 수 없이 받아들일 수밖에 없다고 판단하게 되는 원인으로서 「앞으로의 거래에 미칠 영향」에 대한 염려만을 들고 있고「등」이 빠져 있다.「등」, 즉 과거에 행한「투 자」가 헛되이 되는 것을 염려하여 불이익행위를 어쩔 수 없이 받아들이는 것은 단발적 거래의 상대방을 상정한 것으로서 이에 대하여 구입강제 및 경제상 이익의 제공 요청에 대해서는 행위의 상대방은 계속적 거래의 상대방으로 한정되어 있고「등」은 상정되어 있지 않기 때문일 것이다.

으로 당해 상대방과 거래하는 것」)과 관련하여「공정한 경쟁을 촉진한다는 견지에서 보면 거래대가나 거래처선택은 당해 거래당사자 간에 경제적 효율을 고려하여 자유로운 판단에 의해 개별적으로 결정해야 하기 때문에 당사자 이외의 자가 이와 같은 사항에 대해서 구속하는 것은 위에서 말하는「거래」의 구속에 해당하는 것이 분명하며, 또한 위의「구속」이 있다고 하기 위해서는 반드시 그 거래조건을 따르는 것이 계약상 의무로서 정해져 있을 필요는 없고 그것에 따르지 않는 경우에 경제상 어떤 불이익이 수반되며 실제 그 불이익 조치의 실효성이 확보되어 있으면 충분하다고 해석된다」라고 판시하고 있다.[55] 또한 유통거래관행 가이드라인에서는 재판매가격구속의 유무에 대해서「제조업자가 지시한 가격으로 유통업자가 판매하는지 여부와 관련하여 제조업자가 어떠한 인위적 수단을 통하여 실효성을 확보하고 있는가에 의해 판단된다」라는 입장을 보이고 있다.[56]

우월적 지위남용 규제에 대해서는 해외에서도 논의되고 있는데 경제협력개발기구(OECD) 경쟁위원회 의장은 테마 중 하나로 우월적 지위남용 규제가 선정된 2008년 ICN 교토대회에서의 논의를 기초로, 국제연합 무역개발회의(UNCTAD)에서「강제(coercion)」가 어떠한 경우에 인정되는가에 대하여 정면에서 논하고 있다. 국제연합 무역개발회의(UNCTAD)는「강제」라고 인정되는 경우란 상대방이 행위자의 요청에 응하지 않을 경우에 초래될 가장 원하지 않는 결과가 요청에 응하는 경우와 비교하여 상대방의 상황을 더욱 악화시키는 경우로서, 상대방이 요청에 응하는 것 이외에 합리적인 선택지가 존재하지 않는 것이 필요하다는 견해를 보이고 있다.[57]

이처럼 상대방에게 응하지 않으면 불이익한 취급을 한다는(거래 단절, 거래수량 삭감 등) 취지의 암시를 통하여 불이익 감수를 요청하는 등 불이익을 받아들이지 않을 경우의 선택이 정상적인 경우와 비교하여 상대방의 상황을 악화시키는 경우에는 자유롭고 자율적인 판단이 저해되었다고 인정될 것이다.

자유롭고 자율적인 판단 저해의 전제조건, 즉 상대방이 행위자의 요청에 응하는 것 이외에 합리적인 선택지가 존재하지 않는 상황은 상대방에게 사전에 예상할 수

---

55 대판(最判) 쇼(昭)50·7·10(1975.7.10.) 민집(民集) 29권 6호, 888면〔와코도(和光堂)사건〕.
56 유통거래관행 가이드라인(流通取引慣行ガイドライン) 제1부 제1. 2. (3).
57 Frederic Jenny, The "Coming Out" of Abuse of Superior Bargaining Power in the Antitrust world(2008), <http://unctad.org/sections/ditc_ccpb/docs/ditc_ccpb0008_en.pdf>. 동 보고서를 소개하는 문헌으로서 후지노(藤野), 기업 간 거래적정화(企業間取引適正化), 52면 이하.

없는 불이익을 주는 경우에 발생하기 쉽다. 계약시점에서 예상할 수 없었던 불이익
을 계약 후에 추가하는 경우에는 상대방이 당해 불이익을 받아들이는 것 이외에 다
른 합리적인 선택지가 없는 것이 통상적이기 때문이다. 따라서 발주 후에 설령 상대
방이 불이익을 받아들이는 것에 대해 「동의」한 외형이 존재하더라도 특별한 사정이
없는 한 그것은 상대방이 「어쩔 수 없이 받아들이는」 것으로 추인된다. 하도급법 규
제에서는 수령거부, 반품, 대금감액이라는 사전에 예상할 수 없는 불이익을 야기하
는 행위유형에 대해서 「수급업자에게 책임 있는 사유」가 없는 한 수급사업자가 불이
익을 받아들이는 것에 대해 「동의」가 있었는지 여부를 묻지 않고 행위의 존재 그 자
체가 금지행위에 해당한다고 본다.

한편 상대방에게 사전에 예상할 수 없는 불이익을 주는 것이 아닌 경우에는 상대
방의 자유롭고 자율적인 판단의 저해는 행위자의 지위, 행위의 태양 등 사안에 따라
개별적으로 판단된다.[58] 불이익을 받아들이는 상대방에게 경제적 합리성이 인정되지
않는 경우에 상대방이 당해 불이익행위를 「어쩔 수 없이 받아들였다」라고 추인해도
될지는 신중하게 판단할 필요가 있다.[59] 공정한 경쟁질서가 확보되기 위해서는 각 거
래주체가 누구와 어떤 거래조건으로 거래할지 여부를 자유롭고 자율적으로 판단할
수 있는 상태가 확보되어야 하지만 각 거래주체가 경제적 합리성에 맞는 거래처나
거래조건의 선택을 하지 않는다고 해서 공정한 경쟁질서가 확보되지 않는 것은 아니
다. 공정한 경쟁질서에서 중요한 것은 의사결정의 자유가 확보되어 있는 것이지 의
사결정의 내용이 아니다. 객관적으로 볼 때 아무리 불합리한 거래내용이더라도 협상
을 잘하고 못하는 것(巧拙)을 포함하여 당사자의 책임으로 돌리는 것이 자유경쟁 경
제질서의 원칙이고 오히려 그러한 자유로운 거래를 통해 합리적으로 예측할 수 없는

---

58 우월적 지위 가이드라인 견해(優越ガイドライン考え方), 23면, 43면, 52면.
59 이에 대하여 진실로 자발적인 신청인지의 여부를 객관적으로 검증하는 것은 곤란하기 때문에 「직접적인
   이익」이라고 하는 경제 합리성의 유무에 의해 그 진실성의 판단을 대체시킬 수 있다고 하는 견해가 있다
   (기무라 가즈야(木村和也), 「우월적 지위에 있는 사업자의 유의사항(優越的地位にある事業者の留意
   事項)」, Business Law Journal 79호, 96면, 99면(2014), 고레나가(伊永), 우월적 지위남용 규제의 바람
   직한 모습(優越的地位濫用規制のあり方), 407면). 공정거래위원회는 불이익행위가 그것에 의해 얻게
   될 직접적인 이익 범위 내에 있는 것으로서 상대방의 자유로운 의사에 의해 이루어지는 경우에는 정상적
   인 거래관행에 비추어 부당한 불이익이 아니기 때문에 우월적 지위의 남용 문제가 되지 않는다고 한다
   (우월적 지위 가이드라인(優越ガイドライン) 제4. 2. (1) 이(イ), 동 2. (2) 이(イ), 동 3. (2) 이(イ),
   하도급법운용기준(下請法運用基準) 제4. 7. (2)). 이는 상대방이 「직접적인 이익」이 없는데도 불구하
   고 만연히 불이익을 받아들이는 경우를 상정하기 곤란하다는 인식을 전제로 한다(우월적 지위 가이드라
   인 견해(優越ガイドライン考え方), 49면).

혁신이 일어날 가능성이 높다.[60] 사업자 간에 어떤 행위가 경제적 합리성에 맞는지 여부에 대해서는 각 사업자의 자유롭고 자율적인 판단이 확보되어 있는 한 사업자의 판단에 맡기는 것이 효율적인 자원 배분에 도움이 되고, 국가가 사업자의 의사결정에 개입하는 것은 경쟁질서를 인위적으로 왜곡시키는 것이다. 상대방은 항상 경제적 합리성의 관점에서만 행동하는 것이 아니기 때문에 설령 경제적 합리성에 반하는 불이익을 상대방이 받아들이는 경우에도 그것이 상대방의 자유롭고 자율적 판단에 기해서 이루어진 것이라면 당해 불이익행위를 「어쩔 수 없이 받아들이는」 것으로 인정하면 안 될 것이다.[61]

상대방의 자유롭고 자율적인 판단이 저해되었는지 여부와 관련하여 행위 외형의 관점에서 「상대방과의 협의 과정」이 객관적 지표로서 중시되는 경향이 있다.[62] 그리고 상대방이 행위자로부터 동종의 요청을 거절한 적이 있다는 것은 상대방이 행위자의 요청을 받아들일지를 자유롭고 자율적으로 판단했다는 것을 시사하는 사실이 될 수 있다.[63]

또한 앞서 살펴본 제3장 1. (1) ii. 및 iii.과 같이 공정거래위원회가 우월적 지위가 있는지 여부를 판단함에 있어 상대방이 남용행위를 받아들이고 있다는 사실을 중시한다는 해석을 전제로 한다면, 행위자가 상대방에 대하여 우월적 지위에 있는지 여부를 판단할 때 고려되는 제반요소(거래처변경 곤란성이나 거래의존도 관계 등)는 향후 상대방이 그 행위를 자유롭고 자율적인 판단에 기해서 받아들이는 상황에 있었는지 여부를 판단할 때 고려요소가 될 것이라고 생각한다.

---

60 다키자와 사야코(滝澤紗矢子), 「비판(判批)」, 헤이세이27년도중판(平成27年度重判)(쥬리스트 임시증간(ジュリ臨增) 1492호), 251−252면(2016).

61 나가사와(長澤), 실무상의 제 논점(實務上の諸論点), 63−64면.

62 우월적 지위 가이드라인 견해(優越ガイドライン考え方), 22면, 27면, 60면. 히라바야시(平林), 법의 절차화 110면은 공정거래위원회는 거래조건에 직접 개입하는 것을 될 수 있는 한 회피하기 위해 거래당사자에게 사전 협의 등을 촉구하고 절차적인 면에서 개선을 통해 규제의 실적을 높이려고 하는 경향이 있다고 지적한다.

63 도쿄지판(東京地判) 헤이(平)26·12·16(2014.12.16.) 금융·상사판례(金商) 1462호, 40면[미쓰비시 도쿄UFJ은행 금리스왑 손해배상청구(三菱東京UFJ銀行金利スワップ損害賠償請求)사건].

02 발주취소 · 수령거부

02 발주취소 · 수령거부

공정거래법 제2조 제9항 제5호 다목

⑨ 이 법률에서 「불공정거래행위」라 함은 다음 각호의 어느 하나에 해당하는 행위를 말한다.

  5. 자기의 거래상의 지위가 상대방보다 우월한 점을 이용하여 정상적인 거래관행에 비추어 부당하게 다음 어느 하나에 해당하는 행위를 하는 것

    다. 거래의 상대방으로부터 거래와 관련된 상품의 수령을 거부하거나 …… 기타 거래상대방에게 불이익이 되도록 거래조건을 … 변경하거나 또는 거래를 실시하는 것

하도급법 제4조 제1항 제1호 · 동조 제2항 제4호

① 원사업자는 수급사업자에게 제조위탁 등을 한 경우에는 다음 각호(역무제공위탁을 한 경우에는 제1호 … 를 제외한다)에 해당하는 행위를 하여서는 아니 된다.

  1. 수급사업자에게 귀책사유가 없음에도 불구하고 수급사업자의 급부수령을 거부하는 것

② 원사업자는 수급사업자에게 제조위탁 등을 한 경우에는 다음 각호 …… 에 해당하는 행위를 함으로써 수급사업자의 이익을 부당하게 침해해서는 아니 된다.

  4. 수급사업자에게 귀책사유가 없음에도 불구하고 수급사업자의 급부내용을 변경시키거나 …… 하게 하는 것

---

(1) 관계 법조

행위자가 매수인, 상대방이 매도인이 되는 거래에서 행위자(매수인)가 자신이 발주한 목적물의 수령을 거절하는 행위(수령거부)는 공정거래법 제2조 제9항 제5호 다목, 대규모소매업특수지정 제5항 및 하도급법 제4조 제1항 제1호에서 남용행위 · 금지행위로서 규정되어 있다. 수령거부는 상대방에게 불이익이 되도록 거래조건을 「변경」 또는 거래를 「실시」하는 행위(공정거래법 제2조 제9항 제5호 다목) 또는 급부의 내용을 「변경」하는 행위(하도급법 제4조 제2항 제4호)의 한 유형이다.

발주의 전부 또는 일부를 취소하는 행위도 수령거부에 해당한다.[64] 다만 상대방이 위탁받은 제조 등의 업무를 완료하기 전에 위탁을 취소하거나 납기를 연기하거나 하는 것은 수령거부가 아니라 거래조건 변경(또는 하도급법이 금지하는 급부내용의 변경)의

---

64 우월적 지위 가이드라인(優越ガイドライン) 제4. 3. (1) 아(ア) (주16), 하도급법운용기준(下請法運用基準) 제4. 1. (1) 우(ウ).

문제이고, 수탁업무 완료 후에 납품취소 등이 수령거부의 문제가 된다.[65] 이하에서는 발주취소도 포함하여 수령거부로 부른다.

「수령거부」는 목적물의 수령을 거부하는 행위가 대상이 되기 때문에 역무의 제공을 거부하는 것은 수령거부에 해당하지 않는다(하도급법 제4조 제1항 제1호에서는 적용제외로 명문화되어 있다). 다만, 역무제공을 받지 않는 행위는 공정거래법 규제에서는 수령거부를 포함하는 일반조항인 「거래상대방에게 불이익이 되도록 거래조건」을 「변경」 또는 거래를 「실시」하는 것(공정거래법 제2조 제9항 제5호 다목)에 해당되어 남용행위가 될 수 있고[66] 하도급법 규제에서는 부당한 급부내용의 변경(하도급법 제4조 제2항 제4호)에 해당될 수 있다.[67]

(2) 수령을 거부하는 것

행위자가 목적물을 일단 「수령」한 후에 되돌려 보내는 행위는 수령거부가 아니고 반품이 된다. 반품에 해당하는 경우와 관련하여 상대방의 귀책사유가 있더라도 반품을 하는 시기가 문제될 수 있다.

「수령」이란 급부의 목적물을 수취하여 사실상 자기의 지배하에 두는 것을 말하고 급부의 내용에 대해서 검사를 하는지 여부는 불문한다.[68] 정보성과물의 경우에는 정보성과물을 기록한 전자매체를 수취하거나 또는 정보성과물을 전자메일 등으로 수신하여 하드디스크에 기록하는 것 등이 급부의 수령이 된다.[69] 창고에 맡겨진 목적물을 하도지시서(荷渡指示書)에 의해 명의를 변경하는 것도 「수령」에 해당된다.[70] 행위자의 검사원이 상대방의 공장에서 출장검사를 하는 경우에는 검사원이 출장을 가서 검사를 개시하면 「수령」이 되고 그 이후는 수령거부가 아니라 반품의 문제가 된다.[71]

---

65 가마다(鎌田) 편저, 하도급법실무(下請法実務), 122면.
66 우월적 지위 가이드라인(優越ガイドライン) 제4. 3. (1) 아(ア) (주17).
67 가마다(鎌田) 편저, 하도급법실무(下請法実務), 120면, 강습회 텍스트(講習会テキスト) 1. (5) Q&A 56 (36면).
68 가스부치(粕渕), 대규모소매업 고시해설(大規模小売業告示解説), 62-63면, 하도급법운용기준(下請法運用基準) 제4. 1. (1) 아(ア).
69 하도급법운용기준(下請法運用基準) 제4. 1. (1) 이(イ), 강습회 텍스트(講習会テキスト) 1. (5) 아(ア) (35면).
70 에가시라 겐지로(江頭憲治郎), 『상거래법(商取引法)〔제7판〕』, 29면(유희카쿠(有斐閣), 2013).
71 강습회 텍스트(講習会テキスト) 1. (5) 아(ア) (35면).

수령을 「거부」하는 것은 목적물을 납기에 수취하지 않는 것을 말한다.[72]

대규모소매업특수지정에 의해 규제되는 수령거부는 「납품업자에게 사전에 특별한 규격, 의장, 형식 등을 지시하여 특정 상품을 납품하게 하는 계약을 한 후에」 당해 상품의 수령을 거부하는 행위에 한정된다. 소위 PB상품의 수령거부가 그 전형적인 예이다.

ⅰ. 납기의 연기

행위자가 납기를 일방적으로 연기하는 것은 거래조건을 변경하는 것으로 문제될 수 있지만 수령거부에도 해당하는 것으로 본다.[73]

납기 연기 후에 행위자가 목적물을 수령한 경우에 상대방이 받는 불이익은 보관비용이나 재운송비용 등에 그치는 것이 일반적이다. 수령거부가 예외적으로 허용되어 납기가 연기되는 경우에 발생되는 손실부담액은 통상의 수령거부와 비교해서 낮은 것이 일반적이다.

ⅱ. 납기 전 납품의 수령거부

합의된 납기일 전에 상대방이 목적물을 납품하는 경우에는 행위자로서는 그것을 수취할 의무가 없기 때문에 수령을 거부하더라도 문제되지 않는다.

납기 전의 납품을 행위자가 수령하는 경우에 하도급법과의 관계에서 수령일이 빨라지는 것에 주의할 필요가 있다. 하도급법에서는 수령일 후 60일 이내에 하도급 대금을 지급해야 하므로(하도급법 제2조의2) 수령일은 언제인가가 중요한데, 납기 전이더라도 특별한 조건 없이 수령한 경우에 당해 수령일이 「지급기한 60일의 기산일」이 된다. 계약상의 납기일을 전제로 본래 예정되어 있던 지급기일에 하도급대금을 지급하고자 한다면 납기 전의 납품에 대해서 「가수령」이라는 취지를 전달하여야 하고 검사를 완료한 시점 또는 본래 납기 중 어느 쪽이든 빠른 날을 수령일로 하는

---

72 우월적 지위 가이드라인(優越ガイドライン) 제4. 3. (1) 아(ア) (주16), 하도급법운용기준(下請法運用基準) 제4. 1. (1) 우(ウ).
73 우월적 지위 가이드라인(優越ガイドライン) 제4. 3. (1) 아(ア) (주16), 하도급법운용기준(下請法運用基準) 제4. 1. (1) 우(ウ).

것은 상관없다고 보고 있다.[74] 가수령으로 하는 경우에는 수령시점에서 「가수령」이라는 것을 수령서에 명기하는 등의 방법으로 명확하게 해 두던가 수급사업자에게 수령 후 신속하게 가수령이라는 취지를 통지해 둘 필요가 있다.

iii. 납기를 정하지 않은 경우의 수령거부

채무 이행기가 정해지지 않은 경우에는 채무의 발생과 동시에 이행기가 도래하고 채권자로부터 이행의 청구를 받는 시점부터 채무자에게 지체의 책임이 발생하기 때문에(일본 민법 제412조 제3항) 채무자는 채권자에게 언제라도 변제의 제공을 함으로써 채무불이행의 책임을 벗어남과 동시에(동법 제492조) 변제에 따른 비용증가를 채권자의 부담으로 할 수 있다(동법 제485조 단서). 공정거래법 및 하도급법에서도 납기가 정해지지 않은 채 구두발주 등을 한 경우에 상대방이 납품을 했음에도 불구하고 그 수령을 거부하였다면 이는 수령거부에 해당하고 더 나아가 하도급법상 서면교부의무 위반(하도급법 제3조)에도 해당된다.[75]

iv. 발주계획수량의 내시(內示)와 실수령 수량의 괴리

어떠한 지시도 한 적이 없었음에도 불구하고 상대방이 스스로 예상해서 목적물을 생산·납품하였다면 행위자가 그것을 수령해야 할 의무는 없다.[76] 행위자가 상대방에게 납기를 정해서 발주를 하였음에도 불구하고 행위자의 필요에 따라 그때그때마다 납품지시서를 교부하여 납품일이 늦어지거나 납품일마다 납품수량이 적어지는 등 발주시에 정한 납기에 전량을 수령하지 않는 것은 수령거부에 해당한다.

발주자가 수주자에게 실제 납품지시에 앞서 장래의 일정 기간에 발주할 것으로 전망되는 예상수량(계획)을 알려주는 「내시(內示)」나 「발주예측」을 제공하는 경우에 「내시(內示)」 등과 그 후의 실제 납품지시 중 어느 쪽을 발주로 인정할 것인가? 발주자가 수주자에게 상당 기간에 걸쳐 장기 발주계획을 제시하는 것은 수주자가 안정적

74 강습회 텍스트(講習会テキスト) 1. (5) 아(ア) Q&A 54 (35면).
75 강습회 텍스트(講習会テキスト) 1. (5) 아(ア) Q&A 55 (36면).
76 강습회 텍스트(講習会テキスト) 1. (5) 아(ア) Q&A 55 (36면).

이고 합리적으로 생산을 할 수 있기 때문에 본래 바람직한 관행이다.[77] 반면에 형식적으로는 정식 발주가 아닌 「내시(内示)」 등이라 하더라도 「내시(内示)」 등이 제시된 시점에서 상대방이 수탁업무에 착수한 것으로 볼 수 있다면 그것을 뒤집는 것은 상대방에게 사전에 예상할 수 없는 불이익을 주는 것이 되므로, 적어도 하도급법은 당해 「내시(内示)」 등을 발주로서 취급하고 있다.[78] 예를 들어 수주부터 납품까지 필요한 리드타임(lead time)을 고려할 때 아슬아슬한 타이밍에 발주의 「내시(内示)」가 있는 경우에는 설령 그것이 장래의 발주계획을 나타낸 것에 지나지 않고 추후에 정식 발주를 행하는 형식을 취하더라도 상대방은 「내시(内示)」를 받은 타이밍에 수탁행위에 착수하지 않으면 납기를 맞출 수 없기 때문에 그것은 발주와 마찬가지로 평가된다.

발주예상수량의 「내시(内示)」를 발주로 판단하는 경우에 어느 시점에서 행위자가 수령을 거부한 것으로 취급할 것인가? 「내시(内示)」에 납기가 정해져 있지 않은 경우, 상대방은 언제든지 납품할 수 있고 행위자가 수령을 거부하면 수령거부가 된다. 행위자가 상대방에게 「내시(内示)」를 통하여 행위자의 수령기간을 정한 경우에는 당해 기일이 경과했음에도 불구하고 상대방에게 보관시킨 경우에 행위자가 수령을 거부한 것이 된다.

저스트인타임(just-in-time) 생산방식으로 불리는 공급망관리(SCM)에서는 발주 후에 납품지시서 등을 교부하여 날마다 납품수량을 조정하기 때문에 당초 예정된 수량이 납품예정일에 수령되지 않는 경우가 발생하는데 이는 수령거부에 해당하는가? 행위자가 자사의 재고관리 합리화를 도모하기 위하여 상대방에게 재고관리를 시켜 자사가 필요할 때마다 상대방에게 납품을 지시해서 수령하는 것은 상대방에게 과잉 재고를 부담시키는 것으로서 보관비용의 증가나 현금흐름의 감소와 같은 불이익을 부담시키는 것이 된다. 그러나 저스트인타임 생산방식은 효율적인 생산체제를 구축하고 시장의 변화에 따른 수요의 증감에 기동적으로 대처할 수 있게 하는 등 행위자 및 상대방 모두에게 이익이 되는 것으로 평가된다.[79] 따라서 다음의 조치가 강구되는 경우에는 발주 후의 납품지시는 당초 발주에서 정한 납품일과 실제의 납품일마다의

77 진흥기준(振興基準) 제2. 2.
78 가마다(鎌田) 편저, 하도급법실무(下請法実務), 125면.
79 공정위사무총국경제거래국거래부장(公取委事務総局経済取引局取引部長)「사업자 등의 활동에 관련된 사전상담에 대하여(답변)(事業者等の活動に係る事前相談について(回答))」(헤이(平)15 · 3 · 31)(2003.3.31.).

납품수량에 대해서 합리적 범위 내에서 미세 조정하는 것으로 판단되어 남용행위에 해당하지 않고 하도급법 위반이 되지도 않는다.[80]

① 당초의 발주수량과 변경 후 납품수량의 차이에 대해서 가능한 한 최소한의 범위로 당사자 간 사전에 합의해 둘 것

② 매월 마감일에 납품수량을 계산한 결과 실제 납품수량이 당초의 발주수량을 하회하는 경우에는 그 차이를 수령할 것

③ 해당 납품수량의 차이가 사전에 합의된 범위 내에 있다고 하더라도 이러한 차이로 인하여 거래상대방에게 발생하는 비용(보관비용, 운송비용 등)은 발주자가 부담할 것

④ 당해 목적물의 발주가 종료한 때에는 당초 발주수량의 목적물을 원사업자가 모두 수령할 것

한편 하도급법에서 발주시에 수급사업자에게 교부해야 하는 제3조 서면에는 「기일」로 정한 납기를 기재해야 하고(제3조 서면규칙 제1조 제1항 제2호), 「기간」으로 정하는 것은 허용되지 않는다.[81] 발주수량에 대해 일정 기간 내에 분할하여 납품지시를 하는 경우에는 충분한 리드타임을 두고 사전에 교부한 제3조 서면에 일정 기간 내의 구체적으로 납품하는 날과 매 납품일마다의 납품수량이 명확히 기재되지 않으면 안 된다.[82] 위의 저스트인타임 생산방식에서는 결과적으로 당초의 제3조 서면은 실제 납품일이나 납품수량을 기재하고 있지 않은 것이 되지만, 위의 ③ 및 ④의 조치가 강구되는 경우에는 하도급법 제3조를 위반하지 않는 것으로 된다.[83]

---

80 나카(中)·고무로(小室), 하도급법 운용 재검토(下請法運用見直し), 14면, 공정위사무총국경제거래국거래부장(公取委事務総局経済取引局取引部長)「사업자 등의 활동에 관련된 사전상담에 대하여(답변)(事業者等の活動に係る事前相談について(回答))」(헤이(平)15·3·31)(2013.3.31.), 강습회 텍스트(講習会テキスト) 1. (5) 아(ア) Q&A 57 (36면).

81 시미즈 게이(清水敬)·기데라 마키(木寺麻季), 「주식회사 훼리시모에 대한 권고에 대하여(株式会社フェリシモに対する勧告について)」, 공정거래(公正取引) 753호, 75~76면(2013).

82 강습회 텍스트(講習会テキスト) 1. (5) 아(ア) Q&A 57(36면), 시미즈 게이(清水敬)·요코이 히로무(横井裕)·(후쿠오카 히사시(福岡寿), 「주식회사 다치요시에 대한 권고에 대하여(株式会社たち吉に対する勧告について)」, 공정거래(公正取引) 741호, 68면, 70면(2012).

83 공정위사무총국경제거래국거래부장(公取委事務総局経済取引局取引部長)「사업자 등의 활동에 관련된 사전상담에 대하여(답변)(事業者等の活動に係る事前相談について(回答))」(헤이(平)15·3·31)(2003.3.31.).

▌수령거부에 해당하는 예

• 의류품 등의 통신판매업자가 자사의 오리지널 상품에 대해서 자기 스스로의 판매예측에 근거하
여 수급사업자에게 발주수량을 정하고 당해 수급사업자에게 당해 수량의 전량을 수령하는 기간
으로서 「예약기간」을 기재한 발주서면을 교부한 후에 판매촉진에 응하여 자사가 필요할 때마
다 지시하여 분할 납품시켰는데, 자사가 발주시에 예측한대로 판매가 진척되지 않은 까닭에
「예약기간」의 말일이 경과되었는데도 불구하고 발주수량의 일부에 대해 납품지시를 하지 않고
수급사업자에게 보류시킨 경우[84]
• 인테리어제품의 도매업자가 수급사업자에게 완성품을 보관시켜서 필요할 때마다 제품의 납품
을 지시하여 수령하고 있었는데, 수급사업자가 제품의 제조를 완료해야 하는 기일로 정한 「납
기일」 또는 「완성일」에 수급사업자가 제조를 완료한 제품의 일부를 수령하지 않는 경우[85]
• 의류품 등의 통신판매업자가 자사의 재고관리 합리화를 도모하기 위하여 발주서면에 납기를 기
재하지 않고 발주시까지 납기로서 「납품기간」을 구두 등의 방법으로 전달하고 고객으로부터의
수주상황에 따라 자사가 필요로 할 때마다 수급사업자에게 납품을 지시하고 수령하고 있었는
데, 「납품기간」의 말일이 경과되었는데도 불구하고 당해 수급사업자의 급부 일부를 수령하고
있지 않은 경우[86]

(3) 합리적 범위를 넘는 불이익

상대방이 수령을 거절당함으로써 목적물을 폐기할 수밖에 없는 경우에 상대방은 당
해 목적물을 공급하기 위하여 필요한 비용이나 폐기비용이 쓸모없이 낭비되고 목적물
을 전매할 수 있는 경우라도 당해 목적물의 가치 감소분이나 전매비용 등 사전에 예상
할 수 없는 불이익을 부담하게 된다. 또한 하도급법에서 하도급대금의 지급기일 규제
는 급부의 수령일을 기준으로 하는 것이기 때문에 원사업자가 자의적으로 급부의 수령
일을 늦추는 것은 하도급대금 지급의 관점에서도 수급사업자에게 불이익을 주는 것이
된다.[87] 이러한 수령거부에 의해 발생되는 불이익의 내용이나 정도는 이하에서 언급하
는 상대방에게 통상 발생하는 손실이 보전되는 경우 이외에 대상수량이나 금액이 경미
한 경우라든지 또는 수령거부에 대해 합리적인 이유가 있는 경우 등의 특별한 사정이
없는 한 합리적 범위를 넘는 것으로 평가된다. 수령거부에 대해 합리적 이유가 인정되

---

84 공정위 권고(公取委勧告) 헤이(平)24·3·2(2012.3.2.)〔다치키치(たち吉)사건〕.
85 공정위 지도(公取委指導) 헤이(平)25·2·12(2013.2.12.)〔산게쓰(サンゲツ)사건〕.
86 공정위 권고(公取委勧告) 헤이(平)25·3·29(2013.3.29.)〔훼리시모(フェリシモ)사건〕.
87 가마다(鎌田) 편저, 처음으로 배운다(はじめて学ぶ), 6면.

는 것은 상대방에게 귀책사유가 있는 경우이며, 이에 대해서는 후술하기로 한다.

ⅰ. 상대방에게 통상 발생하는 손실의 보전

목적물을 수령하지 않는 것과 관련하여 행위자가 사전에 상대방의 동의를 얻고 목적물의 수령을 거부함으로써 통상 발생하는 손실을 부담하는 경우에는 남용행위에 해당하지 않는다.[88]

상대방에게 「통상 발생하는 손실」이란 수령거부에 따라 발생하는 상당인과관계 범위 내의 손실을 말하고 구체적으로 상대방이 목적물을 전매할 수 있는 경우에는 목적물의 시세 하락, 시간의 경과에 따른 목적물의 사용기간 단축에 수반된 가치 감소 등에 상당하는 비용, 물류비용 등을 들 수 있다.[89] 반면 수령이 거부된 목적물을 상대방이 전매하기 곤란한 경우에는 목적물의 제조원가에 더하여 일실이익이나 목적물의 폐기처분비용도 「통상 발생하는 손실」에 해당하는 것으로 생각할 수 있고, 발주자가 목적물을 수령하고 대가를 지급한 후에 스스로 폐기처분비용을 부담하는 것과 경제적으로는 동일하다고 볼 수 있다.[90]

「동의」를 얻었다고 인정되기 위해서는 상대방이 납득하여 동의한 것이어야 하며,[91] 동의라는 주관적 의도의 존재 유무는 주로 협의 과정 등 객관적 정황을 기초로 하여 판단한다.[92] 상대방의 입장에서는 행위자와의 관계를 고려하여 비용을 청구하지 않는 경우도 많다고 생각되는데 행위자는 상대방이 청구하지 않더라도 상대방이 부담한 비용을 스스로 확인하고 지급할 필요가 있다.

하도급법에서는 부당한 급부내용 변경(하도급법 제4조 제2항 제4호)으로 인해 발생하는 비용을 행위자가 부담하는 등 상대방의 이익을 부당하게 해하지 않는 경우는 하도급법을 위반하지 않는 것으로 본다.[93] 수급사업자가 수탁한 물품 등의 제조 등을 완료하지

---

88 우월적 지위 가이드라인(優越ガイドライン) 제4. 3. (1) 이(イ), 대규모소매업특수지정(大規模小売業特殊指定) 제5항 단서.
89 우월적 지위 가이드라인(優越ガイドライン) 제4. 3. (1) 이(イ) (주20).
90 야부우치 슌스케(藪内俊輔), 하도급법 실무에 밝은 변호사에 의한 「케이스스터디 하도급법」(제6회) 원사업자의 금지행위②(下請法の実務に明るい弁護士による「ケーススタディ下請法」(第6回)親事業者の禁止行為②)」공정거래(公正取引) 792호, 63면, 65면(2016).
91 우월적 지위 가이드라인(優越ガイドライン) 제4. 3. (1) 이(イ) (주19).
92 우월적 지위 가이드라인 견해(優越ガイドライン考え方), 44면.
93 하도급법운용기준(下請法運用基準) 제4. 8. (2).

않은 시점에서 (제조 등의) 위탁을 취소하는 것이나 역무제공위탁을 취소하는 것은 오로지 부당한 급부내용의 변경이 문제가 되기 때문에[94] 원사업자가 필요한 비용을 부담함으로써 하도급법 위반을 회피하는 것이 가능하다. 이에 대하여 수급사업자가 제조를 완료한 후의 수령거부는 손실보전에 의해 하도급법 위반을 피할 수 있을지 명확한 언급은 없지만, 앞의 (2) ⅳ.와 같이 공정거래위원회는 저스트인타임 생산방식의 경우 납품시기의 변경에 대해 손실보전 등을 통하여 하도급법 위반을 피할 수 있다고 하였다.

▌합리적 범위를 넘는 수령거부의 예

• 청소업무의 수탁업자가 청소에 필요한 청소기기 및 인력을 준비했음에도 불구하고 그 비용을 부담하지 않고 발주를 취소하는 경우[95]

• 부품의 제조 수탁업자가 이미 원재료 등을 조달하고 있음에도 불구하고 수출용 제품의 판매가 부진하여 제품재고가 급증하고 있다는 이유로 수탁업자가 필요한 비용을 지불하지 않고 발주한 부품의 일부를 취소하는 경우[96]

• 고객이 수리의뢰를 취소했다는 이유로 그때까지 수탁업자가 소요한 비용을 부담하지 않고 발주를 취소하는 경우[97]

• 거래처의 요청에 의해 당초 발주사양을 변경하였는데 그에 따라 큰 폭으로 증가한 인건비의 부담을 수탁사업자가 요구했다는 이유로 그 비용을 부담하지 않고 발주를 취소하는 경우[98]

---

(4) 자유롭고 자율적인 판단의 저해

ⅰ. 발주 후의 「동의」에 근거한 수령거부

공정거래법에서 수령거부가 남용행위에 해당하기 위해서는 상대방이 「이후의 거래에 미치는 영향 등을 우려하여 그것을 받아들일 수밖에 없는 경우」[99] 즉 상대방이 당해 불이익을 자유롭고 자율적인 판단에 의하지 않고 부담하는 경우이어야 한다.

---

94 가마다(鎌田) 편저, 하도급법실무(下請法実務), 120면, 강습회 텍스트(講習会テキスト) 1. (5) Q&A 56 (36면).

95 하도급법운용기준(下請法運用基準) 제4. 8.<위반행위사례>8−10(1).

96 하도급법운용기준(下請法運用基準) 제4. 8.<위반행위사례>8−1, 우월적 지위 가이드라인(優越ガイドライン) 제4. 3. (5) 우(ウ)<상정 예>②.

97 하도급법운용기준(下請法運用基準) 제4. 8.<위반행위사례>8−4(2), 동 8−9.

98 하도급법운용기준(下請法運用基準) 제4. 8.<위반행위사례>8−4(4).

99 우월적 지위 가이드라인(優越ガイドライン) 제4. 3. (1) 아(ア).

채권자는 채무자로부터 이행의 제공이 있음에도 불구하고 그 수령을 거부한 경우에 지체의 책임을 진다(일본 민법 제413조). 일본 민법상 채권자가 일반적으로 수령의무를 부담하는지 여부에 대해서는 논쟁이 있지만 채무자는 계약에 따른 자기의 채무를 이행함으로써 계약에 따른 반대채권을 이행받을 것으로 예상하고 기대한다. 채권자가 계약이행의 수령을 거부하는 것은 경제적으로 채무자의 계약상의 기대를 저버리는 행위로서 원칙적으로 상대방에게 사전에 예상할 수 없는 불이익을 주는 것이다. 따라서 발주 후에 설령 상대방이 수령거부에 「동의」했다는 외형이 존재하더라도 특별한 사정이 없는 한 상대방이 「어쩔 수 없이 받아들이는」 것으로 추인될 것이다.

하도급법에서 수령거부는 수급사업자의 귀책사유가 없는 한 수급사업자의 동의 유무와 상관없이 금지행위에 해당한다.

ii. 발주 전 「합의」에 근거한 수령거부

발주 전 상대방과 합의를 통해 수령거부의 조건을 정하고 그 조건에 따라서 수령하지 않는 경우에 공정거래법에서는 원칙적으로 정상적인 거래관행에 비추어 상대방에게 부당하게 불이익을 주는 행위로 인정되지 않기 때문에 남용행위에 해당하지 않는다.[100]

발주 전에 수령거부에 대해 합의한 경우라도 당해 합의의 내용 자체가 상대방에게 합리적 범위를 넘는 불이익을 주는 것으로서 상대방이 당해 합의를 강제로 받아들인 경우에는 당해 합의에 근거한 수령거부는 예외적으로 남용행위에 해당한다.[101] 수령거부와 관련된 합의내용이 합리적 범위 내라고 인정되는 경우로는 상대방이 행위자가 수령을 거부할지도 모른다는 리스크를 충분히 감안한 후 거래한 경우를 생각할 수 있다.

┃ 수령거부의 합의가 합리적 범위를 넘지 않는 예
• 행위자의 기존 거래처에 사고가 발생하여 대상물품의 납품이 정지되었기 때문에 당해 행위자와의 신규거래를 계획한 사업자가 행위자에 대하여 「만약 당사가 납품하기 전에 기존 거래처가 납품을 재개한 경우에는 우리 회사제품의 수령을 거부하여도 좋으니 우리에게 당신 회사와 거래할 기회를 주기 바란다」라고 부탁하여 계약하는 경우

---

100 우월적 지위 가이드라인(優越ガイドライン) 제4. 3. (1) 이(イ).
101 우월적 지위 가이드라인(優越ガイドライン) 제4. 3. (1) 이(イ) (주18).

이에 대하여 하도급법은 수급사업자의 간이·신속한 이익보호를 위하여 수령거부는 수급사업자의 귀책사유가 없는 한 금지행위에 해당한다고 보고 있다. 수령거부에 대하여 설령 수급사업자의 「합의」가 외형상 존재하더라도 금지행위 해당성은 조각되지 않는다. 수령거부는 상대방의 의향을 묻지 않고 행위자가 단독으로 할 수 있는 행위이고 또한 하도급거래에서 위탁대상물품은 사양 등이 지정되었기 때문에 수급사업자가 전매할 곳을 찾기가 어려울 가능성이 높으며 수령거부에 따라 수급사업자가 합리적 범위를 넘는 불이익을 받을 가능성이 높기 때문이다.[102]

(5) 상대방의 귀책사유

ⅰ. 거래상대방의 채무불이행

상대방으로부터 구입한 목적물에 하자가 있는 경우 또는 납기를 맞추지 못하여 판매목적을 달성할 수 없는 경우 등 상대방의 귀책사유로 인하여 행위자가 목적물 수령을 거부하는 것은 정당한 이유가 있고 남용행위에 해당하지 않는다.[103]

상대방의 급부가 주문내용과 다른 경우에 원칙적으로 수령거부의 이유는 되지 않고, 수령 후 반품의 이유가 될 수 있다. 수령거부는 행위자가 급부의 목적물을 사실상 자기의 지배하에 두는 시점까지의 행위이므로 그 시점까지는 상대방의 급부가 주문내용과 차이가 있는지 행위자는 모르는 경우가 대부분이기 때문이다. 예외적으로 주문내용과 다르다는 이유로 수령거부가 허용되는 사례로는 급부를 수령하기 전에 급부내용을 확인한 결과 급부의 내용이 주문내용과 다르다는 것을 합리적으로 판단하여 수령거부 하는 경우를 생각할 수 있다.[104]

> **▌상대방의 귀책사유로 인정되지 않는 예**
> • 발주자가 생산계획 또는 설계·사양을 변경한 것을 이유로 주문한 부품의 수령을 거부하는 경우[105]

---

102 강습회 텍스트(講習会テキスト) 1. (5) 아(ア) (35면).
103 우월적 지위 가이드라인(優越ガイドライン) 제4. 3. (1) 이(イ), 대규모소매업특수지정운용기준(大規模小売業特殊指定運用基準) 제2. 5. (3), 하도급법운용기준(下請法運用基準) 제4. 1.
104 하도급법운용기준(下請法運用基準) 제4. 8. (3).
105 하도급법운용기준(下請法運用基準) 제4. 1.<위반행위사례>1-1, 동 1-6.

- 발주자의 판매부진이나 매장의 개조·상품재배치에 수반하여 발주한 상품이 필요없게 되어 당해 상품의 수령을 거부하는 경우[106]
- 발주자가 설계하여 발주한 제품에 대해서 설계상의 결함으로 제조를 중지하였기 때문에 이미 발주한 제품의 수령을 거부하는 경우[107]
- 발주자가 자기 거래처의 주문취소나 거래처의 도산 등 거래처의 사정을 이유로 당해 상품 수주자의 수령을 거부하는 경우[108]
- 발주자가 성수기라서 자사의 수령태세가 갖추어지지 않았다는 것을 이유로 발주된 상품을 납기에 수령하지 않는 경우[109]
- 프로그램 프로덕션이 계속적으로 방송되는 애니메이션의 원화(原畫) 작성을 애니메이션 제작업자에게 위탁하고 있는 상황에서 시청률 저조에 따라 방송이 조기종료되는 것을 이유로 애니메이션 제작업자가 작성한 원화를 수령하지 않는 경우[110]
- 방송국이 방송프로그램 제작에서 프로그램 출연자와 관련된 불상사가 발생하였기 때문에 당해 프로그램을 방송하지 않는 것으로 결정하고 제작을 위탁받은 사업자로부터 당해 방송프로그램의 VTR 테이프를 수령하지 않는 경우[111]
- 수주자가 위탁내용에 맞는 상품을 납기에 인도하려고 하였으나 납품서와 검사결과 일람표 등의 첨부서류가 결여되었다는 것을 이유로 상품전체의 수령을 거부하는 경우[112]

ㄱ. 납기가 정해져 있지 않거나 불명확한 경우

계약조건에서 납기가 정해져 있지 않거나 상대방이 볼 때 불명확한 경우에는 납품지연이 발생하였는지 여부에 대한 판정도 객관적으로 명확하지 않고 상대방의 귀책사유도 인정되지 않기 때문에 행위자는 납기지연을 이유로 수령을 거부할 수 없다.[113]

---

106 우월적 지위 가이드라인(優越ガイドライン) 제4. 3. (1)<상정 예>①.
107 가마다(鎌田) 편저, 하도급법실무(下請法実務), 124−125면.
108 우월적 지위 가이드라인(優越ガイドライン) 제4. 3. (1)<상정 예>③, 하도급법운용기준(下請法運用基準) 제4. 1. <위반행위사례>1−5(1), 동 1−5(2), 동 1−8(1), 동 1−8(2), 강습회 텍스트(講習会テキスト) 1. (5) 아(ア)<위반행위사례>⑥ (38면).
109 하도급법운용기준(下請法運用基準) 제4. 1.<위반행위사례>1−4.
110 하도급법운용기준(下請法運用基準) 제4. 1.<위반행위사례>1−9.
111 하도급법운용기준(下請法運用基準) 제4. 1.<위반행위사례>1−8(3).
112 가마다(鎌田) 편저, 하도급법실무(下請法実務), 123−124면.
113 하도급법운용기준(下請法運用基準) 제4. 1. (2) 아(ア).

ㄴ. 발주 후의 조건 변경에 의한 채무불이행 야기

상대방의 귀책사유 전제가 되는 거래조건(납기일이나 급부내용)은 발주시에 약정된
바에 따르지 않으면 안 된다. 발주 후에 행위자가 거래조건을 일방적으로 불리하게
변경하는 경우에는 그 결과로서 상대방이 변경 후의 거래조건을 지키지 않았더라도
상대방의 귀책사유가 인정되지 않는다.[114] 발주 후에 거래조건을 상대방에게 불이익
하게 변경하는 것 자체가 행위자의 남용행위로서 문제가 될 수 있다(공정거래법 제2조
제9항 제5호 다목, 하도급법 제4조 제2항 제4호). 사양에 대해서 상대방이 확인을 구하고
행위자가 그것을 양해하거나 또는 특별히 이의를 제기하지 않은 경우 당해 사양에
따른 급부내용이 발주내용과 다르더라도 상대방의 귀책사유가 인정되지 않는다.[115]

❘ 상대방의 귀책사유가 인정되지 않는 예

• 발주자가 발주 후에 설계변경을 이유로 수주자에게 당초 발주한 규격이나 사양과는 다른 규
격 · 사양의 것을 납품하도록 지시하고 수주자가 당초 규격 · 사양에 따라 제조한 상품을 수령하
지 않는 경우[116]

• 사전에 합의한 납기를 발주한 후에 수주자의 사정을 고려하지 않고 일방적으로 짧게 변경하고
그 납기까지 납품이 이루어지지 않았다는 이유로 상품의 수령을 거부하는 경우[117]

• 수주자가 제조를 완료하였는데 발주자가 그 후에 설계변경을 이유로 수주자에게 당초 위탁한
규격과는 다른 규격의 물품을 납품하도록 지시하고 당초 위탁한 부품은 필요없다는 이유로 부
품의 수령을 거부하는 경우[118]

• 수주자가 사양의 명확화를 요구하였음에도 불구하고 정당한 이유 없이 사양을 명확히 하지 않
은 채 수주자에게 계속해서 작업을 시키고 나서 그 후에 수주자가 상품을 납품하려고 하는 때에
이르러서야 비로소 발주내용과 다르다는 이유로 당해 상품의 수령을 거부하는 경우[119]

ㄷ. 발주시의 조건 자체가 엄격한 경우

상대방이 이행하기 어려운 거래조건이라 하더라도 당해 거래조건이 발주 전에 약

---

114 가마다(鎌田) 편저, 하도급법실무(下請法実務), 124면.
115 하도급법운용기준(下請法運用基準) 제4. 1. (2) 아(ア) (우(ウ)).
116 하도급법운용기준(下請法運用基準) 제4. 1.<위반행위사례>1-2, 동 1-7.
117 우월적 지위 가이드라인(優越ガイドライン) 제4. 3. (1)<상정 예>⑤, 하도급법운용기준(下請法運
　　用基準) 제4. 1.<위반행위사례>1-3.
118 하도급법운용기준(下請法運用基準) 제4. 1.<위반행위사례>1-3.
119 우월적 지위 가이드라인(優越ガイドライン) 제4. 3. (1)<상정 예>④.

정되었다고 상대방이 당해 거래조건을 발주 전에 동의한 이상 상대방은 당해 거래조건을 이행할 수 없어서 받는 불이익을 감수하지 않으면 안 되는 것이 원칙이다.

그러나 납기를 일방적으로 결정하는 등 행위자가 상대방의 사정을 고려하지 않고 자의적으로 거래조건을 설정한 경우 등 상대방이 자유롭고 자율적인 판단에 의해 거래조건의 설정에 대해 합의했다고 인정되지 않는다면 당해 거래조건을 상대방에게 부과하는 것은 부당하게 불이익한 거래조건을 설정하는 것으로서 남용행위에 해당한다(공정거래법 제2조 제9항 제5호 다목). 따라서 상대방이 당해 거래조건을 이행할 수 없었다고 하더라도 그것은 상대방의 귀책사유에 해당하지 않고 그것을 이유로 한 수령거부는 정당화되지 않는다.[120]

ㄹ. 채무불이행이 상대방의 귀책사유가 될 수 없는 경우

형식적으로는 상대방에게 채무불이행이 발생하였더라도 상대방의 책임으로 돌릴 수 없는 사유에 의해 당해 의무이행이 곤란하게 된 경우에는 상대방의 귀책사유가 인정되지 않고 이를 이유로 한 수령거부는 정당화되지 않는다.

▌상대방의 귀책사유가 인정되지 않는 예
- 발주자가 수주자에게 원재료 등을 지급하는 경우에 발주자의 원재료 등의 지급이 발주시에 정한 인도일보다 늦어진 것이 원인임에도 불구하고 수주자의 급부가 납기를 맞추지 못했다고 하여 상품의 수령을 거부하는 경우[121]

▶모범 사례◀
- 하자가 있는 것을 이유로 상대방의 급부를 수령하지 않는 경우에 급부의 어디에 어떠한 하자가 있고 그 원인은 상대방에게 있다는 것을 나타내는 객관적인 자료를 보존해 두는 경우[122]
- 발주 후에 발주내용의 변경이나 지급자재의 지급지연 등에 의해 발주 당시에 정한 납기를 수주자가 지키기 어려운 경우에 발주자가 그 납기를 변경하는 등 수주자에게 불이익이 되지 않도록 충분히 배려하는 경우[123]

---

120 하도급법운용기준(下請法運用基準) 제4. 1. (2) 이(イ) (우(ウ)).
121 하도급법운용기준(下請法運用基準) 제4. 1. (2) 이(イ) (이(イ)).
122 가마다(鎌田) 편저, 처음으로 배운다(はじめて学ぶ), 169면.
123 진흥기준(振興基準) 제2. 4) (2).

03 반 품

공정거래법 제2조 제9항 제5호 다목
⑨ 이 법률에서 「불공정거래행위」라 함은 다음 각호의 어느 하나에 해당하는 행위를 말한다.
   5. 자기의 거래상의 지위가 상대방보다 우월한 점을 이용하여 정상적인 거래관행에 비추어
      부당하게 다음 어느 하나에 해당하는 행위를 하는 것
      다. …… 거래상대방으로부터 거래와 관련된 상품을 수령한 후 그 상품을 거래상대방에게
         반납하거나 …… 기타 거래상대방에게 불이익이 되도록 거래조건을 …… 변경하거나
         또는 거래를 실시하는 것

하도급법 제4조 제1항 제4호
① 원사업자는 수급사업자에게 제조위탁 등을 한 경우에는 다음 각호(역무제공위탁을 한 경우
   에는 …… 제4호를 제외한다)에 해당하는 행위를 하여서는 아니 된다.
   4. 수급사업자에게 귀책사유가 없음에도 불구하고 수급사업자의 급부를 수령한 후 수급사업
      자에게 그 급부와 관계된 물건을 반납하는 것

(1) 관계 법조

행위자가 매수인이고 상대방이 매도인인 거래관계에서 행위자(매수인)가 일단 수령한 목적물을 상대방(매도인)에게 되돌려 주는 것(반품)은 공정거래법 제2조 제9항 제5호 다목, 대규모소매업특수지정 제1항 및 하도급법 제4조 제1항 제4호에서 남용행위·금지행위로서 규정되어 있다. 반품은 상대방에게 불이익이 되도록 거래조건을 「변경」 또는 거래를 「실시」하는 유형(공정거래법 제2조 제9항 제5호 다목) 중의 하나이다.

(2) 반품

반품은 행위자가 일단 수령하여 행위자의 지배하에 있던 목적물을 상대방의 지배하로 이전시키는 것을 말한다.[124] 「수령」 전에 목적물을 받지 않는 경우에는 수령거부가 문제될 수 있다.

---

124 가마다(鎌田) 편저, 하도급법실무(下請法実務), 146면.

장래 다시 수령할 것을 약속했다고 하더라도 반품행위는 문제가 된다.[125] 재납품이 인정됨으로써 대금지급을 받을 수 있다고 하더라도 일차적인 반품에 의해 상대방은 재납품까지의 보관비용 부담 및 현금흐름의 감소와 같은 불이익을 받기 때문이다.

매도인이 매수인에게 이미 수령이 끝난 목적물을 돌려주는 경우라도 계약을 해제하지 않고 보수 후 다시 납품하게 하거나 또는 우량품으로 교환하게 하거나 하는 등 완전이행을 청구하는 것은 반품이 아니라 수정작업의 요청 문제가 된다.

반품의 형식을 취하지 않는 경우라도 실질적으로 상대방에게 반품과 동일한 불이익을 주는 행위는 남용행위로서 규제의 대상이 된다. 예를 들어 소매업자가 납품업자와 일단 구매계약을 체결하고 도중에 위탁판매계약으로 변경하여 변경 전에 납품된 상품을 반품하는 경우나 판매부진 상품을 판매가 잘되는 상품으로 교환하는 경우 등이다.[126] 또한 대규모소매업특수지정 제3항에서는 「정상적인 거래관행에 비추어 납품업자에게 현저히 불이익이 되도록 하는 조건」으로 위탁판매거래를 하게 하는 것을 위반행위로서 규정하고 있다.

반품이 위법한 경우에 반품과 관련된 배송비용을 상대방에게 부담시키는 것은 그 자체로 부당한 경제상 이익의 제공요청 문제가 된다.[127]

(3) 합리적 범위를 넘는 불이익

발주목적물을 수주한 상대방으로서는 반품으로 인해 그 대가를 받을 수 없을 뿐만 아니라 당해 목적물을 다른 곳에 전매하기 위하여 추가비용을 부담하거나 최악의 경우 상품을 폐기해야 하는 경우와 같이 사전에 예상할 수 없는 불이익을 입게 된다. 반품은 상대방에게 재고 위험 등 응당 행위자가 져야 할 불이익을 전가하는 행위로

---

125 강습회 텍스트(講習会テキスト) 1. (5) 에(エ) Q&A 81 (57면), 공정위 권고(公取委勧告) 헤이(平)23·10·14(2011.10.14.)〔다카큐(タカキュー)사건〕, 공정위 권고(公取委勧告) 헤이(平)24·9·25(2012.9.25.)〔일본생활협동조합연합회(日本生活協同組合連合会)사건〕.

126 대규모소매업특수지정(大規模小売業特殊指定) 1항 본문(柱書), 대규모소매업특수지정운용기준(大規模小売業特殊指定運用基準) 제2. 1. (2) 이(イ).

127 공정위 권고(公取委勧告) 헤이(平)23·10·14(2011.10.14.)〔다카큐(タカキュー)사건〕, 공정위 권고(公取委勧告) 헤이(平)24·9·7(2012.9.7.)〔라이토온(ライトオン)사건〕, 공정위 권고(公取委勧告) 헤이(平)24·9·21(2012.9.21.)〔닛센(ニッセン)사건〕, 공정위 권고(公取委勧告) 헤이(平)26·6·27(2014.6.27.)〔히마라야(ヒマラヤ)사건〕, 공정위 권고(公取委勧告) 헤이(平)26·7·15(2014.7.15.)〔다이소산업(大創産業) II 사건〕.

서 일반적으로 상대방의 입장에서는 합리적이지 않다.[128] 이러한 반품에 의한 불이익
의 내용이나 정도는 이하에서 서술하는 바와 같이 반품이 상대방에게 이익이 되는
경우라든지 또는 상대방에게 통상 발생하는 손실이 보전되는 경우, 기타 반품수량이
나 금액이 경미한 경우, 반품에 대해 합리적 이유가 인정되는 경우 등과 같은 특별한
사정이 없는 한 합리적 범위를 넘는 것이라고 평가된다. 반품에 대해 합리적 이유가
인정되는 것은 상대방에게 귀책사유가 있는 경우로서 후술한다.

i. 상대방에게 이익이 되는 반품

  행위자가 상대방에게 목적물을 반품하는 경우라도 상대방에게 당해 목적물의 반
품을 받는 것이 「직접적인 이익」이 되는 경우에는 정상적인 거래관행에 비추어 부당
하게 불이익을 주는 경우에 해당하지 않고 남용행위에도 해당하지 않는다.

  반품이 상대방에게 「직접적인 이익」이 되는 경우는 반품에 의해 실제로 상대방에
게 이익이 발생하는 것이어야 하고, 장래에 거래가 유리하게 된다고 하는 간접적인
이익은 포함되지 않는다.[129]

  공정거래위원회는 반품은 상대방이 신청한 것이 아니면 안 된다고 한다.[130] 반품
이 상대방에게 확실히 직접적인 이익이 되는 경우에는 상대방이 행위자에게 반품을
신청하는 것이 일반적이다. 그러나 어느 쪽이 먼저 반품을 신청했는가라는 사실 자
체에는 특별한 의미가 없고 반품이 행위자의 요청을 계기로 한 것이라고 하더라도
반품을 받는 것이 상대방에게 직접적인 이익이 된다면 상대방은 자유롭고 자율적인
판단에 따라 반품을 받는 것이 합리적이고, 그 경우에는 남용행위에 해당하지 않는
다고 할 수 있다.[131]

---

128 공정위 심결(公取委審決) 헤이(平)27 · 6 · 4(2015.6.4.) 심결집(審決集) 62권, 119면〔일본 토이저러스
   (日本トイザラス)사건〕.
129 우월적 지위 가이드라인(優越ガイドライン) 제4. 3. (2) 이(イ) (주23), 대규모소매업특수지정운용
   기준(大規模小売業特殊指定運用基準) 제2. 1. (3) 에(エ).
130 우월적 지위 가이드라인(優越ガイドライン) 제4. 3. (2) 이(イ), 대규모소매업특수지정(大規模小売
   業特殊指定) 제1. 4., 공정위 심결(公取委審決) 헤이(平)27 · 6 · 4(2015.6.4.) 심결집(審決集) 62권,
   119면〔일본 토이저러스(日本トイザラス)사건〕.
131 이케다 쓰요시(池田毅), 「비판(判批)」, 쥬리스트(ジュリ) 1485호, 6-7면(2015), 도케이 도시오(洞雞
   敏夫) · 오노키 다카코(大軒敬子) · 다무라 지로(田村次朗), 「최근의 우월적 지위남용에 관한 심판 · 심
   결 - 일본 토이저러스에 대한 심결을 중심으로(近時の優越的地位の濫用にかかる審判 · 審決 - 日

이에 대하여 하도급법에서는 수급사업자에게 직접적인 이익이 된다는 이유로 반품이 하도급법 위반이 되지 않는지 여부에 대해서는 명확히 규정하고 있지 않지만 반품은 「수급사업자의 귀책사유」가 있는 경우를 제외하고 예외 없이 금지행위에 해당한다고 보는 것이 공정거래위원회의 견해이다.

■ 반품이 상대방에게 「직접적인 이익」이 되는 것으로 인정되는 예
- 신상품의 판매촉진을 위하여 소매업자의 점포에서 팔고 남은 구 상품을 반품받고 신상품을 납품하는 경우[132]
- A사로부터 고액의 상품을 주문받은 수주자가 자기에게 재고가 없어서 B사에 납품한 당해 상품을 반품받아 그것을 A사에 납품한 경우[133]
- 상품리뉴얼에 수반하여 신상품의 판매촉진, 상품교체를 통하여 소매업자의 매장을 신선한 이미지로 내세울 목적으로 구 상품이 점포에 남아 있으면 상품의 이미지가 나빠지기 때문에 이를 방지하기 위한 목적으로 납품업자가 소매업자에게 구 상품의 반품을 신청하는 경우[134]

■ 반품이 상대방의 「직접적인 이익」으로 인정되지 않는 예
- 소매업자가 납품업자에 대하여 매출부진상품이라는 이유로 반품하는 경우[135]
- 전시에 이용되었기 때문에 훼손된 상품, 소매용 가격표가 붙어 있어서 상품을 손상시키지 않고 떼어내는 것이 곤란한 상품, 또는 PB상품을 반품하는 경우[136]
- 점포 리뉴얼 등을 할 때 세일 후 팔다 남은 상품이라든지 당해 점포나 다른 점포에서 판매하지 않기로 한 상품을 일방적으로 반품하는 경우[137]
- 방송국이 제작회사가 납품한 방송프로그램에 대하여 매주 계속적으로 방송할 예정이었지만 시청률이 저조하다는 이유로 방송을 조기중단하고 납품된 방송프로그램이 기록된 매체를 반품하는 경우[138]

本トイザラスに対する審決を中心に)」, NBL 1064호, 20면, 23면, 25면(2015), 와카바야시 아리사(若林亜里砂),「우월적 지위남용을 둘러싼 최근의 동향에 대하여(優越的地位の濫用規制をめぐる近年の動向について)」, 공정거래(公正取引) 793호, 2면, 6면(2016).

132 우월적 지위 가이드라인(優越ガイドライン) 제4. 3. (2) 이(イ) (주23), 대규모소매업특수지정운용기준(大規模小売業特殊指定運用基準) 제2. 1. (3) 에(エ), 공정위 심결(公取委審決) 헤이(平)27·6·4(2015.6.4.) 심결집(審決集) 62권, 119면[일본 토이저러스(日本トイザラス)사건].

133 가스부치(粕渕), 대규모소매업 고시해설(大規模小売業告示解説), 49면.

134 공정위 심결(公取委審決) 헤이(平)27·6·4(2015.6.4.) 심결집(審決集) 62권, 119면[일본 토이저러스(日本トイザラス)사건].

135 공정위 심결(公取委審決) 헤이(平)27·6·4(2015.6.4.) 심결집(審決集) 62권, 119면[일본 토이저러스(日本トイザラス)사건].

136 우월적 지위 가이드라인(優越ガイドライン) 제4. 3. (2)<상정 예>①·②·④.

137 우월적 지위 가이드라인(優越ガイドライン) 제4. 3. (2)<상정 예>⑥·⑦, 공정위 권고심결(公取委勧告審決) 헤이(平)16·4·15(2004.4.15.) 심결집(審決集) 51권, 412면[산요마루나카(山陽マルナカ) I 사건] 등.

138 하도급법운용기준(下請法運用基準) 제4. 4. <위반행위사례>4-7.

• 광고회사가 광고제작회사에게 작성을 위탁한 광고에 대하여 일단 수령했음에도 불구하고 거래 처가 취소했다는 것을 이유로 반품하는 경우[139]

▌하도급법 위반이 되는 반품의 예

• 의류품 등 판매업자가 납품업자에게 자기 점포의 상품교체를 이유로 납품업자로부터 수령한 의 류품을 반품하는 경우[140]

• 판매업자가 납품업자에게 상품회전율이 낮은 상품, 교체의 대상이 되는 상품이나 판매기간이 종료한 상품의 재고품을 반품하는 경우[141]

ii. 상대방에게 통상 발생하는 손실의 보전

사전에 반품에 대한 상대방의 동의를 얻고 반품으로 인하여 상대방에게 통상 발생 하는 손실을 행위자가 부담하는 경우에는 남용행위에 해당하지 않는다.[142]

「통상 발생하는 손실」의 예로 상대방이 반품을 받은 목적물을 전매할 때 상품가 치의 하락으로 염가로 매각할 수밖에 없는 경우의 가격하락 상당액이라든지 또는 전 매에 수반되는 물류비용 등의 추가비용을 들 수 있다.[143] 반면 상대방이 반품된 목적 물의 전매가 곤란한 경우에는 목적물의 제조원가에 더하여 일실이익이나 목적물의 폐기처분비용 등도 「통상 발생하는 손실」에 해당하는 것으로 간주하여 발주자로서 는 목적물을 반품하지 않고 대가를 지불한 후에 스스로 폐기처분비용을 부담하는 경

---

139 하도급법운용기준(下請法運用基準) 제4. 4.<위반행위사례>4-8.

140 강습회 텍스트(講習会テキスト) 1. (5) 에(エ)<위반행위사례>③ (58면).

141 하도급법운용기준(下請法運用基準) 제4. 4.<위반행위사례>4-1, 강습회 텍스트(講習会テキス ト) 1. (5) 에(エ)<위반행위사례>⑤ (58면)), 공정위 권고심결(公取委勧告審決) 헤이(平)16·11· 11(2004.11.11.) 심결집(審決集) 51권, 526면[미스타맛쿠스(ミスターマックス)사건], 공정위 권고 (公取委勧告) 헤이(平)24·1·13(2012.1.13.)[치요다(チヨダ)사건], 공정위 권고(公取委勧告) 헤이 (平)24·1·25(2012.1.25.)[하루야마상사(はるやま商事)사건], 공정위 권고(公取委勧告) 헤이(平)24· 9·7(2012.9.7.)[라이토온(ライトオン)사건], 공정위 권고(公取委勧告) 헤이(平)24·9·21(2012.9.21.) [닛센(ニッセン)사건], 공정위 권고(公取委勧告) 헤이(平)26·6·27(2014.6.27.)[히마라야(ヒマラ ヤ)사건], 공정위 권고(公取委勧告) 헤이(平)26·7·15(2014.7.15.)[다이소산업(大創産業)Ⅱ사건], 공정위 권고(公取委勧告) 헤이(平)27·7·31(2015.7.31.)[제비오(ゼビオ)사건], 공정위 권고(公取 委勧告) 헤이(平)29·3·2(2017.3.2.)[프레나스(プレナス)사건] 등.

142 우월적 지위 가이드라인(優越ガイドライン) 제4. 3. (2) 이(イ), 대규모소매업특수지정(大規模小売 業特殊指定) 제. 3., 공정위 심결(公取委審決) 헤이(平)27·6·4(2015.6.4.) 심결집(審決集) 62권, 119면[일본 토이저러스(日本トイザラス)사건].

143 우월적 지위 가이드라인(優越ガイドライン) 제4. 3. (1) 이(イ) (주20).

우에도 경제적으로는 동일하게 취급된다. 또한 목적물을 상대방에게 반품하면서 반품에 수반하는 발주취소는 하지 않은 채(소위 마이너스 전표를 발행하지 않음) 반품과 관련된 목적물의 대가를 지급했더라도 상대방 입장에서 전매가 곤란하여 폐기처분비용이 필요한 경우에는 행위자는 당해 비용을 보전할 필요가 있다.

「동의」를 얻었다고 인정되기 위해서는 상대방이 납득하여 동의한 것이어야 하며,[144] 동의라는 주관적 의도의 존재 유무는 주로 협의 과정 등 객관적 정황을 기초로 하여 판단한다.[145] 다만 시간적으로 볼 때 상대방이 동의여부를 검토할 수 있을 만큼 충분한 시간적 여유를 갖고 동의하지 않으면 안 되고, 행위자가 반품을 하기 직전에는 상대방의 동의가 있었다고 보기 어렵다.[146] 상대방은 행위자와의 관계를 고려하여 스스로 비용을 청구하지 않는 경우도 많다고 생각되는데 행위자는 상대방이 청구하지 않더라도 상대방이 부담한 비용을 확인하여 지급할 필요가 있다.

이에 대하여 하도급법에서의 반품은 「수급사업자의 귀책사유」가 있는 경우를 제외하고 예외 없이 금지행위에 해당한다고 하는 것이 공정거래위원회의 견해이다. 일률적으로 반품이 금지되는 이유는 수급사업자가 목적물의 반품을 받고 다른 곳에 전매하려고 하여도 쉽지 않을 뿐만 아니라 원사업자가 수급사업자에게 적절한 가격으로 돌려주거나 또는 적절한 보상을 한 후에 되돌려 준다고 하더라도 가격이나 보상이 「적절」하다고 판정하는 것은 매우 곤란하기 때문이라고 한다.[147] 하도급거래에서 위탁대상물품은 사양 등이 지정된 것이기 때문에 수급사업자가 반품된 물건을 전매할 기회를 찾지 못할 위험이 크고 반품에 의해 수급사업자가 현저한 불이익을 받을 가능성이 전형적으로 높다.[148] 따라서 하도급법의 이러한 입장은 수급사업자에게 통상 발생하는 손실을 원사업자가 부담하는지 여부와 무관하게 반품을 형식적·획일적으로 규제함으로써 수급사업자를 간이·신속하게 보호하기 위한 것으로 보인다.

그러나 이러한 일률적인 규제에 대해서는 공정거래위원회 자신이 「전용이 곤란하다고 하여도 절대로 전용이 불가능한 것은 아니다」라고 하면서, 오래 전부터 「제4조 각항의 행위는 벌칙대상이 되는 행위는 아니고 제7조의 공정거래위원회의 권고 등의

144 우월적 지위 가이드라인(優越ガイドライン) 제4. 3. (1) 이(イ) (주19)
145 우월적 지위 가이드라인 견해(優越ガイドライン考え方), 44면.
146 대규모소매업특수지정운용기준(大規模小売業特殊指定運用基準) 제2. 1. (3) 우(ウ).
147 공정위 사무국(公取委事務局) 편, 신하도급법(新下請法), 167면.
148 강습회 텍스트(講習会テキスト) 1. (5) 에(エ) (54면).

조치대상이 되는 행위이기 때문에 제7조의 적용에 있어서는 이러한 사항들이 틀림없이 충분히 고려될 것이다」라는 모호한 해설을 하고 있다.[149] 또한 반품을 한 원사업자가 수급사업자에게 이미 지급한 하도급대금을 반환(상계)받지 않고 수급사업자에게 손실이 발생하지 않는 경우에도 하도급법 위반이 되는지 여부에 대해 「형식적으로는 본 호의 규정에 해당한다고 할 수밖에 없지만 이 경우에는 하도급대금의 반환을 구하지 않고 있어 반품으로 인하여 수급사업자에게 불이익을 준다고 할 수 없고 이러한 행동을 취한 원사업자의 의도를 알 수는 없지만 본 호의 취지에 반하는 행위는 아니라고 할 것이다」라고 해설하고 있다.[150]

(4) 자유롭고 자율적인 판단의 저해

i. 발주 후의 「동의」에 기한 반품

공정거래법에서 반품이 남용행위에 해당하기 위해서는 상대방이 「이후의 거래에 미치는 영향 등을 우려하여 어쩔 수 없이 받아들이는 경우」,[151] 즉 상대방의 입장에서 자유롭고 자율적인 판단에 의하지 않고 당해 불이익을 부담하는 경우여야 한다.

반품은 상대방의 「인수」라는 행동을 필요로 하기 때문에 상대방에게 반품된 물건을 인수할지에 대한 판단의 여지가 일단 존재하고 반품된 물건을 인수하였다는 사실은 외형상 상대방의 「동의」가 있었던 것처럼 보여질 수 있다.

그러나 반품이란 사법적으로는 행위자가 반품과 관련된 계약을 해약하고 행위자가 수령한 목적물에 대하여 원상회복하는 것으로서, 상대방으로서는 목적물을 인수하는 대신 대금채권을 상실하게 된다. 상대방은 원칙적으로 일단 납품한 목적물을 다시 인수할 의무가 없으므로 반품은 상대방이 이행의 착수시에 가졌던 계약상의 기대를 파기하는 것으로서, 어떠한 경우에 어떠한 조건으로 반품할지에 대해서 상대방과 사전에 명확히 되어 있지 않는 한 원칙적으로 당해 상대방에게 사전에 예상할 수 없는 불이익을 주는 것이 된다.[152] 따라서 설령 상대방이 반품을 받는 것에 「동의」하

---

149 공정위 사무국(公取委事務局) 편, 신하도급법(新下請法), 167-168면.
150 쓰지(辻)·이코마(生駒), 상세 하도급법(詳解下請法), 162-163면.
151 우월적 지위 가이드라인(優越ガイドライン) 제4. 3. (2) 아(ア).
152 우월적 지위 가이드라인(優越ガイドライン) 제4. 3. (2) 아(ア), 공정위 심결(公取委審決) 헤이

였어도 특별한 사정이 없는 한 이것은 상대방의 자유롭고 자율적인 판단에 의한 것이 아니라고 추인할 수 있다.[153]

하도급법에서 반품은 수급사업자의 귀책사유가 없는 한 수급사업자의 동의 유무에 관계없이 금지행위에 해당한다.

ii. 발주 전 「합의」에 기초한 반품

발주 전에 상대방과의 합의에 의해 어떠한 경우에 어떠한 조건으로 반품할 것인지에 대하여 명확하게 조건을 정하고 그 조건에 따라서 반품하는 것은 원칙적으로 공정거래법상 남용행위에는 해당하지 않는다.[154] 소매업자가 납품업자와 사전에 위탁판매계약을 체결하고 상품의 위탁판매거래를 하는 경우도 마찬가지이다. 이 경우에 반품은 계약의 이행 그 자체로서 상대방에게 사전에 예상할 수 없는 불이익을 주는 것이 아니기 때문이다. 여기서의 합의는 당사자의 실질적인 의사가 합치되어 있다고 인정되는 수준이 아니면 안 된다.[155]

발주 전에 반품에 대해서 「합의」한 경우라도 당해 합의의 내용 자체가 합리적 범위를 넘는 불이익을 상대방에게 주는 것으로서 상대방이 당해 합의를 강제로 받아들인 경우에는 당해 합의에 근거한 반품은 예외적으로 남용행위에 해당한다. 반품조건과 관련하여 반품을 할 수 있는 기간과 수량 및 반품에 수반되는 비용부담의 비율 등을 명확히 정해 놓지 않으면 안 된다.[156] 또한 반품조건의 내용은 상대방이 얻는 「직접적인 이익」 등을 감안하여 합리적인 범위를 넘는 불이익이 되지 않도록 해야 하고[157] 업계에서 당해 반품이 거래관행으로서 널리 인정되어야 하며 당해 반품에

(平)27·6·4(2015.6.4.) 심결집(審決集) 62권, 119면〔일본 토이저러스(日本トイザラス)사건〕.

[153] 반품을 받는 것이 상대방의 직접적인 이익이 없는데도 불구하고 자발적으로 반품을 신청하는 사례를 상정하기 곤란하다고 한다. 우월적 지위 가이드라인 견해(優越ガイドライン考え方), 49면.

[154] 우월적 지위 가이드라인(優越ガイドライン) 제4. 3. (2) 아(ア) (이イ), 대규모소매업특수지정(大規模小売業特殊指定) 제1. 2., 고바야시 노보루(小林昇)·사사키 노조미(佐々木 聖), 「주식회사 다카큐에 대한 권고에 대하여(株式会社タカクューに対する勧告について)」, 공정거래(公正取引) 738호, 60-61면(2012).

[155] 우월적 지위 가이드라인(優越ガイドライン) 제4. 2. (2) 이(イ) (주14), 대규모소매업특수지정운용기준(大規模小売業特殊指定運用基準) 제2. 1. (3) 이(イ).

[156] 우월적 지위 가이드라인(優越ガイドライン) 제4. 3. (2) 이(イ) (주22), 대규모소매업특수지정(大規模小売業特殊指定) 제1. 2. 괄호, 가스부치(粕渕), 대규모소매업 고시해설(大規模小売業告示解説), 46면.

[157] 공정위 심결(公取委審決) 헤이(平)27·6·4(2015.6.4.) 심결집(審決集) 62권, 119면〔일본 토이저러스

따른 위험부담이 당해 거래와 관련된 모든 조건(상대방의 마진율, 거래수량, 거래기간, 지급조건 등)을 고려할 때 상대방에게 불리하지 않아야 한다.[158]

> **▎발주 전 합의에 기초한 반품이 남용행위에 해당하지 않는 예**
> • 타사에 없는 독창적인 아이디어 상품이지만 재고위험이 있는 상품을 공급하려는 제조업자가 발매(發賣)광고시에 상품이 소매점에 진열되지 않는 사태를 피하기 위하여 판매 실패의 경우에 반품을 받아들이기로 제안하면서 소매업자에게 구입요청하였는데 실제로 판매가 부진하여 실패를 인정하고 반품을 받아들이는 경우[159]

이에 대하여 하도급법에서는 발주 전의 「합의」에 기한 것이라 하더라도 반품은 「수급사업자의 귀책사유」가 있는 경우를 제외하고 예외 없이 금지행위에 해당한다.[160] 이는 하도급거래의 급부로서 납품되는 목적물은 원사업자의 사양에 따라서 제조·작성되기 때문에 한번 반품되면 일반적으로 전매가 곤란하고[161] 수급사업자가 달리 전매할 기회를 찾을 가능성이 낮으며 반품에 의해 수급사업자가 불이익을 받을 가능성이 전형적으로 높기 때문에 발주 전의 합의에 기한 반품이더라도 반품을 형식적·획일적으로 규제하여 수급사업자의 이익 보호를 간이·신속하게 도모하려는 취지이다.

> **▎발주 전의 합의에 기초한 반품이 하도급법 위반이 된 예**
> • 카탈로그 통신판매업자가 수급사업자와 주문접수기간 종료 후에 팔고 남은 상품에 대하여 반품할 수 있다는 취지를 사전에 합의한 후에 주문접수기간 종료 후에 팔고 남은 상품을 수급사업자에게 반품하는 경우[162]
> • 의류품 등의 소매업자가 수급사업자에게 사전에 합의한 「일시 반품특약」에 기하여 판매기간이 종료한 재고상품에 대해 색·사이즈 등으로 나누어서 정리한 후에 다음 판매기간에 재납품시키기 위하여 되돌려 주는 경우[163]

(日本トイザラス)사건].

158 가스부치(粕渕), 대규모소매업 고시해설(大規模小売業告示解説), 47면.

159 공정위 심결(公取委審決) 헤이(平)27·6·4(2015.6.4.) 심결집(審決集) 62권, 119면[일본 토이저러스(日本トイザラス)사건].

160 강습회 텍스트(講習会テキスト) 1. (5) 에(エ) (55면).

161 가마다(鎌田) 편저, 하도급법실무(下請法実務), 143면.

162 공정위 권고(公取委勧告) 헤이(平)28·11·11(2016.11.11.)[JFR온라인(オンライン)사건], 마나카 노부유키(真中伸行), 「주식회사 JFR온라인에 대한 권고에 대하여(株式会社JFRオンラインに対する勧告について)」, 공정거래(公正取引) 797호, 75면, 77면(2017).

163 공정위 권고(公取委勧告) 헤이(平)23·10·14(2011.10.14.)[다카큐(タカキュー)사건].

(5) 상대방의 귀책사유

ⅰ. 상대방의 채무불이행

상대방의 귀책사유가 있는 경우로는 상대방으로부터 구입한 목적물에 하자가 있는 경우, 주문한 목적물과 다른 목적물이 납품된 경우, 납기일을 맞추지 못하여 판매목적을 달성할 수 없는 경우 등을 들 수 있다.[164] 다만 하도급법에서는 납기지연을 이유로 반품하는 것은 허용되지 않는다.[165] 반면에 수령거부에 대해서는 하도급법에서도 납기지연을 이유로 허용되는데,[166] 그 이유는 하도급거래에서 원사업자가 수급사업자의 납기지연을 문제 삼는 경우에는 수령하는 시점에서 판단해야 하고 납기지연을 승낙해서 일단 수령하면 수급사업자의 책임은 면제되는 것으로 간주되기 때문이다.[167]

목적물에 하자가 있음에도 불구하고 사법상 계약해제권이 인정되지 않는 경우에 목적물을 반품하는 것은 공정거래법 및 하도급법상으로도 정당화되지 않는다. 예를 들어 목적물에 하자가 있는 경우라도 계약의 목적을 달성하는 것이 가능하다면 특약이 없는 한 사법상 매수인에게 계약해제권은 인정되지 않는다(일본 민법 제570조, 제566조 제1항). 그리고 매매의 목적물에 하자가 있어 그로 인해 계약의 목적을 달성할 수 없다면 매수인은 계약을 해제하고(일본 민법 제570조, 제566조 제1항) 매도인에게 목적물을 반품해서 대금지급의무를 피할 수 있는 것이 원칙이지만, 상인 간의 매매에서 매수인은 목적물 수령 후에 지체 없이 당해 목적물을 검사할 의무를 지고(일본 상법 제526조 제1항) 당해 목적물에 하자가 있는 것을 발견한 즉시 매도인에게 그 취지를 통지하지 않은 경우나 목적물을 수령하고 6개월 이내에 하자를 발견하였다는 취지를 통지하지 않은 경우에는 당해 하자를 이유로 계약을 해제할 수 없다(동조 제2항). 다만 이는 임의규정이기 때문에 당사자 간에 이러한 매수인의 검사·통지의무를 배제하는 특약을 한 것이 인정되면[168] 그 경우에는 공정거래법 및 하도급법상으로도

---

164 우월적 지위 가이드라인(優越ガイドライン) 제4. 3. (2) 이(イ), 대규모소매업특수지정운용기준(大規模小売業特殊指定運用基準) 제2. 1. (3) 아(ア).
165 하도급법운용기준(下請法運用基準) 제4. 4. (2).
166 하도급법운용기준(下請法運用基準) 제4. 1. (2) 이(イ).
167 가마다(鎌田) 편저, 하도급법실무(下請法實務), 144면.
168 도쿄지판(東京地判) 헤이(平)2·2·23(1990.2.23.) 판례시보(判時) 1363호, 45면〔스잇치소손사고손해배상청구(スイッチ焼損事故損害賠償請求)사건〕, 도쿄지판(東京地判) 헤이(平)23·1·20(2011.1.20.) 판례시보(判時) 2111호, 48면〔토양오염손해배상청구(土壤汚染損害賠償請求)사건〕 등.

반품이 정당화된다고 할 것이다.

> **┃ 상대방의 귀책사유가 있다고 인정되지 않은 예**
> • 단순히 구입고객으로부터 반품되었다는 이유로 반품하는 경우[169]
> • 상대방에게 특정 사양을 지시하고 계속적으로 부품의 제조를 발주하고 있는 상황에서 종래 납품시에는 사양을 충족시켜 검사에 합격시켰던 부품과 같은 수준의 부품에 대해 자기의 일방적인 사정에 따라 필요 없다는 이유로 내구성, 내인성(耐靭性) 등 부품의 성능에 전혀 영향을 미치지 않는 미세한 상처 또는 부딪힌 자국 등을 이유로 당해 부품을 반품하는 경우[170]

ㄱ. 사양 · 검사기준 등이 불명확한 경우

사양 등의 급부내용이 불명확한 채로 상대방에게 수탁작업을 시킨 경우나 검사기준이 명확하지 않은 경우에는 급부내용이 발주내용과 다른지 여부를 객관적으로 판단하는 것이 곤란하기 때문에 행위자가 자의적으로 계약위반을 주장하며 반품을 요청할 우려가 있다. 따라서 불명확한 급부내용이나 검사기준을 적용하여 불량하다는 이유로 반품하는 경우에는 상대방의 귀책사유로 인정되지 않는다.[171]

ㄴ. 발주 후의 조건변경에 의한 계약위반의 야기

발주 후에 행위자가 거래조건이나 검사기준을 일방적으로 변경한 경우에는 그 결과로서 상대방이 변경 후의 거래조건 등을 지키지 않았어도 상대방의 귀책사유로 되지 않는다. 나아가 발주 후에 거래조건 등을 상대방에게 불이익하게 변경하는 것 자체가 남용행위로 문제가 될 수 있다(공정거래법 제2조 제9항 제5호 다목, 하도급법 제4조 제2항 제4호). 사양에 대해서 상대방이 확인을 구하여 행위자가 그것을 승낙하였거나 또는 특히 이의를 제기하지 않았음에도 불구하고 당해 사양대로의 급부내용이 발주내용과 다르다고 주장하는 경우도 동일하다.

---

169 우월적 지위 가이드라인(優越ガイドライン) 제4. 3. (2) <상정 예> ⑧.
170 우월적 지위 가이드라인(優越ガイドライン) 제4. 3. (1) <상정 예> ⑦.
171 하도급법운용기준(下請法運用基準) 제4. 4. (2) 아(ア).

> ▌상대방의 귀책사유가 인정되지 않은 예
> • 사전에 정해진 검사기준을 자의적으로 엄격하게 해석하여 발주내용과 다르다거나 하자가 있다는 이유로 반품하는 경우[172]
> • 염색가공의 위탁에서 발주자가 수주자의 납품을 일단 수령한 후에 이전에는 문제삼지 않았던 얼룩진 것을 지적하며 수주자에게 반품하는 경우[173]

ㄷ. 발주시의 조건자체가 엄격한 경우

상대방 입장에서 이행하기 어려운 거래조건이라고 하더라도 당해 거래조건을 발주 전에 약정하였다면 발주 전에 동의한 이상 상대방은 자신이 이행하지 못한데 따른 불이익을 감수하지 않으면 안 되는 것이 원칙이다.

그러나 행위자가 상대방의 사정을 고려하지 않고 거래조건이나 검사기준을 자의적으로 엄격하게 설정한 경우 등 거래조건의 설정과정에서 상대방이 자유롭고 자율적인 판단에 따라 합의했다고 인정될 수 없는 경우에는 당해 거래조건 등을 상대방에게 부과하는 것은 부당하게 불이익한 거래조건을 설정하는 것으로서 남용행위에 해당한다(공정거래법 제2조 제9항 제5호 다목). 따라서 상대방이 당해 거래조건 등을 준수하지 않았더라도 이는 상대방의 귀책사유에 해당하지 않고 이에 따른 반품 또한 정당화되지 않는다.[174]

> ▌상대방의 귀책사유가 인정되지 않는 예
> • 제조업자가 미리 정한 유효기간보다 짧은 판매기간을 일방적으로 별도로 정하고 이 판매기간이 경과하였다는 이유로 반품하는 경우[175]

ㄹ. 상대방의 채무불이행을 상대방의 책임으로 돌릴 수 없는 경우

형식적으로는 상대방이 채무를 불이행하였더라도 상대방의 책임 없이 의무이행이

---

172 우월적 지위 가이드라인(優越ガイドライン) 제4. 3. (1)<상정 예>②.
173 하도급법운용기준(下請法運用基準) 제4. 4.<위반행위사례>4-3.
174 하도급법운용기준(下請法運用基準) 제4. 4. (2) 이(イ).
175 공정위 시정명령(公取委排除措置命令) 헤이(平)20·5·23(2008.5.23.) 심결집(審決集) 55권, 671면[마르쿄우(マルキョウ)사건], 우월적 지위 가이드라인(優越ガイドライン) 제4. 3. (2)<상정 예>③.

곤란하게 된 경우에는 상대방에게 귀책사유가 없고 그에 따른 반품은 정당화되지 않는다.

▌모범 사례 ◢

- 하자가 있다는 이유로 상대방의 급부를 반품하는 경우에 급부의 어디에 어떠한 하자가 있고 그 원인은 상대방에게 있다는 것을 나타내는 객관적인 자료를 보존해 두는 경우
- 발주 후에 발주내용의 변경이나 지급자재의 지급지연 등에 의해 발주 당시에 정한 납기를 수주자가 지키기 어려운 경우에 발주자가 그 납기를 변경하는 등 수주자에게 불이익이 되지 않도록 충분히 배려하는 경우[176]

ii. 반품의 범위 및 시기

상대방에게 귀책사유가 있더라도 공정거래법 및 하도급법상 반품은 반품 사유를 고려하여 상당하다고 인정되는 수량의 범위 내에서 상당한 기간 내에 하지 않으면 안 된다.[177] 반품시기나 반품의 범위 면에서 상당성을 결한 반품은 상대방의 귀책사유가 없는 것으로 해석된다.

「상당한 기간」인지 여부는 개별적으로 판단되지만 하도급법에서는 이하에서 서술하는 바와 같이 거래결과의 확정과 수급사업자의 보호라는 관점에서 시기적으로 반품을 제한하고 있다.[178]

또한 반품의 범위도 무제한적으로 인정되는 것은 아니다. 하자가 있는 목적물이나 주문내용과 다른 목적물이 있는 경우에 하자 등이 있는 목적물과 다른 목적물을 함께 반품하는 것은 당연히 허용되지 않지만[179] 하도급법에서는 아래에서 서술하는 바와 같이 수급사업자 보호를 위하여 하자 있는 목적물이라도 반품이 허용되지 않는 경우가 있다.

---

176 진흥기준(振興基準) 제2. 4) (2).
177 우월적 지위 가이드라인(優越ガイドライン) 제4. 3. (2) 이(イ), 대규모소매업특수지정(大規模小売業特殊指定) 제1. 1., 하도급법운용기준(下請法運用基準) 제4. 4. (2).
178 가마다(鎌田) 편저, 하도급법실무(下請法実務), 144면.
179 우월적 지위 가이드라인(優越ガイドライン) 제4. 3. (2) 이(イ) (주21), 대규모소매업특수지정운용기준(大規模小売業特殊指定運用基準) 제2. 1. (3) 아(ア).

ㄱ. 즉시 발견할 수 있는 하자가 있는 목적물의 반품

① 전량(全量)검사의 경우

전량검사의 결과 하자 등이 있어 불합격한 목적물을 반품하는 경우라도 반품은 목적물의 수령 후에 검수(檢收)에 필요한 표준적인 기간 내에 신속하게 하지 않으면 안된다.[180] 이는 공정거래법 및 하도급법에서 요구하는 공통된 반품허용 요건이다. 더구나 하도급법에서는 검사완료기일을 제3조 서면에 기재해야 하는데(제3조 서면규칙 제1조 제1항 제3호), 이는 검사에 필요한 표준적인 기간을 명확히 하는 기능이 있다. 행위자가 자의적으로 검사기간을 연장하여 그 후에 반품하는 것은 인정되지 않는다.

원사업자가 전량검사를 하는 경우에 즉시 발견할 수 있는 하자있는 목적물이나 발주내용과 다른 목적물을 부실검사로 인해 미처 발견하지 못하고 일단 합격시켰다면, 설령 수급사업자의 귀책사유에 의한 불량품이라 하더라도 하도급법에 따르면 추후 반품할 수 없다.[181] 이는 일단 합격품이 됨으로써 거래결과가 확정된 것으로 기대하는 수급사업자를 보호하려는 취지이다.

② 로트(lot) 단위로 발췌검사를 하는 경우

행위자가 전량검사 대신에 로트 단위로 발췌검사를 하는 경우에 불량품이 검출된 로트에 포함된 물품전체를 반품하는 것은 통상 정상적인 거래관행에 비추어 정당하다고 할 것이다.[182] 다만 불량품인 로트만 반품하는 계약인 경우에 어떤 로트에서 불량품이 발견된 경우에 다른 로트를 검사하지도 않고 모든 로트를 반품하는 것은 상당하다고 인정되는 수량의 범위를 넘기 때문에 부당한 반품이 된다.[183]

한편 합격한 로트 가운데 즉시 발견할 수 있었던 불량품이 나중에 발견되었다고 하더라도 하도급법에서는 원칙적으로 반품이 인정되지 않는다.[184] 수급사업자가 불

---

180 우월적 지위 가이드라인(優越ガイドライン) 제4. 3. (2) 이(イ) (주21), 동 (2) <상정 예> ⑨, 대규모소매업특수지정운용기준(大規模小売業特殊指定運用基準) 제2. 1. (3) 아(ア), 강습회 텍스트(講習会テキスト) 1. (5) 에(エ) (55면).

181 쓰지(辻)·이코마(生駒), 상세 하도급법(詳解下請法), 169면.

182 쓰지(辻)·이코마(生駒), 상세 하도급법(詳解下請法), 158면.

183 우월적 지위 가이드라인 견해(優越ガイドライン考え方), 49면, 우월적 지위 가이드라인(優越ガイドライン) 제4. 3. (1) <상정 예> ⑥.

184 강습회 텍스트(講習会テキスト) I. (5) 에(エ) (55면).

량품이 검출된 로트에 포함된 우량품을 반품받을 의무가 있는 이상 이것과의 균형상 원사업자는 합격한 로트에 포함된 불량품을 반품하면 안 된다. 그렇지 않으면 수급사업자에게 일방적으로 불리하기 때문이다. 그 때문에 하도급법에서는 원사업자가 수급사업자에게 불합격 로트에 포함된 우량품을 반품할 수 있는 한 합격한 로트에 대해서는 그 가운데 불량품이 존재하더라도 합격한 로트 전체를 원사업자가 인수한 것으로 간주한다.[185]

다만 계속적인 하도급거래인 경우에 수급사업자는 불합격되어 반품된 로트 내에 우량품을 다시 납품할 수 있기 때문에 이것과 균형을 맞춰 합격한 로트에 속한 불량품의 반품을 일정한 조건하에서 인정하더라도 수급사업자에게 부당하게 불이익을 주는 것은 아니라고 할 것이다.[186] 따라서 하도급법에서는

- 계속적인 하도급거래가 있을 것
- 발주 전에 즉시 발견할 수 있는 불량품에 대해서 반품을 인정하는 것이 미리 합의되고 서면화되어 있을 것
- 당해 서면과 제3조 서면과의 관련성이 있을 것
- 늦어도 물품을 수령한 후에 당해 수령과 관련된 최초의 지급시까지 반품할 것

을 모두 충족한다면 합격 로트 안에 있는 불량품을 반품하는 것은 허용된다.[187] 이 경우 원사업자와 수급사업자와의 사이에서는 합격한 로트 가운데 불량품을 반품하는 것을 전제로 하도급대금에 대해 충분한 협의가 이루어져야 하고, 이에 반하여 만약 원사업자가 일방적으로 종래와 동일한 단가를 설정하는 경우에는 단가후려치기에 해당할 우려가 있다.[188]

또한 합격한 로트 가운데 불량품을 반품하는 것이 허용되는 경우라도 일단 합격된 로트의 전부를 반품할 수는 없다.[189]

③ 납품검사를 수급사업자에게 위임하는 경우

행위자 자신은 납품검사를 하지 않고 납품검사를 상대방에게 위임하고 있는 경우

---

185 쓰지(辻) · 이코마(生駒), 상세 하도급법(詳解下請法), 169면.
186 쓰지(辻) · 이코마(生駒), 상세 하도급법(詳解下請法), 157면.
187 하도급법운용기준(下請法運用基準) 제4. 4. (2).
188 강습회 텍스트(講習会テキスト) 1. (5) 에(エ) (55면).
189 쓰지(辻) · 이코마(生駒), 상세 하도급법(詳解下請法), 158면.

에 하도급법은 수급사업자가 납품한 물품에 즉시 발견할 수 있는 하자가 발견되었더라도 원칙적으로 반품할 수 없고 예외적으로

- 수급사업자에게 검사위임을 문서로 하고 있을 것
- 수급사업자에게 명확한 검사 실수가 있을 것
- 수령 후 6개월 이내에 반품할 것

에 해당하는 경우에 한하여 불량품의 반품이 인정된다.[190] 납품검사에서 불량품을 발견해야 할 책임을 부담하고 있는 것은 본래 원사업자이기 때문에(일본 상법 제526조 제1항) 납품검사에서 누락되어 불량품을 발견할 수 없었던 위험을 수급사업자에게 부담시키는 것은 수급사업자에게 부당하게 불이익을 주는 것으로서 원칙적으로 인정되지 않는다. 그러나 납품검사업무를 수급사업자에게 위임함에 있어 수급사업자가 자유롭고 자율적인 판단에 따라 합의하였다면 수급사업자의 납품검사업무에 과실이 있었다는 것이 명확한 경우에 한하여 수급사업자에게 책임을 묻는 것은 정당하다고 할 것이다.

④ 납품검사를 생략하는 경우

하도급법에 따르면 원사업자가 납품검사를 하지 않고 수급사업자에게 서면으로 위임도 하지 않는 경우에는 수령 후에 즉시 발견할 수 있는 하자 등이 발견되었다고 하더라도 원사업자는 당해 불량품을 반품할 수 없다.[191] 원사업자가 납품검사를 생략한 경우에는 전량을 합격품으로 간주하기 때문이다.[192]

ㄴ. 즉시 발견할 수 없는 하자가 있는 목적물의 반품

즉시 발견할 수 없는 하자는 납품검사 시점에서 발견하기 어려워서 납품검사의 방법을 불문하고 반품할 수 있는 것이 원칙이다. 다만 하도급법에서 원사업자가 납품검사를 생략하는 경우나 수급사업자에게 구두로 위임하는 경우에는 나중에 즉시 발견할 수 없는 하자가 발견되었더라도 반품할 수 없다고 한다.[193] 납품검사를 생략하

---

190 하도급법운용기준(下請法運用基準) 제4. 4. (2) 우(ウ).
191 하도급법운용기준(下請法運用基準) 제4. 4. (2) 오(オ), 강습회 텍스트(講習会テキスト) 1. (5) 에(エ)<위반행위사례>① (58면).
192 스즈키(鈴木), 신 하도급법 매뉴얼(新下請法マニュアル), 176면.
193 강습회 텍스트(講習会テキスト) 1. (5) 에(エ) (53면), 동 에(エ)<위반행위사례>⑥ (58면).

거나 수급사업자에게 구두로 위탁하는 경우에 나중에 발견된 하자가 원래부터 있었는지 아니면 수령 후 원사업자의 관리 소홀로 인한 것인지 불분명하기 때문에 수급사업자를 보호하려는 취지에서이다.

  즉시 발견할 수 없는 하자가 있어 반품이 허용되는 경우에도 하도급법에서는 원칙적으로 늦어도 목적물 수령 후 6개월 이내에 반품하지 않으면 안 된다.[194] 원사업자와 수급사업자 간에 6개월을 넘는 하자담보가 미리 합의되어 있어도 하도급법상 위의 기간을 넘어 반품하는 것은 금지행위에 해당한다.[195] 풍부한 자금도 없고 신속한 금융서비스를 받기도 어려운 수급사업자에게 거래의 효과를 조기에 안정시킴으로써 다음 거래를 위한 준비를 할 수 있도록 반품을 할 수 있는 기간에 일정한 제한을 두고 있는 것이다.[196] 6개월 이내라는 기간은 제조업에서 통상 부품이 납품되고 제품화되기까지의 기간을 최대한 6개월로 잡은 것이고 수령 후 6개월 기간이면 하자가 수급사업자의 책임에 의한 것인지 판단할 수 있다는 인식을 전제로 하여 일본 상법 제526조 제2항 후단의 「상인 간의 매매에서 매수인이 6개월 이내에 즉시 발견할 수 없는 하자를 발견한 경우에는 대금의 감액 등을 청구할 수 있다」는 규정을 참고하여 정한 것이다.[197] 여기에서 「6개월 이내」라는 것은 즉시 발견할 수 없는 하자가 있는 목적물을 반품하는데 허용되는 최장 기간을 의미하고, 발견 후 신속하게 반품하는 것이 전제되어 있기 때문에 하자발견 후 반품까지 장기간이 흘렀다면 수령 후 6개월 이내라도 반품은 허용되지 않는다는 것에 주의할 필요가 있다.[198]

  또한 일반소비자에게 6개월이 넘는 품질보증기간을 정한 경우에는 최장 1년 이내에 그 보증기간에 따라 반품할 수 있다고 본다.[199] 소비자보호의 관점에서 반품기간

---

194 하도급법운용기준(下請法運用基準) 제4. 4. (2) 에(ㄱ). 수령 후 6개월을 경과한 상품을 반품한 것이 권고이유로 된 사례로서 공정위 권고(公取委勧告) 헤이(平)24 · 1 · 25(2012.1.25.)〔하루야마상사(はるやま商事)사건〕, 공정위 권고(公取委勧告) 헤이(平)24 · 9 · 21(2012.9.21.)〔닛센(ニッセン)사건〕, 공정위 권고(公取委勧告) 헤이(平)26 · 7 · 15(2014.7.15.)〔다이소산업(大創産業)Ⅱ사건〕, 공정위 권고(公取委勧告) 헤이(平)27 · 7 · 31(2015.7.31.)〔제비오(ゼビオ)사건〕. 대규모소매업특수지정이 적용된 경우에도 똑같이 수령 후 6개월 이내에 반품할 필요가 있다고 한다. 가스부치(粕渕), 대규모소매업고시해설(大規模小売業告示解説), 45면.
195 시미즈 게이(清水敬) · 후쿠오카 히사시(福岡寿) · 기데라 마키(木寺麻季), 「주식회사 닛센에 대한 권고에 대하여(株式会社ニッセンに対する勧告について)」, 공정거래(公正取引) 749호, 72면, 74면(2013).
196 가마다(鎌田) 편저, 하도급법실무(下請法実務), 179면.
197 스즈키(鈴木), 신 하도급법 매뉴얼(新下請法マニュアル), 175면.
198 쓰지(辻) · 이코마(生駒), 상세 하도급법(詳解下請法), 167면.
199 하도급법운용기준(下請法運用基準) 제4. 4. (2) 에(ㄱ).

이 연장된 것이지만 시간이 지나면 지날수록 수급사업자의 책임여부 판정이 곤란하고 나아가 시간이 너무 지나서 반품되면 수급사업자의 경영에 악영향을 미칠 우려가 있는 등의 이유로 설령 일반소비자에게 1년을 넘는 품질보증을 하고 있더라도 수급사업자에게 반품할 수 있는 최장기간은 1년으로 한 것이다.[200]

iii. 손해배상청구

매매목적물에 하자가 있는 경우에 매수인은 매도인에게 손해배상을 청구할 수 있는 것이 원칙이다(일본 민법 제570조, 제566조 제1항). 하자담보책임에 기한 손해배상청구에 대해서도 계약해제(반품)와 동일하게 상인 간의 매매에서도 일본 상법 제526조 규정이 적용되지만 매수인의 검사·통지의무를 특약으로서 배제하는 것이 허용된다. 그리고 하도급법에서도 하자담보책임에 기한 손해배상청구에 대해 반품에 관한 것과 같은 제한은 마련되어 있지 않고 기본적으로는 사법(私法)상의 문제로서 처리된다.[201]

그러나 행위자가 사법(私法)상 인정되는 손해배상청구권의 범위를 넘어서 상대방에게 손해배상을 청구하거나 대가의 지급과 상계 하는 것은 부당한 경제상 이익의 제공요청 또는 대가의 감액으로서 공정거래법 또는 하도급법상 문제가 될 수 있다.

04 수정작업의 요청

공정거래법 제2조 제9항 제5호 다목

⑨ 이 법률에서 「불공정거래행위」라 함은 다음 각호의 어느 하나에 해당하는 행위를 말한다.

5. 자기의 거래상의 지위가 상대방보다 우월한 점을 이용하여 정상적인 거래관행에 비추어 부당하게 다음 어느 하나에 해당하는 행위를 하는 것

다. …… 기타 거래상대방에게 불이익이 되도록 거래조건을 …… 변경하거나 또는 거래를 실시하는 것

---

200 스즈키(鈴木), 신 하도급법 매뉴얼(新下請法マニュアル), 178면.
201 쓰지(辻)·이코마(生駒), 상세 하도급법(詳解下請法), 168면.

하도급법 제4조 제2항 제4호

② 원사업자는 수급사업자에게 제조위탁 등을 한 경우에는 다음 각호 …… 에 해당하는 행위를
함으로써 수급사업자의 이익을 부당하게 침해해서는 아니 된다.

　　4. 수급사업자에게 귀책사유가 없음에도 불구하고 …… 수급사업자의 급부를 수령한 후에
　　　(역무제공위탁인 경우는 수급사업자가 그 위탁을 받은 역무를 제공한 후에) 급부를 다시
　　　하게 하는 것

(1) 관계 법조

　상대방이 계약에 따라 업무를 이행했음에도 불구하고 행위자가 상대방에게 수정
작업을 시키는 것은 공정거래법 제2조 제9항 제5호 다목의 「거래상대방에게 불이익이
되도록 거래조건」을 「변경」하거나 또는 거래를 「실시」하는 것에 해당한다.[202] 또한
하도급법 제4조 제2항 제4호에서도 급부수령 후에 급부를 수정하게 함으로써 수급
사업자의 이익을 부당하게 해하는 것을 금지행위로서 규정하고 있다. 물류특수지
정 제1항 제7호에도 하도급법 제4조 제2항 제4호와 동일하게 규제하고 있다.

(2) 수정작업지시

　수정작업지시란 행위자가 급부 수령 후에 급부에 관하여 상대방에게 추가적인 작
업을 시키는 것이다.[203] 수리나 우량품 교환이 이에 해당한다.

　수령한 급부의 목적물을 단순히 돌려주는 것에 불과하고 그것을 보수시키거나 우
량품으로 교환시키는 등의 작업을 수반하지 않는 경우는 수정작업지시가 아니라 반
품의 문제가 된다.[204]

　급부에 관하여 당초의 계약내용과 다른 추가적인 작업을 시키는 시점이 급부의 수
령 전인 경우에는 「수정작업지시」가 아니라 기타 「거래조건의 변경」(대가를 실질적으

---

202 우월적 지위 가이드라인(優越ガイドライン) 제4. 3. (5) 이(イ) (아(ア)) (주26).
203 하도급법운용기준(下請法運用基準) 제4. 8. (2).
204 가스부치 이사오(粕渕功) · 스기야마 유키나리(杉山幸成) 편저, 『하도급법의 실무(下請法の実務)〔제
　　3판〕』, 1172면(공정거래협회(公正取引協会), 2010).

로 감액하는 것으로 평가되는 경우에는 대가의 감액)의 문제가 된다.[205]

(3) 합리적 범위를 넘는 불이익

수정작업지시는 상대방에게 추가적인 업무이기 때문에 상대방은 당해 추가업무로 인하여 추가비용을 부담하고 사전에 예상할 수 없는 불이익을 입게 된다. 그러나 수정작업지시의 경우에 최종적으로는 목적물이 인수되어 상대방은 대가의 지급을 받을 수 있기 때문에 수령거부나 반품과 비교하면 상대방이 입는 불이익의 정도는 상대적으로 낮다고 볼 수 있다. 이하에서 서술하는 바와 같이, 수정작업지시가 상대방에게 이익이 되는 경우나 상대방에게 통상 발생하는 손실이 보전되는 경우 또는 기타 수정작업지시의 정도가 경미한 경우나 수정작업지시에 합리적 이유가 있는 등의 경우에는 상대방이 받는 불이익의 내용이나 정도는 합리적 범위를 넘지 않는다고 할 것이다. 수정작업지시를 시키는 데에 합리적인 이유가 있다고 인정되는 경우는 상대방에게 귀책사유가 인정되는 경우로서 후술하기로 한다.

하도급법에서도 수정작업의 요청은 「수급사업자의 이익을 부당히 해하는 경우」에 한하여 금지행위에 해당하기 때문에(하도급법 제4조 제2항) 앞의 논리는 하도급법에서도 똑같이 적용된다고 할 것이다.

i. 상대방에게 이익이 되는 수정작업지시

상대방이 이미 납품한 목적물에 대해 수정작업을 하고 싶다는 요청이 있는 등 당해 수정작업을 하는 것이 상대방에게 「직접적인 이익」이 되는 경우에는 정상적인 거래관행에 비추어 부당하게 불이익을 준다고 할 수 없으므로 남용행위에 해당하지 않는다.

하도급법에서도 그러한 경우에는 「수급사업자의 이익을 부당히 해하는 것」이라고 인정할 수 없기 때문에 하도급법 위반이 되지 않는다고 한다.

---

205 우월적 지위 가이드라인(優越ガイドライン) 제4. 3. (5) 이(イ) (주27).

ii. 상대방에게 통상 발생하는 손실의 보전

수정작업지시에 대해서 사전에 상대방의 동의를 얻고 수정작업지시에 의해 상대방에게 통상 발생하는 손실을 행위자가 부담하는 경우에는 남용행위에 해당하지 않는다.[206]

「동의」를 얻었다고 인정되기 위해서는 상대방이 납득하여 동의한 것이어야 하며,[207] 동의라는 주관적 의도의 존재 유무는 주로 협의 과정 등 객관적 정황을 기초로 판단한다.[208] 상대방은 행위자와의 관계를 고려하여 스스로 비용을 청구하지 않는 경우도 많은데 행위자는 상대방이 청구를 하지 않더라도 상대방이 부담한 비용을 확인하여 지급할 필요가 있다.

「통상 발생하는 손실」로서는 보수비용이나 재(再)물류비용, 수정작업지시로 인해 기존의 목적물을 폐기하는데 필요한 처분비용 등을 들 수 있다.

하도급법에서도 수정작업지시를 위하여 필요한 비용을 원사업자가 부담하는 등 수급사업자의 이익을 부당히 해하지 않는 경우에는 부당한 수정작업의 요청은 문제삼지 않는다.[209] 하도급법에서 반품은 「수급사업자의 귀책사유」가 있는 경우를 제외하고 예외 없이 금지행위에 해당하지만 수정작업의 요청은 「수급사업자의 이익을 부당히 해할 때」에 비로소 금지행위에 해당한다. 수정작업지시는 단순한 반품과 달리 발주 후의 상황변화나 위탁한 업무의 진행상황 등에 상응하여 보다 좋은 제품을 제공하기 위한 노력의 표현으로 평가할 수 있기 때문에[210] 반품보다 규제가 완화된 것으로 보인다.

더욱이 정보성과물작성위탁에서는 수급사업자가 작성한 정보성과물이 원사업자의 주문내용을 충족하고 있는지 여부(상대방의 귀책사유 여부)는 원사업자의 가치판단 등에 의해 평가되는 부분이 있기 때문에 사전에 급부를 충족하는 조건을 명확하게 제3조 서면에 기재하는 것이 불가능한 경우가 있다.[211] 따라서 이러한 경우에 원사업자

---

206 우월적 지위 가이드라인(優越ガイドライン) 제4. 3. (5) 이(イ) (이(イ)), 역무위탁거래 가이드라인(役務委託取引ガイドライン) 제2. 4. (1).
207 우월적 지위 가이드라인(優越ガイドライン) 제4. 3. (1) 이(イ) (주19).
208 우월적 지위 가이드라인 견해(優越ガイドライン考え方), 44면.
209 하도급법운용기준(下請法運用基準) 제4. 8. (2).
210 가마다(鎌田) 편저, 하도급법실무(下請法実務), 179면.
211 강습회 텍스트(講習会テキスト) 1. (5) 사(サ) (75면).

가 부담해야 하는 「수정작업을 위하여 필요한 비용」은 원사업자가 수정작업을 시키
게 된 경위 등을 살펴서 수급사업자와 충분히 협의한 후 합리적으로 부담비율을 결
정하였다면 원사업자의 당해 부담비율은 정당하다고 할 것이다. 다만 원사업자가 일
방적으로 부담비율을 결정함으로써 수급사업자에게 부당한 불이익을 준 경우에는
부당한 수정작업지시에 해당한다.[212]

▍수정작업지시가 합리적인 범위를 넘는 불이익이 되지 않는 예

• 방송프로그램 제작업자와 제작을 위탁받은 상대방은 당초 위탁한 방송프로그램의 내용에 대해
일부 내용을 변경하면 보다 질이 높은 작품이 될 것이라고 함께 판단한 까닭에 프로그램 작성
도중의 작업을 중단하고 다른 내용으로 수정작업을 하기로 한 경우에 방송프로그램 제작업자가
위탁내용 변경에 이른 경위 등을 살펴 수정작업 등의 비용에 대해 위탁받은 상대방과 충분히 협
의하여 합리적인 부담비율을 결정하고 그것을 부담하는 경우[213]

▍수정작업지시가 합리적인 범위를 넘는 불이익이 되는 예

• 부품의 제조수탁업자에게 거래처가 발주내용을 변경하였다는 것을 이유로 수정작업을 시키고
그로 인해 수탁업자에게 발생한 비용을 부담하지 않는 경우[214]
• 정기적으로 방송되는 텔레비전 CM의 작성을 위탁하고 있는 상황에서 완성품이 납품된 후에 방
영된 텔레비전 CM을 본 광고주 담당임원이 수정을 지시하였다는 이유로 일단 광고주 담당자까
지 승낙을 얻어 납품된 텔레비전 CM을 수탁업자로 하여금 수정하게 하고 그에 필요한 추가비
용을 부담하지 않는 경우[215]

---

(4) 자유롭고 자율적인 판단의 저해

ⅰ. 발주 후의 「동의」에 근거한 수정작업지시

공정거래법에서 상대방에 대한 수정작업의 요청이 남용행위에 해당하는 경우는
상대방이 「이후의 거래에 미치는 영향 등을 우려하여 그것을 어쩔 수 없이 받아들이
는 경우」[216] 즉, 상대방이 당해 불이익을 자유롭고 자율적인 판단에 의하지 않고 부

---

212 하도급법운용기준(下請法運用基準) 제4. 8. (4).
213 가마다(鎌田) 편저, 하도급법실무(下請法実務), 183면.
214 하도급법운용기준(下請法運用基準) 제4. 8. <위반행위사례>8-4(3).
215 하도급법운용기준(下請法運用基準) 제4. 8. <위반행위사례>8-6(2), 동 8-7(2), 동 8-7(3).
216 우월적 지위 가이드라인(優越ガイドライン) 제4. 3. (5) 이(イ) (아(ア)).

담하는 경우이다. 하도급법에서도 「수급사업자의 급부내용을 변경하게 하는 것」(하도급법 제4조 제2항 제4호)이 금지행위의 요건으로 되어 있다.

수정작업지시는 상대방에게 일정한 작업을 시키는 것으로서 행위자가 단독으로 할 수 있는 것이 아니고 상대방으로서는 수정작업의 요청에 대하여 판단의 여지가 있기 때문에 수정작업의 요청을 받아들였다는 사실은 외형상 상대방의 「동의」가 존재하는 것으로 보여질 수 있다.

그러나 상대방이 계약에 따라서 업무를 이행했음에도 불구하고 본래 계약의 범위를 넘어서 당초 계약내용에 포함되어 있지 않은 추가적 업무를 시키는 것은 상대방이 이행의 착수시에 받아들였던 위험범위를 넘는 것으로서 상대방에게 사전에 예상할 수 없는 불이익을 주는 것이다. 이러한 이유로 설령 상대방이 수정작업의 요청에 「동의」하였다고 하더라도 특별한 사정이 없는 한 상대방의 자유롭고 자율적인 판단에 의한 것이 아니라고 추인할 수 있다.

ⅱ. 발주 전의 「합의」에 근거한 수정작업지시

발주 전에 행위자와 상대방이 수정작업을 요구할 수 있는 기간이나 수정작업에 수반하는 비용부담의 비율과 같은 조건에 대해서 명확히 합의한 경우에 수정작업은 계약의 이행 그 자체일 뿐 공정거래법에서는 원칙적으로 남용행위에 해당하지 않는다. 수정작업지시와 관련된 비용이 당초의 대가에 포함되어 있다고 인정되는 경우가 전형적인 예이다.[217]

그러나 발주 전에 수정작업지시에 대하여 합의한 경우라도, 당해 합의내용 자체가 합리적 범위를 넘는 불이익을 상대방에게 주는 것으로서 상대방이 당해 합의를 강제로 받아들였다고 인정되는 경우에 당해 합의에 근거해서 수정작업을 요청하는 것은 예외적으로 남용행위에 해당한다.

하도급법에서도 발주 전에 원사업자가 수급사업자와 충분히 협의한 후에 수정작업지시를 예상하고 하도급대금을 설정한 경우에는 당초 상정한 범위 내에서 수정작업을 시키는 것은 문제가 없다.[218] 수정작업의 요청은 반품과 달리 「수급사업자의 이익

---

217 우월적 지위 가이드라인(優越ガイドライン) 제4. 3. (5) 이(イ) (이(イ)), 역무위탁거래 가이드라인 (役務委託取引ガイドライン) 제2. 4. (주11).
218 강습회 텍스트(講習会テキスト) 1. (5) 사(サ) Q&A 104 (77면).

을 부당히 해할」 때 비로소 금지행위에 해당하는 것으로 규정되어 있고, 보다 좋은 제품을 제공하기 위하여 필요하기도 하기 때문에 일률적으로 금지하고 있지는 않다.

발주시에 예상치 못한 비용이 발생하는 수정작업은 발주 전 합의의 범위를 넘는 것이기 때문에 행위자는 상대방과의 충분한 협의를 통해 합리적인 부담비율을 결정하고 그것을 부담할 필요가 있다.[219]

(5) 상대방의 귀책사유

ⅰ. 상대방의 채무불이행

수정작업지시와 관련하여 상대방의 귀책사유가 인정되는 경우는 급부의 내용이 발주시에 정한 조건을 충족하지 못하는 경우,[220] 즉 납품된 목적물이 발주내용과 다르거나 하자가 있는 경우이다.[221]

그러나 목적물에 하자가 있는 경우라도 사법(私法)상 하자보수청구권(완전이행청구권)이 인정되지 않는 때에는 행위자가 상대방에게 수정작업을 시키는 것은 공정거래법 및 하도급법상으로도 정당화되지 않는다. 목적물에 하자가 있는 경우라도 일본 상법 제526조에 기초한 매수인의 검사·통지의무를 이행하지 않은 경우는 특약이 없는 한 매수인은 하자보수청구나 대체물 급부청구라는 완전이행청구권도 상실한다.[222]

ㄱ. 사양·검사기준이 불명확한 경우

사양 등의 급부내용이 불명확한 채로 상대방에게 위탁하는 경우나 검사기준이 명확하지 않은 경우에는 급부내용이 발주내용과 다른지 여부를 객관적으로 판단하기 곤란하기 때문에 행위자가 자의적으로 계약위반을 주장하면서 수정작업을 시킬 우려가 있다. 그 때문에 불명확한 급부내용이나 검사기준에 근거하여 급부가 불량하다

219 강습회 텍스트(講習会テキスト) 1. (5) 사(サ) Q&A 104 (77면).
220 우월적 지위 가이드라인(優越ガイドライン) 제4. 3. (5) 이(イ) (이(イ)), 역무위탁거래 가이드라인(役務委託取引ガイドライン) 제2. 4. (1).
221 하도급법운용기준(下請法運用基準) 제4. 8. (3).
222 에가시라 겐지로(江頭憲治郎), 『상거래법(商取引法)〔제7판〕』, 31면(고분도(弘文堂), 2013).

는 이유로 수정작업을 하게 하는 것은 상대방의 귀책사유에 의한 수정작업으로 인정될 수 없다.[223]

> ▌상대방의 귀책사유가 인정되지 않는 예
> • 다이렉트메일(direct mail)의 동봉 등을 위탁함에 있어서 수탁업자에게 충분한 설명을 하지 않은 채 작업을 시키고 나중에 자사 사정으로 수정작업을 시키는 경우[224]
> • 소프트웨어 개발을 위탁하고 사양에 대해서는 사용자와 함께 협의하여 정하기로 한 상황에서 행위자가 정해진 내용에 대해서는 서면으로 확인하지 않고 수탁업자가 확인을 요구하였는데도 이에 대한 명확한 입장을 밝히지 않았기 때문에 수탁업자는 자신의 판단에 근거하여 작업을 한 후 납품하려고 하자 당초 정해진 사양과 다르다고 하여 수정작업을 시키는 경우[225]

ㄴ. 발주 후의 조건변경에 의한 계약위반

발주 후에 행위자가 거래조건이나 검사기준을 일방적으로 변경한 경우에는 그로 인해 상대방이 변경 후의 거래조건 등을 지키지 않았다고 하더라도 상대방의 귀책사유로 인정되지 않는다.[226] 나아가 발주 후에 거래조건 등을 상대방에게 불이익하게 변경하는 것 자체가 행위자의 남용행위·금지행위로서 문제가 될 수 있다(공정거래법 제2조 제9항 제5호 다목, 하도급법 제4조 제2항 제4호). 사양에 대하여 상대방이 확인을 요구하고 행위자가 요청받은 사양을 승낙했음에도 불구하고 당해 사양대로 이행한 급부내용이 발주내용과 다른 경우에도 상대방의 귀책사유로 보지 않는다.[227]

---

223 우월적 지위 가이드라인(優越ガイドライン) 제4. 3. (5) 이(イ)<상정 예>④, 역무위탁거래 가이드라인(役務委託取引ガイドライン) 제2. 4. (2) ④, 하도급법운용기준(下請法運用基準) 제4. 8. (3) 아(ア).

224 하도급법운용기준(下請法運用基準) 제4. 8.<위반행위사례>8-8.

225 하도급법운용기준(下請法運用基準) 제4. 8.<위반행위사례>8-5, 가마다(鎌田) 편저, 하도급법실무(下請法実務), 184면.

226 우월적 지위 가이드라인(優越ガイドライン) 제4. 3. (5) 이(イ)<상정 예>①·③, 역무위탁거래 가이드라인(役務委託取引ガイドライン) 제2. 4 (2) ①·③, 하도급법운용기준(下請法運用基準) 제4. 8. (3) 우(ウ), 동 <위반행위사례>8-3.

227 우월적 지위 가이드라인(優越ガイドライン) 제4. 3. (5) 이(イ)<상정 예>②, 역무위탁거래 가이드라인(役務委託取引ガイドライン) 제2. 4(2) ②, 하도급법운용기준(下請法運用基準) 제4. 8. (3) 이(イ), 하도급법운용기준(下請法運用基準) 제4. 8.<위반행위사례>8-5.

ㄷ. 발주시의 조건자체가 엄격한 경우

상대방이 이행하기 어려운 거래조건이라 할지라도 당해 거래조건에 대한 약정이 발주 전에 이루어졌다면 발주 전에 동의한 이상 상대방은 그에 따른 불이익을 감수할 수밖에 없는 것이 원칙이다.

그러나 행위자가 상대방의 사정을 고려하지 않고 자의적으로 엄격한 거래조건이나 검사기준을 설정하는 등 거래조건의 설정이 상대방의 자유롭고 자율적인 판단에 기해서 합의했다고 보기 어려운 경우에는 부당하게 불이익한 거래조건을 설정하는 것으로서 남용행위에 해당한다(공정거래법 제2조 제9항 제5호 다목). 따라서 상대방이 당해 거래조건 등을 준수하지 않았다고 하더라도 그에 대한 상대방의 책임은 없고 그것을 이유로 한 수정작업의 요청은 정당화되지 않는다.[228]

ㄹ. 상대방의 채무불이행을 상대방의 책임으로 돌릴 수 없는 경우

형식적으로는 상대방의 채무불이행이 발생하였다고 하더라도 상대방의 책임 없는 사유에 의해서 의무이행이 곤란하게 된 경우에는 상대방의 귀책사유가 인정되지 않기 때문에 그것을 이유로 한 수정작업의 요청은 정당화되지 않는다.

◣ 모범 사례 ◢

- 하자가 있다는 이유로 상대방에게 수정작업을 요구하는 경우에 급부의 어디에 어떠한 하자가 있고 그 원인은 상대방에게 있다는 것을 나타내는 객관적인 자료를 보존해 두는 경우
- 부당한 수정작업이 발생하지 않도록 발주자가 발주시에 수주자에게 설계도, 사양서 등의 내용을 분명히 하는 등 발주내용을 명확히 하는 경우[229]

ii. 수정작업지시의 시기

상대방의 귀책사유가 있는 경우라도 수정작업은 당해 목적물을 수령한 날부터 상

---

228 하도급법운용기준(下請法運用基準) 제4. 8. (3) 우(ウ).
229 진흥기준(振興基準) 제4. 6) (1).

당한 기간 내에 요구하지 않으면 안 된다. 상당 기간 경과 후의 수정작업지시는 상대방의 귀책사유가 없는 것으로 본다.

ㄱ. 즉시 발견할 수 있는 하자가 있는 목적물의 수정작업지시

통상의 검사에서 즉시 발견할 수 있는 하자의 경우에 발견 즉시 신속하게 수정작업을 시킬 필요가 있다.[230]

하도급법에서 반품의 경우는 거래결과의 확정이나 수급사업자의 보호라는 관점에서 납품검사의 방법에 따라 불량품의 반품이 허용되지 않는 경우가 있지만 수정작업지시는 반품과 비교하면 수급사업자에게 주는 불이익의 정도가 약하고 오히려 보다 좋은 제품을 제공하는데 기여할 수 있기 때문에 반품의 경우와 같이 납품검사의 방법에 따른 제한은 마련되어 있지 않다.

ㄴ. 즉시 발견할 수 없는 하자가 있는 목적물의 수정작업지시

하도급법에서 즉시 발견할 수 없는 하자가 있는 목적물의 수정작업지시는 원칙적으로 늦어도 당해 급부의 수령 후 1년 이내에 요구하지 않으면 안 된다고 한다.[231] 이는 풍부한 운영자금도 없고 신속하게 금융서비스를 받을 수도 없는 수급사업자가 거래시점부터 장기간 경과한 후에 예측하지 못한 부담을 떠안지 않도록 하여 거래의 효과를 조기에 안정시키는 것을 목적으로 한 것이다.[232] 즉시 발견할 수 없는 하자가 있는 급부에 대해서 반품의 경우는 원칙적으로 수령 후 6개월 이내에 해야 하지만 수정작업지시의 경우는 반품과 비교해서 수급사업자에게 불이익을 가하는 정도가 약하기 때문에 제한기간을 길게 설정한 것으로 보인다.

나아가 원사업자가 고객 등(일반소비자에 한정하지 않는다)에게 1년이 넘는 하자담보기간을 계약으로 제공하고 있고 원사업자와 수급사업자가 그에 따라 1년이 넘는 하자담보기간을 미리 정하고 있는 경우에 원사업자와 수급사업자가 합의한 하자담보

---

230 강습회 텍스트(講習会テキスト) 1. (5) 사(サ) (75면).
231 하도급법운용기준(下請法運用基準) 제4. 8. (3) 에(エ).
232 가마다(鎌田) 편저, 하도급법실무(下請法実務), 179면.

기간 내에서 하자보수(수정작업)를 요구하는 것은 하도급법상 원칙적으로 인정된다.[233] 반품과 관련하여 일반소비자에게 품질보증기간을 정하고 있는 경우에는 소비자보호의 관점에서 보증기간에 따라 최장 1년 이내까지 원사업자가 수급사업자에게 반품하는 것이 허용된다. 이에 반하여 수정작업지시의 경우에는 반품과 비교하면 수급사업자에게 불이익을 주는 정도가 낮기 때문에 당사자 간에 약정된 하자담보책임의 합의가 최대한 존중된다. 다만 원사업자의 고객 등에 대한 하자담보기간보다 수급사업자의 원사업자에 대한 하자담보기간이 긴 경우에 원사업자가 수정작업을 시킬 수 있는 기간은 원사업자의 고객 등에 대한 하자담보기간이 상한이 된다.[234]

> ▌하도급법상 수정작업지시가 인정되지 않는 예
> • 수급사업자와의 계약에 있어 3년의 하자담보기간을 계약으로 정하였지만 원사업자의 고객에 대한 하자담보기간은 1년인 경우에 수령 후 2년이 지난 시점에서 발견된 하자에 대하여 원사업자가 비용을 전혀 부담하지 않고 수급사업자에게 수정작업을 시키는 경우[235]

05 대가의 지급지연

> 공정거래법 제2조 제9항 제5호 다목
> ⑨ 이 법률에서 「불공정거래행위」라 함은 다음 각호의 어느 하나에 해당하는 행위를 말한다.
>   5. 자기의 거래상의 지위가 상대방보다 우월한 점을 이용하여 정상적인 거래관행에 비추어 부당하게 다음 어느 하나에 해당하는 행위를 하는 것
>   다. ······ 기타 거래상대방에게 불이익이 되도록 거래조건을 설정 · 변경하거나 또는 거래를 실시하는 것
>
> 하도급법 제4조 제1항 제2호, 동조 제2항 제2호
> ① 원사업자는 수급사업자에게 제조위탁 등을 한 경우에는 다음 각호 ······ 에 해당하는 행위를

---

233 하도급법운용기준(下請法運用基準) 제4. 8. (3) 에(エ), 강습회 텍스트(講習会テキスト) 1. (5) 사(サ) (75면).
234 강습회 텍스트(講習会テキスト) 1. (5) 사(サ) Q&A 101 (76면).
235 강습회 텍스트(講習会テキスト) 1. (5) 사(サ) Q&A 101 (76면).

하여서는 아니 된다.

  2. 하도급대금을 그 지급기일 경과 후에도 지급하지 않는 것

② 원사업자는 수급사업자에게 제조위탁 등을 한 경우에는 다음 각호 …… 에 해당하는 행위를 함으로써 수급사업자의 이익을 부당히 해해서는 아니 된다.

  2. 하도급대금의 지급시 당해 하도급대금의 지급기일까지 일반금융기관(예금 또는 저금 접수 및 자금융통을 업으로 하는 자를 말한다)에 의한 할인을 받는 것이 어렵다고 인정되는 어음을 교부하는 것

하도급법 제2조의2

① 하도급대금의 지급기일은 원사업자가 수급사업자의 급부내용에 대해서 검사를 하는지 여부를 불문하고 원사업자가 수급사업자의 급부를 수령한 날(역무제공위탁인 경우는 수급사업자가 그 위탁을 받은 역무를 제공한 날. 다음 항도 같다)로부터 기산하여 60일의 기간 내에서 가능한 짧은 기간 내로 정하여야 한다.

② 하도급대금의 지급기일이 정해지지 않은 경우는 원사업자가 수급사업자의 급부를 수령한 날을, 전항의 규정을 위반하여 하도급대금의 지급기일이 정해진 경우는 원사업자가 수급사업자의 급부를 수령한 날로부터 기산하여 60일을 경과한 날의 전날을 하도급대금의 지급기일로 정해진 것으로 간주한다.

하도급법 제4조의2

원사업자가 하도급대금의 지급기일까지 하도급대금을 지급하지 않은 경우에 원사업자는 수급사업자의 급부를 수령한 날(역무제공위탁인 경우는 수급사업자가 그 위탁을 받은 역무를 제공한 날)로부터 기산하여 60일을 경과한 날부터 지급을 하는 날까지의 기간에 대해서 그 일수에 따라 당해 미지급 금액에 공정거래위원회 규칙에서 정하는 이율을 곱한 금액을 지연이자로서 수급사업자에게 지급해야 한다.

하도급대금 지급지연 등 방지법 제4조의2의 규정에 의한 지연이자의 비율을 정하는 규칙

하도급대금 지급지연 등 방지법 제4조의2의 규정에 의한 하도급대금의 지급지연에 대한 지연이자의 비율은 연 14.6%로 한다.

(1) 관계 법조

행위자가 매수인이고 상대방이 매도인인 거래에서 행위자가 대가(하도급대금)의 지급을 늦추는 것(지급지연)은 공정거래법 제2조 제9항 제5호 다목, 물류특수지정 제1항 제1호 및 하도급법 제4조 제1항 제2호에서 남용행위·금지행위로 정해져 있다.

지급지연은 상대방에게 불이익이 되도록 거래조건을 「변경」 또는 거래를 「실시」하는 것(공정거래법 제2조 제9항 5호 다목)의 한 유형이다.

지급기일을 상당히 나중으로 설정하는 것이나 실제 지급받을 수 있는 시기를 상당히 후일이 되도록 지급수단을 사용하는 행위에 대해서 당사자 간에 사전 합의가 되어 있더라도 당해 「합의」 자체가 상대방에게 불이익이 되도록 거래조건을 「설정」하는 행위(공정거래법 제2조 제9항 제5호 다목)에 해당하고 남용행위가 될 수 있다. 나아가 하도급법에서는 지급기일 설정에서 최장기간을 구체적으로 규정하고 있으며(하도급법 제2조의2) 수급사업자에게 현저한 불이익이 되는 일정한 지급수단(할인이 곤란한 어음 등)을 사용하는 것 역시 규제된다(동법 제4조 제2항 제2호).

나아가 하도급법에서는 지급이 지연된 경우에 특별히 지연이자가 정해져 있다(하도급법 제4조의2).

(2) 지급지연

지급지연이란 계약에서 정한 지급기일에 행위자가 대가를 지급하지 않는 것이다. 일괄지급의 약정을 분할지급으로 변경하는 것도 지급지연에 해당한다.

계약에서 정한 지급기일의 도래를 행위자가 자의적으로 늦추는 것도 실질적으로는 지급지연과 동등한 행위로 평가된다.[236]

┃ 지급지연에 해당하는 예
- 분할해서 납품을 받는 거래에서 최초 납품시부터 대가를 지급하는 것으로 되어 있음에도 불구하고 일방적으로 지급조건을 변경하고 전부 납품되지 않았다는 이유로 대가의 지급을 늦추는 경우[237]
- 매우 고액인 제품·부품 등의 납품을 받는 경우에 당초 계약에서 일괄지급하기로 했음에도 불구하고 지급 단계에서 자기의 일방적인 사정에 의해 수년에 걸친 분할지급으로 변경하고 일괄지급 요청에 응하지 않는 경우[238]
- 당사자 간의 계약에서 검수 후 일정 기간 경과 후에 대금을 지급하기로 되어 있었는데 상품의 제공이 완료되었음에도 불구하고 검수를 자의적으로 늦추는 경우[239]

---

236 우월적 지위 가이드라인(優越ガイドライン) 제4. 3. (3) 아(ア), 역무위탁거래 가이드라인(役務委託取引ガイドライン) 제2. 1. (1).
237 우월적 지위 가이드라인(優越ガイドライン) 제4. 3. (3)<상정 예>②.
238 우월적 지위 가이드라인(優越ガイドライン) 제4. 3. (3)<상정 예>⑤.
239 우월적 지위 가이드라인(優越ガイドライン) 제4. 3. (3)<상정 예>③.

> • 거래와 관련된 상품 또는 역무를 자기가 실제로 사용한 후에 대가를 지급하는 것으로 되
> 어 있는 경우에 자기의 일방적인 사정에 의하여 그 사용 시기를 당초 예정보다 크게 늦추는
> 경우[240]

(3) 합리적 범위를 넘는 불이익

상대방은 계약에서 정한 지급기일에 대금이 지급되는 것을 전제로 자금회전계획을 세우고 수탁업무의 이행에 착수하기 때문에 대금지급이 지연될 경우 상대방은 자금회전이 어려워져 사전에 예상할 수 없는 불이익을 받게 된다. 이러한 지급지연에 따른 불이익의 내용이나 정도는 이하에서 서술하는 바와 같이 상대방에게 통상 발생되는 손실을 보전하는 경우, 금액이나 지연기간이 경미한 경우, 그리고 지연에 대해 합리적 이유가 인정되는 경우 등 특별한 사정이 없는 한 합리적 범위를 넘는 것으로 평가된다. 지급지연의 합리적 이유로서 상대방에게 귀책사유가 인정되는 경우가 있지만 이에 대해서는 후술한다.

ⅰ. 상대방에게 통상 발생하는 손실의 보전

지급지연에 대해 사전에 상대방의 동의를 얻고 지급지연에 따라 통상 발생하는 손실을 행위자가 부담하는 경우에는 남용행위에 해당하지 않는다.[241]

「동의」가 있다고 인정되기 위해서는 상대방이 납득하여 동의할 필요가 있고[242] 동의라는 주관적 의도의 존재는 주로 협의과정 등 객관적 사실을 통해서 인정된다.[243] 상대방이 행위자와의 관계를 고려하여 스스로 비용을 청구하지 않는 경우도 많다고 생각되는데 행위자는 청구를 하지 않더라도 상대방이 부담한 비용을 확인하여 지급할 필요가 있다.

「통상 발생하는 손실」이란 지급지연의 경우에 지연된 기간의 이자(지연이자)를 의

---

240 우월적 지위 가이드라인(優越ガイドライン) 제4. 3. (3) <상정 예> ④.
241 우월적 지위 가이드라인(優越ガイドライン) 제4. 3. (3) 이(イ).
242 우월적 지위 가이드라인(優越ガイドライン) 제4. 3. (1) 이(イ) (주19).
243 우월적 지위 가이드라인 견해(優越ガイドライン考え方), 44면.

미한다.[244]

이에 대하여 하도급법에서는 수급사업자의 동의를 얻어 지연이자를 지급한다고 하더라도 지급지연이 정당화되지 않는다고 본다. 중소기업인 수급사업자가 하도급대금을 제때 받지 못하면 그에 대처하여 금융기관 등으로부터 재빠르게 융자를 얻기가 쉽지 않고 설사 지연이자의 지급을 받는다고 하더라도 자금융통이 어려워질 수 있다. 따라서 수급사업자에게 통상 발생하는 손실을 원사업자가 부담한다고 하더라도 지급지연을 형식적 · 획일적으로 규제함으로써 수급사업자를 간이 · 신속하게 보호하고자 하는 것이다.

(4) 자유롭고 자율적인 판단의 저해

ⅰ. 발주 후의 「동의」에 근거한 지급지연

공정거래법에서 대가의 지급지연이 남용행위에 해당하는 경우는 상대방이 「이후의 거래에 미치는 영향 등을 우려하여 어쩔 수 없이 그것을 받아들이는 경우」이다.[245]

상대방이 계약에 따라 업무를 이행했음에도 불구하고 행위자가 지급대가를 지급기일에 지급하지 않는 것은 상대방이 이행 착수시에 가졌던 계약상 기대를 저버리는 것으로서 상대방은 사전에 예상할 수 없는 불이익을 받는 것이 된다. 따라서 설령 상대방이 지급지연에 「동의」하였다고 하더라도 특별한 사정이 없는 한 그것은 상대방의 자유롭고 자율적인 판단에 의한 것은 아니라고 추인된다.

하도급법에서 지급지연은 수급사업자의 동의 유무에 상관없이 금지행위에 해당한다. 따라서 설령 수급사업자로부터 당월 납품분을 익월 납품분으로 취급하도록 요청받는다고 하더라도 하도급대금도 익월 납품된 것으로 간주되어 지급하는 것은 금지행위에 해당한다.[246]

---

244 우월적 지위 가이드라인 견해(優越ガイドライン考え方), 52면.
245 우월적 지위 가이드라인(優越ガイドライン) 제4. 3. (3) 아(ア).
246 강습회 텍스트(講習会テキスト) 1. (5) 이(イ) Q&A 59 (40면).

ii. 발주 전의 「합의」에 근거한 장기(長期)의 지급기일 설정

발주 전에 행위자와 상대방이 지급기일을 장기로 하는 합의를 한 경우에 상대방은
자신이 부담하는 불이익을 사전에 예상할 수 있으므로 원칙적으로 남용행위에 해당
하지 않는다.

그러나 발주 전에 장기의 지급기일을 합의하였더라도 당해 합의의 내용 자체가 합
리적 범위를 넘는 불이익을 상대방에게 주는 경우로서 상대방이 당해 합의를 강제로
받아들인 것으로 인정된다면 장기의 지급기일을 설정하는 행위는 예외적으로 남용
행위에 해당한다. 지급기일의 장기설정에 대해서는 후술하기로 한다.

(5) 상대방의 귀책사유

지급지연에 대해 공정거래법에서는 「정당한 사유」가 없는 것이 요건이라고 해석
되지만[247] 하도급법에서는 다른 금지행위와 달리 「수급사업자의 귀책사유」가 없는
것이 요건으로 되어 있지 않다. 이는 대가의 지급과 관련하여 하도급법상 원사업자
는 하도급대금액을 제3조 서면에 의무적으로 기재하여야 하고 발주에 따른 급부의
유무 등은 통상 원사업자가 파악할 수 있기 때문에 원사업자 입장에서는 자신이 지급
해야 하는 하도급대금을 특정할 수 있다는 것이 전제되어 있기 때문이다.[248]

i. 상대방에 의한 납품의 지연 등

상대방이 납품을 지연한 경우에는 당초 정해진 지급기일에 지급을 하지 않더라도
실제 납품일로부터 기산하여 60일 이내에 지급하면 하도급법상으로도 지급지연에
해당하지 않는 것으로 본다.

---

247 우월적 지위 가이드라인(優越ガイドライン) 제4. 3. (3) 아(ア), 역무위탁거래 가이드라인(役務委託
   取引ガイドライン) 제2. 1. (1). 그리고 물류특수지정 제1항 제1호에서는 「특정물류사업자의 귀책사
   유」가 없는 것이 요건으로 되어 있다.
248 다카하시 히로시(高橋浩)·오카모토 야스토시(岡本康利), 「아이리스오야마 주식회사에 대한 권고에
   대하여(アイリスオーヤマ株式会社に対する勧告について)」, 공정거래(公正取引) 747호, 71-72
   면(2013).

상대방의 급부내용에 하자가 있는 경우에 행위자로서는 반품을 하든지 수정작업을 요청하든지 또는 대금을 감액할 수 있기 때문에 급부내용의 하자에 대하여 행위자가 지급지연을 할 필요성은 통상 인정되지 않는다. 적법하게 수정작업을 시킨 경우에는 수정작업을 시킨 후 상품을 수령한 날이 지급기일의 기산일이 된다.[249]

ii. 상대방에 의한 청구서 발행 지연

상대방이 청구서의 발행을 지연한 것은 지급지연을 정당화하는 사유가 될 것인가?

행위자가 상대방으로부터 급부를 수령하더라도 지급대금을 확정하기 위해서는 상대방에 의한 청구서의 발행이 필요한 경우가 일반적이다. 그 때문에 공정거래법에서는 상대방의 귀책사유로 청구서의 발행이 지연되고 이로 인하여 행위자가 지급처리를 하는 것이 곤란한 때에는 지급을 지연하더라도 「정당한 이유」가 있는 것으로서 남용행위에 해당하지 않는 것으로 보고 있다.

이에 반하여 하도급법에서는 수급사업자의 청구가 없어도 지급기일까지 하도급대금을 지급할 필요가 있다고 보아 수급사업자의 청구서 발행지연은 원사업자의 지급지연을 정당화하는 이유가 되지 않는다.[250] 앞의 (5)와 같이 하도급법상 발주시에 정해진 하도급대금은 원사업자의 책임하에 지급되어야 하고 따라서 하도급대금의 지급지연은 「수급사업자의 귀책사유」 유무에 상관없이 금지행위에 해당한다. 그러나 수급사업자의 작업시간에 상응하는 산정방법으로 하도급대금이 정해진 경우에 원사업자는 수급사업자의 보고나 청구가 없으면 하도급대금액을 산정할 수가 없다.[251] 이와 동일한 맥락에서 역무제공위탁시 역무의 제공이 원사업자 이외의 자에게 행해진 경우에 원사업자는 역무제공이 완료되었는지 여부를 판단하기 곤란하다. 이 경우 하도급대금을 산정하기 위해 필요한 정보가 수급사업자의 귀책사유로 원사업자에게 제공되지 않았는데도 불구하고 원사업자가 지급지연의 책임을 지는 것은 원사업자

249 강습회 텍스트(講習会テキスト) 1. (5) 이(イ) (39면).
250 하도급법운용기준(下請法運用基準) 제4. 2.<위반행위사례>2-4, 동 2-9, 강습회 텍스트(講習会 テキスト) 1. (5) 이(イ) Q&A 58 (40면), 동 <위반행위사례> ⑦ (44면).
251 이케다 쓰요시(池田毅), 「하도급법 실무에 밝은 변호사에 의한 「케이스스터디 하도급법」(제7회) 원사업자의 금지행위③(下請法の実務に明るい弁護士による「ケーススタディ下請法」(第7回)親事業者の禁止行為③)」, 공정거래(公正取引) 793호, 43면, 46면(2016).

에게 불가능을 강요하는 것이 된다. 따라서 이러한 경우 하도급대금의 산정에 필요
한 정보를 제공하는 것 자체도 위탁업무의 내용에 포함되어 있다고 인정할 수 있다
면 당해 정보제공이 이루어지지 않은 때에는 급부의 수령은 완료되지 않고 지급지연
의 문제는 발생하지 않는 것으로 취급하는 것도 인정되리라고 본다.

(6) 지급기일의 장기설정

ⅰ. 공정거래법 규제

행위자와 상대방이 발주시에 지급기일을 장기로 합의한 경우 이러한 합의에 근거하
여 행위자가 당해 지급기일에 대금을 지급하는 것은 계약의 이행 그 자체일 뿐 상대
방은 사전에 예상할 수 없는 불이익을 받는 것이 아니다. 대금액수에 대해서는 지급기
일까지 상대방의 자금조달 비용을 감안한 대가로서 협상이 이루어지고 상대방에게
부당한 불이익을 주지 않는다면 우월적 지위의 남용이 되지 않는다.[252]

그러나 합의된 지급기일이 현저히 장기인 경우와 같이 상대방에게 합리적 범위를
넘는 불이익을 주는 경우에는 지급기일에 관한 합의 자체가 남용행위에 해당한다고
볼 수 있다.[253]

공정거래법상 지급기일이 어느 정도 길어야 합리적 범위를 넘는지에 대해서는 개
별 사안마다 다르므로 일률적으로 기준을 정할 수는 없지만 하도급법에서는 아래와
같이 지급기일에 대하여 구체적으로 규정하고 있기 때문에 공정거래법 적용시에도
참고가 될 수 있다.

ⅱ. 하도급법 규제

ㄱ. 지급기일을 정할 의무

하도급법에서는 수급사업자를 보호하기 위하여 하도급대금의 지급기일을 급부의

---

252 역무위탁거래 가이드라인(役務委託取引ガイドライン) 제2. 1. (1).
253 우월적 지위 가이드라인(優越ガイドライン) 제4. 3. (3) 아(ア), 우월적 지위 가이드라인 견해(優越
　　ガイドライン考え方), 52면.

수령일(역무제공위탁의 경우는 수급사업자가 역무제공을 한 날)로부터 기산(수령일도 산입)하여 60일 이내의 가능한 한 짧은 기한 내에 정하지 않으면 안 된다고 규정하고 있다(하도급법 제2조의2 제1항).

지급기일은 특정해서 정해야 하고 「납품 후 ○일 이내」라는 지급기일의 설정은 인정되지 않는다.[254]

당사자 간에 지급기일을 정하지 않는 때에는 수령일을 지급기일로 간주한다(하도급법 제2조의2 제2항 전단). 당사자 간에 지급기일을 정했지만 그것이 확정적이지 않은 경우에는 지급기일을 정하지 않은 것으로 된다.[255] 그리고 급부의 수령일로부터 60일 이내라는 기한을 넘어서 지급기일이 정해진 경우에는 수령일로부터 기산하여 60일을 경과한 날의 전날을 지급기일로 간주한다(하도급법 제2조의2 제2항 후단). 이러한 「간주 지급기일」보다 늦게 하도급대금을 지급한 경우에는 하도급대금의 지급지연으로 금지행위에 해당한다.

지급기일 규정이 적용되는 것은 하도급대금, 즉 하도급거래와 관련된 수급사업자의 급부에 대하여 지급해야 하는 대금만이고 '하도급거래가 아닌 거래'와 관련된 대금에 대해서는 지급기일 규정이 적용되지 않는다. 따라서 만약 수급사업자에게 콘텐츠 작성을 위탁하는 경우에 콘텐츠의 저작권 등 지식재산권과 관련된 실시료(로열티)에 대해서는 지급기일 규정이 적용되지 않고 당해 콘텐츠의 사용횟수에 따라 수급사업자에 대하여 실시료를 지급한다는 계약도 가능하다. 반면에 콘텐츠 작성과 관련된 대가는 정보성과물작성위탁과 관련된 하도급대금이기 때문에 당해 콘텐츠의 수령일 후 60일 이내에 당해 하도급대금의 전액을 지급하지 않으면 안 된다.[256] 콘텐츠의 작성을 위탁받은 수급사업자에게 계속적으로 실시료를 지급하는 경우에는 하도급대금이 후불로 해석되지 않도록 콘텐츠 작성에 상응하는 가격을 지급기일 규정에 따라 초기 지불금(initial payment)으로서 지급하도록 유의할 필요가 있다.

---

254 강습회 텍스트(講習会テキスト) 2. (서식 예1) 주3 (86면).
255 공정위 권고(公取委勧告) 헤이(平)23·1·27(2011.1.27.)〔기타무라(キタムラ)사건〕, 공정위사무총장 회견기록(公取委事務総長会見記録)〔헤이(平)23·2·2〕(2011.2.2) 공정위 홈페이지 <http://www.jftc.go.jp/houdou/teirei/h23/01_03/kaikenkiroku110202.html>.
256 강습회 텍스트(講習会テキスト) 1. (5) 이(イ) Q&A 68 (43면).

ㄴ. 기산일 후 지급기일까지의 기간

하도급법상 지급기일을 설정하는 때에 급부의 수령일로부터 하도급대금의 지급기일까지 수령일을 포함하여 「60일 이내」의 날로 설정하지 않으면 아니 된다.

① 「60일 이내」＝「2개월 이내」

실무상 월말까지의 수령분과 관련된 하도급대금을 다음 달 말일에 지급하는 경우를 자주 볼 수 있는데, 예를 들어 7월 1일에 수령한 급부와 관련된 하도급대금을 익월 말일인 8월 31일에 지급하면 수령일로부터 지급기일까지 기간은 수령일을 포함하여 62일이 되고 엄밀하게는 하도급법 위반이 되어 버린다. 그 때문에 공정거래위원회는 마감제도를 채용하는 경우에는 지급기간으로서 하도급법이 규정하는 「60일 이내」를 「2개월 이내」로 바꿔서 적용하고 있다.[257] 따라서 「월말 마감 다음 달 말 지급」과 같이 수령 마감기간의 초일(예를 들어 7월 1일)부터 기산하여 2개월 후의 당일 날 전날(8월 31일)까지의 날을 지급일로 하는 지급제도를 채용한다면 하도급법 위반은 되지 않는다.

반면에 급부의 수령일로부터 지급기일까지의 기간이 60일(2개월)을 넘는 경우가 발생하는 지급제도를 채용한 경우에는 지급지연이 구조적으로 발생하게 되기(제도적 지연) 때문에 지급제도의 설계에 충분히 주의를 기울여야 한다.[258]

> ┃지급제도에 기인한 지급지연의 예
> • 매월 말일에 납품마감하고 그 다음다음 달 10일 지급하는 월 단위 마감제도를 채용함으로써 매월 1일부터 10일까지의 납품분에 대하여 급부의 수령일로부터 60일(2개월)을 넘는 때에 하도급대금을 지급하게 되는 경우[259]

---

[257] 강습회 텍스트(講習会テキスト) 1. (5) 이(イ) (39면).

[258] 매월 20일 납품마감, 마감 후 40일부터 120일 후에 각각 하도급대금을 지급하는 지급제도를 채용하고 있었기 때문에 구조적으로 지급지연 상황이 발생하였고 원사업자가 다수의 수급사업자에게 13억 원을 넘는 지연이자를 지급한 사안으로서, 공정위 권고(公取委勧告) 헤이(平)24·9·25(2012.9.25.)〔일본 생활협동조합연합회(日本生活協同組合連合会)사건〕.

[259] 하도급법운용기준(下請法運用基準) 제4. 2. (5) 에(エ), 동 <위반행위사례>2-3.

② 금융기관 휴업일인 경우의 순연(順延)

월말이 금융기관 휴일인 경우에 지급일을 다음 영업일로 연장하게 되면 급부의 수령일부터 하도급대금 지급일까지 60일을 넘기게 되어 원칙적으로 하도급법 위반이 된다. 다만 그 경우에도 원사업자와 수급사업자가 지급일을 금융기관의 다음 영업일로 연기하는 것에 대해 미리 서면으로 합의하고 제3조 서면이나 그것과 관련된 공통사항기재서면(「지급방법 등에 대하여」)에 합의내용을 기재하면 충분하고,[260] 수입인지가 붙어 있는 수급사업자의 승낙문서에 의할 필요는 없다. 연기기간이 2일 이내인 경우에는 예외적으로 하도급법 위반이 되지 않는다.[261] 다만 연말연시와 같이 지연기간이 2일을 넘는 경우에는 이 예외는 적용되지 않기 때문에 실무상은 특례를 이용하지 않고 지급일이 은행 휴업일의 경우에는 영업일 전날에 지급하도록 하는 것이 보다 일반적이라고 한다.[262]

③ 상사(商社) 등의 중간업자를 경유하는 하도급거래의 경우

원사업자와 수급사업자가 상사를 경유하여 하도급거래를 하는 경우에 상사 자신이 원사업자로 인정되지 않는 한 하도급대금의 지급에 관한 하도급법상의 책임을 지는 것은 상사가 아니라 원사업자이다. 따라서 원사업자가 급부를 수령한 후 60일 이내에 상사가 수급사업자에게 하도급대금을 지급하지 않으면 원사업자가 지급지연의 책임을 지게 된다. 상사를 경유해서 하도급대금을 지급하는 경우에 원사업자는 미리 상사가 언제 수급사업자에게 하도급대금을 지급하는지 확인하고 지급기일까지 수급사업자에게 하도급대금이 지급되도록 상사와 사전에 협의해 두어야 한다.[263]

ㄷ. 지급기일의 기산일

지급기일의 기산일은 「원사업자가 수급사업자의 급부를 수령한 날(역무제공위탁의

---

260 강습회 텍스트(講習会テキスト) 2. (서식 예1) 주3 (86면).
261 강습회 텍스트(講習会テキスト) 1. (5) 이(イ) (40면), 나카(中)·고무로(小室), 하도급법운용 재검토(下請法運用見直し), 14-15면.
262 이케다(池田), 앞의 주251) 46면.
263 강습회 텍스트(講習会テキスト) 1. (5) 이(イ) Q&A 60 (40-41면).

경우는 수급사업자가 그 위탁을 받은 역무를 제공한 날)」이다.

① 납기 전 수령

지급기일의 기산일은 급부 수령일이기 때문에 예정 납기일 이전에 급부를 수령한 경우에는 원칙적으로 실제 수령한 날이 지급기일의 기산일이 된다. 예외적으로 납기 전에 수급사업자의 요청에 응하여 이를 가수령으로 납품받은 경우에는 검사를 종료한 시점 또는 본래의 납기 중 빠른 쪽을 수령일로 하는 것은 문제가 없다고 한다.[264] 가수령으로 하는 경우에는 수령시점에 「가수령」인 것을 수령서에 명기하는 등의 방법으로 명확하게 해 두고 아니면 수급사업자에게 수령 후 신속하게 가수령이라는 취지를 통지해야 한다.

> ▌납기 전 납품을 수령한 경우 지급지연의 예
> • 매월 말일에 납품마감하고 다음 달 말일에 지급하는 제도를 취하고 있는 하도급거래에서 수급사업자가 지정납기일이 속한 달보다 이전에 납품하였음에도 불구하고 당해 납품과 관련된 매입외상대금을 지정납기일이 속한 달로 계상하고 지정납기가 속한 달의 다음 달 말일에 지급하였다.
> → 급부의 실제 수령일로부터 기산하여 60일을 도과하여 하도급대금을 지급하였기 때문에 지급지연에 해당한다.[265]

◤모범 사례◢

> • 발주자는 미리 지정한 납품일 이전의 납품(지정납품일 전 납품)에 응하는 등의 조치를 통하여 하도급받은 중소기업의 납품사무 경감 등에 협조하는 경우[266]

② 검수지연

하도급법상의 지급기일 규제를 준수하기 위해서는 실제 납품일을 마감기한으로 하는 제도를 채택하는 것이 바람직하지만 납품일이 아닌 검수일을 기준으로 한 마감기한제도를 채택하는 것이 금지되는 것은 아니다. 검수마감기한제도를 채택한 경우 검수에 상당한 일수를 요하는 경우가 있지만, 검수의 유무와 관계없이 지급기일은

---

264 강습회 텍스트(講習会テキスト) 1. (5) 이(イ) Q&A 54 (35면).
265 강습회 텍스트(講習会テキスト) 1. (5) 이(イ) <위반행위사례> ⑥ (44면).
266 진흥기준(振興基準) 제2. 4) (1).

당연히 규제되므로 납품일로부터 기산해서 실제 지급일이 60일을 넘는 경우에는 지급지연에 해당한다.[267]

> **▌검수지연에 수반하는 지급지연의 예**
> • 매월 말일이 검수마감기한이고 다음 달 말일에 지급하는 제도를 채택하고 있는 하도급거래에서 납품된 급부의 검수에 2개월을 요하기 때문에 납품 후 60일을 넘어서 하도급대금을 지급하는 경우[268]
> • 매월 말일이 납품마감기한이고 다음 달 말일 지급하는 제도를 채택하고 있는 하도급거래에서 검사가 완료되면 납품이 있는 것으로 간주하는 까닭에 당월 말일까지 납품된 것이라 하더라도 검사가 완료된 시점이 다음 달인 경우에는 다음 달에 납품된 것으로 간주하기 때문에 일부 급부에 대한 하도급대금이 급부 수령 후 60일을 넘어서 지급되는 경우[269]

③ 예탁(預託)방식이나 소화(消化)매입거래에서 수령일

예탁방식이란 원사업자가 지정하는 창고에 수급사업자가 제조위탁받은 상품을 예탁하고 원사업자는 당해 상품을 창고로부터 출고해서 사용하는 방식이다. 그리고 소화매입거래란 소매업자인 원사업자가 PB상품을 고객에게 판매한 시점에서 당해 상품의 매매가 성립한 것으로 하는 거래이다. 이 경우에 수급사업자가 창고에 예탁한 상품이나 원사업자의 점포에 납품한 상품은 원사업자의 사실상의 지배하에 있기 때문에 특별한 사정이 없으면 수급사업자가 예탁한 날 또는 원사업자의 점포에 납품한 날이 수령일로 되고, 당해 기일부터 기산하여 60일의 기간 내에 정해진 지급기일까지 하도급대금을 지급하지 않으면 지급지연이 된다. 한편 창고 출고일이나 고객에 대한 판매일로부터 60일 이내의 기간을 지급기일로 정한다면 지급기일은 불명확하게 되고 따라서 하도급대금의 지급기일을 정한 것으로 인정되지 않으며 그 결과 실제 납품일이 지급기일로 간주되기(하도급법 제2조의2 제2항) 때문에 실제 납품일에 대금이 지급되지 않는 한 지급지연이 된다.[270] 나아가 원사업자가 구체적인 납품일을

---

267 하도급법운용기준(下請法運用基準) 제4. 2. (5) 오(オ), 강습회 텍스트(講習会テキスト) 1. (5) 이(イ) (39면).
268 하도급법운용기준(下請法運用基準) 제4. 2. <위반행위사례>2－6.
269 하도급법운용기준(下請法運用基準) 제4. 2. <위반행위사례>2－1.
270 공정위 권고(公取委勧告) 헤이(平)23·1·27(2011.1.27.)〔기타무라(キタムラ)사건〕, 공정위사무총장 회견록(公取委事務総長会見記録)(平23·2·2)(2011.2.2.) 공정위 홈페이지 <http://www.jftc.go.jp/houdou/teirei/h23/01_03/kaikenkirokul10202.html>, 하도급법운용기준(下請法運用基準) 제

정하지 않고 수급사업자에게 재고를 확인시켜 결품이 발생하지 않도록 수시로 납품
시키는 경우에는 제3조 서면이 교부되지 않은 것으로 되거나 교부되었더라도 필요기
재사항인 납기일이 구체적으로 정해지지 않은 것으로 되어 하도급법 제3조 위반이
된다.[271]

　이에 반하여 수급사업자가 제조 등을 한 급부를 수급사업자의 지배하에 보관하는
한 지급기일 규제의 기산일인 「원사업자가 수급사업자의 급부를 수령한 날」은 아직
도래하지 않은 것으로 본다. 그 때문에 예탁방식이라 하더라도 수급사업자가 예탁한
상품에 대하여 수급사업자 자신이 점유하고 있는 것으로 하고(원사업자 또는 창고 사업
자는 점유대리인이 된다) 제3조 서면기재의 납기일에 동 서면기재 수량의 부품 소유권
이 수급사업자로부터 원사업자에게 이전하는 것으로 미리 서면으로 합의되어 있다
면 납기일 전의 예탁수량에 대해서는 실제 예탁일과 관계없이 제3조 서면기재의 납
기일(원사업자가 당해 납기일 전에 출고해서 사용한 경우에는 출고일)에 수령이 있는 것으로
보아 그날이 지급기일의 기산일이 된다.[272] 다만 수급사업자에 의한 상품의 예탁이
원사업자의 실질적인 지시에 근거한 경우에 수급사업자의 제조·납품에 필요한 리드
타임에 비추어 실제 납품 지시를 한 날과 납품일의 간격이 너무 짧으면 당초의 예탁
지시가 이루어진 시점이 발주일로 인정될 가능성이 있다.[273] 그 경우에는 발주시에
납기가 특정되어 있지 않아 하도급법 제3조 위반의 문제가 발생하지만 발주시에 납
기가 정해져 있지 않은 경우에는 수급사업자가 언제든지 납품할 수 있기 때문에 원
사업자가 그 수령을 거절하는 것은 수령거부의 문제가 될 수 있다.

④ 금형(거푸집) 제조위탁에서의 수령일

　금형의 제조위탁에서 수급사업자가 제작한 금형의 수령 장소가 수급사업자 이외
의 사업자(원사업자나 원사업자가 지정한 부품 제조업자 등)로 지정된 경우에는 금형이 당
해 수령장소에 납품된 시점이 지급기일의 기산일인 수령일이 된다.

---

　　4. 2. <위반행위사례>2-2, 강습회 텍스트(講習会テキスト) 1. (4) 이(イ) Q&A 51 (32면), 동 1.
　　(5) 이(イ) Q&A 61 (41면).
271 강습회 텍스트(講習会テキスト) 1. (4) 이(イ) Q&A 51 (32면), 동 1. (5) 이(イ) Q&A 61 (41면).
272 하도급법운용기준(下請法運用基準) 제4. 2. (2), 공정위사무총국경제거래국거래부장(公取委事務総
　　局経済取引局取引部長)「사업자 등의 활동에 관련된 사전상담에 대하여(회답)(事業者等の活動に係
　　る事前相談について(回答))」(헤이(平)15·3·31)(2003.3.31.).
273 이케다(池田), 앞의 주251) 45면.

그러나 예를 들어 원사업자(완성품 제조업자)가 수급사업자(부품 제조업자)에게 수급사업자가 부품을 제조하기 위하여 필요한 금형의 제조를 위탁하는 경우에 수급사업자는 스스로 제조한 금형을 자기가 사용하게 되기 때문에 제조위탁과 관련된 금형의 「수령일」이 언제인지 원사업자 입장에서 명확하지 않은 경우가 많다. 따라서 미리 원사업자와 수급사업자 간에 당해 금형을 사용한 최초의 시제품을 수령한 시점에서 금형을 수령한 것으로 합의한 경우에는 제3조 서면에 금형 그 자체가 아닌 시제품을 납품할 것을 명기하고 당해 시제품의 「납기」 및 「수령장소」를 기재하면 최초의 시제품을 수령한 시점이 금형의 「수령일」로 인정된다.[274]

⑤ 정보성과물작성위탁에서의 수령일

앞의 ②와 같이 당사자 간의 합의에 의해 검수를 마감기한으로 하는 제도를 채용하더라도 지급기일의 기산일은 검수일이 아니라 여전히 수령일이 원칙이다. 그러나 정보성과물작성위탁에서는 외형적으로는 위탁내용을 확인할 수 없기 때문에 정보성과물의 작성과정에서 원사업자가 위탁내용을 확인하고 향후 작업에 대해서 지시 등을 하기 위하여 정보성과물을 일시적으로 자신의 지배하에 둘 필요성이 발생하는 경우가 있다.[275]

따라서 정보성과물작성위탁에 대해서는 다음 요건을 충족하는 경우에 예외적으로 당해 정보성과물을 지배하에 두었다고 하더라도 즉시 「수령」한 것으로 취급되지 않고 일정한 수준이 충족되어 있는 것을 확인한 시점에서 수령한 것으로 보아 그 시점이 지급기일의 기산일이 된다.[276]

- 원사업자가 정보성과물을 지배하에 둔 시점에서는 당해 정보성과물이 위탁내용의 수준에 도달하고 있는지 명확하지 않을 것
- 사전에 당해 정보성과물이 일정한 수준을 충족하고 있다는 것을 원사업자가 확인한 시점이 급부를 수령하는 시점으로 합의되어 있을 것

다만 제3조 서면에서 명기된 납기일에 수급사업자가 작성한 정보성과물이 원사업자의 지배하에 있으면 성과물에 대한 내용확인을 마쳤는지 여부를 불문하고 당해

---

274 강습회 텍스트(講習会テキスト) 1. (5) 이(イ) Q&A 62 (41면).
275 강습회 텍스트(講習会テキスト) 1. (5) 이(イ) Q&A 65 (42면).
276 하도급법운용기준(下請法運用基準) 제4. 2. (3), 강습회 텍스트(講習会テキスト) 1. (5) 이(イ)
      Q&A 63 (41−42면).

기일에 급부를 수령한 것으로 보아 당해 납기일이 지급기일의 기산일이 된다.[277]

    정보성과물의 내용을 확인하기 위해서 수급사업자로 하여금 일시적으로 원사업자에게 가져오도록 하는 것은 제3조 서면에 명기할 필요는 없지만[278] 정보성과물의 내용확인을 위하여 증거자료의 제출을 요구하는 경우에는 위탁한 급부의 내용에 증거자료의 제출을 포함하는 것으로 기재하고 제3조 서면에 그 취지를 기재하고 발주할 필요가 있다.[279]

⑥ 역무제공위탁에서 지급기일의 기산일

    역무제공위탁에서는 원칙적으로 수급사업자가 개개의 역무제공을 완료한 날이 지급기일의 기산일이 된다.[280]

    하지만 역무제공위탁의 경우에 수급사업자에 의한 역무제공은 원사업자에게 직접 이행하는 것에 한하지 않기 때문에 수급사업자에 의해 직접 급부가 이행되었는지 여부를 파악하기 위해 수급사업자의 보고에 의존할 수밖에 없는 경우가 있다. 그러한 경우 수급사업자가 역무제공을 한 시점을 지급기일의 기산일로 하는 것은 원사업자에게 가혹하기 때문에 수급사업자에 의한 보고시 역무제공이 완료된 것으로 보고 지급기일의 기산일로 하는 것이 허용된다고 할 것이다. 또한 역무제공위탁에서는 예를 들어 보수점검업무나 청소업무의 위탁과 같이 개개의 역무가 일정 기간 연속적으로 제공되기 때문에 개개 역무제공의 완료는 특정하기 어려운 경우가 있다(연속제공역무). 따라서 이러한 역무제공위탁에 대해서는 다음과 같은 요건을 충족하면 월 단위 급부로 취급되어 기간 발주가 인정되고 월 단위로 설정된 마감기간의 말일에 당해 역무가 제공된 것으로 보아 당해 마감일 후 60일 이내의 날을 지급기일로 설정하는 것이 허용된다(월말 마감일 다음다음 달 말일에 지급하는 것이 인정된다).[281] 이러한 연속제공역무에 관한 지급기일 기산일의 취급은 예를 들어 4분기 단위나 연 단위와 같이 월 단위를 넘는 마감제도에서는 인정되지 않는다. 그리고 수리위탁이나 제조위탁에서는 수급사업자가 연속하여 동종의 수리 또는 물품 등의 제조를 하는 것이라 하더라도 월

---

277 하도급법운용기준(下請法運用基準) 제4. 2. (3).
278 강습회 텍스트(講習会テキスト) 1. (5) 이(イ) Q&A 67 (42면).
279 강습회 텍스트(講習会テキスト) 1. (5) 이(イ) Q&A 67 (42-43면).
280 강습회 텍스트(講習会テキスト) 1. (5) 이(イ) Q&A 70, 71 (43면).
281 하도급법운용기준(下請法運用基準) 제4. 2. (4).

단위의 급부로 취급하는 것은 인정되지 않는다.

- 수급사업자가 연속하여 제공하는 역무가 동종의 것일 것
- 수급사업자와 협의를 통해서 월 단위로 설정되는 마감기간의 말일까지 제공된 역무에 대하여 하도급대금을 지급하는 것이 미리 합의되고 그 취지가 제3조 서면에 명기되어 있을 것(「지급기일」란에 「매월 말일 마감, 다음 달 (또는 다음다음 달) ○일 지급」으로 기재하는 것이 가능[282])
- 제3조 서면에서 당해 기간의 하도급대금이 명기되어 있거나 또는 하도급대금의 구체적인 금액을 정하는 산정방법(역무의 양이나 종류마다 단가가 미리 정해져 있는 경우에 한한다)이 명기되어 있을 것

또한 상기 합의서면(계약서)에 제3조 서면의 필요기재사항이 전부 기재되어 있는 경우에는 당해 합의서면을 제3조 서면으로 볼 수 있기 때문에 제3조 서면은 1개월을 넘는 기간(예를 들어 1년간)의 연속제공역무를 발주하는 것이라도 마감을 월 단위로 설정하는 한 문제되지 않는다.[283]

ㄹ. 지급수단 규제

하도급대금의 지급수단은 현금으로 하는 것이 원칙이지만 현금 이외의 수단으로 지급하더라도 하도급대금의 지급기일까지 현금화할 수 있고 현금지급과 동일한 효과가 있으며 수급사업자의 이익을 해하지 않으면 하도급대금의 지급수단으로서 사용될 수 있다고 한다.[284] 현금을 대신하는 지급수단으로 어음, 일괄결제방식, 전자기록채권 등이 있다. 지급기일에 실제로 현금화할 수 없는 지급수단으로 지급하는 경우에는 하도급대금을 지급기일까지 지급한 것이 아니므로 지급지연이 된다.[285] 어음은 지급기일까지 현금화할 수 있다고 하더라도 수급사업자가 고액의 할인료 등을 부담하지 않으면 안 되는 경우가 있기 때문에 예방적인 차원에서 지급기일에 현실적으

로 할인을 받을 수 있는지 여부와 상관없이 지급기일까지 일반 금융기관에서 할인을 받기 어렵다고 인정되는 어음(할인곤란어음)을 교부하는 것은 독립된 금지행위로 되어 있다(하도급법 제4조 제2항 제2호).

현금 이외의 지급수단이 허용되는 것은 그것이 지급기일에 현금지급과 동일한 효과가 있다는 것을 전제로 하기 때문에 지급수단을 현금화하기 위한 비용(할인료 등)은 본래 현금 이외의 지급수단을 사용한 원사업자가 부담해야 하는 것이 원칙이다. 그러나 거래현실은 수급사업자가 어음 등의 지급수단을 현금화할 때 할인료 등의 비용은 대부분 수급사업자가 부담하고 있어, 결과적으로 수급사업자는 어음 등으로 하도급대금을 지급받아 이를 현금화하면 실질적으로는 액면가 그대로 현금을 수령할 수 없는 상황에 처하는 경우가 많다. 이 때문에 하도급대금의 지급에 대해서는 될 수 있는 한 현금으로 하도록 유도하고 있다.[286]

그리고 말할 필요도 없이 하도급대금을 어떠한 수단으로 지급할지는 원사업자와 수급사업자가 합의해서 정해야 하는 사항으로서 제3조 및 제5조 서면의 필요적 기재사항이다.

모범 사례

- 하도급대금은 될 수 있는 한 현금으로 지급하고 적어도 임금에 상당하는 금액에 대해서는 현금으로 지급할 것[287]
- 어음 등으로 지급하는 경우 수급사업자의 자율적 판단을 충분히 존중할 것[288]
- 어음 등으로 하도급대금을 지급하는 경우에 현금화를 위한 할인료 등의 비용이 수급사업자에게 부담되지 않도록 원사업자와 수급사업자가 충분히 협의해서 하도급대금을 결정할 것[289]

① 어음

어음에 의한 지급은 채무자(원사업자)에게 만기일까지 지급을 유예해 주는 것이지만 어음의 교부를 받은 채권자(수급사업자)는 만기일 전이라도 통상 금융기관에서 할인받아 당해 어음을 현금화할 수 있다. 따라서 원사업자가 하도급대금을 어음으로

---

286 하도급대금지급수단훈령(下請代金支払手段通達) 제1항.
287 진흥기준(振興基準) 제4. 4) (1).
288 진흥기준(振興基準) 제4. 4) (5) ① · (6) ①.
289 하도급대금지급수단훈령(下請代金支払手段通達) 제2항, 진흥기준(振興基準) 제4. 4) (2).

지급하는 경우에는 급부 수령일로부터 60일 이내에 일반 금융기관에서 할인받기 곤란하지 않은 어음을 수급사업자에게 교부하면 어음만기일이 급부수령일로부터 60일을 넘어도 하도급법상의 지급기일 규제에 위반되지 않는다.

어음의 교부가 「지급」으로 인정되는 것은 어음교부를 받은 수급사업자가 지급기일까지 할인을 받음으로써 당해 어음을 현금화할 수 있다는 것을 전제로 한다. 따라서 수급사업자가 어음할인을 받으려고 할 때 일반 금융기관인지 제2금융권인지 관계없이 그리고 담보나 보증인이 요구되는지 여부와 관계없이 실제로 할인받을 수 없어서 현금화할 수 없을 때에는 하도급대금의 지급지연이 된다.[290] 이 경우 원사업자는 하도급대금을 현금으로 지급하는 수단 등을 강구할 필요가 있다.[291]

그리고 지급기일까지 일반 금융기관에서 할인을 받아 현금화할 수 있지만 통상의 할인이 아니라 담보제공이나 과다한 할인료를 징수하는 경우에는 「일반 금융기관 …… 에 의한 할인을 받기가 곤란하다고 인정되는 어음」(할인곤란어음)을 교부하는 것으로 그러한 어음을 교부하는 것 자체가 하도급법상의 금지행위가 된다(하도급법 제4조 제2항 제2호).[292] 물류특수지정 제1항 제5호도 동일하다. 어떠한 어음이 할인이 곤란한 어음에 해당하는지는 본래 할인을 해주는 금융기관이 원사업자 및 수급자의 신용 등을 종합적으로 고려하여 판단하지만[293] 통상 어음의 결제기한에 의해 판단되고 원칙적으로 120일(섬유제품과 관련된 하도급거래에 대해서는 90일)을 넘는 어음을 교부하는 것은 하도급법 제4조 제2항 제2호에 해당할 소지가 있는 것으로 본다. 120일 또는 90일이라고 하는 어음기간의 규제는 어디까지나 하도급법 제4조 제2항 제2호에 해당할 소지가 있음을 나타내는 것일 뿐 당해 결제기한을 넘는 어음으로 지급한다고 해서 바로 할인곤란어음으로 인정되는 것은 아니다. 그런데 통상 120일 또는 90일이라고 하는 어음기간 규제를 엄격히 적용해서 어음기한이 4개월 또는 3개월이라고 하는 것과 같이 일수로 환산해서 120일 또는 90일을 조금 넘는 경우라도 하도급법 제4조 제2항 제2호에 위반할 소지가 있다며 개선하라는 권고가 행해지고 있다. 나아가 대부분의 경우 수급사업자가 어음할인료를 부담하고 있는 현실을 고려하면

---

290 하도급법운용기준(下請法運用基準) 제4. 2. (5) 기(キ), 동 <위반행위사례>2－12, 하도급법운용기준 개정견해(下請法運用基準改正考え方) No.15.
291 하도급법운용기준 개정견해(下請法運用基準改正考え方) No.15.
292 하도급법운용기준 개정견해(下請法運用基準改正考え方) No.14.
293 가마다(鎌田) 편저, 처음으로 배운다(はじめて学ぶ), 140면.

어음기간을 단계적으로 단축하는 노력을 통해 장래에는 60일 이내로 되도록 하여야 할 것이다.[294]

어음을 지급수단으로 할 경우 수급사업자는 추심료 등의 비용을 부담하게 되고 어음만기일 전의 할인에는 할인료가 소요되는 까닭에 원사업자는 어음으로 하도급대금을 지급하는 경우에는 현금화를 위한 할인료 비용에 대하여 수급사업자의 부담이 되지 않도록 원사업자와 수급사업자가 충분히 협의하여 하도급대금을 결정하여야 할 것이다.[295]

하도급대금을 어음으로 교부하는 것이 양 당사자 간에 미리 합의되었고, 합의를 통해 할인료 등의 비용이 포함되어 하도급대금이 산정된 것으로 인정되는 경우에는 교부하는 어음의 액면이 하도급대금과 동액이라면 하도급대금의 지급으로 간주되어[296] 지급지연 등에는 해당되지 않는다.

다만 하도급대금을 어음으로 지급하는 것이 합의된 경우에 어음교부를 대신하여 어음의 만기일에 현금을 지급하는 것은 지급지연에 해당된다.[297] 수급사업자는 어음을 만기일 이전에 할인하여 현금화할 수 없기 때문이다.

모범 사례

- 하도급대금 지급과 관련하여 어음 등의 기간은 단계적으로 단축하도록 하고 장래에는 60일 이내가 되도록 노력하는 경우[298]
- 어음 등의 기간 단축은 대기업부터 솔선하여 실시함과 동시에 점차로 공급망 전체적으로 기간을 단축해 가는 경우[299]

② 일괄결제방식

일괄결제방식이란 채무자(원사업자), 채권자(수급사업자) 및 금융기관의 계약에 근거

---

294 하도급대금지급수단훈령(下請代金支払手段通達) 제3항.
295 하도급대금지급수단훈령(下請代金支払手段通達) 제2항.
296 공정위 사무국(公取委事務局) 편, 신하도급법(新下請法), 165면, 쓰지(辻)·이코마(生駒), 상세 하도급법(詳解下請法), 111면.
297 하도급법운용기준(下請法運用基準) 제4. 2.<위반행위사례>2－10, 강습회 텍스트(講習会テキスト) (5) 이(イ)<위반행위사례>⑨·⑯ (44－45면).
298 하도급대금지급수단훈령(下請代金支払手段通達) 제3항, 진흥기준(振興基準) 제4. 4) (3).
299 진흥기준(振興基準) 제4. 4) (4).

하여 채권자가 외상채권을 금융기관에 양도함으로써 채권자가 결제일 전에 금융기
관으로부터 외상채권에 상당하는 금전을 대부 또는 지급받는 것이 가능하게 되고 결
제일에 금융기관이 채무자에게 대금관계를 정리해서 지급을 청구하는 구조로서 채
권자 및 채무자의 어음결제에 수반하는 부담(인지세의 부담, 보관·운반비용, 분실·도난
리스크 등)을 회피하도록 하는 방식이다.

하도급대금의 지급수단으로 일괄결제방식을 채용하는 경우에 하도급법상의 지급
기일 규제를 해결하기 위해서는 원사업자가 급부를 수령한 날부터 60일 이내에 수급
사업자가 하도급대금 상당액 전액을 현금화할 수 있도록 하지 아니면 안 된다. 따라
서 일괄결제방식을 채용한 경우의 「지급기일」은 「수급사업자가 금융기관으로부터
하도급대금액에 상당하는 금액의 급부 또는 지급을 받을 수 있게 되는 기간의 시기
(始期)」가 된다.[300]

그리고 어음과 마찬가지로 일괄결제방식에서도 현금화를 위하여 소요되는 비용이
공제되므로 수급사업자의 실질적인 수령액은 하도급대금 상당액보다 적게 되기 때
문에 원사업자는 일괄결제방식으로 하도급대금을 지급하는 경우에는 그 현금화에
따르는 비용에 대하여 수급사업자의 부담이 되지 않도록 이를 감안하여 원사업자와
수급사업자가 충분히 협의를 거쳐 하도급대금을 결정하여야 한다.[301]

일괄결제방식이 하도급대금의 지급수단으로 인정되는 것은 수령일로부터 60일
이내에 금융기관으로부터 하도급대금 상당액을 현금화할 수 있다는 것이 그 전제이
기 때문에 금융기관으로부터 하도급대금 상당액의 현금화가 곤란한 일괄결제방식
은 하도급대금의 지급수단으로 인정되지 않는다. 따라서 일괄결제방식에 대해서도
어음과 마찬가지로 현금화 기간(「수급사업자가 금융기관으로부터 하도급대금에 상당하는
금액을 대부 또는 지급받을 수 있는 기간의 시기(始期)」로부터 하도급대금채권의 결제일까지
기간)은 원칙적으로 120일(섬유제품과 관련된 하도급거래에서는 90일) 이내로 하지 않으
면 안 될 뿐만 아니라 단계적으로 이를 단축하도록 노력하여야 하고 장래에는 60일

---

300 공정위 사무총장훈령(公取委事務総長通達)「일괄결제방식이 하도급대금의 지급수단으로서 이용되
    는 경우에 하도급거래 공정화에 관한 법률 및 공정거래법의 운용에 대하여(一括決済方式が下請代金
    の支払手段として用いられる場合の下請代金支払遅延等防止法及び独占禁止法の運用につい
    て)」제1항, 공정위 사무국 거래부장 통지(公取委事務局取引部長通知)「일괄결제방식이 하도급대
    금의 지급수단으로서 이용되는 경우 지도방침에 대하여(一括決済方式が下請代金の支払手段とし
    て用いられる場合の指導方針について)」제6항.
301 하도급대금지급수단훈령(下請代金支払手段通達) 제2항.

이내로 하도록 하여야 한다.[302]

③ 전자기록채권

　전자기록채권이란 전자채권기록기관의 기록원부에 전자기록이 발생·양도되는 것을 요건으로 하는 금전채권으로서 전자기록채권법(2008년 12월 시행)에 의거하여 발행할 수 있는 채권이다. 전자기록채권은 인적항변의 절단 등 어음과 마찬가지로 거래 안전을 확보하기 위한 조치가 강구되어 있고 종이매체 어음에 수반되는 부담(인지세의 부담, 보관·운반비용, 분실·도난리스크 등)을 해소할 수 있다. 앞의 ②의 일괄결제방식에서는 외상채권의 양도에 수반하는 이중양도의 리스크나 대항요건을 구비하기 위한 비용이 발생하기 때문에 전자기록채권은 이들 부담을 삭감하는 것으로도 이용될 수 있다.

　하도급대금의 지급수단으로서 전자기록채권이 이용되는 경우도 원사업자가 급부를 수령한 날로부터 60일 이내에 수급사업자가 하도급대금 상당액 전액을 현금화할 수 있도록 하지 않으면 안 된다. 따라서 전자기록채권에서는 「수급사업자가 전자기록채권의 양도기록을 함으로써 금융기관으로부터 하도급대금액에 상당하는 금액을 지급받을 수 있게 되는 기간의 시기(始期)」가 「지급기일」이 된다.[303] 그러나 실무상은 「지급기일」에 하도급대금과 관련된 전자기록채권이 발생기록 또는 양도기록됨에 따라 수급사업자가 전자기록채권의 채권자로서 기록되면 이로써 충분하다고 한다.[304] 지급기일 당일에 수급사업자가 전자기록채권의 채권자로 기록되었다고 하더라도 실제로는 수급사업자가 같은 날 (전자기록채권을 양도기록하는 방법으로) 하도급대금을 현금화하는 것은 곤란하다. 그러나 공정거래위원회는 이를 알면서도 하도급법 위반 여부를 외형적으로 쉽게 판단하기 위하여 위와 같이 하고 있다고 설명한다.[305]

---

302 하도급대금지급수단훈령(下請代金支払手段通達) 제3항.

303 공정위 사무총장훈령(公取委事務総長通達)「전자기록채권이 하도급대금의 지급수단으로서 이용되는 경우 하도급거래 공정화에 관한 법률과 독점규제 및 공정거래에 관한 법률의 운용에 대하여(電子記録債権が下請代金の支払手段として用いられる場合の下請代金支払遅延等防止法及び私的独占の禁止及び公正取引の確保に関する法律の運用について)」제1항.

304 공정위(公取委),「전자기록채권과 관련한 공정거래위원회규칙의 개정원안 및 사무총장훈령원안 및 거래부장통지원안에 접수된 의견의 개요 및 그들에 대한 견해(電子記録債権に係る公正取引委員会規則の改正原案並びに事務総長通達原案及び取引部長通知原案に寄せられた意見の概要及びそれらに対する考え方)」, 2면.

305 하야시 쇼이치로(林祥一郎), 전자기록채권(電子記録債権), 20면.

그리고 수급사업자가 채권자로서 기록된 전자기록채권의 금액이 하도급대금과 동
액이더라도 전자기록채권을 지급기일에 현금화하는 때에는 수급사업자는 할인료 등
의 비용을 부담하게 되어 수급사업자의 실질적인 수령액은 하도급대금 상당액보다
낮게 되기 때문에 원사업자는 전자기록채권으로 하도급대금을 지급하는 경우에는
현금화로 인한 비용이 수급사업자의 부담이 되지 않도록 이를 감안하여 수급사업자
와 하도급대금을 충분히 협의하여 결정하도록 하고 있다.[306]

전자기록채권에 의한 지급에 대해서도 어음과 마찬가지로 현금화 기간(수급사업자
가 전자기록채권의 채권자로서 기록된 시점으로부터 전자기록 채권의 만기일까지의 기간)은 원
칙적으로 120일(섬유제품과 관련된 하도급거래에 대해서는 90일) 이내로 해야 하지만 단
계적으로 이를 단축하여야 하고 장래에는 60일 이내가 되도록 노력하는 것으로 되어
있다.[307]

(7) 지연이자의 지급의무

하도급거래에서 원사업자가 하도급대금의 지급기일까지 하도급대금을 지급하지
않을 경우에 원사업자는 수급사업자에게 급부수령일로부터 60일을 경과한 날부터
지급하는 날까지의 기간에 대하여 연 14.6%의 이율로 지연이자를 지급할 의무를 진
다(하도급법 제4조의2, 하도급거래 공정화에 관한 법률 제4조의2의 규정에 의한 지연이자율을
정하는 규칙). 이 규정은 수급사업자가 자율적으로 지연이자를 약정하는 것은 곤란하
다는 인식하에 수급사업자의 이익을 보호하기 위하여 마련된 것이다.[308]

하도급법에서는 지급지연이 인정되는 경우에 지연된 하도급대금의 지급과 함께
공정거래위원회가 하도급법 제4조의2에 근거한 지연이자의 지급도 권고하도록 하고
있다(하도급법 제7조 제1항). 지급지연 이외의 금지행위, 예를 들어 하도급대금의 감액
이 인정되는 경우에 환불액과 관련된 지연이자의 지급은 권고의 대상이 아니다(동조
제2항).

원사업자가 하도급대금의 지급기일까지 하도급대금을 지급하지 않은 경우에 수급

---

306 하도급대금지급수단훈령(下請代金支払手段通達) 제2항.
307 하도급대금지급수단훈령(下請代金支払手段通達) 제3항.
308 강습회 텍스트(講習会テキスト) 1. (4) 에(エ) (33면).

사업자는 원사업자에게 사법(私法)상 하도급법 제4조의2에 근거하여 14.6%의 지연
이자지급청구권을 갖는지가 문제된다. 하도급법 적용 당사자 간에 하도급법이 적용
되는 거래에서 하도급대금의 청구와 관련하여 하도급법 제4조의2에 근거한 지연이
자지급청구권을 인정하는 판례가 많지만,[309] 부정한 판례도 있다.[310]

06 대가의 감액

공정거래법 제2조 제9항 제5호 다목

⑨ 이 법률에서 「불공정거래행위」라 함은 다음 각호의 어느 하나에 해당하는 행위를 말한다.

5. 자기의 거래상의 지위가 상대방보다 우월한 점을 이용하여 정상적인 거래관행에 비추어 부당하게 다음 어느 하나에 해당하는 행위를 하는 것

다. …… 거래상대방에 대하여 거래대가 …… 금액을 줄이거나 …… 기타 거래상대방에게 불이익이 되도록 거래조건을 설정·변경하거나 또는 거래를 실시하는 것

하도급법 제4조 제1항 제3호

① 원사업자는 수급사업자에게 제조위탁 등을 한 경우에는 다음 각호 …… 에 해당하는 행위를

---

309 도쿄지판(東京地判) 헤이(平)24·4·18(2012.4.18.) 헤이(平)22 와(ワ) 30940호 공간물미등재〔업무위탁료청구(業務委託料請求)사건〕, 도쿄지판(東京地判) 헤이(平)24·9·6(2012.9.6.) 헤이(平)24 와(ワ) 4763호 공간물미등재〔외상매출금청구(売掛金請求)사건〕, 도쿄지판(東京地判) 헤이(平)24·12·17(2012.12.17.) 헤이(平)21 와(ワ) 34968호·45805호 공간물미등재〔원상회복본소청구(原状回復本訴請求)사건·위탁금 등 반소청구(委託金等反訴請求)사건〕, 도쿄지판(東京地判) 헤이(平)26·10·2(2014.10.2.) 헤이(平)25 와(ワ) 26415호 공간물미등재〔업무위탁수수료청구(業務委託手数料請求)사건〕, 도쿄지판(東京地判) 헤이(平)27·11·24(2015.11.24.) 헤이(平)25 와(ワ) 15414호 공간물미등재〔보수금 등 청구(報酬金等請求)사건〕, 도쿄지판(東京地判) 헤이(平)28·7·7(2016.7.7.) 헤이(平)27 와(ワ) 1929호 공간물미등재〔청부대금청구(請負代金請求)사건〕, 도쿄지판(東京地判) 헤이(平)28·4·20(2016.4.20.) 헤이(平)25 와(ワ) 11770호 공간물미등재〔업무위탁보수청구(業務委託報酬請求)사건〕, 도쿄지판(東京地判) 헤이(平)28·10·14(2016.10.14.) 헤이(平)27 와(ワ) 5330호 공간물미등재〔청부대금청구(請負代金請求)사건〕. 하도급법 제4조의2가 강행법규라는 것을 전제로 당사자 간에 연이율 14.6%보다 낮은 이율로 지연손해금을 정한 경우, 당해 합의 가운데 60일 경과 이후의 지연손해금을 정한 부분은 무효이기 때문에 하도급법 제4조의2가 적용되었다고 하는 견해로서, 다이토 야스오(大東泰雄), 「하도급법 실무에 밝은 변호사에 의한 「케이스스터디 하도급법」(제4회) 제3조 서면교부의무 등〔下請法の実務に明るい弁護士による「ケーススタディ下請法」(第4回)3条書面交付義務等〕 공정거래(公正取引) 790호, 57면, 63면(2016).

310 도쿄지판(東京地判) 헤이(平)21·12·25(2009.12.25.) 헤이(平)21 와(ワ) 7143호〔업무위탁료청구(業務委託料請求)사건〕.

하여서는 아니 된다.

3. 수급사업자에게 귀책사유가 없음에도 불구하고 하도급대금을 감액하는 것

하도급법 제4조 제2항 제1호

② 원사업자는 수급사업자에게 제조위탁 등을 한 경우에는 다음 각호(역무제공위탁을 한 경우
에는 제1호를 제외한다)에 해당하는 행위를 함으로써 수급사업자의 이익을 부당하게 침해해
서는 아니 된다.

1. 자기에 대한 급부에 필요한 반제품, 부품, 부속품 또는 원재료(이하「원재료 등」이라고 한
다)를 자기로부터 구입하게 하는 경우, 수급사업자에게 귀책사유가 없음에도 불구하고,
당해 원재료 등을 사용하는 급부에 대한 하도급대금의 지급기일보다 이른 시기에, 지급해
야 할 하도급대금액에서 당해 원재료 등의 대가 전부 혹은 일부를 공제하거나 또는 당해
원재료 등의 대가 전부 혹은 일부를 지급하게 하는 것

(1) 관계 법조

행위자가 매수인이고 상대방이 매도인인 거래에서 거래대가를 감액하는 것(대가의
감액)은 공정거래법 제2조 제5항 제5호 다목, 대규모소매업특수지정 제2항, 물류특
수지정 제1항 제2호 및 하도급법 제4조 제1항 제3호에서 남용행위·금지행위로 규
정되어 있다. 대가의 감액은 상대방에게 불이익이 되도록 거래의 조건을「변경」하거
나 또는 거래를「실시」하는 행위(공정거래법 제2조 제9항 제5호 다목)의 한 유형이다.

한편 상대방이 매수인이고 행위자가 매도인인 거래에서 행위자가 거래의 대가를 증
액하는 것도 상대방에게 불이익이 되도록 거래의 조건을「변경」하거나 또는 거래를
「실시」하는 행위(공정거래법 제2조 제9항 제5호 다목)로서 동일하게 위법성이 판단된다.[311]

(2) 대가의 감액

ⅰ. 감액의 대상이 되는 대가

감액의 대상이 되는「대가」는 계약에서 정한 거래의 대가이다. 하도급법에서는

---

311 우월적 지위 가이드라인 견해(優越ガイドライン考え方), 27면.

「하도급대금」은 「원사업자가 제조위탁 등을 한 경우에 수급사업자의 급부(역무제공
위탁을 한 경우에는 역무의 제공. ……)에 대해 지급해야 하는 대금」으로 정의하고 있다
(하도급법 제2조 제10항).

거래당사자가 발주대금 액수를 합의하지 않은 채 발주하여 수주업자가 예상하고
있던 금액을 밑도는 대금밖에 지급받지 못한 경우에는 발주자가 대금을 일방적으로
정했다는 점에서 대가의 일방적 설정(가격후려치기) 문제가 생긴다.[312] 감액의 대상이
되는 합의된 대가가 존재하지 않기 때문에 대가의 감액으로서 규제하는 것이 곤란하
기 때문이다.

ㄱ. 발주서면기재의 대가와 실제 합의금액에 차이가 있는 경우

서면기재 여부와 관계없이 행위자와 상대방이 거래내용의 대가로서 정한 금액을
감액하는 행위는 남용행위로서 문제가 된다.

하도급법에서 원사업자는 하도급대금액을 포함한 일정한 사항을 기재한 서면을
수급사업자에게 교부하지 않으면 안 된다(하도급법 제3조 제1항). 그 취지는 거래당사
자 간에 거래조건을 명확히 할 것을 촉구하는 것이고 제3조 서면에 기재된 「하도급
대금액」을 거래당사자 간의 하도급대금으로 간주하는 것은 아니다. 원사업자가 제3
조 서면의 교부를 게을리한 경우에 발주 전에 원사업자와 수급사업자 간에 구두로
합의된 대가를 감액하는 행위는 남용행위로서 문제가 될 수 있다.[313]

발주서면에 기재된 대가와 실제 합의한 대가 사이에 차이가 있는 경우에 본래 수
주업자의 급부에 대하여 지급해야 할 대금액은 발주업자와 수주업자 사이에 발주내
용의 대가로서 정해진 합의금액이기 때문에 실제로 합의한 금액이 준수되어야 하고
그것을 감액하는 행위는 남용행위로서 문제가 될 수 있다.[314]

> ▌대가의 감액으로서 문제가 되는 예
> • 원사업자의 자회사를 발주업무에 관여시킨 대가로서 발주대금에서 5% 공제하는 것을 수급사

---

312 쓰지(辻) · 이코마(生駒), 상세 하도급법(詳解下請法), 133면.
313 쓰지(辻) · 이코마(生駒), 상세 하도급법(詳解下請法), 132면.
314 쓰쓰미 유키오(堤幸雄) · 고조 나오코(香城尚子), 「다케다인쇄 주식회사에 대한 권고에 대하여(竹田
   印刷株式会社に対する勧告について)」 공정거래(公正取引) 661호, 49-50면(2005).

> 업자가 양해하였다는 이유로 제3조 서면에는 발주대금에서 5%를 공제한 금액을 기재하고 제3조 서면대로 금액을 지급하는 경우[315]
> - 수급사업자와의 협상에서 특별가격 협조금의 부담을 요구하여 합의한 후에 합의금액을 하도급대금에서 감액하기 위하여 물품단가를 특별가격 협조금에 맞는 금액으로 변경하면서 대상이 되는 부품의 선정과 수정단가를 원사업자가 특별가격 협조금에 맞추어서 정하고 또한 감액이 끝난 이후에도 특별가격 협조금의 액수에 대해 단가수정을 하지 않는 경우[316]

ㄴ. 소비세 상당액

상대방이 매도인인 경우에 소비세의 납세의무자는 과세자산의 양도 등을 한 사업자(일본소비세법 제5조 제1항) 즉 상대방이고, 상대방이 소비세 상당액을 행위자에게 전가할지 여부는 상대방과 행위자가 정하는 바에 따른다. 행위자가 계약으로 소비세 상당액을 부담하기로 정했음에도 불구하고 소비세 상당액을 감액하는 것은 대가의 감액에 해당한다.[317] 반면에 행위자가 소비세 상당액의 일부 또는 전액을 부담하지 않는 취지로 계약한 경우에는 소비세 상당액은 대가에는 포함되지 않는다. 따라서 이 경우에 소비세 상당액을 행위자가 지급하지 않아도 감액에는 해당하지 않고 대가의 일방적 설정에 해당하지 않는 한 남용행위도 되지 않는다.

이에 반해 하도급법에서 「하도급대금」의 액수는 소비세 상당액을 포함하고 소비세 상당액을 지급하지 않는 것은 하도급대금의 감액에 해당하는 것으로 본다.[318] 이것은 원사업자가 수급사업자에게 소비세 상당액을 전가하게 되면 수급사업자에게 불이익을 줄 위험이 있고 따라서 원사업자가 일방적으로 소비세 상당액을 전가하지 않도록 소비세 상당액을 감액하는 행위를 일률적으로 규제하려고 하는 것이다. 원사업자와 수급사업자 간에 소비세 상당액이 포함된 가격으로 하도급대금을 정하는 것

---

315 공정위 권고(公取委勧告) 헤이(平)17·9·21(2005.9.21.)〔다케다인쇄(竹田印刷)사건〕.
316 공정위 권고(公取委勧告) 헤이(平)17·5·25(2005.5.25.)〔일본전산파워모터(日本電産パワーモータ)사건〕, 가와노 사다요시(河野貞義)·아이다 준이치(会田順一), 「일본전산파워모터 주식회사에 대한 권고에 대하여(日本電産パワーモータ株式会社に対する勧告について)」, 공정거래(公正取引) 657호, 58-59면(2005). 덧붙여 동 사건은 이미 발주된 물품의 단가가 변경된 사안이다.
317 우월적 지위 가이드라인(優越ガイドライン) 제4. 3. (4)＜상정 예＞⑨.
318 소비세전가 저해행위 등 가이드라인(消費税転嫁阻害行為等ガイドライン) 제1부 제3. 1., 하도급법 운용기준(下請法運用基準) 제4. 3. (1) 아(ア).

은 허용되지만 그 경우에도 오해가 발생하지 않도록 세금이 포함된다는 취지를 제3
조 서면에 명기해야 한다.[319]

ii. 대가를 감액하는 것

대가의 감액은 일단 결정된 대가를 발주 후에 감액하는 것을 문제삼는 것이다.[320]
발주 전의 대가결정 단계에서 당초 정해진 대가를 인하하는 행위는 대가의 감액이
아니라 대가의 일방적 설정의 문제가 된다.

감액행위는 그 명목이나 방법, 금액의 대소를 묻지 않고 또한 발주 후 어느 시점
에서 감액하는지 상관없이 문제된다.

ㄱ. 상계

발주대금과 별도로 성립한 채권과 발주대금 상당액을 상계하는 것은 상계적상에
있는 한 일본 민법상 유효할 뿐 아니라 공정거래법 및 하도급법의 관점에서도 기본
적으로는 문제가 되지 않는다.[321] 다만 상계적상이 아닌 경우에, 즉 발주대금의 지급
기일에 반대채권의 변제기가 도래하고 있지 않은 경우에 발주대금에서 반대채권을
공제하는 것은 상대방에게 반대채권에 대한 기간의 이익을 일방적으로 포기시키는
것이어서 대가의 감액으로서 남용행위에 해당될 수 있다.

또한 경제상 이익의 제공요청이나 구입강제 등과 같이 상대방에게 현저히 불이익
한 거래가 남용행위에 해당하는 경우에는 그로 인해 행위자에게 발생하는 채권을 반
대채권으로 발주대금과 상계하는 것은 대가의 감액으로서 남용행위에 해당한다.

---

319 강습회 텍스트(講習会テキスト) 2. (서식 예1) 주2 (1) (85면).
320 가마다(鎌田) 편저, 하도급법실무(下請法実務), 135면. 공정거래법에서는 대가의 감액이 문제가 되는
　　것은「상품 또는 역무를 구입한 후에」감액시키는 경우이다(우월적 지위 가이드라인(優越ガイドライ
　　ン) 제4. 3. (4) 아(ア), 대규모소매업특수지정(大規模小売業特殊指定) 2항). 그리고 물류특수지정
　　제1항 제2호는「미리 정한 대금을 감액하는 것」을 대상으로 하고 있다.
321 강습회 텍스트(講習会テキスト) 1. (5) 우(ウ) (48면), 가마다(鎌田) 편저, 하도급법실무(下請法実
　　務), 142면.

ㄴ. 대금을 감액하지 않고 별도로 지급하게 하는 것

발주대금을 감액하는 대신에 별도로 금전을 지급시키는 행위가 「감액행위」에 해당하는지 문제된다.

금전 등 경제상 이익을 제공하게 하는 행위는 대금감액행위와는 별도의 남용행위 유형에 해당한다(공정거래법 제2조 제9항 제5호 나목, 하도급법 제4조 제2항 제3호). 상대방이 받는 경제적 불이익이 동일하더라도 발주대금 지급과 별개로 상대방에게 일정액을 지급시키는 행위는 발주대금에서 일정액을 감액하는 행위와 또 다른 행위로 평가되고, 경제상 이익의 제공요청은 하도급법에서 수급사업자의 이익을 부당히 해하는 경우에만 금지행위에 해당한다고 보는 것이 문언 해석으로 타당하다고 생각한다.[322] 그러나 공정거래위원회는 발주대금에서 감액하는 금액을 공제하는 경우 이외에 행위자의 금융기관 계좌에 감액하는 금액을 입금시키는 방법 등도 「감액하는 것」에 해당하는 것으로 해석하고 별도로 금전을 지급하게 하는 행위에 대해서도 대가의 감액에 해당하는 것으로 보고 있다.[323] 어떠한 경우에 경제상 이익의 제공요청 문제로서 취급되고 어떠한 경우에 대가 감액의 문제로서 취급되는지 그 기준은 명확하지 않지만 발주대금에 일정 비율을 곱한 금액을 징수하는 경우에는 대금공제이든 별도의 지급이든 대가의 감액으로 취급되는 경향이 있다.[324]

---

322 가스부치(粕渕)·스기야마(杉山), 앞의 주204) 131-132면, 166면.
323 하도급법운용기준(下請法運用基準) 제4. 3. (1) 게(ケ), 동 <위반행위사례>3-8, 강습회 텍스트(講習会テキスト) 1. (5) 우(ウ) (47면), 공정위 권고(公取委勧告) 헤이(平)18·10·27(2006.10.27.)〔이즈미야(イズミヤ)사건〕, 공정위 권고(公取委勧告) 헤이(平)24·9·25(2012.9.25.)〔일본생활협동조합연합회(日本生活協同組合連合会)사건〕, 공정위 권고(公取委勧告) 헤이(平)25·4·26(2013.4.26.)〔일본여행(日本旅行)사건〕, 공정위 권고(公取委勧告) 헤이(平)26·6·30(2014.6.30.)〔산리브(サンリブ)사건〕, 공정위 권고(公取委勧告) 헤이(平)26·8·20(2014.8.20.)〔호쿠유랏키(北雄ラッキー)사건〕, 공정위 권고(公取委勧告) 헤이(平)26·8·28(2014.8.28.)〔마루쇼크(マルショク)사건〕, 공정위 권고(公取委勧告) 헤이(平)28·8·25(2016.8.25.)〔패밀리마트(ファミリーマート)사건〕, 공정위 권고(公取委勧告) 헤이(平)28·9·27(2016.9.27.)〔시지시재팬(シジシージャパン)사건〕, 공정위 권고(公取委勧告) 헤이(平)28·11·16(2016.11.16.)〔유신(ユーシン)사건〕, 공정위 권고(公取委勧告) 헤이(平)28·11·25(2016.11.25.)〔농협관광(農協観光)사건〕, 공정위 권고(公取委勧告) 헤이(平)29·2·23(2017.2.23.)〔닛도(ニッド)사건〕.
324 다카다 노리아키(高田範昭)·이나모치 미나(稲餅美奈), 「주식회사 시지시재팬에 대한 권고에 대하여(株式会社シジシージャパンに対する勧告について)」, 공정거래(公正取引) 796호, 71면, 73면(2017).

ㄷ. 거래조건의 변경에 의한 실질적 감액

발주 사양을 변경하거나 계약 외의 상품이나 용역의 제공을 요청하거나 발주수량을 증가시키는 등 상대방의 작업량이 당초 계약보다 증가함에도 불구하고 발주대금 액수를 증액하지 않으면 실질적으로는 상대방에게 발주대금을 감액하는 것과 동일한 경제상의 불이익이 발생하게 된다. 현금지급을 약정하였는데도 어음을 교부하거나 일정한 결제기한을 정하여 어음교부를 약정하였는데도 실제로는 좀 더 장기의 결제기한인 어음을 교부하는 경우에도 마찬가지이다. 이러한 경우는 공정거래법상 거래상대방에게 불이익이 되도록 거래조건을 「변경」하거나 또는 거래를 「실시」하는 것으로서 공정거래법 제2조 제9항 제5호 다목에 해당한다.[325]

한편 하도급법에서는 하도급대금의 감액은 하도급법 제4조 제1항 제3호에서 원칙적으로 금지되어 있는데 반해 급부내용의 변경은 동조 제2항 제4호에서 수급사업자의 이익을 부당히 해하는 경우에 한하여 금지된다. 하도급법 제4조 제1항 제3호에서 금지되는 행위는 「하도급대금을 감액하는 것」이기 때문에 위와 같이 하도급대금 액수 자체를 변경하지 않는 사례에 동조항을 적용하는 것은 곤란하고 기본적으로 동조 제2항 제4호의 부당한 급부내용의 변경에 해당되는 경우에만 하도급법 규제의 대상이 된다고 한다.[326] 그러나 공정거래위원회는 실질적으로는 하도급대금의 감액과 동일한 경제상의 불이익을 수급사업자에게 주는 행위 가운데 '하도급대금은 동결한 채 발주수량을 증가시키는 행위'에 대해서는 하도급대금의 감액에 해당한다고 해석하고 있다.[327] 또한 하도급대금의 감액이 아니고 급부내용의 변경으로 구성하는 경우에도 수급사업자에게 하도급대금의 감액과 동일한 경제상 불이익을 가하는 것으로 평가되는 사례에서는 수급사업자의 이익을 부당히 해하는 것으로서 하도급법 제4조 제2항 제4호에도 해당될 가능성이 크다고 생각된다.

---

325 우월적 지위 가이드라인(優越ガイドライン) 제4. 3. (4) 아(ア), 역무위탁거래 가이드라인(役務委託取引ガイドライン) 제2. 2. (1).
326 가마다(鎌田) 편저, 하도급법실무(下請法実務), 135면.
327 하도급법운용기준(下請法運用基準) 제4. 3. (1) 오(オ), 가마다(鎌田) 편저, 하도급법실무(下請法実務), 135면, 137면.

> ┃ 거래조건의 변경이 실질적으로 대가의 감액에 해당하는 예
> - 발주자가 수주자에 대하여 발주대금액은 그대로 두고 현품(現品)을 첨부시켜 납품수량을 증가시키는 경우[328]
> - 행위자의 일방적인 사정에 의해 거래대상 상품의 사양 변경이나 수정작업지시 또는 추가적인 제공을 요청한 결과 수주자의 작업량이 큰 폭으로 증가하게 되었고 당해 작업량 증가분과 관련된 대가의 지급을 약정했음에도 불구하고 당초의 계약에서 정한 대가밖에 지급하지 않는 경우[329]
> - 발주자가 일정 기간 동안 운반하는 화물의 양에 관계없이 일정액의 대금을 지급하는 계약을 운송사업자와 체결하고 있는 상황에서 운반해야 하는 화물이 감소하였다는 이유로 화물의 양에 따른 방식에 근거해서 산정하여 실제로 당초 발주대금액보다 적은 금액을 지급하는 경우[330]

(3) 합리적 범위를 넘는 불이익

상대방 입장에서 대가가 약정대로 지급되는 것은 사업경영상 가장 중요한 요소로서 대가를 사후적으로 감액하는 것은 상대방에게 사전에 예상할 수 없는 불이익을 가하는 것이다. 그리고 대가의 감액은 행위자가 부담해야 하는 불이익을 상대방에게 전가하는 행위이기 때문에 상대방 입장에서는 통상 어떠한 합리성도 없다.[331] 따라서 이러한 대가의 감액에 의한 불이익의 내용이나 정도는 감액이 상대방에게 이익이 되는 경우나 감액의 정도가 경미한 경우, 감액에 대해 합리적 이유가 인정되는 경우 등 특별한 사정이 없는 한 합리적 범위를 넘는 것으로서 평가된다. 감액에서 합리적 이유가 인정되는 것은 상대방의 귀책사유가 있는 경우이고 이에 대해서는 후술한다.

---

328 하도급법운용기준(下請法運用基準) 제4. 3. <위반행위사례>3−6.
329 우월적 지위 가이드라인(優越ガイドライン) 제4. 3. (4)<상정 예>③, 역무위탁거래 가이드라인(役務委託取引ガイドライン) 제2. 2. (2) ③.
330 강습회 텍스트(講習会テキスト) 1. (5) 우(ウ)<위반행위사례>⑳ (54면).
331 공정위 심결(公取委審決) 헤이(平)27 · 6 · 4(2015.6.4.) 심결집(審決集) 62권, 119면[일본 토이저러스(日本トイザラス)사건].

> ▌**합리적 범위를 넘는 대가감액의 예**
>
> • 발주자는 수탁업자가 납품한 부품을 사용하여 제작한 제품을 국내용 및 수출용으로 판매하고 있는 상황에서 수출용 제품에 사용하는 부품에 대해서는 「수출용 특별처리」로 칭하고 발주가격(국내용 제품에 사용하는 부품의 발주대가와 동일)에서 일정액을 뺀 발주대금을 지급하는 경우[332]
> • 발주자의 비용 절감을 위하여 발주대금을 감액하는 경우[333]
> • 발주자의 이익을 확보하기 위하여 발주대금을 감액하는 경우[334]
> • 발주자가 할인판매를 하거나 발주자의 단골거래처의 할인 요구에 수반하여 당해 할인 재원(財源)의 일부를 수탁업자에게 전가하는 경우[335]
> • 발주자의 고객이 주문 등을 취소하거나 시황변화 등에 의해 불용품(不用品)이 되었다는 이유로 발주대금의 일부만을 지급하는 경우[336]
> • 동일 상품이 다른 점포에서 싸게 판매되고 있다는 이유로 자기 점포와 다른 점포 판매가격의 차액분을 납품가격에서 공제하는 경우[337]
> • 자사공장이 수해를 입었다는 이유로 손해회복 협조금으로서 발주대금에서 일정액을 6개월에 걸쳐 감액하는 경우[338]
> • 발주단가를 인하하는 것에는 응하지 않았지만 일시적인 할인처리를 하는 것에는 응한 수탁업자에게 발주대금을 감액하는 경우[339]
> • 발주자의 요청에 근거하여 설비투자나 인원모집 등 수탁업자가 발주자를 위하여 상품의 공급준비를 위한 비용을 부담하고 있음에도 불구하고 발주자의 일방적인 사정에 의해 당해 상품의 일부 거래를 정지하고 계약에서 정한 대가에서 거래 감소분에 해당하는 대가를 감액하는 경우[340]

---

332 하도급법운용기준(下請法運用基準) 제4. 3. <위반행위사례>3−1(1).
333 우월적 지위 가이드라인(優越ガイドライン) 제4. 3. (4)<상정 예>⑥. 하도급법 위반사건으로, 공정위 권고(公取委勧告) 헤이(平)18・3・2(2006.3.2.)〔큐슈세이부 운수(九州西武運輸)사건〕외.
334 우월적 지위 가이드라인(優越ガイドライン) 제4. 3. (4)<상정 예>⑤. 공정거래법 위반사건으로, 공정위 권고심결(公取委勧告審決) 헤이(平)16・4・14(2004.4.14.) 심결집(審決集) 51권, 408면〔포스후루(ポスフール)사건〕. 하도급법 위반사건으로, 공정위 권고(公取委勧告) 헤이(平)16・9・28(2004.9.28.)〔후지제지(富士製紙)사건〕외.
335 우월적 지위 가이드라인(優越ガイドライン) 제4. 3. (4)<상정 예>④. 공정거래법 위반사건으로, 공정위 권고심결(公取委勧告審決) 헤이(平)16・4・15(2004.4.15.) 심결집(審決集) 51권, 412면〔산요마루나카(山陽マルナカ) I 사건〕외. 하도급법 위반사건으로, 공정위 권고(公取委勧告) 헤이(平)17・6・23(2005.6.23.)〔다카미사와사이바네팃쿠스(高見沢サイバネティックス)사건〕.
336 우월적 지위 가이드라인(優越ガイドライン) 제4. 3. (4)<상정 예>①. 하도급법 위반사건으로, 공정위 권고(公取委勧告) 헤이(平)21・2・25(2009.2.25.)〔한큐한신백화점(阪急阪神百貨店)사건〕.
337 우월적 지위 가이드라인(優越ガイドライン) 제4. 3. (4)<상정 예>⑧.
338 하도급법운용기준(下請法運用基準) 제4. 3. <위반행위사례>3−1(4).
339 공정위 권고(公取委勧告) 헤이(平)16・12・7(2004.12.7.)〔아케보노브레키공업(曙ブレーキ工業)사건〕외.
340 우월적 지위 가이드라인(優越ガイドライン) 제4. 3. (4)<상정 예>⑦, 역무위탁거래 가이드라인(役務委託取引ガイドライン) 제2. 2. (2) ④.

ⅰ. 상대방에게 이익이 되는 대가의 감액

대가의 감액으로 인하여 상대방에게「직접적인 이익」이 되는 경우에 공정거래법상 당해 대가 감액은 정당한 거래관행에 비추어 상대방에게 부당하게 불이익을 주는 것이 아니기 때문에 남용행위에 해당하지 않는 것으로 본다.

이에 대하여 하도급법에서는 수급사업자의 귀책사유가 없는 한 수급사업자가「직접적인 이익」을 받는지 여부와 관계없이 하도급대금의 감액은 금지행위에 해당하는 것으로 본다. 그러나 하도급법에서도 수급사업자에게 금전의 제공을 요청하는 것은 그로 인하여 얻을 수 있는「직접적인 이익」의 범위 내에 있고 수급사업자의 자유로운 의사에 의해 제공되는 경우에는 수급사업자의 이익을 부당하게 해한다고 볼 수 없고 금지행위에도 해당하지 않는다(하도급법 제4조 제2항 제3호). 하도급대금을「감하는 것」에는 하도급대금에서 공제하는 경우 이외에 원사업자의 금융기관계좌로 입금시키는 등 하도급대금과는 별도로 지급하게 하는 것도 포함되는 것으로 실무상 운영되고 있다(앞의 (2) ⅰ. ㄱ.). 그 때문에 수급사업자가 원사업자에게 금전을 제공하는 경우라 하더라도 경제상 이익제공요청으로서가 아니라 하도급대금 감액의 문제로서 취급되는 경우가 있다. 하도급대금의 감액이 수급사업자에게 불이익이 되지 않고 또한 합리적 범위를 넘지 않는 것으로서 감액에 대하여 수급사업자와 미리 합의되어 있다면「감액하는 경우」에 해당하지 않고 허용될 여지가 있다.[341] 실제로 공정거래위원회는 하도급법상 이러한 예외를 인정하고 있다.

또한 행위자가 상대방에게 상대방의 이익이 되는 사업합리화 경비나 판매촉진경비의 부담을 요청하고 그것을 받아들인 상대방으로부터 당해 경비를 징수하거나 대가에서 공제(상계)하는 것에 대해서는 후술하는 경제상 이익의 제공요청(금전의 제공) 문제로서 살펴보고자 한다.

---

341 공정거래위원회는 발주 전의 합의에 근거한 대금감액 사안에서는 감액에 대하여 합리적인 이유가 있는지에 대하여 고려하고 있는 것 같다. 쓰쓰미 유키오(堤幸雄)·고조 나오코(香城尚子),「다케다인쇄 주식회사에 대한 권고에 대하여(竹田印刷株式会社に対する勧告について)」, 공정거래(公正取引) 661호, 49-50면(2005), 도야마 나오토(東山直人)·무다 나츠키(牟田名月),「주식회사 마루쇼크에 대한 권고에 대하여(株式会社マルショクに対する勧告について)」, 공정거래(公正取引) 772호, 56-57면(2015) 참조. 그리고 수급사업자에게 판매한 상품 등의 대가나 대부금 등 변제기에 있는 채권을 하도급대금에서 공제하는 것이 정당화되는 것은 하도급대금을「감액하는 경우」에 해당하지 않기 때문이라고 한다. 강습회 텍스트(講習会テキスト) 1. (5) 우(ウ) (48면).

ㄱ. 볼륨 디스카운트(volume discount)

상대방에 대한 발주가 일정 기간 내에 일정 수량을 넘는 경우에 상대방이 행위자에게 매출환급금을 지급하는 약정에 의거하여 행위자가 상대방에게 지급할 대가에서 당해 매출환급금 상당액을 감액하는 경우가 있다. 공정거래위원회는 1999년 하도급법운용기준을 개정하여 다음과 같은 조건하에서 이루어지는 매출환급금은 하도급대금의 감액에 해당하지 않는다는 견해를 표명하였다.[342]

① 합리적 이유에 근거한 매출환급금일 것

② 미리

- 당해 매출환급금의 내용이 거래조건으로서 합의·서면화되고,
- 당해 서면기재와 제3조 서면에 기재된 하도급대금을 함께 살펴보면 실질적인 하도급대금액으로 하는 것으로 합의되어 있어야 하고 또한
- 제3조 서면과 매출환급금의 내용이 기재되어 있는 서면이 서로 관련되어 있을 것

우선 매출환급금이 「합리적 이유」에 근거한 것이라는 점은 수급사업자가 매출환급금을 지급하더라도 당해 품목의 거래로부터 종래보다 이익이 증가한다는 데 있다.[343] 수급사업자에게 매출환급금을 상회하는 이익이 발생되려면 발주수량의 증가로 단위당 비용이 감소될 필요가 있다. 따라서 매출환급금의 대상이 되는 발주예정수량은 적어도 그때까지의 발주실적을 상회하지 않으면 안 된다.[344] 전년 실적과 같거나 하회하는 발주수량을 기준액으로 매출환급금을 설정하는 것은 「합리적 이유」로 인정되기 어렵다. 매출환급금이 「합리적 이유」로 인정되는 것은 현재로서는 볼륨 디스카운트가 유일하다.[345]

다음으로 매출환급금 합의가 서면화되고 제3조 서면과의 관련성이 요구되는 것은 매출환급금의 지급조건을 서면으로 명확히 함으로써 매출환급금에 대한 합의가 수급사업자의 자유롭고 자율적인 판단에 의한 것이라는 것을 담보하는 취지로 보인다.

---

342 하도급법운용기준(下請法運用基準) 제4. 3. (1).
343 강습회 텍스트(講習会テキスト) 1. (5) 우(ウ) Q&A 73 (48－49면).
344 강습회 텍스트(講習会テキスト) 1. (5) 우(ウ) Q&A 73 (48－49면).
345 강습회 텍스트(講習会テキスト) 1. (5) 우(ウ) Q&A 73 (48－49면).

수급사업자가 자유롭고 자율적인 판단에 의해 매출환급금에 동의했다고 인정받기
위해서는 매출환급금에 관한 합의는 적어도 제3조 서면에 기재된 하도급대금액의 결
정과 동시에 또는 그 이전에 이루어질 필요가 있다.[346]

┃「합리적 이유」에 근거한 것으로 인정되지 않는 매출환급금의 예

- 발주자가 단위당 비용의 감소효과가 없는데도 불구하고 일정 기간에 걸친 발주금액의 합계액이
  미리 정한 목표금액 이상으로 된 경우에 수주자에게 일정 기간의 발주대금에서 일정 비율을 곱
  한 금액을 발주자의 은행계좌로 입금하게 하는 경우[347]
- 대상품목이 특정되지 않고 발주총액의 증가만을 이유로 매출환급금을 설정하는 경우[348]
- 반기(半期)마다 발주액(발주수량이 아님)이 전년도 같은 기간과 비교해 증가한 수급사업자에게
  일정액의 할인을 요청하고 이에 응한 수급사업자에게 하도급대금액에서 일정액을 공제하는 경우[349]
- 발주수량 또는 발주금액의 증가를 신청한 수급사업자에게 원사업자가 자신의 이익을 확보하기
  위하여 발주수량에 일정액을 곱한 금액 또는 하도급대금에 일정 비율을 곱한 금액을 지급하는
  취지의 각시 등을 체결하게 하고 이를 지급하게 하는 경우[350]
- 최근 6개월간 10,000개의 발주를 한 경우에 매출환급금의 지급대상이 되는 기간을 1년으로 하
  고 1년 동안 발주수량을 15,000개로 설정하는 경우
- 원사업자가 원가절감을 위해 수급사업자에게 그 기간의 거래금액이 일정액(최근 일정 기간의
  납품실적을 하회하는 액수)을 넘는 경우에는 협찬금을 지급하는 것을 내용으로 하는 각서를 체
  결하게 하고 그 각서에 근거하여 당해 수급사업자에게 지급해야 하는 하도급대금에서 협찬금액
  을 공제하는 경우[351]

ㄴ. 어음지급에서 현금지급으로 변경하면서 금리를 공제하는 것

행위자가 상대방에게 대가의 지급방법을 어음에서 현금으로 변경할 때 행위자가

---

346 쓰지(辻)·이코마(生駒), 상세 하도급법(詳解下請法), 135면.

347 하도급법운용기준(下請法運用基準) 제4. 3.<위반행위사례>3-8.

348 강습회 텍스트(講習会テキスト) 1. (5) 우(ウ) Q&A 73 (48-49면).

349 공정위 권고(公取委勧告) 헤이(平)19·4·16(2007.4.16.)〔도시바라이티쿠(東芝ライテック)사건〕, 공
    정위 권고(公取委勧告) 헤이(平)20·6·17(2008.6.17.)〔니토리(ニトリ)사건〕, 공정위 권고(公取委勧
    告) 헤이(平)28·3·25(2016.3.25.)〔대지를 지키는 모임(大地を守る会)사건〕.

350 공정위 권고(公取委勧告) 헤이(平)19·6·13(2007.6.13.)〔마루하(マルハ)사건〕.

351 공정위 권고(公取委勧告) 헤이(平)17·9·22(2005.9.22.)〔가시오계산기(カシオ計算機)사건〕, 다니무
    라 요시히로(谷村吉弘)·사이토 마사다카(齋藤誠誉), 「가시오계산기 주식회사에 대한 권고에 대하여
    (カシオ計算機株式会社に対する勧告について)」, 공정거래(公正取引) 662호, 68-69면(2005).

상대방에게 금리상당액의 부담을 요구하고 대가로부터 감액하는 경우가 있다. 어음지급의 약정이 있음에도 불구하고 상대방이 발주 후에 현금지급을 요구한다면 행위자로서는 그에 응할 의무는 없기 때문에 그에 상응하는 대가를 요구하는 것은 불합리하지 않다. 오히려 상대방의 이익을 고려한다면 어음지급에서 현금지급으로의 변경을 적극적으로 인정할 필요가 있다.[352] 행위자는 어음에서 현금으로 지급 수단을 변경함으로써 현금지급일로부터 어음지급기일까지의 기간 동안 단기조달금리 상당액의 손실을 입게 된다. 반면에 상대방은 어음지급을 현금지급으로 변경함으로써 현금지급일부터 어음지급기일까지 기간 동안 단기조달금리 상당액(할인료 상당액)만큼의 이득을 얻는다. 그리고 행위자의 단기조달금리는 상대방의 단기조달금리보다도 일반적으로 낮기 때문에 행위자가 자신의 단기조달금리 상당액을 공제하였다고 하더라도 상대방은 직접적인 이익을 얻을 수 있다. 따라서 어음지급 대신에 일시적으로 현금지급으로 하는 경우에 어음금액에서 행위자의 단기조달금리 상당액을 공제하는 것은 대가의 감액에 해당하지 않는 것으로 보고 있다.[353]

어음지급에서 현금지급으로 변경됨에 따라 합리적 대가로 인정되는 것은 자신의 단기조달금리 상당액을 한도로 하기 때문에 그것을 넘는 금액을 거래대금액에서 공제하는 것은 대가의 감액에 해당한다.[354] 행위자가 금융기관의 단기우대금리보다 저금리로 단기조달하고 있음에도 불구하고 금리공제 기준을 단기우대금리로 설정하는 것은 대가의 감액에 해당할 수 있다.[355]

현금지급을 하는데 따른 대가를 거래대금에서 공제할 수 있는 것은 발주시점에 어음으로 지급하는 약정이 있기 때문이다. 지금까지 어음으로 거래대금이 지급되고 있었더라도 지급제도를 변경하여 일시적이 아니고 계속적인 제도로서 현금지급을 하게 되는 경우에는 현금지급을 이유로 하는 금리공제는 허용되지 않는다.[356] 이 경우 공제된 금액 가운데 단기조달금리 상당액을 넘는 금액이 아니라 공제된 금액의

---

352 고조 나오코(香城尚子), 「일본하이팩크 주식회사에 대한 권고에 대하여(日本ハイパック株式会社に対する勧告について)」, 공정거래(公正取引) 653호, 56-57면(2005).
353 하도급법운용기준(下請法運用基準) 제4. 3. (1) 우(ウ), 동 <위반행위사례>3-4.
354 공정위 권고(公取委勧告) 헤이(平)16·12·22(2004.12.22.)〔일본하이팩크(日本ハイパック)사건〕 외.
355 가마다(鎌田) 편저, 하도급법실무(下請法実務), 137면.
356 강습회 텍스트(講習会テキスト) 1. (5) 우(ウ) Q&A 78 (50면), 공정위 권고(公取委勧告) 헤이(平)24·3·27(2012.3.27.)〔다이소산업(大創産業) I 사건〕, 공정위 권고(公取委勧告) 헤이(平)24·4·24(2012.4.24.)〔고나카(コナカ)사건〕.

전액이 감액에 해당한다.[357] 지급제도를 변경하는 경우에는 거래대금액에서 금리할인을 하지 않고 상대방과 충분한 협의를 하고 나서 지급제도에 알맞은 단가를 설정할 필요가 있다. 그리고 하도급거래에서는 지급수단이 어음지급인지 여부를 제3조 서면에 기재하고 수급사업자에게 교부할 필요가 있다(제3조 서면규칙 제1조 제1항 제5호).

발주 후에 지급조건을 상대방에게 유리하게 변경하는데 따른 대가를 거래대금에서 공제할 수 있는 경우는 현재로서는 어음지급에서 현금지급으로 변경하는 경우가 유일하다. 행위자가 상대방의 요청에 의해서 어음지급 기간을 단축하거나 현금지급에서 지급기일을 앞당기더라도 그 대가로서 당해 단축기간에 상응하는 단기조달금리 상당액을 공제하는 것은 허용되지 않고 대가의 감액에 해당한다.[358]

ㄷ. 현품(現品)처분을 위한 할인판매의 재원(財源)으로서의 감액

행위자가 상대방에게 지급하는 대가를 감액하는 경우라도 감액이 행위자에 의한 할인판매의 재원(財源)이 되고 할인판매의 실시에 따라 상품이 처분되어 당해 상대방의 「직접적인 이익」이 되는 경우에는 남용행위에 해당하지 않는다.[359]

공정거래위원회는 '감액은 상대방의 신청에 의한 것이 아니면 안 된다'고 한다. 감액이 상대방의 「직접적인 이익」이 되는 경우에는 상대방이 행위자에게 감액을 신청하는 것이 일반적이다. 그러나 행위자의 요청이 감액의 계기가 되더라도 상대방에게 「직접적인 이익」이 된다면 상대방이 자유롭고 자율적인 판단에 의해 감액을 받아들이는 것은 합리적이라고 생각되므로 남용행위에는 해당되지 않을 것으로 보인다.

▌ 대가의 감액이 상대방의 「직접적인 이익」이 된다고 인정되는 예
• 신상품 도입에 즈음하여 신상품을 신속하게 시장에 유통시킬 목적으로 구 상품을 할인판매해서 조기에 전부 팔기 위한 재원으로 보전하기 위하여 감액하는 경우

---

357 다나카 히로시(田中浩) · 구로자와 마사히로(黒沢雅弘), 「주식회사 고나카에 대한 권고에 대하여(株式会社コナカに対する勧告について)」, 공정거래(公正取引) 744호, 73-74면(2012).

358 이마무라 시게카즈(今村成和) 외 편, 『주석경제법(注解経済法)〔하권〕』, 725면〔구로다 다케시(黒田武)〕(세린쇼인(青林書院), 1985).

359 공정위 심결(公取委審決) 헤이(平)27 · 6 · 4(2015.6.4.) 심결집(審決集) 62권, 119면〔일본 토이저러스(日本トイザラス)사건〕, 나가사와(長澤), 실무상의 제 논점(実務上の諸論点), 61면.

- 상품리뉴얼에 수반하여 품질이 떨어지는 구 상품이 장기에 걸쳐 매장에서 판매되는 폐해를 막기 위하여 구 상품을 조기에 다 팔기 위한 재원으로 보전하기 위하여 감액하는 경우
- 납품업자가 판매부진으로 판단하여 소매업자의 매장에 있는 구 상품을 할인판매하고 그 대신에 신상품을 판매하는 편이 매출 확대에 도움이 된다는 이유로 납품업자가 구 상품의 할인판매비용 일부를 부담하는 경우
- 팔다 남을 위험이 있는 상품에 대해서 발매(發賣)광고시에 소매점에 진열되지 않는 사태를 피하기 위하여 소매업자의 구입 위험을 경감시킬 목적으로 납품업자가 스스로 실패라고 인정한 상품에 대하여 할인판매비용을 부담하는 경우[360]

▌대가의 감액이 상대방의 「직접적인 이익」이 되지 않는 예
- 소매업자가 납품업자로부터 구입한 상품의 할인판매에 소요되는 비용부담을 납품업자에게 요구하고 당해 납품업자가 향후의 거래에 미치는 영향을 우려하여 이를 받아들이는 경우
- 소매업자가 부동(不動)재고라는 이유로 할인판매 실시에 소요되는 비용부담을 요구하고 당해 납품업자가 이에 응하는 경우[361]

ii. 불이익의 정도가 경미한 대가 감액

ㄱ. 계좌이체수수료의 공제

　행위자가 상대방에게 대금을 지급할 때 필요한 계좌이체수수료를 대금액에서 공제하는 것은 형식적으로는 대가감액에 해당하지만 그에 의하여 상대방이 받는 불이익의 정도는 통상 경미하기 때문에 공정거래법상 합리적 범위를 넘는 불이익으로 인정되지 않고 남용행위에 해당하지 않는 경우가 있다.

　하도급법에서도 공정거래위원회는 계좌이체수수료를 상대방이 부담하는 취지의 서면합의가 발주 전에 존재하는 경우에는 행위자가 부담한 실비 범위 내에서 당해 수수료를 공제한 대금을 지급하는 것은 「감액」에 해당되지 않고 하도급법에 위반하지 않는다고 보고 있다.[362] 지급대금 이체수수료를 지급대금에서 공제하는 것은 흔히

---

360 이상, 공정위 심결(公取委審決) 헤이(平)27·6·4(2015.6.4.) 심결집(審決集) 62권, 119면〔일본 토이저러스(日本トイザラス)사건〕.
361 이상, 공정위 심결(公取委審決) 헤이(平)27·6·4(2015.6.4.) 심결집(審決集) 62권, 119면〔일본 토이저러스(日本トイザラス)사건〕.
362 하도급법운용기준(下請法運用基準) 제4. 3. (1) 기(キ), 동 <위반행위사례>3-13, 강습회 텍스트(講習会テキスト) 1. (5) 우(ウ) (46면), 동 우(ウ) Q&A 77 (50면).

볼 수 있는 행위로서 상대방이 받는 불이익의 정도는 경미한 것이기 때문에 합리적
범위를 넘는 것은 아니라는 인식이 전제되어 있는 것으로 보인다. 그리고 발주 전에
계좌이체수수료의 공제에 대하여 서면합의가 필요하다고 함으로써 상대방에게 사전
에 예상할 수 없는 불이익을 주는 것은 아니라는 것을 담보한 것으로 보고 있다. 또
한 제3조 서면이나 그것과 관련된 공통사항기재서면(「지급방법 등에 대하여」)에 합의
내용이 기재되어 있으면 족하고 수입인지가 붙어있는 수급사업자의 승낙문서에 의
할 필요는 없다.

한편 인터넷뱅킹 등의 이용으로 계좌이체수수료의 할인을 은행으로부터 받음에도
불구하고 자사가 실제 지급하는 계좌이체수수료를 넘어서 대금액에서 공제하는 것
은 서면에 의한 합의가 있는지 여부와 상관없이 대가의 감액으로서 하도급법상 문제
가 된다.[363]

▎계좌이체수수료의 공제가 하도급대금 감액에 해당하는 예
- 원사업자와 수급사업자가 이체수수료를 하도급대금에서 공제하는 것을 서면으로 합의한 상황
  에서 원사업자가 인터넷뱅킹을 이용하여 이체수수료가 인하되었는데도 종래와 동일하게 계좌
  이체수수료를 공제하는 경우[364]

ㄴ. 우수리(端數) 삭제

현금으로 채무 변제를 하는 경우에 지급할 금액의 합계에 엔 미만의 우수리가 있
는 경우에는 특약이 없는 한 당해 우수리를 사사오입하여 엔 단위로 지급하는 것으
로 법률로 정해져 있다(통화의 단위 및 화폐의 발행 등에 관한 법률(1987년 법률 제42호) 제3
조 제1항). 따라서 지급합계금액 중에서 50전 미만의 우수리를 버린다고 하더라도 위
법하거나 부당하지 않고 감액행위에도 해당하지 않는다.

---

363 하도급법운용기준(下請法運用基準) 제4. 3. (1) 구(ク), 동 <위반행위사례>3−14, 강습회 텍스트
　　(講習会テキスト) 1. (5) 우(ウ)(47면), 공정위 권고(公取委勧告) 헤이(平)20·11·6(2008.11.6.)
　　〔에완팟케지(エーワンパッケージ)사건〕, 공정위 권고(公取委勧告) 헤이(平)26·6·27(2014.6.27.)
　　〔히마라야(ヒマラヤ)사건〕, 공정위 권고(公取委勧告) 헤이(平)26·6·27(2014.6.27.)〔모리소(森創)
　　사건〕, 공정위 권고(公取委勧告) 헤이(平)26·8·20(2014.8.20.)〔호쿠유랏키(北雄ラッキー)사건〕,
　　공정위 권고(公取委勧告) 헤이(平)27·10·23(2015.10.23.)〔미야코(ミヤコ)사건〕, 공정위 권고(公取
　　委勧告) 헤이(平)28·8·25(2016.8.25.)〔패밀리마트(ファミリーマート)사건〕.
364 강습회 텍스트(講習会テキスト) 1. (5) 우(ウ) Q&A 77 (50면), 공정위 권고(公取委勧告) 헤이
　　(平)26·8·20(2014.8.20.)〔호쿠유랏키(北雄ラッキー)사건〕.

지급합계액의 50전 이상의 우수리를 버리는 행위는 형식적으로는 대가의 감액에 해당하지만[365] 상대방이 받는 불이익의 정도는 통상 경미하기 때문에 공정거래법상 합리적 범위를 넘는 불이익으로 인정하지 않고 남용행위에 해당하지 않는 경우가 있을 수 있다. 이에 대하여 하도급법에서는 하도급대금 중에서 1엔 이상 단위의 우수리를 버리는 것은 하도급대금의 감액으로서 하도급법 위반이 되는 것으로 취급하고 있다.[366] 지급합계액의 1엔 미만 우수리를 버린다고 하더라도 감액행위에는 해당하지 않는 것으로 취급되는[367] 이유는 월 단위로의 지급이 많은 것을 감안한다면 상대방이 받는 불이익은 기껏해야 연간 12엔밖에 되지 않기 때문이다.

반면에 개개의 거래대금액에서 1엔 미만의 우수리를 버리는 것은 거래의 개수가 많은 경우에 버리는 액수가 비교적 거액이 될 가능성이 있기 때문에 대가의 감액에 해당하는 것으로 본다.[368] 1엔 미만의 우수리 삭제가 감액행위로 되지 않는 것은 어디까지나 지급시점의 합계액에 대한 것임에 주의할 필요가 있다.

❚ 우수리 삭제가 하도급대금의 감액에 해당하는 예
• 「단가수정」이라는 이름으로 하도급대금액이 30만 엔 이상인 경우에는 동 금액의 1,000엔 미만의 우수리를 버리고 동 금액이 30만 엔 미만인 경우에는 동 금액의 100엔 미만의 우수리를 버리는 경우[369]
• 수급사업자와의 거래에서 복수의 전표로 나눠서 소비세 상당액을 계산하고 전표마다 1엔 미만의 우수리를 버리는 경우[370]

iii. 사정변경에 의한 대가감액

발주 후 동의에 근거한 감액이라도 「대가를 감액하기 위한 요청이 대가와 관련된 협상의 일환으로서 이루어져 그 금액이 수급관계를 반영한 것으로 인정되는 경우」에

---

365 우월적 지위 가이드라인(優越ガイドライン) 제4. 3. (4)<상정 예>⑨, 강습회 텍스트(講習会テキスト) 1. (5) 우(ウ) Q&A 76 (49면).
366 하도급법운용기준(下請法運用基準) 제4. 3. (1) 가(カ), 동 <위반행위사례>3－10, 3－20.
367 講習会テキスト1. (5) 우(ウ) Q&A 76 (49면), 나카(中)·고무로(小室), 하도급법운용 재검토(下請法運用見直し), 14면.
368 나카(中)·고무로(小室), 하도급법운용 재검토(下請法運用見直し), 14면.
369 공정위 권고(公取委勧告) 헤이(平)20·3·28(2008.3.28.)〔노히세이노 운수(濃飛西濃運輸)사건〕.
370 공정위 권고(公取委勧告) 헤이(平)26·6·27(2014.6.27.)〔히마라야(ヒマラヤ)사건〕.

는 공정거래법상 남용행위에 해당하지 않는 것으로 본다.[371] 이 경우에 상대방이 받는 불이익은 정상적인 거래관행에 비추어 정당한 것으로 평가되고 남용행위가 아니다. 또한 이러한 정당화 사유가 존재하는 경우에는 상대방에게 대가감액을 강제하였다고 인정하기 어려운 경우도 많다고 생각된다.

> ▎사정변경에 의한 감액이 남용행위가 되지 않는 예
> • 단가 수정 규정이 있는 계속적 매매계약에서 어쩔 수 없는 사정변경에 의해 원재료가격의 급격한 상승 또는 하락이 발생하는 것과 같이 실제로 부득이하게 사정변경이 발생했기 때문에 상대방과 협상하여 동의를 얻은 후에 지급대금을 인하하는 경우[372]

(4) 자유롭고 자율적인 판단의 저해

ⅰ. 발주 후의 「동의」에 근거한 대가감액

ㄱ. 공정거래법 규제

공정거래법에서는 대가의 감액이 남용행위에 해당하기 위해서는 상대방이 「향후의 거래에 미치는 영향 등을 우려해서 어쩔 수 없이 받아들이는」 경우,[373] 즉 상대방이 당해 불이익을 자유롭고 자율적인 판단에 의하지 않고 부담하는 것이어야 한다.

상대방이 계약에 따른 업무를 이행하였음에도 불구하고 행위자가 계약에 따라서 지급해야 하는 거래의 대가를 감액하는 것은 행위자의 계약위반을 구성하고 상대방에게 사전에 예상할 수 없는 불이익을 주는 것이다.[374] 따라서 발주 후에 만약 상대방이 대가를 감액하는 행위에 「동의」한 외형이 존재하더라도 특별한 사정이 없는 한 이는 상대방이 「어쩔 수 없이 받아들일 수밖에 없는」 경우라고 추인해야 할 것이다.

상대방이 대가의 감액을 임의로 받아들였다고 인정되는 특별한 사정으로서는 예

---

371 우월적 지위 가이드라인(優越ガイドライン) 제4. 3. (4) 이(イ), 역무위탁거래 가이드라인(役務委託取引ガイドライン) 제2. 2. (1).
372 우월적 지위 가이드라인 견해(優越ガイドライン考え方), 54면.
373 우월적 지위 가이드라인(優越ガイドライン) 제4. 3. (4) 아(ア).
374 공정위 심결(公取委審決) 헤이(平)27·6·4(2015.6.4.) 심결집(審決集) 62권, 119면〔일본 토이저러스(日本トイザラス)사건〕.

를 들어 단가변경 협상이 늦어짐에 따라 소급적용을 하는 경우를 들 수 있다. 일정한
기일 이후의 변경을 전제로 단가 협상이 이루어진 경우에 협상이 늦어져 당해 기일
을 넘어서 단가의 인하가 합의된 경우에 당해 기일 발주분에 소급해서 새로운 단가
를 적용하는 취지로 합의하는 것은 협상의 경위에 비추어 볼 때 상대방 자신도 충분
히 자발적이라고 받아들일 수 있다.[375] 또한 행위자가 도산 위기에 처해 있는 경우에
중장기적인 경영판단으로서 상대방이 일시적으로 납품가격의 사후적인 감액에 동의
하는 것도 충분히 있을 수 있는 일이다.[376]

> ▌대가의 감액이 남용행위에 해당하는 예
> • 소매업자가 할인판매시에 납품업자에게 할인에 따르는 비용부담을 요청하고 있는 경우에 납품
>   업자는 당해 소매업자가 중요한 거래처이고 소매업자가 당해 요청을 거절하면 구입량을 줄이겠
>   다는 등의 벌칙을 시사하기도 하여 당해 요청을 거절하면 거래에 영향을 미칠 것이라 생각하였
>   고 같은 처지에 있는 다른 납품업자도 동일한 요청에 따르고 있었기 때문에 자신만 거절할 수
>   없어서 당해 요청을 받아들인 경우[377]

ㄴ. 하도급법 규제

하도급법에서는 가사 수급사업자가 자유롭고 자율적인 판단으로 동의했더라도 하
도급대금을 감액하는 행위는 금지행위에 해당한다.[378]

수급사업자가 하도급대금의 감액에 대하여 동의하더라도 금지행위에 해당하는 전
형적인 예가 단가변경 합의 전에 발주한 것에 대하여 신 단가를 소급적용하는 경우
이다. 계속적으로 거래하는 당사자 간에 가격(단가)을 인하하는 합의를 하는 경우에
당해 단가변경 합의 후에 발주하는 거래에 대하여 신 단가를 적용한다면 기본적으로
대금감액의 문제는 발생하지 않는다. 그러나 단가변경의 합의 전에 발주가 끝난 거
래에 대하여 변경 후에 새로운 단가(낮은 단가)를 적용하는 것은 가사 거래상대방이
동의하였더라도 하도급법이 금지하는 대금감액에 해당한다.[379] 단가변경의 합의가

---

375 시라이시(白石) 외, 정담(鼎談), 23면〔나가사와 데쓰야(長澤哲也) 발언〕.
376 고레나가(伊永), 성립요건과 그 의의(成立要件とその意義), 18면.
377 공정위 심결(公取委審決) 헤이(平)27·6·4(2015.6.4.) 심결집(審決集) 62권, 119면〔일본 토이저러스
    (日本トイザラス)사건〕.
378 강습회 텍스트(講習会テキスト) 1. (5) 우(ウ) (46면).
379 하도급법운용기준(下請法運用基準) 제4. 3. (1) 이(イ), 강습회 텍스트(講習会テキスト) 1. (5) 우

성립하기 전에 발주된 거래에 대해서는 변경 전의 구 단가로 일단 계약되었기 때문이다. 따라서 하도급대금의 단가를 인하하는 취지로 수급사업자와 합의하는 경우에 가사 수급사업자가 그 시점에 발주가 끝난 거래에 대해서도 신 단가를 적용하는데 동의하더라도 단가변경 시점 이후에 발주하는 거래에 대해서만 신 단가를 적용하지 않으면 안 된다. 그리고 단가변경의 적용시기에 대하여 「납품」시를 기준으로 하는 것은 신 단가 합의시보다도 이전에 「발주」한 거래에 신 단가를 적용할 위험성이 있다. 따라서 단가변경의 적용 시기는 「발주」시를 기준으로 하는 것이 바람직하다.[380]

> ▌신 단가의 소급적용이 하도급대금의 감액에 해당하는 예
> • 수급사업자와 월(月) 중간에 단가인하에 합의하였는데 원사업자의 시스템상 단가관리가 월 단위로 이루어져 월 도중에 단가를 변경할 수 없기 때문에 당해 합의일이 속한 달에 발주된 거래 전체에 대해서 신 단가를 적용하는 경우[381]
> • 수급사업자와 4월 1일 발주부터 단가변경 협의를 하고 있었는데 협상이 길어져 5월에 단가 5% 인하 취지의 합의를 했음에도 불구하고 당해 신 단가를 4월 1일에 발주한 거래부터 적용하는 경우[382]
> • 3월 23일 수급사업자와 단가를 5% 인하하는 취지로 협의를 하면서 4월 1일 납품부터 단가를 변경하기로 하였지만 4월 1일 이후 납품된 물품 가운데에는 단가변경 합의일인 23일 이전에 발주한 물품이 포함되어 있었음에도 불구하고 4월 1일 이후 납품된 물품 전체에 대해서 신 단가를 적용하는 경우[383]

ii. 발주 전의 「합의」에 근거한 대가감액

ㄱ. 공정거래법 규제

발주 전에 행위자와 상대방이 어떠한 경우에 어떠한 조건으로 대가를 감액할지 합

(ウ) Q&A 80 (50면).

380 강습회 텍스트(講習会テキスト) 1. (5) 우(ウ) Q&A 75 (49면).

381 공정위 권고(公取委勧告) 헤이(平)16·12·7(2004.12.7.)〔아케보노브레키공업(曙ブレーキ工業)사건〕, 大浦修「아케보노브레키공업 주식회사에 대한 권고에 대하여(曙ブレーキ工業株式会社に対する勧告について)」, 공정거래(公正取引) 652호, 51−52면(2005).

382 하도급법운용기준(下請法運用基準) 제4. 3.<위반행위사례>3−2, 3−16, 강습회 텍스트(講習会テキスト) 1. (5) 우(ウ) Q&A 80 (50면), 가마다(鎌田) 편저, 하도급법실무(下請法実務), 136면.

383 공정위 권고(公取委勧告) 헤이(平)17·1·27(2005.1.27.)〔하시모토포밍공업(橋本フォーミング工業)사건〕, 미우라 고지(三浦孝二), 「하시모토포밍공업 주식회사에 대한 권고에 대하여(橋本フォーミング工業株式会社に対する勧告について)」, 공정거래(公正取引) 654호, 60−61면(2005).

의한 경우에 당해 합의에 근거한 대가의 감액은 공정거래법상 원칙적으로 남용행위에
해당하지 않는다. 당해 합의는 경제적으로 대가 그 자체를 인하하는 취지의 합의와 아
무런 차이가 없고 가격협상과 불가분의 관계라고 할 수 있다. 오히려 상대방으로서는
일단 단가가 인하하게 되면 원래 단가로 되돌리는 협상은 사실상 곤란하기 때문에 대
가 그 자체를 인하하는 것이 아니라 할인으로 처리하기를 희망할 것으로 추측된다.

  발주 전에 대가의 감액에 합의하였더라도 당해 합의의 내용 자체가 상대방에게 합
리적 범위를 넘는 불이익을 주는 것으로서 상대방에게 당해 합의를 강요했다고 인정
되는 경우에는 당해 합의에 근거하여 대가를 감액하는 것은 예외적으로 남용행위에
해당한다.

  공정거래위원회는 상대방이 자사의 상품판매를 촉진하기 위하여 행위자와 감액의
한도액 및 감액의 대상이 되는 상품을 미리 한정한 후에 할인판매의 재원으로 하기
위한 감액의 조건을 명확히 정하고 행위자가 그 조건에 따라 당해 한도액 및 당해
대상상품의 범위 내에서 감액을 하는 것은 상대방이 얻는「직접적인 이익」등을 감
안하면 합리적이므로 남용행위에 해당하지 않는다고 한다.[384]

> ▮ 발주 전 합의에 근거한 감액이 남용행위에 해당되지 않는 예
> • 납품업자와 소매업자가 신제품을 계속적으로 취급하기 위하여 납품업자가 연초(年初)에 정한
>   할인판매에 소요되는 비용부담의 예산 범위 내에서 이미 생산 중단된 상품의 재고처리를 위하
>   여 할인판매비용의 2분의 1을 부담하기로 미리 합의하고 그에 근거하여 지급할 대금액에서 납
>   품업자의 부담액만큼 감액하는 경우[385]

ㄴ. 하도급법 규제

  하도급법에서는 발주 전 감액에 대하여 수급사업자와「합의」하였더라도 제3조 서
면에 기재된 하도급대금을 감액하는 행위는 하도급법상 금지행위에 해당하는 것으
로 본다.[386] 하도급대금에서 일정액이나 일정 비율을 감액하는 각서 등을 미리 체결

---

384 공정위 심결(公取委審決) 헤이(平)27·6·4(2015.6.4.) 심결집(審決集) 62권, 119면〔일본 토이저러스
   (日本トイザラス)사건〕.
385 공정위 심결(公取委審決) 헤이(平)27·6·4(2015.6.4.) 심결집(審決集) 62권, 119면〔일본 토이저러스
   (日本トイザラス)사건〕.
386 강습회 텍스트(講習会テキスト) 1. (5) 우(ウ) Q&A 74 (49면), 가마다(鎌田) 편저, 하도급법실무(下

하고 그에 근거하여 하도급대금을 감액하는 것이 전형적인 예이다.[387] 감액에 대하여 발주 전에 협의한 후 합의하였다면 그것을 제3조 서면에 기재된 「하도급대금액」에 반영시킬 필요가 있다.[388]

하도급법에서 발주 전 「합의」에 근거한 감액이더라도 이를 금지하는 취지는 「원 사업자 입장에서 보면 합의로 보여도 수급사업자는 진실로 합의하고 있지 않은 사례가 많기」 때문에 「법률의 규정도 발주 전에 합의가 있더라도 허용되지 않는 행위로 정하고 있는 것」이라고 설명하고 있다.[389] 요약하면 대금감액은 수급사업자에게 통상 불리하기 때문에 발주 전의 감액 「합의」는 일반적으로 수급사업자의 자유롭고 자율적인 판단에 의한 것이 아닐 가능성이 높다는 인식하에 설령 수급사업자가 자유롭고 자율적인 판단에 따라 감액에 합의하였더라도(그 때문에 공정거래법상은 문제가 없더라도) 제3조 서면에 기재된 「하도급대금」을 감액하는 행위를 일률적으로 금지시킴으로써 수급사업자를 간이 · 신속하게 보호하기 위한 것이다. 이는 공정거래법상 위법이 되지 않는 행위라 하더라도 정책적인 관점에서 하도급법 규제의 폭을 확대하기 위한 것이고 그에 따라 다소 애매한 행위라 하더라도 그에 대한 법 집행은 하도급법에 근거한 권고에 그치고 가사 원사업자가 권고에 응하지 않더라도 시정명령이나 과징금 납부명령을 과할 수 없다.

(5) 상대방의 귀책사유

i. 상대방의 채무불이행

상대방의 귀책사유에 의해 행위자가 손해를 입은 경우에 당해 상품을 수령한 날부

請法実務), 136-137면.

387 공정위 권고(公取委勧告) 헤이(平)17 · 6 · 30(2005.6.30.)〔나후코(ナフコ)사건〕, 가와노 사다요시(河野貞義) · 사카다 준기치(坂田順吉), 「주식회사 나후코에 대한 권고에 대하여(株式会社ナフコに対する勧告について)」, 공정거래(公正取引) 659호, 68-69면(2005), 공정위 권고(公取委勧告) 헤이(平)17 · 9 · 22(2005.9.22.)〔가시오계산기(カシオ計算機)사건〕, 공정위 권고(公取委勧告) 헤이(平)18 · 10 · 27(2006.10.27.)〔이즈미야(イズミヤ)사건〕, 공정위 권고(公取委勧告) 헤이(平)19 · 6 · 13(2007.6.13.)〔마루하(マルハ)사건〕 등.

388 가마다(鎌田) 편저, 하도급법실무(下請法実務), 134면.

389 이시가키 데루오(石垣照夫), 「위반행위 경향과 법준수의 포인트(違反行為の傾向と法遵守のポイント)」, 공정거래(公正取引) 669호, 5면, 10면(2006).

터 상당 기간 내에 거래대가에서 손해배상 상당액을 감액하는 것은 정당한 이유가 있으므로 남용행위에 해당하지 않는다.[390]

상대방의 귀책사유로는 상대방이 납품한 상품에 하자가 있는 경우, 주문한 상품과 다른 상품이 납품된 경우, 납기지연 등을 들 수 있다.[391]

ㄱ. 거래조건이 불명확한 경우

계약조건인 납기나 사양 등이 상대방 입장에서 불명확한 경우에는 상대방에게 계약위반 사유가 발생했는지의 여부에 대한 판단도 객관적으로 명확하지 않기 때문에 행위자가 자의적으로 계약위반을 주장해서 대가를 감액할 우려가 있다. 따라서 거래조건이 불명확한 경우에는 행위자가 계약위반을 이유로 대가를 감액할 수 없다.

ㄴ. 발주 후의 조건 변경에 의한 채무불이행 야기

상대방에게 제공된 상품이나 서비스의 검사기준은 발주시에 정해진 바에 따르지 않으면 안 된다. 미리 정해진 검사기준을 발주 후에 자의적으로 엄격하게 하고 그 결과 제공된 상품이나 서비스가 발주한 것과 다르다거나 하자가 있다는 이유로 발주 대금을 감액하는 것은 인정될 수 없다.[392]

ㄷ. 발주시의 조건 자체가 엄격한 경우

발주시점에서 검사기준이 엄격하거나 납기가 단기인 것을 상대방도 이해하고 있는 경우에는 그것이 당사자 간의 계약내용이 되기 때문에 엄격한 기준이나 납기를 지키지 않는 데 따른 리스크는 상대방이 부담하는 것이 원칙이다. 다만 행위자가 상

---

390 우월적 지위 가이드라인(優越ガイドライン) 제4. 3. (4) 이(イ), 대규모소매업특수지정(大規模小売業特殊指定) 제2항 단서, 하도급법 제4조 제1항 제3호.
391 우월적 지위 가이드라인(優越ガイドライン) 제4. 3. (4) 이(イ).
392 우월적 지위 가이드라인(優越ガイドライン) 제4. 3. (4)＜상정 예＞②, 역무위탁거래 가이드라인(役務委託取引ガイドライン) 제2. 2. (2) ②, 강습회 텍스트(講習会テキスト) 1. (5) 우(ウ)＜위반행위사례＞⑤ · ⑬ (52면).

대방의 사정을 고려하지 않고 자의적으로 엄격한 검사기준이나 납기를 설정한 경우 등 거래조건의 설정에 관하여 상대방이 자유롭고 자율적인 판단에 근거하여 합의했다고 볼 수 없는 경우에는 당해 거래조건 등을 상대방에게 과하는 것은 부당하게 불이익한 거래조건을 설정하는 것으로서 남용행위에 해당한다(공정거래법 제2조 제9항 제5호 다목). 따라서 상대방이 당해 거래조건 등을 준수하지 못하더라도 그것은 상대방의 귀책사유에 해당하지 않고 이를 이유로 한 대가의 감액은 정당하지 않다.

ㄹ. 상대방의 채무불이행을 상대방의 책임으로 돌릴 수 없는 경우

형식적으로는 상대방이 납기지연 등 계약을 위반한 경우라도 그 원인을 살펴보면 행위자가 원재료 지급을 지연하거나 또는 발주 후에 무리하게 사양을 변경해서 납기를 객관적으로 준수하기 어렵게 하는 등 상대방의 책임으로 돌릴 수 없는 사유에 의해 상대방이 의무이행을 제대로 하지 못한 경우에는 이를 이유로 한 대가의 감액은 정당화될 수 없다.[393]

> **┃납기지연에 따른 대금감액이 남용행위가 되는 예**
> • 당초는 발주일의 1주일 후를 납기일로 하고 있는 상황에서 갑자기 발주일로부터 2일 후에 납품하도록 수탁사업자에게 요구하고 수탁사업자는 종업원 사정이 좋지 않다는 사정을 이유로 거절했지만 발주자는 수탁사업자의 사정을 고려하지 않고 일방적으로 납기일을 지시했다. 수탁사업자는 종업원에게 잔업을 시켜가면서 납기일을 맞추도록 노력했지만 납기일까지 납품할 수 없어서 그 다음날 납품을 하였다. 발주자는 수령은 하였지만 납기지연을 이유로 발주대금을 감액하는 경우[394]
> • 프로그램 작성 수탁자에게 당초 지시한 사양을 작업 도중 일방적으로 변경하였기 때문에 수탁업자가 이 변경에 대처하려고 납기를 맞추지 못하였는데 납기지연을 이유로 발주대금을 감액하는 경우[395]

---

393 우월적 지위 가이드라인(優越ガイドライン) 제4. 3. (4)＜상정 예＞⑩, 강습회 텍스트(講習会テキスト) 1. (5) 우(ウ) (47면).
394 하도급법운용기준(下請法運用基準) 제4. 3. ＜위반행위사례＞3−5.
395 하도급법운용기준(下請法運用基準) 제4. 3. ＜위반행위사례＞3−12.

> ### ▌모범 사례 ◢
>
> - 하자가 있는 것을 이유로 대가를 감액하는 경우에 급부의 어디에 어떠한 하자가 있고 그 원인은 상대방에게 있다는 것을 나타내는 객관적인 자료를 보존해 두는 경우[396]
> - 발주 후에 발주내용의 변경이나 지급자재의 지급지연 등에 의해 발주 당시에 정한 납기를 수주자가 지키기 어려운 경우에 발주자가 그 납기를 변경하는 등 수주자에게 불이익이 되지 않도록 충분히 배려하는 경우[397]

ii. 감액의 범위

상대방의 귀책사유에 의해 행위자에게 손해가 발생하여도 발주대금에서 감액할 수 있는 금액은 당해 귀책사유를 감안해서 객관적으로 상당하다고 인정되는 금액의 범위 내로 한정된다.[398]

객관적으로 상당하다고 인정되는 금액의 범위를 넘어서 감액하는 것은 대금감액의 문제가 되지만 무엇이 「객관적으로 상당하다고 인정되는 금액」인가에 대해서는 명확하지 않은 사례도 있다. 행위자가 상대방과 손해배상금액에 대해서 충분한 협의 없이 일방적으로 자신이 주장하는 손해배상액을 하도급대금에서 공제하는 것은 특별한 사정이 없는 한 「객관적으로 상당하다고 인정되는 금액」을 넘어서 감액하는 것으로 추인된다.

상대방에게 귀책사유가 있어 행위자가 적법하게 상품의 수령을 거부하거나 수령 후에 반품한 경우에 객관적으로 상당하다고 인정되는 감액의 범위는 수령거부 또는 반품된 상품과 관련된 발주대금액이다.[399]

상대방의 귀책사유를 이유로 행위자가 상품의 수정작업을 지시한 경우에 객관적으로 상당하다고 인정되는 감액의 범위는 행위자가 수정하는데 필요한 실비가 된다.[400]

상대방의 귀책사유에 의해 상품가치가 저하된 경우에 객관적으로 상당하다고 인

---

396 가마다(鎌田) 편저, 처음으로 배운다(はじめて学ぶ), 169면.
397 진흥기준(振興基準) 제2. 4) (2).
398 우월적 지위 가이드라인(優越ガイドライン) 제4. 3 (4) 이(イ), 대규모소매업특수지정(大規模小売業特殊指定) 제2항 단서, 가마다(鎌田) 편저, 하도급법실무(下請法実務), 142면.
399 하도급법운용기준(下請法運用基準) 제4. 3. (2) 아(ア).
400 강습회 텍스트(講習会テキスト) 1. (5) 우(ウ) (46면), 가마다(鎌田) 편저, 하도급법실무(下請法実務), 133면, 141면.

정되는 감액의 범위는 개별적으로 판단할 수밖에 없다.[401] 예를 들어 상대방이 납품
한 상품에 하자가 있거나 납기가 늦어져 시기가 지난 경우에 낮은 가격으로 판매할
수밖에 없는 일실이익 상당액을 발주대금에서 감액하는 것은 허용될 것이다.

07 기타 거래조건의 변경 등

공정거래법 제2조 제9항 제5호 다목
⑨ 이 법률에서 「불공정거래행위」라 함은 다음 각호의 어느 하나에 해당하는 행위를 말한다.
  5. 자기의 거래상의 지위가 상대방보다 우월한 점을 이용하여 정상적인 거래관행에 비추어
     부당하게 다음 어느 하나에 해당하는 행위를 하는 것
       다. ······ 기타 거래상대방에게 불이익이 되도록 거래조건을 ······ 변경하거나 또는 거래
          를 실시하는 것

하도급법 제4조 제2항 제1호
② 원사업자는 수급사업자에게 제조위탁 등을 한 경우에는 다음 각호 ······ 에 해당하는 행위를
   함으로써 수급사업자의 이익을 부당하게 침해해서는 아니 된다.
     4. 수급사업자에게 귀책사유가 없음에도 불구하고 수급사업자의 급부내용을 변경시키
        ······ 는 것

(1) 관계 법조

거래조건의 변경은 상대방에게 불이익이 되도록 거래조건을 「변경」하는 것으로서
공정거래법 제2조 제9항 제5호 다목의 일반조항이 적용된다.

그리고 하도급법에서 급부내용의 변경을 금지하는 규정이 2003년 개정에서 추가
되었다(하도급법 제4조 세2항 제4호). 공정거래위원회는 수령거부나 감액 등과 같은 규
정으로 규제할 수 있다고 생각했기 때문에 정부안의 개정 항목에는 포함하지 않았지
만 거래조건의 변경을 금지행위로서 보다 명확히 하기 위하여 국회에서 추가되어 수

---

401 강습회 텍스트(講習会テキスト) 1. (5) 우(ウ) (46면), 가마다(鎌田) 편저, 하도급법실무(下請法実
    務), 141면.

정된 것이다.[402] 물류특수지정 제1항 제7호도 유사한 규정형태를 취하고 있는데 운송 또는 보관의 내용변경을 금지하고 있다.

(2) 거래조건의 변경

거래조건에는 크게 급부내용에 관한 것과 대가에 관한 것이 있는데 하도급법 제4조 제2항 제4호가 대상으로 하는 것은 「급부내용」을 변경하는 행위에 국한된다.

급부내용의 변경이란 발주 이후 급부의 수령 전에 급부내용을 변경해서 당초의 급부내용과 다른 업무를 하게 하는 것으로[403] 발주의 일부 또는 전부를 취소하는 것(수령거부)도 급부내용의 변경에 해당한다. 특히 하도급법 적용대상 거래에서는 발주수량을 증가시키는 경우 및 당초의 발주내용과 다른 작업을 의뢰하는 것이 새로운 발주로 인정되는 경우에는 수량 증가 등 새로운 작업분량과 관련하여 제3조 서면의 교부가 필요하다.[404]

대가에 관한 거래조건의 변경은 대가의 감액이나 지급지연이 전형적인 예이다. 행위자가 매도인이고 상대방이 매수인이 되는 거래라도 발주 후에 대가를 증액하거나 지급기일을 앞당기는 행위는 거래조건의 변경으로서 문제가 된다. 또한 발주 전 단계에서 대가를 증액하는 행위는 대가의 일방적 설정의 문제가 된다.

(3) 합리적 범위를 넘는 불이익

상대방은 체결한 계약에 근거하여 이행에 착수하고 수주업무를 완성하기 위하여 다양한 비용을 부담하기 때문에 발주 후에 거래조건이 변경되면 그때까지의 작업이 쓸모없게 되어 사전에 예상할 수 없는 불이익을 받을 가능성이 있다. 그러나 거래조건의 변경내용에 따라서는 반품, 수령거부, 지급지연, 대가감액의 유형과 비교하여 상품을 보다 좋게 하기 위하여 필요한 경우도 있고 최종적으로는 행위자가 상품을 수령하고 나서 상대방에게 대금을 지급하기 때문에 상대방이 받는 불이익의 정도가

---

402 가마다(鎌田) 편저, 하도급법실무(下請法実務), 177면.
403 하도급법운용기준(下請法運用基準) 제4. 8. (2).
404 강습회 텍스트(講習会テキスト) 1. (5) 사(サ) Q&A 100 (76면), 가마다(鎌田) 편저, 처음으로 배운다(はじめて学ぶ), 104면.

상대적으로 낮을 수도 있다.[405] 남용행위가 되는 거래조건의 변경이 되려면 그로 인해 상대방이 경제상의 불이익을 받지 않으면 안 된다. 예를 들어 상대방의 수탁업무 지연 때문에 상대방의 요구에 응해서 납기를 연기하는 경우와 같이 거래조건을 변경하는 것이 상대방에게 유리한 경우로서 상대방에게 실질적으로 불이익이 발생하지 않는다면 상대방의 요청에 따라 거래조건을 변경하는 것은 남용행위에 해당하지 않는다.[406] 그 이외에 이하에서 서술하는 바와 같이 상대방에게 통상 발생하는 손실이 보전되는 경우, 거래조건의 변경이 상대방에게 이익이 되는 경우, 변경의 정도가 경미한 경우, 변경에 대해 합리적 이유가 인정되는 등의 경우에는 상대방이 받는 불이익의 정도는 합리적 범위를 넘지 않는다고 평가할 수 있다. 변경에 있어서 합리적인 이유가 있는 경우로서 상대방의 귀책사유가 인정되는 경우는 후술하기로 한다.

하도급법에서도 급부내용의 변경은「수급사업자의 이익을 부당하게 해하는 경우」에 한하여 금지행위에 해당하기 때문에(하도급법 제4조 제2항) 위와 같은 논리는 하도급법 규제에서도 동일하게 적용될 수 있다고 본다.

> ▌합리적인 범위를 넘는 불이익이 되는 거래조건의 변경 예
> • 부품의 제조를 위탁하고 있는 상황에서 당초의 발주에서 설계·사양을 변경함으로써 수탁업자 입장에서는 그 변경에 따른 대처나 당초 납기일에 맞추기 위하여 인건비 등의 증가가 발생했음에도 불구하고 그 비용을 부담하지 않는 경우[407]
> • 인쇄·제본 등을 위탁하고 있는 상황에서 고객의 요청을 이유로 당초의 납기일을 변경하지 않고 추가작업을 시켜 그에 따른 인건비 등의 증가가 발생했음에도 불구하고 그에 소요된 비용을 부담하지 않는 경우[408]
> • 광고물의 제작 등을 위탁하고 있는 상황에서 판매예측이 빗나갔다는 것을 이유로 발주내용의 변경을 하였지만 수탁업자가 당해 발주내용의 변경을 위하여 필요한 비용을 전액 부담하지 않는 경우[409]
> • 이미 일정한 사양을 지시하여 소프트웨어 개발을 위탁하고 있는 상황에서 최종 사용자와의 협의 결과 사양이 변경되었다는 이유로 도중에 사양을 변경하고 그 때문에 수탁업자가 당초 지시에 근거하여 행한 작업이 쓸모없게 되어버렸는데도 불구하고 당초 사양에 기초하여 행한 작업은 납품된 소프트웨어와는 관계가 없다고 하여 당해 작업에 소요된 비용을 부담하지 않는 경우[410]

---

405 가마다(鎌田) 편저, 처음으로 배운다(はじめて学ぶ), 98면.
406 강습회 텍스트(講習会テキスト) 1. (5) 사(サ) Q&A 103 (76면).
407 하도급법운용기준(下請法運用基準) 제4. 8. <위반행위사례>8-2.
408 하도급법운용기준(下請法運用基準) 제4. 8. <위반행위사례>8-4(1).
409 강습회 텍스트(講習会テキスト) 1. (5) 사(サ) <위반행위사례>⑦d (78면).
410 하도급법운용기준(下請法運用基準) 제4. 8. <위반행위사례>8-6(1).

> • 화물운송의 수탁업자가 지정된 시각에 발주자가 지정한 물류센터에 도착하였지만 발주자가 화
>   물 적재준비를 끝내지 않았기 때문에 수탁업자가 어쩔 수 없이 장기간 대기했음에도 불구하고
>   그 대기시간에 대하여 필요한 비용을 부담하지 않는 경우[411]
> • 상품판매시 구입처가 상품을 실제 사용한 후에 대가 지급을 받는 것으로 하는 경우에 자기의 일
>   방적인 사정에 의하여 구입처가 아직 실제로 상품을 사용하고 있지 않는데도 불구하고 구입처
>   로 하여금 대가를 미리 지급하게 하는 경우[412]
> • 상품 매입처에게 새로운 기계설비의 도입을 지시하여 당해 기계설비의 도입 후에 바로 일정수
>   량을 발주할 것을 설명하면서 발주를 확약하고, 당해 매입처가 당해 기계설비의 도입 등 거래
>   실현을 위한 행동을 취하고 있는 것을 묵인하였음에도 불구하고 자기의 일방적인 사정에 의하
>   여 발주수량을 현저히 감소하거나 또는 발주를 취소하는 경우[413]

ⅰ. 상대방에게 통상 발생하는 손실의 보전

상대방에게 불이익이 되게 거래조건을 변경하는 경우라도 거래조건의 변경에 따라 상대방에게 통상 발생하는 손실을 행위자가 부담하는 경우에는 남용행위에는 해당하지 않는 것으로 본다. 그러나 행위자가 손실보전액을 일방적으로 결정하고 상대방에게 강요한다면 행위자가 부담하는 손실보전액이 적정한 금액이 아닐 가능성이 높기 때문에 부담하는 손실 내용이나 금액에 대하여 상대방과 충분한 협의를 한 다음에 결정할 필요가 있다. 상대방은 행위자와의 관계를 고려하여 스스로 비용청구를 하지 않는 경우가 많다고 생각되는데 행위자는 상대방이 청구하지 않더라도 상대방이 부담한 비용을 직접 확인하고 지급할 필요가 있다.[414]

행위자가 부담해야 하는 「상대방에게 통상 발생하는 손실」이란 거래조건의 변경에 따라 발생하는 상당인과관계 범위 내의 손실을 말하고 ① 당초의 발주내용을 근거로 상대방이 급부를 이행하기 위하여 소요된 일체의 비용(구입·준비에 사용한 재료비, 인건비, 제(諸)비용 등)과 ② 거래조건이 변경됨에 따라 새로 발생한 비용(더 이상 쓰지 않게 된 불용품의 처분에 따른 비용 등)을 생각할 수 있다.[415] 이 경우 예를 들어 상

---

411 하도급법운용기준(下請法運用基準) 제4. 8. <위반행위사례>8−10(2).
412 우월적 지위 가이드라인(優越ガイドライン) 제4. 3. (5) 우(ウ)<상정 예>①.
413 우월적 지위 가이드라인(優越ガイドライン) 제4. 3. (5) 우(ウ)<상정 예>③.
414 가마다(鎌田) 편저, 처음으로 배운다(はじめて学ぶ), 94면.
415 가마다(鎌田) 편저, 하도급법실무(下請法実務), 182−183면.

대방이 당초 발주내용에 따라 급부를 이행하기 위하여 필요한 기자재와 인력을 준비
하고 있는 경우에 상대방에게 협조를 구하고 해약 가능한 것을 해약하게 함으로써
상대방에게 발생하는 비용부담이 줄어든 경우에는 실제 발생한 비용만을 부담하면
된다고 할 수 있다.[416]

　　이상과 같은 논리는 하도급법에서도 똑같이 적용된다. 급부내용의 변경은 「수급
사업자의 이익을 부당히 해하는 경우」에 한하여 위반행위에 해당하는 것으로 보기
때문이다(하도급법 제4조 제2항). 거래조건의 변경은 발주 후의 상황변화에 따라 보다
좋은 제품을 제공하기 위하여 이루어지는 경우도 있기 때문에 거래조건의 변경을 일
률적으로 금지하는 것은 이러한 노력을 방해할 수도 있어 적절하지 않다.[417] 따라서
하도급거래에서도 급부내용의 변경에 따라 수급사업자에게 실제 발생한 비용을 행
위자가 전액 부담함으로써 수급사업자의 이익을 부당하게 해하지 않으면 하도급법
상 문제가 되지 않는 것으로 본다.[418]

(4) 자유롭고 자율적인 판단의 저해

ⅰ. 발주 후의 「동의」에 근거한 거래조건의 변경

　　거래조건의 변경이 남용행위에 해당하려면 상대방이 향후 거래에 미치는 영향 등
을 우려하여 그것을 어쩔 수 없이 받아들이는 경우, 즉 상대방이 당해 불이익을 자유
롭고 자율적인 판단에 의하지 않고 부담하는 것이 요건이 된다. 그리고 하도급법에
서도 「수급사업자의 급부내용을 변경하게 하는 경우」(하도급법 제4조 제2항 제4호)가
요건이 된다.

　　일단 계약한 거래조건을 발주 후에 변경하는 것은 상대방이 이행 착수시에 인지한
위험 범위를 넘는 것으로서 어떠한 경우에 어떠한 조건으로 변경되는지 명확히 되어
있지 않는 한 상대방은 사전에 예상할 수 없는 불이익을 받게 된다. 다만, 앞의 (3)

---

416 가마다(鎌田) 편저, 하도급법실무(下請法実務), 183면, 강습회 텍스트(講習会テキスト) 1. (5) 사
　　(サ) Q&A 105 (77면).
417 가마다(鎌田) 편저, 하도급법실무(下請法実務), 179면.
418 하도급법운용기준(下請法運用基準) 제4. 8. (2), 가마다(鎌田) 편저, 하도급법실무(下請法実務),
　　182-183면.

과 같이 수령거부, 반품, 지급지연, 대가감액의 유형에 해당하지 않는 거래조건의 변경은 최종적으로는 행위자가 상품을 수령하고 대금을 지급하는 것이기 때문에 상대방이 받는 불이익의 정도는 상대적으로 낮다고 할 수 있다. 따라서 상대방의 요청에 의하여 거래조건을 변경하는 경우에 당해 요청이 상대방 자신의 의사에 의한 것이라고 인정되는 경우에는 남용행위에 해당하지 않는다.[419]

ii. 발주 전의 「합의」에 근거한 거래조건의 변경

발주 전에 행위자가 상대방에게 거래조건의 변경을 요구할 수 있는 사항에 대해서 합의한 경우에 거래조건의 변경은 계약의 이행 그 자체가 되기 때문에 공정거래법상으로는 원칙적으로 남용행위에 해당하지 않는다. 예를 들어 거래조건의 변경이 있을 수 있다는 전제에서 상대방에게 발생할 수 있는 비용을 감안하여 협상한 후에 발주대금액이 설정된 경우이다.[420]

발주 전에 거래조건의 변경에 대해서 합의하고 있는 경우라도 당해 합의내용 자체가 상대방에게 합리적 범위를 넘는 불이익을 주는 경우로서 상대방이 당해 합의를 강요당한 경우에는 당해 합의에 근거한 거래조건의 변경은 예외적으로 남용행위에 해당한다. '어떠한 경우에 거래조건 변경에 대한 합의내용 자체가 합리적 범위를 넘기 때문에 상대방이 당해 합의를 강요당하였다고 인정되는지'에 대해서는 대가의 일방적 설정에 있어서의 판단방법과 동일하게 생각할 수 있다.

하도급법에서도 발주 전에 원사업자가 수급사업자와 충분히 협의한 후에 거래조건이 변경될 것을 예견하고 하도급대금액을 설정한 경우에는 당초 예견한 범위 내에서 거래조건을 변경하는 것은 문제없다고 본다.

---

419 하도급법에서 「수급사업자의 요청에 의하여 급부내용을 변경하는 경우」에는 「수급사업자의 귀책사유」가 있다고 인정되지 않기 때문에 부당한 급부내용의 변경(하도급법 제4조 제2항 제4호)에는 해당하지 않는 것으로 본다(하도급법운용기준(下請法運用基準) 제4. 8. (3). 그러나 수급사업자의 요청에 의한 경우를 금지행위의 대상에서 제외하는 법적 근거로서 「수급사업자의 귀책사유」에 해당하지 않는다고 구성하는 것은 하도급법에서 「수급사업자의 귀책사유」가 요건이 되는 다른 금지행위유형(수령거부, 반품, 대가감액 등)에서 동 요건의 해석과 정합하지 않는다. 수급사업자의 요청에 의한 급부내용의 변경이 하도급법 제4조 제2항 제4호에 해당하지 않는 것은 「수급사업자의 이익을 『부당히』 해하여서는 안 된다」에 해당하지 않는 것에서 찾아야 할 것이다.
420 가마다(鎌田) 편저, 하도급법실무(下請法実務), 180면.

(5) 상대방의 귀책사유

거래조건을 변경함에 있어 상대방의 귀책사유가 있는 경우에는 당해 거래조건 변경은 남용행위에 해당하지 않는다. 상대방의 귀책사유가 인정되는 경우는 상대방이 계약을 위반한 경우로 구체적으로는 상대방의 급부가 납기를 맞추지 못하거나 상대방의 급부에 하자가 있는 등 주문내용과 다른 경우를 들 수 있다.

그러나 앞의 (2)와 같이 급부내용의 변경은 급부의 수령 전에 이루어지는 것으로 급부의 수령 전까지는 상대방의 급부가 주문내용과 다른지 여부에 대해 행위자가 모르는 것이 보통이다. 따라서 주문내용과 다르다는 것이 거래조건 변경의 이유가 될 수 있는 사례로는 급부를 수령하기 전에 상대방의 급부내용을 확인한 상황에서 급부내용이 주문내용과 다르다고 합리적으로 판단하여 거래조건을 변경하는 경우를 들 수 있다.[421]

08 대가의 일방적 설정

공정거래법 제2조 제9항 제5호 다목
⑨ 이 법률에서 「불공정거래행위」라 함은 다음 각호의 어느 하나에 해당하는 행위를 말한다.
　5. 자기의 거래상의 지위가 상대방보다 우월한 점을 이용하여 정상적인 거래관행에 비추어 부당하게 다음 어느 하나에 해당하는 행위를 하는 것
　　다. …… 기타 거래상대방에게 불이익이 되도록 거래조건을 설정 …… 하는 것

하도급법 제4조 제1항 제5호
① 원사업자는 수급사업자에게 제조위탁 등을 한 경우에는 다음 각호 …… 에 해당하는 행위를 하여서는 아니 된다.
　5. 수급사업자의 급부내용과 동종 또는 유사한 내용의 급부에 대해 통상적으로 지급되는 대가에 비해 현저히 낮은 하도급대금액을 부당하게 정하는 것

---

421 하도급법운용기준(下請法運用基準) 제4. 8. (3).

(1) 관계 법조

행위자가 상대방에게 거래의 대가를 일방적으로 설정하는 행위(대가의 일방적 설정)는 상대방에게 불이익이 되도록 거래의 조건을 「설정」하는 행위로서 공정거래법 제2조 제9항 제5호 다목의 일반조항이 적용된다.[422] 그리고 하도급법 제4조 제1항 제5호, 물류특수지정 제1항 제3호 및 대규모소매업특수지정 제4항에서는 현저히 낮은 대가를 정하는 행위(가격후려치기)가 금지행위로 규정되어 있다.

(2) 대가의 설정

ⅰ. 가격후려치기와 고가구입

행위자가 매수인이고 상대방이 매도인이 되는 거래에서 행위자가 일방적으로 상대방에게 현저히 낮은 대가를 설정하는 행위(가격후려치기)뿐만 아니라 행위자가 매도인이고 상대방이 매수인이 되는 거래에서 행위자가 상대방에게 현저히 높은 대가를 일방적으로 설정하는 행위(고가구입)도 대가의 일방적 설정으로서 남용행위에 해당할 수 있다.[423]

ⅱ. 대가설정의 시기

대가의 일방적 설정은 발주하기 전 대가결정 단계에서의 행위를 문제시한다.[424] 발주 후의 단계에서 대가를 인하하거나(행위자가 매수인인 경우), 인상하는(행위자가 매도인의 경우) 행위는 대가의 감액 또는 거래조건의 변경(공정거래법 제2조 제9항 제5호

---

422 우월적 지위 가이드라인(優越ガイドライン) 제4. 3. (5) 아(ア) (주25).
423 우월적 지위 가이드라인(優越ガイドライン) 제4. 3. (5) 아(ア).
424 공정위 주의(公取委注意) 헤이(平)24·6·22(2012.6.22.)〔도쿄전력(東京電力)사건〕에서는 도쿄전력과 자유화 대상 수요자 사이에 체결된 계약상 미리 합의가 있으면 계약 도중에 전기요금을 인상할 수 있도록 정해진 상황에서, 각 자유화 대상 수요자와의 개별 합의 없이 장래의 특정기일 이후의 사용과 관련된 전력요금을 인상하려고 한 것이 대가의 일방적 설정에 해당할 우려가 있다고 하였다. 엔도 히카루(遠藤光) 외, 「도쿄전력 주식회사에 대한 공정거래법 위반 피의사건의 처리에 대하여(東京電力株式会社に対する独占禁止法違反被疑事件の処理について)」, 공정거래(公正取引) 743호, 80-82면(2012).

다목, 하도급법 제4조 제1항 제3호)에 해당한다.

iii. 「대가」의 「설정」

상대방의 대가변경 요청에 응하지 않고 대가를 동결하는 부작위도 거래조건을 「설정」하는 행위에 해당한다.

공정거래법은 불이익한 「거래조건」의 설정을 남용행위의 한 유형으로 규정하고 있다. 대가는 거래조건 가운데 가장 중요한 요소이지만 공정거래법 규제의 대상이 될 수 있는 것은 대가의 설정에 한정되는 것은 아니다.[425] 이에 대하여 하도급법 규제에서 거래조건의 설정이 문제가 되는 것은 앞에서 살펴본 지급기일의 장기설정 규제(제4장 5. (6) ii.)나 할인곤란어음 규제(동5. (6) ii. ㄴ.), 후술하는 경제상 이익의 제공요청(동 9.)이나 구입강제(동 10.) 등을 제외하면 「하도급대금액(대가)의 설정」에 한정되어 있다.

대가 그 자체의 크고 작음뿐만 아니라 어떠한 지급수단이 선택되느냐에 따라서도 상대방 입장에서는 불이익이 될 수 있다. 예를 들어 상대방이 상품이나 용역을 제공하는 경우에 그때까지 현금으로 지급해 오던 상황에서 어음으로 지급수단을 변경하는 행위는 상대방에게 현금화를 위한 할인료를 추가로 부담시키는 불이익을 주는 것이다. 그 때문에 지급수단을 변경하는 것 자체는 「대가의 설정」에는 해당하지 않더라도 지급수단의 변경이 상대방에게 불리하게 되는 경우에 실질적으로 상대방에게 불이익이 되지 않도록 대가를 재검토하지 않고 대가를 동결하는 것은 현저히 낮은 「대가」를 정하는 것으로서 하도급법상 문제가 될 수 있다.[426]

(3) 합리적 범위를 넘는 불이익

대가의 설정이 상대방에게 불이익이 된다는 것만으로 남용행위에 해당하는 것은 아니다. 남용행위에 해당하는 대가설정은 상대방에게 합리적으로 인정된 범위를 넘

---

425 수령거부, 반품, 수정작업지시 및 대가의 감액 등에 대해서 발주 전에 합의하여 발주하는 것이나 장기의 지급기일을 설정하거나 장기의 어음으로 지급하거나 하는 것은 거래조건의 설정행위로 분류할 수 있지만, 본서에서는 편의상 각각 수령거부(제4장2), 반품(동3), 수정작업지시의 요청(동 4), 대가의 감액(동 6), 지급지연(동 5)에서 설명하고 있다.
426 강습회 텍스트(講習会テキスト) 1. (5) 오(オ) Q&A 84 (59면).

어서는 불이익이 아니면 안 된다. 하도급법 규정에서는 「통상 지급되는 대가와 비교하여 현저히 낮은 하도급대금」을 정하는 것이 요건으로 되어 있지만 이는 다시 말하면 대가설정에 따른 불이익의 정도가 합리적 범위를 넘는 것이라고 평가할 수 있다.

설령 대가설정이 상대방의 자유롭고 자율적인 판단에 근거하지 않더라도 당해 대가설정에 따른 불이익이 합리적 범위를 넘지 않는 경우에는 남용행위에는 해당하지 않는다.[427] 그리고 대가의 일방적 설정에 의해 상대방에게 사전에 예상할 수 없는 불이익을 주는 경우라도 불이익의 정도가 합리적 범위를 넘지 않는다고 인정될 때는 남용행위에 해당하지 않는다.[428]

i . 자유경쟁의 결과로서 대가의 인하

행위자가 복수의 거래처 후보자에게 견적서를 요구하고 보다 저렴한 대가를 제시한 거래처 후보자의 존재를 시사하면서 대가의 인하를 요구하는 것은 그것이 동등한 상품이나 용역에 대하여 동등의 거래조건(대가를 제외)을 전제로 하는 한 자유경쟁의 결과에 따른 대가의 인하로 상대방에 대하여 합리적 범위를 넘는 불이익을 부과하는 것이 아니다.

반면 다른 거래처 후보자의 견적가격이 품질이 다른 상품이나 용역을 전제로 한 것이거나 별도 운송비를 필요로 하는 것과 같이 거래조건이 달라 본래 비교대상이 되는 견적가격으로 적절하지 않다면 그러한 견적가격을 예로 들면서 대가의 인하를 유도하는 것은 정당화되지 않는다.

> **❙ 정당한 대가의 인하로 인정되는 예**
> • 유사한 상품을 복수의 사업자가 제공하고 있는 경우에 이들 사업자 중 하나의 거래상대방을 선택하면서 다른 사업자가 제시하는 가격을 예로 들며 협상하는 경우[429]
> • 입찰을 실시하고 최저가를 제시한 사업자로부터 구입하는 경우[430]

---

427 도쿄지판(東京地判) 쇼(昭)63 · 7 · 6(1988.7.6.) 심결집(審決集) 35권, 83면〔도요덴소(東洋電装)사건〕에서는 원사업자에 의한 단가 인하 요청을 수급사업자가 본심이 아니지만 받아들일 수밖에 없었더라도 당해 원사업자의 다른 수급사업자에 대한 동종 제품의 단가와 비교해서 각별히 낮은 금액이라고 인정되지 않아 하도급법 제4조 제1항 제5호에서 말하는 가격후려치기에 해당하지 않는다고 하였다.

428 공정위(公取委), 「공정거래법에 관한 상담사례집(独占禁止法に関する相談事例集) (헤이세이(平成) 25년도)」 사례10 (헤이(平)26 · 6 · 18)(2014.6.18.).

429 우월적 지위 가이드라인 견해(優越ガイドライン考え方), 61면.

430 가마다(鎌田) 편저, 하도급법실무(下請法実務), 154면.

> ┃ 정당한 대가의 인하로 인정되지 않는 예
>
> • 입찰에 대리회사를 참가시켜 가격을 내리는 경우[431]
> • 품질이 다른데도 불구하고 해외제품의 싼 가격만을 예로 들며 가격을 낮추는 경우[432]

ii. 신규거래에서 대가설정의 합리성

가격설정이 상대방에게 합리적 범위를 넘는 불이익이 되는지 여부는

- 상대방의 매입가격을 하회하는지 여부
- 통상의 구입가격 또는 판매가격과의 괴리 정도
- 거래 대상이 되는 상품이나 용역의 수급관계
- 다른 상대방의 대가와 비교하여 차별적인지 여부

등을 감안하여 종합적으로 고려하여 판단하게 된다.[433]

　가격은 시장메커니즘, 즉 거래대상이 되는 상품이나 용역의 수급균형에 맞게 결정되는 것이므로 어떤 상품이나 용역을 새롭게 거래할 때에 설정된 대가가 합리적 범위를 넘는지 여부를 객관적으로 판단하는 데에는 어려움이 따른다.

> ┃ 합리적 범위를 넘는 불이익의 대가설정으로 인정되지 않는 예
>
> • 정화조 보수점검업자 Y가 정화조 설치자와 요금변경이 있는 때에는 자동적으로 새로운 요금으로 변경된다는 취지의 위탁계약을 일률적으로 체결하고 일률적인 요금을 모든 위탁자로부터 징수하고 있지만, 정화조의 보수점검업무에는 여러 가지 법제도가 영향을 미치고 있기 때문에 정화조 보수점검업자 Y가 자기에게 일방적으로 유리하지만 정화조 설치자에게는 불이익이 되도록 거래조건을 설정할 수 있는 상황에 있지 않고 실제 요금에 관해서도 다른 현(県)과 비교해서 특별히 고액이라고는 말할 수 없으며 만약 보수점검 등과 관련한 거래조건이 부당하다면 행정적인 시정조치가 취해질 수 있음에도 그러한 조치가 취해지고 있지 않은 상황이기 때문에 정화조 설치자에게 불이익이 되는 거래조건의 설정으로 볼 수 없다고 한 사례[434]

---

431 가마다(鎌田) 편저, 하도급법실무(下請法実務), 154면.

432 하도급법운용기준(下請法運用基準) 제4. 5.<위반행위사례>5-9(2).

433 우월적 지위 가이드라인(優越ガイドライン) 제4. 3. (5) 아(ア), 하도급법운용기준(下請法運用基準) 제4. 5. (1). 또한 이들 가이드라인 등에서는 「충분한 협의가 이루어졌는지 여부 등 대가의 결정방법」도 고려요소로서 들고 있지만 이는 상대방이 자유롭고 자율적인 판단에 의해 대가설정을 받아들였는지 여부를 판단하는 때에 고려요소이다.

434 오카야마지판(岡山地判) 헤이(平)17 · 12 · 21(2005.12.21.) 심결집(審決集) 52권, 902면〔아루에코(ア-

모범 사례

> • 거래대가는 거래수량, 납기의 장단, 납품빈도, 대금의 지급방법, 품질, 재료비, 노무비, 운송비,
> 재고보유비 등의 제(諸)경비, 시가 동향 등의 요소를 고려하여 합리적인 산정방법에 근거하여
> 상대방의 적정한 이익을 포함하고 노동시간 단축 등 노동조건의 개선이 가능하도록 설정하는
> 경우[435]

ㄱ. 원가를 하회하는 대가의 설정

구입거래에서 행위자(구입자)가 설정한 대가가 상대방의 원재료 매입가격 이하라
는 사실을 행위자가 알 수 있는 경우에는 당해 대가설정은 합리적 범위를 넘는 것으
로 판단되기 쉽다.[436] 그러나 행위자는 통상 상대방의 원가를 알 수 없으므로 원가를
하회하는 대가인지 여부는 실무상 판단요소가 되지 못하는 경우가 많다.[437] 상대방의
원가를 알 수 있도록 상대방의 사내비밀자료를 제공하도록 하는 것은 상대방 경영의
자율성을 침해할 수 있는 행위이고 나아가 당해 자료를 분석하여 「이익률이 높기 때
문에 가격인하가 가능하다」는 등의 주장을 하는 것은 대가의 일방적 설정에 대한 근
거가 될 수 있다.[438]

ルエコ)사건〕.

435 진흥기준(振興基準) 제4. 1) (1).

436 공정위 권고심결(公取委勧告審決) 헤이(平)17 · 1 · 7(2005.1.7.) 심결집(審決集) 51권, 543면〔유니
(ユニー)사건〕, 우월적 지위 가이드라인(優越ガイドライン) 제4. 3. (5) 아(ア)<상정 예>⑦.

437 주류 도매업자에 대한 부당염매의 우려와 관련한 경고사건(공정위 경고(公取委警告) 헤이(平)24·8·
1)(2012.8.1.)에 관하여 공정거래위원회가 특정 주류 소매업자에 의한 우월적 지위남용을 인정할 수 없
었던 이유 중 하나로서 당해 주류 소매업자는 「도매업자의 판매가격이 공급에 필요한 비용을 현저히 밑
돌고 있는지 여부를 당사에서는 판단할 수 없었다는 것」을 들고 있다. 이온(イオン) 주식회사 「맥주
거래에 관한 공정거래위원회의 조사결과 및 당사의 견해에 대하여(ビール取引に関する公正取引委
員会の調査結果並びに当社の見解について)」(헤이(平)24 · 8 · 1)(2012.8.1.), 시라이시 다다시(白
石忠志), 「맥주 도매업자와 소매업자와의 거래에 관한 공정위의 경고 · 요청에 대하여(ビールの卸売
業者と小売業者の取引に関する公取委の警告 · 要請について)」, 공정거래(公正取引) 749호, 30면,
32면(2013). 반면에 오사카지판(大阪地判) 헤이(平)22 · 5 · 25(2010.5.25.) 판례시보(判時) 2092호,
106면〔후지오 후드 시스템(フジオフードシステム)사건〕에서는 행위자가 발주한 공사의 원가계산
을 하는 부장이 산정한 견적금액으로부터 반드시 개별 · 구체적인 공사내용을 반영하고 있지 않더라도
합리성을 결한 감액을 하고 최종사정금액으로 한 것이 문제시되었다.

438 우월적 지위 가이드라인(優越ガイドライン) 제4. 3. (5) 아(ア)<상정 예>⑩.

ㄴ. 차별적 대가의 설정

발주량, 배송방법, 결제방법, 반품의 가부 등 거래조건에 비추어 합리적인 이유가 없는데도 불구하고 특정의 상대방에게 차별적인 대가를 설정하는 경우에는 당해 대가설정은 합리적인 범위를 넘는 것으로 쉽게 판단될 수 있다.[439] 동종의 상품 또는 용역에 대해 다른 거래조건은 같은데도 불구하고 특정 지역 또는 특정 고객이라는 이유로 통상의 가격보다 낮게 단가를 설정하는 경우가 그 전형이다.[440] 한편 대가와 관련된 협상의 일환으로서 수급관계를 반영해서 낮은 가격(또는 높은 가격)을 설정하는 것은 합리성이 있는 것으로 판단되지만[441] 양자의 구별은 실무상 쉽지 않다.

ㄷ. 지식재산권 대가의 반영 부족

새로운 기술혁신을 창출하기 위하여 기업 외부로부터 기술이나 아이디어를 받아들임으로써 새로운 가치를 만들어 내는 오픈 이노베이션이 중요시되지만 그것이 가능하려면 기술이나 아이디어라는 지적재산을 제공한 사업자에게 적정한 대가가 지급되지 않으면 안 된다. 대가의 지급방법은 지식재산권의 유상양도나 라이선스만이 아니라 기술혁신에 의해 만들어지는 물품 등의 제조를 위탁하고 그 대가에 지식재산권의 이용대가를 포함하는 경우도 있을 수 있다. 그러나 거래의 내용에 지식재산권의 이용 또는 양도가 포함되어 있음에도 불구하고 당해 지식재산권의 이용 또는 양도에 관한 대가를 충분히 고려하지 않고 대가를 정하는 것은 상대방에 대하여 합리적 범위를 넘는 불이익을 주는 것으로 판단되기 쉽다.[442] 지식재산권의 양도대가를 설정하기가 곤란하다는 이유만으로는 지식재산권의 양도대가를 급부의 대가에 포함하지 않는 것은 정당한 이유 있는 것으로 인정되기 어렵다.[443]

더욱이 지식재산권의 대가를 고려하여 물품 등의 대가를 정하지 않고 일방적으로

---

439 우월적 지위 가이드라인(優越ガイドライン) 제4. 3. (5) 아(ア)＜상정 예＞⑥, 하도급법운용기준(下請法運用基準) 제4. 5. (2) 구(ク).
440 하도급법운용기준(下請法運用基準) 제4. 5. (2) 게(ケ).
441 우월적 지위 가이드라인(優越ガイドライン) 제4. 3. (5) 아(ア) (이(イ)).
442 하도급법운용기준(下請法運用基準) 제4. 5. (2) 기(キ), 동 5 ＜위반행위사례＞5-13(2).
443 가마다(鎌田) 편저, 하도급법실무(下請法実務), 155면.

지식재산권을 무상제공하게 하는 것은 후술하는 경제상 이익의 제공요청으로서 문제될 수 있다.

ㄹ. 불공정한 수단에 의한 대가의 설정

불공정한 수단에 의해 가격이 설정되는 경우(예를 들어 입찰에서 대리회사를 참가시켜 부당하게 가격을 낮추는 경우)에는 정당한 행위로 인정되지 않고 그로 의한 불이익은 합리적 범위를 넘는 것으로 판단되기 쉽다.[444]

▌모범 사례 ◢

- 거래대상이 되는 물품 등과 관련된 특허권이나 저작권 등 지식재산권의 귀속, 2차이용에 대한 대가, 당해 물품 등의 제작과정에서 발생한 지식재산권의 귀속이나 2차이용에 대한 대가에 대하여 대가 결정시에 충분히 고려하는 경우에[445] 단가결정시에 이들 사항에 대하여 서면으로 명기해 주는 것이 바람직하다.

iii. 계속적 거래에서 대가의 변경 · 거치(据置)의 합리성

거래대가 전체의 합리성을 객관적으로 판단하는 것은 앞의 ⅱ.와 같이 쉬운 일은 아니지만 지금까지 계속해서 거래해 온 상품 또는 용역의 대가를 인하(또는 인상)하는 경우에 합리성 판단의 대상은 당해 변경부분에 한정되기 때문에 판단이 비교적 용이하다. 대가의 인하 등이 문제가 되는 경우에 행위자가 상대방에 대하여 대가의 인하를 요구하는 이유가 합리적인지 여부가 문제된다. 계속적인 발주에서 대가를 변경하거나 또는 동결하는 것이 합리적인 범위를 넘는 경우로는 다음과 같은 것이 있다.

---

444 가마다(鎌田) 편저, 하도급법실무(下請法実務), 154면.
445 진흥기준(振興基準) 제4. 1) (5).

ㄱ. 합리성이 없는 대가의 변경

어떠한 사실을 계기로 대가가 변경된 경우에 그 변경부분과 당해 사실과의 관련성 등을 고찰함으로써 당해 변경의 합리성을 판단하는 것이 비교적 용이하다. 반대로 대가를 변경하는 경우에 합리적 근거를 제시하지 않는(제시할 수 없는) 경우에는 당해 대가변경은 합리적 범위를 넘는 것으로 판단될 가능성이 있다. 대가를 인하하는 경우에는 실제로 상대방에게 비용절감 효과가 발생하고 있는지 여부만이 아니라 행위자가 비용절감 혜택을 받을 합리성이 있는지 검토해야 한다.

┃합리성이 없는 대가변경의 예
• 국제경쟁력을 강화하기 위해서 비용절감 필요성을 주장하면서 주요한 부품에 대하여 일률적으로 일정 비율을 인하한 금액으로 단가를 정하는 경우[446]
• 발주자가 자기가 수주를 받는 회사로부터 ○%의 발주단가 인하 요청이 있었다는 이유로 거래처에 ○% 인하한 단가를 정해서 발주하는 경우[447]
• 소매업자가 제조를 하는 수탁업자에게 상품의 매출부진을 이유로 발주 전에 제조 수탁업자와 협의하여 결정한 예정가격에서 60% 정도 인하한 단가를 정해서 발주하는 경우[448]
• 발주자는 거래처와 연간계약을 체결하여 쌍방의 이의가 없는 경우에 자동적으로 계약을 갱신하도록 되어 있는 상황에서 연도 말 계약의 갱신 직전에 인건비, 연료비 등에 큰 폭의 변경이 없는데도 다음 연도의 계약서로서 전년 대비 큰 폭으로 단가를 인하한 계약서를 거래처에 송부하고 단가를 정하는 경우[449]
• 「○년 후까지 제품 비용 ○% 절감」이라는 자기 목표를 달성하기 위하여 거래처에 반년마다 ○%의 원가 저감을 요구하는 경우[450]
• 거래처의 노력에 의한 비용 절감효과를 일방적으로 거래대가에 반영하는 경우[451]

┃합리성이 있는 대가변경의 예
• 특정 품목에 대하여 세일 등을 하기 위하여 평소보다 대량으로 매입하면서 볼륨 디스카운트를 받는 경우[452]
• 일반 전기사업자가 수요자와의 계약상 미리 합의가 없으면 계약 도중에 전기요금 인상을 할 수 없는데도 불구하고 특정 시기부터 일제히 수요자용 전기요금을 인상하지만, 당해 전기요금의 인

---

446 하도급법운용기준(下請法運用基準) 제4. 5.＜위반행위사례＞5−4.
447 하도급법운용기준(下請法運用基準) 제4. 5.＜위반행위사례＞5−16.
448 공정위 권고(公取委勧告) 헤이(平)26·7·15(2014.7.15.)〔다이소산업(大創産業)Ⅱ사건〕.
449 하도급법운용기준(下請法運用基準) 제4. 5.＜위반행위사례＞5−17(2).
450 하도급법운용기준(下請法運用基準) 제4. 5.＜위반행위사례＞5−5.
451 진흥기준(振興基準) 제4. 1) (2).
452 우월적 지위 가이드라인(優越ガイドライン) 제4. 3. (5) 아(ア) (이(イ)).

상은 동일본 대지진으로 인한 연료비의 부담증가에 의해 철저히 합리화를 전제로 한 것으로서 인상폭에 대해서도 경제산업성의 제언 등에 근거하여 산정하고 있는 경우[453]

▌모범 사례 ◢

- 대가변경의 요청에 있어서 구체적인 근거를 명확히 하는 경우[454]
- 대가변경에 있어서 단순히 목표수치만을 나타내는 것이 아니라 발주자와 수주자 쌍방이 협조해서 지혜를 모아 생산성 개선 등에 몰두하고 그 결과 발생한 비용 절감효과를 기초로 발주자의 기여도에 맞는 대가를 반영하는 경우[455]

ㄴ. 발주내용의 증가에도 불구하고 대가를 동결하는 경우

종전과 비교하여 발주수량이나 작업내용 등 발주내용이 늘었는데도 불구하고 대가를 변경하지 않고 발주하는 것은 종전의 대가가 설령 적정한 것이었더라도 상대방에게 불이익이 되어 남용행위에 해당할 수 있다.[456]

▌발주내용의 증가에도 불구하고 대가를 동결하는 예
- 운송업자와 연간계약으로 화물의 적하작업은 발주자가 하기로 하였는데 이를 운송업자가 하는 것으로 변경을 통지하자 운송업자는 종래의 운송요금으로는 이러한 작업을 할 수 없다면서 단가변경을 요구하는 견적서를 제출했음에도 불구하고 종래와 같은 단가로 발주하는 경우[457]

ㄷ. 비용증가에도 불구하고 대가를 동결하는 경우

원재료의 비용이나 노무비의 상승, 특별한 설비투자, 발주수량의 대량 감소, 납품

---

453 공정위 주의(公取委注意) 헤이(平)24·6·22(2012.6.22.)〔도쿄전력(東京電力)사건〕, 엔도 히카루(遠藤光) 외, 「도쿄전력 주식회사에 대한 공정거래법 위반 피의사건의 처리에 대하여(東京電力株式会社に対する独占禁止法違反被疑事件の処理について)」, 공정거래(公正取引) 743호, 80면, 82면(2012).
454 진흥기준(振興基準) 제4. 1) (3).
455 진흥기준(振興基準) 제4. 1) (2) (3).
456 강습회 텍스트(講習会テキスト) 1. (5) 오(オ) Q&A 88 (60면).
457 하도급법운용기준(下請法運用基準) 제4. 5.<위반행위사례>5-14(1).

빈도의 대폭 증가, 단기 납기발주에 의한 특별대처 등 상대방 입장에서 상품 또는
용역을 제공하기 위하여 필요한 비용이 큰 폭으로 증가했음에도 불구하고 단가의 재
검토를 하지 않고 종래의 단가 그대로 발주하는 것은 상대방에게 실질적으로 대가를
인하하는 것과 동등한 불이익을 주는 것이 되어 남용행위에 해당할 수 있다.[458] 대량
생산기간이 종료하여 발주수량이 큰 폭으로 감소하였는데도 불구하고 단가를 재검
토하지 않고 대량생산시의 대량발주를 전제로 단가를 정하는 경우도 동일하다.[459]

> ▌비용증가에도 불구하고 대가를 동결하는 예
> • 원재료 등의 가격이나 연료비, 전기요금과 같은 에너지 비용, 노무비 등의 비용이 급등하고 있
>   는 상황에서 거래처가 종래의 단가 그대로는 대처할 수 없다고 단가인상을 요구했음에도 불구
>   하고 종래의 단가와 동일한 단가로 거래처에 발주하는 경우[460]
> • 원재료비가 상승하고 있는 상황에서 집중구매에 참가할 수 없는 거래처가 종래의 제품단가대로
>   는 대처할 수 없다면서 거래처가 조달한 재료비의 증가분을 제품단가에 반영해 주도록 발주자
>   에게 요구하였음에도 불구하고 대형 제조회사의 지급재가격(집중구매가격)과 연동된 재료비의
>   가격은 상승되지 않았다는 이유로 단가를 동결하는 경우[461]
> • 부품의 품질개량 등에 수반하여 연구개발비용이 증가했음에도 불구하고 종래의 단가와 동일한
>   단가로 거래처에 발주하는 경우[462]
> • 환경대책과 관련된 법·규제 등에 대처하기 위한 비용이 증가하여 당해 대책비용을 대가에 포
>   함하도록 거래처가 요구했음에도 불구하고 종래의 단가와 동일한 단가로 발주하는 경우[463]
> • 제조위탁제품에 대하여 대량생산체제가 종료하고 보급품으로서 약간의 발주만을 하고 있는 등
>   발주수량이 크게 감소하고 있음에도 불구하고 단가를 재검토하지 않고 대량생산시의 대량발주
>   를 전제로 한 단가로 발주하는 경우[464]
> • 통상의 발주내용에 없는 특별한 사양을 지시하거나 배송빈도의 변경을 지시하는 등 거래처의
>   작업량이 증가하거나 당해 거래처의 인건비 등의 비용이 증가했음에도 불구하고 통상의 발주내

458 하도급법운용기준(下請法運用基準) 제4. 5. (2) 우(ウ), 동 (2) 가(カ).
459 하도급법운용기준(下請法運用基準) 제4. 5. (2) 이(イ).
460 우월적 지위 가이드라인(優越ガイドライン) 제4. 3. (5) 아(ア)<상정 예>⑧, 하도급법운용기준(下
    請法運用基準) 제4. 5.<위반행위사례>5-3(1), 동 5-14(2), 강습회 텍스트(講習会テキスト) 1.
    (5) 오(オ) (59면), 동 오(オ)<위반행위사례>③a (61면).
461 하도급법운용기준(下請法運用基準) 제4. 5.<위반행위사례>5-3(4).
462 우월적 지위 가이드라인(優越ガイドライン) 제4. 3. (5) 아(ア)<상정 예>⑧, 강습회 텍스트(講習
    会テキスト) 1. (5) 오(オ) (59면).
463 우월적 지위 가이드라인(優越ガイドライン) 제4. 3. (5) 아(ア)<상정 예>⑧, 하도급법운용기준(下
    請法運用基準) 제4. 5.<위반행위사례>5-3(3), 강습회 텍스트(講習会テキスト) 1. (5) 오(オ)
    <위반행위사례>③e (61면).
464 하도급법운용기준(下請法運用基準) 제4. 5.<위반행위사례>5-2.

용과 같이 동일한 단가로 발주하는 경우[465]
- 납기까지의 기간을 짧게 정하여 발주했기 때문에 거래처의 인건비 등 비용이 큰 폭으로 증가했음에도 불구하고 통상의 납기로 발주한 경우의 단가와 동일한 단가를 정하는 경우[466]
- 종래에는 상품의 매출 총이익을 1,000엔으로 직매입하고 있는 상황에서 갑자기 매입방법을 직매입에서 거래처가 재고 위험을 부담하는 위탁매입으로 변경하고 다른 거래조건 등이 변하지 않았는데도 불구하고 위탁판매에서 위탁수수료를 종전의 매출 총이익과 같이 1,000엔으로 하는 경우[467]

▚ 모범 사례 ◢

- 큰 폭의 재료비 변경 등 경제정세의 변화에 상응하여 수시로 대가에 대한 협의를 하는 경우[468]
- 발주자는 수주자로부터 노무비 상승에 따른 거래대가의 재검토 요청이 있는 경우에 그 요청에 응하고 특히 일손 부족이나 최저임금의 인상에 따른 노무비의 상승 등 외적요인에 의해 수주자의 노무비가 상승한 경우에는 그 영향을 고려하여 발주자 및 수주자가 충분히 협의한 후에 거래대가를 결정하는 경우[469]

(4) 자유롭고 자율적인 판단의 저해

상대방 입장에서 현저히 불이익한 대가설정이 남용행위에 해당하는 경우는 상대방이 향후의 거래에 미치는 영향 등을 우려하여 어쩔 수 없이 당해 거래가격설정을 받아들이는 경우,[470] 즉 당해 대가설정이 상대방의 자유롭고 자율적인 판단에 의하지 않는 경우에 한정된다. 가격설정은 하도급법에서도 현저히 낮은 하도급대금액을 「부당하게」 정하는 행위가 요건으로 되어 있고(하도급법 제4조 제1항 제5호) 상대방의 자

---

465 우월적 지위 가이드라인(優越ガイドライン) 제4. 3. (5) 아(ア)<상정 예>③, 대규모소매업특수지정운용기준(大規模小売業特殊指定運用基準) 제2. 8. (2) 아(ア), 하도급법운용기준(下請法運用基準) 제4. 5.<위반행위사례>5-8.
466 우월적 지위 가이드라인(優越ガイドライン) 제4. 3. (5) 아(ア)<상정 예>②, 하도급법운용기준(下請法運用基準) 제4. 5.<위반행위사례>5-7(1).
467 대규모소매업특수지정운용기준(大規模小売業特殊指定運用基準) 제2. 3. (2) 이(イ).
468 진흥기준(振興基準) 제4. 1) (6).
469 진흥기준(振興基準) 제4. 1) (4).
470 우월적 지위 가이드라인(優越ガイドライン) 제4. 3. (5) 아(ア). 또한 대규모소매업특수지정 제4항에서는 현저히 낮은 대가를 정하고 당해 가격을 납품업자에게 「납품시키는 행위」가 요건으로 되어 있다.

유롭고 자율적인 판단에 의하지 않고 대가가 설정되는 것을 요건으로 하고 있다.

ⅰ. 제재의 시사(示唆)

상대방이 행위자와 향후의 거래에 미치는 영향을 우려하여 어쩔 수 없이 대가의 설정을 받아들이는 경우로, 행위자가 상대방에게 설정한 대가에 따르지 않으면 거래를 거절하거나 거래량을 줄이는 등 제재조치를 강구하겠다는 취지를 시사하고 구입을 요청하는 행위를 들 수 있다. 행위자로부터 현저히 낮은 대가설정을 요청받은 상대방으로서는 그에 응하지 않는 선택지가 있더라도 요청에 응하지 않는 것이 요청에 응하는 경우보다 악화되는 결과를 초래한다면 상대방으로서는 당해 요청을 받아들이는 선택을 할 수밖에 없기 때문이다.

ⅱ. 대가설정에 이르기까지의 충분한 협의의 부존재

상대방이 자유롭고 자율적인 판단에 근거하여 대가설정을 받아들였는지 여부를 판단하는 경우, 대가의 결정에 있어서 거래상대방과 충분하게 협의가 이루어졌는지의 여부 등 대가의 결정방법도 고려요소가 된다.[471] 협의절차를 중시하는 이유는 정부가 가격 등 거래조건에 대해서 직접 개입하는 것을 가능한 한 피하고 거래당사자 간에 사전 협의 등을 촉구하여 절차적인 개선을 통하여 규제 효과를 거두기 위한 것이다.[472]

충분한 협의가 이루어졌는지 여부는 협의 방법, 협의 시기, 합의하지 않으면 불이익을 줄 것이라는 취지를 시사하였는지 여부 등을 고려하여 판단한다.[473]

행위자가 지정하는 가격으로 대가를 결정하거나[474] 상대방이나 개별 발주내용의 차이를 고려하지 않고 일률적으로 대가를 인하하는 등[475] 행위자가 상대방과 실질적

---

471 우월적 지위 가이드라인(優越ガイドライン) 제4. 3. (5) 아(ア), 우월적 지위 가이드라인 견해(優越ガイドライン考え方), 60면, 하도급법운용기준(下請法運用基準) 제4. 5. (1).

472 히라바야시(平林), 법의 절차화, 110면.

473 우월적 지위 가이드라인 견해(優越ガイドライン考え方), 60면.

474 우월적 지위 가이드라인(優越ガイドライン) 제4. 3. (5) 아(ア)<상정 예>④, 하도급법운용기준(下請法運用基準) 제4. 5. (2) 오(オ), 강습회 텍스트(講習会テキスト) 1. (5) 오(オ) Q&A 85 (60면), 동 오(オ)<위반행위사례>⑩a · ⑱b (62면, 64면).

475 우월적 지위 가이드라인(優越ガイドライン) 제4. 3. (5) 아(ア)<상정 예>⑤ · ⑨, 하도급법운용기준(下請法運用基準) 제4. 5. (2) 에(エ), 동 5<위반행위사례>5-4, 5-10, 강습회 텍스트(講習会

인 협상절차를 거치지 않고 일방적으로 대가를 설정하는 경우에는 충분한 협의가 이루어졌다고 인정할 수 없기 때문에 상대방은 당해 대가설정을 강제로 받아들인 것으로 판단되기 쉽다.

▌ 협의절차가 합리적이라고 인정되지 않는 예

• 발주자가 단가 변경시 당해 거래처와 충분한 협의를 하지 않고 일방적으로 단가를 결정한 후에 거래처에게 단가 변경서를 송부하는 경우[476]

• 발주자가 거래처와 충분하게 협의하지 않고 과거에 다른 사업자에게 동일한 업무를 발주했을 때의 가격을 지정하는 경우[477]

• 발주자가 거래처에게 대가의 금액에 일정 비율을 곱한 금액을 공제해서 지급하고 있었는데 공정거래위원회가 조사를 개시하자 대금감액을 중지하고 그 이후에 거래처로부터 나온 불만, 의견 등을 청취하지도 않고 개개 거래처의 사정 또한 고려하지 않은 채 일률적으로 당해 일정 비율을 공제한 후의 금액을 그대로 대가로 정하는 경우[478]

• 일반 전기사업자가 자유화 대상 수요자와 체결하고 있는 계약에 따르면 사전 합의 없이 계약 도중에 전기요금을 인상할 수 없음에도 불구하고 특정일 이후에 사용된 전기요금을 일제히 인상하는 경우[479]

▌ 협의절차가 합리적이라고 인정되는 예

• 소매업자가 판매촉진 캠페인을 실시하면서 이 캠페인을 통해 납품업자가 일정한 수량으로 계획 생산이 가능하거나 재고가 감소하는 등 납품업자에게도 이익이 발생한다는 사실을 증명하는 데이터를 이용하여 납품업자에게 충분히 설명한 후에 납품업자가 당해 캠페인 대상 상품을 위하여 통상 상품과는 다른 견적서를 제출하는 경우[480]

한편 가격을 협의할 시간적 여유가 거의 없는 상황에서 대가를 지시하는 것은 상대방에게 당해 대가를 「어쩔 수 없이 받아들이는」 행위를 강요한 것으로 판단될 수 있다.

テキスト) 1. (5) 오(オ) Q&A 86 (60면), 동 오(オ) <위반행위사례> ④·⑤·⑩c (62-63면).

476 하도급법운용기준(下請法運用基準) 제4. 5. <위반행위사례> 5-9(1).

477 하도급법운용기준(下請法運用基準) 제4. 5. <위반행위사례> 5-13(1).

478 공정위 권고(公取委勧告) 헤이(平)19·12·6(2007.12.6.) 〔호치키멘테난스센터(ホーチキメンテナンスセンター)사건〕, 와타나베 준지(渡辺淳司),「주식회사 호치키멘테난스센터에 대한 권고에 대하여 (株式会社ホーチキメンテナンスセンターに対する勧告について)」, 공정거래(公正取引) 689호, 29면, 31면(2008).

479 공정위 주의(公取委注意) 헤이(平)24·6·22(2012.6.22.) 〔도쿄전력(東京電力)사건〕, 엔도(遠藤光) 외, 앞의 주424) 82면.

480 가마다(鎌田) 편저, 하도급법실무(下請法実務), 154면.

▌가격제시의 시기가 부적절한 예

- 제조업자가 위탁받은 운송업자와 연간 운송계약을 체결하면서 쌍방의 이의가 없는 경우에 자동 갱신되도록 하고 있는 상황에서 연도 말 계약갱신 직전에 인건비, 연료비 등에 큰 폭의 변경이 없는데도 다음 연도의 계약서에 전년과 비교하여 큰 폭으로 단가를 인하한 운송계약서를 위탁 받은 사업자에게 송부하는 경우[481]
- 종합양판점업자가 연간 약 50회에 걸쳐 특가세일을 하면서 매출증가를 도모하기 위하여 점포 의 매입 담당자가 미리 납품가격에 대해 협의하지 않은 채 세일용으로 제공하는 청과물에 대해 서 세일 전날에 중간 도매업자에게 전단지에 게재한 특가품과 연동하여 중간 도매업자의 매입 가격을 밑도는 가격으로 납품하도록 일방적으로 지시하는 등 당해 세일용으로 제공하는 청과물 과 등급, 산지 등으로 볼 때 동종 상품의 일반 도매가격과 비교해서 현저히 낮은 가격으로 통상 적인 경우보다 다량으로 납품하도록 요청하는 경우[482]

▌모범 사례 ◢   가격협상에서 모범 사례

- 가격협상에 있어서 요구하는 금액만을 제시하는 것이 아니라 그 구체적인 근거를 명확하게 하 는 경우[483]
- 상대방의 의견을 진지하게 듣고 그에 대해 가능한 한 구체적인 근거를 들어 명확하게 내답하 는 경우
- 협상 절차(언제, 어떻게 가격협상을 했는가)를 기록으로 남기고 원재료 등의 가격 등 협상시에 참 고로 한 지표가 있다면 당해 지표동향을 나타내는 객관적인 자료를 첨부하여 보존해 두는 경우[484]

iii. 사전에 예상할 수 없는 불이익을 주는 경우

대가의 일방적 설정이 다음과 같이 상대방에게 사전에 예상할 수 없는 불이익을 주는 경우에는 상대방이 당해 대가설정을 강제로 받아들인 것으로 판단할 수 있다.

---

481 하도급법운용기준(下請法運用基準) 제4. 5.<위반행위사례>5-17(2).
482 공정위 권고심결(公取委勧告審決) 헤이(平)17·1·7(2005.1.7.) 심결집(審決集) 51권, 543면〔유니(ユ ニー)사건〕, 도미타 다카히로(冨田隆陣),「유니(ユニー) 주식회사에 대한 권고에 대하여(株式会社 に対する勧告について)」, 공정거래(公正取引), 70면, 73면(2005).
483 진흥기준(振興基準) 제4. 1) (3).
484 진흥기준(振興基準) 제4. 1) (6), 가마다(鎌田) 편저, 처음으로 배운다(はじめて学ぶ), 169면.

ㄱ. 대가가 명확하지 않은 발주

대가가 명확하지 않은 채로 발주되고 상대방이 계약을 이행한 후에 상대방에게 불이익이 되는 낮은 대가를 설정하는 행위는 상대방에게 사전에 예상할 수 없는 불이익을 주는 것이다.[485]

> ❚ 사전에 예상할 수 없는 불이익이 되는 대가설정의 예
> • 음식업 체인본부가 공사업자에게 공사내용이나 공사대금을 결정하지 않고 착수금이나 중도금도 지급하지 않은 채 착공하게 하고 공사완성·인도 후 견적서 등을 참조하여 공사대금을 정하기는 하지만 기본공사 이외의 공사가 이루어졌는지 여부와 상관없이 단순히 기본공사의 평 단가에 평수를 곱하는 등의 방법으로 산정한 금액을 기초로 하여 대가를 감액한 금액을 최종 결정액으로 하는 경우[486]

ㄴ. 대가 합의시 전제조건의 변경

당사자 간 대가를 합의한 시점에 전제되어 있던 모든 조건이 변경되고 상대방이 당해 거래를 이행하기 위하여 비용이 증가되었는데도 불구하고 대가의 재검토를 하지 않고 대가를 동결하여 발주하는 것은 상대방에게 사전에 예상할 수 없는 불이익을 주는 것이다.

그리고 당사자 간에 미리 합의된 대가를 발주 후에 감액하는 것은 대가감액의 문제가 되지만 일단 합의된 대가를 발주 전에 감액하는 경우는 대가감액의 문제가 아니라 대가의 일방적 설정 문제가 된다. 발주 전에 협의한 예정 대가를 일방적으로 인하하여 발주하거나 상대방에게 대가인상을 약속하였으나 특별한 사정변경이 없는데도 대가를 동결하면 그로 인해 상대방은 사전에 예상할 수 없는 불이익을 받게 된다.

> ❚ 사전에 예상할 수 없는 불이익이 되는 가격설정의 예
> • 발주자가 거래처에게 상품의 판매부진을 이유로 발주 전에 거래처와 협의하여 결정한 예정 단가를 일방적으로 인하하고 현저히 낮은 단가를 정하여 발주하는 경우[487]

---

485 하도급법운용기준(下請法運用基準) 제4. 5. <위반행위사례>5−3, 5−7. 이는 납품 후에 거래상대방과 충분한 협의 없이 통상의 가격을 「큰 폭으로」 밑도는 대가를 정한 사례이다.
486 오사카지판(大阪地判) 헤이(平)22·5·25(2010.5.25.) 판례시보(判時) 2092호, 106면〔후지오 후드 시스템(フジオフードシステム)사건〕.
487 강습회 텍스트(講習会テキスト) 1. (5) 오(オ) <위반행위사례>⑩d (63면).

- 발주자가 거래처에게 견적을 내게 한 시점 이후에 납기를 단축했음에도 불구하고 대가를 재검토하지 않고 당초의 견적가격으로 발주하는 경우[488]
- 발주자가 정보성과물의 수탁자에게 자신의 요청을 반영하게 하여 수탁자로부터 작성비용이 당초의 견적보다 높아졌다는 이유로 대가의 인상을 요구받았는데도 불구하고 그러한 비용증가를 고려하지 않고 당초의 견적가격으로 대금액을 정하는 경우[489]
- 다량 발주를 전제로 거래처에게 견적을 내게 하고 그 견적가격의 단가를 소량밖에 발주하지 않는 경우에 사용하는 경우[490]
- 발주자가 예전부터 엔고나 경기악화에 수반하는 수익의 악화를 이유로 일부 거래처에게 수익이 회복될 때까지 일시적으로 단가 인하의 협조를 요청하고 거래처는 발주자의 수익이 회복한 경우에는 당초의 수준까지 단가를 인상하는 조건으로 받아들였는데, 그 후 엔저가 되고 경기가 회복되어 발주자의 수익도 회복된 상황에서 거래처가 발주자에게 단가인상을 요구하였음에도 불구하고 단가를 동결하는 경우[491]
- 일반 전기사업자가 자유화 분야의 수요자와 체결한 전기수급계약의 근거가 되는 전기공급약관에서 전기요금 등의 공급조건을 포괄적으로 변경할 수 있는 취지의 조항은 있지만 어떠한 경우에 어떠한 조건으로 전기요금 인상을 실시할 수 있는지가 명기되지 않은 상황에서 일반 전기사업자가 수요자의 동의가 없는데도 불구하고 전기공급약관을 변경함에 따라 계약체결시에 정한 전기요금을 계약기간 만료 전에 일방적으로 인상하는 경우[492]
- 제조업자가 경기악화로 인한 수익악화를 이유로 외주 가공비를 삭감하기 위하여 일부 외주업자에게 자사의 재무상황과 관련된 데이터 등을 설명하고 수익이 회복되기까지 일시적이라는 취지임을 밝히며 단가인하 협조를 요청하였고 당해 요청을 받은 외주업자는 제조업자의 설명에 납득하여 제조업자의 수익이 회복된 경우에는 단가를 당초 수준까지 인상하는 조건으로 단가를 큰 폭으로 인하하였지만 그 후 경기가 회복하고 제조업자의 수익도 회복한 상황에서 외주업자가 제조업자에게 단가인상을 요청하였는데도 불구하고 제조업자가 외주업자와 충분한 협의 없이 일방적으로 단가를 동결하는 경우[493]

---

488 하도급법운용기준(下請法運用基準) 제4. 5. <위반행위사례>5-7(2), 5-12.
489 하도급법운용기준(下請法運用基準) 제4. 5. <위반행위사례>5-13(3).
490 우월적 지위 가이드라인(優越ガイドライン) 제4. 3. (5) 아(ア)<상정 예>①, 하도급법운용기준(下請法運用基準) 제4. 5. (2) 아(ア), 동 5 <위반행위사례>5-1.
491 하도급법운용기준(下請法運用基準) 제4. 5. <위반행위사례>5-3(2).
492 공정위(公取委), 「공정거래법에 관한 상담사례집(独占禁止法に関する相談事例集)(헤이세이(平成)25년도)」 사례9(헤이(平)26 · 6 · 18)(2014.6.18.).
493 강습회 텍스트(講習会テキスト) 1. (5) 오(オ)<위반행위사례>③b (61면).

09 경제상 이익의 제공요청

공정거래법 제2조 제9항 제5호 나목 · 다목
⑨ 이 법률에서 「불공정거래행위」라 함은 다음 각호의 어느 하나에 해당하는 행위를 말한다.
  5. 자기의 거래상의 지위가 상대방보다 우월한 점을 이용하여 정상적인 거래관행에 비추어
    부당하게 다음 어느 하나에 해당하는 행위를 하는 것
    나. 계속하여 거래하는 상대방(새로이 계속하여 거래하고자 하는 상대방을 포함한다)에
      대하여 자기를 위하여 금전, 용역, 기타 경제상의 이익을 제공하게 하는 것
    다. ······ 기타 거래상대방에게 불이익이 되도록 거래조건을 설정 ······ 또는 거래를 실시하는 것

하도급법 제4조 제2항 제3호
② 원사업자는 수급사업자에게 제조위탁 등을 한 경우에는 다음 각호 ······ 에 해당하는 행위를
  함으로써 수급사업자의 이익을 부당하게 침해해서는 아니 된다.
  3. 자기를 위하여 금전, 용역, 기타 경제적인 이익을 제공하도록 하는 것

(1) 관계 법조

행위자가 상대방에게 경제상의 이익을 제공하게 하는 행위(경제상 이익의 제공요청)
는 공정거래법 제2조 제9항 제5호 나목 및 하도급법 제4조 제2항 제3호에 남용행
위 · 금지행위로 규정되어 있다. 경제상 이익의 제공요청은 상대방에게 불이익이 되
도록 「거래조건」을 「설정」 또는 「거래」를 「실시」하는 행위(공정거래법 제2조 제9항 제
5호 다목)의 한 유형이다.

(2) 경제상 이익의 제공

ⅰ. 여러 가지 유형

「경제상 이익」의 제공이란 후술하는 바와 같이 협찬금, 협조금 등 명목 여하를 불문
하고 금전의 제공, 노무의 제공 등을 포함하는 것으로서[494] 그 경제상 이익의 제공이

---

494 우월적 지위 가이드라인(優越ガイドライン) 제4. 2, 하도급법운용기준(下請法運用基準) 제4. 7. (2).

무상으로 이루어진다는 점에서 상대방에 대한 불이익이라고 보는 것이 본질이다.

또한 하도급법에서는 하도급법의 적용대상이 되는 거래가 한정되어 있지만 원사업자가 수급사업자에게 하도급법 적용대상 거래에 수반하여 하도급법 적용대상 거래에 해당하지 않는 거래(예를 들어 연구개발단계에서의 시제품의 제조위탁)를 무상으로 하게 하는 등의 행위를 하는 것도 경제상 이익의 제공요청으로서 하도급법상 문제가 될 수 있다.

ㄱ. 금전의 제공

협찬금 등 행위자가 상대방에게 금전을 제공하게 하는 행위는「경제상 이익」제공의 전형적인 예이다.

행위자가 상대방에게 손해배상금을 지급하게 하는 것도「경제상 이익」의 제공으로 남용행위에 해당하기도 한다. 상대방의 귀책사유가 없는데도 손해를 부담시키는 것이 문제되는 것은 당연하지만, 상대방의 귀책사유가 있는 경우라도 손해배상금이 합리적 범위를 넘는 불이익으로 판단되는 경우에는 남용행위에 해당될 수 있다. 예를 들어 정보누설과 같은 부적절한 행위 등을 억지하기 위하여 실손해액을 넘는 금액을 패널티로 과하는 것은 허용되지만 패널티의 목적에 비추어 과다한 부담이 되는 경우에는 합리적 범위를 넘는 불이익을 상대방에게 주는 것이어서 남용행위에 해당될 수 있다.[495]

> **┃손해배상이 금전적인 불이익부담으로 평가되는 예**
> • 자기가 지급한 부품·원재료의 불량, 자기가 한 설계의 불비(不備) 등 자기에게 책임이 있음에도 불구하고 최종 수요자로부터 클레임이 있는 때에 자기는 일체 책임을 지지 않고 거래처에게 최종 수요자에 대한 손해배상을 포함한 모든 클레임 대응을 무상으로 시키는 경우[496]
> • 대규모소매업자가 납품업자에게 발주한 상품이 발주수량대로 지정된 납기에 납품되지 않은 경우에 납품되지 않은 상품을 판매했다면 얻을 수 있었던 이익 상당액을 넘어서 납품되지 않은 상품의 매매 상당액(고객에 대한 판매가격 상당액)까지 결품 패널티로서 납품업사에게 부담시키는 경우[497]

---

495 우월적 지위 가이드라인 견해(優越ガイドライン考え方), 36면.
496 우월적 지위 가이드라인(優越ガイドライン) 제4. 2. (3)<상정 예>④.
497 대규모소매업특수지정운용기준(大規模小売業特殊指定運用基準) 제2. 8. (2) 아(ア), 가스부치(粕

상대방에게 대가를 낮추도록 요청하는 경우에 외형상 대가의 일방적 설정(가격후려치기)으로 보이더라도 실질적으로는 금전의 제공을 받기 위한 수단으로서 대가를 낮게 설정하였다면 경제상 이익제공요청의 문제로 검토할 필요가 있다.

> **▌낮은 가격설정이 금전적 불이익부담으로 평가되는 예**
> • 편의점 체인본부가 가맹점의 재고상품을 처분하기 위한 비용을 마련하기 위하여 납품업자에게 일정 수의 진열상품을 1엔으로 납품시키는 경우[498]
> • 식료품 슈퍼마켓업자가 점포 개점시의 매출이익을 확보하기 위하여 납품상품 가운데 특정 물품에 대하여 통상의 납품가격에 일정 비율을 곱해서 납품가격을 정하는 방식으로 통상의 납품가격보다 낮은 가격으로 설정하는 경우[499]

ㄴ. 노무의 제공(종업원 등의 파견)

행위자가 상대방에게 종업원을 파견시키는 등 노무를 제공하게 하는 행위는 「경제상 이익」의 제공에 해당한다. 노무제공을 대신하여 노무비를 부담시키는 것도 마찬가지이다.

ㄷ. 재산 등의 제공

행위자가 상대방에게 금전 이외의 재산을 무상으로 양도하게 하거나 노무 이외의 어떠한 용역(서비스)을 제공하게 하는 것도 「경제상 이익」의 제공에 해당한다.

행위자가 상대방에게 금형의 제조위탁이나 정보성과물의 작성위탁 등을 하는 경우에 위탁업무의 이행과정에서 또는 위탁업무에 파생하여 설계도면이나 저작권, 특허권 등의 지식재산권을 상대방으로부터 무상으로 취득하는 경우가 있다.[500] 또한 소매업자가 납품업자에게 신규오픈시 매출이익을 확보하기 위하여 특정 상품을 무상

渕), 대규모소매업 고시해설(大規模小売業告示解説), 82면.

498 공정위 권고심결(公取委勧告審決) 헤이(平)10 · 7 · 30(1998.7.30.) 심결집(審決集) 45권, 136면(로손(ローソン)사건).

499 공정위 시정명령(公取委排除措置命令) 헤이(平)20 · 6 · 23(2008.6.23.) 심결집(審決集) 55권, 684면〔에코스(エコス)사건〕.

500 역무위탁거래 가이드라인(役務委託取引ガイドライン) 제2. 7. (1).

으로 제공하도록 요청하는 경우도 있다.

ㄹ. 비용의 부담

상대방이 행위자에게 금전을 제공하는 것도 아니고 노무를 제공하는 것도 아니지만 행위자에게 편익을 가져오는 비용을 상대방이 부담하는 것은 「경제상 이익」의 「제공」에 해당한다. 상대방에게 거푸집이나 지그(jig)를 무상으로 보관시키는 것이 그 전형이다.

ii. 「계속하여 거래하는 상대방」

행위자에게 경제상 이익을 제공하는 상대방은 행위자와 「계속하여 거래하는 상대방」이 아니면 안 된다(공정거래법 제2조 제9항 제5호 나목. 그러나 실제 계속적인 거래관계가 있는 상대방뿐만 아니라 계속적인 거래를 새로 시작하려는 상대방도 포함된다). 이에 대하여 남용행위의 일반조항인 공정거래법 제2조 제9항 제5호 다목에서는 남용행위의 상대방은 「계속하여」 거래하는 상대방인지 여부를 묻지 않고 있다. 이는 경제상 이익을 제공하게 하는 행위는 공정거래법 제2조 제9항 제5호 다목 전단에 열거된 수령거부 등의 행위와 같이 본래의 거래와 관계된 남용행위와 달리 본래의 거래와는 다른 행위(거래)를 요청하는 것일 뿐만 아니라 행위자가 일방적으로 할 수 없고 상대방의 구체적인 행동을 필요로 하기 때문에 일시적인 거래상대방에 대해서는 당해 행위를 하도록 상대방을 통제하는 것은 통상 곤란하다고 인식되기 때문이다.

iii. 「자기를 위하여」 하도록 하는 것

공정거래법 제2조 제9항 제5호 나목 및 하도급법 제4조 제2항 제3호에서는 경제상 이익의 제공은 「자기를 위하여」 하도록 하는 것이 요건으로 되어 있지만 이는 오직 상대방의 이익이 되는 경우를 제외한다는 취지라고 한다.[501] 상대방에게 행위자 이외의 자를 위하여 경제상 이익을 제공하게 하는 경우라도 그에 따라 상대방이 불

---

[501] 가마다(鎌田) 편저, 하도급법실무(下請法実務), 171면.

이익을 부담하는 한 공정거래법 제2조 제9항 제5호 다목의 일반조항이 적용되고 남
용행위에 해당될 수 있다.[502] 또한 대규모소매업특수지정 제8항에서는 대규모소매업
자가 프랜차이즈 체인본부인 경우에는 그 가맹점에게 경제상 이익을 제공시키는 것
도 남용행위에 해당하는 것으로 명문으로 규정되어 있다(「자기 등」이란 「자기 또는 그
가맹자」를 말한다(동 제1항)).

(3) 합리적 범위를 넘는 불이익

상대방이 행위자에게 경제적 이익을 제공하고 이로 인해 상대방이 얻는 「직접적
인 이익」 등을 감안한 결과 합리적 범위를 넘는 불이익이 되는 경우에는 부당한 남
용행위에 해당한다.[503]

상대방에게 오직 불이익만 되는 등 불이익을 부담할 어떠한 합리적 이유도 존재하
지 않는 경우에 당해 불이익부담은 상대방에게 현저히 불이익을 주는 것으로 평가된
다. 상대방이 제공의사 없음을 표명하거나 그 표명이 없더라도 명확한 제공의사가 없
다고 인정되는데도 불구하고, 거듭해서 금전이나 노동력 등의 제공을 요청하거나[504]
요청에 응하지 않는 이유를 요구하면서[505] 경제상의 이익을 제공하게 하는 경우에는
당해 상대방에게 당해 제공은 불이익밖에 되지 않고 합리적 범위를 넘는 것으로 인
정되기 쉽다.

경제상 이익제공에 의해 상대방 자신도 어떠한 이익을 얻는 경우에 합리적 범위를

---

502 또한 대규모소매업특수지정 사안이지만 소매업자가 납품업자에게 자기의 점포뿐만 아니라 자회사의
점포 오픈작업을 위하여 납품업자의 종업원 등을 파견시키는 경우에도 자회사의 점포에서 판매되는 상
품이나 판매가격, 납품업자 등을 결정하는 것은 모회사이고 모회사가 납품업자와 납품가격 등 거래조
건을 결정하여 매입하고 있다는 것을 근거로 자기의 업무로 판단되어 남용행위에 해당된다고 취급하였
다. 공정위 시정명령(公取委排除措置命令) 헤이(平)20 · 6 · 30(2008.6.30.) 심결집(審決集) 55권, 688
면〔야마다전기(ヤマダ電機)사건〕, 히라자와 노리요시(平澤德善) 외, 「주식회사 야마다전기에 대한
시정명령에 대하여(株式会社ヤマダ電機に対する排除措置命令について)」, 공정거래(公正取引) 698
호, 54면, 56면(2008).
503 우월적 지위 가이드라인(優越ガイドライン) 제4. 2. (1) 아(ア), 동 2. (2) 아(ア), 대규모소매업특수
지정(大規模小売業特殊指定) 8항, 하도급법운용기준(下請法運用基準) 제4. 7. (2).
504 하도급법운용기준(下請法運用基準) 제4. 7. (3) 에(エ), 공정위 권고심결(公取委勧告審決) 헤이
(平)16 · 11 · 18(2004.11.18.) 심결집(審決集) 51권, 531면〔가라카미관광(カラカミ観光)사건〕.
505 공정위 권고심결(公取委勧告審決) 헤이(平)16 · 12 · 6(2004.12.6.) 심결집(審決集) 51권, 538면〔고난
상사(コーナン商事)사건〕.

넘는 부담인지의 여부를 판단할 때에는 상대방이 불이익을 부담하는 대가로 「직접적인 이익」을 얻을 수 있는지 여부가 중요시된다. 「직접적인 이익」이란 상대방에게 실제 발생하는 이익이어야 하고 단순히 장래의 거래가 유리하게 된다고 하는 간접적인 이익은 해당하지 않는 것으로 본다.[506] 다만 「직접적인 이익」에는 상품의 판매촉진으로 이어지는 측정가능한 이익뿐만 아니라 소비자 수요동향을 직접 파악하는 것과 같이 반드시 측정가능하지 않은 것도 포함된다.[507]

합리적 범위를 넘는 불이익이 될 수 있는 부담으로서는 이하에서 서술하는 바와 같이 협찬금 등의 제공이나 종업원 등의 파견과 같은 경제상 이익을 제공하게 하는 행위 또는 상대방의 입장에서 불이익부담을 경감할 수 있는 기회를 방해하는 행위 등을 들고 있다.

i. 금전의 제공

상대방이 행위자에게 금전을 제공하는 것은 그 자체가 경제적 손실이 되는 행위이기 때문에 다음과 같이 금전적 부담을 함으로써 상대방의 이익이 되는 경우 또는 금전적 부담의 정도가 경미한 경우 등 특별한 사정이 없는 한 금전적 부담은 상대방 입장에서 합리적 범위를 넘는 불이익이 된다. 상대방에게 요구하는 금전적 부담은 행위자의 결산대책을 위한 경우 등 상대방 입장에서 오로지 불이익이 되는 경우[508]에는, 금전적 부담의 정도가 경미한 경우 등과 같은 사정이 없는 한, 상대방에게 합리적 범위를 넘는 불이익이 된다.

> ▌금전적 부담이 합리적 범위를 넘는 불이익이 되는 예
> • 편의점 체인본부가 매출환급 예산을 달성하기 위하여 납품업자에게 특별한 산출근거가 없는 일정한 금전을 제공하게 하는 경우[509]
> • 소매업자가 매출이익을 확보하기 위하여 사전에 산출근거와 용도 등을 명확히 하지 않고 납품

---

506 우월적 지위 가이드라인(優越ガイドライン) 제4. 2. (1) 아(ア) (주9), 동 2. (2) 아(ア) (주12).

507 우월적 지위 가이드라인 견해(優越ガイドライン考え方), 29면.

508 대규모소매업특수지정(大規模小売業特殊指定) 8항, 대규모소매업특수지정운용기준(大規模小売業特殊指定運用基準) 제2. 8. (2) 이(イ), 우월적 지위 가이드라인(優越ガイドライン) 제4. 2. (1) <상정 예>②, 역무위탁거래 가이드라인(役務委託取引ガイドライン) 제2. 5. (2) ②a, 하도급법운용기준(下請法運用基準) 제4. 7. <위반행위사례>7-1(1).

509 공정위 권고심결(公取委勧告審決) 헤이(平)10·7·30(1998.7.30.) 심결집(審決集) 45권, 136면(로손

업자에게 협찬금을 제공하게 하는 경우[510]
- 소매업자가 자사 점포에 화재가 발생하여 화재로 멸실 훼손된 상품을 판매할 수 없어 발생한 손실을 보전하기 위하여 당해 상품을 납품한 납품업자에게 납품가격에 상당하는 금액의 일부 또는 전부를 제공하게 하는 경우[511]
- 소매업자가 스스로 작성하는 사내용 제품 카탈로그의 작성비용을 확보하기 위하여 제조위탁을 받은 사업자에게 협찬금 명목으로 일정액을 부담시키는 경우[512]
- 소매업자가 세일판매시에 납품업자에게 당해 세일판매를 위하여 일부밖에 충당하지 않았음에도 불구하고 당해 세일 협찬금 명목으로 금전을 제공하게 하는 경우[513]

ㄱ. 상대방의 이익이 되는 금전의 제공

상대방이 얻는 「직접적인 이익」 등을 감안하여 합리적 범위를 넘지 않는 금전의 제공은 정상적인 거래관행에 비추어 부당하게 불이익을 주는 것이 아니기 때문에 남용행위에 해당되지 않는다.[514] 「직접적인 이익」은 금전적인 부담의 시점에서 합리적으로 예상할 수 있는 것이어야 하지만,[515] 금전적인 부담으로 인하여 상대방이 경제적 이익을 얻을 수 있다는 전망이 합리적이라면 실제로는 예상한 정도의 이익을 얻을 수 없었더라도 당해 금전적 부담이 합리적 범위를 넘는다고 할 수 없다.[516]

일정비율의 금액 또는 일정 금액의 협찬금 등을 제공하도록 요청하는 경우에는 합리적 범위를 넘는 불이익으로 판단되기 쉽다.[517] 상대방에게 발생한 직접적인 이익은 각

(ローソン)사건).

510 공정위 권고심결(公取委勧告審決) 헤이(平)16·12·6(2004.12.6.) 심결집(審決集) 51권, 538면〔고난상사(コーナン商事)사건〕외.

511 공정위 시정명령(公取委排除措置命令) 헤이(平)26·6·5(2014.6.5.) 심결집(審決集) 61권, 103면〔다이렛쿠스(ダイレックス)사건〕.

512 공정위 권고(公取委勧告) 헤이(平)24·1·13(2012.1.13.)〔치요다(チヨダ)사건〕.

513 공정위 시정명령(公取委排除措置命令) 헤이(平)25·7·3(2013.7.3.) 심결집(審決集) 60권 제1분책(第1分冊), 341면(라루즈(ラルズ)사건〕.

514 우월적 지위 가이드라인(優越ガイドライン) 제4. 2. (1) 아(ア), 대규모소매업특수지정(大規模小売業特殊指定) 제8항, 하도급법운용기준(下請法運用基準) 제4. 7. (2). 또한 직접적인 이익 「등」이란, 「매출 증가」와 같이 측정 가능한 이익뿐만 아니라 「소비자 수요의 직접적 파악」과 같이 반드시 측정 가능하다고 할 수 없는 것도 포함한다는 것을 명확히 하는 취지라고 설명하고 있다. 우월적 지위 가이드라인 견해(優越ガイドライン考え方), 29면.

515 우월적 지위 가이드라인 견해(優越ガイドライン考え方), 36면.

516 가스부치(粕渕), 대규모소매업 고시해설(大規模小売業告示解説), 81면.

517 가스부치(粕渕), 대규모소매업 고시해설(大規模小売業告示解説), 82면.

상대방마다 다른 것이 통상적이기 때문이다.[518] 그리고 제공된 금전이 실제로는 요청된 목적에 사용되지 않는 경우에는 상대방에게 직접적인 이익이 된다고 하기 어렵다.[519]

① 업무합리화 경비의 부담

행위자가 그 업무를 합리화하기 위하여 일정한 투자를 한 경우에 상대방에게도 그 효과가 미치고 상대방의 비용 절감으로 이어지는 경우가 있다. 그러한 경우에 행위자가 업무합리화 경비의 일부를 상대방에게 부담하도록 요청하는 것은 상대방에게 「직접적인 이익」을 주는 것으로 인정될 수 있다.[520] 예를 들어 소매업자와 납품업자 간에 소매업자 점포까지의 배송비용을 포함한 가격으로 거래가 이루어지는 경우에 소매업자가 자사에 물류센터를 세워 스스로 물류센터에서 분류해서 소매업자의 각 점포까지 직접 배송 등을 하게 되면 납품업자는 물류센터에 납품하는 것으로 충분하고 해당 배송비용을 삭감할 수가 있다. 이렇게 삭감된 비용의 일부를 납품업자가 센터 운영비용으로 부담하는 것은 합리적 범위 내의 부담으로서 그 금액이나 산출근거 등에 대해 충분히 협의하여 납품업자가 납득한 후에 비용을 부담하는 한 공정거래법상 남용행위에 해당하지 않는다.[521]

하도급법에서도 행위자가 상대방에게 정보처리 등 관행상 하도급거래와는 다른 서비스를 제공하고 있다고 인정되는 경우에 당해 서비스의 대가로서 일정한 비용을 부담하도록 요청하는 것은 금지행위에 해당하지 않는 것으로 본다.[522] 다만 비용절감의 관행에 비추어 고액의 대가를 설정하거나 비용절감 여부와 무관하게 서비스의 대가를 설정하는 등 업무합리화 시스템의 이용 상황에 비례하여 추가적으로 비용이 발생하는 경우가 아니라면 이는 상대방에게 합리적 범위를 넘는 불이익을 가하는 것으로서 하도급법상 금지행위에 해당한다.[523] 한편 하도급거래에서 발주서면의 교

518 가마다(鎌田) 편저, 처음으로 배운다(はじめて学ぶ), 156면.
519 우월적 지위 가이드라인 견해(優越ガイドライン考え方), 36면.
520 대규모소매업특수지정운용기준(大規模小売業特殊指定運用基準) 제2. 8. (2) 우(ウ), 가스부치(粕渕), 대규모소매업 고시해설(大規模小売業告示解説), 82면.
521 공정위(公取委),「물류센터를 이용한 거래에 관한 실태조사보고서(物流センターを利用して行われる取引に関する実態調査報告書)」제3. 2. (2) 이(イ) (헤이(平)25·8·8)(2013.8.8.).
522 사사키 시게루(佐々木滋)·이시다 다카아키(石田高章),「생활협동조합연합회 코프 주고쿠시코쿠연합(生活協同組合連合会コープ中国四国事業連合)에 대한 권고에 대하여(生活協同組合連合会コープ中国四国事業連合に対する勧告について)」, 공정거래(公正取引) 733호, 97−98면(2011).
523 공정위 권고(公取委勧告) 헤이(平)25·4·23(2013.4.23.)〔아사히 유통 시스템(旭流通システム)사

부 등 행위자가 제공하는 「서비스」가 본래 자기의 비용으로 부담해야 하는 것인 경우에는 당해 「서비스」의 대가를 상대방에게 요구하는 것은 금지행위에 해당하는 것으로 본다.[524]

▌업무합리화 경비의 부담이 합리적 범위를 넘는 불이익이라고 할 수 없는 예
• 소매업자가 납품업자와 수·발주업무를 효율화하고 사무작업의 합리화를 위해서 납품업자에게 소매업자의 수·발주 온라인 시스템을 도입하게 하고 그 비용(수수료)을 부담시키는 경우[525]
• 전자 수·발주 시스템이 수주자에게 통계정보 또는 상품의 수요예측 등의 정보도 제공할 수 있는 경우에 수주자에게 이러한 정보를 제공함으로써 발주자에게 발생하는 비용을 수주자에게 부담시키는 경우[526]
• 소매업자가 상품의 수·발주업무를 온라인 시스템으로 바꾸고 시스템 이용에 따라 납품업자의 사무비용도 절감할 수 있다고 전망되는 상황에서 시스템을 이용하는 납품업자로부터 데이터의 총수신량에 따른 종량요금제로 계산되는 시스템 이용료를 부담시키는 경우[527]
• 발주자가 수주자에게 전자기록을 제공하는 경우에 수주자의 전자기록의 이용 상황을 감안하여 추가적으로 발주하는 비용에 대해 수주자가 얻는 이익의 범위 내에서 부담을 요구하는 경우[528]

▌업무합리화 경비의 부담이 합리적 범위를 넘는 불이익이 되는 예
• 시스템이 가동되지 않음에도 불구하고 시스템 이용요금 등을 징수하는 경우[529]
• 도매업자가 거래를 하고 있는 소매업자에게 센터비용을 지급하고 있음에도 불구하고 소매업자가 당해 센터비용의 일부를 제조위탁을 받은 사업자에게 부담시키기 위하여 지급대금에 일정비율을 곱해서 얻은 금액을 부담시키는 경우[530]

건), 도야마 나오토(東山直人)·무다 나쓰키(牟田名月),「주식회사 마루쇼크에 대한 권고에 대하여(株式会社マルショクに対する勧告について)」, 공정거래(公正取引) 772호, 56−57면(2015).
524 쓰쓰미(堤)·고조(香城), 앞의 주 50면, 다카노 유지(高野雄二)·나카무라 노부히로(中村暢弘),「株式会社アルファに対する勧告について」, 공정거래(公正取引) 664호, 53−54면(2006), 고조 나오코(香城尚子),「주식회사 산에스에 대한 권고에 대하여(株式会社サンエスに対する勧告について)」, 공정거래(公正取引) 740호, 69−70면(2012), 강습회 텍스트(講習会テキスト) 1. (5) 우(ウ) (47면).
525 가스부치(粕渕), 대규모소매업 고시해설(大規模小売業告示解説), 82면, 공정위사무총국(公取委事務総局)「공정거래법에 관한 상담사례집(独占禁止法に関する相談事例集) (헤이세이(平成)21년도)」사례5(2010).
526 하도급법운용기준 개정견해(下請法運用基準改正考え方) No.28·29.
527 공정위사무총국(公取委事務総局)「공정거래법에 관한 상담사례집(独占禁止法に関する相談事例集)(헤이세이(平成)21년도)」사례5(2010).
528 강습회 텍스트(講習会テキスト) 1. (5) 우(ウ) (48면).
529 강습회 텍스트(講習会テキスト) 1. (5) 우(ウ) (48면).
530 하도급법운용기준(下請法運用基準) 제4. 7.<위반행위사례>7−1(3), 공정위 권고(公取委勧告) 헤이(平)25·12·5(2013.12.5.)〔도쿠스이코포레숀(トクスイコーポレーション)사건〕.

- 소매업자가 자신의 발주업무 합리화를 위하여 도입한 전자 수·발주 등과 관련된 시스템의 운용비용이나 팩스를 이용한 발주 관련 비용을 확보하기 위하여 납품업자에게 납품업자가 당해 시스템을 이용하는 대가에 비해 과도한 금액을 부담하도록 요청하고 그에 응한 납품업자에 대해 매월 하도급대금에서 당해 부담경비를 공제하는 경우[531]
- 판촉용품의 기획 판매업자가 컴퓨터의 설비비용이나 재고 관리비용 등을 위탁받은 사업자에게 부담시키기 위하여 할인 등의 명칭으로 발주대금에 일정비율을 곱하여 얻은 금액을 징수하는 취지의 요청을 하고 위탁받은 사업자와 합의한 할인율에 상응한 금액을 발주대금에서 상계하는 방법으로 감액하는 경우[532]
- 가죽구두 제조업자가 물류센터의 개설비용 및 정보 시스템의 유지관리비용을 확보하기 위하여 가죽구두의 수리위탁을 받은 사업자에게 「물류 및 정보시스템 사용료」라는 명칭으로 거래대금에서 당해 사용료를 공제하는 경우[533]
- 소매업자가 사전에 제조위탁받은 사업자에게 발주수량을 고지하는 경우에 「생산지원 정보」로서 발주수량을 기재한 서면을 팩스로 보내는 송신매수에 일정액을 곱해서 얻은 금액을 거래대금에서 공제하는 경우[534]

② 판매촉진경비의 부담

상대방이 판매하는 상품이나 용역의 판매촉진에 직접 기여하는 경우 상대방에게 「직접적인 이익」을 주는 것으로 인정될 수 있다.[535] 예를 들어 소매업자가 특정 상품의 매출 확대를 위하여 광고·선전 등을 하는 것은 제조업자 입장에서도 당해 상품의 판매촉진으로 이어지기 때문에 「직접적인 이익」이 될 수 있다. 상대방이 행위자의 요청에 근거하여 판매촉진경비의 일부를 합리적인 범위에서 부담하는 것은, 그 금액이나 산출근거 등에 대하여 충분히 협의하고 상대방이 납득한 후 부담한다면 공

---

531 공정위 권고(公取委勧告) 헤이(平)23·3·30(2011.3.30.)〔니시테츠스토아(西鉄ストア)사건〕, 공정위 권고(公取委勧告) 헤이(平)23·6·29(2011.6.29.)〔생활협동조합연합회 코프 주고쿠시코쿠 연합(生活協同組合連合会コープ中国四国事業連合)사건〕, 공정위 권고(公取委勧告) 헤이(平)23·12·21(2011.12.21.)〔산에스(サンエス)사건〕, 공정위 권고(公取委勧告) 헤이(平)24·1·25(2012.1.25.)〔하루야마상사(はるやま商事)사건〕, 공정위 권고(公取委勧告) 헤이(平)26·8·28(2014.8.28.)〔마루쇼크(マルショク)사건〕.

532 공정위 권고(公取委勧告) 헤이(平)17·12·26(2005.12.26.)〔아르화(アルファ)사건〕.

533 공정위 권고(公取委勧告) 헤이(平)21·2·2(2009.2.2.)〔마도라스(マドラス)사건〕, 공정위 권고(公取委勧告) 헤이(平)24·1·25(2012.1.25.)〔하루야마상사(はるやま商事)사건〕.

534 공정위 권고(公取委勧告) 헤이(平)25·9·25(2013.9.25.)〔일본생활협동조합연합회(日本生活協同組合連合会)사건〕.

535 우월적 지위 가이드라인(優越ガイドライン) 제4. 2. (1) 아(ア) (주9), 동 2. (1) <상정 예>①.

정거래법상 남용행위에 해당되지 않는 것으로 본다.[536]

　이에 반하여 공정거래위원회는 하도급법상 판매촉진활동은 소매업자가 본래 하는 업무이기 때문에 판매촉진경비는 기본적으로 소매업자가 부담해야 하는 것이고 수급사업자(납품업자)가 부담해야 하는 것이 아니기 때문에 판매촉진경비를 수급사업자(납품업자)가 부담하는 것은 금지행위에 해당하는 것으로 본다.[537] 수급사업자의 수주가 판매촉진 활동으로 인하여 어느 정도 증가하는지 합리적으로 예측하기 곤란하다는 것도 그 이유로 들고 있다.[538] 동일한 논리로 본래 행위자의 업무범위에 관한 경비를 상대방이 부담하는 것은 합리적 범위를 넘는 불이익으로 하도급법상 금지행위에 해당한다.

▍판매촉진경비의 부담이 합리적 범위를 넘는 불이익이라고 할 수 없는 예
• 소매업자가 자사 광고에 납품업자의 상품을 게재하기 위하여 광고를 작성·배포하는 비용의 일부를 당해 납품업자에게 부담시키는 경우[539]
• 상표권의 라이선서(licenser)가 상표인지도 향상을 위한 광고를 하는 과정에서 당해 상표를 사용하여 상품을 생산하는 라이선시(licensee)도 당해 상품의 인지도가 증가하여 제품의 판매가 촉진될 것으로 보여지는 상황에서 당해 광고비용 일부를 라이선시에게 부담시키는 경우[540]
• 소매업자가 페트병을 회수하면서 납품업자인 음료 제조업자에게 페트병 회수에 사용하는 압축기 구입비용에 대하여 음료 제조업자가 기대할 수 있는 페트병 음료의 매출 증가에 상응하는 이익의 범위 내에서 돈을 걷는 경우[541]

▍판매촉진경비의 부담이 합리적인 범위를 넘는 불이익이 되는 예
• 소매업자가 신규오픈할 때 설치한 애드벌룬과 관련하여 당해 애드벌룬에는 납품업자의 이름 등이 일체 기재되지 않는 등 광고로서의 기능이 희박함에도 불구하고 납품업자에게 애드벌룬

---

536 상표권자가 상표사용권자인 제조업자에게 광고비의 일부를 부담하는 거래조건을 내용으로 하는 행위가 우월적 지위남용의 문제가 되지 않는다고 한 사례로서, 공정위(公取委), 「사업자의 활동에 관한 상담사례집(事業者の活動に関する相談事例集)」 사례13(헤이(平)11·3·30)(2009.3.30.).
537 사사키 시게루(佐々木滋)·이시다 다카아키(石田高章), 「생활협동조합연합회 코프 주고쿠시코쿠 연합(生活協同組合連合会コープ中国四国事業連合)에 대한 권고에 대하여(生活協同組合連合会コープ中国四国事業連合に対する勧告について)」, 공정거래(公正取引) 733호, 97-98면(2011), 시미즈 게이(清水) 외, 앞의 주82) 69면.
538 가마다(鎌田) 편저, 하도급법실무(下請法実務), 172-173면.
539 우월적 지위 가이드라인(優越ガイドライン) 제4. 2. (1) 아(ア) (주9).
540 공정위(公取委), 「사업자의 활동에 관한 상담사례집(事業者の活動に関する相談事例集)」 사례13(1999).
541 공정위 사무총국(公取委事務総局), 「사업자의 활동에 관한 상담사례집(事業者の活動に関する相談事例集)」 사례15(2000).

비용의 일부를 부담시키는 경우[542]
- 소매업자가 폐점세일을 하면서 자사가 정한 할인율로 판매한 상품에 대하여 당해 상품을 납품한 납품업자에게 미리 산출근거, 용도 등에 대하여 명확하게 설명하지 않고 당해 할인액에 상응하는 금액의 일부 또는 전부를 제공하게 하는 경우[543]
- 백화점업자가 매장을 리뉴얼함에 있어 납품업자에게 당해 매장 또는 상품진열용 집기의 일정부분이 일정한 기간 동안 오로지 당해 납품상품의 판매에 제공된다는 약정이 존재하지 않음에도 불구하고 특별한 기준도 없이 리뉴얼비용을 부담시키는 경우[544]

▎판매촉진경비의 부담 요청이 하도급법상의 금지행위에 해당하는 예
- 제조업자가 도매업자 등에게 지급하는 판매촉진비용의 일부로 충당하기 위하여 제조위탁받은 사업자에게 매입수량 또는 판매수량에 일정액을 곱한 금액을 부담시키는 경우[545]
- 도매업자가 거래처인 소매업자의 요구에 따라 상품을 샘플로 무상제공하고 무상제공에 의해 발생한 비용의 일부를 부담시키기 위하여 당해 상품을 제조위탁받은 사업자에게 지급대금의 일정비율을 곱한 금액을 부담시키는 경우[546]
- 소매업자가 자신의 상품개발을 위하여 실시하는 테스트 비용을 확보하기 위하여 제조를 위탁받은 사업자에게 상품테스트 비용으로 일정액을 부담시키는 경우[547]
- 소매업자가 자사가 실시하는 점포 간 매출 경쟁 콩쿠르 상금을 확보하기 위하여 제조를 위탁받은 사업자에게 협찬금으로 일정액을 부담시키는 경우[548]
- 소매업자가 오리지널 상품의 제조를 위탁받은 사업자에게 자사가 발행하는 상품의 카탈로그 작성 비용으로 카탈로그에 게재 장소나 게재 면적에 따라 정해진 금액 또는 게재상품 촬영비용의 일부 등을 부담시키는 경우[549]

---

542 공정위 시정명령(公取委排除措置命令) 헤이(平)18 · 10 · 13(2006.10.13.) 심결집(審決集) 53권, 881면(바로(バロー)사건), 니시무라 유키오(西村幸夫) · 사사키 류지(佐々木竜二), 「주식회사 바로에 대한 시정명령에 대하여(株式会社バローに対する排除措置命令について)」, 공정거래(公正取引) 676호, 56면, 59면(2007).

543 공정위 시정명령(公取委排除措置命令) 헤이(平)26 · 6 · 5(2014.6.5.) 심결집(審決集) 61권, 103면(다이렛쿠스(ダイレックス)사건).

544 공정위 동의심결(公取委同意審決) 쇼(昭)57 · 6 · 17(1982.6.17.) 심결집(審決集) 29권, 31면(미쓰코시(三越)사건).

545 공정위 권고(公取委勧告) 헤이(平)21 · 4 · 24(2009.4.24.)(마루하니치로식품(マルハニチロ食品)사건), 공정위 권고(公取委勧告) 헤이(平)23 · 3 · 16(2011.3.16.)(아사히식품(旭食品)사건).

546 공정위 권고(公取委勧告) 헤이(平)25 · 12 · 5(2013.12.5.)(도쿠스이코포레숀(トクスイコーポレーション)사건).

547 공정위 권고(公取委勧告) 헤이(平)24 · 9 · 25(2012.9.25.)(일본생활협동조합연합회(日本生活協同組合連合会)사건).

548 공정위 권고(公取委勧告) 헤이(平)24 · 1 · 13(2012.1.13.)(치요다(チヨダ)사건).

549 하도급법운용기준(下請法運用基準) 제4. 7.<위반행위사례>7−1(2), 공정위 권고(公取委勧告) 헤이(平)23 · 6 · 29(2011.6.29.)(생활협동조합연합회 코프 주고쿠시코쿠 연합(生活協同組合連合会コープ中国四国事業連合)사건), 공정위 권고(公取委勧告) 헤이(平)24 · 1 · 13(2012.1.13.)(치요다(チヨ

- 인테리어 제품의 도매업자가 자사의 쇼룸에 전시하기 위하여 제조수탁자에게 전시용의 인테리어 제품을 무상으로 제공하게 하는 경우[550]
- 방사성 의약품 운송업자가 자기가 부담하고 있는 방사성 의약품 배송사고방지 대책 등의 경비를 줄이기 위하여 운송업무를 위탁받은 사업자에게 협조금의 명목으로 하도급대금에서 일정 비율을 곱한 금액을 부담하도록 요청하고 하도급대금에서 당해 협조금액을 공제하는 경우[551]
- 도자기 판매업자가 자사가 도안하여 형상 등의 사양을 고안한 자사 오리지널 상품에 대해 사양의 결정행위에 자사가 관여한 정도에 상응한 금액을 제조를 위탁받은 사업자에게 개발 관여비로서 부담하도록 요청하고 매월 하도급대금에서 당해 개발 관여비를 공제하는 경우[552]
- 위생도기 등의 유지관리업자가 유료수리 고객에 대한 소개를 위탁받은 사업자로부터 관리료를 징수할 뿐만 아니라(이 자체는 합리성이 인정된다) 무상 수리에 대한 재위탁을 위탁받은 사업자로부터도 관리료라는 명목의 금액을 발주대금에서 공제하는 경우[553]
- 소매업자가 판매를 촉진하기 위하여 판매부진한 PB상품의 매장 판매가격을 인하하고 당해 PB상품의 제조를 위탁받은 사업자에게 할인판매에 따른 이익 감소분의 일부를 부담하도록 요청하고 하도급대금에 일정 비율을 곱한 금액을 하도급대금에서 공제하는 경우[554]

③ 과잉 경비부담

금전적 부담으로 상대방이 「직접적인 이익」을 얻는다고 하더라도 금전적 부담액이 상대방이 얻는 「직접적인 이익」에 비하여 과다한 경우에는 당해 금전적 부담은 합리적 범위를 넘는 불이익으로 판단되기 쉽다.[555] 또한 행위자가 스스로 비용부담을 전

ダ)사건), 공정위 권고(公取委勧告) 헤이(平)24·3·2(2012.3.2.)〔다치키치(たち吉)사건〕, 공정위 권고(公取委勧告) 헤이(平)24·9·25(2012.9.25.)〔일본생활협동조합연합회(日本生活協同組合連合会)사건〕, 공정위 권고(公取委勧告) 헤이(平)24·11·12(2012.11.12.)〔후지큐(藤久)사건〕.

550 하도급법운용기준(下請法運用基準) 제4. 7.<위반행위사례>7−3, 공정위 권고(公取委勧告) 헤이(平)25·2·12(2013.2.12.)〔산게쓰(サンゲツ)사건〕.

551 공정위 권고(公取委勧告) 헤이(平)18·11·16(2006.11.16.)〔이치미야 운수(一宮運輸)사건〕.

552 공정위 권고(公取委勧告) 헤이(平)24·3·2(2012.3.2.)〔다치키치(たち吉)사건〕.

553 공정위 권고(公取委勧告) 헤이(平)18·7·4(2006.7.4.)〔도토 멘테난스(東陶メンテナンス)사건〕, 이시가키 테루오(石垣照夫)·오노 가즈코(小野香都子), 「도토 멘테난스 주식회사에 대한 권고에 대하여(東陶メンテナンス株式会社に対する勧告について)」, 공정거래(公正取引) 670호, 57−58면(2006).

554 공정위 권고(公取委勧告) 헤이(平)23·3·29(2011.3.29.)〔맛쿠하우스(マックハウス)사건〕, 공정위 권고(公取委勧告) 헤이(平)23·10·14(2011.10.14.)〔다카큐(タカキュー)사건〕, 공정위 권고(公取委勧告) 헤이(平)24·9·7(2012.9.7.)〔라이토온(ライトオン)사건〕, 공정위 권고(公取委勧告) 헤이(平)26·6·27(2014.6.27.)〔히마라야(ヒマラヤ)사건〕.

555 가스부치(粕渕), 대규모소매업 고시해설(大規模小売業告示解説), 81면.

혀 하지 않는 등[556] 상대방의 금전적 부담액과 행위자의 부담액이 균형을 잃은 경우
에도 거래상대방의 금전적 부담은 합리적 범위를 넘는 불이익으로 판단되기 쉽다.[557]

> ▌금전적 부담이 상대방의 합리적 범위를 넘는 불이익이 되는 예
> • 신규오픈 세일 광고와 관련하여 소매업자가 납품업자에게 당해 광고를 위하여 실제 소요되는
> 비용(작성비용이나 배포비용 등) 이상의 금액을 협찬금으로 부담시키는 경우[558]
> • 소매업자가 식품매장에 복수의 납품업자를 공동으로 참가시켜 행하는 시식판매 이벤트를 통해
> 매출증가가 예상되고 이벤트 개최시에 판매효과에 관한 자료나 소비자의 의견을 집약한 자료를
> 납품업자에게 제공하고 있지만, 본래 개별 납품업자와 이벤트마다 시식판매 비용의 산출방법
> 이 다른데도 불구하고 소매업자가 이벤트 참가 납품업자에게 시식판매 비용을 합산·안분하여
> 산출한 일정액을 부담시키는 경우[559]
> • 소매업자가 물류센터와 같은 유통업무용 시설사용료(센터비용)에 대하여 납품업자에게 당해
> 시설이용량 등에 상응하는 합리적 부담 부분 이상의 금액을 부담시키는 경우[560]

ii. 노무의 제공(종업원 등의 파견)

상대방이 자기의 종업원을 행위자 등에게 파견하게 되면 상대방 입장에서는 당해
종업원의 인건비 상당의 손해를 입고 파견에 소요되는 교통비나 숙박비 등의 비용까
지 부담하게 되기 때문에 이하에서와 같이 당해 파견에 의해 상대방이 이익을 얻는
경우, 상대방에게 통상 발생하는 손실을 보전하는 경우 또는 파견에 의한 부담의 정
도가 경미한 경우 등 특단의 사정이 없는 한 당해 파견은 상대방 입장에서 합리적
범위를 넘는 불이익이 된다. 행위자에게 파견하는 아르바이트 노동자나 파견근로자
등의 비용을 상대방이 부담하는 경우에도 마찬가지이다.[561]

---

556 가스부치(粕渕), 대규모소매업 고시해설(大規模小売業告示解説), 81면.
557 우월적 지위 가이드라인 견해(優越ガイドライン考え方), 36면.
558 공정위 권고심결(公取委勧告審決) 헤이(平)16·11·11(2004.11.11.) 심결집(審決集) 51권, 526면〔미
　　스타맛쿠스(ミスターマックス)사건〕, 우월적 지위 가이드라인(優越ガイドライン) 제4. 2. (1)
　　＜상정 예＞⑤, 대규모소매업특수지정운용기준(大規模小売業特殊指定運用基準) 제2. 8. (2) 아
　　(ア).
559 공정위사무총국(公取委事務総局)「공정거래법에 관한 상담사례집(独占禁止法に関する相談事例集)
　　(헤이세이(平成)21년도)」사례13(2008).
560 우월적 지위 가이드라인(優越ガイドライン) 제4. 2. (1)＜상정 예＞⑥, 대규모소매업특수지정운용
　　기준(大規模小売業特殊指定運用基準) 제2. 8. (2) 아(ア).
561 우월적 지위 가이드라인(優越ガイドライン) 제4. 2. (2) 아(ア) 주11, 대규모소매업특수지정운용기
　　준(大規模小売業特殊指定運用基準) 제2. 7. (2) 이(イ).

반면에 상대방이 종업원 등을 파견하는 경우라도 당해 노무제공이 본래의 거래에 부수하여 당연히 이루어지는 것으로서 본래의 거래 대가에 반영된 경우에는 상대방에게 불이익을 주는 행위로 인정되지 않는다.[562] 예를 들어 가구 제조업자가 소매업자의 점포 매장까지 상품을 반입하는 것이 계약내용이라면 점포 매장까지의 상품반입은 납품업무에 부수하여 납품업자가 해야 할 업무로 해석할 수 있다.[563] 다만 본래 계약에 부수한 범위를 넘어서 상대방의 종업원 등에게 노무제공을 하게 하면 상대방에게 불이익을 주는 것이다. 종업원 등의 노무제공이 본래의 거래에 포함되어 있다고 인정되기 위해서는 종업원 등의 노무제공이 거래조건인 것을 상대방이 인식하고 있고 본래의 거래대가에는 당해 노무제공에 대한 대가가 포함된다는 것을 행위자가 명시하는 등 거래조건을 명확하게 한 후에 협상할 필요가 있다.

> ▎노무제공이 본래 계약의 부수적 범위를 넘는 예
> • 가구 납품업자의 종업원 등이 자사 상품인지 타사 상품인지 관계없이 점포 내로 상품을 반입하는 작업을 무상으로 하는 경우[564]
> • 계약상 거래상대방이 행위자의 창고까지만 운송하는 것이 계약내용으로 되어 있는 경우에 미리 계약으로 정해지지 않은 창고 내에서 하역 등의 업무에 무상으로 종사하게 하는 경우[565]

ㄱ. 상대방의 이익이 되는 노무제공

상대방이 얻는「직접적인 이익」등을 감안하여 합리적 범위를 넘지 않는 노무제공(종업원 등의 파견)은 정상적인 거래관행에 비추어 부당하게 불이익을 주는 행위가 아니므로 남용행위에 해당되지 않는다.[566] 종업원 등의 파견으로 상대방이 얻는「직접적인 이익」은 단순히 장래의 거래가 유리하게 된다는 식의 간접적인 이익은 포함되지 않고 상대방 상품 등의 판매촉진으로 이어지거나 상대방의 상품 등과 관련된

---

562 우월적 지위 가이드라인(優越ガイドライン) 제4. 2. (2) <상정 예> ⑥.
563 데라모토 가즈히코(寺本一彦)·이시와타 오사무(石綿修),「주식회사 시마추에 대한 시정명령에 대하여(株式会社島忠に対する排除措置命令について)」, 공정거래(公正取引) 708호, 54면, 57면(2009).
564 공정위 시정명령(公取委排除措置命令) 헤이(平)21·6·19(2009.6.19.) 심결집(審決集) 56권 제2분책(第2分冊), 3면(시마추(島忠)사건).
565 우월적 지위 가이드라인(優越ガイドライン) 제4. 2. (2) <상정 예> ⑥.
566 우월적 지위 가이드라인(優越ガイドライン) 제4. 2. (2) 아(ア), 하도급법운용기준(下請法運用基準) 제4. 7. (2).

소비자 수요를 파악할 수 있는 등 상대방에게 실질적으로 발생하는 이익이어야 한다.[567] 소매업자에 대한 종업원 등의 파견과 관련하여 종업원 등을 파견하는 납품업자에게「직접적인 이익」이 인정되는 것은 파견 종업원이 당해 납품업자가 제조 또는 납품한 상품의 판매업무(접객업무)에 대해서만 종사하는 경우이다.[568] 납품업자의 종업원 등이 타사 상품의 판매업무에 종사하면 자사 상품의 판매촉진과 관계가 없어 원칙적으로 납품업자에게「직접적인 이익」이 된다고 할 수 없다.[569] 반면에 파견 종업원 등이 납품업자의 상품판매 업무에만 종사하는 경우에는 당해 종업원 등이 고객의 요구에 응하여 타사 상품의 설명이나 판매를 하는 것은「사회통념」의 범위에서 허용된다.[570] 또한 납품업자가 납품한 상품의 진열업무에 당해 납품업자의 종업원 등이 종사하는 것은 만약 디스플레이의 방식에 의해 납품업자의 판매촉진으로 이어진다면 당해 납품업자에게 원칙적으로「직접적인 이익」이 되는 것으로 인정된다.[571] 나아가 납품업자의 종업원 등이 자기 상품의 판매업무나 진열업무에 부수되는 범위에서 상품의 보충업무에 종사하더라도 당해 납품업자의「직접적인 이익」으로서의 성질을 잃어버리는 것은 아니다.[572]

이에 반해 상대방이 종업원 등을 파견해서 행위자의 이익에만 기여하는 업무를 하는 것은 상대방에게 합리적 범위를 넘는 불이익이 된다.[573] 소매업자의 재고조사, 사내업무, 주차장정리, 청소 등의 업무는 소매업자의 이익에만 기여하는 업무로서 납품업자의 상품판매 촉진에 직접적인 관계가 없기 때문에 이러한 업무에 종사하기 위하여 납품업자가 소매업자에게 종업원 등을 파견하는 것은 원칙적으로 합리적 범위를 넘는 불이익을 납품업자에게 부담시키는 것으로 평가된다.[574] 반면에 납품업자가 소매업자의 점포 내에 자기 브랜드 이름을 내걸고 매장이나 코너를 설치하고 그 곳

---

567 우월적 지위 가이드라인(優越ガイドライン) 제4. 2. (2) 아(ア) (주12).
568 우월적 지위 가이드라인(優越ガイドライン) 제4. 2. (2) 이(イ), 대규모소매업특수지정(大規模小売業特殊指定) 제7항 제1호.
569 가스부치(粕渕), 대규모소매업 고시해설(大規模小売業告示解説), 72면.
570 가스부치(粕渕), 대규모소매업 고시해설(大規模小売業告示解説), 72면.
571 대규모소매업특수지정운용기준(大規模小売業特殊指定運用基準) 제2. 7. (3) 아(ア).
572 대규모소매업특수지정운용기준(大規模小売業特殊指定運用基準) 제2. 7. (3) 아(ア), 가스부치(粕渕), 대규모소매업 고시해설(大規模小売業告示解説), 71면.
573 우월적 지위 가이드라인(優越ガイドライン) 제4. 2. (2)<상정 예>①.
574 우월적 지위 가이드라인(優越ガイドライン) 제4. 2. (2)<상정 예>⑤, 대규모소매업특수지정운용기준(大規模小売業特殊指定運用基準) 제2. 7. (3) 아(ア).

에 납품업자의 종업원 등을 상주시키는 경우에는 당해 종업원 등이 납품업자 상품의
재고정리 업무에 종사하였더라도 납품업자에게 부당한 불이익을 주는 것으로 보기
어렵다.[575]

 그리고 특별한 지식, 기술, 능력 등을 필요로 하지 않는 단순작업과 같은 업무에
종사시키기 위하여 종업원 등을 파견시키는 것은 설령 그에 따라 상대방 상품의 판
매촉진으로 이어져 「직접적 이익」으로 인정되더라도 상대방이 받는 부담은 「직접적
이익」에 비하여 과다한 것이므로 합리적 범위를 넘는 불이익으로 판단된다.[576] 납품
업자가 납품한 상품의 진열업무에 당해 납품업자의 종업원 등이 종사하는 것은 전술
한 바와 같이 원칙적으로 당해 납품업자에게 「직접적인 이익」이 되는 것으로 인정되
지만 정해진 장소에 단순히 상품을 늘어놓는 것과 같이 누구나 할 수 있는 작업을
하는 경우에는 당해 납품업자의 부담은 합리적 범위를 넘는 불이익이 된다.[577] 상대
방이 파견한 종업원 등이 접객업무나 진열업무를 하지 않고 보충업무만을 하는 경우
도 마찬가지이다.[578]

▎노무제공이 상대방의 「직접적인 이익」이 된다고 인정되지 않는 예
• 소매업자가 자사의 재고정리 업무를 위하여 재고정리 작업을 납품업자에게 시키는 경우[579]
• 고객으로부터 상품배송을 위탁받은 소매업자가 화물배송을 위탁한 운송업자에게 점포영업을
  거들어 줄 종업원을 파견하게 하는 경우[580]
• 운송업자가 화물운송을 위탁한 운송업자에게 위탁한 거래와 관계없는 화물의 적하작업을 시키
  는 경우[581]
• 소매업자가 점포의 신규 및 리뉴얼오픈을 하면서 납품업자의 종업원 등이 가지고 있는 기술 또
  는 능력과 무관하게 자사업무를 위하여 상품의 진열이나 보충작업을 납품업자에게 시키는

---

575 대규모소매업특수지정(大規模小売業特殊指定) 제7항 제1호, 대규모소매업특수지정운용기준(大規
    模小売業特殊指定運用基準) 제2. 7. (3) 우·(ウ), 가스부치(粕渕), 대규모소매업 고시해설(大規模小
    売業告示解説), 72-73면.
576 대규모소매업특수지정(大規模小売業特殊指定) 제7항 제1호는 자기 상품의 판매업무에 종사시키기
    위한 종업원 등의 파견이 허용되는 조건으로서 「그 종업원 등이 가지고 있는 판매에 관한 기술 또는 능
    력이 당해 업무에 유효하게 활용됨으로써 당해 납품업자의 직접적인 이익이 되는 경우에 한하는 것」으
    로 규정하고 있다.
577 대규모소매업특수지정운용기준(大規模小売業特殊指定運用基準) 제2. 7. (3) 이(イ), 가스부치(粕
    渕), 대규모소매업 고시해설(大規模小売業告示解説), 71면.
578 대규모소매업특수지정운용기준(大規模小売業特殊指定運用基準) 제2. 7. (3) 이(イ).
579 공정위 권고심결(公取委勧告審決) 헤이(平)16·4·15(2004.4.15.) 심결집(審決集) 51권, 412면〔산요
    마루나카(山陽マルナカ) I 사건〕.
580 하도급법운용기준(下請法運用基準) 제4. 7. <위반행위사례>7-10.
581 하도급법운용기준(下請法運用基準) 제4. 7. <위반행위사례>7-11(1).

경우[582]
- 소매업자가 점포의 신규 및 리뉴얼오픈을 하면서 납품업자에게 당해 납품과 관련된 상품인지의 여부를 묻지 않고 당해 점포의 상품 진열, 보충, 접객 등의 작업을 시키는 경우[583]
- 소매업자가 세일을 실시하면서 당해 세일을 고지하는 다이렉트메일(direct mail)을 인근주택에 배포하는 경우에 당해 다이렉트메일에는 납품업자의 일부 상품만 게재되어 있고 납품업자 입장에서는 다이렉트메일의 배포로 인해 반드시 자사 상품의 판매액 증가로 이어진다고 기대할 수 없는 상황이었음에도 불구하고 점포 매장에 파견되어 상주하고 있는 납품업자 종업원에게 당해 배포작업을 시키는 경우[584]
- 프로그램 개발업자가 프로그램 작성을 위탁하고 있는 거래상대방의 종업원을 자사 사무소에 상주시켜 실제 당해 개발업자의 발주와는 관계없는 사무를 시키는 경우[585]
- 소매업자가 PB상품의 발주를 위하여 필요한 데이터를 자사 시스템에 입력하는 작업을 제조위탁받은 사업자에게 무상으로 시키는 경우[586]

█ 노무제공이 상대방의 「직접적인 이익」이 된다고 인정되는 예
- 납품업자가 소매업자의 점포에 종업원 등을 파견하고 납품상품의 매출증가나 소비자 수요동향을 직접적으로 파악하기 위하여 판매업무에 종사시키는 경우[587]
- 납품업자가 소매업자의 개점준비작업에 종업원 등을 파견하고 납품상품을 유리한 장소에 진열할 수 있는 작업에 종사시키는 경우
- 소매업자의 개점준비를 하면서 납품업자가 종업원 등을 파견하여 상품의 진열방법이나 전시방법 등에 대하여 자사의 종업원 등이 아니면 할 수 없는 특수한 기술·능력을 필요로 하는 작업에 종사시키는 경우[588]

---

582 공정위 시정명령(公取委排除措置命令) 헤이(平)18·10·13(2006.10.13.) 심결집(審決集) 53권, 881면[바로(バロー)사건], 공정위 시정명령(公取委排除措置命令) 헤이(平)23·6·22(2011.6.22.) 심결집(審決集) 58권 제1분책(第1分冊), 193면[산요마루나카(山陽マルナカ)Ⅱ사건], 공정위 시정명령(公取委排除措置命令) 헤이(平)24·2·16(2012.2.16.) 심결집(審決集) 58권 제1분책(第1分冊), 278면[에디온(エディオン)사건].

583 공정위 시정명령(公取委排除措置命令) 헤이(平)20·6·30(2008.6.30.) 심결집(審決集) 55권, 688면[야마다전기(ヤマダ電機)사건], 공정위 시정명령(公取委排除措置命令) 헤이(平)25·7·3(2013.7.3.) 심결집(審決集) 60권 제1분책(第1分冊), 341면[라루즈(ラルズ)사건].

584 공정위 시정명령(公取委排除措置命令) 헤이(平)21·3·5(2009.3.5.) 심결집(審決集) 55권, 716면[다이와(大和)사건], 오자와 가즈유키(大澤一之), 「주식회사 다이와에 의한 우월적 지위남용사건에 대하여(株式会社大和による優越的地位の濫用事件について)」, 공정거래(公正取引) 705호, 67면, 70면(2009).

585 하도급법운용기준(下請法運用基準) 제4. 7.〈위반행위사례〉7-7.

586 공정위 권고(公取委勧告) 헤이(平)24·9·20(2012.9.20.)[파레모(パレモ)사건], 아이자와 히로에(相澤央枝)·(스키야마 가즈야(杉山和也), 「주식회사 파레모에 대한 권고에 대하여(株式会社パレモに対する勧告について)」, 공정거래(公正取引) 748호, 65-66면(2013).

587 우월적 지위 가이드라인(優越ガイドライン) 제4. 2. (2) 아(ア) (주12).

588 이상, 나가사와(長澤), 실무상의 제 논점(実務上の諸論点), 61면.

ㄴ. 상대방에게 통상 발생하는 손실의 보전

종업원 등 파견요청의 경우에 종업원 등을 파견시켰더라도 파견을 위하여 통상 필요한 비용을 행위자가 부담한다면 정상적인 거래관행에 비추어 부당하게 불이익을 주는 경우에 해당하지 않는다.[589]

「통상 필요한 비용」이란 파견된 종업원 등의 인건비나 실제 소요되는 교통비나 숙박비 등이지만[590] 인건비(일당)의 산출에 있어서는 업무내용에 상응하는 적정한 금액이어야 한다.[591] 구체적으로는 당해 종업원의 월급을 일할(日割) 계산한 금액이 기준이 되고 소위 아르바이트 정도의 금액으로는 충분하지 않다고 생각된다.[592] 행위자가 상대방에게 종업원 등의 파견을 요구하는 것은 통상 아르바이트로는 얻을 수 없는 노하우 등을 발휘할 것을 기대하기 때문이라고 생각하는 것이 합리적이기 때문이다.[593] 그리고 업무시간을 넘어서 근무하는 경우에는 시간외 수당에 상응하는 금액도 추가해야 한다.[594]

행위자가 상대방에게 파견에 소요된 비용의 청구를 독촉하고 있더라도 상대방이 행위자와 거래를 계속하는 한 당해 비용을 청구하기가 곤란하다고 인식되고 실제로도 당해 비용의 청구가 거의 행하여지고 있지 않다면 행위자가 상대방의 파견비용을 부담했다고 할 수 없다.[595]

iii. 재산 등의 제공

상대방의 재산이나 용역을 행위자에게 무상으로 제공 또는 실시허락하게 하거나 상대방이 다른 목적으로 자신의 재산이나 용역을 이용하는 것(2차 이용)을 제한하는

---

589 우월적 지위 가이드라인(優越ガイドライン) 제4. 2. (2) 이(イ), 대규모소매업특수지정(大規模小売業特殊指定) 제7항 제2호.
590 대규모소매업특수지정운용기준(大規模小売業特殊指定運用基準) 제2. 7. (3) 에(エ), 우월적 지위 가이드라인(優越ガイドライン) 제4. 2. (2)<상정 예>③.
591 우월적 지위 가이드라인(優越ガイドライン) 제4. 2. (2)<상정 예>④.
592 가스부치(粕渕), 대규모소매업 고시해설(大規模小売業告示解説), 74-75면.
593 가스부치(粕渕), 대규모소매업 고시해설(大規模小売業告示解説), 74-75면.
594 가스부치(粕渕), 대규모소매업 고시해설(大規模小売業告示解説), 74면.
595 공정위 시정명령(公取委排除措置命令) 헤이(平)25 · 7 · 3(2013.7.3.) 심결집(審決集) 60권 제1분책(第1分冊), 341면[라루즈(ラルズ)사건].

것은 상대방의 이익이 되거나 부담의 정도가 경미한 경우 등 특단의 사정이 없는 한 원칙적으로 상대방 입장에서 합리적 범위를 넘는 불이익이 된다.[596] 유상제공이더라도 상대방에게 부당한 불이익이 되는 경우가 있는데 이는 대가의 일방적 설정과 동일한 관점에서 검토된다.[597]

상대방의 재산이나 용역을 무상으로 제공하게 하더라도 당해 재산 등의 제공이 본래의 거래에 부수하여 당연히 이루어지는 것으로 본래 거래의 대가에 반영되어 있는 경우에는 부당하게 불이익을 주는 것이 아니다.[598] 상대방의 재산에 대해서 상대방 자신에 의한 이용을 제한하는 경우도 마찬가지이다. 재산 등의 제공이 본래 거래의 대가에 반영되어 있다고 하기 위해서는 당해 재산 등의 제공이 거래조건인 것을 상대방이 인식하고 또한 행위자는 본래 거래의 대가에 당해 재산 등의 제공에 대한 대가가 포함되어 있다는 것을 명시하는 등 거래조건을 명확히 한 후에 협상할 필요가 있다.[599]

▌재산 등의 제공이 본래의 계약에 부수한 범위를 넘는 예

- 거래처가 상품을 납품함에 있어 회수할 의무가 없는 산업폐기물이나 다른 사업자의 수송용구 등을 무상으로 회수하게 하는 경우[600]
- 정보성과물작성위탁에 있어 수탁업자에게 저작권, 특허권 등의 지식재산권이 발생·귀속되는 경우에 이들 권리가 자기와의 거래 과정에서 취득되었고 자기의 비용부담으로 작성되었다는 이유로 작성 목적인 사용범위를 넘어서 당해 권리를 자기에게 양도하게 하는 경우[601]
- 디자인 작성위탁을 함에 있어 당초 발주내용은 수탁업자에게 복수의 디자인을 작성하게 하여 그 가운데 하나를 채용한 후 발주자(행위자)에게 그 지식재산권을 양도하게 하는 것인데 납품 후 채용된 디자인만이 아니라 채용되지 않은 디자인의 지식재산권까지 양도하게 하는 경우[602]
- 기계부품의 제조수탁업자에게 위탁내용에 없는 금형설계도면 등을 무상으로 양도하게 하는 경우[603]

---

596 우월적 지위 가이드라인(優越ガイドライン) 제4. 2. (3) 아(ア), 역무위탁거래 가이드라인(役務委託取引ガイドライン) 제2. 7. (1), 하도급법운용기준(下請法運用基準) 제4. 7. (4).
597 우월적 지위 가이드라인(優越ガイドライン) 제4. 2. (3) 아(ア) (주15), 역무위탁거래 가이드라인(役務委託取引ガイドライン) 제2. 7. (1) (주18).
598 우월적 지위 가이드라인(優越ガイドライン) 제4. 2. (3) 이(イ).
599 역무위탁거래 가이드라인(役務委託取引ガイドライン) 제2. 7. (1) (주17).
600 우월적 지위 가이드라인(優越ガイドライン) 제4. 2. (3)<상정 예>⑤.
601 우월적 지위 가이드라인(優越ガイドライン) 제4. 2. (3)<상정 예>①, 역무위탁거래 가이드라인(役務委託取引ガイドライン) 제2. 7. (2) 아(ア) ①, 하도급법운용기준(下請法運用基準) 제4. 7. <위반행위사례>7-8.
602 강습회 텍스트(講習会テキスト) 1. (5) 고(コ) Q&A 98 (72면).
603 하도급법운용기준(下請法運用基準) 제4. 7.<위반행위사례>7-4(2).

- 디자인의 작성위탁에서 수탁업자는 CAD 시스템에서 작성한 디자인을 제출하였지만 나중에 위탁 내용에 없는 디자인의 전자적 데이터에 대해서도 대가를 지급하지 않고 제출하게 하는 경우[604]
- 텔레비전 프로그램의 제작위탁에서 수탁업자와 계약에 의해 수탁자에게 발생한 프로그램의 지식재산권을 양도하게 하고 나아가 프로그램에서 사용하지 않았던 영상의 지식재산권을 무상으로 양도하게 하는 경우[605]
- 금형을 발주함에 있어 외국에서 제조하는 편이 제조단가가 낮기 때문에 외국사업자에게 수탁업자가 작성한 금형의 도면과 가공 데이터 등을 건네주기 위하여 발주내용에 금형의 설계도면 등을 제공하는 것이 포함되어 있지 않음에도 불구하고 대가를 지급하지 않고 수탁업자가 작성한 도면과 가공 데이터 등을 제출하게 하는 경우[606]

ㄱ. 재산 등 제공이 상대방의 이익이 되는 경우

　재산 등의 무상양도에 의해 상대방이 「직접적인 이익」을 얻는 경우, 만약 당해 재산 등의 무상제공에 따른 불이익이 그로 인한 「직접적인 이익」을 초과하여 과다한 것이 아니라면 상대방에 의한 재산 등의 무상제공은 합리적 범위 내에서의 불이익이 되고 남용행위에 해당하지 않는다.

▌재산 등의 제공이 상대방의 「직접적인 이익」이 된다고 인정되지 않는 예
- 소매업자가 재고상품을 처분하기 위한 비용을 마련하기 위하여 납품업자에게 일정 수의 진열상품을 무상으로 납품시키는 경우[607]
- 소매업자가 신규오픈시 납품업자에게 당해 점포의 인기상품과 관련하여 첫 번째 납품을 무상으로 제공하게 하는 경우[608]
- 도매업자가 자사 쇼룸에 전시하기 위한 인테리어 제품을 제조위탁받은 사업자에게 무상으로 제공하게 하는 경우[609]

---

[604] 하도급법운용기준(下請法運用基準) 제4. 7.<위반행위사례>7－8.
[605] 하도급법운용기준(下請法運用基準) 제4. 7.<위반행위사례>7－9.
[606] 우월적 지위 가이드라인(優越ガイドライン) 제4. 2. (3)<상정 예>②, 하도급법운용기준(下請法運用基準) 제4. 7.<위반행위사례>7－4(1).
[607] 공정위 권고심결(公取委勧告審決) 헤이(平)10 · 7 · 30(1998.7.30.) 심결집(審決集) 45권, 136면[로손(ローソン)사건], 와타나베 세이지(渡邊静二) · 이와부치 겐(岩淵権), 「주식회사 로손에 의한 공정거래법 위반사건에 대하여(株式会社ローソンによる独占禁止法違反事件について)」, 공정거래(公正取引) 576호, 87면, 92면(1998).
[608] 공정위 시정명령(公取委排除措置命令) 헤이(平)18 · 10 · 13(2006.10.13.) 심결집(審決集) 53권, 881면[바로(バロー)사건].
[609] 공정위 권고(公取委勧告) 헤이(平)25 · 2 · 12(2013.2.12.)[산게쓰(サンゲツ)사건].

> ▌재산 등의 제공이 상대방의 「직접적인 이익」이 된다고 인정되는 예
> • 납품업자가 납품 상품의 판매촉진으로 이어진다고 판단하여 판매원이 소매업자의 점포에서 선전판매하는 상품을 무상으로 제공하는 경우[610]

iv. 비용의 부담

행위자에게 편익을 가져오는 비용을 상대방이 부담한다면, 그에 따라 상대방이 이익을 얻거나 아니면 부담의 정도가 경미한 경우 등과 같은 특단의 사정이 없는 한 원칙적으로 상대방에게 합리적 범위를 넘는 불이익이 된다.

상대방의 비용부담이 본래 거래대가에 포함되어 있는 경우에는 상대방에게 있어 당해 비용부담은 합리적 범위를 넘는 불이익이 되지 않는다고 할 것이다. 예를 들어 거푸집을 이용한 제품의 제조위탁에서 대량생산 기간 중에 당해 거푸집의 보관·유지비용을 상대방이 부담하는 것은 당해 제조위탁의 대가설정에서 평가되는 것이 일반적이고 상대방에게 당해 비용을 부담시킨다고 하더라도 통상은 합리적 범위를 넘는 불이익이 되는 것은 아니다. 반면에 대량생산 종료 후에도 상대방에게 거푸집을 보관시키거나 유지비용을 부담시킨다면 당해 비용은 본래 거래대가에 반영되어 있지 않은 경우가 일반적이기 때문에 상대방에게 있어 합리적 범위를 넘는 불이익이 될 수 있다.

상대방이 어떤 행위를 받아들이는 것에 부수해서 비용을 부담하는 경우에 당해 행위를 받아들이는 것 자체가 남용행위에 해당한다고 한다면 그에 따른 비용부담도 합리성을 잃게 된다. 그 경우에 부수적 비용부담을 본래의 남용행위와 일체의 것으로 평가하는 것도 가능하고[611] 본래의 남용행위와는 독립한 경제상 이익의 제공으로 구성하는 것도 가능하다.[612]

---

610 나가사와(長澤), 실무상의 제 논점(實務上の諸論点), 61면.
611 공정위 권고(公取委勧告) 헤이(平)26·6·27(2014.6.27.)〔히마라야(ヒマラヤ)사건〕, 공정위 권고(公取委勧告) 헤이(平)26·7·15(2014.7.15.)〔다이소산업(大創産業)Ⅱ사건〕, 공정위 권고(公取委勧告) 헤이(平)28·11·11(2016.11.11.)〔JFR온라인(オンライン)사건〕, 마나카 노부유키(真中伸行), 「주식회사 JFR온라인에 대한 권고에 대하여(株式会社JFRオンラインに対する勧告について)」, 공정거래(公正取引) 797호, 75면, 77면(2017).
612 하도급법운용기준(下請法運用基準) 제4.7.<위반행위사례>7-2, 공정위 권고(公取委勧告) 헤이(平)23·10·14(2011.10.14.)〔다카큐(タカキュー)사건〕, 고바야시 노보루(小林昇)·사사키 노조미(佐々木聖), 「주식회사 다카큐에 대한 권고에 대하여(株式会社タカキューに対する勧告につい

┃비용부담이 남용행위에 해당하는 예

- 발주자가 소유한 금형, 목형 등의 거푸집이나 지그(jig)를 맡겨서 부품 등의 제조를 위탁하고 있는 경우에 부품 등의 제조를 대량으로 발주하는 시기가 끝난 후에 장기간 당해 부품 등을 발주하지 않음에도 불구하고 거푸집이나 지그(jig)를 무상으로 보관시키는 경우[613]
- 부품 등의 제조위탁업자가 소유한 금형, 목형 등의 거푸집에 대하여 대량생산 종료 후 일정 기간이 경과하였음에도 불구하고 제조수탁업자에게 계속 보관시키면서 당해 제조수탁업자의 파기신청에 대하여 「자사만으로 판단하는 것은 곤란」하다는 등의 이유로 장기에 걸쳐 명확한 답변을 하지 않고 보관·유지에 필요한 비용도 주지 않으면서 무상으로 거푸집을 보관시키는 경우[614]
- 하도급법상의 금지행위에 해당하는 반품에 수반하여 수급사업자에게 포장비용이나 운송료를 부담시키는 경우와 반품한 상품의 재포장, 재검사, 상품 바코드의 접착작업 등의 비용을 부담시키는 경우[615]
- 소매업자가 납품업자에게 소비자가 반품한 자사 상품의 재포장 등을 이유로 비용을 부담시키는 경우[616]

▌모범 사례 ◢   거푸집의 보관·관리 모범 사례[617]

- 거푸집을 이용하여 제품의 대량생산을 위탁하고 있는 경우에 발주자는 제조수탁업자와 다음의 사항에 대하여 충분히 협의하고 합의해 두는 경우
  a. 거푸집을 이용하여 제조한 제품의 생산수량과 대량생산 기간
  b. 대량생산 기간 후에 거푸집의 보관의무가 발생하는 기간
  c. 대량생산 기간 중에 필요한 거푸집의 보수·유지나 개조·개수가 발생한 경우의 비용부담
  d. 다시 거푸집을 제조할 필요가 있는 경우의 비용부담
  e. 시제품(추가 발주분을 포함)인 경우에는 그 보관 기간이나 보관비용의 부담

て)」, 공정거래(公正取引) 738호, 60−61면(2012), 공정위 권고(公取委勧告) 헤이(平)24·9·7(2012.9.7.)[라이토온(ライトオン)사건], 공정위 권고(公取委勧告) 헤이(平)24·9·21(2012.9.21.)[닛센(ニッセン)사건], 시미즈 게이(清水敬)·후쿠오카 히사시(福岡寿)·기데라 마키(木寺麻季), 「주식회사 닛센에 대한 권고에 대하여(株式会社ニッセンに対する勧告について)」, 공정거래(公正取引) 749호, 72면, 74면(2013).
613 우월적 지위 가이드라인(優越ガイドライン) 제4. 2. (3)<상정 예>③, 하도급법운용기준(下請法運用基準) 제4. 7.<위반행위사례>7−5(2), 강습회 텍스트(講習会テキスト) 1. (5) 고(コ) Q&A 95(71면).
614 하도급법운용기준(下請法運用基準) 제4. 7.<위반행위사례>7−5(1).
615 마나카 노부유키(真中伸行), 「주식회사 JFR온라인에 대한 권고에 대하여(株式会社JFRオンラインに対する勧告について)」, 공정거래(公正取引) 797호, 75면, 77면(2017).
616 공정위 권고(公取委勧告) 헤이(平)28·11·11(2016.11.11.)[JFR온라인(オンライン)사건].
617 진흥기준(振興基準) 제4. 5).

- 거푸집을 이용한 제품의 대량생산 종료 후에 발주자가 제조수탁업자에게 보급품이나 보수용 부품 지급 등을 위하여 거푸집 보관을 요구하는 경우에는 거푸집 소유권의 소재와 무관하게 필요한 비용은 발주자가 부담하는 것으로 하고 다음의 사항에 대하여 충분히 협의하여 합의해 두는 경우
  a. 보관비용의 부담
  b. 보관의무가 발생하는 기간
  c. 보관 기간 중 또는 기간 종료 후 거푸집의 반환·폐기의 기준이나 신청방법
  d. 보관 기간 중에 생산에 필요한 거푸집의 유지나 개조·개수가 발생한 경우의 비용부담
  e. 다시 거푸집을 제조하는 경우의 비용부담
- 공급망의 첨단에 위치한 발주자는 공급망의 상류에 위치하는 수주자에 의한 거푸집의 보관·관리에도 영향을 미치는 것을 고려하여 제조 종료나 거푸집 보관 기간의 장래 전망에 관한 정보를 적극적으로 전달하는 경우

(4) 자유롭고 자율적인 판단의 저해

상대방이 불이익을 부담한다고 해서 그 자체가 남용행위가 되는 것은 아니고[618] 경제상 이익을 「제공하게 하는」(공정거래법 제2조 제9항 제5호 나목, 하도급법 제4조 제2항 제3호) 행위가 공정거래법과 하도급법 양쪽 모두에서 요건이 된다. 경제상 이익을 「제공하게 하는」 것은 상대방이 「향후의 거래에 미치는 영향을 우려하여 그것을 어쩔 수 없이 받아들이는」 것으로서[619] 상대방이 자유롭고 자율적인 판단에 의하지 않고 당해 불이익을 부담하는 경우이다.

경제상의 이익제공은 상대방의 제공행위를 요소로 하기 때문에 상대방은 경제상의 이익제공행위에 대하여 「동의」하고 있다는 외형이 존재한다. 그러나 당해 「동의」

---

618 우월적 지위 가이드라인 견해(優越ガイドライン考え方), 27면.
619 우월적 지위 가이드라인(優越ガイドライン) 제4. 2. (3) 아(ア). 또한 우월적 지위 가이드라인에서는 경제상 이익을 제공하는 행위 가운데 「협찬금 등의 부담」(동 제4. 2. (1)) 및 「종업원 등의 파견」(동 제4. 2. (2))에 대해 남용행위에 해당하는 조건으로서 「향후 거래에 미치는 영향을 우려하여 그것을 어쩔 수 없이 받아들이는 것」을 명시적으로 들고 있지 않다. 그러나 「협찬금 등의 부담」 및 「종업원 등의 파견」을 포함하는 것으로 생각되는 「기타 경제상의 이익제공요청」(동 제4. 2. (3))에 대해서는 위와 같은 조건이 명기되어 있고 공정거래법 제2조 제9항 제5호 나목에서 「제공시키는 것」이란 사실상 제공을 강제로 하게 하는 경우도 포함되는 것으로 보고 있다(우월적 지위 가이드라인(優越ガイドライン) 제4. 1. (주8)). 따라서 「경제상 이익의 제공」 전반에서 「향후 거래에 미치는 영향을 우려하여 경제상 이익의 제공 요청을 어쩔 수 없이 받아들이는 것」이 요건이 된다고 보고 있다.

자체가 합리적 범위를 넘는 부담으로서 향후 거래에 미치는 영향을 우려하여 당해
「동의」를 어쩔 수 없이 받아들이는 경우에는 「동의」에 근거하더라도 경제상 이익을
제공하게 하는 행위는 남용행위에 해당한다.

ⅰ. 제재의 시사

상대방이 행위자와의 향후 거래에 미치는 영향을 우려하여 경제상의 이익제공요
청을 어쩔 수 없이 받아들이는 경우로서 행위자가 상대방에게 요청에 응하지 않으면
거래를 거절하거나 거래량을 줄이거나 하는 등의 제재조치를 취하겠다는 취지를 명
시적 또는 묵시적으로 시사하면서 경제상 이익제공을 요청하는 경우이다. 행위자로
부터 경제상 이익을 제공하도록 요청받은 상대방으로서는 그에 응하지 않을 수 있는
선택지가 있더라도 요청에 불응함으로써 야기되는 상황이 그러한 요청이 없는 정상
적인 경우보다 악화된다면 상대방 입장에서는 당해 요청을 받아들일 수밖에 없기 때
문이다.

또한 명시적이거나 구체적으로 제재를 시사하지 않더라도 구매담당자 등 상대방
과의 거래관계에 영향을 미칠 수 있는 자가 불이익부담을 요청하는 등[620] 상대방 요
청의 상황에 비추어 볼 때 당해 요청을 받아들이지 않으면 제재조치가 강구되어질
것이라는 두려움을 느끼는 것이 합리적이라고 인정되는 경우도 당해 상대방으로서
는 자유롭고 자율적인 판단에 의하는 것이 아니라 당해 요청을 어쩔 수 없이 받아들
인 것으로 판단되기 쉽다. 거래상대방마다 목표를 정하고 불이익부담을 요청하는 경
우에는 상대방 입장에서는 당해 목표액 등과 같은 불이익부담에 응하지 않으면 제재
조치가 강구될 것이라는 두려움을 느끼는 것이 통상적이다.[621]

---

620 하도급법운용기준(下請法運用基準) 제4. 7. (3) 아(ア), 공정위 권고심결(公取委勧告審決) 헤이
(平)16 · 4 · 15(2004.4.15.) 심결집(審決集) 51권, 412면[산요마루나카(山陽マルナカ) Ⅰ 사건], 공정
위 시정명령(公取委排除措置命令) 헤이(平)23 · 6 · 22(2011.6.22.) 심결집(審決集) 58권 제1분책(第1
分冊), 193면[산요마루나카(山陽マルナカ) Ⅱ 사건], 공정위 시정명령(公取委排除措置命令) 헤이
(平)26 · 6 · 5(2014.6.5.) 심결집(審決集) 61권, 103면[다이렛쿠스(ダイレックス)사건].
621 하도급법운용기준(下請法運用基準) 제4. 7. (3) 이(イ).

ii. 불이익부담에 이르기까지 충분한 협의의 부존재

상대방이 불이익부담을 어쩔 수 없이 받아들이는 것인지의 여부를 판단함에 있어서 불이익부담에 이르기까지의 프로세스(상대방과의 협의상황 등) 등 객관적 사실도 고려된다.[622] 불이익부담에 대해 상대방의 개별 사정을 감안하지 않고 일률적으로 요청하는 경우 등 행위자와 상대방이 충분한 협의를 거쳤다고 인정되지 않는 경우에는 상대방은 당해 불이익부담을 어쩔 수 없이 받아들인 것으로 판단되기 쉽다.[623]

협의를 하는 시점도 경제상 이익을 제공하기 직전이 아니라, 상대방에게 불이익을 부담할지 여부를 검토할 수 있는 충분한 시간적 여유를 줄 필요가 있다.[624] 그리고 상대방으로부터 경제상 이익을 제공하겠다는 취지의 동의를 명시적으로 얻었다 하더라도 실제로는 경제상 이익제공을 한 날 이후에 동의를 하였다면 미리 동의를 얻은 것이 아니므로[625] 상대방은 당해 불이익부담을 어쩔 수 없이 받아들인 것이라고 판단할 수밖에 없다.

iii. 사전에 예상할 수 없는 불이익을 가하는 경우

부담조건이 명확히 되어 있지 않은 불이익을 부담시키는 것은 상대방에게 사전에 예상할 수 없는 불이익을 주는 것이 된다.[626] 부담조건은 기본적으로 협찬금 등 금전적 부담을 요청하는 경우에는 그 부담액, 산출근거, 용도 등이고, 종업원 등의 파견을 요청하는 경우에는 그 업무내용, 노동시간, 파견시간 등이다.[627] 또한 상대방과

---

622 우월적 지위 가이드라인 견해(優越ガイドライン考え方), 27면.
623 우월적 지위 가이드라인(優越ガイドライン) 제4. 2. (1)＜상정 예＞⑥, 동 2. (3)＜상정 예＞⑤, 우월적 지위 가이드라인 견해(優越ガイドライン考え方), 35−36면, 대규모소매업특수지정운용기준(大規模小売業特殊指定運用基準) 제2. 8. (2) 아(ア).
624 우월적 지위 가이드라인(優越ガイドライン) 제4. 2. (2) 이(イ) (주14), 우월적 지위 가이드라인 견해(優越ガイドライン考え方), 39면, 대규모소매업특수지정운용기준(大規模小売業特殊指定運用基準) 제2. 7. (3) 에(エ).
625 공정위 시정명령(公取委排除措置命令) 헤이(平)25·7·3(2013.7.3.) 심결집(審決集) 60권 제1분책(第1分冊), 341면[라루즈(ラルズ)사건].
626 우월적 지위 가이드라인(優越ガイドライン) 제4. 2. (1) 아(ア), 동 (2) 아(ア), 역무위탁거래 가이드라인(役務委託取引ガイドライン) 제2. 5. (2) ①, 하도급법운용기준(下請法運用基準) 제4. 7. (2).
627 우월적 지위 가이드라인(優越ガイドライン) 제4. 2. (1)＜상정 예＞③, 대규모소매업특수지정운용기준(大規模小売業特殊指定運用基準) 제2. 8. (2) 아(ア), 강습회 텍스트(講習会テキスト) 1. (5)

불이익부담의 조건에 대해 합의된 경우라도 당해 합의된 부담조건을 벗어난 불이익
부담을 요청하는 것은 상대방에게 사전에 예상할 수 없는 불이익을 가하는 것이 된
다고 할 수 있다.

경제상 이익의 제공이 상대방에게 사전에 예상할 수 없는 불이익을 주는 경우에는
당해 불이익부담과 상대방의 이익과의 관계가 명확하지 않기 때문에 상대방은 당해
불이익부담을 받아들일지 여부를 자유롭고 자율적으로 판단할 자료가 궁핍하게 되
고 따라서 그것을 강제로 받아들인 것이라고 판단할 수밖에 없다.

┃ 합의내용을 일탈한 불이익부담이 되는 예

• 일정 기간에 일정한 판매량을 달성한 경우에 매출환급을 제공받을 것을 미리 정한 경우에 당해
  판매량을 달성하지 않았는데도 매출환급을 부담시키는 경우.[628]
• 계속적 거래에서 납품을 일단 중지시킨 후에 동일 상품에 대해 납품을 재개하면서「신규도입
  협찬금」이라는 명목으로 거래처에게 금전을 제공하게 하는 경우.[629]

▶ 모범 사례 ◀

• 거래상대방에게 어떠한 경제적 부담을 요구하는 때에는 상대방의 부담금액 및 그 산출 근거,
  용도, 제공조건 등을 구체적으로 명확히 한 후에 그에 따라 상대방에게 예상되는 이익에 대하
  여 산출근거를 포함하여 합리적으로 표시하고 상대방의 이익이 부담을 상회한다는 것을 자세
  하게 설명한 후 상대방의 동의를 얻어서 하는 경우.[630]

고(그)<위반행위사례>① (66면), 강습회 텍스트(講習会テキスト) 1. (5) 고(그) Q&A 99 (66면).
파견 요청문서를 배포한 사안에서 작업시간 등 파견조건을 명시하지 않았던 경우가 많았다는 이유로
당해 문서에 대하여 상대방과 미리 파견조건에 대해 합의하였다고 인정할 수 없다고 한 예로서 공정위
시정명령(公取委排除措置命令) 헤이(平)25·7·3(2013.7.3.) 심결집(審決集) 60권 제1분책(第1分
冊), 341면(라루즈(ラルズ)사건).

628 우월적 지위 가이드라인(優越ガイドライン) 제4. 2. (1)<상정 예>④, 역무위탁거래 가이드라인(役
務委託取引ガイドライン) 제2.5. (2) ②c, 대규모소매업특수지정운용기준(大規模小売業特殊指定
運用基準) 제2. 8. (2) 아(ア).

629 우월적 지위 가이드라인(優越ガイドライン) 제4. 2. (1)<상정 예>⑦.

630 가마다(鎌田) 편저, 처음으로 배운다(はじめて学ぶ), 154면.

10 구입강제

공정거래법 제2조 제9항 제5호 다목
⑨ 이 법률에서 「불공정거래행위」라 함은 다음 각호의 어느 하나에 해당하는 행위를 말한다.
　5. 자기의 거래상의 지위가 상대방보다 우월한 점을 이용하여 정상적인 거래관행에 비추어
　　부당하게 다음 어느 하나에 해당하는 행위를 하는 것
　　가. 계속하여 거래하는 상대방(새로이 계속하여 거래하고자 하는 상대방을 포함한다.
　　　……)에 대하여 당해 거래와 관련된 상품 또는 용역 이외의 상품 또는 용역을 구입하
　　　게 하는 것
　　다. …… 기타 거래상대방에게 불이익이 되도록 거래조건을 설정·변경하거나 …… 또는
　　　거래를 실시하는 것

하도급법 제4조 제1항 제6호
① 원사업자는 수급사업자에게 제조위탁 등을 한 경우에는 다음 각호 …… 에 해당하는 행위를
　하여서는 아니 된다.
　6. 수급사업자의 급부내용을 균질하게 하거나 개선을 도모하기 위하여 필요한 경우, 기타 정
　　당한 이유가 있는 경우를 제외하고 자기가 지정하는 물건을 강제로 구매하게 하거나 또는
　　용역을 강제로 이용하게 하는 것

(1) 관계 법조

　행위자가 상대방에게 거래대상 상품이나 용역 이외의 상품이나 용역을 구입시키
는 행위(구입강제)는 공정거래법 제2조 제9항 제5호 가목, 대규모소매업특수지정 제6
항, 물류특수지정 제1항 제4호 및 하도급법 제4조 제1항 제6호에 남용행위·금지행
위로 규정되어 있다. 구입강제는 상대방에게 불이익이 되도록 「거래조건」을 「설정」
또는 「거래」를 「실시」하는 행위(공정거래법 제2조 제9항 제5호 다목)의 한 유형이다.
　행위자가 상대방에게 거래대상 상품이나 용역과 별도로 다른 상품이나 용역을 구
입시키는 것은 끼워팔기(일반지정 제10항)로 규제되는 경우도 있다.[631]

1[631] 공정위 심판심결(公取委審判審決) 헤이(平)4·2·28(1992.2.28.) 심결집(審決集) 38권, 41면〔후지타야(藤田屋)사건〕, 시라이시 다다시(白石忠志), 「공정거래법에 있어서 「끼워팔기」 규제(상), (하)(独禁法における「抱き合わせ」の規制(上)(下))」, 쥬리스트(ジュリ) 1009호, 50면·1010호, 78면(1992).

　또한 신문업특수지정 제3항에서는 정당하고 합리적인 이유가 없는데도 「판매업자가 주문한 부수를 넘어서 신문을 공급하는 행위」나 「판매업자에게 자기가 지시하는 부수를 주문하게 하고 당해 부수의 신문을 공급하는 행위」에 의해 판매업자에게 불이익을 주는 것(소위 신문강매)을 규제하고 있지만 이는 구입강제의 한 유형이라고 할 수 있다.

(2) 상품의 구입 · 용역의 제공

ⅰ. 대상이 되는 상품이나 용역

　공정거래법 제2조 제9항 제5호 가목에서는 계속해서 거래하는 상대방이 구입하는 상품 · 용역은 「당해 거래와 관련된 상품 또는 용역 이외의」 상품 · 용역이 아니면 안 된다고 한다. 이는 계속적 거래와 관련된 상품 · 용역을 구입하는 행위는 본래의 거래 그 자체로서 그 자체가 불합리하다고 할 수 있는 것은 아니고 대가 등의 거래조건이 합리적 범위를 넘는지 여부가 문제가 되기 때문에 대가의 일방적 설정이나 그 외 거래조건의 설정 등의 문제로 취급된다.

　계속적 거래와 관련된 상품 · 용역일지라도 그것을 상대방에게 과도하게 구입하게 하는 경우는 상대방에게 불이익이 될 수 있다.[632] 이 경우 공정거래법 제2조 제9항 제5호 가목을 적용할 수는 없지만 일반조항인 동호 다목의 「거래상대방에게 불이익이 되도록 거래조건을 설정」하거나 또는 「거래를 실시」하는 행위에 해당하는 것으로서 남용행위가 될 수 있다.[633]

　상품 · 용역의 구입에 해당하지 않더라도 상대방에게 새롭게 어떤 거래를 강제하는 것은 공정거래법 제2조 제9항 제5호 다목의 일반조항에 해당할 수 있다.[634]

---

632 프랜차이즈 시스템 가이드라인(フランチャイズシステムガイドライン) 3. (1) 아(ア)에서는 「본부가 가맹점에게 가맹점이 판매하는 상품 또는 사용하는 원재료에 대해서 반품이 인정되지 않음에도 불구하고 실제 판매에 필요한 범위를 넘어서 본부가 매입수량을 지시하고 당해 수량을 강제로 매입하게 하는 행위」는 남용행위에 해당한다고 한다.

633 우월적 지위 가이드라인 견해(優越ガイドライン考え方), 24면.

634 프랜차이즈 시스템 가이드라인(フランチャイズシステムガイドライン) 3. (1) 아(ア)는 프랜차이즈 본부의 가맹점에 대한 남용행위로서 「당초 프랜차이즈 계약에 규정되어 있지 않은 신규 사업의 도입에 의해 가맹점이 얻을 수 있는 이익의 범위를 넘는 비용을 부담하는데도 불구하고 본부가 신규 사업을 도입하지 않으면 불이익한 취급 등을 하겠다고 시사하고 가맹점에게 신규 사업의 도입을 강제로 하게

ii. 「계속해서 거래하는 상대방」

공정거래법 제2조 제9항 제5호 가목에서 상품 등의 구입을 강제당하는 상대방은 행위자와 「계속해서 거래하는 상대방」이 아니면 안 되는 것으로 되어 있다(그러나 실제 계속적인 거래관계가 있는 상대뿐 아니라 계속적인 거래를 새로 개시하려고 하는 상대방도 포함된다). 이는 상품 · 용역을 구입시키는 등의 행위는 공정거래법 제2조 제9항 제5호 다목 전단에 열거되어 있는 수령거부 등의 행위와 같이 본래의 거래와 관련된 남용행위와 달리 본래의 거래와는 별도의 행위(거래)를 요청하는 것이고 행위자가 일방적으로 할 수 없고 상대방의 구체적인 행동을 요구하기 때문에 일시적인 거래상대방에게는 당해 구체적 행동을 하게 하는 정도로 당해 상대방을 통제하는 것은 통상적으로 곤란하다고 인식되기 때문인 것으로 보인다.

이에 대하여 하도급법은 '상품 · 용역을 구입하는 수급사업자는 원사업자와 「계속해서」 거래하는 상대방'이라고 이를 요건으로 명시하고 있지 않다. 이는 수급사업자는 원사업자와 계속적으로 거래하는 관계에 있는 것이 통상적이기 때문에 굳이 명시하지 않은 것으로 보인다.

iii. 상품 · 용역의 제공자

상대방이 구입하는 상품 등의 공급자는 행위자에 한정되지 않고 행위자가 지정하는 사업자(행위자의 관련회사 등)도 포함된다.[635]

iv. 간접적 구입강제

행위자가 상대방에게 직접적으로 구입을 요청하지 않고 외형상은 상대방이 자율

하는 경우」를 들고 있다. 이 행위에 대해서는 「프랜차이즈 계약 체결 후의 계약내용의 변경」이라는 표제로 되어 있는데 거래내용을 사후적으로 변경하는 것이 문제가 된다기보다 오히려 「신규 사업」의 실시 전에 가맹점에게 새로운 도입을 요청하는 사업과 관련된 거래조건의 내용이 가맹점에게 불이익한 것인지 여부가 문제의 본질이다.

635 우월적 지위 가이드라인(優越ガイドライン) 제4. 1, 동 1<상정 예>⑥, 대규모소매업특수지정운용기준(大規模小売業特殊指定運用基準) 제2. 6. (2) 아(ア), 하도급법운용기준(下請法運用基準) 제4. 6. (1), 동 6 <위반행위사례>6-3(1), 6-3(2), 6-5, 6-6(1), 6-8.

적으로 상품 등을 구입하는 것처럼 보여도 행위자가 상대방에게 간접적으로 구매압력을 가하고 있는 경우에는 행위자 자신이 상대방에게 당해 상품 등의 구입을 강제했다고 인정될 수 있다.

> **┃ 간접적으로 구입을 강제한 것으로 인정되는 예**
> - 자동차부품 제조업자가 부품을 가공하는 수탁업자에게 자사의 거래처인 자동차 제조업자의 자동차에 대한 구입처를 소개하도록 요청하였는데 구입처를 소개할 수 없었던 수탁업자 스스로가 자동차를 구입하는 경우[636]
> - 발주자가 취급하는 상품의 판매캠페인의 일환으로 구매·외주 담당자와 수주자인 협력업체와의 회의에서 납품시에 당해 상품의 구입처 소개를 요청하면서 동시에 협력업체가 소개한 구입처의 구입실적을 구매·외주창구에 게시하였기 때문에 구입처를 소개하지 못한 협력업체가 스스로 당해 상품을 구입하는 경우[637]
> - 자동차 제조업자가 자사제품 판매확대 운동을 실시하면서 자사공장 입구에 「당사 제조차량 이외 구내 입장은 삼가 주시기 바랍니다」라고 표시한 간판을 세우고 납품업자가 납품을 위하여 타사가 만든 차량을 타고 출입할 때마다 「타사 제조 차량 출입 신청서」를 제출하게 하고 동시에 납품카드·납품서에 「납품은 당사 차량으로 부탁드립니다」라고 표시하였기 때문에 납품업자가 당해 자동차 제조업체의 차량을 구입하는 경우[638]

(3) 합리적 범위를 넘는 불이익

상품 등의 구입강제가 이루어지는 전형적인 예로는 상품 등의 공급업자가 유통업자에게 자사가 판매하는 상품 등의 매입을 요청하는 경우를 들 수 있다. 그 경우에 유통업자가 당해 상품을 전매함으로써 이익을 얻는 것이 예정되어 있는 한 당해 거래에는 원칙적으로 합리성이 인정된다.

구매자가 상품 등의 전매를 업으로 하는 자가 아닌 경우라도 구매자는 구입한 상품 등을 이용함으로써 그 편익을 향유할 수 있는 등 직접적인 이익을 얻는 것이 통상적이고 대가가 현저히 합리성을 결여한 경우가 아니라면(대가가 현저히 합리성을 결여한 경우에는 앞의 8. 대가의 일방적 설정의 문제가 된다) 당해 거래는 원칙적으로 합리성

636 우월적 지위 가이드라인(優越ガイドライン) 제4. 1.＜상정 예＞⑤, 강습회 텍스트(講習会テキスト) 1. (5) 가(カ)＜위반행위사례＞① (60면).
637 하도급법운용기준(下請法運用基準) 제4. 6.＜위반행위사례＞6−4.
638 하도급법운용기준(下請法運用基準) 제4. 6.＜위반행위사례＞6−2.

이 인정된다.

예를 들어 사업자 간에 계속적인 거래가 이루어지는 경우에는 기존의 거래관계를 유지시켜 거래처 사업자와의 신뢰관계를 지속시키기 위하여 각각의 상대방이 필요로 하는 상품을 판매하고 있는 거래의 양 당사자 간에 상호거래가 이루어지는 경우가 있을 수 있고, 사업자가 각각 가격, 품질, 서비스 등이 가장 뛰어난 상품을 공급하는 거래처를 자유롭고 자율적으로 선택한 결과 상대방과 상호거래가 이루어질 수 있으므로 공정거래법상 문제되는 것은 아니다.[639]

그리고 특정사양을 지시하면서 상품 제조 등을 발주할 때에 당해 상품 등의 내용을 균질하게 하거나 또는 그 개선을 도모하기 위하여 필요한 원재료나 설비를 구입시키는 등 상대방이 상품 등을 구입함에 있어 합리적 필요성이 있는 경우에는 행위자가 상대방에게 당해 상품 등을 구입시킨다고 하더라도 당연히 「정상적인 거래관행에 비추어 부당」한 불이익을 가하는 것이 되지 않고 따라서 남용행위에 해당하지 않는다.[640] 하도급법 규제에서는 구입강제가 예외적으로 금지행위에 해당하지 않는 경우로서 「수급사업자의 급부내용을 균질하게 하거나 또는 그 개선을 도모하기 위하여 필요한 경우」를 들고 있지만 이는 구입강제가 「정상적인 이유가 있는 경우」의 예시에 지나지 않는다.[641]

반면에 상품 등을 구입하는 상대방 입장에서 당해 상품 등이 사업수행상 필요하지 않은 경우 등 상대방이 당해 상품 등을 구입할 합리적 필요성이 없다고 인정되는 경우에는 당해 상품 등의 구입은 합리적 범위를 넘는 불이익이 된다.[642]

상대방이 구입할 의사가 없다는 것을 표명하거나 그 표명이 없다고 하더라도 명확하게 구입의사가 없다고 인정되는 경우가 그 전형이다.[643] 그리고 구입의 대상이 되

---

639 또한 하도급거래에서 원사업자가 수급사업자의 급부에 필요한 반제품, 부품, 부속품 또는 원재료를 유상으로 구입시킨 경우에는 당해 유상지급 원자재 등의 대가 전부 또는 일부에 대하여 당해 유상지급 원자재 등을 이용한 수급사업자의 급부에 대하여 하도급대금의 지급기일보다 이른 시기에 결제하는 것이 원칙적으로 금지되어 있다(하도급법 제4조 제2항 제1호).

640 우월적 지위 가이드라인(優越ガイドライン) 제4. 1. (2), 대규모소매업특수지정운용기준(大規模小売業特殊指定運用基準) 제2. 6. (2) 아(ア). 하도급법 제4조 제1항 제6호는 금지된 구입강제의 적용제외 사유로「수급사업자의 급부내용을 균질하게 하거나 또는 그 개선을 도모하기 위하여 필요한 경우 기타 정당한 이유가 있는 경우」로 규정하고 있다.

641 우치다 기요히토(内田清人),「하도급법 실무에 밝은 변호사에 의한「케이스스터디 하도급법(제5회) 원사업자의 금지행위①(下請法の実務に明るい弁護士による「ケーススタディ下請法」(第5回)親事業者の禁止行為①)」, 공정거래(公正取引) 791호, 49면, 55면(2016).

642 우월적 지위 가이드라인(優越ガイドライン) 제4. 1. (1).

643 우월적 지위 가이드라인(優越ガイドライン) 제4. 1.＜상정 예＞④, 역무위탁거래 가이드라인(役務

는 상품 등이 상대방에게 일견 합리적 필요성이 있는 것처럼 보이더라도 많은 양을 구입시키거나 이미 상대방이 보유하고 있는 상품 등을 구입시키는 등 상대방이 그 구입을 희망하고 있지 않다고 인정되는 경우[644]에는 상대방에게 합리적 범위를 넘는 불이익을 부담하게 하는 것이 된다.

┃ 구입의 합리적 필요성이 인정되는 예

- 식료품 슈퍼마켓이 식품 제조업자에게 PB상품의 제조를 위탁함에 있어 통상적인 경우보다 엄격한 품질기준을 충족하기 위하여 필요한 설비의 도입을 의무지우는 경우
- 방송국이 방송프로그램의 작성을 위탁함에 있어서 방송프로그램의 질을 확보하기 위하여 프로그램 제작회사에게 방송국이 지정하는 탤런트를 기용하도록 지시하는 경우[645]
- 납품업자가 구입할 예정이었던 타사 상품으로서 다른 소매업자로부터 구입할 수 없는 특수한 상품이거나 인기상품이기 때문에 특정한 소매업자에게서 구입할 필요가 있어 당해 소매업자의 구입요청에 응한 경우[646]

┃ 구입의 합리적 필요성이 인정되지 않는 예

- 기기관리 프로그램의 작성 등을 위탁하는 발주자가 수주자 입장에서 불필요할 뿐더러 위탁내용과 관계도 없는 자사제품의 암호화 프로그램을 구입시키는 경우[647]
- 광고회사가 광고 제작회사에게 새해 명함광고에 참가하도록 요청하였고 이에 대하여 광고 제작회사는 명함광고의 효과를 파악하기 위하여 참가하였지만, 효과가 없어서 다음 해부터는 참가하지 않겠다는 취지를 광고회사에 전달했음에도 불구하고 다음 해부터 연말이 되면 참가를 전제로 신청서를 송부하고 몇 번씩 참가를 요청함으로써 당해 명함광고에 참가하게 하는 경우[648]
- 관혼상제 예식의 시행업자가 거래처 사업자에게 거래내용과 직접 관계가 없음에도 불구하고 명절음식이나 디너쇼 티켓 등의 물품을 구입시키는 경우[649]
- 백화점업자가 자사가 공동 제작한 영화 입장권이나 자사가 개최하는 불꽃놀이 등 쇼 입장권, 자사가 판매하는 해외여행 등을 납품업자에게 구입시키는 경우[650]

委託取引ガイドライン) 제2. 6. (2) ③, 대규모소매업특수지정운용기준(大規模小売業特殊指定運用基準) 제2. 6. (2) 이(イ), 하도급법운용기준(下請法運用基準) 제4. 6. (2) 에(エ), 공정위 시정명령(公取委排除措置命令) 헤이(平)25·7·3(2013.7.3.) 심결집(審決集) 60권 제1분책(第1分冊), 341면〔라루즈(ラルズ)사건〕.

644 우월적 지위 가이드라인(優越ガイドライン) 제4. 1. (1).
645 강습회 텍스트(講習会テキスト) 1. (5) 가(カ) Q&A 90 (65면).
646 나가사와(長澤), 실무상의 제 논점(実務上の諸論点), 61면.
647 하도급법운용기준(下請法運用基準) 제4. 6. <위반행위사례>6-4(1).
648 하도급법운용기준(下請法運用基準) 제4. 6. <위반행위사례>6-4(2).
649 공정위 권고(公取委勧告) 헤이(平)28·6·14(2016.6.14.)〔일본세레모니(日本セレモニー)사건〕.
650 공정위 동의심결(公取委同意審決) 쇼(昭)57·6·17(1982.6.17.) 심결집(審決集) 29권, 31면〔미쓰코시(三越)사건〕.

- 홈센터업자가 영업 등을 양수한 점포를 신규오픈하면서 구 점포의 재고상품을 처분하기 위하여 납품업자가 납품한 상품이 아닌데도 불구하고 매장가격의 약 60%~80%까지의 금액으로 구입시키는 경우[651]
- 금리스왑은 금융기관의 융자를 받는 사업자 입장에서는 금리상승 리스크를 회피할 수 있는 상품이지만 금리스왑을 구입함으로써 신용리스크 등이 완화되는 등의 사정이 없는데도 불구하고 금융기관이 융자를 받은 사업자에게 과잉회피가 되는 금리스왑을 구입시키는 경우[652]
- 거래의 수·발주를 전산화함에 있어서 거래처가 이미 계약하고 있는 인터넷서비스를 이용해도 문제가 없음에도 불구하고 행위자가 지정한 업자와 인터넷서비스를 계약하도록 하는 경우[653]
- 거래처가 이미 보유하고 있는 공작기계로도 발주업무 수행에 문제가 없음에도 불구하고 거래처에게 발주자가 지정하는 리스회사로부터 공작기계의 리스를 받게 하는 경우[654]
- 신문사가 주문부수를 현저히 상회하는 부수를 신문지국에 목표부수로 제시하고 판매한 결과 신문지국에 상당한 부수의 신문이 판매 후 남는 경우[655]

(4) 자유롭고 자율적인 판단의 저해

상대방 입장에서 현저히 불이익한 상품 등의 구입이 「정상적인 거래관행에 비추어 부당」한 것으로 남용행위에 해당하는 것은, 상대방이 향후 거래에 미치는 영향을 우려하여 당해 구입요청을 어쩔 수 없이 받아들이는 경우,[656] 즉 당해 상품 등의 구입이 상대방의 자유롭고 자율적인 판단에 의하지 않은 경우에 한한다. 상대방이 진실로 자유의사에 기하여 행위자로부터 상품·용역을 구입하는 것은 통상적인 상품거래로서 남용행위에 해당하지 않는다.[657] 법문상으로도 상대방에게 「구입시키는」 것

651 공정위 시정명령(公取委排除措置命令) 헤이(平)18·10·13(2006.10.13.) 심결집(審決集) 53권, 881면〔바로(バロー)사건〕.
652 공정위 권고심결(公取委勧告審決) 헤이(平)17·12·26(2005.12.26.) 심결집(審決集) 52권, 436면〔미쓰이 스미토모 은행(三井住友銀行)사건〕, 스와조노 사다아키(諏訪園貞明), 「주식회사 미쓰이스미토모 은행에 대한 권고심결에 대하여(株式会社三井住友銀行に対する勧告審決について)」, 공정거래(公正取引) 664호, 45면, 50면(2006).
653 우월적 지위 가이드라인(優越ガイドライン) 제4. 1.<상정 예>⑥, 하도급법운용기준(下請法運用基準) 제4. 6.<위반행위사례>6-5.
654 하도급법운용기준(下請法運用基準) 제4. 6.<위반행위사례>6-3(2).
655 공정위 권고심결(公取委勧告審決) 헤이(平)10·2·18(1998.2.18.) 심결집(審決集) 44권, 358면〔홋코쿠신문사(北國新聞社)사건〕.
656 우월적 지위 가이드라인(優越ガイドライン) 제4. 1. (1).
657 우월적 지위 가이드라인 견해(優越ガイドライン考え方), 23면.

(공정거래법 제2조 제9항 제5호 가목) 또는 「강제로 구입시키는」 것(하도급법 제4조 제1항 제6호)이 요건으로 되어 있고 「구입시키는」 또는 「강제로 구입시키는」 것은 구입을 거래의 조건으로 하거나 구입하지 않으면 불이익을 주는 경우만이 아니라 사실상 강제로 구입하게 하는 경우도 포함된다고 한다.[658]

ⅰ. 제재의 시사

상대방이 행위자와 향후 거래에 미치는 영향을 우려하여 구입요청을 어쩔 수 없이 받아들이는 경우로는 요청에 응하지 않으면 거래를 단절하거나 거래량을 줄이는 등 제재조치를 강구하겠다는 취지를 시사하고 구입을 요청하는 경우를 들고 있다.[659] 행위자로부터 구입요청을 받은 상대방으로서는 그에 응하지 않는 선택지가 있어도 요청에 응하지 않아서 야기되는 상황이 그러한 요청이 없는 정상적인 경우보다 악화되는 경우라면 당해 요청을 받아들이는 선택을 할 수밖에 없기 때문이다.

또한 명시적이고 구체적으로 제재를 시사하는 것은 아니더라도 구매담당자 등과 같이 상대방과의 거래관계에 영향을 미칠 수 있는 자가 구입을 요청하거나 상대방에게 조직적 또는 계획적으로 구입을 요청하고 구입신청이 없는 경우에 상사를 대동하여 거듭 요청하거나 하는 등[660] 상대방이 당해 요청을 받아들이지 않으면 제재조치를 당할지 모르겠다는 두려움을 느끼는 것이 합리적이라고 인정되는 경우에도 향후의 거래에 미칠 영향을 우려하여 당해 요청을 받아들일 수밖에 없는 경우에 해당한다. 상대방마다 판매목표를 정해서 구입을 요청하거나[661] 또는 미리 행위자의

---

658 우월적 지위 가이드라인(優越ガイドライン) 제4. 1., 하도급법운용기준(下請法運用基準) 제4. 6. (1). 또한 협의의 강제를 인정하는 것이 곤란한 경우에는 공정거래법 제2조 제9항 제5호 다목을 적용할 여지가 있다는 견해도 있다(도리야마 교이치(鳥山恭一), 「비판(判批)」쥬리스트(ジュリ) 1321호, 221면, 225면(2006).

659 우월적 지위 가이드라인(優越ガイドライン) 제4. 1.<상정 예>①, 역무위탁거래 가이드라인(役務委託取引ガイドライン) 제2. 6. (2) ④, 대규모소매업특수지정운용기준(大規模小売業特殊指定運用基準) 제2. 6. (2) 이(イ), 하도급법운용기준(下請法運用基準) 제4. 6. (2) 우(ウ).

660 우월적 지위 가이드라인(優越ガイドライン) 제4. 1.<상정 예>②・③, 우월적 지위 가이드라인 견해(優越ガイドライン考え方) 26면, 역무위탁거래 가이드라인(役務委託取引ガイドライン) 제2. 6. (2) ①・②, 대규모소매업특수지정운용기준(大規模小売業特殊指定運用基準) 제2. 6. (2) 이(イ), 하도급법운용기준(下請法運用基準) 제4. 6. (2) 아(ア).

661 대규모소매업특수지정운용기준(大規模小売業特殊指定運用基準) 제2. 6. (2) 이(イ), 하도급법운용기준(下請法運用基準) 제4. 6. (2) 이(イ).

부서나 종업원마다 목표를 설정하게 하는 경우에는 상대방 입장에서는 당해 목표량
의 구입에 응하지 않으면 제재조치를 받게 될지도 모른다는 두려움을 느끼는 것이
통상적이다.

> **┃ 상대방의 자유롭고 자율적인 판단의 저해 여부를 판단시 고려되는 사정**
>
> • 홈센터업자가 폐점 점포의 재고상품을 처분하기 위하여 구매 담당자가 납품업자에게 당해 상품
> 을 구입하지 않으면 새로 오픈하는 점포에 납품을 하지 못한다는 것을 암시하는 경우[662]
> • 백화점업자가 특정 상품에 대하여 본점 또는 각 지점마다 판매목표액 및 그 기간을 정하고 납품
> 업자에게 구입을 요청하면서 공동 제작한 영화의 입장권에 대해서 납품금액에 따른 판매목표수
> 를 정하고 구입을 요청하는 경우[663]
> • 종합양판점업자가 크리스마스 관련 상품판매시에 미리 자사의 매입부문마다 크리스마스 관련 상
> 품의 판매목표수를 설정한 후에 매입 담당자가 납품업자와의 친목회에서 크리스마스 관련 상품 신
> 청용지를 배포하고 최저 구입수량을 보여준 후에 바로 그 장소에서 주문하도록 지시하거나 자사와
> 의 거래량에 근거하여 납품업자마다 구입수량을 보여주는 방법으로 구입을 요청하는 경우[664]
> • 종합양판점업자가 슈트 등의 판매시에 미리 매입부문마다 납품업자에 대한 판매목표를 설정한
> 후에 매입 담당자가 납품업자에게 당해 판매목표를 달성하기 위하여 납품업자마다 구입해야 하
> 는 수량을 보여주고 구입을 요청하거나 당해 판매목표에 대한 달성 상황이나 이미 구입한 납품
> 업자의 명칭 등을 기재한 일람표를 정기적으로 작성하면서 구입요청을 받았는데도 불구하고 구
> 입을 하지 않은 납품업자에게 거듭해서 구입을 요청하는 경우[665]
> • 관혼상제식장에서 거래협상 등을 하고 있는 지배인이나 발주 담당자가 거래처업자에게 명절요
> 리나 디너쇼 티켓 등의 물품구입을 요청하고 미리 종업원 또는 관혼상제식장마다 정해져 있는
> 판매목표수량에 도달하지 못한 경우에는 다시 구입을 요청하는 경우[666]
> • 종합양판점업자가 신사복 등의 전시판매 모임에서 미리 매입부문마다 판매목표수를 설정하고
> 종업원에 의한 판매를 장려하기 위하여 납품업자 등에게 신사복 등을 판매한 때에는 그 판매대
> 금의 2%에 상당하는 금액의 보상금을 당해 종업원에게 지급하는 등 보상금제도를 만든 후에 매
> 입 담당자가 납품업자에게 신사복 등의 구입을 요청하는 경우[667]

---

662 공정위 시정명령(公取委排除措置命令) 헤이(平)18·10·13(2006.10.13.) 심결집(審決集) 53권, 881
　　면[바로(バロー)사건].
663 공정위 동의심결(公取委同意審決) 쇼(昭)57·6·17(1982.6.17.) 심결집(審決集) 29권, 31면[미쓰코
　　시(三越)사건].
664 공정위 시정명령(公取委排除措置命令) 헤이(平)23·6·22(2011.6.22.) 심결집(審決集) 58권 제1분책
　　(第1分冊), 193면[산요마루나카(山陽マルナカ)Ⅱ사건].
665 공정위 시정명령(公取委排除措置命令) 헤이(平)25·7·3(2013.7.3.) 심결집(審決集) 60권 제1분책
　　(第1分冊), 341면[라루즈(ラルズ)사건].
666 공정위 권고(公取委勧告) 헤이(平)28·6·14(2016.6.14.)[일본세레모니(日本セレモニー)사건].
667 공정위 권고심결(公取委勧告審決) 헤이(平)16·4·15(2004.4.15.) 심결집(審決集) 51권, 412면[산
　　요마루나카(山陽マルナカ)Ⅰ사건].

• 호텔업자가 일정기간에 한하여 당해 호텔에서 사용할 수 있는 숙박권을 개별 납품업자마다 미리 매수를 정하여 할당한 후 납품거래 등에 영향을 미칠 수 있는 담당자가 숙박권의 구입을 요청하는 문서와 함께 위 숙박권을 건네주는 방식으로 숙박권의 구입을 요청하는 경우[668]
• 은행에서 융자를 받은 사업자가 결제일까지 지급어음의 결제자금을 다른 금융기관에서 융자받기 어려운 상황에서 위험회피 금융상품의 과잉구매(over hedge)에 해당되는 금리스왑의 구입을 제안했는데 융자받은 사업자가 이에 응하지 않아서 융자 담당자가 상사를 대동시키는 등 거듭해서 구입을 요청하고 금리스왑 구입이 융자의 조건이라는 취지를 시사하는 경우[669]
• 운송업자가 라면 등 물품판매캠페인을 개최할 때에 개별 부문마다 판매목표수량을 정하고 수급사업자와의 거래와 관련된 협상 등을 하고 있는 영업소장이나 배차 담당자 등을 통하여 구체적인 수량을 수급사업자에게 제시하고 판매목표를 달성하지 못한 경우에는 이미 구입한 자에게 다시 구입을 요청하는 경우[670]

ii. 구입에 이르기까지의 충분한 협의의 부존재

상대방이 행위자의 구입요청을 어쩔 수 없이 받아들였는지의 여부를 판단함에 있어서는 구입에 이르기까지 프로세스(상대방과의 협의상황 등) 등 객관적 사실도 감안된다.[671] 상대방의 구입신청이 없는데도 일방적으로 상대방에게 상품을 송부하는 것은 상대방의 자유롭고 자율적인 판단을 저해하고 구입시킨 것으로 판단되기 쉽다.[672]

iii. 사전에 예상할 수 없는 불이익을 주는 경우

구입조건이 명확하지 않음에도 불구하고 상대방에게 상품 등을 구입시키는 것은 상대방에게 사전에 예상할 수 없는 불이익을 주는 것이 되므로 상대방은 당해 구입요청을 강제로 받아들인 것으로 판단되기 쉽다.

발주시에는 원재료 등의 지정이 명확하지 않았음에도 불구하고 발주 후에 특정

---

668 공정위 권고심결(公取委勧告審決) 헤이(平)16·11·18(2004.11.18.) 심결집(審決集) 51권, 531면(가라카미관광(カラカミ観光)사건).
669 공정위 권고심결(公取委勧告審決) 헤이(平)17·12·26(2005.12.26.) 심결집(審決集) 52권, 436면(미쓰이 스미토모 은행(三井住友銀行)사건).
670 공정위 권고(公取委勧告) 헤이(平)20·4·17(2008.4.17.)(큐슈 산코운수(九州産交運輸)사건).
671 우월적 지위 가이드라인 견해(優越ガイドライン考え方), 22-23면.
672 하도급법운용기준(下請法運用基準) 제4. 6. (2) 오(オ).

원재료 등의 사용을 지정하고 구입시키는 경우에는 상대방에게 사전에 예상할 수 없는 불이익을 주는 것으로 이 경우에는 거래조건의 변경 문제로 취급된다.[673]

11 기타 거래조건의 설정 등

(1) 비전형적인 행위

행위자와 상대방 간의 계약 등에서 상대방에게 불이익한 조항(구속)이 포함되는 경우가 있다. 상대방이 불이익을 받는 반면에 행위자가 경제상 이익을 얻게 된다면 경제상 이익제공요청의 문제가 될 수 있지만, 행위자가 경제상 이익제공을 요청했다고 말하기 어려운 경우도 있다. 그러한 경우에는 기타의 「거래조건」을 일방적으로 「설정」하거나 일방적인 거래를 「실시」하는 것으로서 공정거래법 제2조 제9항 제5호 다목에 해당할 수 있다.

거래의 「조건」으로서는 거래 대가 이외에 거래대상이 되는 상품·용역의 내용,[674] 대상 상품·용역의 납기,[675] 대가의 지급시기,[676] 일정수량 구입의무,[677] 배타적 거래

---

673 강습회 텍스트(講習会テキスト) 1. (5) 가(カ) Q&A 90 (65면).
674 구입강제는 거래대상이 되는 상품·용역의 설정이 상대방에게 부당한 불이익이 되는 전형적인 예이다.
675 대상 상품·용역의 납기 설정이 상대방에게 부당하게 불이익한 경우는 그러한 무리한 납기설정에 상응하는 적절한 대가가 설정되지 않았다고 하여 거래대가의 일방적 설정 문제가 되는 경우가 많다.
676 대가의 지급시기를 일방적으로 설정하는 것이 상대방에게 불이익하다는 이유로 문제가 되는 것은 ① 행위자의 대가의 지급시기를 부당하게 늦게 설정하는 경우와 ② 상대방의 대가의 지급시기를 부당하게 빠르게 설정하는 경우를 들 수 있다. ①에 대해서는 대가의 지급지연을 언급한 곳에서 이미 서술하였지만 ②에 대해서는 행위자가 상대방에게 유상으로 지급하는 원재료 등의 대가지급시기에 대하여 아래와 같이 하도급법이 특별히 규정하고 있다.
677 계약상 정해진 인수의무 수량에 대하여 매수인의 실제 인수수량이 부족한 경우에도 매수인이 당해 부

의무,[678] 위약금 지급의무,[679] 경업금지의무[680] 등을 들 수가 있다.[681] 앞의 1. (1) iv.와
같이 거래거절은 거래조건의 설정 또는 거래의 실시에 해당하는 것으로 생각된다. 그리
고 상대방이 스스로 합리적인 경영판단에 근거하여 위험을 경감시킬 수 있는 기회를 방
해하는 것도 상대방에게 불이익한 거래조건의 설정 또는 거래의 실시에 해당한다.[682]

거래조건의 설정 등이 남용행위에 해당하는지 여부의 판단 방법은 다른 유형과 동일
하게 상대방의 불이익이 합리적 범위를 넘는 것인지 여부(정당한 이유가 있는지 여부를 포
함한다) 및 상대방이 자유롭고 자율적인 판단으로 당해 불이익을 받아들였는지 여부(향
후의 거래에 미치는 영향 등을 우려하여 그것을 어쩔 수 없이 받아들였는지 여부)를 검토하게 된다.

거래거절에 대한 남용행위 여부의 판단은 거래거절에 의해 상대방이 받는 불이익
에 비추어 행위자가 거래를 거절한 합리적 이유가 존재하는지 여부, 상대방에게 통
상 발생할 손실을 보전하는 조치가 취해졌는지 여부 이외에 양 당사자 간에 충분한
협의가 이루어졌는지 여부 등이 고려된다.[683]

비전형적인 거래조건설정 등의 행위는 상대방에게 불이익을 부과함에 있어 합리
적인 이유가 존재하는 경우가 많다. 예를 들어 공급설비를 구축하기 위하여 거액의
초기 투자를 필요로 하는 제품은 장기간 배타적 거래의무를 설정할 필요가 있고 동

족분의 대금 전액을 지급할 의무를 진다고 하는 「Take or Pay 조항」을 과하는 것이 우월적 지위남용으
로서 문제가 된 적이 있다. 공정위사무총국(公取委事務総局)「액화천연가스 거래실태에 관한 조사보
고서(液化天然ガスの取引実態に関する調査報告書)」, 173면(헤이(平)29·6·28)(2017.6.28).

678 도쿄지판(東京地判) 쇼(昭)56·9·30(1981.9.30.) 판례시보(判時) 1045호, 105면(아사히서적(あさひ
書籍)사건), 오사카지판(大阪地判) 헤이간(平元)·6·5(1989.6.5.) 판례시보(判時) 1331호, 97면(일
본전기(日本機電)사건).
679 나고야지판(名古屋地判) 쇼(昭)49·5·29(1974.5.29.) 판례시보(判時) 768호, 73면(하타야코기(畑屋
工機)사건), 오사카지판(大阪地判) 헤이간(平元)·6·5(1989.6.5.) 판례시보(判時) 1331호, 97면(일
본전기(日本機電)사건).
680 프랜차이즈 가이드라인(フランチャイズガイドライン) 3. (1).
681 사전 합의에 근거한 수령거부나 반품, 수정작업지시의 요청, 대가의 감액 등에 대하여 당해 합의 자체가
부당하다는 것은 거래조건의 「설정」 또는 거래의 「실시」 문제가 된다.
682 공정위 시정명령(公取委排除措置命令) 헤이(平)21·6·22(2009.6.22.) 심결집(審決集) 56권 제2분책
(第2分冊), 6면(세븐일레븐·재팬(セブン-イレブン·ジャパン)사건). 행위자와 상대방의 계약에
의해 상대방이 불이익 부담을 경감할 수 없도록 정해져 있는 경우에는 상대방에게 불이익 되도록 거래조
건을 「설정」하는 것이 문제가 되고 그것을 강제했는지 여부의 판단기준 시점은 계약체결시가 된다. 그에
비하여 당사자 간의 계약에서 상대방이 불이익을 경감하는 것은 방해받지 않고 있으나 계약 체결 후의
운영에서 상대방이 불이익부담을 경감하는 기회를 방해하는 경우에는 상대방에게 불이익이 되도록 거래
를 「실시」하는 것이 문제가 되고 그것을 강제했는지 여부의 판단기준 시점은 당해 실시시가 된다.
683 시라이시 다다시(白石忠志) 감수, 『비즈니스를 촉진하는 공정거래법의 길잡이(ビジネスを促進する
独禁法の道標)』, 291면 이하(아키하켄지(秋葉健志))(레쿠시스네쿠시스·재팬(レクシスネクシス·
ジャパン), 2015) 참조.

시에 그러한 설정이 합리적인 경우가 있을 수 있다. 그러나 그러한 경우에도 초기투자 회수 후까지 매수인과 충분한 협의 없이 일방적으로 장기간 배타적 거래의무를 부과하는 것은 남용행위에 해당할 수 있다.[684]

편의점 체인본부가 가맹점에 할인판매를 제한한 행위에 대하여 공정거래위원회가 시정명령을 부과한 것을 시작으로 몇 건의 손해배상청구소송이 가맹점에 의해 제기되었다. 이들에 대한 민사소송판결은 대체로 체인본부가 가맹점에게 데일리 상품에 대한 할인판매를 선호하지 않는 운영방침의 합리성을 인정한 후에 당해 운영방침에 근거한 조언·지도를 하는 것은 허용되지만 조언·지도를 넘어 가맹점의 가격결정권을 침해하는 정도에 이른다면 남용행위에 해당한다고 판단하는 경향이 있다.[685] 불이익을 부과함에 있어 합리적인 이유가 존재하지 않는다면 조언·지도의 형태를 취하더라도 남용행위에 해당할 수 있지만[686] 불이익부과의 합리성이 인정되는 경우에는 상대방이 받는 권리침해와의 형평을 고려하면 조언·지도를 하는 영역을 넘는지 여부가 남용행위인지 여부를 결정하는 경계선이 된다고 볼 수 있다.[687]

▎거래조건의 설정 등이 합리적 범위를 넘는 것으로 인정되는 예
• 가맹점이 폐기상품의 원가를 부담하는 가맹계약을 체결한 가맹점이 상품판매가격을 스스로 판단하고 결정할 수 있음에도 불구하고 폐기상품의 원가부담을 경감하기 위하여 할인판매를 하려고 하는 가맹점에게 할인판매는 가맹계약상 할 수 없다는 취지의 잘못된 설명을 하는 등 가맹점의 가격결정권을 침해하는 경우[688]

▎거래조건의 설정 등이 합리적 범위 내인 경우의 예
• 편의점 체인본부가 가맹점에게 수납대행서비스 실시를 의무화 하는 것이 기존업무와 기본적으로 성질을 같이 하는 것으로서 가맹점이 취득하는 수수료 수입이 부당하게 저렴하다고 할 수 없

---

684 시라이시 다다시(白石忠志), 공정거래법(独占禁止法), 438면, 공정위 사무국(公取委事務総局)「액화천연가스 거래실태에 관한 조사보고서(液化天然ガスの取引実態に関する調査報告書)」, 173면 (헤이(平)29·6·28)(2017.6.28.).
685 도쿄지판(東京地判) 헤이(平)24·10·18(2012.10.18.) 판례타임즈(判タ)1389호, 212면〔세븐일레븐 할인판매금지 손해배상청구(セブンイレブン見切り販売禁上損害賠償請求)사건〕, 도쿄고판(東京高判) 헤이(平)25·8·30(2013.8.30.) 판례시보(判時) 2209호, 12면〔세븐일레븐 할인판매금지 25조 청구(セブンイレブン見切り販売禁止25条請求)사건〕, 도쿄고판(東京高判) 헤이(平)26·5·30(2014.5.30.) 판례타임즈(判タ)1403호, 299면〔세븐일레븐 할인판매금지 25조 청구(セブンイレブン見切り販売禁止25条請求)사건〕, 후쿠오카고판(福岡高判) 헤이(平)26·11·7 (2014.11.7.) 판례시보(判時) 2244호, 28면〔세븐일레븐 할인판매금지 손해배상청구(セブンイレブン見切り販売禁上損害賠償請求)사건〕.
686 익명해설(匿名解説),「비판(判批)」, 판례시보(判時) 2209호, 10−11면(2014).
687 홍순강(洪淳康),「비판(判批)」, 쥬리스트(ジュリ) 1480호, 111면, 113면(2015).
688 프랜차이즈 시스템 가이드라인(フランチャイズシステムガイドライン) 3. (1) 아(ア), 공정위 시정명령(公取委排除措置命令) 헤이(平)21·6·22(2009.6.22.) 심결집(審決集) 56권 제2분책(第2分冊),

기 때문에 가맹점이 지게 되는 부담이 이로 인하여 얻는 이익에 비하여 과다하다고 할 수 없고 프랜차이즈 체인의 편의성과 관련된 이미지를 유지하기 위하여 필요한 경우[689]
• 편의점 체인본부가 가맹점에게 심야영업을 의무지우는 것과 관련하여 심야 시간대에는 매출액이 감소하는 것이 일반적이긴 하지만 가맹점의 영업상 필요성이 인정되고 심야영업을 함으로써 로열티비율이 저감되고 있으며 가맹점에 불이익만을 주는 것만이 아닌 경우[690]

모범 사례

• 납기와 납기빈도는 상대방의 수주상황, 설비 및 기술능력 등을 감안하여 상대방이 곤란하지 않도록 상대방과 협의하여 결정하는 경우. 또는 한 중소 수급기업의 노동시간 단축이 가능하도록 주말발주·주초납입, 업무 종료 후 발주·다음 날 아침 납품 등을 억제하도록 하는 경우[691]

(2) 유상지급 원자재 등 대가의 조기결제

하도급법 제4조 제2항 제1호
② 원사업자는 수급사업자에게 제조위탁 등을 한 경우에는 다음 각호(역무제공위탁을 한 경우에는 제1호를 제외한다)에 해당하는 행위를 함으로써 수급사업자의 이익을 부당하게 침해해서는 아니 된다.
  1. 자기에 대한 급부에 필요한 반제품, 부품, 부속품 또는 원재료(이하 「원재료 등」이라고 한다)를 자기로부터 구입하게 한 경우, 수급사업자에게 귀책사유가 없음에도 불구하고, 당해 원재료 등을 사용하는 급부에 대한 하도급대금의 지급기일보다 이른 시기에, 지급해야 할 하도급대금액에서 당해 원재료 등의 대가 전부 혹은 일부를 공제하거나 또는 당해 원재료 등의 대가 전부 혹은 일부를 지급하게 하는 것

6면〔세븐일레븐·재팬(セブン-イレブン·ジャパン)사건〕, 도쿄고판(東京高判) 헤이(平)25·8·30(2013.8.30.) 판례시보(判時) 2209호, 12면〔세븐일레븐 할인판매금지 25조 청구(セブンイレブン見切り販売禁止25条請求)사건〕, 후쿠오카고판(福岡高判) 헤이(平)26·11·7(2014.11.7.) 판례시보(判時) 2244호, 28면〔세븐일레븐 할인판매금지 손해배상청구(セブンイレブン見切り販売禁上損害賠償請求)사건〕.
689 도쿄지판(東京地判) 헤이(平)23·12·22(2011.12.22.) 판례시보(判時) 2148호, 130면〔세븐일레븐 수납대행서비스 등 금지청구(セブンイレブン収納代行サービス等差止請求)사건〕.
690 도쿄고판(東京高判) 헤이(平)24·6·20(2012.6.20.) 심결집(審決集) 59권 제2분책(第2分冊), 113면〔세븐일레븐 수납대행서비스 등 금지청구(セブンイレブン収納代行サービス等差止請求)사건〕.
691 진흥기준(振興基準) 제2. 4) (2).

행위자가 상대방에게 상품·용역을 제공하는 경우에 당해 상품·용역의 대가지급
시기는 당사자 간에 자유롭게 설정할 수 있는 것이 원칙이다. 설령 상대방이 상품·
용역의 제공을 받는 대가를 지급해야만 하더라도 상대방은 그로 인하여 특별한 불이
익을 받지 않는 것이 통상적이기 때문에 원칙적으로 남용행위에는 해당하지 않는다.

그러나 행위자가 당해 제품을 제조하기 위하여 필요한 원재료 등을 상대방에게 유
상으로 지급하는 때에는 원재료 등의 대가지급시기가 이르게 설정되어 있기 때문에
상대방에게 불이익이 되는 경우가 있다. 유상으로 지급된 원재료 등의 대가지급시기
가 당해 원재료 등을 이용하여 제조한 제품의 대가지급시기보다 이르다면 상대방은
원재료 등의 비용을 미리 지급해야 되는 상황이 된다.[692] 통상의 거래라면 원재료 등
의 비용을 미리 지급하게 하는 것은 상대방에게 합리적 범위를 넘는 부담이 된다고
할 수 없지만 상대방이 수급사업자인 경우에는 자금융통이 어렵게 되는 것 등 불이
익이 우려된다.

따라서 하도급법에서는 원사업자가 수급사업자의 급부에 필요한 반제품, 부품, 부
속품, 또는 원재료를 유상으로 구입시키는 경우에는 당해 원재료 등 대가의 전부 또
는 일부에 대하여 당해 유상지급 원자재 등을 사용한 수급사업자의 급부에 대한 하
도급대금의 지급기일보다 이른 시기에 결제하는 것을 원칙적으로 금지하고 있다(하
도급법 제4조 제2항 제1호). 금지되는 결제에는 '당해 원재료 등을 사용한 급부에 대한
하도급대금' 이외의 하도급대금에서 공제하는 경우뿐만 아니라 하도급대금에서 공제
하지 않고 하도급대금과 별도로 지급하게 하는 것도 포함된다.[693]

유상지급 원자재 등 대가의 조기결제와 관련하여 하도급법 규제가 적용되는 것은
원사업자가 수급사업자에게 원재료 등을 「원사업자로부터」 구입시킨 경우로 한정되
고 설령 원재료 등을 원사업자가 지정하였다고 하더라도 구입처가 원사업자가 아닌
경우에는 본 규제는 적용되지 않는다.[694] 또한 하도급법 제4조 제1항 제6호에서 금
지된 구입강제의 대상이 되는 물품(역무)은 「자기가 지정하는」 것이면 족하고, 구입

---

[692] 1965년 하도급법 개정에서 유상지급 원자재 등 대가의 조기결제가 하도급법상 금지행위로 추가된 취지
는 유상지급 원자재 등의 대가와 하도급대금과의 상계 시기를 빨리 함으로써 지급해야 하는 하도급대
금을 줄이는 행위를 방지하기 위해서이고 그러한 탈법을 피하기 위한 조기징수도 금지된다고 해설하고
있다. 공정위 사무국(公取委事務局) 편, 신하도급법(新下請法), 180-181면.

[693] 강습회 텍스트(講習会テキスト) 1. (5) 구(ク) Q&A 92 (69면).

[694] 강습회 텍스트(講習会テキスト) 1. (5) 구(ク) (62면).

처가 원사업자인지 여부는 불문한다.

그리고 본 규제가 적용되는 것은 원사업자가 수급사업자에게 원재료 등을 「구입시켰다」고 인정되는 경우에만 한정된다. 특정의 원재료 등에 대해서 원사업자가 수급사업자에게 자기로부터 구입을 하도록 의무를 지우는 경우나, 자기로부터 구입을 하도록 의무를 지우지는 않았지만, 특정의 원재료 등을 의무적으로 사용하게 한 다음, 그것을 공급할 수 있는 것은 실질적으로 원사업자만으로 한정되는 경우에는 「구입시켰다」에 해당된다고 할 것이다. 다른 한편, 단순히 「수급사업자가 희망하고 있다」고 하는 사실 하나만 가지고 「구입시켰다」에 해당되지 않는다고 속단할 수는 없지만,[695] 수급사업자가 원사업자 이외의 사업자로부터도 쉽게 조달할 수 있는 범용적인 원재료 등에 대해서 수급사업자가 자유롭고 자율적인 판단에 의해 원사업자로부터 당해 원재료 등을 구입하는 것을 선택한 경우에는 「구입시켰다」에 해당하지 않는다고 할 것이다. 수급사업자가 원사업자로부터 구입한 원재료 등을 원사업자 이외의 자로부터 수탁받은 제조위탁 등이나 자기제품의 제조 등에도 사용하고 있는 경우에는 당해 원재료 등은 범용적인 것으로 당해 원사업자 이외의 자로부터도 구입하는 것이 실질적으로 가능하기 때문에, 이 경우는 「구입시켰다」에는 해당하지 않는다고 할 것이다.

원사업자가 수급사업자에게 원재료 등을 유상으로 지급하는 경우에 하도급법에 저촉되지 않도록 하기 위해서는 수급사업자에게 지급하는 하도급대금의 대상이 되는 급부에 이용된 원재료 등의 수량 등을 정확하게 파악하고, 하도급대금을 지급할 때에 지급대상이 되는 급부에 이용된 부분에 상응한 만큼의 원재료 등의 대가를 상계하는 구조(균형상계)를 취할 필요가 있다.[696] 원재료 등의 사용수량을 정할 때에는 가공했을 경우 원재료에 대한 제품의 비율(이하 「수율」이라 한다)도 당연히 고려할 필요가 있지만, 실제 정확한 사용수량을 매회 계량해서 상계금액을 정하는 것은 현실적이지 않고, 수급사업자에게 과도한 부담을 가하는 것이기도 하다. 그 때문에 당해 수급사업자에게 평균적인 수율을 전제로 단위당 원재료 등의 상정사용수량을 정하고, 그에 근거하여 균형상계를 하는 것도 허용된다고 본다. 그 경우 우연히 수율이 높게 제조 등이 이루어진 경우라면 실제 사용수량에 근거한 원재료 등과 관련하여 대가를 넘는 상계가 이루어지게 되지만, 수급사업자에게 보관되는 지급원재료 등의

---

695 강습회 텍스트(講習会テキスト) 1. (5) 구(ク) Q&A 92 (69면).
696 고조(香城), 앞의 주524) 71면.

재고수량을 정기적으로 확인하고 이론재고수량과의 차이에 대하여 정산이 이루어진 다면 통상은 수급사업자의 이익을 부당히 해하지 않고 하도급법 위반이 되지 않을 것이다. 다만, 수급사업자가 제조과정의 개선 등을 통하여 수율이 항구적으로 개선된 경우에는 신속하게 원재료 등의 상정사용수량도 변경해야 될 것이다.

균형상계제도를 취하는 경우, 수급사업자에게 보관시킨 지급원재료 등의 재고확인을 정기적으로 행할 필요가 있다. 그 경우, 원사업자가 수급사업자에게 지급한 원재료 등의 총량에서 원사업자에게 납품되는 물품 등에 이용되어야 하는 원재료 등의 수량을 뺀 이론재고수량과 비교하여 실제 원재료 등의 재고수량이 부족한 경우, 당해 부족분이 수급사업자의 귀책사유에 의해 발생한 것이라면, 당해 부족분에 상당하는 원재료 등의 비용은 수급사업자가 부담해야 하고, 조기결제와 관련된 하도급법 규제는 적용되지 않는다. 「수급사업자의 귀책사유」로서는 ① 수급사업자가 지급된 원재료 등을 훼손하거나 손실하였기 때문에 원사업자에게 납품해야 하는 물품의 제조가 불가능하게 된 경우, ② 지급된 원재료 등을 사용하여 불량품이나 주문 외의 물품을 제조한 경우, ③ 지급된 원재료 등을 다르게 전매한 경우 등을 들 수 있다.[697]

또한 제조위탁 등의 대상이 되는 제품에 대하여 제조위탁 등을 중지한 경우, 불필요하게 되어 버린 유상지급원재료 등의 대가에 상당하는 금액을 수급사업자에게 부담시키는 것은 하도급법 제4조 제2항 제1호에 해당할 수 있다. 그러한 경우, 원사업자는 수급사업자에 대하여 당해 잔존분의 유상지급원재료 등의 대가에 상당하는 금액을 반환해야 한다.[698]

유상지급원재료 등에 대해서는 지급할 원재료 등의 품명, 수량, 대가 및 지급일을 제3조 서면에 기재해야 된다(제3조 서면규칙 제1조 제1항 제8호).

▌모범 사례 ◢

- 원사업자는 지급한 원재료에 대하여 보관방법, 원재료에 하자 있는 경우의 취급, 지급한 원재료의 소요량의 산정방법, 재고의 처리방법(매입 등)을 미리 수급사업자와 협의를 통하여 정해 두고 수급사업자에게 부담을 일방적으로 강요하지 않는 경우[699]

---

697 강습회 텍스트(講習会テキスト) 1. (5) 구(ク) (68면).
698 공정위 권고(公取委勧告) 헤이(平)23·12·21(2011.12.21.)〔산에스(サンエス)사건〕.
699 진흥기준(振興基準) 4. 3).

제5장

하도급법에 근거한
서면교부 · 보존의무

하도급법에 근거한 서면교부 · 보존의무

01 제3조 서면의 교부의무

하도급법 제3조 제1항 본문

원사업자는 수급사업자에게 제조위탁 등을 한 경우에는 즉시 공정거래위원회 규칙에서 정하는 바에 따라 수급사업자의 급부내용, 하도급대금의 금액, 지급기일 및 지급방법, 그 외의 사항을 기재한 서면을 수급사업자에게 교부해야 한다.

하도급법 제10조

다음 각호의 어느 하나에 해당하는 경우에는 그 위반행위를 한 원사업자의 대표자, 대리인, 피고용인, 기타 종업원을 50만 엔 이하의 벌금에 처한다.

　　1. 제3조 제1항의 규정에 따른 서면을 교부하지 않은 경우

하도급법 제12조

법인 대표자, 법인 또는 대리인, 피고용인, 그 외의 종업원이 그 법인이나 개인의 업무에 관하여 전2조의 위반행위를 한 경우에는 행위자를 처벌하는 외에 그 법인 또는 개인에게 각각 당해 행위의 형을 부과한다.

(1) 취지

하도급법 제3조에는 위탁내용, 하도급대금, 지급기일 및 지급방법, 기타 사항을 기재한 서면(제3조 서면)을 수급사업자에게 교부하는 것이 원사업자의 의무로 규정되어 있다.

제3조 서면의 교부의무가 마련된 취지는 하도급법 입법 당시 심의과정에서 「서면의 교부는 제4조의 부당한 가격결정 규제의 전제조건을 마련하는 의미」라고 설명하고 있는 것과 같이[1] 하도급법 제4조의 금지행위의 유무를 공정거래위원회 등이 신속하게 판단하고 처리할 수 있도록 하기 위한 것이다.[2] 또한 하도급거래는 구두로 발주되는 경우가 적지 않고 계약내용이 불명확해서 분쟁이 생기기 쉬워 수급사업자가 불이익을 받는 경우가 많다. 제3조 서면교부 의무화의 또 다른 목적은 거래조건을 명확하게 하여 하도급거래와 관련된 분쟁을 미연에 방지하자는 데 있다.[3] 더구나 원사업자 가운데는 무계획·무책임한 발주태도를 가진 자도 있다는 인식하에 거래조건의 중요사항을 명문화함으로써 그러한 원사업자의 발주태도를 시정하게 하는 것도 하나의 목표라고 할 수 있다.[4]

제3조 서면을 교부하지 않은 원사업자의 종업원 등은 원사업자와 함께 형사벌(50만 엔 이하의 벌금)의 대상이 된다(하도급법 제10조 제1호, 제12조). 하도급법은 제4조에서 금지된 각종 행위위반에 대해 형사벌은 물론 행정처분조차 예정되어 있지 않지만 제3조 서면의 미교부에 대해서는 엄격하게 규정되어 있다(그러나 지금까지 제3조 서면의 미교부가 적용되어 처벌된 사안은 없다).

(2) 제3조 서면과 발주(계약)의 관계

하도급거래에서 계약(발주)은 문서로 이루어지는 것이 바람직하지만 하도급법 제3

---

1 제24회 국회중의원 상공위원회 제20호에 있어서 오가와 세이지로(小川清四郎) 공정위 사무국장의 보충 설명(쇼(昭)31·3·20)(1987.3.20.).
2 가마다(鎌田)편저, 하도급법실무(下請法實務), 80면.
3 강습회 텍스트(講習会テキスト) 1. (4) 아(ア) (23면).
4 공정위 사무국(公取委事務局) 편, 신하도급법(新下請法), 128면, 쓰지(辻)·이코마(生駒), 상세 하도급법(詳解下請法), 61-62면.

조는 하도급거래의 요식성과 별개의 규정이므로 제조위탁 등 발주 자체가 문서에 의
하지 않으면 안 된다는 것을 의미하는 것은 아니다.[5] 하도급법 제3조는 원사업자가
「수급사업자에게 제조위탁 등을 한 경우」에 「즉시」 제3조 서면을 의무적으로 교부
하도록 하는 것으로 서면의 교부는 제조위탁 등의 발주 후에 이루어지는 것이 전제
로 되어 있다. 하도급거래의 발주는 구두라도 허용된다. 다만 (구두에 의한 것이든 계약
서에 의한 것이든) 발주 후에는 「즉시」 제3조 서면을 교부하는 것이 의무로 되어 있
다. 「즉시」는 「곧바로」라는 의미로서 제3조 서면의 교부를 통하여 발주하는 것이 아
니라면 발주 후 지체 없이 바로 제3조 서면을 교부할 필요가 있다.[6]

또한 발주와 관련된 거래조건이 당사자 간에 명확하게 합의되어 있어도 제3조 서
면에 그것이 반영되어 있지 않다면 하도급법 제3조 위반이 된다.

> **❙ 하도급법 제3조 위반이 되는 예**
> - 긴급하여 원사업자가 수급사업자에게 구두(전화)로 발주하고 그 후 제3조 서면을 교부하지 않
>   은 경우[7]
> - 원사업자가 발주단가를 컴퓨터에 등록하고 이를 장부에 인쇄(印字)하는 방법으로 수급사업자
>   에게 제3조 서면을 작성·교부하는 상황에서 신규부품의 제조위탁 발주시에 이미 단가가 결정
>   되어 있는데도 불구하고 컴퓨터에 등록되어 있지 않아서 결과적으로 제3조 서면에 단가가 표시
>   되지 않고 발주되는 경우[8]

(3) 필요적 기재사항

제3조 서면에는 이하에서 서술하는 사항을 명확하게 기재하지 않으면 안 된다(제3
조 서면규칙 제1조).

기재사항이 「명확」하다고 하기 위해서는 수급사업자가 통상의 주의력을 가지고
제3조 서면 기재내용의 필요적 기재사항을 이해할 수 있어야 한다. 효율화를 위하여

---

5 공정위 사무국(公取委事務局) 편, 신하도급법(新下請法), 130면, 다나카 세이지(田中誠二) 외, 『곤멘
  타르(コンメンタール) 공정거래법(独占禁止法)』, 834면[구보 긴야(久保欣哉)], (게이소 소보(勁草
  書房), 1981).
6 가마다(鎌田)편저, 하도급법실무(下請法実務), 88면.
7 하도급법운용기준(下請法運用基準) 제3. 3. <위반행위사례> ①.
8 하도급법운용기준(下請法運用基準) 제3. 3. <위반행위사례> ②.

기재사항의 일부를 기호화하는 것도 가능하지만 각각의 사항에 대해서 각각의 기호가 무엇을 의미하는지 미리 수급사업자에게 문서(또는 전자적 방법)로 통지해 둘 필요가 있다.[9]

　제3조 서면 기재사항의 일부를 제3조 서면 본문과 별개의 서면으로 하는 것도 허용되지만 그 경우에는 제3조 서면 본문과 당해 별개 서면을 서로 관련시키는 문구를 명기할 필요가 있다.

ⅰ. 기본사항

ㄱ. 당사자

> 제3조 서면규칙 제1조 제1항
> 1. 원사업자 및 수급사업자의 상호, 명칭 또는 사업자별로 부여된 번호, 기호, 기타 부호로서 원사업자와 수급사업자를 식별할 수 있을 것

　거래당사자(발주자 및 수주자)가 누구인지 특정하는 것은 당해 거래당사자가 하도급법의 적용을 받는 원사업자 및 수급사업자인지 여부를 판단하기 위한 전제사실로서 필수정보에 해당한다.

ㄴ. 발주일

> 제3조 서면규칙 제1조 제1항
> 2. 제조위탁, 수리위탁, 정보성과물작성위탁 또는 역무제공위탁(이하「제조위탁 등」이라 한다)을 한 날

　납기와의 관계에서 수급사업자가 수탁업무를 이행하기 위하여 필요한 리드타임을 두지 않고 발주한 경우에는 수급사업자가 납기를 맞추지 못하더라도 수급사업자의 귀책사유가 있다고 할 수 없어 수령거부나 반품, 하도급대금의 감액 등이 정당화되

---

9 강습회 텍스트(講習会テキスト) 1. (4) 아(ア) Q&A 37 (28면).

지 않는 경우가 있다. 발주일의 기재는 원사업자가 리드타임을 두고 발주했는지 여부를 판단하기 위하여 필요한 정보이다.

발주일과 제3조 서면교부일은 개념상 차이가 있다. 제3조 서면의 교부로 제조위탁 등을 발주하는 경우에는 발주일은 제3조 서면교부일과 같은 날이 되지만 구두로 발주한 경우 등 발주 후에 제3조 서면을 교부하는 경우에는 발주일과 제3조 서면교부일은 다를 수 있다. 제3조 서면에 기재해야 되는 일자는 구두발주인지 여부를 묻지 않고 실제 발주일이다.

ⅱ. 수급사업자의 급부에 관한 사항

ㄱ. 급부내용

제3조 서면규칙 제1조 제1항
2. 수급사업자의 급부(역무제공위탁의 경우는 제공된 역무. 이하 같다)의 내용

수급사업자가 납품한 상품이 주문한 상품과 다른 경우나 상품에 하자가 있는 경우라도 원사업자가 정한 사양 등이 불명확하다면 수급사업자의 귀책사유가 있다고 할 수 없기 때문에 반품이나 수정작업의 요청, 하도급대금의 감액 등이 정당화되지 않는 경우가 있다. 그 때문에 수급사업자의 급부내용을 발주시에 명확히 해 두는 것은 수급사업자의 책임범위를 획정하기 위하여 필요하고 또한 원사업자 입장에서도 수급사업자의 책임을 묻는 근거가 되기 때문에 바람직하다.[10]

제3조 서면에는 제조위탁 등의 대상이 되는 상품이나 역무를 원사업자의 지시에 맞게 제공할 수 있을 정도로 필요한 정보(품목, 품종, 수량, 규격, 사양 등)를 수급사업자가 충분히 이해할 수 있도록 기재하지 않으면 안 된다.[11] 이러한 모든 정보를 제3조 서면 자체에 기재해야 되는 것은 아니고 사양서, 도면, 검사기준서 등을 따로 교부하는 것도 가능하지만 그러한 취지를 제3조 서면 자체에 부기해 두지 않으면 안 된다.[12]

---

10 강습회 텍스트(講習会テキスト) 1. (4) 아(ア) Q&A 38 (28면).
11 하도급법운용기준(下請法運用基準) 제3. 1. (3), 강습회 텍스트(講習会テキスト) 1. (4) 아(ア) Q&A 38 (28면), 강습회 텍스트(講習会テキスト) 2. (서식 예1) 주3 (86면).
12 강습회 텍스트(講習会テキスト) 2. (서식 예1) 주3 (86면).

또한 정보성과물작성위탁 등의 이행에 수반하여 수급사업자에게 지식재산권이 발생하는 경우에 당해 지식재산권이 수급사업자의 급부내용에 포함되는지 여부가 명확하지 않은 경우가 많고, 이 경우 원사업자가 수급사업자로 하여금 일방적으로 당해 지식재산권을 양도·실시 허락을 유도하기 쉽다. 따라서 정보성과물 등의 작성 목적인 사용범위(예를 들어 작성위탁된 방송프로그램의 제공에 수반하여 그 일차적 방송권의 허락을 받는 경우)를 넘어서 지식재산권 그 자체를 양도 또는 실시허락하게 하는 경우라면 「수급사업자의 급부의 내용」에 그 취지를 명기해 두지 않으면 안 된다고 본다.[13] 제3조 서면 기재의 예로서 「당사의 발주서 작성과정에서 발생하는 귀사의 ○○권에 대해서는 발주내용에 포함되고 당사가 양도를 받는 것으로 합니다」라는 것을 들고 있다.[14]

ㄴ. 수령장소

제3조 서면규칙 제1조 제1항
  2. 수급사업자 ······ 의 급부를 수령하는 ······ 장소

원사업자는 수급사업자의 급부를 수령하는 장소를 제3조 서면에 명확히 하지 않으면 안 된다. 수급사업자의 급부가 발주내용과는 다른 장소에 납품된 경우에는 수급사업자의 귀책사유가 인정되어 원사업자에 의한 수령거부나 반품 등이 정당화된다.

주문품을 수령하는 장소는 「폐사 본사의 ○○과」나 「폐사 ○○공장 ○○계」와 같이 구체적으로 기입할 필요가 있다. 또한 자사 이외의 장소에 납품시키는 경우에는 주소도 기재할 필요가 있다.[15]

급부내용과 수령장소를 함께 기재하는 것은 허용된다. 그리고 예를 들어 단순 지원(support)서비스업무의 제공위탁과 같이 역무의 제공 장소를 특정할 수 없는 경우에는 장소는 기재할 필요가 없다.[16]

---

13 하도급법운용기준(下請法運用基準) 제3. 1. (3), 강습회 텍스트(講習会テキスト) 1. (4) 아(ア) (24면).
14 강습회 텍스트(講習会テキスト) 2. (서식 예1) 주3 (86면).
15 강습회 텍스트(講習会テキスト) 2. (서식 예1) 주3 (85면).
16 강습회 텍스트(講習会テキスト) 2. (서식 예7) 주2 (97면).

ㄷ. 납기

> **제3조 서면규칙 제1조 제1항**
> 2. 수급사업자 ······ 의 급부를 수령하는 기일(역무제공위탁의 경우는 수급사업자가 위탁을 받은 역무를 제공하는 기일(기간을 정해서 위탁하는 경우에는 당해 기간))

원사업자는 주문품을 수령하는 기일(납기)을 제3조 서면에 구체적으로 기재하지 않으면 안 된다. 사내작업의 경우에는 작업을 완료한 기일을 기재하면 된다.[17] 납기를 「기간」으로 정하는 것은 허용되지 않는다.[18] 수급사업자가 급부의 납기를 맞추지 못한 경우에는 원칙적으로 수급사업자의 책임이므로 원사업자의 수령거부, 반품, 하도급대금의 감액 등이 정당화된다.

ㄹ. 검사완료(검수)기일

> **제3조 서면규칙 제1조 제1항**
> 3. 수급사업자의 급부내용에 대하여 검사를 하는 경우에는 그 검사를 완료하는 기일

수급사업자의 급부내용에 대하여 즉시 발견할 수 있는 하자가 있는 경우 원사업자는 급부의 수령 후 검사에 필요한 표준적인 기간 내에 불량품을 신속하게 반품하지 않으면 그 이후에는 반품할 수 없다. 하자를 이유로 반품을 하더라도 제3조 서면에 기재된 검사완료기일 후 신속하게 이루어진 것이 아니라면 당해 반품은 하도급법에 위반될 가능성이 높다.

또한 검수를 마감일로 하는 지급제도를 취하는 경우에는 검수 시점부터 하도급대금이 지급될 수 있기 때문에 수급사업자 입장에서는 검수완료 시점을 알 수 없다면 그 지급기일도 알 수 없게 된다. 제3조 서면에 검사완료기일을 기재하는 것은 검수마감제도 하에서 수급사업자의 이익에 기여하는 것이다.[19]

---

17 강습회 텍스트(講習会テキスト) 2. (서식 예1) 주3 (85면).
18 시미즈 게이(清水敬)·기데라 마키(木寺麻季), 「주식회사 훼리시모에 대한 권고에 대하여(株式会社フェリシモに対する勧告について)」, 공정거래(公正取引) 753호, 75−76면(2013).
19 쓰지(辻)·이코마(生駒), 상세 하도급법(詳解下請法), 67−68면.

검사완료기일은 검수마감제도를 취하거나 납품마감제도를 취하거나에 관계없이 검사를 행하는 경우에는 반드시 기입하지 않으면 안 되지만 검사완료의 연월일을 기입하는 대신에 수령 후 검수까지의 일수(「납품 후 ○일」)을 기재해도 상관없다.[20]

<hr>

▌모범 사례◢

· 원사업자가 납품검사를 실시하는 경우에 발주시 검사완료기일을 제3조 서면에 기재할 뿐만 아니라 검사의 실시방법, 실시시기, 검사기준, 검사결과 불합격된 물품 등의 취급, 납품 과부족의 경우 처리방법 등을 미리 수급사업자와 협의하여 정해두고 그에 근거하여 납품 후 신속하게 검사를 실시하는 경우[21]

iii. 하도급대금에 관한 사항

ㄱ. 하도급대금의 금액

제3조 서면규칙 제1조 제1항
4. 하도급대금액 ……

당초 정해진 하도급대금액이 불명확하다면 하도급대금의 감액을 규제하는데 장애가 된다. 하도급대금액을 제3조 서면에 기재하도록 의무화함으로써 하도급대금의 감액 사실이 명확하게 되고 그 규제가 용이하게 된다.[22] 공정거래위원회는 발주 전 감액에 대하여 수급사업자와 협의해서 합의하였더라도 제3조 서면에 기재된 하도급대금액을 감액하는 행위는 하도급법 위반이 되는 것으로 취급하고 있다.

① 하도급대금

하도급대금이란 원사업자가 제조위탁 등을 한 경우에 수급사업자의 급부(역무제공위탁을 한 경우에는 역무의 제공)에 대해 지급해야 할 대금을 말한다(하도급법 제2조 제10항).

<hr>

20 강습회 텍스트(講習会テキスト) 2. (서식 예1) 주3 (86면).
21 진흥기준(振興基準) 제4. 2.
22 쓰지(辻)·이코마(生駒), 상세 하도급법(詳解下請法), 58-59면.

하도급법에서 「하도급대금」의 금액에는 소비세상당액이 포함되어 있기 때문에 소비세상당액을 지급하지 않는 것은 하도급대금의 감액에 해당하는 것으로 본다.[23] 그 때문에 제3조 서면에는 소비세상당액을 포함하는지 여부를 명확하게 기재해 둘 필요가 있다.

② 산정방법의 기재

> 제3조 서면규칙 제1조 제2항
> 전항 제4호의 하도급대금액에 대해서 구체적인 금액을 기재하기 곤란한 부득이한 사정이 있는 경우에는 하도급대금의 구체적 금액을 정하는 산정방법을 기재하는 것도 가능하다.

제3조 서면에 기재하는 하도급대금액은 원칙적으로 구체적인 금액이 기재되어야 하지만 「구체적인 금액을 기재하는 것이 곤란한 부득이한 사정」이 있는 경우에는 「구체적인 금액을 정하는 산정방법(산정방식)」을 기재하면 족하다(제3조 서면규칙 제1조 제2항).

「구체적인 금액을 정하는 산정방법」이란 하도급대금액의 산정 근거가 되는 사항(변수)이 확정되면 구체적인 금액이 자동적으로 확정되는 것을 의미한다.[24] 예를 들어 시간당 노임단가 또는 수량에 따른 단가를 미리 정해두고 위탁업무 완료 후에 확정되는 작업시간이나 제공수량과 같은 변수를 단가에 곱하고, 소요되는 모든 경비를 더하는 것으로 하도급대금액을 산정하는 방법이다.

「구체적인 금액을 정하는 산정방법」의 기재가 인정되는 것은 「구체적인 금액을 기재하는 것이 곤란한 부득이한 사정」이 있는 경우로 한정된다. 운송위탁에서 하주로부터 수수하는 실제 운임금액에서 일정 비율로 감액한 금액을 하도급대금액으로 정하는 것은 허용되지 않는다.[25]

---

23 공정위(公取委), 「소비세율 인상 및 소비세의 도입에 수반한 전가 · 표시에 관한 공정거래법 및 관계법령의 견해(消費稅率の引上げ及び地方消費稅の導入に伴う転嫁 · 表示に関する独占禁止法及び関係法令の考え方)」제2. 1., 하도급법운용기준(下請法運用基準) 제4. 3. (1).
24 하도급법운용기준(下請法運用基準) 제3. 1. (2).
25 강습회 텍스트(講習会テキスト) 1. (4) 아(ア) Q&A 48 (30면).

▌산정방법의 기재가 인정되는 예

• 시제품의 제조위탁의 경우에 시간당 노임단가를 정한 다음 소요시간 등에 따라 가격을 결정하는 산정방법에 의해 하도급대금액을 정하는 경우
• 수리해 보지 않으면 비용을 알 수 없는 수리위탁의 경우에 각 공정(분해, 교체, 조립 등)에서 시간당 노임단가를 정한 다음 소요시간 등에 따라 가격을 결정하는 산정방법이나 수리내용의 종류에 따라 기본요금이 정해져 있고 여기에 수급사업자가 수리에 소요되는 실비를 더하여 가격을 결정하는 산정방법에 의해 하도급대금액을 정하는 경우
• 프로그램 작성위탁의 경우 프로그램 작성에 종사한 기술자의 기술수준에 따라 미리 정해진 시간단가 및 실적 작업시간에 따라 하도급대금액을 정하는 경우
• 일정 기간을 정한 역무제공위탁의 경우 제공하는 역무의 종류 및 양에 대한 단가를 미리 정해두고 당해 기간 동안 제공한 역무의 종류 및 수량에 따라 하도급대금액을 정하는 경우
• 원재료비 등이 외적인 요인에 의해 변동되는 경우에 환율에 따라 가격을 결정하는 산정방법이나 원재료의 시세에 따라 가격을 결정하는 산정방법에 의해 하도급대금액을 정하는 경우[26]
• 제조위탁 등의 이행에 수반하여 발생하는 모든 경비(교통비 등)를 원사업자가 부담하는 경우(부담하는 모든 경비의 구체적 항목을 명확히 해야 함)[27]

제3조 서면과 별개로 산정방법을 정한 서면을 교부할 수 있지만 그 경우에는 서면의 상호관련성을 명기할 필요가 있다.[28]

하도급대금의 구체적인 금액이 확정되면 원사업자는 당해 금액을 제5조 서류에 기재하지 않으면 안 된다(제5조 서류규칙 제1조 제2항). 또한 법령상 근거가 있는지 의문이지만 공정거래위원회는 하도급대금의 구체적인 금액이 확정된 후 신속하게(늦어도 납품 후 최초의 대금지급시까지) 하도급대금의 통지서를 수급사업자에게 교부하지 않으면 안 된다고 하고 있다.[29]

ㄴ. 지급기일

제3조 서면규칙 제1조 제1항
4. 하도급대금의 …… 지급기일

---

26 이상, 하도급법운용기준(下請法運用基準) 제3. 1. (2), 강습회 텍스트(講習会テキスト) 1. (4) 아(ア)(이(イ)) (25면).
27 강습회 텍스트(講習会テキスト) 1. (4) 아(ア) Q&A 46 (30면).
28 나카(中)·고무로(小室), 하도급법운용 재검토(下請法運用見直し), 11면.
29 하도급법운용기준(下請法運用基準) 제3. 1. (2), 나카(中)·고무로(小室), 하도급법운용 재검토(下請法運用見直し), 11면.

 당초 정해진 하도급대금의 지급기일이 불명확하다면 하도급대금의 지급지연을 규제하는데 지장이 있다. 지급기일을 제3조 서면에 기재하도록 의무화함으로써 지급지연사실이 명확하게 되고 그 규제가 용이하게 된다.[30]

 지급기일로서는 「매월 ○일 납품마감, 익월 ○일 지급」과 같이 지급제도를 기재하는 것으로 족하지만 「납품 후 ○일 이내」와 같은 기재는 지급기일이 특정되지 않아서 인정될 수 없다.[31]

ㄷ. 지급수단

제3조 서면규칙 제1조 제1항
5. 하도급대금의 전부 또는 일부의 지급에 대해 어음을 교부하는 경우에는 그 어음금액 및 만기
6. 하도급대금의 전부 또는 일부의 지급에 대해 원사업자와 수급사업자 및 금융기관 사이의 약정에 근거하여 수급사업자가 채권양도담보방식(수급사업자가 하도급대금액에 상당하는 하도급대금채권을 담보로 금융기관으로부터 당해 하도급대금액에 상당하는 금액을 대출받는 방식) 또는 팩터링방식(수급사업자가 하도급대금액에 상당하는 하도급대금채권을 금융기관에 양도하고 당해 금융기관으로부터 당해 하도급대금액에 상당하는 금액을 지급받는 방식) 또는 병존적 채무인수방식(수급사업자가 하도급대금액에 상당하는 하도급대금채무를 원사업자와 함께 부담하는 금융기관으로부터 당해 하도급대금액에 상당하는 금액을 지급받는 방식)에 의해 금융기관으로부터 당해 하도급대금액에 상당하는 금액을 대출 또는 지급받을 수 있는 경우에는 다음에 열거한 사항
   가. 당해 금융기관의 명칭
   나. 당해 금융기관으로부터 대출 또는 지급받을 수 있는 금액
   다. 당해 하도급대금채권 또는 당해 하도급대금채무액에 상당하는 금전을 당해 금융기관에 지급하는 기일
7. 하도급대금의 전부 또는 일부의 지급에 대해 원사업자 및 수급사업자가 전자기록채권(일본 전자기록채권법(2007년 법률 제102호) 제2조 제1항에 규정된 전자기록채권을 말한다. 이하 같다)의 발생기록(일본 전자기록채권법 제15조에 규정된 발생기록을 말한다)을 하거나 또는 양도기록(일본 전자기록채권법 제17조에 규정된 양도기록을 말한다)을 한 경우에는 다음에 열거한 사항
   가. 당해 전자기록채권액
   나. 일본 전자기록채권법 제16조 제1항 제2호에 규정된 당해 전자기록채권의 지급기일

---

30 쓰지(辻)·이코마(生駒), 상세 하도급법(詳解下請法), 60면.
31 강습회 텍스트(講習会テキスト) 2. (서식 예1) 주3 (86면).

하도급대금을 현금으로 지급하는 경우 지급방법에 대해 제3조 서면에 기재할 필요는 없지만 하도급대금을 금융기관의 계좌이체를 통하여 지급하는 경우에는 지급기일이 금융기관 휴일에 해당하여 당해 금융기관의 영업 익일에 지급하는 경우에는 수급사업자와 합의한 후에 그 취지를 서면으로 남길 필요가 있다.[32]

하도급대금의 지급수단으로 어음을 교부하는 경우에는 어음금액과 만기일을 제3조 서면에 기재하지 않으면 안 된다. 어음금액은 지급액 전체에서 차지하는 비율을 기재하는 것도 허용되고 또 만기일 대신에 발행일에서 만기일까지의 일수(결제기한)를 기재하는 것도 허용된다.[33]

하도급대금을 일괄결제방식으로 지급하는 경우에는 제3조 서면에 금융기관명, 대출 또는 지급 가능한 금액(일괄결제방식에 의해 지급되는 금액이 전체 지급액에서 차지하는 비율도 가능) 및 금융기관과 결제기일을 기재하지 않으면 안 된다.[34]

하도급대금을 전자기록채권으로 지급하는 경우에는 제3조 서면에 전자기록채권액(전자기록채권에 의해 지급되는 금액이 전체 지급액에서 차지하는 비율도 가능) 및 만기일을 기재하지 않으면 안 된다.[35]

iv. 유상지급 원자재 등 관련사항

> 제3조 서면규칙 제1조 제1항
> 8. 제조위탁 등에 관한 원재료 등을 원사업자로부터 구입하게 하는 경우에는 그 품명, 수량, 대가, 인도기일과 결제기일 및 그 방법

원사업자가 수급사업자에게 제조위탁업무 수행에 필요한 원재료 등을 유상으로 지급하는 경우에는 지급할 원재료 등의 품명, 수량, 대가 및 지급일을 제3조 서면에 기재하지 않으면 안 된다. 원재료 등의 지급일이 제3조 서면에 기재됨으로써 납기와의 관계에서 가공작업 등에 필요한 리드타임의 설정에 무리가 없는지에 대한 판단이

---

32 강습회 텍스트(講習会テキスト) 2. (서식 예1) 주3 (86면).
33 강습회 텍스트(講習会テキスト) 2. (서식 예1) 주3 (86면).
34 강습회 텍스트(講習会テキスト) 2. (서식 예1) 주3 (86−87면).
35 강습회 텍스트(講習会テキスト) 2. (서식 예1) 주3 (86−87면).

용이하게 된다.[36] 유상지급 원재료 등의 지급과 제조위탁 등의 발주와는 반드시 연결 되는 것은 아니고, 유상지급한 원재료 등의 명세(품명, 수량, 가격 및 지급일)는 제조위 탁 등의 발주서면과는 따로 「유상지급원재료명세서」 등으로 교부하는 것이 허용되 어 있다.[37]

그리고 원사업자는 유상지급할 원재료 등의 대가에 대한 결제기일 및 방법을 제3 조 서면에 기재하지 않으면 안 된다. 하도급법 제4조 제2항 제1호에서는 유상지급하 는 원재료 등의 대가에 관하여 당해 원재료 등을 사용한 수급사업자의 급부에 대한 하도급대금의 지급기일보다 빠른 기일에 결제하는 것은 원칙적으로 금지되어 있다. 유상지급 원자재 등의 대가에 대한 결제기일을 제3조 서면에 기재하도록 의무화함으 로써 하도급법 위반 여부가 명확하게 되고 그 규제가 용이하게 된다.

유상지급 원자재 등의 대가에 대한 결제기일 및 방법을 서면에 기재한 예로는 「지 급원재료 가운데 제품으로서 납품된 부분에 대하여 그 하도급대금의 지급기일에 공 제」 또는 「납품된 부분에 대한 하도급대금 지급시에 그 사용 원재료분을 공제」와 같 은 것을 들고 있다.[38]

(4) 필요적 기재사항의 별도 서면화

제3조 서면규칙 제4조
① 제1조 제1항 각호에서 열거하고 있는 사항에 대해서는 일정 기간의 제조위탁 등에 대해 공통 된 사항을 명확히 기재한 서면을 미리 수급사업자에게 통지하였다면 당해 사항에 대해서는 그 기간 내에 제조위탁 등과 관련된 법 제3조의 서면기재는 그 통지한 바에 따른 취지를 명확 히 하는 것으로 족하다.
② 법 제3조 제2항의 규정에 근거한 서면교부를 전자적 방법으로 제공하는 경우에는 제1조 제1 항 각호에서 들고 있는 사항에 대해서는 일정 기간의 제조위탁 등에 대해 공통적인 사항을 미 리 서면에 의해 통지하거나 또는 전자적 방법으로 제공하였다면 당해 사항에 대해서는 그 기 간 내에 제조위탁 등과 관련된 파일에 대한 기록은 당해 사항과의 관련성을 확인할 수 있도록 기록하는 것으로 족하다.

---

36 공정위 사무국(公取委事務局) 편, 신하도급법(新下請法), 138-139면.
37 강습회 텍스트(講習会テキスト) 2. (서식 예6) 주 (95-96면).
38 강습회 텍스트(講習会テキスト) 2. (서식 예5) 주 (94면).

ⅰ. 계속적 하도급거래에서의 공통사항

제3조 서면의 교부는 원칙적으로 발주시마다 해야 할 필요가 있지만 하도급거래는 계속적으로 이루어지는 경우가 많고 제3조 서면에 기재해야 하는 사항 중에는 계속적 거래 전반에 공통된 것(지급방법이나 검사완료기일 등)이 있다. 이들 사항을 개별 발주시마다 제3조 서면에 기재하는 것은 번잡하기 때문에 이들 사항을 미리 서면으로 수급사업자에게 통지함으로써 개개 발주시에 교부하는 제3조 서면의 기재를 생략하는 것이 허용되고 있다.[39]

다만 수급사업자가 당해 공통사항을 언제라도 정확하게 참조할 수 있도록 하기 위하여 공통사항을 기재한 서면과 제3조 서면은 상호 관련성을 갖추지 않으면 안 된다(제3조 서면규칙 제4조). 제3조 서면에 기재해야 하는 관련성 문언의 예로서는 「하도급대금의 지급방법 등에 대해서는 ○년 ○월 ○일자로 통지한 문서에 의한다」라든지 「하도급대금의 지급방법 등에 대해서는 현행의 『지급방법 등에 대하여』에 따른다」라는 것을 들 수 있다.[40] 이에 반해 「지급조건 등은 별도 통지한 대로」라는 기재나 「기타 당사 규정에 따른다」라는 것과 같은 기재는 「별도통지」나 「당사규정」이 어느 문서를 가리키는지 불명확하기 때문에 관련성으로서 불충분하다.[41]

공통사항을 기재한 서면은 기재사항에 변경이 있거나 새로운 통지를 할 때까지 유효하다고 할 수 있지만 그 경우에는 공통사항을 기재한 서면에 새로운 통지가 이루어지기까지 유효하다는 취지를 명기할 필요가 있다.[42] 그리고 공통기재사항에 변경이 있는 경우에는 당해 변경부분만을 새롭게 통지하는 것이 아니라 공통기재사항 전체를 다시 통지할 필요가 있는 것으로 운영되고 있다.[43]

---

39 하도급법운용기준(下請法運用基準) 제3. 1. (1), 강습회 텍스트(講習会テキスト) 1. (4) 아(ア) (23면).
40 하도급법운용기준(下請法運用基準) 제3. 1. (1), 강습회 텍스트(講習会テキスト) 1. (4) 아(ア) (23면).
41 강습회 텍스트(講習会テキスト) 2. (서식 예4) (1) (92면).
42 나카(中)·고무로(小室), 하도급법운용 재검토(下請法運用見直し), 11면.
43 강습회 텍스트(講習会テキスト) 2. (서식 예4) (2) 주1 (93면).

ii. 계약서에 의한 제3조 서면의 대체

계약서의 내용이 제3조 서면의 필요적 기재사항을 모두 망라하였다면 계약서의 교부를 제3조 서면의 교부로 대체하는 것은 가능하다.[44] 계속적인 하도급거래의 경우 앞의 ⅰ.과 같이 각 거래에 공통된 기재사항을 별개의 서면으로 미리 교부하는 것도 허용되고 그것을 거래의 기본계약서로 하는 것도 가능하다.

하도급대금액은 통상 각 거래마다 다르지만 앞의 (3) ⅲ. ㄱ. ②와 같이 구체적인 금액을 정하는 일정한 산정방법에 따라 하도급대금액을 정하는 경우에는 개별적인 각 거래마다 공통된 산정방법을 계약서에 기재하는 것도 허용될 여지가 있다.

문제는 개별적인 발주시 각각의 발주일이나 납기이다. 제조위탁이나 수리위탁, 정보성과물작성위탁에서는 발주일이나 납기를 공통으로 정하는 것은 곤란하지만 역무제공위탁 가운데 개별적인 동종 역무가 연속적으로 제공되는 경우(연속제공역무, 보수점검업무나 청소업무가 전형적이다)에는 기간 단위로 발주가 인정되기 때문에 그러한 역무제공위탁에 대해서는 계약서로 제3조 서면의 필요적 기재사항 전부를 망라하여 대체할 수 있고 이 경우 개별적으로 제3조 서면을 교부할 필요는 없다.[45] 운송업무를 계속적으로 위탁하는 경우에도 동일하게 계약서에 의한 기간발주가 인정되기 때문에 개별 운송지시에 대하여 제3조 서면의 교부는 불필요하지만 하도급대금 산정의 근거가 되는 운송실적을 제5조 서류로서 기록·보존하는 것은 허용되는 것으로 취급된다.[46] 다만 급부내용(운송횟수 등)이 계약서에 정해져 있지 않은 경우에는 운송지시는 서면으로 할 필요가 있다. 그리고 일단 이루어진 운송지시를 변경하는 것은 급부내용의 변경(하도급법 제4조 제2항 제4호)으로서 문제가 될 수 있다.

---

44 강습회 텍스트(講習会テキスト) 1. (4) 아(ア) Q&A 35 (27면).

45 가마다(鎌田)편저, 하도급법실무(下請法実務), 103면, 강습회 텍스트(講習会テキスト) 1 (4) 아(ア) Q&A 35 (27면).

46 강습회 텍스트(講習会テキスト) 1. (4) 아(ア) Q&A 32 (27면), 동 아(ア) Q&A 45 (29-30면).

(5) 발주시에 내용이 정해지지 않은 사항의 취급

하도급법 제3조 제1항 단서
…… 다만, 이들 사항 중 그 내용이 정해지지 않은 정당한 이유가 있는 것에 대해서는 기재를 필요로 하지 않는 것으로 하고, 이 경우 원사업자는 당해 사항의 내용이 정해진 후 즉시 당해 사항을 기재한 서면을 수급사업자에게 교부해야 한다.

제3조 서면규칙 제1조 제3항
법 제3조 제1항 단서 규정에 근거하여 제조위탁 등을 한 때에 서면에 기재하지 않은 사항(이하「특정사항」이라 한다)이 있는 경우에는 특정사항 이외의 사항과 그밖에 특정사항의 내용이 정해지지 않은 이유 및 특정사항의 내용을 정하는 예정 기일을 제조위탁 등을 한 때에 교부하는 서면(이하「당초서면」이라 한다)에 기재하지 않으면 안 된다.

제3조 서면규칙 제5조
법 제3조 제1항 단서의 규정에 근거하여 특정사항의 내용을 기재한 서면을 교부하는 때에는 당초서면과의 관련성을 확인할 수 있도록 해야 한다.

    2003년 하도급법이 개정되어 하도급법 적용대상범위가 정보성과물작성위탁거래와 역무제공위탁거래까지 확대되었지만 프로그램 개발이나 방송프로그램 제작 등과 같은 정보성과물작성위탁거래에서는 수탁사업자가 작업에 착수하는 단계에서 명확한 사양이나 위탁대금 등이 확정되기 어려워서 발주 후「즉시」제3조 서면을 교부하는 것이 곤란하다는 점이 문제가 되기도 하였다.[47] 그래서 2003년 하도급법 개정안 정부원안에서는 제3조 서면교부 시기를「즉시」에서「지체 없이」로 개정하도록 되어 있었지만 국회에서 수급사업자의 보호를 후퇴시킨다는 비판을 받고 다시「지체 없이」가「즉시」로 수정되고 동시에 하도급법 제3조(당시)에 단서가 마련됨으로써 현행법에 이르게 되었다.[48]
    하도급법 제3조 제1항 단서에 따르면 발주시에 내용이 정해지지 않은「정당한 이유」가 있는 사항(특정사항)은 발주 당시에 교부하는 제3조 서면(당초서면)에 기재될

---

47 공정위(公取委),「기업거래연구회보고서－역무 위탁거래의 공정화를 위하여(企業取引研究会報告書－役務の委託取引の公正化を目指して)」제2. 1. (3) (헤이(平)14 · 11)(2002.11.).
48 제156회 국회참의원 경제산업위원회 제17호(헤이(平)15 · 5 · 22), 동 제18호 (헤이(平)15 · 5 · 27) (2003.5.27.), 우가이 신이치(鵜飼信一) 외,「〔좌담회〕하도급법개정의 의의와 과제(〔座談会〕下請法改正の意義と課題)」(마츠야마 다카히데(松山隆英)발언), 공정거래(公正取引) 634호, 2면, 8－9면(2003).

필요가 없으므로 당해 특정사항의 내용이 정해진 후에는 즉시 당해 특정사항을 기재한 서면(보충서면)을 수급사업자에게 교부하지 않으면 안 된다.

i. 정당한 이유

발주시점에 원사업자가 필요적 기재사항의 내용에 대하여 결정할 수 있었음에도 불구하고 이를 결정하지 않고 제3조 서면에 이들 사항의 내용을 기재하지 않는 것은 인정되지 않는다. 제3조 서면의 필요적 기재사항의 내용이 정해지지 않는 것에 대해서 「정당한 이유」가 있다고 인정되기 위해서는 거래의 성질상 발주시점에 필요적 기재사항의 내용을 결정할 수 없다고 객관적으로 인정할 만한 이유가 있어야 한다.[49] 위탁업무의 성질상 위탁업무의 수행과정에서 원사업자와 수급사업자가 협의하면서 급부의 구체적 내용이 결정되는 경우나 고객의 사정에 의해 급부내용의 사양이 확정되지 않는 경우가 전형적인 예에 해당한다. 한편 급부내용의 사양은 정해져 있지만 고객의 사정에 의해 고객의 인도대금이 정해지지 않은 경우는 하도급대금액을 발주시에 결정할 수 없는 「정당한 이유」로 인정될 수 없다.[50] 또한 하도급대금액으로서 「구체적인 금액을 정하는 산정방법」을 제3조 서면에 기재할 수 있는 경우에는 하도급대금액에 대하여 「그 내용이 정해지지 않은 데에 정당한 이유가 있다」고 인정될 수 없다.[51]

> ▌「정당한 이유」가 있다고 인정되는 예
> - 프로그램 작성을 위탁한 시점에 최종 사용자가 요구하는 사양이 확정되어 있지 않기 때문에 수급사업자에 대한 정확한 위탁내용을 결정할 수 없는 경우
> - 광고선전물 작성을 위탁한 시점에서 제작물의 구체적 내용을 결정할 수 없는 경우
> - 방송프로그램의 작성을 위탁한 시점에서 타이틀, 방송시간, 콘셉트에 대해서는 정해져 있지만 방송프로그램의 구체적인 내용에 대해서 결정할 수 없는 경우
> - 수리를 위탁한 시점에서 고장난 곳과 그 정도가 명확하지 않은 경우
> - 과거에 전례 없는 시제품 등의 제조위탁이기 때문에 위탁한 시점에서 급부내용인 시제품 등의 구체적 내용을 결정할 수 없는 경우[52]
> - 제조위탁에서 원사업자는 그 기본 성능 등의 개요사양만을 제시하면서 위탁하고 수급사업자가

---

49 하도급법운용기준(下請法運用基準) 제3. 2. (2).
50 강습회 텍스트(講習会テキスト) 1. (4) 아(ア) Q&A 44 (29면).
51 하도급법운용기준(下請法運用基準) 제3. 2. (3).
52 이상, 하도급법운용기준(下請法運用基準) 제3. 2. (2).

가진 기술로써 상세설계를 해서 구체적인 사양을 결정해 나가야 하는 경우[53]

▌「정당한 이유」가 있다고 인정되지 않는 예

* 수급사업자에게 위탁하는 급부의 내용은 정해져 있지만 고객의 사정에 의해 고객의 인도대금이 정해져 있지 않기 때문에 하도급대금액은 고객의 인도대금이 정해진 후에 결정하는 경우[54]
* 원사업자가 수급사업자에게 원재료 A금속의 가공을 위탁하고 있는 상황에서 하도급대금액은 수급사업자가 원재료 A금속을 구입한 날의 A금속 ○○시장의 종가에 사용한 수량을 곱한 금액에 가공 공임을 더하여 정하는 것으로 되어 있어서 수급사업자에게 위탁한 시점에서는 수급사업자가 구입한 A금속의 종가를 알 수 없어 구체적 금액을 기재할 수 없다는 이유로 산정방법을 기재할 수 있는데도 불구하고 당초서면에 구체적인 금액도, 산정방법도 기재하지 않고 교부하는 경우[55]
* 원사업자가 수급사업자에게 운송을 위탁하고 있는 상황에서 하도급대금액은 수급사업자의 1개월간의 운송실적에 상응하여 정해지도록 되어 있는 경우에 수급사업자에게 위탁한 시점에서는 얼마나 운송할 것인지 알 수 없기 때문에 구체적 금액을 기재할 수 없다는 이유로 산정방법을 기재할 수 있는데도 불구하고 당초서면에 구체적인 금액도 산정방법도 기재하지 않고 교부하는 경우[56]

ii. 당초서면의 교부

제3조 서면의 필요적 기재사항 가운데 「그 내용이 정해지지 않은 데에 정당한 이유가 있는 사항」이 있는 경우라도 원사업자는 그 이외의 필요적 기재사항을 기재한 제3조 서면(당초서면)을 발주 후에 즉시 수급사업자에게 교부하지 않으면 안 된다.

이 경우에는 원사업자는 기재하지 않은 사항에 대해 내용이 정해지지 않은 이유와 내용이 정해질 기일을 당초서면에 기재하지 않으면 안 된다(제3조 서면규칙 제1조 제3항). 이것은 탈법행위를 방지하기 위한 배려이다.[57] 「내용이 정해지지 않은 이유」로서는 현 시점에 미정이라는 것을 정당화할 수 있을 정도로 간결하게 기재하는 것으

---

53 강습회 텍스트(講習会テキスト) 1. (4) 아(ア) (우(ウ)) (26면).
54 강습회 텍스트(講習会テキスト) 1. (4) 아(ア) Q&A 44 (29면).
55 하도급법운용기준(下請法運用基準) 제3. <위반행위사례> ④.
56 강습회 텍스트(講習会テキスト) 1. (4) 아(ア) <위반행위사례> ④ (31면).
57 스즈키(鈴木), 신 하도급법 매뉴얼(新下請法マニュアル), 131면.

로 족한데 구체적으로 「수요자의 상세한 사양이 미확정이기 때문」이라는 기재를 생
각해 볼 수 있다.[58] 「내용을 정하게 될 예정 기일」로서는 「○월 ○일까지」나 「발주
일로부터 ○일 이내」 등 구체적으로 기재할 필요가 있고 서면에 기재하는 시점에서
합리적으로 예측할 수 있는 기일을 기재할 필요가 있지만 결과적으로 「예정기일」이
지켜지지 않더라도 바로 하도급법상 문제가 되는 것은 아니다.[59]

또한 제3조 서면교부를 전자적 방법으로 하기 때문에 '단가' 란에 어떠한 수치를
넣지 않으면 안 되는 경우에는 임시단가를 기재하는 것도 허용되지만 그 경우에는
정식단가가 아니라는 것을 명기하지 않으면 안 된다.[60]

iii. 보충서면의 교부

제3조 서면의 필요적 기재사항 중 당초서면에 기재하지 않는 사항(특정사항)에 대
해서는 수급사업자와의 충분한 협의를 통해 이를 신속하게 정한 후에 즉시 당해 특
정사항을 기재한 보충서면을 수급사업자에게 교부하지 않으면 안 된다.[61] 보충서면
의 교부일이나 보충서면에 기재한 특정사항은 제5조 서류에도 기재해 두지 않으면
안 된다(제5조 서류규칙 제1조 제3항).

또한 보충서면은 당초서면과의 관련성을 명확하게 하지 않으면 안 되고(제3조 서
면규칙 제5조) 그 구체적 방법으로는 당초서면과 보충서면에 같은 주문번호를 사용하
거나 보충서면에 「본 문서는 ○년 ○월 ○일자의 ○○문서의 보충서면이다」라고
기재하는 방법을 들 수 있다.[62]

---

58 강습회 텍스트(講習会テキスト) 1. (4) 아(ア) (우(ウ)) (26면), 동 아(ア) Q&A 40 (28－29면).
59 강습회 텍스트(講習会テキスト) 1. (4) 아(ア) (우(ウ)) (26면), 동 아(ア) Q&A 40 (28면), 동 아(ア)
   Q&A 40 (28－29면).
60 강습회 텍스트(講習会テキスト) 1. (4) 아(ア) (우(ウ)) (26－27면), 동 아(ア) Q&A 41 (29면), 동 아
   (ア) Q&A 47 (30면).
61 하도급법운용기준(下請法運用基準) 3. 2. (2), 강습회 텍스트(講習会テキスト) 1. (4) 아(ア) (우
   (ウ)) (26면), 동 아(ア) Q&A 36 (27면).
62 강습회 텍스트(講習会テキスト) 1. (4) 아(ア) (우(ウ)) (26면).

(6) 제3조 서면의 교부방법

i. 교부

제3조 서면을 수급사업자에게 교부하는 방법에 대해서는 특별한 제한이 없기 때문에 손으로 직접 전해주는 것은 물론 우편이나 팩스로 보내는 것[63]도 「교부」에 해당한다.

ii. 전자적 방법에 의한 제공

하도급법 제3조

② 원사업자는 전항의 규정에 따른 서면교부를 대신하여 시행령에서 정하는 바에 따라 당해 수급사업자의 승낙을 얻어 당해 서면에 기재해야 할 사항을 전자정보처리장치를 사용하는 방법, 기타 정보통신기술을 이용하는 방법으로써 공정거래위원회 규칙에서 정하는 바에 따라 제공할 수 있다. 이 경우 당해 원사업자는 당해 서면을 교부한 것으로 간주한다.

하도급법 시행령 제2조

① 원사업자는 법 제3조 제2항의 규정에 따라 동항에서 규정하는 사항을 제공하려는 경우 공정거래위원회 규칙에서 정하는 바에 따라 사전에 당해 수급사업자에게 동항 전단에 규정하는 방법(이하 「전자적 방법」이라 한다)의 종류 및 내용을 표시하고 서면 또는 전자적 방법에 따라 승낙을 얻지 않으면 안 된다.

② 전항의 규정에 따라 승낙을 얻은 원사업자는 당해 수급사업자로부터 서면 또는 전자적 방법에 의해 전자적 방법으로 제공을 받지 않는다는 취지의 신청이 있었던 때에는 당해 수급사업자에게 법 제3조 제2항에서 규정하는 사항을 전자적 방법으로 제공해서는 안 된다. 다만 당해 수급사업자가 다시 전항의 규정에 따른 승낙을 한 경우는 그러하지 아니하다.

제3조 서면규칙 제2조

① 법 제3조 제2항의 공정거래위원회규칙에서 규정한 방법에 대해서는 다음과 같이 정한다.
  1. 전자정보처리장치를 사용하는 방법은 다음 가목 또는 나목에서 정한 바와 같다.
      가. 원사업자의 컴퓨터와 수급사업자의 컴퓨터를 접속하는 전기통신회선을 통하여 송신하고 수신자의 컴퓨터에 구비된 파일에 기록하는 방법
      나. 원사업자의 컴퓨터에 구비된 파일에 기록된 서면에 기재해야 하는 사항을 전기통신회선을 통하여 수급사업자가 열람하도록 제공하고 당해 수급사업자의 컴퓨터에 구비

---

63 강습회 텍스트(講習会テキスト) 3. (2) 이(イ) (이(イ)) c (105면).

된 파일에 당해 사항을 기록하는 방법(법 제3조 제2항 전단에 규정하는 방법에 의한 제공을 받는 취지의 승낙 또는 받지 않는다는 취지의 신청을 하는 경우에는 원사업자의 컴퓨터에 구비된 파일에 그 취지를 기록하는 방법)

2. 자기디스크, CD-ROM, 기타 이에 준하는 방법으로 일정한 사항을 확실히 기록해 둘 수 있는 것으로 만든 파일에 서면으로 기재해야 할 사항을 기록한 것을 교부하는 방법

② 전항에서 들고 있는 방법은 수급사업자가 파일에 기록한 내용을 출력하는 방법으로 서면을 작성할 수 있는 것이 아니면 안 된다.

③ 제1항 제1호의 「전자정보처리장치」란 원사업자의 컴퓨터와 수급사업자의 컴퓨터를 전기통신회선으로 접속한 전자정보처리장치를 말한다.

제3조 서면규칙 제3조

하도급거래 공정화에 관한 법률 시행령(2001년 시행령 제5호) 제2조 제1항의 규정에 의해 표시해야 할 방법의 종류 및 내용은 다음과 같다.

① 전조 제1항에서 규정한 방법 가운데 원사업자가 사용하는 것

② 파일에 대한 기록방법

제3조 서면은 서면에 의한 교부 대신에 수급사업자의 승낙을 얻어 일정한 전자적 방법으로 제공하는 것도 인정된다(하도급법 제3조 제2항).

ㄱ. 수급사업자의 승낙

원사업자는 서면에 의한 교부를 대신하여 제3조 서면기재사항을 전자적 방법으로 수급사업자에게 제공하려고 하는 경우에는 사전에 수급사업자에게 전자적 방법의 종류 및 내용을 제시하고 서면 또는 전자적 방법에 의한 승낙을 얻지 않으면 안 된다(하도급법 시행령 제2조 제1항). 그리고 수급사업자는 언제든지 전자적 방법에 의한 제공이 아니라 통상의 서면에 의한 제3조 서면의 교부를 요구할 수 있고 당해 신청이 있는 때에는 원사업자는 당해 수급사업자에게 전자적 방법으로 제3조 서면기재사항을 제공할 수 없다(동조 제2항).

수급사업자에게 사전에 제시하지 않으면 안 되는 「전자적 방법의 종류」로 원사업자가 사용하는 전자적 방법을 기재하지 않으면 안 되는데(제3조 서면규칙 제3조 제1호), 「전자메일」이나 「Web상 정보의 다운로드」와 같이 전자적 기록의 제공방법을 기재하면 된다. 또한 「전자적 방법의 내용」으로는 파일에 대한 기록방식을 기재하지

않으면 안 되는데(동조 제2호), 「word 2003」이나 「이치타로우(一太郎) 버전 10 이상」
과 같이 기록에 이용되는 프로그램이나 그 버전을 기재하도록 요구하고 있다.[64]

    그리고 원사업자가 향후 하도급거래에 대해 서면교부를 대신하여 전자적 기록을
제공하기로 수급사업자로부터 일괄 승낙을 얻은 경우에는 발주할 때마다 승낙을 얻
을 필요는 없다.[65]

ㄴ. 전자적 기록의 제공방법

    제3조 서면기재사항의 제공에 이용할 수 있는 전자적 방법(전자적 기록의 제공방법)
으로는 다음의 3종류를 선택할 수 있지만 어느 방법을 이용하더라도 수급사업자가
전자적 기록을 출력하여 서면으로 작성할 수 있어야 한다(제3조 서면규칙 제2조 제2항).

① 전자적 기록의 송신

    제3조 서면기재사항으로 제공할 수 있는 전자적 방법의 첫 번째는 원사업자의 컴
퓨터 등과 수급사업자의 컴퓨터 등을 접속하는 네트워크를 통하여 송신하고 수신자
가 사용하는 컴퓨터 등의 파일에 기록하는 방법이다(제3조 서면규칙 제2조 제1항 제1호
가목). 구체적으로는 인터넷을 통한 전자메일을 송신하는 방법이나 전용선이나 VAN
을 통하여 거래데이터 파일을 일괄 송신하는 EDI 등을 들 수 있다.[66]

    전자메일에 의해 전자적 기록을 제공하는 경우에 전자메일을 송신하는 것만으로
는 단지 인터넷 프로바이더(접속서비스 제공회사) 등의 메일서버에 기록되는 것뿐이고
수급사업자의 파일에 기록되는 것은 아니므로 수급사업자가 당해 메일을 수신하여
자신의 파일에 기록한 시점에 제3조 서면을 교부한 것으로 간주된다.[67]

    휴대전화 단말기에 전자메일을 송신하는 방법에 대해 2001년 당시에는 휴대전화
회사의 서버에 기록되고 휴대전화 단말기 그 자체에는 기록되지 않는 것이 일반적이

---

64 이상, 전자적 기록제공 유의사항(電磁的記錄提供留意事項), (서식 예), 강습회 텍스트(講習会テキス
ト) 3. (2) 아(ア) (104면).
65 전자적 기록 제공 유의사항(電磁的記錄提供留意事項), 제2. 1.
66 전자적 기록 제공 유의사항(電磁的記錄提供留意事項), 제1. 1. (1).
67 전자적 기록 제공 유의사항(電磁的記錄提供留意事項), 제1. 2. (1), 무카이 고우지(向井康二)·다카하
  시 히데키(高橋秀樹), 「하도급거래에서 전자적 기록 제공에 관한 유의사항에 대하여(下請取引におけ
  る電磁的記錄の提供に関する留意事項について)」, 공정거래(公正取引) 607호, 52-53면(2001).

었기 때문에 서면교부를 대신할 수 있는 전자적 기록의 제공방법에는 해당하지 않는 것으로 운용되고 있었다.[68] 현재는 휴대전화 단말기에는 메모리 기능이 구비되어 있고 전자메일은 휴대전화 단말기 그 자체에 기록되는 것이 통상적이기 때문에 휴대전화 단말기에 전자메일(문자메세지를 의미함 – 역자 주)을 송신하는 방법도 인정되고 있다.[69] 그러나 휴대전화 단말기에 기록된 전자적 기록을 수급사업자가 출력하여 서면을 작성할 수 있는 것이어야 하므로(제3조 서면규칙 제2조 제2항) 휴대전화 단말기에 전자메일을 송신하는 방법은 여전히 제3조 서면의 교부를 대신하는 전자적 방법으로 인정되기 어렵다고 본다.

② 전자적 기록의 다운로드

제3조 서면기재사항의 제공에 이용할 수 있는 전자적 방법의 두 번째는 원사업자의 서버 등에 있는 파일에 기록된 제3조 서면기재사항을 네트워크 등을 통하여 수급사업자가 열람할 수 있도록 제공하고 당해 수급사업자의 컴퓨터 등의 파일에 당해 사항을 기록하는 방법이다(제3조 서면규칙 제2조 제1항 제1호 나목).

브라우저를 통한 웹의 홈페이지를 열람하는 것만으로는 수급사업자의 파일에 기록한 것으로 되지 않기 때문에 수급사업자가 열람한 사항을 자신의 컴퓨터 등에 다운로드한 시점에 제3조 서면을 교부한 것으로 간주된다.[70]

③ 전자적 기록매체의 교부

제3조 서면기재사항의 제공에 이용할 수 있는 전자적 방법의 세 번째는 전자디스크나 CD – ROM 등의 전자적 기록매체의 파일에 제3조 서면기재사항을 기록한 것을 교부하는 방법이다(제3조 서면규칙 제2조 제1항 제2호).

---

[68] 전자적 기록 제공 유의사항(電磁的記録提供留意事項), 제1. 2. (1), 무카이(向井)·다카하시(高橋), 앞의 주65) 53 – 54면.
[69] 강습회 텍스트(講習会テキスト) 3. (2) 이(イ) (이(イ)) a (105면).
[70] 전자적 기록 제공 유의사항(電磁的記録提供留意事項), 제1. 2. (2), 무카이(向井)·다카하시(高橋), 앞의 주65) 54면.

02 제5조 서류의 작성 · 보존의무

하도급법 제5조

원사업자는 수급사업자에게 제조위탁 등을 한 경우에는 공정거래위원회 규칙에서 정하는 바에
따라 수급사업자의 급부, 급부 수령(역무제공위탁을 한 경우에는 수급사업자가 한 역무를 제공
하는 행위 실시), 하도급대금 지급, 그 외의 사항에 대해서 기재 또는 기록한 서류나 전자적 기록
(전자적 방식, 자기적 방식, 기타 사람의 지각으로는 인식할 수 없는 방식으로 만들어지는 기록
으로서 컴퓨터를 통한 정보처리용으로 제공되는 것을 말한다. 이하 같다)을 작성하고 이를 보존
하여야 한다.

하도급법 제10조

다음 각호의 어느 하나에 해당하는 경우에는 그 위반행위를 한 원사업자의 대표자, 대리인, 피고
용인, 기타 종업원을 50만 엔 이하의 벌금에 처한다.
　　2. 제5조의 규정에 따른 서류나 전자적 기록을 작성 혹은 보존하지 않거나 또는 허위의 서류
　　　 혹은 전자적 기록을 작성한 경우

하도급법 제12조

법인 대표자, 법인 또는 대리인, 피고용인, 그 외의 종업원이 그 법인이나 개인의 업무에 관하여
전2조의 위반행위를 한 경우에는 행위자를 처벌하는 외에 그 법인 또는 개인에게 각각 당해 행위
의 형을 부과한다.

(1) 취지

원사업자는 하도급거래의 발주에서 거래완료까지의 경위에 관하여 일정한 사항을
기재한 서류(제5조 서류)를 작성 · 보존할 의무가 있다(하도급법 제5조). 이는 공정거래
위원회 등에 의한 검사의 신속, 정확성을 확보함과 동시에 원사업자로 하여금 수급
사업자와의 거래에 관한 결과를 정확하고 신속하게 기록하도록 함으로써 원사업자
스스로가 수급사업자와의 거래상황에 관해서 항상 주의를 기울이도록 하여 하도급
거래에 관한 분쟁을 미연에 방지하도록 하기 위함이다.[71]

제5조 서류를 작성 · 보존하지 않거나 또는 허위로 작성한 원사업자의 종업원 등은

---

71 공정위 사무국(公取委事務局) 편, 신하도급법(新下請法), 207－208면, 강습회 텍스트(講習会テキス
　ト) 1. (4) 우(ウ) (32면).

원사업자와 함께 형사벌(50만 엔 이하의 벌금)의 대상이 된다(하도급법 제10조 제2호, 제12조). 다만 지금까지 형사벌이 적용된 사례는 없다.

(2) 필요적 기재사항

제5조 서류에는 이하에서 기술하는 사항을 명확하게 기재 또는 기록하지 않으면 안 된다(제5조 서류규칙 제1조 제1항).

i. 기본사항

ㄱ. 당사자

> **제5조 서류규칙 제1조 제1항**
> 1. 수급사업자의 상호, 명칭 또는 사업자별로 부여된 번호, 기호, 기타 부호로서 수급사업자를 식별할 수 있는 것

수급사업자와 관련된 기재사항은 제3조 서면과 같은 내용이다. 다만 자기 자신인 원사업자에 관한 정보는 제3조 서면과는 달리 제5조 서류에 기재할 필요는 없다.

ㄴ. 발주일

> **제5조 서류규칙 제1조 제1항**
> 2. 제조위탁, 수리위탁, 정보성과물작성위탁 또는 역무제공위탁(이하 「제조위탁 등」이라 한다) 을 한 날

발주일과 관련된 기재사항은 제3조 서면과 같은 내용이다.

ⅱ. 수급사업자의 급부에 관한 사항

ㄱ. 급부내용, 납기, 수령일

> **제5조 서류규칙 제1조 제1항**
> 2. 수급사업자의 급부(역무제공위탁의 경우는 역무의 제공, 이하 같다)의 내용 및 그 급부를 수령하는 기일(역무제공위탁의 경우에는 수급사업자가 위탁을 받은 역무를 제공하는 기일이고, 기간을 정하여 역무제공을 위탁하는 경우에는 당해 기간), 수령한 급부의 내용 및 그 급부를 수령한 날(역무제공위탁의 경우에는 수급사업자로부터 그 역무가 제공된 날이고, 기간을 정하여 제공된 경우에는 당해 기간)

　수급사업자가 납품하여야 할 급부의 내용 및 납기에 대해서는 제3조 서면과 같다. 이에 덧붙여 제5조 서류에서는 실제로 수급사업자로부터 수령한 급부내용과 실제 수령일을 기재하도록 의무화하고 있다. 수령일은 검수의 유무나 그 결과에 상관없이 원사업자가 수급사업자의 급부를 사실상 자기의 지배하에 두는 시점의 날짜로 기재할 필요가 있고 분할납품된 경우에는 그때마다 기재할 필요가 있다.[72] 실제 수령일은 하도급법 제2조의2의 지급기일 규제에서 시기를 확정하기 위한 필수정보이다.

　또한 수령장소에 대해서는 제5조 서류에 기재할 필요가 없다.

ㄴ. 검사관련사항

> **제5조 서류규칙 제1조 제1항**
> 3. 수급사업자의 급부내용에 대해서 검사를 한 경우에는 그 검사를 완료한 날, 검사 결과 및 검사에 합격하지 못한 급부의 취급

　제5조 서류에서는 검사를 실제로 완료한 날과 검수 결과(합격 여부의 구분) 및 불합격품의 취급을 기재할 필요가 있다. 「불합격품의 취급」으로는 반품, 수정작업, 하도급대금의 감액과 같은 기재를 하도록 요구하고 있고[73] 실제 검사완료일은 이들 행위가 하도급법상 허용되는 것인지 여부를 판단하기 위하여 필요한 정보이다.

---

72 공정위 사무국(公取委事務局) 편, 신하도급법(新下請法), 209－210면.
73 쓰지(辻) · 이코마(生駒), 상세 하도급법(詳解下請法), 240면.

ㄷ. 급부내용의 변경 · 수정작업 관련 사항

> **제5조 서류규칙 제1조 제1항**
> 4. 수급사업자의 급부내용을 변경시키거나 또는 급부의 수령 후에(역무제공위탁의 경우에는 수급사업자가 위탁받은 역무를 제공한 후에) 급부를 수정하게 하는 경우에는 그 내용 및 그 이유

제3조 서면에 기재된 수급사업자의 급부내용에 대해 급부의 수령 전에 급부 내용을 변경시키거나 급부의 수령 후에 급부를 수정하게 하는 경우에는 그때마다 그 내용 및 이유를 제5조 서류에 기재하도록 하고 있다. 이는 하도급법 제4조 제2항 제4호에서 금지된 급부내용의 변경 또는 수정작업 요청의 유무에 대한 검사가 용이하도록 하는데 그 목적이 있다.

그러나 정보성과물작성위탁과 같이 발주 후에 원사업자와 수급사업자가 개별적으로 협의해 가면서 급부내용을 확정해 나가는 경우에는 개개의 변경사항을 모두 기재하는 것은 너무 번잡하므로 변경지시에 의해 수급사업자에게 하도급대금 설정 당시 생각할 수 없었던 새로운 비용이 발생하는 경우에만 제5조 서류에 기재하면 족하다고 본다.[74]

iii. 하도급대금에 관한 사항

ㄱ. 하도급대금

> **제5조 서류규칙 제1조 제1항**
> 5. 하도급대금액 …… 또는 그 금액에 변경이 있는 경우에는 증감액 및 그 이유
> 6. 지급한 하도급대금액
> 11. 하도급대금의 일부를 지급 또는 하도급대금에서 원재료 등의 대가 전부 또는 일부를 공제한 경우에는 그 이후 하도급대금의 잔액
>
> **제5조 서류규칙 제1조 제2항**
> 법 제3조 서면에서 하도급대금액 산정방법을 기재한 경우에는 전항 제5호의 하도급대금액에 대

---

74 강습회 텍스트(講習会テキスト) 1. (4) 우(ウ) Q&A 53 (33면).

> 하여 당해 산정방법과 이에 따라 정해진 구체적인 금액 및 당해 산정방법에 변경이 있는 때에는 변경 후의 산정방법, 당해 변경 후의 산정방법에 따라 정해진 구체적인 금액 및 그 이유를 명확하게 기재 또는 기록하지 않으면 안 된다.

「하도급대금액」이란 발주시의 금액을 가리키는 것으로서 제3조 서면과 내용이 같다. 「그 금액에 변경이 있는 경우」란 수량 부족이나 검사 불합격 등의 이유로 반품 등이 이루어져 수급사업자에게 지급해야 할 하도급금액이 발주시의 하도급금액과 다른 경우로서 제5조 서류에는 대금의 증감액 및 그 이유를 기재할 필요가 있다.[75] 하도급 대금액의 증감 유무는 하도급법이 금지하는 수령거부(제4조 제1항 제1호)나 반품(동항 제4호)의 사실을 확인할 수 있는 기초를 제공하는 정보가 된다.

발주시에 제3조 서면에 하도급대금의 구체적인 금액을 기재하는 것이 곤란한 부득이한 사정이 있는 경우에는 구체적인 금액을 정하는 산정방법(산정방식)을 기재하면 족하지만(제3조 서면규칙 제1조 제2항) 하도급대금의 구체적인 금액이 확정되면 원사업자는 당해 금액을 제5조 서류에 기재하지 않으면 안 된다. 또한 산정방법에 변경이 있는 경우에는 변경 후의 산정방법과 그에 따라 정해진 구체적인 금액을 변경 이유와 함께 제5조 서류에 기재하지 않으면 안 된다.

아울러 실제로 수급사업자에게 지급한 하도급대금은 하도급법 제4조 제1항 제3호에서 금지하는 하도급대금의 감액에 해당하는지 여부를 판단하기 위한 필수정보이기 때문에 제5조 서류에 기재할 필요가 있다. 수차례의 급부 제공에 대하여 하도급대금을 일괄하여 지급한 경우에는 지급대상이 된 급부내용과 일괄하여 지급된 하도급금액과의 관계가 명확해야 한다.[76]

하도급대금을 지급 또는 공제한 후에 하도급대금의 잔액이 있는 경우에는 그 잔액을 제5조 서류에 기재하지 않으면 안 되지만 지급 또는 공제한 날 현재의 외상잔금 총액을 기재하면 되는 것으로 보고 있다.[77]

---

75 쓰지(辻) · 이코마(生駒), 상세 하도급법(詳解下請法), 240면.
76 공정위 사무국(公取委事務局) 편, 신하도급법(新下請法), 212면.
77 공정위 사무국(公取委事務局) 편, 신하도급법(新下請法), 213면.

ㄴ. 지급기일·지급일·지연이자

제5조 서류규칙 제1조 제1항
5. 하도급대금의 …… 지급기일
6. …… 지급한 날 ……
12. 지연이자를 지급한 경우에는 지연이자의 금액 및 지연이자를 지급한 날

제5조 서류에는 지급기일과 함께 하도급법 제4조 제1항 제2호에서 금지하는 지급지연 여부를 판단하기 위한 필수정보로서 실제 지급한 날을 기재하지 않으면 안 된다.
그리고 지급지연이 있는 경우에 원사업자는 법정 지급기일 60일 경과 후에 지급할 때까지의 지연이자를 지급하지 않으면 안 되는데(하도급법 제4조의2) 그 이행 상황을 확인하기 위하여 지급한 지연이자와 관련된 정보를 제5조 서면에 기재하지 않으면 안 된다.

ㄷ. 지급수단

제5조 서류규칙 제1조 제1항
6. …… 지급수단
7. 하도급대금의 전부 또는 일부의 지급에 대해 어음을 교부하는 경우에는 그 어음금액, 어음을 교부한 날 및 어음의 만기
8. 하도급대금의 전부 또는 일부의 지급에 대해 원사업자, 수급사업자 및 금융기관 사이의 약정에 근거하여 수급사업자가 채권양도담보방식(수급사업자가 하도급대금에 상당하는 하도급대금채권을 담보로 금융기관으로부터 당해 하도급대금에 상당하는 금액을 대출받는 방식) 또는 팩터링 방식(수급사업자가 하도급대금액에 상당하는 하도급대금채권을 양도함으로써 당해 금융기관으로부터 당해 하도급대금액에 상당하는 금액을 지급받는 방식) 또는 병존적 채무인수방식(수급사업자가 하도급대금액에 상당하는 하도급대금채무를 원사업자와 함께 부담하는 금융기관으로부터 당해 하도급대금액에 상당하는 금액을 지급받는 방식)에 의해 금융기관으로부터 당해 하도급대금액에 상당하는 금액을 대출 또는 지급받을 수 있도록 한 경우에는 다음에 열거한 사항
   가. 당해 금융기관으로부터 대출 또는 지급을 받을 수 있도록 한 금액 및 기간의 시기(始期)
   나. 당해 하도급대금채권 또는 당해 하도급대금채무의 금액에 상당하는 금전을 당해 금융기관에 지급한 날
9. 하도급대금의 전부 또는 일부의 지급에 대해 원사업자 및 수급사업자가 전자기록채권(일본

전자기록채권법(2007년 법률 제102호) 제2조 제1항에 규정된 전자기록채권을 말한다. 이하
같다)의 발생기록(일본 전자기록채권법 제15조에 규정된 발생기록을 말한다)을 하거나 또는
양도기록(일본 전자기록채권법 제17조에 규정된 양도기록을 말한다)을 한 경우에는 다음에
열거한 사항
  가. 당해 전자기록채권금액
  나. 수급사업자가 하도급대금을 지급받을 수 있도록 한 기간의 시기(始期)
  다. 일본 전자기록채권법 제16조 제1항 제2호에 규정된 당해 전자기록채권의 지급기일

지급기일까지 하도급대금 상당액을 현금화하는 것이 곤란한 지급수단은 하도급대
금의 지급수단으로서 인정되지 않는다는 것과 관련하여 제5조 서류에서는 지급수단
에 대하여 제3조 서면기재사항에 더하여 지급수단의 현금화가 가능한 날(어음 교부일,
일괄결제방식에서 금융기관으로부터 대출 또는 지급받을 수 있는 기간의 시기(始期), 전자기록
채권을 통해 하도급대금을 시급받을 수 있는 기간의 시기)을 기재하지 않으면 안 된다.

iv. 유상지급 원자재 등 관련사항

제5조 서류규칙 제1조 제1항
10. 제조위탁 등에 관한 원재료 등을 원사업자로부터 구입하게 한 경우에는 그 품명, 수량, 대가,
    인도일과 결제를 한 날 및 결제방법

유상지급한 원재료 등에 대하여 제5조 서류에는 제3조 서면기재사항에 더하여 원
재료 등을 수급사업자에게 실질적으로 인도한 날과 원재료 등의 대가를 실제로 결제
한 날을 기재하도록 의무화하고 있다.

v. 발주시에 내용이 정해지지 않은 사항과 관련된 사항

제5조 서류규칙 제1조 제3항
법 제3조 제1항 단서 규정에 근거하여 제조위탁 등을 한 때에 서면에 기재하지 않은 사항(이하
「특정사항」이라고 한다)이 있는 경우에는 특정사항의 내용이 정해지지 않은 이유, 특정사항의
내용을 명확하게 기재한 서면 및 그 서면을 교부한 날을 기재 또는 기록하지 않으면 안 된다.

하도급법 제3조 제1항 단서는 발주시에 내용이 정해지지 않은 것에 대하여 정당한 이유가 있는 사항(특정사항)에 대해서는 발주 당시에 교부하는 제3조 서면(당초서면)에는 기재할 필요가 없고 당해 특정사항의 내용이 정해진 후에 즉시 당해 특정사항을 기재한 서면(보충서면)을 수급사업자에게 교부하지 않으면 안 되는 것으로 되어 있다. 이러한 보충서면에 의한 특정사항의 통지상황을 확인하기 위하여 제5조 서류에는 보충서면의 교부일이나 보충서면에 특정사항을 기재하는 것을 의무화하고 있다.

(3) 서류의 작성방법

> 제5조 서류규칙 제1조 제4항
> 제1항에서 제3항까지 기재된 사항은 그 상호관계를 명확히 하고 각각 별개의 서류 또는 전자적 기록에 기재 또는 기록할 수 있다.
>
> 제5조 서류규칙 제2조
> ① 전조 제1항에서 제3항까지 기재된 사항의 기재 또는 기록은 각각 그 사항과 관련된 사실이 발생하거나 명확하게 된 때에 신속히 행하지 않으면 안 된다.
> ② 전조 제1항에서 제3항까지 기재된 사항은 수급사업자별로 기록하지 않으면 안 된다.
> ③ 전조 제1항에서 제3항까지 기재된 사항에 대해 전자적 기록을 작성하고 보유하는 경우에는 다음과 같은 요건에 따라서 작성하고 보존하지 않으면 안 된다.
>   1. 전조 제1항에서 제3항까지 기재된 사항에 대해 정정 또는 삭제를 한 경우에는 그 사실 및 내용을 확인할 수 있도록 할 것
>   2. 필요에 따라 전자적 기록을 디스플레이 화면 및 서면으로 출력할 수 있을 것
>   3. 전자적 기록사항의 검색을 할 수 있도록 하는 기능(다음과 같은 요건을 충족하는 것에 한한다)을 가지고 있을 것
>   가. 전조 제1항 제1호에 게시된 사항을 검색조건으로써 설정할 수 있을 것
>   나. 제조위탁 등을 한 날에 대해서는 그 범위를 지정하고 조건을 설정할 수 있을 것

제5조 서류의 필요적 기재사항은 기재사항과 관련된 사실이 발생할 때마다 신속하게 기재하지 않으면 안 된다(제5조 서류규칙 제2조 제1항).

제5조 서류는 대장(臺帳)과 같이 한 권의 서류에 하지 않고 각각의 전표나 장부에 기재해도 좋지만 필요적 기재사항을 각각의 서류에 분산해서 기재하는 경우에는 그 상호관계를 명확히 해두지 않으면 안 된다(제5조 서류규칙 제1조 제4항). 구체적으로는

발주할 때의 전표번호를 일일이 다른 서류에도 공통적으로 첨부해 두는 것을 생각해 볼 수 있다.[78] 제3조 서면의 사본을 제5조 서류의 일부로 하는 것은 가능하지만 제3조 서면은 발주시의 정보를 기재한 서면임에 반하여 제5조 서류는 발주 후 거래완료까지의 경위를 기록하는 서류이기 때문에 제3조 서면의 사본만으로는 제5조 서류의 기재사항을 모두 커버할 수 없기 때문에 필요사항을 적절하게 추가로 기재해야 할 필요가 있다.[79]

그리고 제5조 서류는 수급사업자별로 정리해 두지 않으면 안 된다(제5조 서류규칙 제2조 제2항). 이는 공정거래위원회 등의 조사 편의를 위한 것이다.

제5조 서류는 전자적 기록으로 작성 · 보존하는 것도 가능하지만 이 경우에는 수정유무 · 내용을 확인할 수 있어야 하고 전자적 기록을 디스플레이에 표시하거나 서면으로 출력할 수 있어야 하며, 수급사업자나 발주기간 등을 지정하고 검색할 수 있는 기능을 가지고 있는 시스템으로 하지 않으면 안 된다(제5조 서류규칙 제2조 제3항). 이는 공정거래위원회 등의 조사가 정확하게 이루어지도록 하기 위함이다.[80]

(4) 서류의 보존의무

> **제5조 서류규칙 제3조**
> 법 제5조의 서류 또는 전자적 기록은 제1조 제1항에서 제3항까지 열거된 사항의 기재 또는 기록을 끝낸 날로부터 2년간 보존한다.

제5조 서류의 보존기간은 필요적 기재사항의 기재를 끝낸 날로부터 2년간이다. 2년간의 기산일은 발주일이 아니라 필요적 기재사항의 기재를 모두 종료한 날로 해석되고 통상은 하도급대금의 지급이 완료되고 그 취지를 제5조 서류에 기재한 시점이 기산일이 된다.[81]

---

78 공정위 사무국(公取委事務局) 편, 신하도급법(新下請法), 213면.
79 강습회 텍스트(講習会テキスト) 1. (4) 우(ウ) Q&A 52 (33면), 가마다(鎌田)편저, 하도급법실무(下請法実務), 108면.
80 스즈키(鈴木), 신 하도급법 매뉴얼(新下請法マニュアル), 277면.
81 공정위 사무국(公取委事務局) 편, 신하도급법(新下請法), 215면.

제 6 장

집 행

집 행

01 우월적 지위의 남용

(1) 심사

i. 사건의 단서

공정거래위원회는 일반인으로부터 제공된 정보나 스스로 탐지한 사실 등을 심사국에서 검토한 후, 공정거래법 위반 혐의의 단서가 되는 사실을 인지하였을 때에는 심사국장이 심사여부에 대한 의견을 첨부하여 위원회에 보고하면, 위원회는 강제처분을 할 필요가 있다고 인정되는 사건에 대하여 심사관을 지정하고 심사절차를 개시한다(심사규칙 제7조).

우월적 지위남용 사건의 단서가 되는 것으로서 남용행위를 받은 상대방의 통보나 신고(공정거래법 제45조 제1항) 이외에 공정거래위원회가 독자적으로 정보를 탐지하는 경우가 있다(동조 제4항). 우월적 지위의 남용에 관해 공정거래위원회는 경제거래국 거래부에서 문제가 되는 업계의 실태조사를 하고 그 보고서를 공표하고 있는데[1] 그때

---

1 공정위(公取委), 「화주와 물류사업자 거래에 관한 실태조사보고서(荷主と物流事業者との取引に関する実態調査報告書)」(헤이(平)18·3)(2006.3.), 공정위(公取委), 「대규모소매업자와 납품업자 거래에 관한 실태조사보고서(大規模小売業者と納入業者との取引に関する実態調査報告書)」(헤이(平)22·5)(2010.5.) 등.

행해지는 서면조사의 답변내용도 사건의 단서가 될 수 있다.[2] 그리고 우월적 지위남용
의 의혹이 있는 정보의 제공을 폭 넓게 구하기 위한 특별조사로서 서면조사가 행해지
고 당해 서면조사로 얻은 정보 등을 단서로 심사가 개시되는 경우도 있다.[3]

ii. 조사의 수단

ㄱ. 현장조사

공정거래위원회가 공정거래법 위반 피의사건에 대한 심사절차를 개시한 경우에는
심사관이 사건관계인의 영업소, 기타 필요한 장소를 방문조사하여 강제처분(공정거래
법 제47조 제2항·제1항 제1호)을 하는 것이 일반적이다. 현장조사는 범죄수사와 달리
직접 강제할 수는 없지만 명령을 위반한 자에게 형사벌이 과해지기 때문에(공정거래
법 제94조 제4호) 간접적으로 강제하는 효과가 있다.

우월적 지위남용 사건도 정식사건으로 심사가 개시되면 현장조사가 행해지는 것이
일반적이고 그에 수반하여 언론에 보도되는 것이 일반적이다. 그러나 피심인이 법령을
준수하고 관련 증거를 은폐하지 않고 이를 제출하는 것을 충분히 기대할 수 있다면
현장조사를 보류하는 경우도 있다.[4] 우월적 지위남용 사건에는 과징금감면제도(리니언
시제도)가 적용되지 않지만 자발적으로 공정거래위원회에 위반사실을 알리고 관련
자료를 제출함으로써 현장조사를 회피하고 언론보도 리스크를 줄일 가능성도 있다.

현장조사시에 심사관은 혐의사실 등의 고지서를 관계자에게 교부해야 하고(심사규
칙 제20조) 현장조사를 받은 자는 당해 고지서를 통해 당해 조사의 성격이나 혐의사
실의 요지를 알 수 있게 된다.

---

2 공정위(公取委), 「헤이세이21년도 공정거래법 위반사건의 처리상황에 대하여(平成21年度における独
  占禁止法違反事件の処理状況について)」 별첨 『『우월적 지위남용사건 태스크포스』의 활동상황에 대
  하여(『優越的地位濫用事件タスクフォース』における活動状況について)」(헤이(平)22·
  5)(2010.5.).
3 공정위(公取委), 「화주와 물류사업자 거래의 공정화를 위한 자세에 대하여(荷主と物流事業者との取
  引の公正化に向けた取組について)」(헤이(平)21·4·15)(2009.4.15.).
4 스와조노 사다아키(諏訪園貞明), 「주식회사 미쓰이스미토모 은행에 대한 권고심결에 대하여(株式会社
  三井住友銀行に対する勧告審決について)」, 공정거래(公正取引) 664호, 45면, 51면(2006).

ㄴ. 제출명령

심사관(공정거래위원회)은 현장조사 결과 사건조사에 필요하다면 그 소지자에게 제출을 명한 서류 등의 물건을 영치할 수 있고(공정거래법 제47조 제2항·제1항 제3호) 제출명령을 위반한 자에게는 형사벌이 부과된다(공정거래법 제94조 제3호). 그리고 현장조사 이후에도 필요하다면 서류 등의 물건을 제출할 것을 요구하는 경우가 많다.

당사자는 제출된 물건에 대하여 사건 심사에 지장을 주지 않는 범위 내에서 공정거래위원회의 감독 하에 당해 물건을 열람 또는 복사할 수 있다(심사규칙 제18조).

ㄷ. 보고명령

심사관(공정거래위원회)은 사건관계인 또는 참고인의 보고를 요구할 수 있다(공정거래법 제47조 제2항·제1항 제1호). 보고명령에 위반하거나 허위사실을 보고한 자에게는 형사벌이 부과된다(공정거래법 제94조 제1호).

우월적 지위남용 사건에서는 피심인에게 2회로 나누어 보고명령을 하는 것이 통상적이다. 첫 번째 보고명령에서는 시정명령에 필요한 정보로서 회사의 개요(구매담당부서의 책임자나 담당자와 관련된 정보 등), 거래상대방과의 거래내역(담당부서나 소재지, 거래개시 연월일, 거래형태, 거래액 등), 상대방에 대한 각종 요청 상황(예컨대 경제상 이익의 제공요청에 관해서는 금전제공의 계기, 담당부문, 금전을 제공한 상대방, 요청방법, 요청금액, 제공을 받은 날짜, 제공을 받은 금액, 제공을 받은 금전의 용도, 제공을 받은 방법 등) 및 피심인의 공정거래법 준수를 위한 준비 상황 등을 소정의 서식에 따라 보고하도록 명한다. 두 번째 보고명령은 과징금 납부명령에 필요한 정보를 요구하는 것으로서 피심인이 상대방과 거래한 상품·용역액, 할인금액, 반품금액 등을 소정의 서식에 따라 보고하도록 명한다.

그리고 심사관(공정거래위원회)은 상대방에게도 피심인으로부터 받은 각종 요청상황 등에 대한 보고를 요구하는 것이 통상적인데 강제처분으로서의 보고명령이 아니라 보고의뢰라는 임의형식으로 행하여지는 것이 일반적이다.

ㄹ. 진술청취

심사관이 사건관계인이나 참고인으로부터 사정을 청취하는 경우에는 통상 관계자를 임의로 호출하고 임의로 사정을 청취하여 진술조서가 작성된다(심사규칙 제13조). 이와 같은 임의호출이나 사정청취를 거부할 수 있는 것은 당연하다.

관계자가 임의호출이나 사정청취에 응하지 않는 경우 등에는 심사관(공정거래위원회)은 사건에 필요한 조사를 하기 위하여 관계자에게 출석을 명하여 심문한다(공정거래법 제47조 제2항·제1항 제1호). 출석명령을 받은 관계자가 출석 및 진술을 거부하거나 허위진술을 한 때에는 형사벌이 부과되지만(공정거래법 제94조 제1호) 범죄수사와 달리 심사관(공정거래위원회)은 출석이나 진술을 물리적으로 강제할 수는 없다.

진술조서나 심문조서에 서명날인하면 특별한 사정이 없는 한 당해 조서에 기재된 내용은 신뢰성을 갖는다. 진술조서나 심문조서에 대한 서명날인을 거부할 수 있지만 그 경우에는 그러한 취지를 조서에 기재한다(심사규칙 제11조 제4항, 제13조 제2항).

iii. 의견청취절차

공정거래위원회는 피심인에게 시정명령이나 과징금납부명령을 부과하려는 경우에 그에 앞서 처분명령서의 안(案)(예정되는 명령의 내용, 인정사실 및 적용법령이 기재된 것)을 피심인에게 통지하고(공정거래법 제50조, 제62조 제4항) 피심인에게 증거 열람 등의 기회를 주며(공정거래법 제52조, 제62조 제4항) 피심인의 의견을 청취한다(공정거래법 제49조, 제62조 제4항).

iv. 심사의 종료

공정거래위원회는 우월적 지위남용행위의 존재를 인정하여 시정명령이나 과징금납부명령을 하고자 하는 경우에는 위반행위 종료일로부터 5년 내에 하지 않으면 안 된다(공정거래법 제20조 제2항, 제7조 제2항 단서, 제20조의7, 제7조의2 제27항).

공정거래위원회는 심사결과 공정거래법 위반의 혐의가 있지만 법적 조치를 취할 만한 증거를 찾을 수 없는 경우에는 피심인 등에게 경고를 하고 이를 통해 스스로 시정조치 하도록 행정지도를 하는 경우가 있다. 공정거래위원회가 경고를 했다는 사실에 대해서 이를 공표하는 것이 일반적이다. 경고는 심사국장 명의의 문서로 행하여지는데 그에 앞서 경고서의 안(案)이 피심인에게 통지되고 피심인은 미리 의견을 진술하고 증거를 제출할 기회를 갖는다(심사규칙 제31조).

그리고 공정거래위원회는 공정거래법 위반으로 이어질 우려가 있는 행위로 보이지만 위반행위의 존재를 의심하기에 충분한 증거를 찾을 수 없는 경우에는 법 위반 예방을 위한 관점에서 피심인에게 구두로 주의(행정지도)를 주는 경우가 있다. 주의에 대해서는 당사자가 동의하지 않는 한 공표되지 않는다. 후술하는 바와 같이 2009년 11월 우월적 지위남용사건 태스크포스(T/F)가 설치된 이후 주의 건수가 큰 폭으로 증가하는 경향을 보인다.

ⅴ. 우월적 지위남용사건 태스크포스(T/F)

공정거래위원회는 2008년 2월 중소기업 대책의 일환으로서 「물류조사 태스크포스」를 경제거래국 거래부 내에 설치하고 물류특수지정 위반 혐의사건과 함께 물류분야에서의 하도급법 위반 혐의사건을 조사해 왔다. 이후[5] 2009년 11월 「중소사업자 거래공정화추진 프로그램」의 일환으로서 종전의 「물류조사 태스크포스」를 격상시켜 「우월적 지위남용사건 태스크포스」를 심사국 내에 설치하고 전반적인 우월적 지위남용행위에 대한 전문적이고 효율적인 사건처리를 하고 있다.[6]

우월적 지위남용사건 태스크포스는 전국에서 발생하는 우월적 지위남용 관련 사건을 일원화시키고 이를 특화하여 다루고 있다. 우월적 지위남용사건 태스크포스에 의한 조치는 남용행위 억지 및 조기시정을 도모하기 위하여 공정거래위원회 직원이 관계사업자의 사무소에 직접 파견조사하거나 관계사업자를 공정거래위원회로 호출해서 주의를 주면 관계사업자는 해당 행위를 자발적으로 개선하고 재발방지에 노력하겠다는 취지를 문서로 보고하는 것이 일반적이다. 우월적 지위남용사건 태스크포

---

5 공정위 사무총장 회견기록(헤이(平)20 · 2 · 20)(2008.2.20.) 공정위 홈페이지 <http://www.jftc.go.jp/houdou/teirei/h20/01_03/kaikenkiroku080220.html>

6 공정위 사무총장 회견기록(헤이(平)21 · 11 · 18)(2009.11.18.) 공정위 홈페이지 <http://www.jftc.go.jp/houdou/teirei/h21/10_12/kaikenkiroku091118.html>.

스에 의한 주의사안의 평균처리 기간은 40일 전후이다.[7]

(2) 시정명령

공정거래위원회는 심사결과 불공정거래행위(우월적 지위남용)가 있다고 인정되면 피심인에 대해 위반행위를 시정하기 위하여 필요한 조치를 명할 수 있다(공정거래법 제20조 제1항). 공정거래위원회는 시정명령 시점에 위반행위가 이미 종료되었더라도 특별히 필요하다고 인정되면 위반행위가 이미 종료했다는 취지의 공지조치를 하거나 그 밖에 위반행위가 시정되었다는 것을 확보하기 위하여 필요한 조치를 명할 수 있다(공정거래법 제20조 제2항, 제7조 제2항 본문).

시정명령의 제척기간은 5년이고 위반행위가 종료한 날로부터 5년을 경과한 때에는 공정거래위원회는 시정명령을 할 수 없다(공정거래법 제20조 제2항, 제7조 제2항 단서).

우월적 지위남용사건에서 공정거래위원회가 피심인에게 명하는 시정조치의 내용은 다음과 같이 위반행위의 금지에 관한 사항, 장래에 있어 동일한 행위의 금지에 관한 사항, 관계자에 대한 공지조치에 관한 사항 및 재발방지를 위한 조치에 관한 사항으로 크게 나눌 수 있다. 그리고 공정거래법에 근거한 시정조치로서 공정거래위원회는 피심인에게 원상회복조치 및 불이익보전조치를 명할 수는 없다.[8]

i. 시정명령의 내용

ㄱ. 위반행위의 중지

공정거래위원회는 피심인이 위반행위를 중지하였다는 취지를 확인할 것(위반행위가 시정명령의 시점에서도 계속되고 있는 경우 위반행위를 중지할 것)을 이사회 등 업무집행 결정기관에서 결의하도록 명하는 것이 일반적이다. 그리고 피심인에게 당해 결의의

7 이상, 공정위(公取委), 「헤이세이28년도 공정거래법 위반사건의 처리상황에 대하여(平成28年度における独占禁止法違反事件の処理状況について)」별첨 「헤이세이28년도 우월 태스크포스의 처리상황(平成28年度における優越タスクの取組状況)」(헤이(平)29·6·7)(2017.6.7.).
8 스즈키(鈴木), 신 하도급법 매뉴얼(新下請法マニュアル), 222면. 이에 대하여 공정거래법상의 시정명령에서도 원상회복조치를 명할 수 있다는 견해로서 네기시(根岸), 제 논점(諸論点), 28-29면.

의사록 사본을 공정거래위원회에 제출하도록 하고 있다.

ㄴ. 장래 동일한 행위의 금지

공정거래위원회는 피심인에 대하여 향후 위반행위와 동일한 행위를 하여서는 안 된다는 것을 명하는 것이 일반적이다. 또한 피심인에게 그 취지를 이사회 등의 업무집행 결정기관에서 결의할 것을 아울러 명하고 그 의사록의 사본을 공정거래위원회에 제출하도록 하고 있다.

이러한 부작위명령에는 통상 기한을 정하지 않기 때문에 시정명령을 받은 사업자는 시정명령이 취소되지 않는 한 계속해서 부작위 의무를 부담하게 된다. 그 때문에 시정명령을 받은 사업자는 장래 우월적 지위남용을 위반했다는 이유로 다시 입건되는 경우에는 당해 위반행위가 과거 시정명령에서 인정된 위반행위와 「같은 행위」로 인정되면 확정된 시정명령을 위반하였음을 이유로 제재받을 가능성이 있다.

ㄷ. 관계자에 대한 공지(周知)조치

피심인은 시정명령에 수반하여 공정거래위원회가 인정한 위반사실을 중지할 것과 향후 같은 위반행위를 하지 않도록 이사회 등에서 결의한 취지를 위반행위의 상대방에게 통지하도록 명하는 것이 일반적이다. 이 경우 공정거래위원회가 지정하는 상대방에게 공정거래위원회가 지정하는 서식에 따라 작성한 통지문서에 시정명령서의 사본을 첨부해서 특정기록우편으로 송부하고 그 취지를 공정거래위원회에 보고하도록 하고 있다.

그리고 피심인에게 시정명령에 따라 공정거래위원회가 인정한 위반사실을 중지할 것과 향후 같은 위반행위를 하지 않도록 이사회 등에서 결의한 내용을 자사의 종업원에게 철저하게 공지시킬 것을 명하는 것이 일반적이다. 이 경우 피심인에게 공정거래위원회가 지정하는 서식에 따라 작성한 공지문서를 종업원에게 교부 또는 열람하게 하고 각 종업원으로부터 그것을 확인했다는 것을 증명하는 서명·날인을 받아 공정거래위원회에 보고하도록 하고 있다.

ㄹ. 재발방지조치

공정거래위원회는 피심인에게 위반행위의 재발을 방지하기 위하여 상대방과의 거래에 관한 공정거래법 준수에 대한 행동지침을 작성(또는 개정)하게 하거나 임원 및 종업원에 대한 정기연수 및 법무 담당자에 의한 정기 감사가 실시되도록 필요한 조치를 강구하라고 명하는 것이 일반적이다. 피심인은 당해 연수 및 감사를 매년 정기적으로 실시해야 하고 통상적으로 공정거래위원회에 3년간 그 실시내용을 보고해야 한다.

ii. 시정명령 위반의 효과

피심인은 시정명령에 대하여 도쿄지방재판소에 취소소송을 제기할 수 있지만(공정거래법 제85조) 취소소송을 제기하더라도 행정소송법에서 소정의 집행정지가 없는 한 시정명령의 효력은 유지된다. 확정 전이라도 시정명령에 따르지 않으면 50만 엔 이하의 과태료가 부과된다(동법 제97조).

시정명령이 확정된 경우 시정명령에 따르지 않는 사업자는 확정된 시정명령 위반 죄로서 3억 엔 이하의 벌금형이 부과됨과 동시에 그 종업원은 2년 이하의 징역 또는 300만 엔 이하의 벌금에 처해진다(공정거래법 제90조 제3호, 제95조 제1항 제2호).

(3) 과징금납부명령

공정거래법 제20조의6
사업자가 제19조의 규정에 위반하는 행위(제2조 제9항 제5호에 해당하는 것으로서 계속되고 있는 행위에 한한다)를 한 때에는 공정거래위원회는 제8장 제2절에서 규정하는 절차에 따라 당해 사업자에 대하여 당해 행위를 한 날부터 당해 행위가 종료되는 날까지의 기간(그 기간이 3년을 초과한 때에는 그 행위가 종료된 날부터 소급하여 3년간으로 한다) 동안에 시행령으로 정하는 방법으로 산정한 당해 행위의 상대방에 대한 매출액(당해 행위가 상품 또는 용역을 공급받은 상대방에 대한 것인 경우는 그 행위의 상대방과의 사이에서 시행령으로 정하는 방법으로 산정한 구입액으로 하고, 당해 행위의 상대방이 복수인 경우는 그 행위의 각각의 상대방과의 사이에서 시행령으로 정하는 방법으로 산정한 매출액 또는 구입액의 합계액으로 한다)에 100분의 1을 곱한 금액에 상당하는 과징금을 국고에 납부할 것을 명하여야 한다. 다만, 그 금액이 100만 엔 미만인 때에는 납부를 명할 수 없다.

사업자가 공정거래법 제2조 제9항 제5호 소정의 「계속되고 있는 행위」에 해당하는 우월적 지위남용행위를 할 경우 공정거래위원회는 당해 사업자에 대해 「당해 행위를 한 날부터 당해 행위가 종료되는 날까지의 기간」(최장 3년간)에 「당해 행위의 상대방」과의 「매출액」 또는 「구입액」의 1%에 상당하는 금액의 과징금을 납부할 것을 명하지 않으면 안 된다(공정거래법 제20조의6).

과징금납부명령의 제척기간은 5년이기 때문에 위반행위가 종료한 날부터 5년이 경과한 때에는 공정거래위원회는 과징금의 납부를 명할 수 없다(공정거래법 제20조의7, 제7조의2 제27항).

다른 불공정거래행위에 대한 과징금과 달리 우월적 지위남용에 대한 과징금은 그 요건으로서 반복적 위반행위를 요구하지 않기 때문에 우월적 지위남용에 대해서 처음 시정명령을 받는 경우라도 과징금이 부과된다. 이는 우월적 지위남용에 대해서는 부당한 이득의 발생이 비교적 명확한 반면에, 다른 불공정거래행위와 달리 경쟁을 직접 침해하는 것이 아니고 시장지배적 지위남용의 예방 규제로 평가되지 않기 때문에 시장지배적 지위남용과 관련된 과징금에 의한 일반적인 억지효과가 미치지 않기 때문이라고 한다.[9]

i. 과징금 대상행위

과징금 대상이 되는 행위는 「제19조의 규정에 위반하는 행위(제2조 제9항 제5호에 해당하는 것으로서 계속되고 있는 행위에 한한다)」이다(공정거래법 제20조의6). 즉 불공정거래행위 가운데 공정거래법 「제2조 제9항 제5호에 해당하는 행위」로서 「계속되고 있는 행위」가 과징금 부과의 대상이 된다.

복수의 남용행위가 행해지는 경우에 「제2조 제9항 제5호에 해당하는 행위」, 즉 위반행위를 어떻게 파악해야 하느냐는 과징금산정의 전제로서 중요한 문제가 된다. 위반행위가 포괄적으로 성립한다고 파악되는 경우에는 과징금 산정기간이 길어지는 데 비하여 위반행위를 짧게 구분하여 파악하는 경우에는 그만큼 과징금 산정기간도 짧은 기간으로 세분화된다.

---

9 시라이시(白石) · 다다(多田), 논점체계(論点体系), 318면〔고레나가 다이스케(伊永大輔)〕.

ㄱ. 복수의 상대방에게 남용행위가 행하여지는 경우

복수의 상대방에게 남용행위를 하는 경우 복수의 상대방 전체에 대한 남용행위를 하나의 위반행위로 볼 것인지 아니면 개개 상대방마다 각각의 위반행위로 볼 것인지가 문제된다.

공정거래위원회는 남용행위가 복수의 상대방에게 이루어지는 경우라도 당해 행위가 조직적·계획적으로 이루어지고 있다고 인정되는 경우에는 포괄적으로 하나의 위반행위로 보고 복수의 상대방에 대한 위반행위의 산정기간을 일률적으로 인정하고 있다.[10] 즉 우월적 지위남용의 공정경쟁저해성을 판단함에 있어 위반행위를 1개로 획일적으로 보는 것이 아니고, 사안에 따라서 판단을 달리한다는 것이다.

우월적 지위남용의 공정경쟁저해성에 대하여 간접적 경쟁저해의 관점을 강조하는 공정거래위원회의 견해는 복수의 상대방에 대하여 남용행위가 행해진 경우더라도 하나의 위반행위가 성립한다고 해석하게 된다.[11] 경쟁에 대한 간접적 영향은 복수의 상대방에 대한 남용행위 전체를 포괄해서 생기는 것으로 보기 때문이다. 또한 공정거래법 제20조의6의 문언상 「당해 행위의 상대방이 복수인 경우는 그 행위 각각의 상대방과의 …… 매출액 또는 구입액의 합계액으로 한다」고 규정되어 있기 때문에 법은 「당해 행위」의 상대방이 복수인 경우도 전제하고 있다고 본다.[12]

이에 대하여 우월적 지위남용의 공정경쟁저해성이 상대방의 자유롭고 자율적인 판단을 저해하는 데에 그 중점이 있다고 한다면 공정경쟁저해성은 개개의 상대방마다 생기는 것이므로 위반행위는 개개의 상대방마다 성립한다고 해석하는 것이 자연스럽다.[13] 위반행위가 상대방마다 성립한다고 해석해야만 우월적 지위남용의 요건인 거래상 지위의 우월성이 절대적인 것이 아니라 그때그때마다의 상대방과의 관계에서 발생하는 상대적인 것으로 해석되고 있는 것[14]과도 부합한

---

10 공정위 심결(公取委審決) 헤이(平)27·6·4(2015.6.4.) 심결집(審決集) 62권, 119면〔일본 토이저러스(日本トイザラス)사건〕, 스가히사(菅久)편, 공정거래법(独占禁止法), 235면〔시나가와 다케시(品川武)〕, 야마구치(山口)·구로사와(黒澤), 논점해설(論点解説), 256면.
11 가나이(金井) 외, 2012년 좌담회(2012年座談会), 11면〔나카지마 히데오(中島秀夫) 발언〕.
12 야마구치(山口)·구로사와(黒澤), 논점해설(論点解説), 256면.
13 시라이시(白石ほか) 외, 정담(鼎談), 25면〔고레나가 다이스케(伊永大輔) 발언〕, 가나이(金井) 외, 2012년 좌담회(2012年座談会), 14면〔가와하마 노보루(川濱昇) 발언〕, 다키자와(滝澤), 과징금부과(課徴金賦課), 36면.
14 우월적 지위 가이드라인(優越ガイドライン) 제2. 1.

다.[15] 공정거래법 제20조의6이 상대방 단위로 과징금을 산정하는 방식을 채용하고 있는 것은 상대방마다 위반행위가 성립하는 것을 전제로 하고 있다고 생각할 수도 있다.

ㄴ. 동일한 상대방에게 복수의 남용행위가 행해지는 경우

동일한 상대방에게 복수의 남용행위가 행해지는 경우에 개개의 남용행위가 성립하는 것으로 볼 것인지 남용행위의 종류마다 성립하는 것으로 볼 것인지 아니면 포괄적으로 남용행위 전체를 하나의 위반행위로 볼 것인지가 문제된다.

공정거래위원회는 2009년 공정거래법 개정 전에는 다른 유형의 남용행위에 대해서는 각각을 별개의 위반행위로 구성하고 법을 적용하였지만 개정 후에는 복수의 유형에 걸치는 남용행위가 일련의 행위로 조직적 · 계획적으로 실행되는 경우에는 하나의 위반행위로서 포괄적으로 취급하고 있다.[16]

동일한 거래상대방에게 복수의 남용행위가 행해지는 경우라도 중첩적으로 과징금이 과해지지는 않는다. 우월적 지위남용에 대한 과징금은 남용행위와 관련된 거래 단위로 부과되지 않고 남용행위의 대상이 되는 거래처 단위로 부과되므로 남용행위의 대상이 된 거래처가 동일하다면 남용행위의 종류나 횟수를 묻지 않고 과징금액은 같게 된다.[17]

우월적 지위남용의 공정경쟁저해성의 근거로서 간접적 경쟁저해를 강조하는 입장에서는 복수의 남용행위가 행해지는 경우라도 그에 따른 경쟁저해효과가 동일하다고 인정되는 한, 전체적으로 하나의 위반행위로 다루어야 한다고 본다.[18]

반면 우월적 지위남용의 공정경쟁저해성의 근거로서 자유롭고 자율적인 판단의 저해를 강조하는 입장에서도 자유롭고 자율적인 판단의 저해가 계속되고 있는 한 어떠한 유형의 행위가 행해지더라도 하나의 위반행위가 계속되고 있는 것으로 보아야

---

15 시라이시(白石) · 다다(多田), 논점체계(論点体系), 320면〔고레나가 다이스케(伊永大輔)〕.

16 공정위 심결(公取委審決) 헤이(平)27 · 6 · 4(2015.6.4.) 심결집(審決集) 62권, 119면〔일본 토이저러스(日本トイザラス)사건〕, 스가히사(菅久)편, 공정거래법(独占禁止法), 235면〔시나가와 다케시(品川武)〕.

17 나가사와 데쓰야(長澤哲也) 편, 「헤이세이21년 개정 공정거래법의 해설과 분석(平成21年改正独禁法の解説と分析)」96면〔나가사와 데쓰야(長澤哲也)〕(상사법무(商事法務), 2009), 가나이(金井) 외, 2012년 좌담회(2012年座談会), 12면〔기시이 다이타로(岸井大太郎) 발언〕.

18 가나이(金井) 외, 2012년 좌담회(2012年座談会), 11면〔나카지마 히데오(中島秀夫) 발언〕.

한다는 견해가 주장되고 있다.[19] 공정거래법 제20조의6이 상대방 단위로 과징금을 산정하도록 정하고 있는 취지에 비추어 볼 때 위반사업자가 조직적·계획적으로 행하는 복수의 행위유형에 걸치는 우월적 지위남용은 그 범위 내의 부당이득의 수수를 다양한 형태로 하고 있다고 해석할 수도 있다.[20]

그리고 공정거래법 제2조 제9항 제5호에 구체적으로 열거된 남용행위의 유형은 동호 다목 후단부분의 일반조항(「거래상대방에게 불이익이 되도록 거래조건을 설정·변경하거나 또는 거래를 실시하는 것」)에 포함되는 것으로 남용행위의 유형마다 별개의 위반행위로 구성할 정도로 정치(精緻)한 구별이 아닌 점[21]과 행위자가 남용행위 가운데 어떠한 유형을 이용하여 부당한 이득을 얻는지에 대해서는 대체성이 있다는 점 등[22]을 개개의 상대방에 대하여 행해지는 복수의 남용행위를 하나의 위반행위로서 평가해야 하는 근거로 들고 있다.

> **❚ 복수의 남용행위가 하나의 우월적 지위남용으로서 평가되는 예**
> • 소매업자가 종래부터 회사방침으로 복수의 남용행위를 할 것으로 정하고 당해 소매업자의 이사회에서 전략적으로 이익을 개선하는 등의 방침이 승인 가결되고, 그러한 방침에 근거하여 구매자에게 남용행위에 관하여 개별적이고 구체적인 지시를 하면서 행동지침을 철저하게 하기 위하여 성적평가지표 등을 정하는 등의 행위를 하는 경우[23]

ㄷ. 「계속되고 있는 행위」

「계속되고 있는 행위」로 한정된 것은 거래에서 사업자 간 협상력의 우열이 존재하는 것 자체는 일반적이기 때문에 우월적 지위남용행위가 있다고 해서 바로 과징금 납부를 명한다면 사업 활동을 위축시킬 가능성이 있고 또한 중소기업과의 거래가 소원해질 가능성도 있기 때문이라고 한다.[24]

---

19 다키자와(滝澤), 과징금부과(課徴金賦課), 33면.
20 야마구치(山口)·구로사와(黒澤), 논점해설(論点解説), 262면.
21 히라야마 겐타로(平山賢太郎), 「비판(判批)」, 쥬리스트(ジュリ) 1430호, 52−53면(2011), 다키자와(滝澤), 과징금부과(課徴金賦課), 33면, 야마구치(山口)·구로사와(黒澤), 논점해설(論点解説), 261면.
22 시라이시(白石)·다다(多田), 논점체계(論点体系), 318면, 320면〔고레나가 다이스케(伊永大輔)〕.
23 공정위 심결(公取委審決) 헤이(平)27·6·4(2015.6.4.) 심결집(審決集) 62권, 119면〔일본 토이저러스(日本トイザラス)사건〕.
24 오마타 에이이치로우(小俣栄一郎)·쓰지 고(辻郷), 「시장지배적 지위남용 및 불공정거래행위에 관한 규제 강화 등에 대하여(排除型私的独占及び不公正な取引方法に関する規制の強化等について)」,

우월적 지위남용은 상대방의 자유롭고 자율적인 판단을 저해하고 상대방에게 현저한 불이익을 주는 행위이기 때문에 계속적인 구속을 요건으로 하지 않고 위반행위의 성질상 단발적(상태범적)인 것이다. 이는 우월적 지위남용과 부당한 공동행위에 대한 과징금 부과요건의 차이로 나타난다. 즉 부당한 공동행위의 과징금에 관한 규정인 공정거래법 제7조의2가 「당해 행위의 실행으로서의 사업 활동」의 시기부터 종기까지의 기간을 과징금 산정기간으로 하고 있는 것과 달리[25] 공정거래법 제20조의6은 과징금 산정기간을 「당해 행위」의 시기 및 종기를 기준으로 정하고 있다. 우월적 지위남용과 관련된 과징금 대상을 「계속되고 있는 행위」로 한정하는 이유는 남용행위라는 위반행위 자체는 그 성질상 계속성을 가진 것이 아니라는 전제에서, 단발의 위반행위가 반복적으로 행해지는 경우에 한하여 그 위법행위를 과징금의 대상으로 삼는다는 취지로 해석할 수 있다.

「제2조 제9항 제5호에 해당하는 행위」에는 다양한 유형의 남용행위가 포함되어 있는데, 「계속되고 있는」 행위에는 어떤 특정한 남용행위가 「계속되고 있는」 것이 필요한지 아니면 서로 다른 유형의 남용행위가 계속적으로 행해지는 경우라도 「계속되고 있는」에 해당하는지 문제된다. 또한 상대방마다 남용행위가 「계속되고 있는」 행위가 필요한 것인지 아니면 복수의 상대방에 대한 남용행위를 포괄적으로 보고 계속성이 인정되어도 되는 것인지가 문제된다. 복수의 행위를 포괄해서 하나의 우월적 지위남용으로 평가할 수 있는 경우에는 하나로 인정할 수 있는 남용행위에 대해 계속성의 유무가 판단될 것이다. 예를 들어 일정 기간 종업원 등을 파견시키는 경우, 정기적·계속적으로 협찬금을 수수하는 경우, 일상적으로 반품을 반복해서 하는 경우 등은 「계속되고 있는 행위」에 해당할 수 있다.[26] 남용행위의 유형마다 판단하면 계속성이 없는 경우라도 그 행위가 하나의 우월적 지위남용으로 인정된다면 전체로서는 계속성이 있다고 판단되고 상대방마다 복수의 남용행위가 없는 경우라도 복수의 상대방에 대한 남용행위가 하나의 우월적 지위남용으로서 법적으로 인정된다면

공정거래(公正取引) 706호, 8면, 12면(2009), 야마구치(山口)·구로사와(黒澤), 논점해설(論点解説), 253면.

25 부당한 공동행위는 일정한 거래 분야의 경쟁을 실질적으로 제한하는 합의가 행해진 시점에 성립하고 특단의 사정이 없는 한 개념상 하나의 위반행위(합의)가 계속되는 것이며 개별적인 실행행위가 위반행위가 되는 것이 아니다. 따라서 외부적 징표에 따라 과징금을 객관적으로 산정하기 위하여 하나의 계속적 위반행위(합의)의 「실행으로서의 사업 활동」의 시기와 종기로 과징금의 산정 기간이 정해지는 것이다.

26 후지이(藤井)·이나쿠마(稲熊), 축조헤이세이21년 개정(逐条平成21年改正), 89면.

전체로서 계속성이 있는 것으로 판단된다.[27] 반면에 위반행위가 개개의 상대방마다 성립한다고 해석한다면 남용행위의 계속성도 개개의 상대방마다 판단된다고 할 것이다.

한편 공정거래법 제2조 제9항 제5호 가목과 나목이 규정하는 구입강제 및 경제상 이익의 제공요청은「계속해서 거래하는 상대방」에 대하여 행할 것이 요건으로 되어 있지만 과징금 부과요건인 남용행위의 계속성은 남용행위 상대방과의 거래관계 계속성 요건과는 별개로서,[28] 동호 다목이 규정하고 있는 남용행위에 대해서는 계속적 거래관계가 없는 상대방에 대한 것일지라도 남용행위의 계속성이 인정된다면 과징금부과 대상이 된다.

ii. 과징금 산정기간

우월적 지위남용의 과징금은「당해 행위를 한 날부터 당해 행위가 종료되는 날까지의 기간」의 거래액을 기초로 산정된다. 당해 기간이 3년을 넘는 경우에는「당해 행위가 종료되는 날」부터 소급해서 3년간 산정된다.

앞의 i.과 같이 공정거래위원회의 견해에 의하면 복수의 상대방에 대하여 남용행위가 이루어지거나 복수의 유형에 해당하는 남용행위가 이루어진 경우라도 그것이 조직적·계획적으로 이루어졌다면 포괄적으로 하나의 위반행위, 즉「당해 행위」로 평가되고「당해 행위」 전체의 시기와 종기가 과징금 산정기간이 된다.

ㄱ. 개개의 상대방에게 우월적 지위의 남용에 해당하는 행위가 행해지지 않은 기간의 취급

복수의 상대방에 대해 남용행위가 행해지고 그것이 조직적·계획적으로 이루어졌기 때문에 포괄하여 하나의 위반행위로 인정되는 경우에 개개의 상대방에 대해 아직

---

27 공정위 심결(公取委審決) 헤이(平)27·6·4(2015.6.4.) 심결집(審決集) 62권, 119면〔일본 토이저러스(日本トイザラス)사건〕.

28 가나이 다카시(金井貴嗣) 외, 「〔좌담회〕최근의 공정거래법 위반사건을 둘러싸고(〔座談談会〕最近の独占禁止法違反事件をめぐって)」, 공정거래(公正取引) 730호, 2면, 12면〔나가시마 히데오(中島秀夫) 발언〕(2011).

남용행위가 이루어지지 않은 기간이나 행위자가 우월적 지위에 있다고 인정되지 않은 기간도 과징금 산정기간에 포함되는지가 문제된다.

이 점의 근거는 불분명하지만 공정거래법 제20조의6의 산정률은 "과거의 사건에서 복수의 상대방에게 조직적·계획적으로 행한 남용행위를 포괄하여 하나의 위반행위로 보는 것을 전제로 그 위반행위 기간에 당해 복수의 상대방과의 거래금액 합계액에 대한 부당이득의 수준을 참고로 정해진 것으로 보인다"는 점에서 과잉징수가될 우려는 산정률의 설정 단계에서 해소되고 있는 것으로 설명되고 있다.[29]

그리고 과징금 산정이 상대방 단위로 이루어지는 것으로 규정된 취지에 비추어 볼때 위반행위가 조직적·계획적으로 행해지고 있다면 위반사업자는 당해 위반행위의시기(始期) 시점에 우월적 지위에 있는 상대방에 대해 바로는 아니더라도 적시에 남용행위를 하려고 하는(강요할 수 있는) 상태에 있다고 생각할 수 있기 때문에 행위자의 부당이득은 개개 상대방에게 남용행위가 이루어지지 않은 기간도 포함하여 위반행위 기간 중의 모든 거래금액과 관련된다고 한다.[30]

더욱이 전체 위반행위의 시기(始期)에 개개 상대방에 대한 행위자의 우월적 지위가 인정되지 않는 경우라도 우월적 지위는 "위반행위의 요건에 그치고 과징금 산정기간의 전 기간에 걸쳐 위반사업자의 거래상 지위의 우월성이 당연히 요구되는 것은아니다" 실제 과거에 법적 조치가 취해진 사례에서도 우월적 지위의 근거인 거래처변경의 곤란성 등과 같은 사정은 통상적으로 위반행위의 시기(始期)에서 인정되고,개개 상대방에 대한 최초의 남용행위 전후에 변화는 없다는 이유로 공정거래법 제20조의6은 개개 상대방에게 남용행위가 이루어지기 전(前)의 기간 동안 반드시 당해상대방에 대한 우월적 지위의 인정이 필요한 것은 아니므로 「위반행위의 전(全) 기간을 산정기간으로 하는데 문제가 없다고 하면서 간이·신속한 산정방법을 정한 것으로 해석하는 것은 불합리하지 않다」고 설명하고 있다.[31]

이에 대하여 부당한 공동행위의 과징금산정시에는 위반행위와 관계없이 행해진

29 야마구치(山口)·구로사와(黑澤), 논점해설(論点解説), 257면. 가와하마 노보루(川濱昇) 외, 「[좌담회]최근의 공정거래법 위반사건을 둘러싸고([座談会]最近の独占禁止法違反事件をめぐって)」, 공정거래(公正取引) 790호, 2면, 13면 이하 (2016)에서는 기시이 다이타로(岸井大太郎) 교수가 이 설명을 근거로 논의를 전개하는데 반하여, 가와하마 노보루(川濱昇) 및 시라이시 다다시(白石忠志) 교수는 입법시의 과징금 산정률 도출근거는 공표되지 않아서 명확하지 않다는 것을 지적하고 있다.
30 야마구치(山口)·구로사와(黑澤), 논점해설(論点解説), 257-258면.
31 야마구치(山口)·구로사와(黑澤), 논점해설(論点解説), 258-259면.

거래를 과징금산정 대상에서 제외하고 있다는 것과 비교해 볼 때 우월적 지위남용에 대하여 위반행위가 이루어지지 않은 기간의 거래까지 과징금 대상으로 한다는 해석은 너무 경직적이라는 비판이 있다.[32] 그리고 복수의 행위에 대하여 하나의 위반행위로 인정할 수 있는 경우라 하더라도 개개의 행위마다 위반행위를 인정하는 것이 논리적으로 배척되는 것이 아니고 위반행위의 분리방법에는 복수의 해법이 있을 수 있기 때문에 공정거래위원회가 과징금 산정에서 자의적인 분리를 선택하는 것은 불합리하고, 있을 수 있는 위반행위의 인식방법 중 어느 것을 선택하더라도 같은 과징금액이 되도록 하는 해석을 취해야 한다는 견해가 있다.[33] 이 견해에 의하면 복수의 상대방에 대한 행위에 대하여 포괄적으로 하나의 위반행위로 인정할 수 있는 경우라도 개개의 상대방에 대한 위반요건을 충족하는 기간에 한하여 과징금대상이 되도록 해야 할 것이다.

ㄴ. 남용행위가 간헐적으로 이루어지는 기간의 취급

과징금 대상기간은 「당해 행위」를 한 날로부터 종료한 날까지의 기간이지만 「당해 행위」를 구성하는 개개의 남용행위가 상당한 기간을 두고 산발적으로 행하여지는 경우에도 과징금 산정기간은 최초의 남용행위가 행해진 날부터 최후의 남용행위가 종료된 날까지의 전(全) 기간이 대상이 되는지가 문제된다.

우월적 지위남용의 공정경쟁저해성에 대해서 자유롭고 자율적인 판단의 저해를 강조하는 입장에서는 상대방에 의한 자유롭고 자율적인 판단이 저해되지 않는(강요하는 상태가 아닌) 기간에 대해서는 과징금 산정기간에서 제외되어야 한다는 견해가 도출된다.[34]

공정거래위원회는 앞의 ⅰ.과 같이 복수의 남용행위를 하나의 우월적 지위남용으로 인정할 수 있는 경우에는 공정거래법상 하나의 우월적 지위남용으로서 규제된다는 견해를 갖고 있고 이러한 견해에 의하면 남용행위가 없는 간헐적 기간이 있는 사

---

32 오카무로(岡室)·고레나가(伊永), 공정거래법심판결의 법과 경제학(独禁法審判決の法と経済学), 258면.
33 시라이시(白石), 공정거래법(独占禁止法), 440면, 443면.
34 가나이(金井) 외, 2012년 좌담회(2012年座談会), 15-16면(가와하마 노보루(川濱昇)발언), 다키자와 (滝澤), 과징금부과(課徴金賦課), 34면.

안에서는 위반행위기간이 분할되어 인정되는 경우도 있을 수 있다고 생각된다.[35]

ㄷ. 당해 행위가 「종료되는 날」

과징금 산정기간의 시기(始期)는 「당해 행위를 한 날」이고 종기는 「당해 행위가 종료되는 날」이다. 법정 우월적 지위남용의 법적 성립요건을 모두 충족한 시점에 시기가 도래하고 그 요건을 하나라도 결한 시점에 종기가 도래한다.[36] 법정 우월적 지위남용 요건의 핵심은 「상품 또는 용역을 구입하게 하는 것」, 「경제상 이익을 제공하게 하는 것」, 「거래조건을 설정·변경하거나 또는 거래를 실시하는 것」이고 그러한 행위를 요청하는 시점에서 행위요건은 충족되지 않고 그러한 행위를 실시한 시점에서 행위요건을 충족하는 것이 된다. 따라서 예를 들어 공정거래위원회의 현장조사 전에 협찬금의 제공을 요청한 상황에서 현장조사가 있은 이후에 협찬금의 제공요청을 중지하였더라도 현장조사 전에 요청한 협찬금의 지급을 현장조사 후에 받은 경우에는 현장조사 후에도 「당해 행위」가 계속되고 있는 것으로 인정될 가능성이 있다.

iii. 「당해 행위의 상대방」

우월적 지위남용과 관련된 과징금은 다른 행위유형처럼 위반행위와 관련된 특정 상품 또는 용역의 거래액을 기초로 하는 것이 아니라 「당해 행위의 상대방」과의 모든 거래액을 기초로 산정한다. 「당해 행위」란 계속적으로 이루어지는 법정 우월적 지위남용행위이다.

ㄱ. 상대방 단위로 과징금 산정

공정거래법 제20조의6에서는 「당해 행위의 상대방」과의 사이에 매출액 또는 구입액을 기초로 과징금을 산정함으로써 상대방 단위로 과징금을 산정하는 방식을 채택

---

35 다키자와(滝澤), 과징금부과(課徵金賦課), 34−35면.
36 시라이시 다다시(白石忠志), 「신 공정거래법의 중요논점 우월적 지위남용 규제의 개요(新独禁法の重要論点優越的地位濫用規制の概要)」, 비즈니스 법무(ビジネス法務) 2009년 11월호, 65면.

하고 있다.

남용행위의 대상이 된 개개의 거래금액을 합쳐서 과징금 산정의 기초로 하는 것이 아니라 남용행위 상대방과의 총 거래금액을 과징금산정의 기초로 한 것은 위반사업자가 우월적 지위남용에 의해 부당하게 수수할 수 있는 이득 금액의 범위는 당해 행위의 상대방에 대하여「강제할 수 있는」범위로, 이것은 위반행위 기간 중 상대방과의 전체 거래금액의 다과에 따라 정해진다는 견해에 기초한 것이다.[37]

법정 우월적 지위남용의 요건을 충족하지 않는 상대방과의 거래액은 과징금 산정대상에 포함되지 않는다. 따라서 동일한 행위를 다수의 상대방에게 하는 경우에도 자신이 우월적 지위에 있다고 인정되지 않는 상대방에 대한 행위는 법정 우월적 지위남용의 요건을 충족하지 않으므로 당해 상대방은「당해 행위의 상대방」으로 인정되지 않고 당해 상대방과의 거래액은 과징금 산정대상에서 제외된다.[38]

ㄴ.「당해 행위의 상대방」의 일부 사업부문에 대한 우월성

우월적 지위남용과 관련된 과징금은「당해 행위의 상대방」과의 거래액을 기초로 산정되는데 법정 우월적 지위남용의 위반사업자가 복수의 사업을 영위하고 그 중 어떤 사업(A)에서 상대방에게 남용행위가 행해진 경우, 다른 사업(B)에 대해서도 당해 상대방과 거래가 있어 법을 형식적으로 적용시키면 과징금 산정의 기초가 되는 당해 상대방과의 거래액에는 A사업과 관련된 것뿐만 아니라 B사업과 관련된 것도 포함된다. 한편 이와 유사한 사례로, 전국에서 사업 활동을 하는 행위자의 A지점이 전국에서 사업 활동을 하는 상대방의 a지점에 대해서 법정 우월적 지위남용행위를 한 경우에 위반행위자와 당해 상대방(a지점)과의 거래액이 과징금산정의 기초가 되는 것은 의심할 여지가 없지만 위반행위자와 당해 상대방의 다른 지점(b지점)사이에 거래가 있는 경우에 법을 형식적으로 적용하면 b지점과의 거래액도 과징금산정의 기초가 된다.

---

37 야마구치(山口)·구로사와(黑澤), 논점해설(論点解説), 254면. 시라이시 외(白石ほか), 정담(鼎談), 25면[고레나가 다이스케(伊永大輔) 발언]과 개별 상대방마다의 착취한 도금액을 적산하는 것으로 설명하고, 가나이(金井) 외, 2012년 좌담회(2012年座談会), 13-14면[가와하마 노보루(川濱昇) 발언]은 상대방에 대한 개별 억압관계하에서 이루어진 일정 기간의 거래를 기초로 단속적인 남용이 인정된다고 설명한다.

38 시라이시 다다시(白石忠志),「불공정거래행위와 관련된 과징금도입과 정의규정의 개정(不公正な取引方法に係る課徴金の導入と定義規定の改正)」, 쥬리스트(ジュリ) 1385호, 34면, 41면(2009).

한편 부당한 공동행위와 관련된 과징금에 대해서는 과징금과 경제적 이득과의 관련성을 확보하기 위하여 위반행위의 대상이 되는 상품·용역의 범주에 속하는 상품·용역일지라도 정형적(定型的)으로 위반행위에 의한 구속에서 제외될 수 있는 특단의 사정이 있는 경우와 구체적으로 경쟁제한효과가 발생하고 있지 않은 경우에는 「당해 상품 또는 용역」에 해당하지 않는다고 제한적으로 해석하고 있다.[39] 그런데 법정 우월적 지위남용에 대해서도 과징금 산정률은 과거 위반사건에서 추계된 부당한 이익이 거래액에서 점하는 비율을 참고로 설정된 것이라는 점에서 과징금은 경제적 이득과 상응한다는 것이 명확하게[40] 전제되어 있다. 행위자가 남용행위의 상대방과의 관계에서 우월적 지위에 있는지 여부는 거래분야마다 다른 것이 통상적이다. A사업(a지점)의 거래에서 우월적 지위의 관계에 있는 행위자가 그 거래 분야의 남용행위로 인해 경제적 이득을 얻었다고 하더라도 당해 행위자가 우월적 지위에 있지 않은 B사업(b지점)의 거래에서 당해 남용행위에 의하여 경제적 이득을 얻지 않았다는 것은 너무나 명백하다. 따라서 행위자가 우월적 지위에 없는 거래분야에서의 거래액은 「당해 행위의 상대방」과의 거래액에는 해당하지 않는 것으로 해석해야 된다고 생각된다.[41]

ㄷ. 직접적인 거래관계에 없는 상대방

법정 우월적 지위남용의 상대방은 법문상 「거래상대방」으로 한정된다. 그러나 남용행위의 상대방과 직접적인 거래관계가 없는 경우라도 실질적으로 「거래상대방」과 동일시할 수 있는 경우에는 당해 상대방에 대한 남용행위도 규제대상이 되는 방향으

---

39 도쿄고판(東京高判) 헤이(平)22·11·26(2010.11.26.) 심결집(審決集) 57권 제2분책(第2分冊), 194면 〔이데미쓰코산(出光興産) 과징금사건〕, 대판(最判) 헤이(平)24·2·20(2012.2.20.) 민집(民集) 66권 2호, 796면〔다마(多摩) 담합사건〕.

40 후지이(藤井)·이나쿠마(稲熊), 축조헤이세이21년 개정(逐条平成21年改正), 90면.

41 시라이시(白石), 앞의 주29) 66−67면, 가와이(川合) 외, 좌담회(座談会)〔나가사와 데쓰야(長澤哲也) 발언, 시라이시 다다시(白石忠志) 발언〕, 13면, 히라야마 겐타로(平山賢太郎), 「비판(判批)」, 쥬리스트(ジュリ) 1430호, 52−53면(2011), 시라이시 외(白石ほか), 정담(鼎談), 26−27면〔나가사와 데쓰야(長澤哲也) 발언, 고레나가 다이스케(伊永大輔) 발언, 시라이시 다다시(白石忠志) 발언〕, 다키자와 사야코(滝澤紗矢子), 「과징금 도입 후의 「우월적 지위의 남용」사례의 검토(課徴金導入後の「優越的地位の濫用」事例の検討)」, 쥬리스트(ジュリ), 33면, 36면(2012), 시라이시(白石), 공정거래법강의(独禁法講義), 196면, 다키자와(滝澤), 과징금부과(課徴金賦課), 37−38면.

로 생각해 볼 수 있다.[42] 예를 들어 납품업자의 종업원 개인에 대하여 상품 등의 구입을 요청하는 경우,[43] 소매업자의 모회사가 자기와는 직접적인 거래관계가 없지만 자회사에 상품을 판매하는 납품업자에게 자회사의 점포오픈 작업을 시키기 위하여 납품업자의 종업원 등을 파견시키는 등의 남용행위를 하는 경우,[44] 소매업자가 도매업자를 중간에 내세워서 장부상 제조업자에게 직접적으로 협찬금 등의 제공을 요청하는 경우 등을 들 수 있다.

직접적인 거래관계가 없는 상대방에 대한 남용행위가 우월적 지위남용의 성립요건을 충족하는 경우가 있더라도 당해 상대방과의 거래액이 존재하지 않는다면 당해 남용행위와 관련된 우월적 지위남용에 대해서 과징금을 부과하는 것은 곤란하다고 볼 수밖에 없다.[45] 납품업자의 종업원 개인에 대한 남용행위를 당해 납품업자에 대한 남용행위와 동일시 할 수 있는 경우에는 당해 납품업자와의 거래액을 기초로 과징금을 부과할 수 있지만 자기의 자회사의 납품업사에 대한 남용행위에 대하여 당해 자회사와 당해 납품업자 사이의 거래액을 자기(모회사)와 당해 납품업자 사이의 거래액으로 간주하는 것은 법령상 근거가 없다. 또한 이와 마찬가지로 소매업자가 직접적인 거래관계가 없는 장부상 제조업자에 대하여 남용행위를 한 경우에 중간자인 도매업자와 당해 제조업자 사이의 거래액을 소매업자와 당해 제조업자 사이의 거래액으로 간주하는 것도 현행법상 허용되지 않는다. 문제는 이 경우에 소매업자와 도매업자 사이의 거래액을 과징금 산정의 기초로 할 수 있는지 여부인데 우월적 지위남용과 관련된 과징금에 대해서는 「당해 행위의 상대방」과의 거래액을 기초로 과징금을 산정하도록 규정되었기 때문에 도매업자에 대한 우월적 지위남용행위가 인정되지 않는 한 도매업자와의 거래액으로 과징금을 산정할 수 없다.

다만 남용행위의 상대방인 납품업자와 직접적인 거래관계에 있는 자회사나 도매업자도 당해 납품업자와의 관계에서 우월적 지위에 있고 동시에 남용행위에 가담하고 있다는 사실이 인정된다면 당해 자회사나 도매업자를 위반사업자로 하고 납품업

---

42 가와이(川合) 외, 좌담회(座談会)〔시라이시 다다시(白石忠志) 발언〕, 12면.

43 공정위 시정명령(公取委排除措置命令) 헤이(平)21·3·5(2009.3.5.) 심결집(審決集) 55권, 716면〔다이와(大和)사건〕.

44 공정위 시정명령(公取委排除措置命令) 헤이(平)20·6·23(2008.6.23.) 심결집(審決集) 55권, 684면〔에코스(エコス)사건〕.

45 가와이(川合) 외, 좌담회(座談会)〔다다 도시아키(多田敏明) 발언〕, 12면, 시라이시 외(白石ほか), 정담(鼎談), 27면〔고레나가 다이스케(伊永大輔) 발언〕.

자와의 거래액으로 과징금을 산정할 수는 있다.[46]

iv. 매출액 · 구입액

　우월적 지위남용과 관련된 과징금은 과징금 산정 기간에 당해 행위의 상대방과의 「매출액」이나 「구입액」 또는 그 합계액에 일정비율을 곱해서 산정된다. 「매출액」이나 「구입액」의 산정방법은 공정거래법 시행령에 위임되어 있다.

　「매출액」은 원칙적으로 과징금 산정 기간 동안 당해 행위의 상대방에게 「인도한 상품 또는 제공한 용역의 대가액을 합산하는 방법」으로 산정되고 일정한 항목이 공제된다(공정거래법 시행령 제30조 제1항). 또한 「구입액」은 원칙적으로 과징금 산정 기간에 당해 행위의 상대방으로부터 「인도받은 상품 또는 제공받은 용역의 대가액을 합산하는 방법」으로 산정되고 일정한 항목이 공제된다(동조 제2항). 다만 이러한 산정방법(인도기준)에 의한 경우의 합계액과 과징금 산정 기간에 「체결한 계약에 의해 정해진 상품판매(구입) 또는 용역제공 대가액의 합계액」(계약기준)과의 사이에 현저한 차이가 발생하는 사정이 있다고 인정되는 때에는 계약기준에 의한 「매출액」이나 「구입액」이 기초가 된다(동 시행령 제31조).

ㄱ. 상품 또는 용역의 「대가」

　「매출액」 또는 「구입액」은 상품 또는 용역의 「대가」 합계액이다. 은행업에서 이자, 금융업에서 수수료, 보험업에서 보험료,[47] 프랜차이즈 사업에서의 로열티[48]는 용역의 「대가」에 해당한다.

　소비세 상당액은 「매출액」이나 「구입액」에 포함되는 것으로 해석되고 있다.[49]

---

46 시라이시 외(白石ほか), 정담(鼎談), 27면〔시라이시 다다시(白石忠志) 발언, 나가사와 데쓰야(長澤哲也) 발언〕, 다키자와(滝澤), 과징금부과(課徴金賦課), 38면.

47 네기시(根岸) 편, 주석 공정거래법(注解独占禁止法), 176면〔기시이 다이타로(岸井大太郎)〕.

48 시라이시(白石), 사례집(事例集), 354면.

49 도쿄고판(東京高判) 헤이(平)18·2·24(2006.2.24.) 심결집(審決集) 52권, 744면〔도넨제네라루석유(東燃ゼネラル石油) 과징금사건〕.

ㄴ. 공제항목

「매출액」 또는 「구입액」의 산정에서 대가의 합계액으로부터 공제가 인정되는 항목은 ① 할인금액(상품의 중량 부족, 품질불량 또는 파손, 용역의 부족 또는 불량, 기타 사유로 대가액의 전부 또는 일부가 공제된 금액), ② 반품금액 및 ③ 매출환급금액에 한정된다(공정거래법 시행령 제30조 제1항 각호, 동조 제2항 각호).

① 할인금액은 할인의 대상이 된 상품·용역을 판매(구입)한 시기에 상관없이 과징금 산정기간에 할인을 한(구입거래의 경우는 할인을 받은) 금액이 공제된다. 마찬가지로 ② 반품금액은 과징금 산정기간에 반품을 받은 (구입거래의 경우는 반품을 한) 상품의 대가액이 공제된다. ③ 매출환급금액의 공제는 거래실적에 따라 상대방에게 지급을 하는 것(구입거래의 경우는 상대방으로부터 지급을 받는 것)으로서 매출환급의 지급약정이 서면에 의해 명확히 되어 있는 경우에만 인정된다. 일정 기간 내의 거래실적이 일정액 또는 수량에 도달하지 않는 경우에 매출환급을 하지 않는다는(구입거래의 경우에는 매출환급을 받지 않는다는) 취지를 정한 경우 매출환급금액은 공제대상이 되지 않는다. 또한 공제대상이 되는 매출환급금액은 상대방에게 직접 지급하는 것(구입거래의 경우에는 상대방으로부터 직접 지급받는 것)으로 되어 있는데 예를 들어 소매업자(위반사업자)가 상대방인 도매업자에게 남용행위를 한 경우에 장부상 제조업자로부터 매출환급금의 지급을 받았다고 하더라도 당해 매출환급금을 상대방인 도매업자의 「구입액」에서 공제하는 것은 인정되지 않는다.

또한 상대방에 대한 할인이나 반품, 매출환급이 법정 우월적 지위남용에 해당되는 경우라도 과징금 산정에서 당해 남용행위와 관련된 할인금액이나 반품금액, 매출환급금액을 「구입액」에서 공제하는 것을 제외하는 규정은 마련되어 있지 않기 때문에 이러한 남용행위와 관련된 금액이더라도 과징금 산정대상 거래액에서 공제된다.

v. 과징금 산정률

우월적 지위남용과 관련된 과징금 산정률은 위반행위 상대방과의 거래액의 1%이다. 이 산정률은 과거 위반사건에서 추계(推計)된 부당한 이익이 거래액에서 차지하

는 비율을 참고로 설정된 것이다.[50]

우월적 지위남용 규제는 위반사업자의 우월적 지위를 전제로 하고 상대방과의 거래액에 착안하여 과징금을 부과하는 것이기 때문에 업종별 산정률은 마련되어 있지 않고 또한 중소기업에 대한 경감율도 마련되어 있지 않다.[51]

02 하도급법

(1) 조사

> **하도급법 제6조**
> 중소기업청장은 원사업자가 제4조 제1항 제1호, 제2호, 혹은 제7호에 해당하는 행위를 하고 있는지 여부, 혹은 동항 제3호 내지 제6호에 해당하는 행위를 하였는지 여부, 또는 원사업자에게 동조 제2항 각호의 어느 하나에 해당하는 사실이 있는지 여부를 조사하여 그 사실이 있다고 인정될 때에는 공정거래위원회에게 이 법률의 규정에 따라 적당한 조치를 취하도록 요구할 수 있다.
>
> **하도급법 제9조**
> ① 공정거래위원회는 원사업자의 수급사업자에 대한 제조위탁 등에 관한 거래(이하 단순히 「거래」라고 한다)를 공정하게 하기 위해 필요하다고 인정될 경우에는 원사업자 또는 수급사업자에게 그 거래에 관한 보고를 하게 하거나 또는 그 직원에게 원사업자 혹은 수급사업자의 사무소 혹은 사업소에 입회하여 장부서류, 기타 물건을 조사하게 할 수 있다.
> ② 중소기업청장은 수급사업자의 이익을 보호하기 위해 특히 필요하다고 인정될 경우에는 원사업자 혹은 수급사업자에게 그 거래에 관한 보고를 하게 하거나 또는 그 직원에게 원사업자나 수급사업자의 사무소 혹은 사업소에 입회하여 장부서류, 기타 물건을 조사하게 할 수 있다.
> ③ 원사업자 또는 수급사업자가 영위하는 사업을 소관하는 각부 장관은 중소기업청장의 제6조 규정에 따른 조사에 협조하기 위해 특히 필요하다고 인정될 경우에는 소관 사업을 경영하는 원사업자 혹은 수급사업자에게 그 거래에 관한 보고를 하게 하거나 또는 그 직원에게 이들 사업자의 사무소 혹은 사업소에 입회하여 장부서류, 기타 물건을 조사하게 할 수 있다.
> ④ 전3항의 규정에 따라 직원이 입회할 때에는 그 신분을 나타내는 증명서를 휴대하고 관계자에게 제시해야 한다.

---

50 후지이(藤井)·이나쿠마(稲熊), 축조헤이세이21년 개정(逐条平成21年改正), 90면.
51 후지이(藤井)·이나쿠마(稲熊), 축조헤이세이21년 개정(逐条平成21年改正), 18면.

⑤ 제1항 내지 제3항의 규정에 따른 현장조사권한은 범죄수사를 위해 인정된 것이라고 해석해
   서는 아니 된다.

하도급법 제11조
제9조 제1항 내지 제3항의 규정에 따른 보고를 하지 않거나 혹은 허위로 보고하거나 또는 조사
를 거부, 방해 혹은 기피한 자는 50만 엔 이하의 벌금에 처한다.

하도급법 제12조
법인 대표자, 법인 또는 대리인, 피고용인, 그 외의 종업원이 그 법인이나 개인의 업무에 관하여
전2조의 위반행위를 한 경우에는 행위자를 처벌하는 외에 그 법인 또는 개인에게 각각 당해 행위
의 형을 부과한다.

i. 사건의 단서

하도급법 위반사건의 조사는 공정거래위원회와 중소기업청이 중심이 되어 이루어
진다. 사건의 단서는 서면조사가 압도적으로 많은 반면 수급사업자로부터의 신고건
수가 차지하는 비율은 대단히 낮다.

ㄱ. 서면조사

하도급거래의 성격상 수급사업자로부터 하도급법 위반에 관한 신고를 기대하기 어
렵기 때문에 공정거래위원회 및 중소기업청은 원사업자 및 당해 원사업자와 거래가
있는 수급사업자를 대상으로 정기적으로 서면조사를 실시하고 그 외에도 특정업종·특
정사업자에 대한 특별조사를 실시함으로써 위반행위를 적발하고자 노력하고 있다.[52]
원사업자에 대한 서면조사는 하도급법 제9조에 근거하여 강제조사로 하고 있다.
원사업자에 대한 서면조사는 업종, 자본금의 규모 등을 감안하여 하도급거래를 하고
있다고 생각되는 조사대상사업자를 연도마다 추출하여 실시하고, 수급사업자에 대한
서면조사는 원사업자로부터 제출된 수급사업자 명부로부터 추출하여 실시하고 있
다.[53] 공정거래위원회와 중소기업청은 원사업자의 명부를 공유하고 있고 각자 동 명

---

52 공정위(公取委), 「헤이세이21년도 연차보고(平成21年度年次報告)」 제2부 제9장 2.
53 공정위(公取委), 「헤이세이22년도의 정책평가(헤이세이21년도에 실시한 시책의 평가)에 대하여(平成22年度
   の政策評価(平成21年度に実施した施策の評価)について)」 별첨3 (헤이(平)22·7·28)(2010.7.28.).

부에 기재된 사업자의 절반을 담당함으로써 조사를 분담하고 있는데 당해 사업자들을 공정거래위원회와 중소기업청이 정기적으로 교대하면서 담당하고 있다.[54]

원사업자에 대한 서면조사는 질문 서두에 어떠한 행위가 하도급법 위반이 되는지를 명시하고 나서 답변자에게 하도급법 위반 사실의 유무를 셀프체크 하는 내용으로 되어 있다. 이에 따라 원사업자는 서면조사에 답변하는 과정에서 하도급법 위반 사실의 존재를 알 수 있게 된다. 따라서 원사업자에 대한 서면조사는 자발적으로 하도급법을 준수하는 조치를 강구하도록 촉구하는 기능을 가짐과 동시에 원사업자가 자발적으로 하도급법 위반 사실을 공정거래위원회에 신고하는 기회를 제공하는 것이다.

그리고 수급사업자에 대한 서면조사는 수급사업자의 수가 방대하기 때문에 원사업자와 수급사업자가 관련된 정보를 효율적으로 입수하는 것이 중요하다. 원사업자에 대한 서면조사에서는 수급사업자의 명부를 제출하도록 하고 있기 때문에 이를 통해 공정거래위원회나 중소기업청은 수급사업자의 목록을 취득할 수 있게 되고, 이는 수급사업자에 대한 서면조사의 범위를 한층 확충하는 데에 기여하고 있다.

ㄴ. 신고

하도급법 위반행위의 피해자인 수급사업자는 원사업자와의 관계 악화를 우려하여 하도급법 위반으로 인해 피해를 입었다고 하더라도 그 사실을 공정거래위원회나 중소기업청에 신고하기를 주저하는 경우가 많다. 따라서 공정거래위원회는 원사업자의 하도급법 위반사실을 수급사업자가 쉽게 신고할 수 있는 환경을 만들기 위하여 중소사업자 전용상담 창구를 설치하고, 중소사업자의 요청에 따라 공정거래위원회의 직원이 출장하여 이동 상담회를 실시하고 있다.[55] 그리고 중소기업청은 재단법인 전국중소기업거래진흥협회를 통하여 전국에 「하도급 분쟁해결소」를 설치하고 중소기업으로부터 상담대응, 분쟁해결, 계몽활동 등을 실시하고 있다.

---

54 가마다(鎌田) 편저, 처음으로 배운다(はじめて学ぶ), 168면.
55 공정위(公取委), 「중소사업자 거래공정화 추진 프로그램의 실시에 대하여(中小事業者取引公正化推進プログラムの実施について)」(헤이(平)21・11・18)(2009.11.18.).

ㄷ. 중소기업청장의 조치청구

중소기업청은 하도급법 위반사건의 조사권한을 가지고 있지만(하도급법 제9조 제2항) 하도급법상의 조치권한은 가지고 있지 않다. 중소기업청장은 조사결과 원사업자에게 하도급법상의 금지행위를 한 사실이 있다고 인정되면 공정거래위원회에게 적당한 조치를 취하도록 요청(조치청구)할 수 있다(동법 제6조).

중소기업청장으로부터 조치청구가 행해진 사안의 경우 원사업자가 하도급법상의 금지행위를 했다는 사실이 중소기업청에 의해 이미 조사되었기 때문에 공정거래위원회는 조치청구를 받은 후 단기간 내에 조사를 끝내고 권고하는 것이 일반적이다.

ㄹ. 다른 관청 등으로부터의 통지

하도급거래와 관련된 사업의 소관 관청도 중소기업청의 조사에 협조하기 위하여 하도급법 위반사건을 조사할 수 있는 권한을 가지고 있기 때문에(하도급법 제9조 제3항) 당해 관청이 원사업자의 하도급법 위반사실을 공정거래위원회나 중소기업청에 통지하는 경우가 있을 수 있다.

그리고 하도급거래의 소관 관청이 아니라도 관공서가 하도급법 위반사실을 탐지하고 공정거래위원회나 중소기업청에게 통보하는 경우도 있을 수 있다. 2008년 12월에는 공정거래위원회 및 경제산업성과 후생노동성 간에 「하도급보호 정보네트워크」가 구축되어 후생노동성의 노동기준감독기관이 노동기준관계법령 위반에 대해서 조사를 하는 과정에서 하도급법상 금지행위의 존재가 의심되는 사안을 파악할 경우 공정거래위원회나 경제산업성에 통보하기로 되었다.[56]

ii. 조사에 있어서 행정기관 간의 역할분담

하도급법에서는 현장조사 및 보고명령의 조사권한이 공정거래위원회, 중소기업청

---

56 공정위(公取委), 「후생노동성과 공정거래위원회 및 경제산업성의 『하도급보호 정보네트워크』의 창설에 대하여(厚生労働省と公正取引委員会及び経済産業省との『下請保護情報ネットワーク』の創設について)」(헤이(平)20 · 12 · 2)(2008.12.2.).

장 및 하도급거래를 담당하는 주무부처 장관에게 각각 부여되어 있어(하도급법 제9조) 이들 3기관이 하도급법 위반 조사를 할 수 있도록 예정되어 있다. 어느 조사권한에 의하더라도 형사벌에 의한 실효성이 담보되어 있다(동법 제11조, 제12조).

이 가운데 공정거래위원회는 「하도급거래를 공정하게 하기 위하여 필요하다고 인정되는 때」에 강제조사권한을 발동할 수 있다(하도급법 제9조 제1항). 공정거래법에 근거한 강제조사권한을 발동하기 위해서는 「사건에 대해 필요한 조사를 하기 위한」 것이 요구되는 반면 하도급법상 공정거래위원회는 「사건」 전에, 즉 하도급법 위반의 혐의가 아직 인정되지 않는 단계일지라도 강제조사권한을 발동할 수 있는 강력한 권한이 주어져 있다.[57]

이에 대하여 중소기업청장이 강제조사권한을 발동할 수 있는 요건은 「수급사업자의 이익을 보호하기 위하여 특히 필요하다고 인정하는 때」로 되어 있다(하도급법 제9조 제2항). 문맥상 명백하게 공정거래위원회에 의한 조사권한 발동요건보다 엄격한 요건을 중소기업청장에게 부여하는 것인데, 이는 중소기업청장의 조사권한이 공정거래위원회에 대한 조치청구를 전제로 인정된 것이기 때문이다.[58] 다만 중소기업청은 하도급법 제9조 제2항에 근거하여 공정거래위원회와 동일한 내용의 강제서면조사를 하고 있고 「수급사업자의 이익을 보호하기 위하여 특히 필요하다고 인정되는 때」의 요건은 비교적 쉽게 인정되어 운용되는 것으로 보인다.

하도급거래를 담당하는 주무부처 장관에 의한 조사권한 발동요건은 「중소기업청장의 제6조 규정에 따른 조사에 협조하기 위해 특히 필요하다고 인정될 경우」로 한정되어 있어서 한층 엄격한 요건으로 되어 있다. 실제로는 중소기업청장으로부터의 요청을 받은 때에 발동되는 것으로 되어 있다.[59]

iii. 조사의 수단

ㄱ. 현장조사

공정거래위원회 등은 원사업자나 수급사업자의 사무소·사업소에 입회하여 장부

---

57 스즈키(鈴木), 신 하도급법 매뉴얼(新下請法マニュアル), 233면.
58 쓰지(辻)·이코마(生駒), 상세 하도급법(詳解下請法), 263면.
59 쓰지(辻)·이코마(生駒), 상세 하도급법(詳解下請法), 263면.

서류, 기타 물건을 조사하는 권한을 가지고 있다(하도급법 제9조). 조사를 거절하거나 방해하는 행위는 형사벌의 대상이 된다(동법 제11조, 제12조).

실제로는 사업자의 임의 협조를 얻어 서류제출요구를 통한 조사가 행하여지는 것이 일반적이고 현장조사는 사업자의 임의 협조를 얻을 수 없는 경우에 발동되는 것이 일반적이다.[60]

ㄴ. 서류제출

하도급법은 공정거래법과 달라서 공정거래위원회 등은 사업자에 대한 서류 등의 제출을 명할 수 있는 권한이 없다.

그러나 실무상은 사업자로부터 임의 협조를 얻어 장부 등의 사본을 제출받는 것이 일반적이다. 사업자의 임의 협조를 얻을 수 없다고 하더라도 공정거래위원회 등으로서는 현장조사에서 장부 등을 분류한 후에 사업자에게 일정사항을 정리하여 보고하도록 명하는 것도 가능하다.

ㄷ. 보고명령

공정거래위원회 등은 원사업자나 수급사업자에게 거래에 관한 보고를 하게 할 수 있는 권한을 가지고 있다(하도급법 제9조). 보고를 하지 않거나 허위로 보고하는 것은 형사벌의 대상이 된다(동법 제11조, 제12조).

공정거래위원회 등은 원사업자 등으로부터 서류를 제출받고 하도급법 위반 혐의를 어느 정도 굳힌 단계에서 원사업자에게 회사개요, 수급사업자와의 거래상황, 하도급법 위반사실의 내용(예를 들어 대금감액이라면 할인 요청·합의·감액실시의 상황이나 수급사업자별 할인액의 집계표 등)을 정리해서 보고하도록 명하는 것이 일반적이다.

그리고 공정거래위원회 등은 구체적으로 하도급법 위반의 혐의가 없는 단계에서도 앞의 ⅰ. ㄱ.과 같이 사건의 단서 등을 얻기 위하여 원사업자 및 수급사업자에 대하여 하도급법 제9조에 근거한 서면조사를 정기적으로 실시하고 있다.

---

60 스즈키(鈴木), 신 하도급법 매뉴얼(新下請法マニュアル), 233면.

ㄹ. 출두요청

하도급법상 공정거래위원회 등은 사업자에게 출두를 명하고 심문을 할 권한을 가지고 있지 않다.

다만 실무상으로는 일반적으로 사업자의 임의의 협조를 얻어 사업자를 공정거래위원회 등의 사무소로 불러서 조사하고 있다.

iv. 조사의 종료

공정거래위원회는 조사 결과 원사업자에게 하도급법상의 금지행위에 해당하는 행위를 한 사실이 있다고 인정되는 때에는 당해 원사업자에게 「권고할 수 있다」라고 규정되어 있다. 「권고할 수 있다」라는 것은 공정거래위원회가 권고를 의무적으로 해야 하는 것은 아니고[61] 하도급법상 금지행위에 해당하는 사실이 있다고 하더라도 공정거래위원회의 재량으로 권고를 하지 않을 수도 있다.

공정거래위원회가 권고를 하는 경우에는 권고에 앞서 원사업자에게 권고서안(案)을 교부하고 반론의 기회를 주고 있다.

공정거래위원회는 하도급법 위반사건으로 조사를 개시한 안건에 대하여 권고를 하지 않는 경우에는 무혐의로 불문에 부치는 경우를 제외하고는 원사업자에게 어떠한 지도(구두)를 하고 개선보고서 또는 개선계획서의 제출을 요구하는 것이 일반적이다.

그리고 중소기업청은 서면조사의 결과, 경고 문서를 발하는 것 이외에 위반의 우려가 높은 원사업자에게 현장조사 등을 실시하고 서면에 의한 개선지도를 하고 있다. 나아가 특별히 수급사업자에게 미치는 영향이 중대하다고 사료되는 안건에 대해서는 하도급법 제6조에 근거하여 중소기업청장이 공정거래위원회에게 조치청구를 하고 있다.[62]

지금까지 실무에서 공정거래위원회에 의해 권고가 행해진 것은 대부분 하도급대금의 감액사안이다. 공정거래위원회는 하도급대금의 감액사안 중 감액금액의 총액이

---

61 공정위 사무국(公取委事務局) 편, 신하도급법(新下請法), 240면.
62 이상, 중소기업청(中小企業庁), 「헤이세이22년도 하도급대금 지불지연 등 방지법에 근거한 규제상황에 대하여(상세판)(平成22年度における下請代金支払遅延等防止法に基づく取締状況等について(詳細版))」(헤이(平)23·5·31)(2011.5.31.).

1,000만 엔을 넘는 원사업자 또는 하도급법 위반행위를 반복하는 원사업자[63]에게 권고를 하는 경향이 있다.[64]

하도급법 조사의 처리기간에 대해서 공정거래위원회는 권고사안인 경우는 조사개시로부터 10개월 이내로 하는 것이 목표로 되어 있고 권고까지 이르지 않고 단순히 지도하는 사안은 조사개시로부터 3개월 이내로 처리하는 것이 목표로 되어있다.[65] 또한 권고는 행정처분이 아니고 법적 구속력이 없는 행정지도이기 때문에 제척기간은 정하고 있지 않다.

v. 자발적 신고제도(하도급법 리니언시)

하도급법상의 금지행위를 하는 원사업자가 권고를 피하기 위한 방법으로 2008년 12월부터 자발적 신고제도(하도급법 리니언시)가 운영되고 있는데 하도급법상의 금지행위를 한 원사업자가 다음 요건을 충족하는 경우에는 공정거래위원회는 당해 원사업자에 대하여 권고를 하지 않고 있다.[66]

- 공정거래위원회가 당해 위반행위와 관련된 조사에 착수하기 전에 당해 위반행위를 자발적으로 신고할 것
- 당해 위반행위를 이미 중지하고 있을 것
- 당해 위반행위에 의해 수급사업자에게 준 불이익을 회복하기 위하여 필요한 조치(하도급대금의 감액사안에서는 감액한 금액의 적어도 과거 1년분을 반환할 것)를 이미 강구하고 있을 것
- 당해 위반행위를 향후에 반복하지 않기 위한 재발방지책을 강구하고 있을 것
- 당해 위반행위에 대해서 공정거래위원회가 하는 조사 및 지도에 전면적으로 협조하고 있을 것

불이익회복조치는 자발적 신고시점에 강구되어 있지 않으면 안 되고 또한 자발적

---

63 공정위 권고(公取委勧告) 헤이(平)17·1·27(2005.1.27.)〔하시모토포밍공업(橋本フォーミング工業) 사건〕.
64 스즈키(鈴木), 신 하도급법 매뉴얼(新下請法マニュアル), 225면.
65 공정위(公取委),「공정거래위원회 헤이세이26년도 정책평가결과에 대하여(公正取引委員会における 平成26年度の政策評価結果について)」별첨3 (헤이(平)26·8·29)(2014.8.29.).
66 공정위(公取委),「하도급법 위반행위를 자발적으로 신고한 원사업자의 취급에 대하여(下請法違反行為 を自発的に申し出た親事業者の取扱いについて)」(헤이(平)20·12·17)(2008.12.17.).

신고는 공정거래위원회로부터 조사가 착수된다는 취지의 연락(전화 등)을 받기 전에 해야 하는 것으로 되어 있다. 그리고 하도급거래를 포함한 거래에서 우월적 지위남 용과 관련된 공정거래법상의 조사가 개시되는 것을 계기로 하도급법 위반행위에 대 하여 신고한다면 상기 요건은 충족되지 않는 것으로 본다.[67]

　하도급법상의 자발적 신고제도는 원사업자가 서면조사에 답변하는 과정에서 자사 의 하도급법 위반행위를 발견하는 경우에 중요한 선택지가 될 수 있다. 하지만 자발 적 신고제도를 이용한 경우에 원사업자는 공정거래위원회에 대한 제출자료 준비 등 에서 과대한 부담을 지게 된다. 자발적 신고제도를 이용하는 원사업자의 장점은 권 고(그에 따른 공표)를 회피할 수 있다는 것에 있지만 앞의 2. (2). ii.와 같이 하도급 법 제3조 · 제5조 위반이나 수령거부 · 지급지연 등에 대해서 원사업자가 이미 위반행 위를 해소하고 있는 경우에는 권고의 대상이 되지 않는 등 원래 권고의 대상이 되는 행위는 한정되어 있다. 그 때문에 권고와 무관한 사안에 있어서 원사업자는 수급사 업자에게 준 불이익을 회복하기 위한 필요조치나 재발방지책을 자발적으로 강구하 면서 공정거래위원회에 대한 자발적인 신고는 하지 않는 것도 합리적인 선택지가 될 수 있을 것이다.

(2) 조치

> **하도급법 제7조**
> ① 공정거래위원회는 원사업자가 제4조 제1항 제1호, 제2호, 또는 제7호에 규정된 행위를 하고 있다고 인정될 때에는 당해 원사업자에게 신속히 그 수급사업자의 급부를 수령하고 그 하도 급대금 혹은 제4조의2의 규정에 따른 지연이자를 지급하거나 또는 당해 불이익한 취급을 중 지하거나 기타 필요한 조치를 취할 것을 권고할 수 있다.
> ② 공정거래위원회는 원사업자가 제4조 제1항 제3호 내지 제6호에 해당하는 행위를 했다고 인 정될 때에는 당해 원사업자에게 신속히 감액한 금액을 지급하거나, 당해 수급사업자의 급부 와 관계된 물건을 다시 인수하거나, 감액된 하도급대금의 금액을 인상하거나 또는 구입을 강 제한 물건을 인수하거나 기타 필요한 조치를 취할 것을 권고할 수 있다.
> ③ 공정거래위원회는 원사업자에게 제4조 제2항 각호의 어느 하나에 해당하는 사실이 있다고 인정될 때에는 당해 원사업자에게 신속히 수급사업자의 이익을 보호하기 위해 필요한 조치

---

67 우월적 지위 가이드라인 견해(優越ガイドライン考え方), 6면.

를 취할 것을 권고할 수 있다.

하도급법 제8조

독점규제 및 공정거래에 관한 법률(1947년 법률 제54호) 제20조 및 제20조의6의 규정은 공정거래위원회가 전조 제1항 내지 제3항의 규정에 의한 권고를 하고 원사업자가 그 권고를 따를 경우에 한하여 원사업자의 그 권고와 관계된 행위에 대해서는 적용하지 않는다.

ⅰ. 권고의 성질

공정거래위원회의 원사업자에 대한 권고(하도급법 제7조)는 행정처분이 아닌 행정지도이기 때문에 법적 구속력은 없다. 권고는 항고소송의 대상이 되는 처분에는 해당하지 않고 행정지도 중지 등의 요구(행정절차법 제36조의2) 대상도 되지 않기 때문에[68] 법적으로 다툴 수는 없다.[69] 그러나 권고를 받은 원사업자가 권고에 따른 경우에는 당해 원사업자의 해당 권고와 관련된 행위에 대해서는 공정거래법상의 우월적 지위남용으로 법적조치가 취해지지 않는다(하도급법 제8조). 권고의 대상인 하도급법상의 금지행위가 법정 우월적 지위남용에도 해당하는 경우에는 권고에 따르지 않아서 공정거래법이 적용되면 시정명령이나 과징금납부명령을 받게 되기 때문에 공정거래법 적용 면제는 권고에 대한 강력한 인센티브로서 기능한다.

권고의 실질적 효과는 권고사실이 공표되는 데에 있다. 2003년 개정 전의 하도급법 제7조 제4항은 「공정거래위원회는 전3항의 규정에 의한 권고를 한 경우에 원사업자가 그 권고에 따르지 않은 때에는 그 취지를 공표하도록 한다」라고 규정하여 권고에 따르지 않는 경우에만 공표하도록 되어 있었다. 2003년 하도급법 개정에서는 권고를 하는 시점에서 필요하다면 공표할 수 있도록[70] 동조항이 삭제되었다. 그 결과 공정거래위원회는 2003년 개정 하도급법이 시행된 2004년 4월 이후의 모든 권고에서 그 내용을 공표하고 있다. 권고내용을 공표하는 목적은 그것이 신문 등에 보도됨

---

68 이시이 다카시(石井崇), 「하도급법컴플라이언스(下請法コンプライアンス)」, Business Law Journal 114호, 78면, 85면(시라이시 다다시(白石忠志))(2017).

69 네기시(根岸)·후나다(舟田), 개설(概説), 286면.

70 다카하시 쇼조(高橋省三), 「하도급법의 개정에 대하여(下請法の改正について)」, 공정거래(公正取引) 634호, 25면, 28면(2003).

으로써 하도급법 위반사건에 대한 사회적 관심을 높이고 하도급법의 내용을 사회에 넓게 인지시키는 효과와 함께 적극적인 사건처리나 권고사건의 보도에 의해 수급사업자가 하도급법에 대한 이해를 넓히는데 기여한다고 보기 때문이다.[71] 다만 위반사실을 공표하는 것은 기업의 사회적 평가를 저하시킬 수도 있기 때문에 권고의 정도에 이르지 않는 지도에 대해서 공표하는 것은 곤란하다고 한다.[72]

ii. 권고의 대상행위

하도급법에 근거한 권고는 원사업자가 하도급법 제4조에 규정된 금지행위를 한 경우에 행해지는 것으로(하도급법 제7조) 하도급법 제3조 위반이나 제5조 위반의 행위는 권고의 대상이 되지 않는다.

수령거부, 지급지연 및 보복조치에 대해서는 원사업자가 이미 위반행위를 해소하고 있는 경우에는(즉, 원사업자가 상품을 수령하고 지연이자를 포함한 하도급대금을 지급하거나 또는 보복조치를 중지한 경우) 권고의 대상이 아니다.[73] 하도급법 제7조 제1항에 의하면 수령거부나 지급지연 또는 보복조치를「하고 있다」라고 인정되는 경우에만 권고의 대상이 되기 때문이다.

반면 기타 유형의 금지행위에 대해서는 원사업자가 금지행위를 이미 그만두었더라도「기타 필요한 조치」로서 당해 행위가 하도급법 규정에 위반된다는 사실을 이사회의 결의로 확인할 것 등이 권고된다.[74]

---

71 공정위(公取委),「헤이세이22년도의 정책평가(헤이세이21년도에 실시한 시책의 평가)에 대하여(平成22年度の政策評価(平成21年度に実施した施策の評価)について)」별첨3 (헤이(平)22·7·28)(2010.7.28.).

72 공정위(公取委),「헤이세이22년도 제1회 정책평가위원회 의사록(平成22年度第1回政策評価委員会事録)」, 19면(진구시 관방총무과장(神宮司官房総務課長) 발언〕 (헤이(平)22·6·10)(2010.6.10.).

73 이케우치 고우지(池内裕司),「주식회사 산케츠에 대한 권고에 대하여(株式会社サンゲツに対する勧告について)」, 공정거래(公正取引) 752호, 72면, 74면(2013). 지연이자의 총액이 13억 엔을 넘는 사안이더라도 원사업자가 지급지연을 해소하고, 수급사업자에 대하여 지연이자를 지급하여 권고가 아닌 지도에 그친 사례로서 , 공정위 권고(公取委勧告) 헤이(平)24·9·25(2012.9.25.)〔일본생활협동조합연합회(日本生活協同組合連合会)사건〕.

74 공정위 권고(公取委勧告) 헤이(平)17·9·21(2005.9.21.)〔다케다인쇄(竹田印刷)사건〕외, 쓰쓰미 유키오(堤幸雄)·고조 나오코(香城尚子),「다케다인쇄 주식회사에 대한 권고에 대하여(竹田印刷株式会社に対する勧告について)」, 공정거래(公正取引) 661호, 49면, 51면(2005).

iii. 권고의 내용

ㄱ. 위반행위의 중지

원사업자가 권고 시점에 계속해서 금지행위를 하고 있는 경우에는 공정거래위원회는 금지행위를 중지할 것을 원사업자에게 권고한다. 하도급법 제4조에 규정한 금지행위 가운데 수령거부(동조 제1항 제1호), 지급지연(동항 제2호) 및 보복조치(동항 제7호)와 관련된 권고가 전형적이다(하도급법 제7조 제1항).

수령거부의 경우에는 원사업자에 대해 수급사업자로부터 아직까지 수령하고 있지 않은 급부를 신속하게 수령하도록 권고한다.[75]

지급지연의 경우에는 원사업자에 대해 수급사업자에게 하도급대금 및 지연이자를 지급하도록 권고한다.[76]

ㄴ. 원상회복조치 · 불이익보전조치

하도급법상 금지행위 가운데 하도급대금의 감액(하도급법 제4조 제1항 제3호), 반품(동항 제4호), 가격후려치기(동항 제5호) 또는 구입강제(동항 제6호)가 행해진 경우에 공정거래위원회는 당해 행위가 행해지기 이전의 상태로 회복하도록 조치할 것을 권고한다(하도급법 제7조 제2항). 또한 하도급법상의 금지행위 가운데 유상지급 원자재 등의 조기결제(동법 제4조 제2항 제1호), 할인곤란어음의 교부(동항 제2호), 경제상 이익의 제공요청(동항 제3호) 또는 급부내용의 변경 · 급부의 수정작업지시(동항 제4호)가 행해진 경우, 공정거래위원회는 신속하게 수급사업자의 이익을 보호하기 위하여 필요한 조치를 할 것을 권고한다(하도급법 제7조 제3항). 이들 원상회복 · 불이익보전조치는 최대 과거 2년분에 대해 소급해서 행해진다. 이는 제5조 서면의 필요적 기재사항에 대한 기재를 끝낸 날부터 2년간 보존된다는 점과 민법상 하도급대금의 대부분은 2년의 단기소멸시효(일본민법 제173조)에 걸린다는 점에 영향을 받은 것이다.

하도급대금 감액의 경우는 원사업자에 대하여 감액한 금액을 신속하게 수급사업자에게 지급하도록 권고한다.[77]

---

75 공정위 권고(公取委勧告) 헤이(平)24 · 3 · 2(2012.3.2.)〔다치키치(たち吉)사건〕 외.
76 강습회 텍스트(講習会テキスト) 1. (6) Q&A 106 (73면).
77 공정위 권고(公取委勧告) 헤이(平)16 · 9 · 28(2004.9.28.)〔후지제지(富士製紙)사건〕 외.

　반품의 경우는 원사업자에 대하여 수급사업자에게 반품한 물품과 관련하여 반품 후 회수하지 않은 물품을 다시 회수하거나 혹은 다시 회수한 당해 물품 및 다시 회수할 수 없는 물품에 대한 하도급대금상당액을 지급하거나 반품 후 다시 회수한 물품의 하도급대금액과 당해 물품의 대가로서 지급한 대금과의 차액을 지급하도록 권고한다.[78]

　단가후려치기의 경우는 원사업자에게 수급사업자와 하도급대금액에 관한 협의를 통하여 수급사업자의 급부내용과 동종 또는 유사한 내용의 급부를 통상 지급되는 대가와 비교하여 현저히 낮지 않은 상당액수로 인상하고 인상시점은 현저히 낮은 금액으로 정한 시기로 소급하여 인상하도록 권고한다.[79]

　구입강제의 경우는 원사업자에게 원칙적으로 구입하게 한 물품을 회수하고 당해 물품의 구입금액을 수급사업자에게 지급하도록 권고하지만 당해 상품이 즉시 소비되는 것이라면 구입시킨 물품의 회수가 곤란하기 때문에 그 대신에 수급사업자가 구입한 물품의 구입금액에서 당해 물품의 매입가격에 상당하는 금액을 공제한 금액을 수급사업자에게 신속하게 지급하도록 권고하는 경우가 있다.[80] 역무의 이용을 강제한 경우에도 동일하게 당해 역무제공과 관련된 매출액에서 매출원가를 공제한 금액을 수급사업자에게 지급하도록 권고한다.

　유상지급 원재료 등 조기결제의 경우는 원사업자로 하여금 수급사업자에게 유상지급 원재료 등의 대가로서 하도급대금액에서 공제하거나, 또는 지급된 금액 가운데 제조위탁 등에 이용되지 않은 유상지급재 등의 대가에 상당하는 금액을 반환하거나,[81] 수급사업자가 금융기관으로부터 융자를 받아서 자재의 대가를 지급한 경우에는 수급사업자가 부담하고 있던 이자 상당액을 지급하도록 권고한다.[82]

　할인이 곤란한 어음의 경우는 원사업자로 인해 수급사업자가 부담한 과다한 할인료를 지급하도록 권고한다.[83]

---

78 공정위 권고(公取委勧告) 헤이(平)24·1·25(2012.1.25.)〔하루야마상사(はるやま商事)사건〕.

79 공정위 권고(公取委勧告) 헤이(平)19·12·6(2007.12.6.)〔호치키멘테난스센터(ホーチキメンテナンスセンター)사건〕.

80 공정위 권고(公取委勧告) 헤이(平)20·4·17(2008.4.17.)〔큐슈 산코운수(九州産交運輸)사건〕, 공정위 권고(公取委勧告) 헤이(平)28·6·14(2016.6.14.)〔일본세레모니(日本セレモニー)사건〕.

81 공정위 권고(公取委勧告) 헤이(平)23·12·21(2011.12.21.)〔산에스(サンエス)사건〕.

82 가마다(鎌田) 편저, 처음으로 배운다(はじめて学ぶ), 135면.

83 스즈키(鈴木), 신 하도급법 매뉴얼(新下請法マニュアル), 224면.

경제상 이익제공요청의 경우는 원사업자가 수급사업자로 하여금 제공하게 한 금액을 수급사업자에게 지급하도록 권고한다.[84]

급부의 부당한 수정지시의 경우는 수급사업자가 부담한 추가비용을 지급하도록 권고한다.

ㄷ. 장래에 동일한 행위를 하지 않을 것

공정거래위원회는 하도급법상의 금지행위를 한 원사업자에 대하여 「기타 필요한 조치」로서 수급사업자에 대한 행위가 하도급법상의 금지행위에 해당하는 행위라는 점과 향후 동일한 행위를 다시 하지 않을 것을 이사회의 결의를 통해 확인하여야 한다는 점을 권고한다.[85]

ㄹ. 재발방지조치

공정거래위원회는 하도급법상의 금지행위를 한 원사업자에 대하여 「기타 필요한 조치」로서 향후 동일한 행위를 하지 않도록 자사의 발주 담당자에 대한 하도급법 연수를 하는 등 사내체제 정비를 위하여 필요한 조치를 강구할 것을 권고한다.[86]

ㅁ. 관계자에 대한 공지(周知)조치

권고를 받은 원사업자에게 「기타 필요한 조치」로 위의 각 권고사항에 근거하여 취한 조치의 내용을 자사 임원 및 종업원에게 철저히 공지시키고 수급사업자에게도 공지할 것을 권고한다.[87]

---

84 공정위 권고(公取委勧告) 헤이(平)23·3·16(2011.3.16.)〔아사히식품(旭食品)사건〕.
85 공정위 권고(公取委勧告) 헤이(平)17·9·21(2005.9.21.)〔다케다인쇄(竹田印刷)사건〕 외, 쓰쓰미(堤)·
   고조(香城), 앞의 주74) 51면.
86 공정위 권고(公取委勧告) 헤이(平)19·10·2(2007.10.2.)〔마루젠쇼와 운수(丸全昭和運輸)사건〕 외.
87 공정위 권고(公取委勧告) 헤이(平)19·10·2(2007.10.2.)〔마루젠쇼와 운수(丸全昭和運輸)사건〕 외.

ㅂ. 공정거래위원회에 대한 보고

이상의 권고사항에 덧붙여 공정거래위원회는 권고를 받은 원사업자에게 상기의 각 권고사항에 따라서 취한 조치에 대하여 신속하게 공정거래위원회에 보고하도록 (개선보고서의 제출) 권고한다.

iv. 권고사항의 선이행

이상에서 들고 있는 권고사항에 대하여 원사업자가 권고를 받기 전에 자발적으로 조치하는 경우가 있다. 이 경우 목적을 달성한 사항에 대하여 중첩적으로 권고가 행하여지는 경우는 없지만 상기의 권고사항 가운데 권고시점에 하나라도 조치되지 않은 것이 남아 있다면 권고가 행해지게 된다.[88]

---

88 재발방지조치 내용이 불충분하기 때문에 권고가 행해진 예로서 공정위 권고(公取委勧告) 헤이(平)20 · 6 · 27(2008.6.27.)〔마쓰다(マツダ)사건〕. 자사 종업원 등에 대한 공지철저 조치 및 수급사업자에 대한 공지조치가 불충분하기 때문에 권고가 행해진 예로서 공정위 권고(公取委勧告) 헤이(平)19 · 10 · 2(2007.10.2.) 〔마루젠쇼와 운수(丸全昭和運輸)사건〕, 공정위 권고(公取委勧告) 헤이(平)20 · 12 · 11(2008.12.11.)〔니시닛폰 차체공업(西日本車体工業)사건〕, 공정위 권고(公取委勧告) 헤이(平)23 · 1 · 27(2011.1.27.)〔기타무라(キタムラ)사건〕. 재발방지조치 및 수급사업자에 대한 공지조치가 불충분하기 때문에 권고가 행해진 예로서 공정위 권고(公取委勧告) 헤이(平)23 · 1 · 11(2011.1.11.)〔다키히요(タキヒヨー)사건〕. 재발방지조치, 자사 종업원 등에 대한 공지철저조치 및 수급사업자에 대한 공지조치가 불충분하기 때문에 권고가 행해진 예로서 공정위 권고(公取委勧告) 헤이(平)22 · 1 · 27(2010.1.27.)〔고이즈미물류(コイズミ物流)사건〕.

제
7
장

자료

자료

01 자료 1

독점규제 및 공정거래에 관한 법률
(私的独占の禁止及び公正取引の確保に関する法律)(抄)(발췌)

쇼와(昭和)22년(1947년) 4월 14일 법률 제54호
최종개정 헤이세이(平成)26년(2014년) 6월 13일 법률 제69호

제1장 총칙

제1조

이 법률은 시장지배적 지위남용, 부당한 공동행위 및 불공정거래행위를 금지하고, 사업지배력의 과도한 집중을 방지하며 결합, 협정 등의 방법에 의한 생산, 판매, 가격, 기술 등의 부당한 제한 및 기타 일체의 사업 활동의 부당한 구속을 배제함으로써 공정하고 자유로운 경쟁을 촉진하고, 사업자의 창의를 발휘시켜 사업 활동을 번창하게 하고, 고용 및 국민실질소득 수준을 향상시킴으로써 일반소비자의 이익을 확보함과 동시에 국민경제의 민주적이고 건전한 발달을 촉진하는 것을 목적으로 한다.

제2조

① 이 법률에서 「사업자」라 함은 상업, 공업, 금융업, 기타의 사업을 하는 자를 말한다. 사업자의 이익을 위해 행위하는 임원, 종업원, 대리인, 기타의 자는 다음 항 또는 제3장 규정의 적용에 있어서는 이를 사업자로 본다.

③ 이 법률에서 「임원」이라 함은 이사, 중역, 집행역, 업무집행사원, 감사 혹은 감사역 또는 이에 준하는 자, 지배인 또는 본점·지점의 사업주임자를 말한다.

④ 이 법률에서 「경쟁」이라 함은 2이상의 사업자가 통상의 사업 활동의 범위 내에서 당해 사업 활동의 시설 또는 상태에 중요한 변경을 가하지 않고 다음과 같은 행위를 하거나 할 수 있는 상태를 말한다.

1. 동일한 수요자에게 동종 또는 유사한 상품 또는 용역을 제공하는 것
2. 동일한 공급자로부터 동종 또는 유사한 상품 또는 용역을 공급받는 것

⑨ 이 법률에서 「불공정거래행위」라 함은 다음 각호의 어느 하나에 해당하는 행위를 말한다.

5. 자기의 거래상의 지위가 상대방보다 우월하다는 점을 이용하여 정상적인 거래 관행에 비추어 부당하게 다음 어느 하나에 해당하는 행위를 하는 것

  가. 계속하여 거래하는 상대방(새로이 계속하여 거래하고자 하는 상대방을 포함한다. 나목에서도 같다)에 대하여 당해 거래와 관련된 상품 또는 용역 이외의 상품 또는 용역을 구입하게 하는 것

  나. 계속하여 거래하는 상대방에 대하여 자기를 위하여 금전, 용역, 기타 경제상의 이익을 제공하게 하는 것

  다. 거래의 상대방으로부터 거래와 관련된 상품의 수령을 거부하거나 거래상대방으로부터 거래와 관련된 상품을 수령한 후 그 상품을 거래상대방에게 반납하거나 거래상대방에 대하여 거래대가 지급을 지연하거나 그 금액을 줄이거나 기타 거래상대방에게 불이익이 되도록 거래조건을 설정·변경하거나 또는 거래를 실시하는 것

6. 전 각호에 열거한 이외에 다음 어느 하나에 해당하는 행위로서 공정한 경쟁을 저해할 우려가 있는 것 중에서 공정거래위원회가 지정하는 것

  마. 자기의 거래상 지위를 부당하게 이용하여 상대방과 거래하는 것

제5장 불공정거래행위

제19조
사업자는 불공정거래행위를 하여서는 아니 된다.

제20조
전조의 규정을 위반하는 행위가 있는 때에, 공정거래위원회는 제8장 제2절에서 규정하는 절차에 따라 사업자에 대하여 당해 행위의 정지, 계약조항의 삭제, 기타 그러한 행위를 배제하기 위해 필요한 조치를 명할 수 있다.
② 제7조 제2항의 규정은 전조의 규정에 위반하는 행위에 준용한다.

제7조
② 공정거래위원회는 제3조 또는 전조 규정에 위반하는 행위가 이미 종료된 경우에도 특히 필요하다고 인정하는 때에는 제8장 제2절에서 규정하는 절차에 따라서 다음에 열거하는 자에 대하여 그 행위가 이미 소멸하였다는 취지의 주지조치, 기타 그 행위가 배제된 것을 확보하기 위해 필요한 조치를 명할 수 있다. 다만, 그 행위가 종료된 날부터 5년이 경과한 때에는 그러하지 아니하다.
1. 당해 행위를 한 사업자
2. 당해 행위를 한 사업자가 법인이고 해당 법인이 합병으로 소멸한 경우에 합병 후 존속하거나 합병으로 설립된 법인
3. 당해 행위를 한 사업자가 법인인 경우에 해당 법인으로부터 분할로 인해 그 행위에 관련된 사업의 전부 또는 일부를 승계한 법인
4. 당해 행위를 한 사업자로부터 당해 행위와 관련된 사업의 전부 또는 일부를 양수한 사업자

제20조의6
사업자가 제19조의 규정에 위반하는 행위(제2조 제9항 제5호에 해당하는 것으로서 계속되고 있는 행위에 한한다)를 한 때에는 공정거래위원회는 제8장 제2절에서 규정하는 절차에 따라 당해 사업자에 대하여 당해 행위를 한 날부터 당해 행위가 종료되는 날까지의 기간(그 기간이 3년을 초과한 때에는 그 행위가 종료되는 날부터 소급하여 3년간으로 한다) 동안에 시행령으로 정하는 방법으로 산정한 당해 행위의 상대방에 대한 매출액(당해

행위가 상품 또는 용역을 공급받은 상대방에 대한 것인 경우는 그 행위의 상대방과의 사이에서 시행령으로 정하는 방법으로 산정한 구입액으로 하고, 당해 행위의 상대방이 복수인 경우는 그 행위의 각각의 상대방과의 사이에서 시행령으로 정하는 방법으로 산정한 매출액 또는 구입액의 합계액으로 한다)에 100분의 1을 곱한 금액에 상당하는 과징금을 국고에 납부할 것을 명하여야 한다. 다만, 그 금액이 100만 엔 미만인 때에는 납부를 명할 수 없다.

제20조의7

제7조의2 제22항 내지 제25항 및 제27항의 규정은 제20조의2 내지 전조에서 규정하는 위반행위가 행해진 경우에 준용한다. 이 경우에 제7조의2 제22항 중「제1항 또는 제4항」은「제20조의2 내지 제20조의6」으로,「제1항, 제4항 내지 제9항, 제11항, 제12항 또는 제19항」은「이들」로, 동조 제23항 중「제1항, 제4항 내지 제9항, 제11항, 제12항 또는 제19항」은「제20조의2 내지 제20조의6」으로, 동조 제24항 중「제1항, 제2항 또는 제4항」은「제20조의2 내지 제20조의6」으로,「동시에 그 법인이 받은 제1항(제2항에서 대신하여 준용하는 경우 포함한다) 및 제4항의 규정에 따른 명령, 제18항 및 제21항 규정에 따른 통지와 제63조 제2항 규정에 따른 결정(이하 본항 및 다음 항에서「명령 등」이라 한다)은 합병 후 존속하거나 합병으로 설립된 법인이 한 위반행위 및 합병 후 존속하거나 합병으로 설립된 법인이 받은 명령 등」인 것은「는, 합병 후 존속하거나 합병으로 설립된 법인이 한 위반행위」로,「전 각 항 및 다음 항」인 것은「제20조의7에서 대신하여 준용하는 전 2항 및 다음 항과 제20조의2 내지 제20조의6」으로, 동조 제25항 중「제1항, 제2항 또는 제4항」은「제20조의2 내지 제20조의6」으로,「위반행위 및 그 법인이 받은 명령 등」및「위반행위 및 당해 특정사업승계자회사 등이 받은 명령 등」인 것은「위반행위」로,「전 각항」은「제20조의7에서 대신하여 준용하는 전 3항 및 제20조의2 내지 제20조의6」으로,「제1항(제2항에서 대신하여 준용하는 경우 포함한다) 중「당해」는「제20조의2 내지 제20조의6의 규정 중「, 당해」로,「특정사업승계자회사 등(제25항에서 규정하는 특정사업승계자회사 등이라 한다. 이하 같다)에 대하여 본항(다음 항에서 대신하여 준용하는 경우 포함한다) 규정에 따른 명령을 받은 다른 특정사업승계자회사 등과 연대하여」로, 제4항 중「당해 사업자에 대하여」는「특정사업승계자회사 등에 대하여 본항의 규정에 따른 명령을 받은 다른 특정사업승계자회사 등과 연대하여」는「, 특정사업승계자회사 등에 대하여 본조의 규정

에 따른 명령을 받은 다른 특정사업승계자회사 등과 연대하여」로, 「제22항」은 「제20조의7에서 대신하여 준용하는 제22항」으로, 「받은 특정사업승계자회사 등」은 「받은 특정사업승계자회사 등(제20조의7에서 대신하여 준용하는 제25항에서 규정하는 특정사업승계자회사 등이라 한다. 이하 본항에서 같다)」으로, 동조 제27항 중 「실행 기간(제4항에서 규정하는 위반행위에 대해서는 위반행위 기간)이 종료한 날」은 「당해 행위가 종료된 날」로 대체하는 것으로 한다.

대체한 후의 제7조의2

㉒ 제20조의2 내지 제20조의6의 규정에 따른 명령을 받은 자는 이들 규정에 따라 계산한 과징금을 납부하여야 한다.

㉓ 제20조의2 내지 제20조의6의 규정에 따라 계산한 과징금액에 1만 엔 미만의 단수가 있는 때에는 그 단수는 절사한다.

㉔ 제20조의2 내지 제20조의6에서 규정하는 위반행위를 한 사업자가 법인인 경우에, 당해 법인이 합병으로 소멸한 때에는 당해 법인이 한 위반행위는 합병 후 존속하거나 합병으로 설립된 법인이 한 위반행위 등으로 보고 제20조의7에서 대신하여 준용하는 전 2항 및 다음 항과 제20조의2 내지 제20조의6의 규정을 적용한다.

㉕ 제20조의2 내지 제20조의6에서 규정하는 위반행위를 한 사업자가 법인인 경우에, 당해 법인이 당해 위반행위와 관련된 사건에 대한 조사개시일 이후에 1 또는 2 이상의 자회사 등에 대하여 당해 위반행위와 관련된 사업의 전부를 양도하거나 당해 법인(회사에 한한다)이 위반행위와 관련된 사건에 대한 조사개시일 이후에 1 또는 2 이상의 자회사 등에 대하여 분할에 의해 당해 위반행위와 관련된 사업의 전부를 승계하게 하고, 합병 이외의 사유로 소멸한 때에는 당해 법인이 한 위반행위는 그 사업의 전부 혹은 일부를 양수하거나 분할에 의해 그 사업의 전부 혹은 일부를 승계한 자회사 등(이하 「특정사업승계자회사 등」이라 한다)이 한 위반행위로 보아 제20조의7에서 대신하여 준용하는 전 3항 및 제20조의2 내지 제20조의6의 규정을 적용한다. 이 경우에 당해 특정사업승계자회사 등이 2 이상인 때에는 제20조의2 내지 제20조의6의 규정 중 「, 당해 사업자에 대하여」는 「, 특정사업승계자회사 등에 대하여 본조의 규정에 따른 명령을 받은 다른 특정사업승계자회사 등과 연대하여」로, 제20조의7에서 대신하여 준용하는 제22항 중 「받은 자는」은 「받은 특정사업승계자회사 등(제20조의7에서 대신하여 준용하는 제25항에서 규정하는 특정사업승계자회사 등이라 한다. 이하 본항에서 같다)은 이들 규정에 따른 명령을 받은 다른 특정사업승계자회사 등과 연대하여」로 한다.

㉗ 당해 행위가 종료된 날부터 5년이 경과한 때에는 공정거래위원회는 위반행위에 관한 과징금의 납부를 명할 수 없다.

02 자료 2

불공정거래행위
(不公正な取引方法)(抄)(발췌)

쇼와(昭和)57년(1982년) 6월 18일 공정거래위원회 고시 제15호
개정 헤이세이(平成)21년(2009년) 10월 28일 공정거래위원회 고시 제18호

(거래상대방의 임원선임에 대한 부당간섭)

제13조

자기의 거래상의 지위가 상대방보다 우월한 점을 이용하여 정상적인 거래관행에 비추어 부당하게 거래상대방인 회사에 대하여 당해 회사의 임원(법 제2조 제3항의 임원을 말한다. 이하 같다)의 선임에 대하여 미리 자기의 지시에 따르게 하거나 또는 자기의 승인을 받도록 하는 것

03 자료 3

하도급거래 공정화에 관한 법률
(下請代金支払遅延等防止法)

쇼와(昭和)31년(1956년) 6월 1일 법률 제120호
최종개정 헤이세이(平成)21년(2009년) 6월 10일 법률 제51호

제1조(목적)

이 법률은 하도급대금의 지급지연 등을 방지하여 원사업자의 수급사업자에 대한 거래를 공정하게 함과 동시에 수급사업자의 이익을 보호함으로써 국민경제의 건전한 발전에 기여하는 것을 목적으로 한다.

제2조(정의)

① 이 법률에서 「제조위탁」이란 「사업자가 업으로 하는 판매나 업으로 위탁받은 제조(가공을 포함한다. 이하 같다)의 목적물인 물품, 반제품, 부품, 부속품, 원재료, 이들의 제조에 사용되는 금형, 업으로 하는 물품의 수리에 필요한 부품 혹은 원재료의 제조를 다른 사업자에게 위탁하는 것 및 사업자가 사용하거나 또는 소비하는 물품의 제조를 업으로 하는 경우에 그 물품, 그 반제품, 부품, 부속품, 원재료 또는 이들 제조에 사용되는 금형의 제조를 다른 사업자에게 위탁하는 것」을 말한다.

② 이 법률에서 「수리위탁」이란 사업자가 업으로 위탁받은 물품의 수리행위 전부 또는 일부를 다른 사업자에게 위탁하는 것 및 사업자가 사용하는 물품의 수리를 업으로 하는 경우 수리행위의 일부를 다른 사업자에게 위탁하는 것을 말한다.

③ 이 법률에서 「정보성과물작성위탁」이란 사업자가 업으로 제공하거나 업으로 위탁받은 작성의 목적인 정보성과물의 작성행위 전부 또는 일부를 다른 사업자에게 위탁하는 것 및 사업자가 사용하는 정보성과물의 작성을 업으로 하는 경우에 그 정보성과물의 작성행위 전부 또는 일부를 다른 사업자에게 위탁하는 것을 말한다.

④ 이 법률에서 「역무제공위탁」이란 사업자가 업으로 하는 제공의 목적인 역무의

제공행위 전부 또는 일부를 다른 사업자에게 위탁하는 것[건설업(건설업법(1949년 법률 제100호) 제2조 제2항에 규정한 건설업을 말한다. 이하 본항에서 같다)을 경영하는 자가 업으로 위탁받은 건설공사(동조 제1항에 규정한 건설공사를 말한다)의 전부 또는 일부를 다른 건설업을 경영하는 자에게 위탁하게 하는 것을 제외한다]을 말한다.

⑤ 이 법률에서「제조위탁 등」이란 제조위탁, 수리위탁, 정보성과물작성위탁 및 역무제공위탁을 말한다.

⑥ 이 법률에서「정보성과물」이란 다음 각호에 해당하는 것을 말한다.

1. 프로그램(컴퓨터에 대한 지시명령으로 하나의 결과를 얻을 수 있도록 조합된 것을 말한다)

2. 영화, 방송프로그램, 기타 영상 또는 음성, 음향으로 구성되는 것

3. 문자, 도형, 기호, 이들의 결합 또는 이들과 색채와의 결합으로 구성되는 것

4. 전 3호에 해당하는 것 이외에 이와 같은 종류로서 시행령으로 정한 것

⑦ 이 법률에서「원사업자」란 다음 각호 중 어느 하나에 해당하는 자를 말한다.

1. 자본금액 혹은 출자총액이 3억 엔을 넘는 법인사업자(정부계약의 지급지연방지 등에 관한 법률(1949년 법률 제256호) 제14조에서 규정하는 자를 제외한다)로서, 개인 또는 자본금액 혹은 출자총액이 3억 엔 이하인 법인사업자에게 제조위탁 등(정보성과물작성위탁 및 역무제공위탁시에는 각각 시행령으로 정하는 정보성과물 및 역무에 관한 것으로 한정한다. 다음 각호 및 다음 항 제1호, 제2호에서 같다)을 하는 자

2. 자본금액 혹은 출자총액이 1,000만 엔을 넘고 3억 엔 이하인 법인사업자(정부계약의 지급지연방지 등에 관한 법률 제14조에서 규정하는 자를 제외한다)로서, 개인 또는 자본금액 혹은 출자총액이 1,000만 엔 이하인 법인사업자에게 제조위탁 등을 하는 자

3. 자본금액 혹은 출자총액이 5,000만 엔을 넘는 법인사업자(정부계약의 지급지연방지 등에 관한 법률 제14조에서 규정하는 자를 제외한다)로서, 개인 또는 자본금액 혹은 출자총액이 5,000만 엔 이하인 법인사업자에게 정보성과물작성위탁 또는 역무제공위탁(각각 제1호 시행령에서 규정하는 정보성과물 또는 역무와 관계되는 것을 제외한다. 다음호 및 다음항 제3호, 제4호에서 같다)을 하는 자

4. 자본금액 혹은 출자총액이 1,000만 엔을 넘고 5,000만 엔 이하인 법인사업자(정부계약의 지급지연방지 등에 관한 법률 제14조에서 규정하는 자를 제외한다)로서 개인 또는 자본금액 혹은 출자총액이 1,000만 엔 이하인 법인사업자에게 정보성

　　　과물작성위탁 및 역무제공위탁을 하는 자

⑧ 이 법률에서 「수급사업자」란 다음 각호 중 어느 하나에 해당하는 자를 말한다.

　　1. 개인 또는 자본금액 혹은 출자총액이 3억 엔 이하인 법인사업자로서, 전항 제1
　　　호에서 규정하는 원사업자로부터 제조위탁 등을 받는 자

　　2. 개인 또는 자본금액 혹은 출자총액이 1,000만 엔 이하인 법인사업자로서, 전항
　　　제2호에서 규정하는 원사업자로부터 제조위탁 등을 받는 자

　　3. 개인 또는 자본금액 혹은 출자총액이 5,000만 엔 이하인 법인사업자로서, 전항
　　　제3호에서 규정하는 원사업자로부터 정보성과물작성위탁 또는 역무제공위탁
　　　을 받는 자

　　4. 개인 또는 자본금액 혹은 출자총액이 1,000만 엔 이하인 법인사업자로서, 전항
　　　제4호에서 규정하는 원사업자로부터 정보성과물작성위탁 또는 역무제공위탁
　　　을 받는 자

⑨ 자본금액 혹은 출자총액이 1,000만 엔을 넘는 법인사업자로부터 임원의 임면, 업
　　무집행 또는 존립에 대해서 지배를 받으면서 그 사업자로부터 제조위탁 등을 받
　　는 법인사업자가 그 제조위탁 등에 관계되는 제조, 수리, 작성 또는 제공행위의
　　전부 또는 상당부분에 대해서 재위탁을 할 경우(제7항 제1호 또는 제2호에 해당하는
　　자가 각각 전항 제1호 또는 제2호에 해당하는 자에게 제조위탁 등을 하는 경우 및 제7항 제3
　　호 또는 제4호에 해당하는 자가 각각 전항 제3호 또는 제4호에 해당하는 자에게 정보성과물
　　작성위탁 또는 역무제공위탁을 하는 경우를 제외한다) 재위탁을 받는 사업자가 임원의
　　임면, 업무집행 또는 존립에 대해서 지배를 하면서 제조위탁 등을 하는 당해 사
　　업자로부터 직접 제조위탁 등을 받는다면 전항 각호 중 어느 하나에 해당하는 사
　　업자일 경우에는 이 법률의 적용과 관련하여 재위탁을 하는 사업자는 원사업자
　　로, 재위탁을 받는 사업자는 수급사업자로 간주한다.

⑩ 이 법률에서 「하도급대금」이란 원사업자가 제조위탁 등을 한 경우에 수급사업자
　　의 급부(역무제공위탁을 한 경우에는 역무제공. 이하 같다)에 대해 지급해야 할 대금을
　　말한다.

제2조의2(하도급대금 지급기일)

① 하도급대금의 지급기일은 원사업자가 수급사업자의 급부내용에 대해서 검사를

하는지 여부를 불문하고 원사업자가 수급사업자의 급부를 수령한 날(역무제공위탁
인 경우는 수급사업자가 그 위탁을 받은 역무를 제공한 날. 다음 항도 같다)로부터 기산하
여 60일의 기간 내에서 가능한 짧은 기간 내로 정하여야 한다.

② 하도급대금의 지급기일이 정해지지 않은 경우는 원사업자가 수급사업자의 급부
를 수령한 날을, 전항의 규정을 위반하여 하도급대금의 지급기일이 정해진 경우
는 원사업자가 수급사업자의 급부를 수령한 날로부터 기산하여 60일을 경과한
날의 전날을 하도급대금의 지급기일로 정해진 것으로 간주한다.

제3조(서면교부 등)

① 원사업자는 수급사업자에게 제조위탁 등을 한 경우에는 즉시 공정거래위원회 규
칙에서 정하는 바에 따라 수급사업자의 급부내용, 하도급대금의 금액, 지급기일
및 지급방법, 그 외의 사항을 기재한 서면을 수급사업자에게 교부해야 한다. 다
만, 이들 사항 중 그 내용이 정해지지 않은 정당한 이유가 있는 것에 대해서는
기재를 필요로 하지 않는 것으로 하고, 이 경우 원사업자는 당해 사항의 내용이
정해진 후 즉시 당해 사항을 기재한 서면을 수급사업자에게 교부해야 한다.

② 원사업자는 전항의 규정에 따른 서면교부를 대신하여 시행령에서 정하는 바에 따
라 당해 수급사업자의 승낙을 얻어 당해 서면에 기재해야 할 사항을 전자정보처
리장치를 사용하는 방법, 기타 정보통신기술을 이용하는 방법으로써 공정거래위
원회 규칙에서 정하는 바에 따라 제공할 수 있다. 이 경우 당해 원사업자는 당해
서면을 교부한 것으로 간주한다.

제4조(원사업자의 준수사항)

① 원사업자는 수급사업자에게 제조위탁 등을 한 경우에는 다음 각호(역무제공위탁을
한 경우에는 제1호 및 제4호를 제외한다)에 해당하는 행위를 하여서는 아니 된다.

1. 수급사업자에게 귀책사유가 없음에도 불구하고 수급사업자의 급부수령을 거부
   하는 것
2. 하도급대금을 그 지급기일 경과 후에도 지급하지 않는 것
3. 수급사업자에게 귀책사유가 없음에도 불구하고 하도급대금을 감액하는 것
4. 수급사업자에게 귀책사유가 없음에도 불구하고 수급사업자의 급부를 수령한

후 수급사업자에게 그 급부와 관계된 물건을 반납하는 것

5. 수급사업자의 급부내용과 동종 또는 유사한 내용의 급부에 대해 통상적으로 지급되는 대가에 비해 현저히 낮은 하도급대금액을 부당하게 정하는 것

6. 수급사업자의 급부내용을 균질하게 하거나 개선을 도모하기 위해 필요한 경우, 기타 정당한 이유가 있는 경우를 제외하고 자기가 지정하는 물건을 강제로 구매하게 하거나 또는 용역을 강제로 이용하게 하는 것

7. 원사업자가 제1호 혹은 제2호에 해당하는 행위를 하고 있는 경우 혹은 제3호 내지 전호까지 해당하는 행위를 한 경우 또는 원사업자에게 다음 항 각호의 하나에 해당하는 사실이 있다고 인정되는 경우에 수급사업자가 공정거래위원회 또는 중소기업청장관에게 그 사실을 알렸다는 이유로 거래의 수량을 줄이거나 거래를 정지하거나, 기타 불이익한 취급을 하는 것

② 원사업자는 수급사업자에게 제조위탁 등을 한 경우에는 다음 각호(역무제공위탁을 한 경우에는 제1호를 제외한다)에 해당하는 행위를 함으로써 수급사업자의 이익을 부당히 해해서는 아니 된다.

1. 자기에 대한 급부에 필요한 반제품, 부품, 부속품 또는 원재료(이하「원재료 등」이라고 한다)를 자기로부터 구입하게 한 경우, 수급사업자에게 귀책사유가 없음에도 불구하고, 당해 원재료 등을 사용하는 급부에 대한 하도급대금의 지급기일보다 이른 시기에, 지급해야 할 하도급대금액에서 당해 원재료 등의 대가 전부 혹은 일부를 공제하거나 또는 당해 원재료 등의 대가 전부 혹은 일부를 지급하게 하는 것

2. 하도급대금의 지급시 당해 하도급대금의 지급기일까지 일반금융기관(예금 또는 저금 접수 및 자금융통을 업으로 하는 자를 말한다)에 의한 할인을 받는 것이 어렵다고 인정되는 어음을 교부하는 것

3. 자기를 위하여 금전, 용역, 기타 경제적인 이익을 제공하도록 하는 것

4. 수급사업자에게 귀책사유가 없음에도 불구하고 수급사업자의 급부내용을 변경하게 하거나 또는 수급사업자의 급부 수령 후에(역무제공위탁인 경우는 수급사업자가 그 위탁을 받은 역무를 제공한 후에) 급부를 다시 하게 하는 것

제4조의2(지연이자)

원사업자가 하도급대금의 지급기일까지 하도급대금을 지급하지 않은 경우에 원사업자는 수급사업자의 급부를 수령한 날(역무제공위탁인 경우는 수급사업자가 그 위탁을 받은 역무를 제공한 날)로부터 기산하여 60일을 경과한 날부터 지급을 하는 날까지의 기간에 대해서 그 일수에 따라 당해 미지급 금액에 공정거래위원회 규칙에서 정하는 이율을 곱한 금액을 지연이자로서 수급사업자에게 지급해야 한다.

제5조(서류 등의 작성 및 보존)

원사업자는 수급사업자에게 제조위탁 등을 한 경우에는 공정거래위원회 규칙에서 정하는 바에 따라 수급사업자의 급부, 급부 수령(역무제공위탁을 한 경우에는 수급사업자가 한 역무를 제공하는 행위 실시), 하도급대금 지급, 그 외의 사항에 대해서 기재 또는 기록한 서류나 전자적 기록(전자적 방식, 자기적 방식, 기타 사람의 지각으로는 인식할 수 없는 방식으로 만들어지는 기록으로서 컴퓨터를 통한 정보처리용으로 제공되는 것을 말한다. 이하 같다)을 작성하고 이를 보존하여야 한다.

제6조(중소기업청장관의 청구)

중소기업청장은 원사업자가 제4조 제1항 제1호, 제2호, 혹은 제7호에 해당하는 행위를 하고 있는지 여부, 혹은 동항 제3호 내지 제6호에 해당하는 행위를 하였는지 여부, 또는 원사업자에게 동조 제2항 각호의 어느 하나에 해당하는 사실이 있는지 여부를 조사하여 그 사실이 있다고 인정될 때에는 공정거래위원회에게 이 법률의 규정에 따라 적당한 조치를 취하도록 요구할 수 있다.

제7조(권고)

① 공정거래위원회는 원사업자가 제4조 제1항 제1호, 제2호, 또는 제7호에 규정된 행위를 하고 있다고 인정될 때에는 당해 원사업자에게 신속히 수급사업자의 급부를 수령하고 그 하도급대금 혹은 제4조의2의 규정에 따른 지연이자를 지급하거나 또는 당해 불이익한 취급을 중지하거나 기타 필요한 조치를 취할 것을 권고할 수 있다.

② 공정거래위원회는 원사업자가 제4조 제1항 제3호 내지 제6호에 해당하는 행위를

했다고 인정될 때에는 당해 원사업자에게 신속히 감액한 금액을 지급하거나, 당
해 수급사업자의 급부와 관계된 물건을 다시 인수하거나, 감액된 하도급대금의
금액을 인상하거나 또는 구입을 강제한 물건을 인수하거나 기타 필요한 조치를
취할 것을 권고할 수 있다.

③ 공정거래위원회는 원사업자에게 제4조 제2항 각호의 어느 하나에 해당하는 사실
이 있다고 인정될 때에는 당해 원사업자에게 신속히 수급사업자의 이익을 보호하
기 위해 필요한 조치를 취할 것을 권고할 수 있다.

제8조(독점규제 및 공정거래에 관한 법률과의 관계)

독점규제 및 공정거래에 관한 법률(1947년 법률 제54호) 제20조 및 제20조의6의 규정
은 공정거래위원회가 전조 제1항 내지 제3항의 규정에 의한 권고를 하고 원사업자가
그 권고를 따를 경우에 한하여 원사업자의 그 권고와 관계된 행위에 대해서는 적용
하지 않는다.

제9조(보고 및 조사)

① 공정거래위원회는 원사업자의 수급사업자에 대한 제조위탁 등에 관한 거래(이하
단순히 「거래」라고 한다)를 공정하게 하기 위해 필요하다고 인정될 경우에는 원사
업자 또는 수급사업자에게 그 거래에 관한 보고를 하게 하거나 또는 그 직원에게
원사업자 혹은 수급사업자의 사무소 혹은 사업소에 입회하여 장부서류, 기타 물
건을 조사하게 할 수 있다.

② 중소기업청장은 수급사업자의 이익을 보호하기 위해 특히 필요하다고 인정될 경
우에는 원사업자 혹은 수급사업자에게 그 거래에 관한 보고를 하게 하거나 또는
그 직원에게 원사업자나 수급사업자의 사무소 혹은 사업소에 입회하여 장부서류,
기타 물건을 조사하게 할 수 있다.

③ 원사업자 또는 수급사업자가 영위하는 사업을 소관하는 각부 장관은 중소기업청
장의 제6조 규정에 따른 조사에 협조하기 위해 특히 필요하다고 인정될 경우에는
소관 사업을 경영하는 원사업자 혹은 수급사업자에게 그 거래에 관한 보고를 하
게 하거나 또는 그 직원에게 이들 사업자의 사무소 혹은 사업소에 입회하여 장부
서류, 기타 물건을 조사하게 할 수 있다.

④ 전3항의 규정에 따라 직원이 입회할 때에는 그 신분을 나타내는 증명서를 휴대하고 관계자에게 제시해야 한다.

⑤ 제1항 내지 제3항의 규정에 따른 현장조사권한은 범죄수사를 위해 인정된 것이라고 해석해서는 아니 된다.

제10조(벌칙)

다음 각호의 어느 하나에 해당하는 경우에는 그 위반행위를 한 원사업자의 대표자, 대리인, 피고용인, 기타 종업원을 50만 엔 이하의 벌금에 처한다.

1. 제3조 제1항의 규정에 따른 서면을 교부하지 않은 경우
2. 제5조의 규정에 따른 서류나 전자적 기록을 작성 혹은 보존하지 않거나 또는 허위의 서류 혹은 전자적 기록을 작성한 경우

제11조

제9조 제1항 내지 제3항의 규정에 따른 보고를 하지 않거나 혹은 허위로 보고하거나 또는 조사를 거부, 방해 혹은 기피한 자는 50만 엔 이하의 벌금에 처한다.

제12조

법인 대표자, 법인 또는 대리인, 피고용인, 그 외의 종업원이 그 법인이나 개인의 업무에 관하여 전2조의 위반행위를 한 경우에는 행위자를 처벌하는 외에 그 법인 또는 개인에게 각각 당해 행위의 형을 부과한다.

04 자료 4

우월적 지위남용에 관한 공정거래법상의 견해
(優越的地位の濫用に関する独占禁止法上の考え方)

헤이세이(平成)22년(2010년) 11월 30일 공정거래위원회
개정 헤이세이(平成)29년(2017년) 6월 16일

들어가며

우월적 지위남용은 독점규제 및 공정거래에 관한 법률(1947년 법률 제54호. 이하 「공정
거래법」이라 한다)에서 불공정거래행위의 하나로서 금지되고 있다. 우월적 지위남용
규정은 공정거래법의 일부를 개정하는 법률(2009년 법률 제51호. 이하 「공정거래법개정
법」이라 한다)에서 공정거래법 제2조 제9항 제5호로 법정화되었다(주1).

(주1) 공정거래법 제2조 제9항 제5호 그 밖에 동항 제6호의 규정에 의해 공정거래위
원회가 지정하는 ① 모든 업종에 적용되는 「불공정거래행위」(1982년 공정거래위원회
고시 제15호) 제13항(거래상대방의 임원선임에 대한 부당간섭) 및 ② 특정업종에만 적용되
는 불공정거래행위(이하 「특수지정」이라고 한다)에도 우월적 지위남용이 규정되어 있다.
한편, 우월적 지위남용 규정이 있는 특수지정은 다음과 같다.
○ 신문업에 있어서 특정 불공정거래행위(1999년 공정거래위원회고시 제9호)
○ 특정화주가 물품의 운송 또는 보관을 위탁하는 경우의 특정 불공정거래행위(2004
　년 공정거래위원회고시 제1호)
○ 대규모소매업자에 의한 납품업자와의 거래에서 특정 불공정거래행위(2005년 공정
　거래위원회 제11호)

공정거래법 제2조 제9항 제5호의 규정은 다음과 같다.
자기의 거래상의 지위가 상대방보다 우월한 점을 이용하여 정상적인 거래관행에 비
추어 부당하게 다음 어느 하나에 해당하는 행위를 하는 것

가. 계속하여 거래하는 상대방(새로이 계속하여 거래하고자 하는 상대방을 포함한다. 나
　 목에서도 같다)에 대하여 당해 거래와 관련된 상품 또는 용역 이외의 상품 또는
　 용역을 구입하게 하는 것

나. 계속하여 거래하는 상대방에 대하여 자기를 위해 금전, 용역, 기타 경제상의 이
　 익을 제공하게 하는 것

다. 거래의 상대방으로부터 거래와 관련된 상품의 수령을 거부하거나 거래상대방으로
　 부터 거래와 관련된 상품을 수령한 후 그 상품을 거래상대방에게 반납하거나 거래
　 상대방에 대하여 거래대가 지급을 지연하거나 그 금액을 줄이거나 기타 거래상대
　 방에게 불이익이 되도록 거래조건을 설정·변경하거나 또는 거래를 실시하는 것

공정거래법이 개정됨에 따라 공정거래법 제2조 제9항 제5호에 해당하는 우월적 지
위의 남용으로서 일정한 조건을 충족하는 것에 대해서 공정거래위원회는 과징금납
부를 명하지 않으면 안 되게 되었다(주2). 이에 따라 우월적 지위의 남용과 관련된
법 운용의 투명성, 사업자의 예견 가능성을 향상시키는 관점에서 공정거래위원회는
공정거래법 제2조 제9항 제5호에 해당하는 우월적 지위남용에 관한 공정거래법상의
가이드라인을 명확화하기 위하여 「우월적 지위의 남용에 관한 공정거래법상의 가이
드라인」을 제정한다(주3)(주4).

(주2) 공정거래법 제2조 제9항 제5호에 해당하는 우월적 지위의 남용에 대해서는
동호의 규정만을 적용하면 충분하기 때문에 당해 행위에 대해서는 공정거래법 제2조
제9항 제6호의 규정에 의해 지정하는 우월적 지위남용 규정이 적용되지 않는다.

(주3) 공정거래위원회는 특정 업종 등에서 우월적 지위의 남용 등과 같은 공정거래법
위반행위를 미연에 방지하기 위하여 다음의 가이드라인 등을 제정·공표하고 있다.

■ 우월적 지위의 남용에 관련된 주요한 가이드라인 ■

○ 「대규모소매업자의 납품업자와의 거래에 있어서 특정 불공정거래행위」의 운용기
　 준(2005년 사무총장훈령 제9호)

○ 프랜차이즈 시스템에 관한 공정거래법상의 견해에 대하여(2002년 4월 24일 공정거
　 래위원회)

○ 역무의 위탁거래에서 우월적 지위남용에 관한 공정거래법상의 지침(1998년 3월 17
  일 공정거래위원회)

(주4) 이하 제1에서 제4까지의 「우월적 지위의 남용」은 공정거래법 제2조 제9항 제
5호에 해당하는 우월적 지위의 남용을 가리킨다.

제1. 우월적 지위의 남용 규제에 대한 기본적 가이드라인

1. 사업자가 어떠한 조건으로 거래할 것인가는 기본적으로 거래당사자 간의 자율
적인 판단에 맡겨져 있다. 거래당사자 간에 자유로운 교섭의 결과, 어느 한쪽 당사자
의 거래조건이 상대방에 비하여 또는 종전에 비해서 불리하게 되는 것은 모든 거래
에서 당연히 일어날 수 있는 일이다.

그러나 자기의 거래상 지위가 상대방보다 우월한 일방 당사자가 거래상대방에 대
하여 그 지위를 이용하여 정상적인 거래관행에 비추어 부당하게 불이익을 주는 것은
당해 거래상대방의 자유롭고 자율적인 판단에 의한 거래를 저해할 뿐만 아니라 당해
거래의 상대방은 그 경쟁자와의 관계에서 경쟁상 불리하게 되는 반면, 행위자는 그
경쟁자와의 관계에서 경쟁상 유리하게 될 우려가 있다. 이러한 행위는 공정한 경쟁
을 저해할 우려가 있기 때문에 불공정거래행위의 하나인 우월적 지위남용으로서 공
정거래법에 의해 규제된다(주5).

어떠한 경우에 공정한 경쟁을 저해할 우려가 있다고 인정될 것인가에 대해서는 문
제가 된 불이익의 정도, 행위의 확산 등을 고려하여 개별 사안마다 판단하게 된다.
예를 들어 ① 행위자가 다수의 거래상대방에 대하여 조직적으로 불이익을 주는 경
우, ② 특정한 거래상대방밖에 불이익을 가하고 있지 않은 경우라 하더라도 그 불이
익의 정도가 강하거나 또는 그 행위를 방치한다면 다른 쪽으로 파급될 우려가 있는
경우에는 공정한 경쟁을 저해할 우려가 있다고 인정되기 쉽다.

(주5) 당사자 간의 거래가 「하도급거래 공정화에 관한 법률(1956년 법률 제120호. 이하
「하도급법」이라 한다)」에서 말하는 원사업자와 수급사업자의 거래에 해당하는 경우로
서 하도급법에서 규정하는 ① 제조위탁, ② 수리위탁, ③ 정보성과물작성위탁, ④ 역

무제공위탁에 해당하는 경우에는 하도급법의 규제대상이 된다. 하도급법의 운용에 대해서는 기본적 가이드라인인 「하도급거래 공정화에 관한 법률에 관한 운용기준」 (2003년 사무총장훈령 제18호)을 제정·공표하고 있다.

2. 우월적 지위의 남용으로서 문제가 되는 행위는 「자기의 거래상의 지위가 상대 방보다 우월한 점을 이용하여 정상적인 거래관행에 비추어 부당히」 행해지는 공정거 래법 제2조 제9항 제5호 가목 내지 다목의 어느 하나에 해당하는 행위이다.

따라서 이하 제2. 및 제3.에서 「자기의 거래상의 지위가 상대방보다 우월한 점을 이용하여 정상적인 거래관행에 비추어 부당히」의 가이드라인을 제시한 후, 다음으로 제4.에서 공정거래법 제2조 제9항 제5호 가목 내지 다목의 각각에 해당하는 행위의 태양마다 우월적 지위남용의 가이드라인을 제시한다.

또한 제2. 이하에서 어떠한 행위가 우월적 지위의 남용에 해당하는가에 대해서 구 체적으로 이해를 돕기 위하여 「구체적인 예」 및 「가정 예」를 들고 있다. 「구체적인 예」는 과거 심결 또는 시정명령에서 문제가 되었던 행위 등의 예이다. 그리고 「가정 예」는 어디까지나 문제가 될 수 있는 가상의 행위 예로서 여기서 들고 있는 행위가 공정거래법 제2조 제9항 제5호에 해당한다면 우월적 지위의 남용으로서 문제가 된다.

또한 여기서 제시하고 있지 않은 것을 포함하여 구체적인 행위가 우월적 지위의 남용으로서 문제가 될지 여부는 공정거래법의 규정에 비추어 개별 사안마다 판단되 어야 한다는 것은 말할 필요도 없다(주6).

(주6) 모자회사·형제회사 간의 거래가 우월적 지위의 남용으로서 규제 대상이 될 것인가에 대해서는 유통·거래관행에 관한 공정거래법상의 지침(1991년 7월 11일 공정 거래위원회사무국)의 「(付)모자회사·형제회사 간의 거래」에 기재된 바와 같다.

제2. 「자기의 거래상의 지위가 상대방보다 우월한 점을 이용하여」에 관한 가이드라인

1. 거래의 일방 당사자(甲)가 타방 당사자(乙)에 대하여 거래상 지위가 우월하다고 하기 위해서는 시장지배적 지위 또는 그것에 준하는 수준의 절대적으로 우월한 지위

에 있을 필요는 없고, 거래상대방과의 관계에서 상대적으로 우월한 지위에 있으면 족하다고 해석된다. 甲이 거래처인 乙에 대하여 우월한 지위에 있다고 하는 것은 乙에게 있어 甲과의 거래가 계속되는 것이 곤란하게 되면 사업경영상 커다란 지장을 초래하기 때문에 甲이 乙에게 현저히 불이익한 요청 등을 하더라도 乙이 이것을 받아들이는 경우이다.

  2. 이 판단에 있어서는 乙의 甲에 대한 거래의존도, 甲의 시장에서의 지위, 乙의 거래처 변경 가능성, 기타 甲과 거래할 필요성을 나타내는 구체적인 사실을 종합적으로 고려한다(주7).

(주7) 甲이 乙에 대하여 거래상의 지위가 우월한지 여부는 다음의 (1) 내지 (4)에 기재된 구체적인 사실을 종합적으로 고려하여 판단하기 때문에 대기업과 중소기업과의 거래만이 아니라 대기업 간, 중소기업 간의 거래에서도 거래의 일방 당사자가 타방 당사자에 대하여 거래상 지위가 우월하다고 인정되는 경우가 있다는 것에 유의할 필요가 있다.

(1) 乙의 甲에 대한 거래의존도

  乙의 甲에 대한 거래의존도는 일반적으로 乙이 甲에게 상품 또는 용역을 공급하는 거래의 경우에는 乙의 甲에 대한 매출액을 乙의 전체 매출액으로 나누어서 산출된다. 乙의 甲에 대한 거래의존도가 큰 경우에는 乙은 甲과 거래할 필요성이 높아지기 때문에 甲과의 계속적 거래가 곤란하게 되면 사업경영상 커다란 지장을 초래하기 쉽다.

(2) 甲의 시장에서의 지위

  甲의 시장에서의 지위와 관련하여 甲의 시장점유율의 크기, 그 순위 등이 고려된다. 甲의 점유율이 큰 경우 또는 그 순위가 높은 경우 乙 입장에서는 甲과 거래함으로써 거래 수량이나 거래액의 증가를 기대할 수 있고 따라서 乙은 甲과 거래를 할 필요성이 높아지기 때문에 甲과의 계속적 거래가 곤란하게 되면 사업경영상 커다란 지장을 초래하기 쉽다.

(3) 乙의 거래처 변경의 가능성

乙의 거래처 변경의 가능성과 관련하여 다른 사업자와의 거래개시나 거래확대의 가능성, 甲과의 거래와 관련해서 행해진 투자 등이 고려된다. 다른 사업자와의 거래를 개시 또는 확대하는 것이 곤란한 경우 또는 甲과의 거래와 관련하여 다액의 투자를 행한 경우에는 乙은 甲과 거래해야 할 필요성이 높아지기 때문에 甲과의 계속적 거래가 곤란하게 되면 사업경영상 커다란 지장을 초래하기 쉽다.

(4) 그 외 甲과 거래할 필요성을 나타내는 구체적 사실

그 외 甲과 거래할 필요성을 나타내는 구체적 사실로는 甲과의 거래금액, 甲의 향후 성장가능성, 거래대상이 되는 상품 또는 용역을 취급하는 중요성, 甲과의 거래를 통한 乙의 신용확보 가능성, 甲과 乙의 사업규모의 차이 등이 고려된다. 甲과의 거래금액이 크고, 甲의 사업규모가 확대되고 있으며, 甲이 乙에게 상품 또는 용역을 공급하는 거래에서 당해 상품 또는 용역이 강한 브랜드 파워를 갖고 있고, 甲과 거래함으로써 乙이 취급하는 상품 또는 용역의 신용이 향상되거나 또는 甲의 사업규모가 乙의 그것보다 현저히 큰 경우에는 乙은 甲과 거래를 행할 필요성이 높아지기 때문에 甲과의 계속적 거래가 곤란하게 되면 사업경영상 커다란 지장을 초래하기 쉽다.

■ 구체적인 예 ■

① X사는 전국에 6,649개의 체인점을 갖고 있고, 그 체인점의 점포 수는 일본 국내 편의점업계에서 제2위의 지위에 있다. X사의 체인점의 연간 매출액의 합계는 약 1조 1000억 엔이고, 이것은 편의점업계에서는 제2위, 소매업계 전체에서는 제5위의 지위를 차지하고 있다. X사 체인점의 점포 수 및 매출액은 매년 증가하고 있다. 그리고 X사의 체인점은 소비자로부터 수요 많은 상품을 갖추고 있다는 이유로 높은 신용을 얻고 있다.

X사는 일본 전국적으로 점포를 갖고 있고, 그들의 매출액이 높기 때문에 X사 체인점이 취급하고 있는 일용잡화의 제조판매업자 또는 도매업자(이하 「일용품납품업자」라 한다) 입장에서는 대단히 유력한 거래처임과 동시에 일용품 납품업자는 자기가 판매하는 상품이 체인점에서 취급되면서 당해 상품에 대한 소비자의 신용

도가 높아지는 등 X사와의 계속적 납품거래를 강하게 바라고 있는 상황이다. 이 때문에 X사와 계속적인 거래관계에 있는 일용품 납품업자의 대부분은 X사와의 납품거래를 계속하는 상황에서 납품하는 상품의 품질, 납품가격 등의 거래조건과는 별도로 X사로부터 다양한 요청에 따를 수밖에 없는 입장에 있다(1998년 7월 30일 권고심결 · 헤이세이(平成)10년(권)제18호)

② X은행은 그 연도 말의 총자산액이 약 91조 엔이고 총 자산액에서 일본 은행업계에서 제1위의 지위에 있다.

X은행과 융자거래를 하고 있는 사업자, 특히 중소사업자 가운데는

- 주로 X은행으로부터의 차입에 의해 금융기관의 자금수요를 충족하고 있고,
- X은행으로부터의 차입을 즉시 다른 금융기관으로부터의 차입으로 차환(借換)하기가 곤란하며
- 사업을 위하여 토지나 설비의 구입계약을 진행함에 있어 X은행으로부터 융자를 받을 수 있다고 시사를 받은 후에 당해 토지나 설비의 구입계약을 진행하였는데 당해 융자를 받지 못한다면 다른 방법에 의한 융자조달이 곤란하다는

등 당분간 X은행으로부터의 융자를 대신하여 X은행 이외의 금융기관으로부터의 융자 등에 의해 자금조달을 하는 것이 곤란한 사업자(이하 「융자처사업자」라 한다)가 존재한다. 융자처사업자는 X은행으로부터 융자를 받을 수 없게 되면 사업 활동에 지장을 받기 때문에 융자거래를 계속하는 중에 융자의 거래조건과는 별도로 X은행의 다양한 요청에 따를 수밖에 없고, 그 거래상의 지위는 X은행에 대하여 열위에 있다(2005년 12월 26일 권고심결 · 헤이세이(平成)17년(권)제20호).

③ X사 자신이 경영하는 편의점(이하 「직영점」이라 한다) 및 X사의 프랜차이즈체인에 가맹하는 사업자(이하 「가맹점사업자」라고 한다)가 경영하는 편의점(이하 「가맹점」이라고 한다)은 일부 지역을 제외하고 전국에 소재하고 있다. 점포 수는 직영점이 800개, 가맹점이 약 11,200개, 합계 약 12,000개이고, 연간 매출액은 직영점 약 1,500억 엔, 가맹점이 약 2조 4,200억 엔, 합계 약 2조 5,700억 엔인 상황에서 X사는 점포 수 및 매출액 모두 일본 국내에서 편의점 프랜차이즈 사업자 중에서 최대 사업자이다. 이에 비하여 가맹점사업자는 거의 모두 중소 소매업자이다.

　　X사는 가맹점사업자와 가맹점 기본계약을 체결하고 있는데 동 계약은 가맹점기
본계약 종료 후 적어도 1년간은 편의점과 관련된 프랜차이즈 사업을 경영하는 X
사 이외의 프랜차이즈 체인에 가맹할 수 없도록 되어 있다.

　　X사는 가맹점 기본계약에 근거하여 가맹점에서 판매할 것을 추천하는 상품(이하
「추천상품」이라고 한다) 및 그 매입처를 가맹점사업자에게 제시하고 있다. 가맹점
사업자는 당해 매입처로부터 추천상품을 매입하는 경우에는 X사의 시스템을 이
용하여 발주, 매입, 대금결제 등의 절차를 간편하게 할 수 있다는 이유 때문에
가맹점에서 판매되는 상품의 대부분은 추천상품으로 이루어져 있다.

　　X사는 가맹점 기본계약에 근거하여 가맹점이 소재하는 지구에 경영상담원을 배
치하고 이 경영상담원을 통하여 가맹점사업자에게 가맹점의 경영에 관한 지도,
원조 등을 하고 있고 가맹점사업자는 그 내용에 따라 경영을 하고 있다.

　　이상의 사정 등에 의해 가맹점사업자로서는 X사와의 거래를 계속할 수 없게 된다
면 사업경영상 커다란 지장을 초래하게 되기 때문에 가맹점사업자는 X사로부터의
요청에 따를 수밖에 없는 입장에 있다. 따라서 X사의 거래상의 지위는 가맹점사업자
보다 우월하다(2009년 6월 22일 시정명령·헤이세이(平成)21년(措)제8호).

　　3. 또한 우월적 지위에 있는 행위자가 상대방에 대하여 부당하게 불이익을 가하는
거래를 한다면 통상 「이용하여」 행해지는 행위로 인정된다.

제3. 「정상적인 거래관행에 비추어 부당하게」 의 가이드라인

　　「정상적인 거래관행에 비추어 부당하게」라는 요건은 우월적 지위남용의 유무가
공정한 경쟁질서의 유지·촉진의 관점에서 개별 사안마다 판단되는 것을 의미한다.
　　여기서 「정상적인 거래관행」이란 공정한 경쟁질서의 유지·촉진의 입장에서 인정
되는 것을 말한다. 따라서 실제로 존재하는 거래관행에 합치된다고 하여 바로 그 행
위가 정당화되는 것은 아니다.

제4. 우월적 지위남용이 되는 행위유형

여기서는 공정거래법 제2조 제9항 제5호 가목 내지 다목에서 명확하게 규정된 행위를 중심으로 우월적 지위남용으로 이어질 수 있는 행위를 행위유형마다 명확히 밝힌다.

또한 우월적 지위의 남용으로서 문제가 되는 것은 이들 행위유형에 한정되는 것은 아니다. 우월적 지위의 남용으로서 문제가 되는 각종 행위를 미연에 방지하기 위해서는 거래의 대상이 되는 상품 또는 용역의 구체적 내용이나 품질과 관련된 평가의 기준, 납기, 대금액수, 지급기일, 지급방법 등에 대하여 거래당사자 간에 미리 명확히 하고, 서면으로 확인하는 등의 대응을 해두는 것이 바람직하다.

1. 공정거래법 제2조 제9항 제5호 가목(구입 · 이용강제)

공정거래법 제2조 제9항 제5호 가목의 규정은 다음과 같다.

가. 계속하여 거래하는 상대방(새로이 계속하여 거래하고자 하는 상대방을 포함한다. 나목에서도 같다)에 대하여 당해 거래와 관련된 상품 또는 용역 이외의 상품 또는 용역을 구입하게 하는 것

이 규정에서 「당해 거래와 관련된 상품 또는 용역 이외의 상품 또는 용역」에는 자기가 공급하는 상품 또는 용역뿐 아니라 자기가 지정하는 사업자가 공급하는 상품 또는 용역이 포함된다.

그리고 「구입하게 하는 것」에는 그 구입을 거래의 조건으로 하는 경우와 그 구입을 하지 않는 것에 대하여 불이익을 주는 경우만이 아니라, 사실상 구입을 강제하고 있다고 인정되는 경우도 포함된다(주8).

(주8) 공정거래법 제2조 제9항 제5호 나목에서 「제공하게 하는」에 대한 가이드라인도 이와 같다.
(1) 거래상의 지위가 상대방보다 우월한 사업자가 거래상대방에 대하여 당해 거래와 관련된 상품 또는 용역 이외의 상품 또는 용역의 구입을 요청하는 경우, 특히 당해 거래상대방이 사업 수행상 필요로 하지 않는 상품 또는 용역이거나 또는 그

구입을 희망하고 있지 않는 경우라 할지라도 향후의 거래에 미칠 영향을 우려하여 당해 요청을 받아들이는 경우에는 정상적인 거래관행에 비추어 부당하게 불이익을 주는 경우가 되고 우월적 지위의 남용으로서 문제가 된다.

(2) 반면에 거래상대방에게 특정 사양을 지정하여 상품의 제조 또는 용역의 제공을 발주하는 경우에 당해 상품 또는 용역의 내용을 균질하게 하기 위하여 또는 그 개선을 도모하기 위하여 필요가 있는 등 합리적인 필요에 의해, 당해 거래상대방에게 당해 상품의 제조에 필요한 원재료나 당해 용역의 제공에 필요한 설비를 구입하게 하는 경우에는 정상적인 거래관행에 비추어 부당하게 불이익을 주는 것에 해당하지 않고 우월적 지위남용의 문제가 되지 않는다.

■ 가정 예 ■

① 구입하지 않으면 상대방과의 거래를 끊거나, 거래수량을 삭감하는 등 향후의 거래에 영향을 미칠 수 있다는 취지의 요청을 함으로써 구입하게 하는 경우

② 구매담당자 등 거래상대방과의 거래관계에 영향을 미칠 수 있는 자가 구입을 요청함으로써 구입하게 하는 경우

③ 거래상대방에게 조직적 또는 계획적으로 구입을 요청함으로써 구입하게 하는 경우

④ 거래상대방이 구입할 의사가 없다고 표명한 경우 또는 그 표명이 없다고 하더라도 명확하게 구입할 의사가 없다고 인정되는 경우에 거듭해서 구입을 요청함으로써 또는 상품을 일방적으로 송부함으로써 구입하게 하는 경우

⑤ 자기가 부품의 가공을 발주하는 거래상대방에게 자기의 거래처인 제조업자의 제품을 구매할 수 있는 판매처를 소개하도록 요청하고, 판매처를 소개할 수 없는 거래상대방에게는 당해 제품을 구입하게 하는 경우

⑥ 거래의 수·발주를 전자화함에 있어서 거래상대방은 그 전자화에 대응할 수 있는 인터넷서비스를 이미 다른 사업자와 계약하고 그 제공을 받고 있기 때문에 새롭게 동 서비스의 제공을 받을 필요가 없음에도 불구하고, 향후 거래를 계속하지 않겠다고 시사하면서 거래상대방이 이미 사용하고 있는 것보다 고가의 인터넷서비스를 제공하는 사업자를 이용하도록 요청하고, 당해 사업자로부터 이용하게 하는 경우

■ 구체적인 예 ■

① X사는 비수기에 도내 6개 호텔의 가동률 향상 및 수익확보를 목적으로 일정기간 한정해서 당해 호텔에서 사용할 수 있는 숙박권을 납품업자 등에게 구입요청할 생각으로 미리 납품업자마다 구입을 요청할 매수를 정하고

 • 문서로 숙박권의 구입을 요청하고 구입 신청 등이 없는 경우에는 사업부장들, 즉 납품거래 등에 영향을 미칠 수 있는 자가 구입하도록 거듭해서 요청하며,

 • 납품거래 등에 영향을 미칠 수 있는 자가 숙박권 구입을 요청하는 문서와 함께 구입을 요청하는 매수의 숙박권을 건네주는

등의 방법으로 숙박권을 구입하도록 요청하고 있다. 이 요청들을 받아들인 납품업자의 대부분은 X사와의 납품거래 등을 계속해서 하는 입장에서 그 요청에 어쩔 수 없이 응하고 있다(2004년 11월 18일 권고심결·헤이세이(平成)16년(권) 제31호).

② X은행은 융자를 받는 사업자로부터 신규 융자신청 또는 기존 융자갱신의 신청을 받아 융자와 관련된 절차를 진행하면서 융자처사업자에게 금리스왑의 구입을 제안하고 융자를 받는 사업자가 동 제안에 응하지 않는 경우에

 • 금리스왑을 구입하는 것이 융자의 조건이라는 취지 또는 금리스왑을 구입하지 않으면 융자에 대해 통상 설정되는 조건보다 불리한 취급을 한다는 취지를 명시하고,

 • 담당자에게 관리직인 상사를 대동시켜 거듭해서 구입을 요청하는 등 금리스왑의 구입이 융자를 함에 있어서 조건이라는 취지 또는 금리스왑을 구입하지 않으면 융자에 관하여 통상 설정되는 조건보다 불리한 취급을 한다는 취지를 시사함으로써

금리스왑의 구입을 요청하고, 융자를 받는 사업자에게 금리스왑의 구입을 강제하는 행위를 하고 있다(2005년 12월 26일 권고심결·헤이세이(平成)17년(권)제20호).

③ X사는 Y점 및 Z점에서 매년 개최되는 판매기획을 약 1개월간 실시하면서, 미리 점포마다 설정한 판매목표금액을 달성하기 위하여 Y점 및 Z점의 구입담당자가 Y점 또는 Z점에서 판매되는 상품의 납품업자 및 당해 납품업자의 종업원에게 전기제품, 의류품 등을 구입하도록 요청하고 있다. 이 요청을 받은 납품업자 및 당해 납품업자의 종업원 대부분은 납품업자가 X사와의 거래를 계속해서 하는 입장

이어서 이러한 요청에 응할 수밖에 없는 상황이고 실제 당해 상품을 구입하고 있다(2009년 3월 5일 시정명령 · 헤이세이(平成)21년(措)제3호).

2. 공정거래법 제2조 제9항 제5호 나목

공정거래법 제2조 제9항 제5호 나목의 규정은 다음과 같다.

나. 계속하여 거래하는 상대방에 대하여 자기를 위하여 금전, 용역, 기타 경제상의
   이익을 제공하게 하는 것

이 규정에서 「경제상 이익」의 제공이란 협찬금, 협력금 등 명목 여하를 불문하고 행해지는 금전의 제공, 작업에 대한 노무의 제공 등을 말한다.

(1) 협찬금 등의 부담 요청

가. 거래상 지위가 상대방보다 우월한 사업자가 거래상대방에게 협찬금 등의 명목으로 금전의 부담을 요청하는 경우로서 당해 거래상대방과 당해 협찬금 등의 부담액 및 그 산출근거, 용도 등에 대하여 명확히 합의되어 있지 않아 당해 거래상대방에게 사전에 예상할 수 없는 불이익을 주게 되는 경우와 당해 거래상대방이 얻는 직접적인 이익(주9) 등을 감안하여 합리적으로 인정되는 범위를 넘는 부담이 되는 불이익을 주게 되는 경우(주10)에는 정상적인 거래관행에 비추어 부당하게 불이익을 주게 되므로 우월적 지위의 남용으로서 문제가 된다.

(주9) 「직접적인 이익」이란, 예를 들어 광고에 거래상대방이 납품하는 상품을 게재하기 위하여 광고를 작성 · 배포하는 비용의 일부를 협찬금으로서 부담하게 하는 것이 그 납품하는 상품의 판매촉진으로 이어지는 경우 등 거래상대방에게 실제로 발생하는 이익을 말하고, 협찬금을 부담함으로써 장래의 거래가 유리하게 된다는 것과 같은 간접적인 이익을 포함하지 않는다.

(주10) 이 경우에는 협찬금 등의 부담조건에 대해서 거래상대방과의 사이에 명확히 되어 있다고 하더라도 우월적 지위의 남용으로서 문제가 된다.

나. 사업자가 특매행사, 광고 등을 하면서 거래상대방에게 그 비용의 일부로서 협찬금 등의 부담을 요청하는 경우가 있다. 이러한 요청은 유통업자에 의해 행해지는 경우가 많지만 유통업자가 상품의 납품업자에게 협찬금 등을 요청하는 경우에는 당해 비용을 부담하는 것이 납품상품의 판매촉진으로 이어지는 등 당해 납품업자에게도 직접적인 이익이 되는 경우가 있다. 협찬금 등이 그것을 부담함으로써 얻는 직접적인 이익의 범위 내에 있는 것으로서 거래상대방의 자유로운 의사에 의해 제공되는 경우에는 정상적인 거래관행에 비추어 부당하게 불이익을 주는 것이 되지 않아 우월적 지위남용의 문제가 되지 않는다.

■ 가정 예 ■

① 거래상대방의 상품 또는 용역의 판매촉진에 직접적으로 기여하지 않는 특매행사, 매장의 리뉴얼, 광고 등을 위한 협찬금 등을 요청하고 부담하게 하는 경우
② 결산대책을 위한 협찬금을 요청하고, 이를 거래상대방에게 부담하게 하는 경우
③ 자기 점포의 신규오픈 또는 리뉴얼오픈시에 당해 점포의 이익을 확보하기 위하여 사전에 부담액, 산출근거, 목적 등에 대하여 명확하게 하지 않고 일정 기간에 걸쳐 거래상대방의 당해 점포에 대한 납품금액의 일정 비율에 해당하는 금액을 협찬금으로서 부담하게 하는 경우
④ 일정 기간에 일정한 판매량을 달성한 경우에 매출 환급금 제공을 받는 것을 미리 정하고 있는 경우에 당해 판매량을 달성하지 않았음에도 당해 매출 환급금을 요청하고 부담하게 하는 경우
⑤ 자기 점포의 신규오픈 세일 또는 리뉴얼오픈 세일 광고를 하기 위하여 실제로 필요한 비용을 넘는 금액을 협찬금으로 거래상대방에게 요청하고 부담하게 하는 경우
⑥ 물류센터 등의 유통업무용 시설사용료(센터비용)에 대하여 그 금액이나 산출근거 등에 대하여 납품업자와 충분한 협의를 하지 않고 일방적으로 부담을 요청하고, 당해 시설의 이용량 등에 따른 합리적인 부담을 넘는 금액을 부담하게 하는 경우
⑦ 계속적으로 이루어지고 있는 거래에서 오로지 「신규도입협찬금」이라는 명목으로 금전을 얻기 위하여 상품의 납품을 일단 중지시킨 후 동일 상품에 대하여 납품을 재개시킴으로써 거래상대방에게 금전의 제공을 요청하고, 이를 부담하게 하는 경우

■ 구체적인 예 ■

X사는 자사 및 자회사 3사의 점포 개점시에 당해 점포의 매출이익을 확보하기 위하여 각 매입부문과 관련된 납품업자에게 사전에 산출근거, 목적 등에 대하여 명확히 설명하지 않고 「즉시 할인」이라는 이름으로, 개점시에 당해 납품업자에게 납품하게 하는 상품 가운데 특정한 상품에 대하여 그 납품가격을 통상 납품가격에 일정비율을 곱한 가격 등 통상의 납품가격보다 낮은 가격으로 할인하도록 함으로써, 당해 가격과 통상의 납품가격과의 차액에 상당하는 경제상 이익의 제공을 요청하고 있다. 이 요청을 받은 납품업자의 대부분은 X사와의 납품거래를 계속하고 있어 그 요청에 어쩔 수 없이 응하여 경제상 이익을 제공하고 있다(2008년 6월 23일 시정명령 · 헤이세이(平成) 20년(措)제15호).

(2) 종업원 등의 파견요청

가. 거래상의 지위가 상대방보다 우월한 사업자가 거래상대방에게 종업원 등(주11)의 파견을 요청하는 경우로서 어떠한 경우에 어떠한 조건으로 종업원 등을 파견할지에 대해 당해 거래상대방과 명확히 되어있지 않아서, 당해 거래상대방에게 사전에 예상할 수 없는 불이익을 주게 되는 경우나 종업원 등의 파견을 통하여 당해 거래상대방이 얻을 직접적인 이익(주12) 등을 감안하여 합리적으로 인정되는 범위를 넘는 부담이 되기 때문에 당해 거래상대방에게 불이익을 주게 되는 경우(주13)에는 정상적인 거래관행에 비추어 부당한 불이익을 주는 우월적 지위의 남용으로서 문제가 된다.

거래상대방에게 종업원 등의 파견을 대신하여 이에 상당하는 인건비를 부담하게 하는 경우도 동일하다.

(주11) 「종업원 등」에는 당해 거래상대방이 당해 요청에 응하기 위하여 고용한 아르바이트나 파견 노동자 등이 포함된다.
(주12) 「직접적인 이익」이란, 예를 들어 거래상대방의 종업원 등을 소매점에 파견해서 소비자에게 판매하는 것이 거래상대방이 납품하는 상품의 매출증가, 거래상대방에 의한 소비자요구 동향의 직접적인 파악으로 이어지는 경우 등 실제 발생한 이

익을 말하고, 종업원 등을 파견함으로써 장래 거래가 유리하게 된다는 것과 같은 간접적인 이익을 포함하지 않는다.

(주13) 이 경우에는 종업원 등의 파견조건에 대하여 거래상대방과 명확히 되어 있다고 하더라도 우월적 지위의 남용으로서 문제가 된다.

　　나. 제조업자나 도매업자가 백화점, 슈퍼마켓 등 소매업자의 요청을 받고 자기가 제조한 상품 또는 자기가 납품한 상품의 판매 등을 위하여 종업원 등을 파견하는 경우가 있다. 이러한 종업원 등의 파견은 제조업자나 도매업자 입장에서는 소비자요구의 동향을 직접적으로 파악할 수 있고, 소매업자 입장에서는 전문적인 상품지식의 부족을 충족하는 등 이점이 있는 경우가 있다. 종업원 등의 파견이 이에 의해 얻을 수 있게 되는 직접적인 이익의 범위 내에 있는 것으로서 거래상대방의 자유로운 의사에 의해 행해지는 경우에는 정상적인 거래관행에 비추어 부당한 불이익을 주는 것이 되지 않기 때문에 우월적 지위남용의 문제가 되지 않는다. 그리고 종업원 등의 파견조건에 대해서 미리 당해 거래상대방과 합의(주14)하고 파견을 위하여 통상 필요한 비용을 자기가 부담하는 경우에도 이와 동일하다.

(주14)「합의」란 당사자의 실질적인 의사가 합치하고 있는 것으로서 거래상대방과의 충분한 협의 하에 당해 거래상대방이 납득하고 합의하고 있다는 취지이다.「반품」(제4. 3. (2))에서의「합의」에 대한 가이드라인도 이와 동일하다.

■ 가정 예 ■

① 파견비용을 부담하지 않고 자기의 이익밖에 되지 않는 업무를 하도록 거래상대방에게 요청하고 그 종업원 등을 파견하게 하는 경우

② 자기 점포의 신규오픈 세일 또는 리뉴얼오픈 세일시 판매업무에 종사하게 하기 위하여 납품업자의 종업원을 파견시켜 그 종업원을 당해 납품업자의 납품과 관련된 상품의 판매업무와 병행하여 다른 납품업자의 상품판매업무에도 종사시킴으로써 그 종업원을 파견한 납품업자의 직접적인 이익 등을 감안할 때 합리적으로 인정되는 범위를 넘어서 부담하게 하는 경우

③ 종업원 등을 파견하기 위한 비용을 자기가 부담한다고 하면서 거래상대방이 부담
  하는 파견비용에 대하여 일률적으로 일당 금액을 정하기만 할 뿐, 개개 거래상대
  방의 사정에 따른 교통비, 숙박비 등의 비용이 발생함에도 불구하고 당해 비용을
  부담하지 않고 종업원 등을 파견하게 하는 경우

④ 거래상대방이 종업원 등을 파견하기 위한 일당, 교통비, 숙박비 등의 비용을 자
  기가 부담한다고 하면서, 일당에 대해서는 당해 종업원 등의 급여나 당해 파견과
  관련된 업무내용에 맞는 적정한 금액을 밑도는 금액으로 일률적으로 정하는 경우

⑤ 자기의 재고정리업무를 위하여 고용한 아르바이트원의 비용을 거래상대방에게
  부담하게 하는 경우

⑥ 계약상 거래상대방이 자기 창고까지만 운송하도록 되어 있는 경우에, 당해 거래
  상대방에게 미리 계약에서 정하고 있지 않은 자기 창고 내에서 하역 등의 업무에
  대하여 무상으로 종사하게 하는 경우

■ 구체적인 예 ■

X사는 점포 신규오픈 및 리뉴얼오픈 시, 납품업자에게 당해 납품업자의 납품과 관련된
상품인지의 여부를 묻지 않고 당해 점포에서의 상품진열, 상품의 보충, 접객 등의 작
업(이하 「오픈작업」이라 한다)을 시키기로 하고, 미리 당해 납품업자와 그 종업원 등의
파견조건에 대하여 합의하지 않은 채, 오픈작업을 위하여 그 종업원 등의 파견을 필요
로 하는 점포, 일시 등을 연락해서 종업원 등을 파견하도록 요청하고 있다. 이 요청을
받은 납품업자의 대부분은 X사와의 납품거래를 계속하고 있어 그 요청에 어쩔 수 없
이 응하여 종업원 등을 파견하고 있고 X사는 당해 파견을 위하여 통상 필요한 비용을
부담하지 않고 있다(2008년 6월 30일 시정명령·헤이세이(平成)20년(措)제16호).

(3) 기타 경제상 이익의 제공요청

  가. 협찬금 등의 부담요청이나 종업원 등의 파견요청 이외에도 거래상의 지위가
상대방보다 우월한 사업자가 정당한 이유가 없는데도 거래상대방에게 발주내용에
포함되어 있지 않은 금형(목형, 기타 금형과 유사한 것을 포함한다. 이하 같다) 등의 설계도
면, 특허권 등의 지식재산권, 종업원 등의 파견 이외의 역무제공, 기타 경제상 이익
의 무상제공을 요청하는 경우로서 당해 거래상대방이 향후의 거래에 미치는 영향을

우려하여 어쩔 수 없이 받아들이는 경우에는 정상적인 거래관행에 비추어 부당하게 불이익을 주게 되어 우월적 지위의 남용으로서 문제가 된다(주15).

(주15) 무상으로 제공하게 하는 경우뿐 아니라 거래상 지위가 우월한 사업자가 거래상대방에게 정상적인 거래관행에 비추어 부당하게 낮은 대가로 제공하게 하는 경우에도 우월적 지위의 남용으로서 문제가 된다. 이 판단에 있어서는 「거래대가의 일방적 결정」(제4. 3. (5) 가.)에서 기재된 가이드라인이 적용된다.

　나. 한편 앞의 가.에서 열거된 경제상 이익이 무상으로 제공된 경우라도 당해 경제상 이익이 어떤 상품의 판매에 부수하여 당연히 제공되는 것으로써 당해 상품의 가격에 본래 반영된 경우에는 정상적인 거래관행에 비추어 부당하게 불이익을 주는 것이 아니기 때문에 우월적 지위의 남용이 문제되지 않는다.

■가정 예■

① 거래에 수반하여 거래상대방에게 저작권, 특허권 등의 권리가 발생·귀속하는 경우에 이들 권리가 자기와의 거래과정에서 획득했다는 이유로 일방적으로 작성목적에 맞는 사용범위를 넘어서 당해 권리를 자기에게 양도하게 하는 경우
② 발주내용에 금형의 설계도면을 제공하는 것이 포함되어 있지 않음에도 불구하고 거래상대방에게 금형의 설계도면을 무상으로 제공하게 하는 경우
③ 보수용 부품, 금형 등을 자기 스스로 보관해야 함에도 불구하고 자기의 일방적인 사정에 따라 거래상대방에게 무상으로 보관하게 하고 보관에 수반하는 메인터넌스(maintenance) 등을 하게 하는 경우
④ 자기가 지급한 부품·원재료의 결함, 자기가 한 설계의 불량 등 자기에게 책임이 있음에도 불구하고 최종 사용자로부터 클레임이 있는 경우, 자기는 일체의 책임을 지지 않고, 거래상대방에게 최종 사용자에 대한 손해배상을 포함한 클레임 대응을 모두 무상으로 하게 하는 경우
⑤ 상품을 납품하는 거래상대방과 충분한 협의를 하지 않고 일방적으로 당해 거래상대방이 회수할 의무가 없는 산업폐기물이나 다른 사업자의 수송용 도구 등을 거래상대방에게 무상으로 회수하게 하는 경우

3. 공정거래법 제2조 제9항 제5호 다목

공정거래법 제2조 제9항 제5호 다목의 규정은 다음과 같다.

다. 거래의 상대방으로부터 거래와 관련된 상품의 수령을 거부하거나 거래상대방으로부터 거래와 관련된 상품을 수령한 후 그 상품을 거래상대방에게 반납하거나 거래상대방에 대하여 거래대가 지급을 지연하거나 그 금액을 줄이거나 기타 거래상대방에게 불이익이 되도록 거래조건을 설정·변경하거나 또는 거래를 실시하는 것

공정거래법 제2조 제9항 제5호 다목에는 「수령거부」, 「반품」, 「지급지연」 및 「감액」이 우월적 지위의 남용으로 이어질 수 있는 행위의 예시로서 들고 있지만 그 이외에도 거래상대방에게 불이익을 주는 다양한 행위가 포함된다.

(1) 수령거부

가. 거래상 지위가 상대방보다 우월한 사업자가 거래상대방으로부터 상품을 구매하는 계약을 한 후에 정당한 이유가 없는데도 당해 상품의 전부 또는 일부의 수령을 거부하는 경우(주16)로서 당해 거래상대방이 향후 거래에 미칠 영향 등을 우려하여 이를 어쩔 수 없이 받아들이는 경우에는 정상적인 거래관행에 비추어 부당하게 불이익을 주게 되므로 우월적 지위남용의 문제가 된다(주17).

(주16) 「수령을 거부하는」 것은 상품을 납기에 수령하지 않는 것을 말한다. 납기를 일방적으로 연기함으로써 또는 발주를 일방적으로 취소함으로써 납기에 상품의 전부 또는 일부를 받지 않는 경우도 여기에 포함된다.
(주17) 거래상대방으로부터 역무제공을 받는 계약을 한 후에 정당한 이유가 없는데도 불구하고 당해 역무제공의 전부 또는 일부의 수령을 거부하는 경우에 대해서는 공정거래법 제2조 제9항 제5호 다. 「기타 거래상대방에게 불이익이 되도록 거래조건을 (중략) 변경하거나 또는 거래를 실시하는 것」으로서 우월적 지위남용의 문제가 될 수 있다(제4. 3. (5) 다. 참조).

나. 반면에 ① 당해 거래상대방으로부터 구입한 상품에 하자가 있는 경우, 주문한

상품과 다른 상품이 납품된 경우, 납기를 맞추지 못하였기 때문에 판매목적을 달성할 수 없는 경우 등 당해 거래상대방에게 귀책사유가 있는 경우, ② 상품의 구입에 있어서 당해 거래상대방과 합의하에 수령하지 않는 경우의 조건을 정하고 그 조건에 따라서 수령하지 않는 경우(주18), ③ 미리 당해 거래상대방의 동의를 얻고(주19) 상품의 수령을 거절하는데 따라 통상 발생하는 손실(주20)을 부담하는 경우에는 정상적인 거래관행에 비추어 부당하게 불이익을 주는 경우에 해당하지 않아 우월적 지위 남용의 문제가 되지 않는다.

(주18) 당해 상품에 대하여 정상적인 거래관행의 범위 내에서 수령을 거부하는 조건을 정한 경우에 한한다.

(주19) 「동의를 얻고」는 승낙이라는 의사표시를 얻는 것으로서 거래상대방이 납득하고 동의하였다는 취지이다. 「반품」(제4. 3. (2)), 「지급지연」(제4. 3. (3)) 및 「수정작업의 요청」(제4. 3. (5) 나.)에서 「동의를 얻고」의 가이드라인도 이와 동일하다.

(주20) 「통상 발생하는 손실」은 수령거부에 의해 발생하는 상당 인과관계 범위 내의 손실을 말한다. 예를 들면 ① 상품 시황의 하락, 시간의 경과에 따른 상품 사용기한의 단축에 수반하는 가치의 감소 등에 상당하는 비용, ② 물류에 필요한 비용, ③ 상품의 폐기처분비용을 들 수 있다. 「반품」(제4. 3. (2)), 「지급지연」(제4. 3. (3)) 및 「수정작업의 요청」(제4. 3. (5) 나.)에서 「통상 발생하는 손실」에 대한 가이드라인도 이와 동일하다.

■ 가정 예 ■

① 거래상대방이 발주에 근거하여 상품을 제조하고 당해 상품을 납품하려고 하는 상황에서 매출부진 또는 매장의 리뉴얼이나 상품진열 변경에 수반하여 당해 상품이 필요 없게 되었다는 이유로 당해 상품의 수령을 거부하는 경우

② 미리 정하여진 검사기준을 자의적으로 엄격하게 해석하여 발주내용과 다르다거나 또는 하자가 있다는 이유로 당해 상품의 수령을 거부하는 경우

③ 특정 사양을 지시하고 상품의 제조를 발주한 이후임에도 불구하고 자기 고객이 당해 상품의 주문을 취소하였다거나 자기 판매계획을 변경하였다는 이유로 당해 상품의 수령을 거부하는 경우

④ 거래상대방이 사양의 명확화를 요구하였는데도 불구하고 정당한 이유 없이 사양을 명확하게 하지 않은 채, 거래상대방에게 계속하여 작업을 하게하고, 그 이후 거래상대방이 상품을 납품하려고 하는 때에 발주내용과 다르다는 이유로 당해 상품의 수령을 거부하는 경우

⑤ 발주 이후에 미리 합의한 납기를 거래상대방의 사정을 고려하지 않은 채 일방적으로 짧게 변경하고, 그 납기까지 납품이 행하여지지 않았다고 하여 상품의 수령을 거부하는 경우

⑥ 로트(lot) 단위로 상품검사를 하고 불량품이 있는 로트만을 수령하지 않기로 계약했는데도 불구하고 어떤 하나의 로트에서 불량품이 발견되었다는 이유로 다른 로트의 검사를 하지 않고 모든 로트의 수령을 거부하는 경우

⑦ 거래상대방에게 특정 사양을 지시하고 계속적으로 부품의 제조를 발주하고 있는 상황에서 종래 납품시에는 사양을 충족하고 있다고 하여 검사에 합격한 부품과 같은 수준의 부품에 대하여 자기의 일방적인 사정에 따라 필요하지 않게 되었다고 하여 내구성, 내인성 등 부품 성능에 전혀 영향을 미치지 않는 미세한 상처, 흠집 등을 이유로 당해 부품의 수령을 거부하는 경우

(2) 반품

가. 거래상 지위가 상대방보다 우월한 사업자가 당해 거래의 상대방으로부터 수령한 상품을 반품하는 경우로서 어떠한 경우에 어떠한 조건으로 반품할 것인가에 대해 당해 거래상대방과 명확히 협의하지 않고 당해 거래상대방에게 사전에 예상할 수 없는 불이익을 주는 경우, 기타 정당한 이유가 없는데도 불구하고 당해 거래상대방으로부터 수령한 상품을 반품한 경우로서 당해 거래상대방이 향후의 거래에 미치는 영향 등을 우려하여 이를 어쩔 수 없이 받아들이는 경우에는 정상적인 거래관행에 비추어 부당하게 불이익을 주므로 우월적 지위의 남용으로서 문제가 된다.

나. 반면에 ① 당해 거래상대방으로부터 구입한 상품에 하자가 있는 경우, 주문한 상품과 다른 상품이 납품된 경우, 납기를 맞추지 못해서 판매목적을 달성할 수 없는 경우 등 당해 거래상대방의 귀책사유에 의해 당해 상품을 수령한 날부터 상당한 기간 내에 당해 사유를 감안하여 상당하다고 인정되는 수량의 범위 내(주21)에서 반품

하는 경우, ② 상품의 구입에 있어 당해 거래상대방과의 합의에 의해 반품조건을 정하고, 그 조건에 따라 반품하는 경우(주22), ③ 미리 당해 거래상대방의 동의를 얻고 상품의 반품에 의해 당해 거래상대방에게 통상 발생하는 손실을 자기가 부담하는 경우, ④ 당해 거래상대방으로부터 상품을 반품받고 싶다는 취지의 신청이 있고 당해 거래상대방이 당해 상품을 처분하는 것이 직접적인 이익(주23)이 되는 경우에는 정상적인 거래관행에 비추어 부당하게 불이익을 주는 것이 아니어서 우월적 지위남용의 문제가 되지 않는다.

(주21) 「상당한 기간」에 대해서는 개별 사정에 따라 판단되어야 하지만, 예를 들어 즉시 발견할 수 있는 하자가 있는 경우나 주문품과 다른 경우에는 상품의 수령 후 검사에 필요한 표준적인 기간 내에 신속하게 반품할 필요가 있다. 「감액」(제4. 3. (4))에서 「상당한 기간」에 대한 가이드라인도 이와 동일하다.

　그리고 상당한 기간 내에 반품하는 경우라도 무제한으로 반품하는 것은 인정되지 않는다. 예를 들어 하자있는 상품이나 주문과 다른 상품이라면 그 상품을 반품하는 것은 인정되지만, 이와 함께 다른 상품도(세트가 아니면 판매용이 되지 못하는 것을 제외한다) 반품하는 것은 「상당하다고 인정되는 수량의 범위 내」의 반품으로 인정되지 않는다.

(주22) 당해 상품에 대해서 그 수령한 날부터 일정한 기간 및 일정한 수량의 범위 내에서의 반품 또는 수령한 상품의 총량에 대해서 일정한 수량의 범위 내에서의 반품이 정상적인 거래관행으로 되어 있고 당해 거래관행의 범위 내에서 반품의 조건을 정하는 경우에 한한다.

(주23) 「직접적인 이익」이란 예를 들어 거래상대방이 납품한 구 상품 중에서 거래처점포에서 판매하다 남은 것을 회수하고 신상품을 납품하는 편이 거래상대방의 매출증가로 이어지는 경우 등 실제로 발생한 이익을 말하고, 반품을 받음으로써 장래의 거래가 유리하게 된다는 것과 같은 간접적인 이익을 포함하지 않는다.

■ 가정 예 ■

① 전시용으로 사용하였기 때문에 오손된 상품을 반품하는 경우
② 소매용의 가격표가 부착되어 있어서 상품을 손상시키지 않고 떼어내는 것이 곤란

한 상품을 반품하는 경우

③ 제조업자가 정한 유통기한과는 별도로 독자적으로 이보다 짧은 판매기간을 일방
적으로 정하고 이 판매기간이 경과되었다는 이유로 반품하는 경우

④ 자기의 PB상품을 반품하는 경우

⑤ 월말 또는 기말의 재고조정을 위하여 반품하는 경우

⑥ 자기의 독자적인 판단에 근거하여 점포 또는 매장의 리뉴얼이나 상품진열 변경을
이유로 반품하는 경우

⑦ 세일 종료 후에 팔고 남았다는 이유로 반품하는 경우

⑧ 단순히 구입 고객이 반품하였다는 이유로 반품하는 경우

⑨ 즉시 발견할 수 있는 하자인데도 불구하고 검사에 필요한 표준적인 기간을 훨씬
경과한 후에 하자가 있다는 이유로 거래상대방에게 반품하는 경우

■ 구체적인 예 ■

X사는 점포의 폐점 또는 리뉴얼시 당해 점포의 상품 가운데 당해 점포 및 다른 점포
에서 판매하지 않기로 한 상품에 대하여 당해 상품의 납품업자에게 귀책사유가 없고,
미리 당해 납품업자와의 합의에 의해 반품조건을 정하지 않았으며, 당해 상품의 반품을
받는 것이 당해 납품업자의 직접적인 이익이 되지 않는데도 불구하고, 당해 상품의 반
품 요청에 따르도록 요청하고 있다. 이 요청을 받은 납품업자의 대부분은 X사와의 거래
를 계속하는 입장이기 때문에, 그 요청에 어쩔 수 없이 응할 수밖에 없어서 당해 상품
의 반품을 받고 있고, X사는 당해 상품의 반품에 따라 당해 납품업자에게 통상 발생하
는 손실을 부담하고 있지 않다(2009년 6월 19일 시정명령·헤이세이(平成)21년(措)제7호).

(3) 지급지연

가. 거래상의 지위가 상대방보다 우월한 사업자가 정당한 이유가 없는데도 계약에서
정한 지급기일에 대가를 지급하지 않는 경우에 당해 거래상대방이 향후의 거래에 미칠
영향 등을 우려하여 이를 어쩔 수 없이 받아들일 수밖에 없다면 정상적인 거래관행에
비추어 부당하게 불이익을 주는 것이 되어 우월적 지위의 남용으로서 문제가 된다.

또한 계약에서 정한 지급기일보다 늦게 대가를 지급하는 경우뿐만 아니라 거래상
지위가 우월한 사업자가 일방적으로 대가의 지급기일을 늦게 설정하는 경우나, 지급

기일의 도래를 자의적으로 늦추는 경우에도 당해 거래상대방에게 정상적인 거래관
행에 비추어 부당하게 불이익을 주기 쉽기 때문에 우월적 지위의 남용으로서 문제되
기 쉽다.

　　나. 반면에, 미리 당해 거래상대방의 동의를 얻고 동시에 대가의 지급지연에 의해
당해 거래상대방에게 통상 발생하는 손실을 자기가 부담하는 경우에는 정상적인 거
래관행에 비추어 부당하게 불이익을 주는 것이 아니기 때문에 우월적 지위남용이 문
제되지 않는다.

■ 가정 예 ■

① 사내(社內) 지급절차의 지연, 제품의 설계나 사양의 변경 등 자기의 일방적인 사
　　정에 따라 계약에서 정한 지급기일에 대가를 지급하지 않는 경우
② 분할하여 납품받는 거래에서 초기 납품분의 제공을 받은 후에 대가를 지급하도록
　　되어 있는데도 불구하고 일방적으로 지급조건을 변경하고, 전부 납품되지 않았다
　　는 이유로 대가의 지급을 늦추는 경우
③ 상품의 제공이 종료되었는데도 불구하고 그 검수를 자의적으로 늦춰 계약에서 정
　　한 지급기일에 대가를 지급하지 않는 경우
④ 거래와 관련된 상품 또는 용역을 자기가 실제로 사용한 후에 대가를 지급하도록
　　되어 있는 경우에 자기의 일방적인 사정에 따라 그 사용 시기를 당초 예정보다
　　대폭 늦추고 이를 이유로 대가의 지급을 늦추는 경우
⑤ 매우 고액인 제품·부품 등을 납품받고 있는 경우에 당초 일괄지급으로 계약했음
　　에도 불구하고 지급 단계에서 자기의 일방적인 사정에 따라 수년에 걸친 분할지
　　급으로 하고 일괄지급에 응하지 않는 경우

(4) 감액

　　가. 거래상 지위가 상대방보다 우월한 사업자가 상품 또는 용역을 구입한 후에 정
당한 이유가 없는데도 계약에서 정한 대가를 감액하는 경우로서 당해 거래상대방이 향
후의 거래에 미치는 영향 등을 우려하여 이를 어쩔 수 없이 받아들이는 경우에는 정
상적인 거래관행에 비추어 부당하게 불이익을 주는 것이 되어 우월적 지위의 남용으

로서 문제가 된다.

　계약에서 정한 대가를 변경하지 않고 상품 또는 용역의 사양을 변경하는 등 대가를 실질적으로 감액하는 경우에도 이와 동일하다.

　나. 반면에 ① 당해 거래상대방으로부터 구입한 상품 또는 제공된 용역에 하자가 있는 경우, 주문내용과 다른 상품이 납품되거나 또는 용역이 제공된 경우, 거래상대방이 납기를 맞추지 못했기 때문에 판매목적을 달성할 수 없는 경우 등 당해 거래상대방의 귀책사유에 의해 당해 상품이 납품되거나 또는 당해 용역이 제공된 날부터 상당한 기간 내에 당해 사유를 감안하여 상당하다고 인정되는 금액의 범위 내(주24)에서 대가를 감액하는 경우, ② 대가를 감액하기 위한 요청이 대가와 관련된 교섭의 일환으로서 행해지고 그 금액이 수급관계를 반영한 것으로 인정되는 경우에는 정상적인 거래관행에 비추어 부당하게 불이익을 주는 것이 되지 않아 우월적 지위남용이 문제되지 않는다.

(주24) 상당한 기간 내에 대가를 감액하는 경우라도 무제한으로 대가를 감액하는 것은 인정되지 않는다. 예를 들어 상품에 하자가 있는 경우라면 그 하자의 정도에 따라서 정당하다고 평가되는 금액의 범위 내에서 감액을 할 필요가 있지만, 그것을 넘어서 감액을 하는 것은 「상당하다고 인정되는 금액의 범위 내」에서의 대가 감액으로 인정되지 않는다.

■ 가정 예 ■

① 이미 상품 또는 용역의 제공을 받았음에도 불구하고 실적악화, 예산부족, 고객의 취소 등 자기의 일방적인 사정에 따라 계약에서 정한 대가를 감액하는 경우
② 미리 정해진 검사기준을 자의적으로 엄격하게 해석하여 발주내용과 다르다거나 또는 하자가 있다는 이유로 납품가격을 감액시키는 경우
③ 자기의 일방적인 사유로 거래 대상이 되는 상품 또는 용역의 사양 등의 변경, 수정작업 또는 추가적인 제공을 요청한 결과, 거래상대방의 작업량이 큰 폭으로 증가되었기 때문에 당해 작업량 증가분과 관련된 대가의 지급을 약속했음에도 불구하고 당초의 계약에서 정한 대가만을 지급하는 경우

④ 세일로 할인판매 하였다는 이유로 또는 당해 할인판매에 수반하는 이익의 감소에 대처하기 위하여 할인판매한 금액에 상당하는 금액만큼 거래상대방에게 감액시키는 경우

⑤ 매월 일정한 이익률을 확보하기 위하여 당해 이익률의 확보에 필요한 금액을 계산하고 이에 상당하는 금액만큼 거래상대방에게 감액시키는 경우

⑥ 상품의 제조를 발주한 이후임에도 불구하고 자사에서 책정한 비용삭감 목표를 달성하기 위하여 필요한 금액을 계산하고 이에 상당하는 금액을 거래상대방에게 감액시키는 경우

⑦ 자기의 요청에 근거하여 설비투자나 인력모집을 하는 등 거래상대방이 자기에 대한 상품 또는 용역의 제공준비를 위한 비용을 부담하고 있는데도 불구하고, 자기의 일방적인 사정에 의해 당해 상품 또는 용역거래의 일부를 중단하고 당초 계약에서 정한 대가에서 거래의 감소분에 해당하는 대가를 감액하는 경우

⑧ 동일상품이 다른 점포에서 싸게 판매되고 있다는 이유로 납품업자와 협의하지 않고 당사와 타 점포의 판매가격의 차액분을 납품가격에서 공제한 금액만을 지급하는 경우

⑨ 소비세·지방소비세 상당액을 지급하지 않거나 또는 지급시에 단수(우수리)절사를 함으로써 계약에서 정한 대가를 감액하는 경우

⑩ 자기의 일방적인 사정에 의해 설계변경, 도면제공의 지연 등이 있는데도 불구하고 거래상대방의 납기연장을 인정하지 않고 납기지연의 패널티금액을 공제한 금액만을 지급하는 경우

■ 구체적인 예 ■

X사는 식품, 과자 및 잡화의 각 매입부서가 취급하고 있는 상품에 대하여 상품회전율이 낮은 것, 점포를 폐점하게 되는 것, 계절상품의 판매시기가 종료한 것 또는 진열대에서 떨어져서 상품이 파손되었다는 것을 이유로 상품을 할인판매하도록 하고, 할인판매를 하도록 한 상품의 납품업자에게 당해 할인판매 전의 가격에 100분의 50을 곱하는 등의 방법으로 산출한 금액을 그 납품가격에서 감액하도록 요청하고 있다. 이 요청을 받은 납품업자의 대부분은 X사와의 납품거래를 계속해서 하고 있어 어쩔 수 없이 그 요청에 따라 감액하고 있다(2008년 5월 23일 시정명령·헤이세이(平成)20

년(措)제11호).

(5) 기타 거래상대방에게 불이익한 거래조건의 설정 등

앞의 제4. 1, 제4. 2 및 제4. 3의 (1) 내지 (4)의 행위유형에 해당하지 않는 경우라도 거래상 지위가 우월한 지위에 있는 사업자가 거래상대방에게 정상적인 거래관행에 비추어 부당하게 불이익이 되도록 거래조건을 설정·변경하거나 또는 거래를 실시하는 경우에는 우월적 지위의 남용으로서 문제가 된다.

일반적으로 거래조건 등과 관련된 교섭이 충분하게 행해지지 않은 때에는 거래상대방은 거래의 조건 등이 일방적으로 결정된 것으로 인식하기 마련이다. 따라서 거래상 우월적 지위에 있는 사업자는 거래조건 등을 거래상대방에게 제시할 때에 당해 거래조건 등을 제시한 이유에 대하여 당해 거래의 상대방에게 충분하게 설명하는 것이 바람직하다.

가. 거래대가의 일방적 결정

(가) 거래상 지위가 상대방보다 우월한 사업자가 거래상대방에게 일방적으로 현저히 낮은 대가 또는 현저히 높은 대가로 거래를 요청하는 경우로서 당해 거래상대방이 향후의 거래에 미치는 영향 등을 우려하여 당해 요청을 받아들일 수밖에 없는 경우에는 정상적인 거래관행에 비추어 부당하게 불이익을 주는 것이 되어 우월적 지위의 남용으로서 문제가 된다(주25).

이 판단에 있어서 대가의 결정에 거래상대방과 충분한 협의가 행해졌는지 여부 등 대가결정방법뿐만 아니라 다른 거래상대방의 대가와 비교해서 차별적인지 여부, 거래상대방의 매입가격을 밑도는지 여부, 통상의 구입가격 또는 판매가격과의 괴리상황, 거래대상이 되는 상품 또는 용역의 수급관계 등을 감안하여 종합적으로 판단한다.

(주25) 거래대가의 일방적인 결정은 공정거래법 제2조 제9항 제5호 다목의 「거래상대방에게 불이익한 거래조건을 설정 (중략) 하는 것」에 해당한다.

(나) 반면에 ① 요청이 있던 대가로 거래를 하려고 하는 사업자가 달리 존재한다는 등의 이유로 낮은 대가 또는 높은 대가로 거래하도록 요청하는 것이 대가와 관련

된 협상의 일환으로 행하여지는 것으로서 그 금액이 수급관계를 반영한 것으로 인정
되는 경우, ② 어떤 품목에 대해 세일 등을 하기 위하여 통상보다 대량으로 매입할
목적으로 통상의 구입가격보다 낮은 가격으로 구입하는 경우(소위 볼륨디스카운트) 등
거래조건의 차이를 정당하게 반영한 것으로 인정되는 경우에는 정상적인 거래관행에
비추어 부당하게 불이익을 주는 것이 아니므로 우월적 지위남용은 문제되지 않는다.

■ 가정 예 ■

① 다량의 발주를 전제로 거래상대방이 제시한 단가를 소량밖에 발주하지 않는 경우
　의 단가로서 일방적으로 정하는 경우
② 납기가 촉박한 발주를 하였기 때문에 거래상대방의 인건비 등의 비용이 큰 폭으
　로 증가했는데도 불구하고 통상의 납기로 발주한 경우의 단가와 동일한 단가를
　일방적으로 정하는 경우
③ 통상의 발주내용에 없는 특별사양을 지시하거나, 배송빈도 등을 변경하였기 때문에
　거래상대방의 작업량이 증가하고 거래상대방의 인건비 등의 비용이 큰 폭으로 증가
　하였는데도 불구하고 통상의 발주내용과 같은 단가를 일방적으로 정하는 경우
④ 자기의 예산단가만을 기준으로 통상의 가격보다 현저히 낮거나 또는 현저히 높은
　단가를 일방적으로 정하는 경우
⑤ 일부의 거래상대방과 협의하고 정한 단가 또는 불합리한 기준으로 산정한 단가를
　다른 거래상대방과의 단가개정에 이용하는 경우 또는 거래상대방의 비용감소를
　고려하지 않고 정기적인 단가개정을 함으로써 일률적으로 일정 비율만큼 단가를
　낮추거나 또는 높임으로써 통상의 가격보다 현저히 낮거나 또는 현저히 높은 단
　가를 일방적으로 정하는 경우
⑥ 발주량, 배송방법, 결제방법, 반품 가부 등의 거래조건에 비추어 합리적인 이유가
　없는데도 불구하고, 특정의 거래상대방을 차별 취급하면서 다른 거래상대방보다
　현저히 낮거나 또는 현저히 높은 대가의 금액을 일방적으로 정하는 경우
⑦ 세일판매를 위하여 제공하는 상품에 대하여 납품업자와 협의하지 않고 납품업자의
　매입가격을 밑도는 납품가격을 정하고 그 가격으로 납품하도록 일방적으로 지시하
　면서 자기의 통상 납품가격과 비교하여 현저히 낮은 대가로 납품시키는 경우
⑧ 원재료 등의 가격상승이나 부품의 품질개량 등에 수반하여 연구·개발비의 증가,

환경규제에 대한 대책 등에 의해 거래상대방의 비용이 큰 폭으로 증가했는데도 불구하고 종래의 단가와 동일한 단가를 일방적으로 정하는 경우

⑨ 어떤 점포의 신규오픈 세일을 하는 경우에 당해 점포에 대한 납품가격뿐만 아니라 자기의 전국에 있는 모든 점포의 납품가격에 대해서도 현저히 낮은 납품가격으로 일방적으로 정하는 경우

⑩ 거래상대방으로부터 대외적으로 비밀인 제조원가 계산자료, 노무관리 관계자료 등을 제공하게 하고, 당해 자료를 분석해서 「이익률이 높기 때문에 감액에 응할 수 있다」는 등의 주장을 하면서 현저히 낮은 납품가격으로 일방적으로 정하는 경우

■ 구체적인 예 ■

X사는 연 2회 행하는 특별감사세일 및 연간 약 50회 행해지는 화요특별세일시에 일부 점포의 매출증가 등을 위하여 당해 점포의 매입담당자가 중간 도매업자와 납품가격에 대하여 미리 협의하지 않고 중간 도매업자에게 당해 세일용으로 제공하는 청과물에 대하여, 예를 들어 화요특별세일의 전날 등에 전단지에 게재하는 무, 오이, 토마토 등의 관심 상품에 대해 중간 도매업자의 매입가격을 밑도는 가격으로 동 상품을 납품하도록 일방적으로 지시하는 등 당해 세일용으로 제공하는 청과물의 등급, 산지 등으로 볼 때 동종 상품의 일반 도매가격과 비교하여 현저히 낮은 가격으로 통상적인 경우와 비교하여 다량으로 납품하도록 요청하고 있다. 이 요청을 받은 중간 도매업자의 대부분은 X사와의 납품거래를 계속해서 하고 있어 그 요청에 어쩔 수 없이 응하고 있다(2005년 1월 7일 권고심결·헤이세이(平成)16년(권)제34호).

   나. 수정작업의 요청

   (가) 거래상의 지위가 상대방보다 우월한 사업자가 정당한 이유가 없는데도 당해 거래상대방으로부터 상품을 수령한 후 또는 용역의 제공을 받은 후에 거래상대방에게 수정작업을 요청하는 경우로서 당해 거래상대방이 향후의 거래에 미치는 영향 등을 우려하여 그것을 받아들일 수밖에 없는 경우에는 정상적인 거래관행에 비추어 부당하게 불이익을 주는 것이 되고 우월적 지위의 남용으로서 문제된다(주26)(주27).

(주26) 「수정작업」은 공정거래법 제2조 제9항 제5호 다목의 「거래상대방에게 불이

익한 거래조건을 (중략) 변경하거나 또는 거래를 실시하는 것」에 해당한다.
(주27) 거래상대방의 상품을 수령하기 전 또는 용역을 제공받기 전에 급부내용을
변경하고 당초의 급부내용과 다른 작업을 하게 하는 경우에 대해서는 「감액」(제4. 3.
(4) 참조) 또는 「기타 거래상대방에게 불이익한 거래조건의 설정 등」(제4. 3. (5) 다. 참
조)으로서 우월적 지위남용의 문제가 될 수 있다.

  (나) 반면에, ① 상품 또는 용역의 내용이 발주시점에 정한 조건을 충족하지 못한
경우, ② 미리 당해 거래상대방의 동의를 얻고 수정작업에 따라 통상 발생하는 손실
을 부담하는 경우, ③ 구체적인 사양을 확정하기 위하여 시제품을 제작하는 것을 포
함한 거래에서 당해 시제품에 대해 수정작업을 요청하고, 당해 수정작업과 관련된 비
용이 당초의 대가에 포함되어 있다고 인정되는 경우에는 정상적인 거래관행에 비추
어 부당하게 불이익을 주는 것이 아니므로 우월적 지위남용의 문제가 되지 않는다.

■ 가정 예 ■

① 상품 또는 용역의 수령 전에 자기의 일방적인 사정에 따라 미리 정한 상품 또는
   용역의 사양을 변경했는데도 불구하고 그 취지를 거래상대방에게 전달하지 않은
   채 거래상대방에게 계속해서 작업하게 하고 납품시에 사양에 맞지 않는다고 하여
   거래상대방에게 수정작업을 하게 하는 경우
② 위탁내용에 대하여 거래상대방이 확인을 요구하여 승낙했고 거래상대방이 그 위
   탁내용에 근거하여 제조 등을 했는데도 불구하고 급부내용이 위탁내용과 다르다
   고 하여 거래상대방에게 수정작업을 하게 하는 경우
③ 미리 정해진 검사기준을 자의적으로 엄격하게 하여 발주내용과 다르다거나 하자
   가 있다는 이유로 수정작업을 시키는 경우
④ 거래상대방이 사양의 명확화를 요구하였는데도 불구하고 정당한 이유 없이 사양을
   명확히 하지 않은 채, 거래상대방에게 계속해서 작업을 하게하고 그 후 거래상대방
   이 상품을 납품한 상황에서 발주내용과 다르다는 이유로 수정작업을 시키는 경우

다. 기타
  (가) 앞의 제4. 3. (1) 내지 (4)까지, 그리고 제4. 3. (5) 가. 및 나.의 행위유형에

해당하지 않는 경우로서 거래상의 지위가 우월한 사업자가 일방적으로 거래조건을 설정·변경하거나 또는 거래를 실시하는 경우 당해 거래상대방에게 정상적인 거래관행에 비추어 부당하게 불이익을 주는 때에는 우월적 지위의 남용으로서 문제가 된다.

(나) 다음에 들고 있는 가정 예는 통상 지금까지 서술한 행위유형의 어디에도 해당되지 않는다고 생각되지만, 공정거래법 제2조 제9항 제5호 다목에 해당한다면 우월적 지위의 남용으로서 문제가 된다.

■ 가정 예 ■

① 거래상대방이 거래와 관련된 상품을 실제로 사용하거나 용역을 실제로 제공받은 후에 대가의 지급을 받기로 한 경우에 자기의 일방적인 사정에 따라 당해 거래상대방이 아직 실제로 상품을 사용하고 있지 않거나 또는 아직 용역을 실제로 제공받고 있지 않는 데도 불구하고 당해 거래상대방에게 대가를 앞당겨 지급하게 하는 경우

② 특정사양을 지시하고 부품의 제조를 발주하였기 때문에 이에 따라 거래상대방이 이미 원재료 등을 조달하고 있는데도 불구하고, 자기의 일방적인 사정에 따라 당해 조달에 소요된 비용을 지급하지 않고 부품의 발주를 취소하는 경우

③ 거래상대방에게 새로운 기계설비의 도입을 지시하고 당해 기계설비의 도입 후 즉시 일정수량을 발주할 것을 설명하면서 발주를 확약하였기 때문에, 당해 거래상대방이 당해 기계설비의 도입 등 거래의 실현을 위한 행동을 취하고 있는 것을 묵인하였음에도 불구하고 자기의 일방적인 사정에 따라 발주수량을 현저히 감소하거나 또는 발주를 취소하는 경우

④ 채무초과 등 업적이 부진한 회사가 발행한 어음, 결제기간이 현저히 긴 어음 등 지급기일까지 일반 금융기관에서 할인받기 곤란한 어음을 거래상대방에게 교부하여 통상보다 높은 할인료를 부담하게 하는 경우

⑤ 거래상대방에게 외상판매에 수반하는 채권보전을 위하여 필요한 금액을 현저히 넘는 고액의 보증금을 일방적으로 정하고 당해 보증금을 예탁하게 하는 경우

⑥ 거래상대방이 납기까지 납품할 수 없는 경우 또는 거래상대방이 납품한 상품에 하자가 있는 경우 당해 거래상대방에게 과하는 벌칙과 관련하여 그 금액이나 산출근거에 대하여 당해 거래상대방과 충분한 협의 없이 일방적으로 정하고, 납품

되어 판매되었다면 얻을 수 있는 이익 상당액 또는 당해 하자가 없다면 얻을 수 있었던 이익 상당액을 넘는 금액을 부담하게 하는 경우

(다) 또한 다음과 같이 프랜차이즈 체인본부가 가맹점사업자에 대하여 할인판매를 강제로 정지시켜 가맹점사업자가 스스로 합리적인 경영판단에 근거하여 자신의 손실을 경감할 기회를 잃게 하는 행위가 우월적 지위의 남용으로서 문제가 된 경우가 있다(주28).

(주28) 이러한 행위도 공정거래법 제2조 제9항 제5호 다목에 해당하는 행위이다. 또한 프랜차이즈 거래에서 우월적 지위남용의 가이드라인에 대한 상세한 사항은 「프랜차이즈 시스템에 관한 공정거래법상의 견해에 대하여(2002년 4월 24일 공정거래위원회)」를 참조하기 바란다.

■ 구체적인 예 ■

X사는 자기의 프랜차이즈 체인 가맹점사업자가 경영하는 편의점에서 폐기된 상품의 원가상당액 전액을 가맹점사업자가 부담하는 구조하에서

가. 경영상담원은 가맹점사업자가 데일리상품(품질이 변질되기 쉬운 식품 및 음료로서 원칙적으로 매일 점포에 납품되는 것을 말한다. 이하 같다)의 할인판매를 하려고 하는 것을 알고 당해 가맹점사업자에게 할인판매를 하지 않도록 하고,

나. 경영상담원은 가맹점사업자가 실제 할인판매를 하고 있는 것을 안 때에는 당해 가맹점사업자에게 할인판매를 다시 하지 않도록 하며,

다. 가맹점사업자가 앞의 가. 또는 나.에도 불구하고 할인판매를 그만두지 않는 때에는 경영상담원의 상사에 해당하는 종업원은 당해 가맹점사업자에게 가맹점 기본계약의 해제 등 불이익한 취급을 한다는 취지를 시사하는 등 할인판매를 하지 않도록 하거나 또는 다시 하지 않도록 하는 등 할인판매를 하려고 하거나 또는 하고 있는 가맹점사업자에게 할인판매의 중지를 강제함으로써 가맹점사업자가 스스로 합리적인 경영판단에 근거하여 폐기와 관련된 데일리상품의 원가상당액의 손실을 경감할 기회를 잃게 하고 있다(2009년 6월 22일 시정명령·헤이세이(平成)21년(措)제8호).

05 자료 5

하도급거래 공정화에 관한 법률 운용기준
(下請代金支払遅延等防止法に関する運用基準)

헤이세이(平成)15년(2003년) 12월 11일 공정거래위원회 사무총장 훈령 제18호
개정 헤이세이(平成)28년(2016년) 12월 14일 공정거래위원회 사무총장 훈령 제15호

제1. 운용에 있어서의 유의점

1. 하도급거래 공정화에 관한 법률(이하 「법」이라 한다)의 운용에 있어서는 위반행위를 미연에 방지하는 것이 중요하다는 점을 감안하여, 특히 다음과 같은 점에 유의할 필요가 있다.

   (1) 하도급거래에서 원사업자가 준수해야 하는 행위 가운데 수령거부금지, 하도급대금의 감액금지, 반품금지, 부당한 급부내용의 변경 및 부당한 수정작업의 금지는 수급사업자의 귀책사유가 있는 경우를 제외하고는 발주시 수급사업자와 합의한 거래조건 및 지급조건을 성실히 이행할 것을 요구하고 있다.
   따라서 이러한 위반행위를 사전에 방지한다는 관점에서 발주시 거래조건 등을 명확히 하는 서면(법 제3조의 규정에 따라 수급사업자에게 교부해야 하는 서면. 이하 「제3조 서면」이라 한다)의 교부를 철저하게 해야 한다.

   (2) 가격후려치기 금지, 구입·이용강제의 금지 및 경제적 이익의 제공요청 금지에 대해서는 이들 위반행위가 하도급대금의 결정에 있어서 수급사업자와 충분한 협의를 하지 않거나 또는 하도급거래에 영향을 미치는 자가 수급사업자에게 물건의 구입, 용역의 이용이나 경제적 이익의 제공을 요청하는 등으로 인하여 발생하는 경우가 많은 점에 비추어 볼 때, 위반행위를 미연에 방지하는 관점에서 원사업자에게 하도급대금의 결정, 물건의 구매, 용역의 이용요청이나 경제적 이익의 제공요청을 하면서 고려해야 할 사항에 대해서도 지도하는 것으로 한다.

   (3) 위반행위를 사전에 방지하기 위해서는 법 준수를 위한 원사업자의 회사 내

체제정비가 필수적임을 감안하여 원사업자에게 경영책임자를 중심으로 하는 준법관리체제를 확립하고 준법 매뉴얼 등을 작성하며 이를 구매·외주 담당자를 비롯하여 사내에 철저히 주지시키도록 지도한다.

2. 위반사건에 대해서는 신속하고 적정한 처리를 위해 노력하고, 위반행위가 인정되는 경우에는 원사업자에게 수급사업자가 입은 불이익의 원상회복조치를 강구하도록 지도함과 동시에 필요하다면 원사업자에게 경영책임자를 중심으로 한 준법관리체제를 확립하고 준법 매뉴얼 등을 작성하며 이를 구매·외주 담당자를 비롯하여 사내에 철저히 주지시키도록 지도하는 등 재발방지 조치를 취하게 하는 등 효과적인 대응을 도모하게 한다.

또한, 어떤 행위가 위반이 되는지 판단을 위한 참고로서 제3.(원사업자의 서면교부 의무) 및 제4.(원사업자의 금지행위)의 각항에 위반행위 사례를 들고 있지만 이들은 대표적인 예일 뿐, 그 이외는 문제가 되지 않는다는 것을 말하는 것이 아니라는데 유의할 필요가 있다.

제2. 법의 대상이 되는 거래

법의 대상이 되는 거래는 제2조 제1항 내지 제4항의 「제조위탁」, 「수리위탁」, 「정보성과물작성위탁」 및 「역무제공위탁」의 4종류 위탁거래가 있다.

법 제2조 제7항에 규정된 일정한 자본금 요건에 해당하는 법인사업자가 법 제2조 제8항에 규정된 일정한 자본금요건에 해당하는 법인사업자 및 개인사업자에게 상기(上記)의 위탁을 하는 경우, 하도급법상 「원사업자」로서 법이 적용된다. 또한 법 제2조 제8항에 규정된 일정한 자본금 요건에 해당하는 법인사업자 및 개인사업자가 법 제2조 제7항에 규정된 일정한 자본금 요건에 해당하는 법인사업자로부터 상기(上記)의 위탁을 받는 경우 하도급법상의 「수급사업자」로서 법이 적용된다.

그리고 이 법률에서 「위탁」이라 함은 사업자가 다른 사업자에게 급부에 관한 사양, 내용 등을 지정하고 물품 등의 제조(가공을 포함한다) 또는 수리, 정보성과물의 작성 또는 역무의 제공을 의뢰하는 것을 말한다.

1. 제조위탁

(1) 「제조위탁」이란 「사업자가 업으로 하는 판매나 업으로 위탁받은 제조(가공을 포함 한다. 이하 같다)의 목적물인 물품, 반제품, 부품, 부속품, 원재료, 이들의 제조에 사용되는 금형, 업으로 하는 물품의 수리에 필요한 부품 혹은 원재료의 제조를 다른 사업자에게 위탁하는 것 및 사업자가 사용하거나, 또는 소비하는 물품의 제조를 업으로 하는 경우에 그 물품, 그 반제품, 부품, 부속품, 원재료 또는 이들 제조에 사용되는 금형의 제조를 다른 사업자에게 위탁하는 것」을 말한다(법 제2조 제1항).

(2) 이 법률에서 「업으로」는 사업자가 어떤 행위를 반복·계속적으로 실시하고 있으며, 사회통념상 사업의 수행이라고 볼 수 있는 경우를 말한다(수리위탁, 정보성과 물작성위탁 및 역무제공위탁에 있어서도 마찬가지이다).

(3) 「제조」는 원재료인 물품에 일정한 공작을 가하여 새로운 물건을 만들어내는 것을 말하고, 「가공」은 원재료인 물품에 일정한 공작을 가하여 일정한 가치를 부가하는 것을 말한다.
「물품」은 동산을 말하고, 부동산은 포함하지 않는다.
「반제품」은 목적물인 물품의 제조과정에서 중간상태에 있는 제조물을 말하고, 「부품」은 목적물인 물품에 그대로 부착되어 물품의 일부를 구성하게 되는 제조물을 말한다.
「부속품」이란 목적물인 물품에 그대로 부착되거나 목적물인 물품에 부속됨으로써 그 효용을 증가시키는 제조물을 말하고, 「원재료」란 목적물인 물품을 만들어내기 위하여 기초가 되는 자재(원료·재료)를 말한다.
「이들 제조에 사용되는 금형」이란 「물품, 반제품, 부품, 부속품, 원재료」의 제조를 위하여 사용하는 당해 물품 등의 외형을 본뜬 금속제의 물품을 말한다. 또한 금형의 제조를 위탁한 원사업자가 그것을 이용하여 스스로 물품 등의 제조를 하는 경우에 한정하지 않고, 더 나아가 다른 사업자에게 그 금형을 이용하여 제조하도록 위탁하는 경우의 금형도 포함한다.

(4) 제조위탁에는 다음의 4가지 유형이 있다.

유형 1-1 사업자가 업으로 하는 판매목적물인 물품, 반제품, 부품, 부속품, 원자재 또는 이들의 제조에 사용하는 금형의 제조를 다른 사업자에게 위탁하는 것

(예)

○ 자동차 제조업자가 판매하는 자동차를 구성하는 부품의 제조를 부품 제조업자에게 위탁하는 것

○ 대규모소매업자(백화점, 슈퍼마켓, 홈센터, 전문 양판점, 약국, 편의점 본부, 통신판매업 등)가 자사의 PB상품의 제조를 식품가공업자 등에게 위탁하는 것

○ 출판사가 판매하는 서적의 인쇄를 인쇄업자에게 위탁하는 것

○ 전기기구 제조업자가 판매하는 전기기구를 구성하는 부품의 제조에 이용되는 금형의 제조를 금형 제조업자에게 위탁하는 것

유형 1-2 사업자가 업으로 위탁받은 제조의 목적물인 물품, 반제품, 부품, 부속품, 원재료 또는 이들의 제조에 사용되는 금형의 제조를 다른 사업자에게 위탁하는 것

(예)

○ 정밀기계 제조업자가 제조를 위탁받은 정밀기계의 부품 제조를 부품 제조업자에게 위탁하는 것

○ 건축자재 제조업자가 제조를 위탁받은 건축자재 원재료의 제조를 원재료 제조업자에게 위탁하는 것

○ 금속제품 제조업자가 제조를 위탁받은 금속제품의 제조에 사용되는 금형의 제조를 금형제조업자에게 위탁하는 것

○ 섬유제품 도매업자가 제조를 위탁받은 의류품의 제조를 섬유제품 제조업자에게 위탁하는 것

유형 1-3 사업자가 업으로 하는 물품의 수리에 필요한 부품 또는 원재료의 제조를 다른 사업자에게 위탁하는 것

(예)

○ 가전제품 제조업자가 소비자를 위한 가전제품의 수리를 위하여 필요한 부품의 제조를 부품 제조업자에게 위탁하는 것

○ 공작기계 제조업자가 자사에서 사용하는 공작기계의 수리에 필요한 부품의 제조를 부품 제조업자에게 위탁하는 것

[유형 1-4] 사업자가 사용하거나 또는 소비하는 물품의 제조를 업으로 하는 경우에 물품, 반제품, 부품, 부속품, 원재료 또는 이들 제조에 사용되는 금형의 제조를 다른 사업자에게 위탁하는 것

(예)

○ 운송용 기기 제조업자가 자사의 공장에서 사용하는 운송용 기기를 자사에서 제조하고 있는 경우에 당해 운송용 기기의 부품 제조를 부품 제조업자에게 위탁하는 것

○ 공작기기 제조업자가 자사의 공장에서 사용하는 공구를 자사에서 제조하고 있는 경우에 일부 공구의 제조를 다른 공작기계 제조업자에게 위탁하는 것

2. 수리위탁

(1) 「수리위탁」이란 「사업자가 업으로 위탁받은 물품의 수리행위 전부 또는 일부를 다른 사업자에게 위탁하는 것 및 사업자가 사용하는 물품의 수리를 업으로 하는 경우 수리행위의 일부를 다른 사업자에게 위탁하는 것」을 말한다(법 제2조 제2항).

(2) 「수리」는 본래의 기능을 잃어버린 물품에 일정한 공작을 가하여, 원래의 기능을 회복시키는 것을 말한다.
「위탁받은 물품의 수리」에는 사업자가 판매하는 물품에 대하여 보증기간 중에 소비자에 대하여 행하는 수리도 포함된다.

(3) 수리위탁에는 다음 두 가지 유형이 있다.
[유형 2-1] 사업자가 업으로 위탁받은 물품의 수리행위 전부 또는 일부를 다른 사업자에게 위탁하는 것

(예)

○ 자동차 딜러가 위탁받은 자동차 수리를 수리업자에게 위탁하는 것

○ 선박 수리업자가 위탁받은 선박 수리를 다른 선박 수리업자에게 위탁하는 것

유형 2-2 사업자가 사용하는 물품의 수리를 업으로 하는 경우에 그 수리행위의 일부를 다른 사업자에게 위탁하는 것

(예)

○ 제조업자가 자사의 공장에서 사용하고 있는 공구의 수리를 자사에서 하고 있는 경우에 그 수리의 일부를 수리업자에게 위탁하는 것

○ 공작기계 제조업자가 자사의 공장에서 사용하고 있는 공작기계의 수리를 자사에서 하고 있는 경우에 그 수리의 일부를 수리업자에게 위탁하는 것

3. 정보성과물작성위탁

(1) 「정보성과물작성위탁」이란 「사업자가 업으로 제공하는 혹은 업으로 위탁받은 작성의 목적인 정보성과물의 작성행위 전부 또는 일부를 다른 사업자에게 위탁하는 것 및 사업자가 사용하는 정보성과물의 작성을 업으로 하는 경우에 그 정보성과물의 작성행위 전부 또는 일부를 다른 사업자에게 위탁하는 것」을 말한다 (법 제2조 제3항).

(2) 「정보성과물」이란 다음에 들고 있는 것을 말한다.

[1] 프로그램(컴퓨터에 대한 지시명령으로 하나의 결과를 얻을 수 있도록 조합된 것을 말한다)(법 제2조 제6항 제1호)

예: 텔레비전 게임소프트, 회계소프트, 가전제품의 제어프로그램, 고객관리 시스템

[2] 영화, 방송프로그램, 기타 영상, 또는 음성, 그 이외의 음향으로 구성된 것(법 제2조 제6항 제2호)

예: 텔레비전 프로그램, 텔레비전 CM, 라디오 프로그램, 영화, 애니메이션

[3] 문자, 도형, 기호, 이들의 결합, 또는 이들과 색채와의 결합으로 구성되는 것 (법 제2조 제6항 제3호)

예: 설계도, 포스터 디자인, 상품·용기 디자인, 컨설팅 리포트, 잡지 광고

[4] 전3호에 해당하는 것 이외에 유사한 종류로서 시행령(政令)으로 정한 것(법 제2조 제6항 제4호)

현 시점에 시행령으로 정한 것은 없다.

(3) 정보성과물의 「제공」이란 사업자가 다른 사업자에게 정보성과물을 판매, 사용허
락하는 등의 방법으로 당해 정보성과물을 다른 사업자에게 제공하는 것을 말하
고, 정보성과물 그 자체를 단독으로 제공하는 경우 이외에 물품 등의 부속품(예:
가전제품의 취급설명서의 내용, CD의 해설문)으로 제공하는 경우, 제어프로그램으로
물품에 내장되어 제공하는 경우, 상품의 형태, 용기, 포장 등에 사용하는 디자인
이나 상품의 설계 등을 제품에 화체하여 제공하는 경우 등도 포함한다.
「업으로 제공하는」은 사회통념상 사업의 수행이라고 볼 수 있을 정도로 반복·계속
적으로 제공하는 경우를 말하고, 순수하게 무상제공이라면 이에 해당하지 않는다.
「사업자가 사용하는 정보성과물의 작성을 업으로 하는 경우」라 함은 사업자가
자기의 사업을 위하여 이용하는 정보성과물의 작성을 사회통념상 사업의 수행으
로 볼 수 있을 정도로 반복·계속적으로 행하고 있는 경우를 말하며, 예를 들어
① 사무용 소프트웨어 개발업자가 사내에서 사용하는 회계용 소프트웨어를 스스
로 작성하는 경우, ② 비디오 제작회사가 자사 직원의 연수용 비디오를 스스로
만드는 경우가 이에 해당한다. 다른 한편 사내 시스템부문이 있어도 작성을 위
탁하고 있는 소프트웨어와 동종의 소프트웨어를 작성하고 있지 않는 경우 등 단
순히 작성할 능력이 잠재적으로 있는 것에 지나지 않는 경우에는 작성을 「업으
로」하고 있다고 인정되지 않는다.

(4) 「정보성과물의 작성행위 전부 또는 일부를 다른 사업자에게 위탁하는 것」은 정
보성과물작성 가운데, [1] 정보성과물 그 자체의 작성, [2] 당해 정보성과물을
구성하게 되는 정보성과물의 작성을 다른 사업자에게 위탁하는 것을 말한다.
(예)

정보성과물	구성하게 되는 정보성과물의 例
게임소프트	프로그램 영상데이터 BGM 등의 음향데이터 시나리오 캐릭터디자인

방송프로그램	코너 프로그램 프로그램 타이틀 CG BGM 등의 음향 데이터 각본 오리지널 테마곡의 악보
애니메이션	셀화, 배경미술 등 BGM 등의 음향 데이터 각본 그림콘티 캐릭터 디자인 오리지널 테마곡의 악보

(5) 사업자가 제공하는 정보성과물작성과 관련하여 정보성과물작성에 필요한 역무의 제공행위를 다른 사업자에게 위탁하는 경우가 있다. 이 경우, 당해 역무가 위탁사업자가 다른 사업자에게 제공하는 목적에 해당하는 역무인 경우에는 제2조 제4항의 「역무제공위탁」에 해당하지만, 당해 역무가 오로지 자기가 이용하는 역무인 경우에는 당해 위탁거래는 하도급법의 대상이 되지 않는다(아래의 「4 역무제공위탁」을 참조).

(6) 정보성과물작성위탁에는 다음 3가지 유형이 있다.

[유형 3-1] 사업자가 업으로 제공하는 목적인 정보성과물작성행위의 전부 또는 일부를 다른 사업자에게 위탁하는 것

(예)

○ 소프트웨어 개발업자가 소비자에게 판매하는 게임소프트 프로그램의 작성을 다른 소프트웨어 개발업자에게 위탁하는 것

○ 소프트웨어 개발업자가 사용자에게 제공하는 범용 애플리케이션 소프트웨어의 개발 일부를 다른 소프트웨어 개발업자에게 위탁하는 것

○ 방송사업자가 방송하는 TV 프로그램의 제작을 프로그램 제작업자에게 위탁하는 것

○ 패키지 소프트웨어 판매업자가 판매하는 소프트웨어의 내용에 관한 기획서 작성을 다른 소프트웨어업자에게 위탁하는 것

○ 가전제품 제조업자가 소비자에게 판매하는 가전제품에 내장된 제어프로그램의

개발을 소프트웨어 개발업자에게 위탁하는 것

○ 가전제품 제조업자가 소비자에게 판매하는 가전제품 설명서의 내용작성을 다른 사업자에게 위탁하는 것

유형 3-2 사업자가 업으로 위탁받은 작성의 목적인 정보성과물의 작성행위 전부 또는 일부를 다른 사업자에게 위탁하는 것

(예)

○ 광고회사가 광고주로부터 제작을 위탁받은 텔레비전 CM을 광고 제작업자에게 위탁하는 것

○ 소프트웨어 개발업자가 사용자로부터 개발을 위탁받은 소프트웨어의 일부를 다른 소프트웨어 개발업자에게 위탁하는 것

○ 디자인업자가 작성을 위탁받은 포스터 디자인의 일부를 다른 디자인업자에게 위탁하는 것

○ TV 프로그램 제작업자가 제작을 위탁받은 TV 프로그램 BGM 등의 음향데이터 제작을 다른 음향 제작업자에게 위탁하는 것

○ TV 프로그램 제작업자가 제작을 위탁받은 TV 프로그램에 관한 각본작성을 각본가에게 위탁하는 것

○ 애니메이션 제작업자가 제작위원회로부터 제작을 위탁받은 애니메이션의 원화 작성을 개인 애니메이터에게 위탁하는 것

○ 건축설계업자가 건축주로부터 작성을 위탁받은 건축설계도면 작성을 다른 건축설계업자에게 위탁하는 것

○ 건설업자가 건축주로부터 작성을 위탁받은 건축설계도면의 작성을 건축설계업자에게 위탁하는 것

○ 공작기계 제조업자가 사용자로부터 제조를 위탁받은 공작기계에 내장하는 프로그램의 개발을 소프트웨어 개발업자에게 위탁하는 것

유형 3-3 사업자가 사용하는 정보성과물의 작성을 업으로 하는 경우에 그 정보성과물의 작성행위 전부 또는 일부를 다른 사업자에게 위탁하는 것

(예)

○ 사무용 소프트웨어 개발업자가 자사에서 사용하는 회계용 소프트웨어의 개발 일부를 다른 소프트웨어 개발업자에게 위탁하는 것

○ 디자인업자가 공모에 참가하면서 디자인의 작성을 다른 디자인업자에게 위탁하는 것

4. 역무제공위탁

(1) 「역무제공위탁」이란 「사업자가 업으로 하는 제공의 목적인 역무의 제공행위 전부 또는 일부를 다른 사업자에게 위탁하는 것(건설업(건설업법(1949년 법률 제100호)제2조 제2항에 규정된 건설업을 말한다)을 경영하는 자가 업으로 위탁받은 건설공사(동조 제1항에 규정된 건설공사를 말한다)의 전부 또는 일부를 다른 건설업을 경영하는 자에게 위탁하는 것을 제외한다)」를 말한다(법 제2조 제4항).

(2) 「업으로 하는 제공의 목적인 역무」 가운데 「업으로 제공하는」이란 사회통념상 사업의 수행으로 볼 수 있을 정도로 반복·계속적으로 행하는 제공을 말하고 순수하게 무상제공이라면 이에 해당되지 않는다. 그리고 「제공의 목적인 역무」란 위탁사업자가 다른 사업자에게 제공하는 역무로서 위탁사업자 스스로가 이용하는 역무는 이에 해당하지 않기 때문에 스스로 이용하는 역무를 다른 사업자에게 위탁하는 것은 법에서 말하는 「역무제공위탁」에는 해당하지 않는다. 다른 사업자에게 역무의 제공을 위탁하는 경우에 그 역무가 다른 사업자에게 제공하는 역무의 전부 또는 일부인지, 또는 자기가 이용하는 역무인지는 거래당사자 간의 계약이나 거래관행에 근거하여 판단한다.

(3) 역무제공위탁의 유형은 다음과 같다.
  유형 4-1 사업자가 업으로 하는 제공의 목적인 역무제공행위의 전부 또는 일부를 다른 사업자에게 위탁하는 것
  (예)
  ○ 화물자동차 운송업자가 위탁받은 화물운송 가운데 일부 경로의 운송을 다른 화물자동차 운송업자에게 위탁하는 것
  ○ 화물자동차 운송업자가 화물운송과 함께 위탁받은 포장작업을 포장업자에게 위탁하는 것

○ 화물이용 운송사업자가 위탁받은 화물운송 가운데 일부를 다른 운송사업자에게 위탁하는 것

○ 여객자동차 운송업자가 위탁받은 여객운송을 다른 운송사업자에게 위탁하는 것

○ 내항운송업자가 위탁받은 화물운송에 필요한 선박의 운항을 다른 내항운송업자 또는 선박대여업자에게 위탁하는 것

○ 자동차 딜러가 위탁받은 자동차정비의 일부를 자동차 정비업자에게 위탁하는 것

○ 빌딩관리업자가 위탁받은 유지관리의 일부인 빌딩경비를 경비업자에게 위탁하는 것

○ 광고회사가 광고주로부터 위탁받은 상품의 종합적인 판매촉진업무의 일부 파업인 상품의 점포 앞 배포를 이벤트회사에게 위탁하는 것

○ 빌딩관리회사가 빌딩주인으로부터 위탁받은 빌딩 유지관리업무를 빌딩 유지관리업자에게 위탁하는 것

○ 소프트웨어를 판매하는 사업자가 당해 소프트웨어의 고객지원서비스를 다른 사업자에게 위탁하는 것

○ 관혼상제 사업자가 소비자로부터 위탁받은 관혼상제 의식의 시행과 관련된 사회진행, 미용·옷차장 등을 다른 사업자에게 위탁하는 것

○ 여행업자가 여행자로부터 위탁받은 숙박시설, 교통기관 등의 준비를 다른 사업자에게 위탁하는 것

제3. 원사업자의 서면교부의무

1. 제3조 서면의 기재사항

(1) 제3조 서면에 기재해야 하는 사항은 「하도급거래 공정화에 관한 법률 제3조 서면의 기재사항 등에 관한 규칙」(이하 「제3조 서면규칙」이라 한다) 제1조 제1항에 정해져 있으며, 원사업자는 이들 사항을 명확히 기재하지 않으면 안 된다.

원사업자는 제조위탁 등을 할 때마다 제3조 규칙 제1조 제1항에 정해진 사항(이하 「필요적 기재사항」이라 한다)을 제3조 서면에 기재하고 교부해야 하지만, 필요적 기재사항 가운데 일정 기간 공통적인 사항(예: 지급방법, 검사기간 등)을 명확히 기

재한 서면에 의해 수급사업자에게 이미 통지하고 있는 경우에는 이들 사항을 제조위탁 등을 할 때마다 교부하는 서면에 기재할 필요는 없다. 이 경우 당해 서면에는 「하도급대금의 지급방법 등에 대해서는 ○년 ○월 ○일자로 통지한 문서에 의한다」 등을 기재함으로써 당해 서면과 공통사항을 기재한 서면과의 관련성을 명확히 할 필요가 있다.

(2) 제3조 서면에 기재한 「하도급대금액」은 수급사업자의 급부(역무제공위탁의 경우는 제공된 역무, 이하 같다)에 대하여 지급해야 하는 대금액으로서 제3조 서면에는 구체적인 금액을 명확히 기재하는 것이 원칙이지만, 제3조 규칙 제1조 제2항에 근거하여 「구체적인 금액을 기재하기 곤란한 부득이한 사정이 있는 경우」에는 「구체적인 금액을 정하는 산정방법」을 기재하는 것도 인정되고 있다. 이 산정방법은 하도급대금의 산정근거가 되는 사항이 확정되면 구체적인 금액이 자동적으로 확정되는 것이 아니면 안 되고, 하도급대금의 구체적인 금액이 확정된 후 신속하게 수급사업자에게 통지할 필요가 있다.

「구체적인 금액을 기재하기 곤란한 부득이한 사정」이 있고, 구체적인 금액이 아닌 「구체적인 금액을 정하는 산정방법」을 기재하는 것이 인정되는 경우는 예를 들어 다음과 같은 경우이다.

○ 원재료비 등이 외적인 요인에 의해 변동하고 이에 연동하여 하도급대금이 변동하는 경우

○ 프로그램 작성위탁의 경우 프로그램 작성에 종사하는 기술자의 기술수준에 따라 미리 정해져 있는 시간단가 및 그 기술자의 작업시간 실적에 따라 하도급대금 총액이 결정되는 경우

○ 일정 기간을 정한 역무제공위탁의 경우 당해 기간 동안 제공한 역무의 종류 및 양에 따라 하도급대금액이 지급되는 경우(다만, 제공하는 역무의 종류 및 양에 대한 단가가 미리 정해진 경우에 한정된다)

(3) 제3조 서면에 기재하는 「수급사업자의 급부내용」이란 원사업자가 수급사업자에게 위탁한 행위가 수행된 결과, 수급사업자로부터 제공되어야 하는 물품 및 정보성과물(역무제공위탁을 한 경우에는 수급사업자로부터 제공되어야 하는 역무)로서

제3조 서면에는 그 품목, 품종, 수량, 규격, 사양 등을 명확하게 기재할 필요가 있다.

또한 정보성과물작성위탁 관련 작성과정을 통하여 정보성과물에 대한 수급사업자의 지식재산권이 발생하는 경우에 원사업자는 정보성과물의 제공과 함께 작성의 목적인 사용범위를 넘어서 지식재산권의 양도·사용허락을 「수급사업자의 급부내용」으로 하는 경우가 있다. 이 경우에는 원사업자는 제3조 서면에 기재하는 「수급사업자의 급부내용」의 일부로서 수급사업자가 작성한 정보성과물과 관련된 지식재산권의 양도·사용허락의 범위를 명확히 기재할 필요가 있다.

2. 제3조 서면의 교부 시기

(1) 원사업자는 수급사업자에 대하여 제조위탁 등을 한 경우에는 「즉시」 서면을 교부하지 않으면 안 된다. 다만, 필요적 기재사항 가운데 「그 내용이 정해지지 않은 사항에 정당한 이유가 있는 것에 대해서는 기재하지 않아도 되지만, 이 경우 원사업자는 당해 사항의 내용이 정해진 후 즉시 당해 사항을 기재한 서면을 수급사업자에게 교부해야 한다」라고 되어 있고 필요적 기재사항 가운데 그 내용을 정할 수 없어 기재하지 않은 것에 대하여 정당한 이유가 있는 사항(이하 「특정사항」이라 한다)이 있는 경우에는 이들 특정사항 이외의 사항을 기재한 서면(이하 「당초서면」이라 한다)을 우선 교부하고 특정사항의 내용이 정해진 후에는 즉시 당해 특정사항을 기재한 서면(이하 「보충서면」이라 한다)을 교부하지 않으면 안 된다. 그리고 이들 서면에 대해서는 상호관련성을 명확히 할 필요가 있다.

(2) 「그 내용이 정해지지 않은 사항에 정당한 이유가 있는」것이란 거래의 성질상, 제조위탁 등을 한 시점에 필요적 기재사항의 내용을 결정할 수 없다고 객관적으로 인정되는 이유가 있는 경우로서 다음과 같은 경우가 이에 해당한다. 다만 이러한 경우라도 원사업자는 특정사항이 있는 경우에는 특정사항의 내용을 정할 수 없는 이유 및 특정사항의 내용을 정하게 되는 예정기일을 당초서면에 기재할 필요가 있다. 또한 이들 특정사항에 대해서는 수급사업자와 충분한 협의를 한 후에 신속하게 정하지 않으면 안 되고, 정한 후에는 「즉시」 당해 특정사항을 기

재한 보충서면을 수급사업자에게 교부하지 않으면 안 된다.

○ 소프트웨어작성위탁에서 위탁한 시점에서는 최종 사용자가 요구하는 사양이 확정되지 않아 수급사업자에 대한 정확한 위탁내용 등을 결정할 수 없었기 때문에「수급사업자의 급부내용」,「하도급대금액」,「수급사업자의 급부를 수령할 기일」또는「수령장소」가 정해져 있지 않은 경우

○ 광고제작물의 작성위탁에서 위탁한 시점에서는 제작물의 구체적 내용 등을 결정할 수 없어서「수급사업자의 급부내용」,「하도급대금액」또는「수급사업자의 급부를 수령할 기일」이 정해져 있지 않은 경우

○ 수리위탁에서 고장장소와 그 정도가 위탁한 시점에는 명확하지 않아서「수급사업자의 급부내용」,「하도급대금액」또는「수급사업자의 급부를 수령할 기일」이 정해져 있지 않은 경우

○ 과거 전례가 없는 시제품 등의 제조위탁이라서 위탁한 시점에서「수급사업자의 급부내용」또는「하도급대금액」이 정해져 있지 않은 경우

○ 방송프로그램의 작성위탁에서 타이틀, 방송시간, 콘셉트에 대해서는 정해져 있지만 위탁한 시점에서는 방송프로그램의 구체적인 내용에 대해서는 결정할 수 없어서「하도급대금액」이 정해져 있지 않은 경우

(3) 원사업자는 제조위탁 등을 한 시점에서 필요적 기재사항의 내용에 대하여 결정할 수 있음에도 불구하고 이를 결정하지 않고 이들 사항의 내용을 기재하지 않은 당초서면을 교부하는 것은 인정되지 않는다. 또한 하도급대금의 금액으로서「구체적인 대금을 정하는 산정방법」을 제3조 서면에 기재하는 것이 가능한 경우에는 하도급대금의 금액에 대해서「그 내용을 정할 수 없는 것에 대하여 정당한 이유가 있다」라고 할 수 없고 제3조 서면에 산정방법을 기재하고 교부할 필요가 있다.

3. 전자적 방법에 의한 제공

원사업자는 법 제3조 제2항에 근거하여 제3조 서면의 교부를 대신하여 전자적 방법으로 위탁내용, 하도급대금액 등의 필요적 기재사항을 제공할 수 있지만, 이 경우에

원사업자는 사전에 수급사업자에게 전자적 방법의 종류 및 내용을 알려주고 서면 또는 전자적 방법에 따른 승낙을 얻지 않으면 안 된다. 또한 원사업자는 제3조 서면을 대신하여 전자적 방법으로 제공하는 경우 수급사업자에게 불이익을 주지 않도록 하기 위하여 「하도급거래에서 전자적 기록 제공에 관한 유의사항」(2001년 3월 30일)을 따를 필요가 있다.

■ 서면교부와 관련된 위반행위 사례 ■

(예)

○ 긴급을 요하기 때문에 원사업자가 수급사업자에게 구두(전화)로 발주하고 그 후에 주문서를 교부하지 않는 경우

○ 원사업자가 수급사업자에게 발주단가를 컴퓨터에 등록하고 이를 장부에 인쇄하는 방법으로 서면을 작성하고 있지만, 신규부품의 제조위탁 발주시에 이미 단가가 결정되어 있는데도 불구하고 컴퓨터에 등록하지 않았기 때문에 결과적으로 서면에 단가가 표시되지 않고 발주되는 경우

○ 원사업자가 전자메일 발주에 대한 수급사업자의 사전승낙을 얻지 않고 수급사업자에게 서면교부를 대신하여 전자메일로 발주하는 경우

○ 원사업자가 수급사업자에게 원재료 A금속의 가공을 위탁하고 있는 상황에서 하도급대금액은 수급사업자가 원재료 A금속을 구입한 날의 A금속 ○○시장의 종가에 사용된 수량을 곱하고 여기에 가공비를 더하여 정해지는 것으로 되어 있고, 수급사업자에게 위탁한 시점에서는 수급사업자가 구입하는 A금속의 종가를 알 수 없기 때문에 구체적인 금액을 기재할 수 없다는 이유로 산정방법을 기재할 수 있었음에도 불구하고 당초서면에 구체적인 금액도, 산정방법도 기재하지 않고 교부하는 경우

○ 원사업자는 수급사업자에게 사용자로부터 개발을 위탁받은 소프트웨어의 일부 프로그램의 작성을 위탁하고 있는 상황에서 위탁한 시점에서는 사용자가 요구하는 사양이 확정되어 있지 않고 정확한 사양을 결정할 수 없기 때문에 발주내용 및 하도급대금액을 정할 수 없다는 이유로 이들을 확정할 때까지 서면을 일체 교부하지 않는 경우

제4. 원사업자의 금지행위

1. 수령거부

(1) 법 제4조 제1항 제1호에서 금지되어 있는 수령거부란 「수급사업자의 귀책사유
　　가 없는데도 불구하고 수급사업자의 급부 수령을 거부하는 것」이다.

　　가. 「급부의 수령」이란 물품의 제조 또는 수리위탁에 있어서 급부내용에 대하여
　　　　검사의 여부를 불문하고 원사업자가 수급사업자의 급부 목적물을 수취하고
　　　　사실상 자기의 점유 하에 두는 것이다.

　　나. 정보성과물작성위탁에서 「급부의 수령」이란 정보성과물을 기록한 매체가 있
　　　　는 경우에는 급부의 목적물로서 작성된 정보성과물을 기록한 매체를 자기 점
　　　　유 하에 두는 것이고, 정보성과물을 기록한 매체가 없는 경우에는 당해 정보
　　　　성과물을 자기의 지배하에 두는 것으로 예컨대 당해 정보성과물이 원사업자
　　　　의 컴퓨터에 마련된 파일에 기록되는 것을 말한다.

　　다. 「수령거부」라 함은 수급사업자의 급부의 전부 또는 일부를 납기에 수령하지
　　　　않는 것으로서 납기를 연기하는 것 또는 발주를 취소함으로써 발주시에 정한
　　　　납기에 수급사업자의 급부의 전부 또는 일부를 수령하지 않는 경우도 원칙적
　　　　으로 수령을 거부하는 것에 포함된다.

(2) 「수급사업자의 귀책사유」가 있다는 이유로 수급사업자의 급부의 수령을 거부하
　　는 것이 인정되는 것은 다음의 가. 및 나.의 경우에 한정된다.

　　가. 수급사업자의 급부의 내용이 제3조 서면에 명기된 위탁내용과 다른 경우 또
　　　　는 수급사업자의 급부에 하자 등이 있는 경우
　　　　또한 다음과 같은 경우에는 위탁내용과 다르다거나 또는 하자 등이 있다는
　　　　이유로 수령을 거부하는 것이 인정되지 않는다.

　　　　(가) 제3조 서면에 위탁내용이 명확하게 기재되어 있지 않거나 또는 검사기준
　　　　　　등이 명확하지 않아서 수급사업자의 급부내용이 위탁내용과 다르다는 것
　　　　　　이 명확하지 않은 경우

　　　　(나) 검사기준을 자의적으로 엄격하게 적용하여 위탁내용과 다르다거나 또는
　　　　　　하자 등이 있다고 하는 경우

(다) 거래과정에서 위탁내용에 대하여 수급사업자가 제안하고 확인을 요구하였고 원사업자가 이에 승낙했기 때문에 수급사업자가 당해 내용에 근거하여 제조 등을 했음에도 불구하고 급부내용이 위탁내용과 다르다고 하는 경우

나. 수급사업자의 급부가 제3조 서면에 명기된 납기에 행해지지 않는 경우

다만, 다음과 같은 경우에는 납기지연을 이유로 수령을 거부하는 것이 인정되지 않는다.

(가) 제3조 서면에 납기가 명확하게 기재되어 있지 않은 등의 이유로 납기지연이 명확하지 않은 경우

(나) 수급사업자의 급부에 대하여 원사업자가 원재료 등을 지급하는 경우에 원사업자의 원재료 등의 지급이 발주시에 정한 인도일보다 늦은 경우

(다) 납기가 수급사업자의 사정을 고려하지 않은 채 일방적으로 결정된 경우

■ 제조위탁, 수리위탁에서의 위반행위 사례 ■

(예)

1-1 생산계획의 변경을 이유로 한 수령거부

○ 원사업자는 수급사업자에게 부품의 제조를 위탁하고 이에 수급사업자가 이미 수주한 부품을 완성했는데도 불구하고 자사의 생산계획을 변경했다는 이유로 수급사업자에게 납기연기를 통지하고 당초의 납기에 수령하지 않았다.

1-2 설계변경을 이유로 한 수령거부

○ 원사업자는 수급사업자에게 부품의 제조를 위탁하고 이에 수급사업자가 생산을 개시한 상황에서 원사업자는 그 후 설계변경을 하였다는 이유로 당초 위탁한 규격과는 다른 규격을 납품하도록 지시하였다. 수급사업자가 이미 완성했다는 취지를 전달하자 원사업자는 당초 위탁한 부품은 필요 없다는 이유로 수급사업자가 생산한 부품의 수령을 거부하였다.

1-3 무리하게 단축한 납기에 대한 지연을 이유로 한 수령거부

○ 원사업자는 당초 발주일로부터 1주일 후를 납기로 하였다가 발주일로부터 2일 후에 납품하도록 수급사업자에게 전달하였다. 수급사업자는 종업원 사정이 좋지 않다는 이유로 거절하였는데 원사업자는 수급사업자의 사정을 고려하지 않

고 일방적으로 납기를 지시하였다. 그래서 수급사업자는 종업원에게 잔업을 시켜 납기를 맞추려고 노력했지만 기일까지 납품하지 못하였다. 원사업자는 납기지연을 이유로 수급사업자가 생산한 부품의 수령을 거부하였다.

1-4 수령태세가 갖추어지지 않았다는 이유로 한 수령거부

○ 원사업자는 수급사업자에게 가죽소품의 수리를 위탁하고 있었는데 성수기라서 자사의 수령태세가 갖추어지지 않았다는 이유로 미리 정해진 납기에 수급사업자가 수리한 가죽소품을 수령하지 않았다.

1-5 거래처의 사정을 이유로 한 수령거부

○ 원사업자는 수급사업자에게 금속제품의 제조를 위탁하고 있었는데 자사의 거래처로부터 납품의 연기가 요구되었다는 이유로 미리 정해진 납기에 수급사업자가 제조한 금속제품을 수령하지 않았다.

○ 원사업자는 수급사업자에게 건축자재의 제조를 위탁하고 있었는데 자사의 판매처가 도산하였다는 이유로 미리 정해진 납기에 수급사업자가 제조한 건축자재를 수령하지 않았다.

■ 정보성과물작성위탁의 위반행위 유형 ■

(예)

1-6 제조계획의 변경을 이유로 한 수령거부

○ 원사업자는 수급사업자에게 설계도면의 작성을 위탁하고 있었는데 자사제품의 제조계획이 변경되었다는 이유로 당해 설계도면을 수령하지 않았다.

1-7 사양변경을 이유로 한 수령거부

○ 원사업자는 수급사업자에게 시스템 프로그램의 개발 등을 위탁하고 있었는데 발주자가 사양을 변경하였다는 이유로 미리 정해진 납기에 수급사업자가 당초 사양에 따라 개발한 프로그램을 수령하지 않았다.

1-8 거래처 등의 사정을 이유로 한 수령거부

○ 원사업자는 수급사업자에게 홈페이지의 제작을 위탁하고 있었는데 발주자가 사양을 변경하였다는 이유로 수급사업자가 당초 사양에 따라 제작한 홈페이지의 데이터를 수령하지 않았다.

○ 원사업자는 수급사업자에게 광고제작을 위탁하고 있는데 광고주가 텔레비전

방송광고를 그만두기로 하였다는 이유로 이미 수급사업자가 제작한 텔레비전
CM의 VTR테이프를 수령하지 않았다.

○ 원사업자가 수급사업자에게 방송프로그램의 제작을 위탁하고 수급사업자는
방송프로그램의 작성을 이미 완료한 상황에서 원사업자가 지정한 프로그램
출연자와 관련하여 불상사가 발생하여서 당해 프로그램을 방송하지 않는다는
이유로 당해 방송프로그램의 VTR테이프를 수령하지 않았다.

1-9 **기타 수령거부**

○ 원사업자는 계속적으로 방송되는 애니메이션 원화의 작성을 수급사업자인 애
니메이션 제작업자에게 위탁하고 있는 상황에서 시청률이 저하되어 방송이 중
단되었다는 이유로 수급사업자가 작성한 원화를 수령하지 않았다.

2. 지급지연

(1) 법 제4조 제1항 제2호에서 금지되고 있는 지급지연이란 「하도급대금을 지급기
일 경과 후에도 지급하지 않는 것」이다. 하도급대금의 「지급기일」은 법 제2조의
2에 의하면, 「급부를 수령한 날(역무제공위탁인 경우는 수급사업자가 그 위탁을 받은
역무를 제공한 날. 다음 항도 같다)로부터 기산하여 60일 기간 내에서 가능한 짧은
기간 내로 정하여야 한다」라고 되어 있다. 「지급기일」을 계산하는 경우의 기산
일은 「급부를 수령한 날」이기 때문에 납품 이후에 행해진 검사나 최종 소비자에
대한 제공 등을 기준으로 하는 지급기일을 정하는 시스템을 채택하고 있는 경우
에는 제도상 지급지연이 발생하지 않도록 납품 이후에 요구되는 기간을 예상해
서 지급시스템을 마련할 필요가 있다.

(2) 물품의 제조위탁에서 원사업자가 지정한 창고로 수급사업자가 제조위탁받은 부
품을 예탁하면 원사업자는 당해 부품을 창고에서 출고하여 사용하는 방식을 채
용하는 경우가 있다. 이러한 방식 하에서 수급사업자가 제3조 서면기재의 수령
일 이전에 원사업자가 지정한 창고로 제조위탁받은 부품을 예탁하는 경우에는
예탁된 날이 지급기일의 기산일이 된다. 그러나 예를 들어 수급사업자가 창고에
예탁한 부품 가운데 제3조 서면기재의 납기일 전에 예탁한 부품에 대해서 원사

업자 또는 창고사업자를 점유대리인으로 하여 수급사업자가 스스로 점유하고 있
는 것으로 하고 제3조 서면기재의 납기일에 동 부품 소유권이 원사업자에게 이
전하는 것으로 미리 서면으로 합의되어 있다면, 창고에 위탁한 부품가운데 제3
조 서면기재 수령일 전의 예탁수량에 대해서는 실제 예탁일과 관계없이 제3조
서면기재의 납기일(다만, 원사업자가 당해 납기일 전에 출고하고 사용한 경우에는 출고
일)에 수령한 것으로 취급하고「지급기일」의 기산일로 한다(다만, 이러한 방식 하
에서는 지급지연 이외에 수령거부, 가격후려치기 등의 규정에 저촉하지 않도록 유의할 필요
가 있다).

(3) 또한 정보성과물작성위탁에 있어서는 원사업자가 작성과정에서 위탁내용을 확
인하거나 향후 작업에 대한 지시 등을 하기 위하여 정보성과물을 일시적으로 자
기 지배하에 두는 경우가 있다. 원사업자가 정보성과물을 지배하에 둔 시점에
당해 정보성과물이 위탁내용의 수준에 도달될 수 있을지 명확하지 않고 원사업
자와 수급사업자 사이에 원사업자가 자신의 지배하에 둔 당해 정보성과물이 일
정한 수준에 달하였다는 것을 확인한 시점을 급부를 수령하는 것으로 보지 않는
다고 미리 합의하고 있는 경우에는 당해 정보성과물을 지배하에 두었다고 하더
라도 바로「수령」한 것으로 취급되지 않고, 지배하에 둔 날을「지급기일」의 기
산일로 하지 않는다. 다만, 제3조 서면에 명기된 납기일에 원사업자의 지배하에
있다면 내용의 확인이 끝났는지 불문하고 당해 기일에 급부를 수령한 것으로 하
고「지급기일」의 기산일로 한다.

(4) 역무제공위탁에 있어서「지급기일」의 기산일은「수급사업자가 그 위탁을 받은
역무를 제공한 날(역무제공에 일수를 요하는 경우에는 역무제공이 종료한 날)」로서 원
칙적으로 수급사업자가 제공한 개개의 역무에 대하여「지급기일」을 설정할 필
요가 있다. 다만, 개개의 역무가 연속하여 제공되는 역무로서 다음의 요건을 충
족하는 경우 월 단위로 설정된 마감대상기간의 말일에 당해 역무가 제공된 것으
로 취급한다.
  ○ 수급사업자와 협의하여 하도급대금의 지급은 월 단위로 설정되는 마감대상기
    간의 말일까지 제공한 역무에 대한 것으로 미리 합의하고, 그 취지가 제3조

서면에 명기되어 있을 것

○ 제3조 서면에서 당해 기간의 하도급대금액이 명기되어 있을 것 또는 하도급대
금의 구체적인 금액을 정하게 되는 산정방법(역무의 종류·양마다 단가가 미리 정
해져 있는 경우에 한한다)이 명기되어 있을 것

○ 수급사업자가 연속해서 제공하는 역무가 동종의 것일 것

(5) 다음과 같은 경우는 하도급대금의 지급지연에 해당한다.

　가. 원사업자와 수급사업자 사이에 지급기일이 급부의 수령일로부터 60일 이내로
정해져 있는 경우 정해진 지급기일까지 하도급대금을 지급하지 않은 경우

　나. 원사업자와 수급사업자 사이에 지급기일이 급부의 수령일로부터 60일을 넘어
서 정해져 있는 경우에 수령일로부터 60일까지 하도급대금을 지급하지 않은
경우(이 경우 법에 정해진 범위를 넘어서 지급기일이 정해져 있기 때문에 그 자체로 문
제가 있다)

　다. 원사업자와 수급사업자 사이에 지급기일이 정해져 있지 않은 경우 그 급부의
수령일에 하도급대금을 지급하지 않은 경우

　라. 「매월 말일 납품마감, 다음다음 달 10일 지급」 등 월 단위 마감제도를 취하고
있는데 마감 후 30일 이내에 지급기일을 정하고 있지 않아 급부 수령일로부
터 60일까지 하도급대금을 지급하지 않은 경우

　마. 「매월 말일 검수마감, 다음 달 말일 지급」 등의 검수마감제도를 취하고 있는
경우 검수에 상당일수가 소요되어 급부 수령일로부터 60일까지 하도급대금을
지급하지 않은 경우

　바. 원사업자와 수급사업자 사이에 지급기일이 금융기관의 휴일에 해당하는 경우
지급기일을 금융기관의 다음 영업일로 연기하는 것에 대해 미리 서면으로 합
의하지 않았음에도 불구하고 미리 정해진 지급기일까지 하도급대금을 지급하
지 않은 경우

　사. 원사업자가 어음을 교부하여 하도급대금을 지급하는 경우 할인을 받으려고
하는 수급사업자가 금융기관에서 어음할인을 받을 수 없는 경우

■ 제조위탁, 수리위탁의 위반행위 사례 ■

(예)

2-1 검수마감제도 채용으로 인한 지급지연

○ 원사업자는 「매월 말일 납품마감, 다음 달 말일 지급」으로 하는 지급제도를 취하고 있는데, 검사완료를 납품으로 간주하고, 당월 말일까지 납품된 것이라 하더라도 검사완료가 다음 달로 된 경우에는 다음 달 납품이 되는 것으로 계상되기 때문에 일부 급부에 대한 하도급대금의 지급이 수급사업자의 급부를 수령한 후 60일을 넘어서 지급되고 있다.

2-2 사용량 지급방식에 의한 지급지연

○ 원사업자가 일부 재료에 대하여 긴급시의 수주에 대응하기 위하여 항상 일정량을 납품시켜 이를 창고에 보관하고 원사업자가 사용한 부분에 대해서만 하도급대금의 지급대상으로 하는 사용량 지급방식을 취하고 있기 때문에 납품된 물품의 일부에 대하여 지급지연이 발생하고 있다.

2-3 지급제도에 기인하는 지급지연

○ 원사업자가 자동차부품의 제조를 수급사업자에게 위탁하고 있는 상황에서 「매월 25일 납품마감, 다음다음 달 5일 지급」하는 지급제도를 취하고 있기 때문에 수급사업자의 급부를 수령하고 60일을 넘어서 하도급대금을 지급하고 있다.

2-4 청구서가 제출되지 않았다는 등의 이유로 지급지연

○ 원사업자가 판금 수리 등을 수급사업자에게 위탁하고 매월 말일 납품마감, 다음 달 말일지급이라는 지급제도를 취하고 있는 상황에서 수급사업자로부터 청구서의 제출 지연이나 전표처리의 지연을 이유로 수급사업자의 급부를 수령하고 60일을 넘어서 하도급대금을 지급하고 있다.

■ 정보성과물작성위탁의 위반행위 사례 ■

(예)

2-5 방송일을 지급기산일로 하는 지급제도를 채용하는데 따른 지급지연

○ 원사업자가 방송프로그램의 제작을 수급사업자에게 위탁하고 방송일을 기산

일로 하는 지급제도를 취하고 있는 상황에서 방송이 당초 예정일보다 지연되어 수령일과 방송일이 괴리가 생김으로써 납품 후 60일을 넘어서 하도급대금을 지급하고 있다.

○ 원사업자가 매월 하나씩 방송되는 방송프로그램의 작성을 수급사업자에게 위탁하고 있는 상황에서 수급사업자로부터 수 회분이 한 번에 납품되어 이를 수령했는데도 불구하고 방송된 방송프로그램에 대해서만 하도급대금을 지급하는 제도를 취하고 있기 때문에 일부 회차에 대하여 하도급대금이 납품 후 60일을 넘어서 지급되고 있다.

2-6 검사의 지연을 이유로 한 지급지연

○ 원사업자가 수급사업자에게 프로그램의 작성을 위탁하고 검수 후 지급하는 제도를 채택하고 있는 상황에서 납품된 프로그램의 검사에 3개월이 소요되기 때문에 하도급대금이 납품 후 60일을 넘어서 지급되고 있다.

2-7 사무처리의 지연을 이유로 한 지급지연

○ 원사업자가 방송프로그램 등의 제작을 수급사업자에게 위탁하고 있는 상황에서 자사의 사무처리가 지연되었다는 이유로 수급사업자의 급부를 수령하였음에도 불구하고 미리 정해진 지급기일을 넘어서 하도급대금을 지급하고 있다.

2-8 거래처 사정을 이유로 한 지급지연

○ 원사업자가 수급사업자에게 사용자를 위한 소프트웨어 개발을 위탁하였는데 사용자로부터 입금이 지연된다는 이유로 수급사업자에게 미리 정해진 지급기일에 하도급대금을 지급하고 있지 않다.

■ 역무제공위탁의 위반행위 사례 ■

(예)

2-9 청구서가 제출되지 않았다는 이유로 한 지급지연

○ 원사업자가 화물운송을 수급사업자에게 위탁하고 있는 상황에서 수급사업자의 청구서 제출이 지연되었다는 이유로 수급사업자가 역무를 제공했는데도 불구하고 미리 정해진 지급기일을 넘어서 하도급대금을 지급하고 있다.

2-10 어음지급에서 현금지급으로 변경함에 따른 지급지연

○ 원사업자가 화물운송을 수급사업자에게 위탁하고 있는 상황에서 어음지급과

관련된 경비 삭감 등을 위하여 하도급대금을 종래의 어음지급 만기일에 현금으로 지급하는 방법으로 변경함으로써 수급사업자로부터 역무의 제공을 받은 날부터 60일을 넘어서 하도급대금을 지급하고 있다.

2-11 지급일이 금융기관의 휴일에 해당함을 이유로 한 지급지연

○ 원사업자가 수급사업자에게 삼림관리 및 입목의 채벌작업을 위탁하면서 수급사업자와 미리 서면으로 합의하고 있지 않음에도 불구하고 하도급대금의 지급기일이 금융기관의 휴일에 해당한다는 이유로 미리 정해진 지급기일을 넘어서 하도급대금을 지급하고 있다.

2-12 할인을 받을 수 없는 어음교부에 의한 지급지연

○ 원사업자가 수급사업자에게 생산설비 등의 세정작업을 위탁하면서 수급사업자에게 어음을 교부하여 하도급대금을 지급하고 있는데 결과적으로 수급사업자가 어음을 할인받지 못하여 현금화할 수가 없었다.

3. 하도급대금의 감액

(1) 법 제4조 제1항 제3호에서 금지하고 있는 하도급대금의 감액이란 「수급사업자의 귀책사유가 없는데도 하도급대금을 감액하는 것」이다.

하도급대금을 「감액하는 것」에는 원사업자가 수급사업자에게

가. 소비세·지방소비세액 상당부분을 지급하지 않는 경우

나. 수급사업자와 단가인하에 대해 합의하여 계약을 갱신한 경우, 단가인하의 합의일 전에 발주한 것에 대해서도 새로운 단가를 소급적용하여 하도급대금에서 구 단가와 신 단가의 차액을 공제하는 경우

다. 지급수단으로서 미리 「어음지급」으로 정하고 있는 것을 수급사업자의 희망에 따라 일시적으로 현금으로 지급하는 경우, 어음으로 지급할 때의 하도급대금에서 단기의 자사 조달금리 상당액을 넘는 금액을 공제하는 경우

라. 원사업자의 원재료 등의 지급지연 또는 무리한 납기지정에 따라 발생한 납기지연 등을 수급사업자의 책임으로 돌리고 하도급대금을 감액하는 경우

마. 하도급대금의 총액은 그대로 두고 수량을 증가시키는 경우

바. 하도급대금의 지급시에 1엔 이상을 버리고 지급하는 경우

사. 수급사업자와 서면으로 합의하지 않고 하도급대금을 수급사업자의 은행계좌
로 이체할 때에 이체수수료를 수급사업자에게 부담시켜 하도급대금에서 공제
하는 경우

아. 하도급대금을 수급사업자의 금융기관 계좌로 이체할 때에 이체수수료를 수급
사업자에게 부담하게 하는 것을 서면으로 합의한 경우라도 하도급대금에서
금융기관에 지급하는 실비를 넘는 금액을 공제하는 경우

자. 매월 하도급대금의 일정비율 상당액을 매출 환급금으로서 원사업자가 지정하
는 금융기관 계좌로 이체하게 하는 경우

등도 포함한다.

반면에 볼륨디스카운트 등 합리적인 이유에 근거한 매출 환급금(예를 들어 원사업자
가 수급사업자에게 일정 기간 내에 일정수량을 넘는 발주를 달성한 경우에 당해 수급사업자가 원
사업자에게 지급하게 되는 매출 환급금)으로서 미리 당해 매출 환급금의 내용을 거래조
건으로 하는 데 대하여 합의가 되어 있고 그 내용이 서면으로 되어 있으며 당해 서
면의 기재와 발주서면에 기재되어 있는 하도급대금액을 합하여 실제 하도급대금으
로 하는 것이 합의되어 있고, 동시에 발주서면과 매출 환급금의 내용이 기재되어 있
는 서면과의 관련성이 있는 경우에는 당해 매출 환급금은 하도급대금의 감액에 해당
하지 않는다.

(2) 「수급사업자의 귀책사유」가 있어서 하도급대금을 감액하는 것이 인정되는 경우
는 다음의 가. 및 나.의 경우에 한정된다.

가. 「1. 수령거부」의 (2) 또는 「4. 반품」의 (2)에서 말하는 수급사업자의 귀책사
유가 있어서 수급사업자의 급부수령을 거부한 경우 또는 수급사업자의 급부
를 수령한 후에 그 급부와 관련된 것을 반납하는 경우(감액은 그 급부와 관련된
하도급대금액에 한정된다)

나. 「1. 수령거부」의 (2) 또는 「4. 반품」의 (2)에서 말하는 수급사업자의 귀책사
유가 있어서 수령을 거부하는 것 또는 급부를 수령한 후에 그 급부와 관련된
것을 반납할 수 있는데도 불구하고 수급사업자의 급부를 수령하거나 또는 이
것을 반납하지 않고 위탁내용에 합치시키기 위하여 원사업자가 수정한 경우
또는 하자 등의 존재 또는 납기지연에 따른 상품 가치의 저하가 명확한 경우
(감액은 객관적으로 상당하다고 인정되는 금액에 한정된다)

■ 제조위탁, 수리위탁 위반행위 사례 ■

(예)

3-1 하도급대금에서 일정액을 공제하는데 따른 감액

○ 원사업자는 수급사업자가 납품한 부품을 사용하여 제작한 제품을 국내용 및 수출용으로 판매하고 있는 상황에서 수출용 제품에 사용하는 부품에 대해서는「수출특별처리」로 칭하면서 발주가격(국내용 제품에 사용하는 부품의 발주가격과 동일)에서 일정액을 공제하고 하도급대금을 지급하였다.

○ 원사업자는「제품을 저가에 수주하였다」는 이유로 미리 정해진 하도급대금에서 일정액을 감액하였다.

○ 원사업자는 1개월분의 하도급대금을 납품마감일(월말)에서 90일 후에 현금으로 지급하고 있었는데 하도급법 위반이라는 지적을 받고 60일 앞당겨 다음 달 말에 지급하도록 하였다. 그 후 원사업자는 지급기일을 앞당겼다는 이유로 하도급대금에서 일정액을 감액하여 지급하였다.

○ 원사업자는 자사 공장이 수해를 입었다는 이유로 손해회복 협력금이라는 명목으로 하도급대금에서 일정액을 6개월간에 걸쳐서 감액하였다.

○ 원사업자는「월말 납품마감 다음 달 말 현금지급」으로 하도급대금을 지급하고 있는 상황에서 업계 타사는 만기 4개월(120일) 후의 어음으로 지급하고 있다는 이유로 하도급대금액에서 일정액을 공제하고 지급하였다.

○ 편의점 가맹본부인 원사업자가 소비자에게 판매하는 식료품의 제조를 수급사업자에게 위탁하고 있는 상황에서 점포에서 할인판매를 실시하고 있다는 이유로 하도급대금에서 일정액을 공제하고 지급하였다.

3-2 신 단가의 소급적용에 의한 감액

○ 원사업자는 4월과 10월 연 2회, 하도급단가 개정을 하고 있는 상황에서 종래는 단가변경 2개월 전부터 변경협상을 시작하였는데 이번 단가변경시에는 수요예측작업이 늦어져서 수급사업자에 대한 발주량이 정해지지 않았고 이 때문에 수급사업자와의 단가변경 협상에 대한 개시가 늦어져 단가인하에 대하여 합의를 본 것이 신 결산기로 들어간 4월 20일이었다. 인하 후의 신 단가는 합의일(4월 20일) 이후에 발주하는 부분에 대해서 적용해야 하지만, 원사업자

는 합의일 이전에 발주한 부분에 대해서 신 단가를 적용함으로써 구 단가와 신 단가의 차액 상당액을 감액하였다.

○ 원사업자는 자동차 등의 부품 제조를 위탁하면서 단가인하 합의 전에 발주한 부품에 대하여 인하 후의 단가를 소급하여 적용함으로써 인하 이전의 단가를 적용한 금액과 인하 후의 단가를 적용한 금액과의 차액을 공제하여 하도급대금을 지급하였다.

3-3 할인에 의한 감액

○ 원사업자는 기성복의 제조를 수급사업자에게 위탁하고 있는 상황에서 자사의 이익을 확보하기 위하여 하도급대금에서 「할인」이라는 이름으로 하도급대금액에 일정비율을 곱하여 얻은 금액을 공제하였다.

3-4 금리인하에 따른 감액

○ 원사업자는 어음을 교부하여 하도급대금을 지급하고 있었는데 지급기일에 현금지급을 희망하는 수급사업자에 대해서는 하도급대금에서 원사업자의 단기 조달금리 상당액을 넘는 금액을 할인료로서 감액하여 지급하였다.

3-5 무리한 납기단축에 따른 납기지연을 이유로 한 감액

○ 원사업자는 당초, 발주일의 1주일 후를 납기로 하고 있었는데 갑자기 발주일로부터 2일 후에 납품하도록 수급사업자에게 요구하였다. 수급사업자는 종업원의 사정이 좋지 않다는 이유로 거절하였지만, 원사업자는 수급사업자의 사정을 고려하지 않고 일방적으로 납기를 지시하였다. 따라서 수급사업자는 종업원에게 잔업을 시키고 납기에 맞추려고 노력하였지만 납기일까지 납품할 수가 없었다. 수급사업자가 그 다음날 납품하자 원사업자는 수령하였지만 납기지연을 이유로 하도급대금을 감액하였다.

3-6 납품수량을 증가시킴으로써 발생하는 감액

○ 원사업자는 판매확대와 신규판매처의 획득을 목적으로 한 캠페인을 실시하면서 수급사업자에게 하도급대금의 총액은 그대로 하고 현물을 추가하여 납품수량을 증가시킴으로써 하도급대금을 감액하였다.

3-7 단가인하에 따르지 않는 수급사업자에 대한 감액

○ 원사업자는 부품의 제조 등을 수급사업자에게 위탁하고 있는 상황에서 단가개정의 요청에 따르지 않는 수급사업자에 대하여 「정성껏 싸게 팖」이라는 이름

으로 하도급대금을 감액하였다.

3-8 달성 매출 환급금 감액

○ 원사업자는 수급사업자에게 자사 점포에서 판매하는 식료품, 일용잡화품 등의
제조를 위탁하면서 단위비용 저감효과가 없는데도 불구하고, 「달성 매출 환급
금」이라고 하여 일정 기간의 납품금액 합계액이 미리 정한 목표금액 이상이
된 경우 수급사업자에게 당해 일정 기간의 하도급대금에 일정비율을 곱하여
얻은 금액을 원사업자의 금융기관 계좌에 이체하게 하였다.

3-9 시스템이용료의 감액

○ 원사업자는 수급사업자에게 일용품 등의 제조를 위탁하고 있는 상황에서 자사
의 발주업무 합리화를 도모하기 위하여 전자발주 시스템을 도입하고 수급사업
자가 얻는 이익이 없는데도 불구하고 「온라인 처리료」라는 이름으로 하도급대
금을 감액하였다.

3-10 1엔 이상의 절사에 의한 감액

○ 원사업자는 수급사업자에게 자동차의 수리업무를 위탁하고 있는 상황에서 대
금지급시에 100엔 미만의 우수리를 절사함으로써 하도급대금을 감액하였다.

■ 정보성과물작성위탁의 위반행위 사례 ■

(예)

3-11 업적악화를 이유로 한 감액

○ 원사업자는 온라인게임을 개발함에 있어 캐릭터 디자인이나 BGM 제작을 수
급사업자에게 위탁하고 있는 상황에서 업적악화에 따른 제작관련 예산이 감
소하였다는 이유로 하도급대금을 감액하였다.

3-12 무리한 사양 변경에 따른 납기지연을 이유로 한 감액

○ 원사업자가 수급사업자에게 프로그램의 작성을 위탁하고 있는 상황에서 작업
도중에 당초 지시한 사양을 일방적으로 변경하였고 수급사업자가 이 변경에
대응하려고 하다가 납기를 맞추지 못하였는데 이에 납기지연을 이유로 한 하도
급대금을 감액하였다.

3-13 합의 없이 이체수수료를 부담하게 하여 감액

○ 원사업자가 프로그램 작성 등을 수급사업자에게 위탁하고 있는 상황에서 하도

급대금을 수급사업자의 은행계좌로 이체하면서 이체수수료를 수급사업자가 부담한다는 취지를 서면으로 합의하고 있지 않는데도 불구하고 하도급대금액에서 이체수수료 상당액을 공제하였다.

3-14 실비를 넘는 이체수수료를 부담하게 하는 감액

○ 원사업자는 선박의 설계도 작성을 위탁하고 있는 수급사업자와 하도급대금을 수급사업자의 은행계좌로 이체할 때의 수수료를 수급사업자가 부담한다는 취지를 서면으로 합의하고 있었는데 자사가 실제로 지급하는 이체수수료를 넘는 금액을 하도급대급에서 공제하였다.

3-15 거래처의 사정을 이유로 한 감액

○ 원사업자는 기기관리 소프트웨어 프로그램의 작성을 수급사업자에게 위탁하고 있는 상황에서 고객으로부터 일부 프로그램의 발주가 취소되었다는 이유로 취소된 프로그램의 대가에 상당하는 금액을 하도급대금에서 공제하였다.

■ 역무제공위탁의 위반행위 사례 ■

(예)

3-16 새로운 단가의 소급적용에 의한 감액

○ 원사업자는 수급사업자가 매월 제공하는 역무에 대하여 하도급대금을 지급하고 있는 상황에서 계약을 개정함으로써 단가를 인하하고 인하된 단가를 소급적용하여 당초의 단가에서 계산된 하도급대금액과 신 단가에서 계산된 하도급대금액과의 차액을 다음 달 하도급대금액에서 일괄하여 공제하였다.

○ 원사업자가 수급사업자에게 운송위탁을 하고 있고 운임에 대해서는 발주서면에 기재한 단가표로 정하고 있는 상황에서 발주서면에 기재된 단가표를 개정하여 당초 단가에서 계산된 하도급대금액과 신 단가에서 계산된 하도급대금액과의 차액을 다음 달 하도급대금에서 일괄하여 공제하였다.

3-17 협력금 등을 이유로 한 감액

○ 원사업자가 수급사업자와 연간 역무제공계약을 체결하고 있는 상황에서 연도 말에 연간의 일정 기간에 대하여 그 기간은 계약 대상 외로 한다는 취지의 통지를 하고 계절협력금이라는 명목으로 하도급대금에서 공제하였다.

○ 원사업자가 수급사업자에게 여행자 등에게 제공하는 해외 현지 준비업무를 위

탁하고 있는 상황에서 「판매촉진비」로서 하도급대금에 일정비율을 곱한 금액
을 하도급대금에서 공제하였다.

○ 원사업자가 수급사업자에게 항만운송 등을 위탁하고 있는 상황에서 「협력금」으
로서 하도급대금에 일정비율을 곱한 금액 또는 일정액을 하도급대금에서 공제
하였다.

○ 건설공사를 위탁받은 원사업자가 수급사업자에게 시공주로부터 위탁받은 건
설공사 현장의 경비를 위탁하고 있는 상황에서 「매출 환급금」으로서 하도급
대금에 일정비율을 곱한 금액을 하도급대금에서 공제하였다.

`3-18` 화물의 양이 감소하였다는 이유로 한 감액

○ 원사업자가 운송사업자와 일정 기간에 운반하는 화물의 양에 관계없이 일정액
을 지급하는 계약을 체결하고 있는데 운반해야 하는 화물이 감소하였음을 이
유로 실제지급은 화물의 양에 따른 방식에 근거하여 산정하여 당초의 하도급
대금을 밑도는 금액을 지급하였다.

`3-19` 예산부족을 이유로 한 감액

○ 신상품의 종합적인 판매촉진업무를 위탁받은 원사업자가 수급사업자에게 포
스터에 사용하는 디자인의 작성을 위탁하였는데 원사업자가 다른 사업자에게
위탁한 다른 판매촉진에 관련된 경비를 예정보다 많이 지출하였기 때문에 예
산이 없다는 이유로 하도급대금을 감액하였다.

`3-20` 1엔 이상의 절사에 의한 감액

○ 원사업자가 화물운송 등을 위탁하고 있는 수급사업자에게 하도급대금의 지급
시에 1,000엔 미만의 우수리를 절사하고 지급하여 하도급대금을 감액하였다.

`3-21` 거래처의 사정을 이유로 한 감액

○ 원사업자가 수급사업자에게 환경 분석 등을 위탁하고 있는 상황에서 수급사업
자의 작업착수 후에 거래처로부터 가격인하 요구가 있었다는 이유로 하도급
대금을 감액하였다.

○ 원사업자가 수급사업자에게 자기가 위탁받은 운송을 재위탁하고있는 상황에
서 운송 중의 화물이 훼손되었기 때문에 화주가 손실보상을 요구하였다는 이
유로 손해액의 산정근거를 명확히 하지 않고 하도급대금에서 훼손금액을 상
회하는 일정액을 공제하였다.

4. 반품

(1) 법 제4조 제1항 제4호에서 금지되고 있는 반품은 「수급사업자의 귀책사유가 없
    는데도 불구하고 수급사업자의 급부를 수령한 후, 수급사업자에게 그 급부와 관
    계된 물품을 반납하는 것」이다.

(2) 「수급사업자의 귀책사유」가 있다고 하여 수급사업자의 급부를 수령한 후에 수급
    사업자에게 그 급부와 관련된 물품을 반납하는 것이 인정되는 것은 수급사업자
    의 급부내용이 제3조 서면에 명기된 위탁내용과 다른 경우 또는 수급사업자의
    급부에 하자 등이 있는 경우로서 당해 급부를 수령 후 신속하게 반납하는 경우
    또는 로트 단위로 발췌하는 방법으로 급부와 관련된 검사를 실시하는 계속적인
    하도급거래의 경우로서 당해 급부 수령 후 당해 급부와 관련된 하도급대금의 최
    초지급시까지 반납하는 경우에 한한다. 다만, 급부와 관련된 검사를 로트 단위로
    발췌하는 방법으로 하는 계속적인 하도급거래의 경우에 당해 급부 수령 후 당해
    급부와 관련된 하도급대금의 최초의 지급시까지 반납하는 경우에는 미리 당해
    반납조건에 대하여 합의가 되고, 그 내용이 서면화되어 있으며, 동시에 당해 서
    면과 발주서면이 관련성이 있도록 하지 않으면 안 된다.
    또한 다음과 같은 경우에는 위탁내용과 다르다거나 또는 하자 등이 있다는 이유
    로 수급사업자에게 그 급부와 관련된 것을 반납하는 것은 인정되지 않는다.
    가. 제3조 서면에 위탁내용이나 검사기준이 명확히 기재되어 있지 않는 등 수급
        사업자의 급부내용이 위탁내용과 다르다는 것이 명확하지 않은 경우
    나. 검사기준을 자의적으로 엄격하게 적용하여 위탁내용과 다르다거나 또는 하자
        등이 있다고 하는 경우
    다. 급부와 관련된 검사를 수급사업자에게 문서로 명확하게 위임하고 있을 시 당
        해 검사에 명확한 실수가 인정되는 급부라 하더라도 수령 후 6개월을 경과한
        경우
    라. 위탁내용과 다르거나 또는 하자 등이 있는 것을 즉시 발견할 수 없는 급부라
        하더라도 수령 후 6개월(수급사업자의 급부를 사용한 원사업자의 제품에 대하여 일
        반소비자에게 6개월이 넘는 보증기간을 정하고 있는 경우에는 그에 따라 최장 1년)을

경과한 경우

마. 급부와 관련된 검사를 생략하는 경우

바. 급부와 관련된 검사를 자사에서 하지도 않고 당해 검사를 수급사업자에게
　　문서로 위임하고 있지도 않는 경우

■ 제조위탁, 수리위탁의 위반행위 사례 ■

(예)

4-1 판매기간 종료 등을 이유로 한 반품

○ 원사업자는 자기의 브랜드를 붙인 의류품을 수급사업자로 하여금 만들고 납품
하게 하는 상황에서 시즌 종료 시점에 팔고 남은 물품을 수급사업자에게 반납하
였다.

○ 원사업자는 토산품 등의 제조를 수급사업자에게 위탁하고 있는 상황에서 유효
기간 종료 등을 이유로 팔고 남은 상품을 수급사업자에게 반납시켰다.

4-2 상품의 교체를 이유로 한 반품

○ 원사업자가 의류품 등의 제조를 수급사업자에게 위탁하고 있는 상황에서 자기
점포의 상품 교체를 이유로 수급사업자에게 의류품 등을 반납하였다.

4-3 자의적인 검사기준 변경에 따른 반품

○ 원사업자는 염색 가공을 수급사업자에게 위탁하고 있는 상황에서 수급사업자
가 납품한 것을 일단 수령한 후, 이전에는 문제시하지 않았던 얼룩을 지적하
면서 수급사업자에게 반납하였다.

4-4 수령 후 6개월을 넘긴 후에 반품

○ 원사업자는 수급사업자가 납품한 기계부품을 수령하고 10개월 후에 하자가 있
다는 이유로 수급사업자에게 반납하였다.

4-5 수납(受納)검사를 하지 않는 경우의 반품

○ 원사업자가 납품된 제품의 검사를 하고 있지 않은 경우에 수급사업자로부터
제품을 수령한 후 불량품이라는 이유로 반납하였다.

4-6 수납검사를 문서로 위임하고 있지 않은 경우의 반품

○ 원사업자는 수령한 상품의 검사를 자사에서 하지도 않고 당해 검사를 수급사
업자에게 문서로 위임하고 있지도 않으면서 수령 후 불량품이라는 이유로 수

급사업자에게 반납하였다.

■ 정보성과물작성위탁의 위반행위 사례 ■

(예)

`4-7` **사업계획의 변경을 이유로 한 반품**

○ 원사업자는 수급사업자로부터 수령한 방송프로그램에 대하여 매주 계속적으로 방송할 예정이었지만 시청률이 저조하다는 이유로 방송을 중지하고 납품된 방송프로그램이 기록된 VTR테이프를 수급사업자에게 반납하였다.

`4-8` **거래처의 사정을 이유로 한 반품**

○ 원사업자는 수급사업자에게 제작을 위탁한 광고에 대하여 일단 수령했음에도 불구하고 거래처가 발주를 취소했다는 이유로 수급사업자에게 반납하였다.

5. 가격후려치기

(1) 법 제4조 제1항 제5호에서 금지하고 있는 가격후려치기란 「수급사업자의 급부 내용과 동종 또는 유사한 내용의 급부에 대해 통상적으로 지급되는 대가에 비해 현저히 낮은 하도급대금액을 부당하게 정하는 것」이다.

「통상적으로 지급되는 대가」란 당해 급부와 동종 또는 유사한 급부에 대하여 당해 수급사업자가 속한 거래지역에서 일반적으로 지급되는 대가(이하 「통상의 대가」라 한다)를 말한다. 다만, 통상의 대가를 파악할 수 없거나 또는 파악이 곤란한 급부에 대해서는, 예를 들어 당해 급부가 종전의 급부와 동종 또는 유사한 경우에는 종전의 급부와 관련된 단가로 계산된 대가를 통상의 대가로서 취급한다. 가격후려치기에 해당하는지 여부는 하도급대금의 결정에 있어서 수급사업자와 충분한 협의가 행해졌는지 등 대가의 결정방법, 차별적인지 여부 등의 결정내용, 통상의 대가와 당해 급부에 지급된 대가와의 괴리상황 및 당해 급부에 필요한 원재료 등의 가격 동향 등을 감안하여 종합적으로 판단한다.

(2) 다음과 같은 방법으로 하도급대금액을 결정하는 것은 가격후려치기에 해당할 우려가 있다.

가. 다량의 발주를 전제로 수급사업자에게 견적을 요청하고 그 견적가격의 단가
　　를 소량발주하는 경우의 단가로 하도급대금을 정하는 경우

나. 대량생산 기간이 종료하고 발주수량이 큰 폭으로 감소하였는데도 불구하고
　　단가를 개정하지 않고 대량생산 기간 시의 대량발주를 전제로 한 단가를 사
　　용하여 일방적으로 하도급대금액을 정하는 경우

다. 원재료가격이나 노무비 등의 비용이 큰 폭으로 상승하였기 때문에 수급사업
　　자가 단가 인상을 요구하는 데도 불구하고 일방적으로 종래 단가를 그대로
　　두는 경우

라. 일률적으로 일정 비율로 단가를 인하하여 하도급대금액을 정하는 경우

마. 원사업자의 예산단가만을 기준으로 통상의 대가보다 낮은 단가로 일방적으로
　　하도급대금액을 정하는 경우

바. 단기 납기발주를 하는 경우에 수급사업자에게 발생하는 증가비용을 고려하지
　　않고 통상의 대가보다 낮은 하도급대금액을 정하는 경우

사. 급부의 내용에 지식재산권이 포함되어 있는데도 불구하고 당해 지식재산권의
　　대가를 고려하지 않고 일방적으로 통상의 대가보다 낮은 하도급대금을 정하
　　는 경우

아. 합리적인 이유가 없는데도 불구하고 특정 수급사업자를 차별취급하고 다른
　　수급사업자보다 낮은 하도급대금액을 정하는 경우

자. 동종의 급부에 대하여 특정 지역 또는 고객용이라는 이유로 통상의 대가보다
　　낮은 단가로 하도급대금액을 정하는 경우

■ 제조위탁, 수리위탁의 위반행위 사례 ■

(예)

5-1 대량발주를 전제로 한 단가로 소량발주를 하는 가격후려치기

○ 원사업자는 단가의 결정에 있어서 수급사업자에게 1개, 5개 및 10개 제작하는
　경우의 견적서를 제출하게 한 후에 10개 제작하는 경우의 단가(이 단가는 1개
　제작하는 경우의 통상 대가를 큰 폭으로 밑도는 것이었다)로 1개 발주하였다.

5-2 대량생산품과 같은 단가로 보급품을 발주하는 가격후려치기

○ 원사업자는 수급사업자에게 제조를 위탁하고 있는 부품에 대하여 대량생산이

종료되고 보급품으로서 소량발주하는 등 현재 발주수량이 큰 폭으로 감소하였음에도 불구하고 단가를 변경하지 않고 대량생산 시의 대량발주를 전제로 한 단가에 따라 통상의 대가를 큰 폭으로 밑도는 수준으로 일방적으로 하도급대금액을 정하였다.

5-3 하도급대금을 동결하는데 따른 가격후려치기

○ 원사업자는 자신이 수급사업자에게 사용하도록 지정한 원재료의 가격이나 연료비, 전기요금과 같은 에너지비용, 노무비 등의 비용이 상승하는 것이 명확한 상황에서 수급사업자가 종래의 단가대로는 대응할 수 없다고 하면서 단가의 인상을 요구하였는데도 불구하고 수급사업자와 충분히 협의하지 않고 일방적으로 종래대로 단가를 동결함으로써 통상의 대가를 큰 폭으로 밑도는 수준으로 하도급대금을 정하였다.

○ 원사업자는 엔고와 경기악화 등에 수반되는 수익악화를 이유로 일부 수급사업자에게 수익이 회복되기까지 일시적인 하도급대금의 인하에 협력해 줄 것을 요청하였고 수급사업자는 원사업자의 수익이 회복된 경우에는 하도급대금액을 당초 수준으로 인상하는 것을 조건으로 원사업자의 대금인하 요청을 받아들였다. 그 후 엔저가 되고 경기가 회복되어 원사업자의 수익도 회복된 상황에서 원사업자는 수급사업자가 하도급대금의 인상을 요구하는데도 불구하고 수급사업자와 충분한 협의를 하지 않고 일방적으로 하도급대금을 동결함으로써 통상의 대가를 큰 폭으로 밑도는 수준으로 하도급대금액을 정하였다.

○ 원사업자는 수급사업자에게 건설자재의 제조를 위탁하고 있는 상황에서 종래부터 제조위탁하고 있는 제품에 대한 가격협상시에 수급사업자가 환경대책과 관련된 법 규제 등에 대응하기 위하여 비용이 증대하고 있다는 이유로 당해 대책비용을 하도급대금에 포함하도록 요구하였는데도 불구하고 수급사업자와 충분한 협의를 하지 않고 일방적으로 하도급대금을 동결함으로써 통상의 대가를 큰 폭으로 밑도는 수준으로 하도급대금을 정하였다.

○ 원사업자는 원재료비가 상승하고 있는 상황에서 집중구매에 참가할 수 없는 수급사업자가 종래의 제품단가대로는 대응할 수 없다고 하면서 수급사업자가 조달한 재료비의 증가분을 제품단가에 반영해 줄 것을 원사업자에게 요구하였는데도 불구하고 수급사업자와 충분한 협의를 하지 않고 재료비의 가격변

동은 대기업 제조회사의 지급자재가격(집중구매가격)의 변동에 따른다는 조건을 일방적으로 강요하여 단가를 동결시킴으로써 통상의 대가를 큰 폭으로 밑도는 수준으로 하도급대금을 정하였다.

5-4 일률적인 비율의 단가 인하에 따른 가격후려치기

○ 원사업자가 국제경쟁력을 강화하기 위해서는 비용절감을 할 필요가 있다고 하여 주요 부품의 가격을 일률적인 비율로 인하한 금액을 하도급단가로 정하였기 때문에 대상 부품의 일부 단가는 통상의 대가를 큰 폭으로 밑돌게 되었다.

5-5 합리성이 없는 정기적인 원가절감 요청에 따른 후려치기

○ 원사업자는 발주처와 협의하여 정한 「○년 후까지 제품비용 ○% 감축」이라는 자기 목표를 달성하기 위하여 부품의 제조를 위탁하고 있는 수급사업자에게 6개월마다 가공비의 ○%의 원가절감을 요구하고 수급사업자와 충분한 협의를 하지 않고 일방적으로 통상의 대가를 큰 폭으로 밑도는 수준으로 하도급대금을 정하였다.

5-6 납품 후의 하도급대금의 결정에 의한 가격후려치기

○ 원사업자는 하도급대금액을 정하지 않고 부품을 발주하고 납품된 후에 수급사업자와 협의하지 않고 통상의 대가로 인정되는 수급사업자의 견적가격을 큰 폭으로 밑도는 단가로 하도급대금을 정하였다(하도급대금이 정해지지 않은 것에 대하여 정당한 이유가 있는 경우를 제외하고 하도급대금을 정하지 않은 채로 위탁하는 것은 하도급법 제3조에 위반된다).

5-7 단기 납기 발주에 따른 가격후려치기

○ 원사업자는 수급사업자와 단가 등의 거래조건에 대해서 연간약정을 하고 있는데 긴급히 짧은 납기로 발주하는 경우에는 별도 단가를 정하는 것으로 하고 있었다. 원사업자는 주말에 발주하고 주초 납품을 지시하였다. 수급사업자는 심야근무, 휴일근무로 납기를 맞추고 당해 가공비용은 인건비가 상당부분을 차지하고 있기 때문에 연간 약정단가에 심야·휴일근무 상당액을 가산한 하도급단가로 견적서를 제출하였다. 그러나 원사업자는 수급사업자와 충분한 협의를 하지 않고 일방적으로 통상의 대가로 인정되는 수급사업자의 견적가격을 큰 폭으로 밑도는 연간약정 단가로 하도급대금액을 정하였다.

○ 원사업자는 자사 고객의 납기단축 요청에 따라 부품의 제조를 위탁하고 있는

수급사업자에게 견적을 시킨 시점보다도 납기를 단축시켰는데도 불구하고 하도급대금을 변경하지 않고 당초 견적가격에 따라 통상의 대가를 큰 폭으로 밑도는 수준으로 하도급대금액을 정하였다.

`5-8` 빈번한 소량납품에 의한 가격후려치기

○ 원사업자는 종래 주 1회였던 배송을 매일 배송하도록 수급사업자에게 요구하였다. 수급사업자는 배송빈도가 큰 폭으로 증가하고 이에 수반하여 1회 당 배송량이 작게 되는 경우에는 운송비 등의 비용이 늘어나기 때문에 종래의 배송빈도에 따른 하도급단가보다 높은 단가로 견적서를 제출하였다. 그러나 원사업자는 수급사업자와 충분한 협의를 하지 않고 일방적으로 통상의 대가로 인정되는 수급사업자의 견적가격을 큰 폭으로 밑도는 단가로 하도급대금을 정하였다.

`5-9` 기타 가격후려치기

○ 원사업자는 전선 등의 가공을 위탁하고 있는 수급사업자에게 단가개정시, 당해 수급사업자와 충분한 협의를 하지 않고 일방적으로 단가를 결정한 후 단가개정서를 송부하고 통상의 대가를 큰 폭으로 밑도는 수준으로 하도급대금을 정하였다.

○ 원사업자는 부품의 제조를 위탁하고 있는 수급사업자에게 품질이 다른데도 불구하고 해외제품의 저렴한 가격만을 예로 들면서 충분한 협의를 하지 않고 일방적으로 통상의 대가를 큰 폭으로 밑도는 수준으로 하도급대금을 정하였다.

■ 정보성과물작성위탁의 위반행위 사례 ■

(예)

`5-10` 일률적인 비율의 단가 인하에 따른 가격후려치기

○ 원사업자는 자사의 주택 판매부문이 판매하는 주택의 설계도 작성을 위탁하고 있는 수급사업자에 대해 종래의 단가에서 일률적인 비율로 단가를 인하함으로써 통상의 대가를 큰 폭으로 밑도는 수준으로 하도급대금을 정하였다.

`5-11` 납품 후에 하도급대금액을 결정하는데 따른 가격후려치기

○ 원사업자는 수급사업자에게 자기가 작성·판매하는 게임소프트를 구성하는 프로그램의 작성을 하도급대금액을 정하지 않고 위탁하고 있는 상황에서 당해

프로그램의 수령 후에 수급사업자와 충분한 협의를 하지 않고 통상의 대가를 큰 폭으로 밑도는 수준으로 하도급대금을 정하였다(하도급대금액이 정해지지 않은 것에 대하여 정당한 이유가 있는 경우를 제외하고 하도급대금액을 정하지 않은 채로 위탁하는 것은 하도급법 제3조에 위반된다).

5-12 단기 납기 발주에 따른 가격후려치기
○ 원사업자는 데이터베이스용 소프트웨어의 작성을 위탁하고 있는 수급사업자에게 견적을 요청한 당초보다도 납기를 큰 폭으로 단축하고 있는데도 불구하고 당초의 견적단가에 따라 통상의 대가를 큰 폭으로 밑도는 수준으로 하도급대금을 정하였다.

5-13 기타 가격후려치기
○ 원사업자는 간판 디자인의 제작을 위탁하고 있는 수급사업자와 충분한 협의를 하지 않고 과거 다른 사업자에게 동일한 업무를 발주한 때의 가격을 지정함으로써 통상의 대가를 큰 폭으로 밑도는 수준으로 하도급대금을 정하였다.

○ 원사업자는 제작을 위탁한 방송프로그램에 대하여 수급사업자가 가지고 있는 저작권을 원사업자에게 양도하는 것으로 하였지만 그 대금은 하도급대금에 포함되어 있다는 이유로 수급사업자와 저작권의 대가와 관련한 충분한 협의를 하지 않고 통상의 대가를 큰 폭으로 밑도는 수준으로 하도급대금을 정하였다.

○ 원사업자는 수급사업자인 개인 애니메이터에게 애니메이션의 원화작성을 위탁하고 있는 상황에서 원사업자의 요청을 반영시킴으로써 작성비용이 당초 견적보다 높아져서 수급사업자가 하도급대금의 인상을 요구하였는데도 불구하고 그러한 비용 증가를 고려하지 않고 당초의 견적가격에 따라 통상의 대가를 큰 폭으로 밑도는 수준으로 하도급대금을 정하였다.

■ 역무제공위탁의 위반행위 사례 ■

(예)

5-14 하도급대금을 동결하는데 따른 가격후려치기
○ 원사업자는 화물 하역작업은 원사업자가 하는 것으로 수급사업자와 연간 운송계약을 체결하였지만, 이후 수급사업자가 하는 것으로 변경하였다. 수급사업자는 종래의 운송요금으로는 이러한 작업을 할 수 없다고 하면서 하도급대금

의 증액을 요구하는 견적서를 제출했음에도 불구하고 원사업자는 수급사업자와 충분한 협의를 하지 않고 종래대로 가격을 동결함으로써 통상의 대가를 큰 폭으로 밑도는 수준으로 하도급대금을 정하였다.

○ 원사업자는 수급사업자에게 화물운송을 위탁하고 있는 상황에서 수급사업자가 연료가격의 상승, 노무비의 상승을 이유로 단가인상을 요구하였는데도 불구하고 일방적으로 종래대로 단가를 동결함으로써 통상의 대가를 큰 폭으로 밑도는 수준으로 하도급대금액을 정하였다.

5-15 일률적인 비율로 단가를 인하하는데 따른 가격후려치기

○ 원사업자가 수급사업자에게 화물운송을 위탁하고 있는 상황에서 종래의 운송단가에서 일방적으로 일률적인 비율로 단가를 인하함으로써 통상의 대가를 큰 폭으로 밑도는 수준으로 하도급대금을 정하였다.

○ 원사업자가 수급사업자에게 광고물의 부착을 위탁하고 있는 상황에서 종래의 단가에서 일률적인 비율로 단가를 인하함으로써 통상의 대가를 큰 폭으로 밑도는 수준으로 하도급대금을 정하였다.

5-16 거래처의 사정을 이유로 한 가격후려치기

○ 원사업자는 화주로부터 전년 대비 ○%의 운송요금 인하 요청이 있다는 이유로 수급사업자와 협의하지 않고 일방적으로 전년부터 ○% 인하한 단가를 적용하여 통상의 대가를 큰 폭으로 밑도는 수준으로 하도급대금을 정하였다.

5-17 기타 가격후려치기

○ 원사업자가 빌딩 기기설비 보수점검 등을 위탁하고 있는 수급사업자에게 충분한 협의를 하지 않고 일방적으로 통상의 대가를 큰 폭으로 밑도는 수준으로 하도급대금을 정하였다.

○ 원사업자는 수급사업자와 연간 운송계약을 체결하면서 쌍방 이의가 없는 경우에는 자동갱신되도록 하고 있는 상황에서 연도 말 계약갱신 직전에 인건비, 연료비 등에 큰 폭의 변경이 없는데도 다음 연도의 계약서라고 하면서 전년과 비교하여 큰 폭으로 단가를 인하한 운송계약서를 수급사업자에게 송부하고, 수급사업자와 충분한 협의를 하지 않고 일방적으로 통상의 대가를 큰 폭으로 밑도는 수준으로 하도급대금을 정하였다.

6. 구입·이용강제

(1) 법 제4조 제1항 제6호에서 금지되어 있는 구입·이용강제란「수급사업자의 급부
  내용을 균질하게 하거나 개선을 위하여 필요한 경우, 기타 정당한 이유가 있는 경
  우를 제외하고 자기가 지정하는 물품을 강제적으로 구입하게 하거나 또는 용역을
  강제로 이용하게 함」으로써 수급사업자에게 그 대가를 부담하게 하는 것이다.
  「자기가 지정하는 물품」이란 원재료 등만이 아니라 원사업자 또는 관련회사 등
  이 판매하는 물품으로서 원사업자가 수급사업자의 구입대상으로 특정한 물품이
  모두 포함된다. 또한「용역」이란 원사업자 또는 관련회사 등이 제공하는 것으로
  서 수급사업자의 이용대상이 되는 용역이 모두 포함된다.
  「강제적으로」구입시키거나 또는 이용하게 하는 것은 물품의 구입 또는 용역의
  이용을 거래의 조건으로 하는 경우, 구입 또는 이용하지 않는 것에 대하여 불이
  익을 주는 경우 이외에 하도급거래관계를 이용하여 사실상 구입 또는 이용을 강
  제한다고 인정되는 경우도 포함된다.

(2) 다음과 같은 방법으로 수급사업자에게 자기가 지정하는 물품의 구입 또는 용역
  의 이용을 요청하는 것은 구입·이용강제에 해당할 우려가 있다.
    가. 구매·외주 담당자 등 하도급거래에 영향을 미치는 자가 수급사업자에게 구입
      또는 이용을 요청하는 경우
    나. 수급사업자마다 목표액 또는 목표량을 정하고 구입 또는 이용을 요청하는 경우
    다. 수급사업자에게 구입 또는 이용하지 않으면 불이익한 취급을 한다는 취지를
      시사하면서 구입 또는 이용을 요청하는 경우
    라. 수급사업자가 구입 또는 이용할 의사가 없다고 표명했는데도 불구하고 또는
      그 표명이 없더라도 명확하게 구입 또는 이용할 의사가 없다고 인정됨에도 불
      구하고 거듭해서 구입 또는 이용을 요청하는 경우
    마. 수급사업자가 구입하겠다는 취지로 신청한 적이 없음에도 일방적으로 물품을
      수급사업자에게 송부하는 경우

■ 제조위탁, 수리위탁의 위반행위 사례 ■

(예)

6-1 자사제품의 구입강제

○ 원사업자는 자사제품의 판매촉진 캠페인을 하면서 수급사업자마다 목표액을 정하고 각 공장의 판매·외주 담당부문 등을 통하여 수급사업자에게 자사제품의 구입을 요청하고 구입하게 하였다.

○ 원사업자는 자사제품 확대 판매운동을 실시하면서 자사공장 입구에 「당사제품 차량 이외 차량의 구내진입은 자제해 주시기 바랍니다」라고 표시한 간판을 세우고 수급사업자가 납품을 위하여 타사제품 차량으로 진입할 때마다 「타사제품 차량진입 신청서」를 제출시키고 납품카드·납품서에 「납품은 당사의 차량으로 부탁합니다」라고 표시하여 수급사업자에게 자사제품 차량의 구입을 요청하고 구입하게 하였다.

○ 원사업자는 자사제품의 판촉캠페인을 실시하면서 수급사업자도 판매대상으로 하고, 판매·외주 담당자를 통하여 수급사업자에게 자사제품의 구입을 재삼 요청하고 구입하게 하였다.

○ 원사업자는 자사의 취급부품 판매 캠페인의 일환으로 구매·외주 담당자와 협력공장과의 회의석상 및 협력공장의 제품납품시에 당해 부품의 판매처 소개를 요청하고 수급사업자의 소개처의 구입실적을 구매·외주 창구에 붙여 놓는 등의 방법으로 소개처가 없는 수급사업자에게 스스로 구입하도록 강제하였다.

6-2 거래처제품의 구입강제

○ 원사업자는 자동차부품의 조립가공 등을 위탁하고 있는 수급사업자에 대하여 외주담당자를 통하여 자사의 거래처인 자동차 제조회사의 자동차 판매처를 소개하도록 요청하고, 소개처가 없는 수급사업자에게 스스로 구입하도록 강제하였다.

6-3 자사가 지정하는 용역의 이용강제

○ 원사업자는 제3조 서면 대신에 인터넷 웹사이트를 이용하여 물품을 제조위탁하는 상황에서, 수급사업자에게 이미 계약하고 있는 인터넷 접속서비스 제공사업자를 통하여 수·발주가 가능함에도 불구하고 자기가 지정하는 인터넷 접

속서비스 제공사업자와 계약하지 않으면 향후 제조위탁을 하지 않는다는 취지
를 시사하여 수급사업자로 하여금 이미 계약하고 있는 인터넷 접속서비스 제
공사업자와의 계약을 해제하게 하고 당해 사업자와 계약하게 하였다.

○ 원사업자는 수급사업자에게 자기가 지정하는 리스회사로부터 공작기계의 리
스계약을 체결하도록 요청하였는데 수급사업자는 이미 동등한 성능의 공작기
계를 보유하고 있기 때문에 리스계약 요청을 거절했는데도 불구하고, 재삼 요
청하면서 수급사업자로 하여금 리스회사와 리스계약을 체결하게 하였다.

■ 정보성과물작성위탁의 위반행위 사례 ■

(예)

6-4 **자사제품 등의 구입강제**
○ 원사업자는 수급사업자에게 기기관리 프로그램의 작성 등을 위탁하고 있는 상
황에서 수급사업자가 필요하지 않은데도 불구하고 수급사업자에게 위탁내용
과 관계없는 자사제품의 암호화 프로그램구입을 요청하고 구입하게 하였다.

○ 광고회사인 원사업자가 광고 제작회사에 연초에 명함광고에 대한 참가를 요청
하여 광고제작회사는 명함광고의 효과를 파악하기 위하여 참가했는데, 광고효
과가 크지 않아 다음 해부터는 참가하지 않는다는 취지를 원사업자에게 전했
는데도 불구하고, 다음 해부터 연말이 되면 참가를 전제로 한 신청서를 송부
하고 재삼 참가를 요청함으로써 당해 명함광고에 강제적으로 참가시키고 있다.

6-5 **자사 관련회사 상품의 구입강제**
○ 원사업자는 수급사업자에게 방송프로그램의 작성을 위탁하고 있는 상황에서
자사의 관련회사가 제작한 영화 등의 이벤트 티켓에 대하여 미리 수급사업자
마다 목표매수를 정하고 할당하며 구입하게 하였다.

■ 역무제공위탁의 위반행위 사례 ■

(예)

6-6 **자사제품 등의 구입강제**
○ 가정용 전기제품 제조·판매사업자의 물류 자회사인 원사업자가 수급사업자인
운송사업자에게 매년 말에 할당량을 정하고 가정용 전기제품 제조·판매사업

자의 취급상품 구입을 요청하여 향후의 계약을 우려한 수급사업자에게 당해
상품을 구입하게 하였다.

○ 원사업자는 관혼상제식의 시행과 관련된 사회진행, 미용·옷치장, 음향조작 등
의 실시를 위탁하고 있는 수급사업자에게 위탁내용과 직접적인 관계가 없는데도
불구하고 지배인 또는 발주 담당자로부터 설 음식, 디너쇼 티켓 등 물품의 구
입을 요청하고, 미리 종업원 또는 관혼상제식장 등마다 정해져 있던 판매목표
수량에 달하지 않은 경우에는 다시 요청하는 등의 방법으로 구입하게 하였다.

○ 원사업자는 빌딩 등의 청소를 위탁하고 있는 수급사업자에게 발주 담당자를 통
하여 수급사업자가 필요하지 않은데도 불구하고, 자사가 판매하는 식료품을 구
입시키거나 또는 자사가 제공하는 청소용구의 렌탈서비스를 이용하게 하였다.

`6-7` 거래처제품의 구입강제

○ 원사업자는 화물운송 등을 위탁하고 있는 수급사업자에게 발주담당자를 통하
여 수급사업자가 필요하지 않은데도 불구하고 자사의 거래처로부터 구입요청
이 있는 자동차의 구입을 요청하고 구입하게 하였다.

`6-8` 자사가 지정한 용역의 이용강제

○ 원사업자는 선박임대계약을 체결하고 있는 임대업자에게 자사에 출자하고 있
는 보험회사가 취급하고 있는 선박보험에 대한 가입을 요청하고 임대업자는
이미 다른 보험회사의 선박보험에 가입하고 있기 때문에 거절하고 싶은 사정
이 있는데도 불구하고 원사업자가 재삼 요청하여 임대업자에게 원사업자가 권
유하는 보험에 가입하게 하였다.

7. 부당한 경제상 이익의 제공요청

(1) 법 제4조 제2항 제3호에서 금지하고 있는 부당한 경제상 이익의 제공요청이란
원사업자가 수급사업자에게 「자기를 위하여 금전, 용역, 기타 경제적인 이익을
제공하도록」 함으로써 「수급사업자의 이익을 부당하게 해하는 것」을 말한다.

(2) 「금전, 용역, 그 외의 경제적인 이익」이란 협찬금, 협력금 등의 명목 여하를 불
문하고 하도급대금의 지급과 독립해서 행해지는 금전의 제공, 작업에 대한 노무

제공 등을 포함하는 것이다.

원사업자가 수급사업자에게 「경제상의 이익」 제공을 요청하는 경우에는 당해 「경제상의 이익」을 제공하는 것이 제조위탁 등을 받은 물품 등의 판매촉진으로 이어지는 등 수급사업자에게 직접적인 이익이 되는 경우도 있다. 「경제상의 이익」이 그 제공에 의해 얻게 되는 직접적인 이익의 범위 내에서 수급사업자의 자유로운 의사에 의해 제공되는 경우에는 「수급사업자의 이익을 부당히 해하는 것」이 된다고 할 수 없다.

반면에 원사업자와 수급사업자 간에 부담액 및 그 산출근거, 용도, 제공의 조건 등에 대하여 명확히 되어 있지 않은 「경제상의 이익」 제공 등 수급사업자의 이익과 관계가 명확하지 않은 경우, 원사업자의 결산 대책 등을 이유로 한 협찬금 등의 요청 등 수급사업자의 직접적인 이익이 되지 않는 경우에는 법 제4조 제2항 제3호에 해당한다.

(3) 원사업자가 다음과 같은 방법으로 수급사업자에게 경제상 이익의 제공을 요청하는 것은 법 제4조 제2항 제3호에 해당할 우려가 있다.

가. 구매·외주담당자 등 하도급거래에 영향을 미치는 자가 수급사업자에게 금전, 노동력 등의 제공을 요청하는 경우

나. 수급사업자마다 목표를 정하고 금전, 노동력 등의 제공을 요청하는 경우

다. 수급사업자에게 요청에 응하지 않으면 불이익한 취급을 하겠다는 취지를 시사하고 금전, 노동력 등의 제공을 요청하는 경우

라. 수급사업자가 제공할 의사가 없다고 표명했음에도 불구하고 또는 그 표명이 없다고 하더라도 명백하게 제공할 의사가 없다고 인정됨에도 불구하고, 거듭해서 금전, 노동력 등의 제공을 요청하는 경우

(4) 정보성과물 등의 작성과정에서 수급사업자의 지식재산권이 발생하는 경우에 원사업자가 위탁한 정보성과물 등에 더하여 작성 목적의 사용범위를 넘어서 당해 지식재산권을 무상으로 원사업자에게 양도·사용 허락하게 하는 것은 법 제4조 제2항 제3호에 해당한다.

■ 제조위탁, 수리위탁에서의 위반행위 사례 ■

(예)

7-1 협찬금 등의 제공위탁

○ 원사업자는 식료품의 제조를 위탁하고 있는 수급사업자에게 연도 말의 결산대책으로서 협찬금의 제공을 요청하고 원사업자가 지정한 은행계좌에 이체하도록 하였다.

○ 원사업자는 섬유제품의 제조를 위탁하고 있는 수급사업자에게 구매담당자를 통하여 자사가 발행하는 제품 카탈로그 제작을 위한 협찬금을 제공하게 하였다.

○ 원사업자는 수급사업자에게 식료품의 제조를 위탁하고 있는 상황에서 거래처에 지급하고 있는 배송센터 사용료의 일부를 부담시키기 위하여 수급사업자에게 배송센터 사용료 협력금으로서 하도급대금에서 일정비율을 곱한 금액을 제공하게 하였다.

7-2 반품 시의 송달료 부담요청

○ 원사업자는 수급사업자에게 의류품 등의 제조를 위탁하고 있는 상황에서 판매기간 종료 후 수급사업자가 납품한 의류품 등 재고상품을 반품하면서 수급사업자에게 반품과 관련된 송달료를 부담하게 하였다(이 경우 판매기간 종료 후의 재고상품의 반품에 대해서도 하도급법에 위반된다).

7-3 전시용 상품의 제공요청

○ 원사업자는 수급사업자에게 인테리어 제품의 제조를 위탁하고 있는 상황에서 자사의 쇼룸에 전시하기 위하여 수급사업자에게 전시용의 인테리어 제품을 무상으로 제공하게 하였다.

7-4 설계도 등의 무상양도요청

○ 원사업자는 수급사업자에게 금형의 제조를 위탁하고 있는 상황에서 외국에서 제조하는 편이 금형의 제조단가가 낮기 때문에 수급사업자가 작성한 금형의 도면, 가공 데이터 등을 외국사업자에게 건네주고 당해 금형을 제조하게 하기 위하여 수급사업자가 작성한 도면, 가공 데이터 등을 대가도 지급하지 않고 수급사업자로 하여금 제출하게 하였다.

○ 원사업자는 건설기계부품 등의 제조를 위탁하고 있는 수급사업자에게 위탁내

용에 없는 금형 설계도면 등을 무상으로 양도하게 하였다.

`7-5` 거푸집 · 지그(jig)의 무상보관요청

○ 원사업자는 기계부품의 제조를 위탁하고 있는 수급사업자에게 대량생산종료시부터 일정 기간이 경과한 후에도 금형, 목형 등의 거푸집을 보관시키고 있는 상황에서, 당해 수급사업자의 보관파기신청에 대하여 「자사만으로 판단하는 것은 곤란」하다는 등의 이유로 장기에 걸쳐 명확한 답변을 하지 않고, 보관 · 유지에 요하는 비용을 고려하지 않고 무상으로 금형, 목형 등의 거푸집을 보관하게 하였다.

○ 원사업자는 자동차용 부품의 제조를 위탁하고 있는 수급사업자에게 자사가 소유하고 있는 금형, 목형 등의 거푸집 · 지그를 대여하고 있는 상황에서, 당해 자동차용 부품의 제조를 대량으로 발주하는 시기가 종료한 후 당해 부품의 발주를 장기간 하지 않음에도 불구하고 무상으로 금형, 목형 등의 거푸집 · 지그를 보관하게 하였다.

■ 정보성과물작성위탁의 위반행위 사례 ■

(예)

`7-6` 협찬금의 제공요청

○ 철도업을 운영하는 원사업자는 수급사업자에게 자사의 주택 판매부서가 판매하는 주택의 설계도 작성을 위탁하고 있는 상황에서 광고 선전을 위한 비용을 확보하기 위하여 수급사업자에게 「협찬금」으로서 일정액을 제공하게 하였다.

`7-7` 노무의 제공요청

○ 원사업자는 소프트웨어의 작성을 위탁하고 있는 수급사업자의 종업원을 원사업자의 사업소에 상주하게 하고 실제로는 당해 수급사업자에 대한 발주와 관계없는 사무를 행하게 하였다.

`7-8` 위탁내용에 없는 정보성과물의 제공요청

○ 원사업자는 수급사업자에게 디자인의 작성을 위탁하고 수급사업자는 CAD 시스템으로 작성한 디자인을 제출하였지만, 나중에 위탁내용에 없는 디자인의 전자적 데이터도 대가를 지급하지 않고 제출하게 하였다.

7-9 지식재산권의 무상양도요청
○ 원사업자는 TV 프로그램의 제작을 위탁하고 있는 수급사업자와의 계약으로 수급사업자에게 발생한 프로그램의 지식재산권을 양도하게 하는 상황에서 이에 덧붙여 프로그램에서 사용하지 않았던 영상의 지식재산권을 무상으로 양도하게 하였다.

■ 역무제공위탁의 위반행위 사례 ■

(예)

7-10 종업원의 파견요청
○ 대규모소매업자인 원사업자가 화물자동차 운송사업을 운영하면서 고객으로부터 상품 배송을 위탁받고 있는 상황에서 화물의 배송을 위탁하고 있는 수급사업자에게 점포 영업을 돕게 하기 위하여 종업원을 파견하게 하였다.

7-11 노무의 제공요청
○ 원사업자는 화물운송을 위탁하고 있는 수급사업자에게 당해 수급사업자에게 위탁하고 있는 거래와 관계없는 화물의 하역작업을 하게 하였다.
○ 원사업자는 선내하역, 청소 등의 작업이 계약에 의해 화주 또는 원사업자의 부담으로 되어있는데도 불구하고 수급사업자인 선박 임대업자에게 그 일부를 하게 하였다.

8. 부당한 급부내용의 변경 및 부당한 수정작업

(1) 법 제4조 제2항 제4호에서 금지되어 있는 부당한 급부내용의 변경 및 부당한 수정작업이란 원사업자가 수급사업자에게 「수급사업자에게 귀책사유가 없음에도 수급사업자의 급부내용을 변경시키거나 또는 수급사업자의 급부 수령 후에(역무제공위탁의 경우는 수급사업자가 그 위탁을 받은 역무를 제공한 후에) 급부를 다시 하게」함으로써 「수급사업자의 이익을 부당히 해하는 것」이다.

(2) 「수급사업자의 급부내용을 변경하게 하는 것」이란 급부의 수령 전에 제3조 서면에 기재되어 있는 위탁내용을 변경하고 당초의 위탁내용과는 다른 작업을 하게

하는 것이다. 또한 「급부 수령 후에 급부를 다시 하게 하는 것」이란 급부의 수령
후에 급부에 관하여 추가적인 작업을 하게 하는 것이다. 이러한 급부내용의 변
경이나 수정작업으로 인해 수급사업자가 그때까지 하고 있던 작업이 쓸모없게
되거나 또는 수급사업자에게 당초의 위탁내용에 없는 추가적인 작업이 필요하게
되는 경우에 원사업자가 그 비용을 부담하지 않는 것은 「수급사업자의 이익을
부당하게 해하는 것」이 된다.

수정작업 등을 위하여 필요한 비용을 원사업자가 부담하는 등 수급사업자의 이
익을 부당하게 해하지 않는다고 인정되는 경우에는 부당한 급부내용의 변경 또
는 부당한 수정작업의 문제가 되지 않는다.

(3) 「수급사업자의 귀책사유」가 있다고 하여 원사업자가 비용을 전혀 부담하지 않고
수급사업자에게 급부의 내용을 변경하게 할 수 있는 경우는, 수급사업자의 요청
에 의해 급부의 내용을 변경하는 경우, 또는 급부를 수령하기 전에 원사업자가
수급사업자의 급부내용을 확인한 결과 수급사업자의 급부내용이 제3조 서면에
명기된 위탁내용과 다르거나 또는 수급사업자의 급부에 하자 등이 있는 것이 합
리적으로 판단되는 경우에 한한다. 또한 「수급사업자의 귀책사유」가 있다고 하
여 원사업자가 비용을 전혀 부담하지 않고 수령 후에 급부를 수정하게 할 수 있
는 경우는 수급사업자의 급부내용이 제3조 서면에 명기된 위탁내용과 다른 경우
또는 수급사업자의 급부에 하자 등이 있는 경우에 한한다.

다만 다음의 경우는 수급사업자의 급부내용이 위탁내용과 다르다거나 또는 하자
등이 있다는 것을 이유로 원사업자가 비용의 전액을 부담하지 않고 급부내용의
변경 또는 수정작업을 요청하는 것이 인정되지 않는다.

가. 수급사업자의 급부 수령 전에 수급사업자가 위탁내용을 명확히 하도록 요구
하였는데도 불구하고 원사업자가 정당한 이유 없이 사양을 명확히 하지 않고
수급사업자에게 계속해서 작업을 하게 하고, 그 후 급부의 내용이 위탁내용과
다르다고 하는 경우

나. 거래과정에서 위탁내용에 대하여 수급사업자가 제안하고 확인을 요구한 상황
에서 원사업자가 이에 대해 승낙하였기 때문에 수급사업자가 당해 내용에 기
초하여 제조 등을 했는데도 불구하고 급부내용이 위탁내용과 다르다고 하는

경우

다. 검사기준을 자의적으로 엄격하게 적용하여 위탁내용과 다르다거나 또는 하자
    등이 있다고 하는 경우

라. 위탁내용과 다르다거나 또는 하자 등이 있는 것을 바로 발견할 수 없는 급부에
    대하여 수령 후 1년을 경과한 경우(다만, 원사업자의 하자 담보기간이 1년을 넘는 경
    우에 원사업자와 수급사업자가 그에 따른 하자담보기간을 정하고 있는 경우를 제외한다)

(4) 정보성과물작성위탁에서는 원사업자의 가치판단 등에 의해 평가되는 부분이 있
    고 사전에 위탁내용으로서 급부를 충족하는 충분조건을 명확하게 제3조 서면에
    기재하는 것이 불가능한 경우가 있다. 이러한 경우에는 원사업자가 수정작업 등
    을 하게 한 경위 등을 살펴 수정작업 등의 비용에 대하여 수급사업자와 충분한
    협의를 한 후에 합리적인 부담비율을 결정하고 당해 비율을 부담한다면 수정작
    업 등을 하게 하는 것은 하도급법상 문제가 되지 않는다. 다만, 원사업자가 일방
    적으로 부담비율을 결정함으로써 수급사업자에게 부당하게 불이익을 주는 경우
    에는「부당한 수정작업」등에 해당한다.
    또한 이 경우에서도 (3) 가., 나., 다. 및 라.에 해당하는 경우에는 수급사업자의
    급부내용이 위탁내용과 다르다거나 또는 하자 등이 있다는 이유로 원사업자가
    비용의 전액을 부담하지 않고 급부내용의 변경 또는 수정작업을 요청하는 것은
    인정되지 않는다.

(5) 당초 위탁내용과 다른 작업을 요청하는 것이 새로운 제조위탁 등을 했다고 인정
    되는 경우에는 위탁내용, 하도급대금 등의 필요적 기재사항을 기재한 제3조 서
    면을 새로 교부할 필요가 있다.
    또한 원사업자는 수급사업자에게 제조위탁 등을 하는 때에는 위탁내용을 충족하
    고 있는지 여부에 대하여 다툼이 생기지 않도록 위탁내용을 명확하게 기재할 필
    요가 있고, 제조위탁 등을 한 시점에서는 위탁내용이 확정되지 않아 제3조 서면
    에 기재하고 있지 않은 경우라도 위탁내용이 정해진 후 즉시 위탁내용을 명확하
    게 기재한 서면을 교부할 필요가 있다. 또한 거래과정에서 제3조 서면에 기재된
    위탁내용이 변경되거나 또는 명확하게 되는 경우도 있기 때문에 이러한 경우에

는 원사업자는 이들 내용을 기재한 서면을 수급사업자에게 교부하고 법 제5조의
규정에 기초하여 작성·보존해야 하는 서류의 일부로서 보존할 필요가 있다.

■ 제조위탁, 수리위탁의 위반행위 사례 ■

(예)

8-1 판매부진을 이유로 한 발주취소

○ 원사업자는 수급사업자에게 부품의 제조를 위탁하고 이에 따라 수급사업자가
이미 원재료 등을 조달하고 있는데도 불구하고, 수출용 제품의 판매부진으로
제품재고가 급증하고 있다는 이유로 수급사업자가 지출한 비용을 지급하지
않고 발주한 부품의 일부를 발주취소하였다.

8-2 설계변경을 이유로 한 발주내용의 변경

○ 원사업자는 수급사업자에게 부품의 제조를 위탁하고 있는 상황에서 당초 발주
에서 설계·사양을 변경함에 따라 수급사업자에게 그 변경에 대한 대응이나
당초의 납기를 맞추기 위한 인건비 증가 등이 발생하였는데도 불구하고 그 비
용을 부담하지 않았다.

8-3 자의적인 검사기준의 변경에 의한 수정작업

○ 원사업자는 수급사업자에게 금형의 제조를 위탁하고 있는 상황에서 종래의 기
준으로 합격하고 있던 금형에 대하여 검사기준을 일방적으로 변경하고 수급
사업자에게 무상으로 수정작업을 요구하였다.

8-4 거래처의 사정을 이유로 한 발주내용의 변경·취소 등

○ 원사업자는 수급사업자에게 인쇄·제본 등을 위탁하고 있는 상황에서 고객의
요청을 이유로 당초 납기를 변경하지 않고 추가 작업을 시키고 그에 따른 인
건비가 증가했는데도 불구하고 그에 필요한 비용을 부담하지 않았다.

○ 원사업자는 수급사업자에게 자동차의 수리를 위탁하고 있는 상황에서 고객이
수리를 취소하였기 때문에 그때까지 수급사업자가 지출한 비용을 부담하지
않고 발주를 취소하였다.

○ 원사업자는 수급사업자에게 기계부품의 제조를 위탁하고 있는 상황에서 거래
처가 발주내용을 변경하였다는 이유로 수급사업자에게 수정작업을 시키고 그
에 따라 발생하는 비용을 부담하지 않았다.

○ 원사업자는 수급사업자에게 식품용 포장용기의 제조를 위탁하고 있는 상황에서 거래처가 당초 발주사양을 변경하여 그로 인해 큰 폭으로 증가한 인건비 부담을 수급사업자가 요구하였다는 이유로 그 비용을 부담하지 않고 발주를 취소하였다.

■ 정보성과물작성위탁의 위반행위 사례 ■

(예)

8-5 불명확한 지시를 원인으로 한 수정작업

○ 원사업자는 수급사업자에게 소프트웨어 개발을 위탁하였지만 사양에 대해서는 사용자가 참여하는 협의회에서 정하는 것으로 한 상황에서, 원사업자가 정해진 내용에 대해서 서면으로 확인하지 않고 수급사업자가 확인을 요구하더라도 명확한 지시를 하지 않았기 때문에 수급사업자가 자신의 판단에 따라 작업을 하고 납품을 하였는데 이에 대해 원사업자가 정해진 사양과 다르다고 하며 수급사업자에게 무상으로 수정작업을 요구하였다.

8-6 거래처 사정을 이유로 한 발주내용의 변경·수정작업

○ 원사업자는 이미 일정한 사양을 지시하고 수급사업자에게 소프트웨어 개발을 위탁하고 있지만, 최종 사용자와의 협의결과 사양이 변경되었다고 하여 도중에 사양을 변경하고 이 때문에 수급사업자가 당초의 지시에 근거하여 행한 작업이 쓸모없게 되었지만, 원사업자는 당초의 사양에 근거하여 행해진 작업은 납품된 소프트웨어와는 관계가 없다고 하여 당해 작업에 지출한 비용을 부담하지 않았다.

○ 원사업자가 수급사업자에게 정기적으로 방송되는 텔레비전 CM작성을 위탁하고 있는 상황에서 완성품이 납품된 후 방영된 텔레비전 CM을 본 광고주의 담당임원이 수정을 지시했다는 이유로 일단 광고주의 담당자까지 승낙을 얻어 납품된 텔레비전 CM에 대하여 수급사업자에게 수정하게 하고 그에 필요한 추가비용을 부담하지 않았다.

8-7 기타 발주내용의 변경·수정작업

○ 원사업자는 수급사업자에게 디자인 작성을 위탁하고 있는 상황에서 원사업자의 담당자가 인사이동에 의해 교체되어 새로운 담당자의 지시에 따라 위탁내

용이 변경된 작업이 추가되었지만 그에 따라 지출된 추가비용을 원사업자가 부담하지 않았다.

○ 원사업자는 수급사업자에게 TV 프로그램의 제작을 위탁하고 있는 상황에서 일단 원사업자 프로듀서의 심사를 받고 수령한 프로그램에 대한 시사회를 지켜본 원사업자 임원의 의견에 따라 수급사업자에게 새로 촬영하도록 시켰음에도 불구하고 수정한 새로운 촬영에 따른 수급사업자의 비용을 부담하지 않았다.

○ 원사업자는 수급사업자인 애니메이션 제작업자에게 애니메이션의 동영상 작성을 위탁하고 있는 상황에서 원사업자가 내용을 확인 후에 완성품을 수령했는데도 불구하고 프로듀서의 의향에 따라 동영상의 품질을 향상시키기 위한 작업을 시키면서도 그에 따라 발생한 추가비용을 부담하지 않았다.

■ 역무제공위탁의 위반행위 사례 ■

(예)

8-8 불명확한 지시를 원인으로 한 수정작업
○ 원사업자는 다이렉트메일의 봉입(封入) 등을 위탁함에 있어서 수급사업자에게 충분한 설명을 하지 않은 채 작업을 시키고 후일 자사의 사정으로 수정작업을 시켰는데도 불구하고 변경에 따른 비용을 부담하지 않았다.

8-9 거래처의 사정을 이유로 한 발주 취소
○ 원사업자는 화물의 운송을 위탁하고 있는 수급사업자에게 발주처가 발주 취소를 했다는 이유로 발주를 취소하고 수급사업자가 지출한 비용을 부담하지 않았다.

8-10 기타 발주내용의 변경·취소
○ 원사업자는 수급사업자에게 청소를 위탁하고 수급사업자는 청소에 필요한 청소기기 및 인력을 준비한 상황에서 원사업자가 발주를 취소하고 수급사업자가 지출한 비용을 부담하지 않았다.

○ 원사업자는 수급사업자에게 화물운송을 위탁하고 있는 상황에서 수급사업자가 지정된 시각에 원사업자의 물류센터에 도착했지만 원사업자가 화물의 적재(摘載) 준비를 끝내지 않아서 수급사업자가 어쩔 수 없이 장시간 대기하였

는데도 불구하고 대기 시간에 대하여 필요한 비용을 부담하지 않았다.

부칙
이 훈령은 헤이세이(平成) 16년(2004년) 4월 1일부터 시행한다.

부칙(헤이세이(平成) 28년(2016년) 12월 14일 공정거래위원회 사무총장 훈령 제15호)
이 훈령은 헤이세이(平成) 28년(2016년) 12월 14일부터 시행한다.

사항색인

판례·심결색인

〔지방법원〕

【공정거래위원회】

저자 소개

나가사와 데쓰야 변호사(長澤哲也 弁護士)

약 력

오사카 출생
사법시험 합격
동경대학 법학부 졸업
사법연수원 수료 후 오에바시 법률사무소 입사
펜실베니아 대학 로스쿨 LL.M(석사)졸업
뉴욕주 변호사 등록
교토대학 대학원 법학연구과 객원교수(공정거래법)
고베대학 대학원 법학연구과 객원교수(공정거래법)

現 법무법인 오에바시 법률사무소 파트너변호사(大江橋法律事務所パートナー弁護士)

주요저서

『실무해설소비세전가특별조치법(実務解説消費税転嫁特別措置法)』 상사법무(商事法務) (2013)
『논점체계 공정거래법(論点体系独占禁止法)』 다이이치호오키(第一法規) (2014)
『실무에 강한 공정거래 심결판례정선(実務に利く 公正取引審決判例精選)』 유희카쿠(有斐閣) (2014)
『해설 공정거래법 심사절차(詳説 独占禁止法審査手続)』 코분도(弘文堂) (2016) 등 다수

역자 소개

최재원 변호사(崔宰源 辯護士)

학 력

서울경희고등학교 졸업, 고려대학교 법학과 졸업, 중앙대학교 건설대학원 졸업(공학석사), 연세대학교 법무대학원 졸업(법학석사), 고려대학교 법과대학원 법학박사과정 수료

약 력

사법연수원 수료 후 공정거래위원회 근무
삼정합동법률사무소 대표변호사 역임
일본 나고야대학교 및 와세다대학교 방문연구(각 Visiting fellow)

現 고려대학교 법학전문대학원 ICR law center 연구위원, 공정거래위원회 표시·광고심사 자문위원 및 약관심사
　　자문위원, 대한 상사중재원 중재인

주요 논문 및 연구용역

하도급계약서 미교부의 문제점과 그에 대한 제도개선 방안 연구(연세대학교 석사논문)
광고업의 하도급실태 및 문제점 파악과 제도개선 방안 연구(공정거래위원회 발주 연구용역)
중소기업청의 수·위탁거래 실태조사 현장조사 매뉴얼(중소기업청 발주 연구용역)
하도급법 집행을 통해 공정거래질서 확립이 시급한 용역위탁의 범위에 대한 연구(공정거래위원회 발주, 공동연구용역)

거래상 지위남용 규제와 하도급법
-해설과 분석-

초판발행	2018년 8월 13일

지은이	나가사와 데쓰야
옮긴이	최재원
펴낸이	안종만

편 집	조보나
기획/마케팅	조성호
표지디자인	권효진
제 작	우인도 · 고철민

펴낸곳	(주) 박영사
	서울특별시 종로구 새문안로3길 36, 1601
	등록 1959. 3. 11. 제300-1959-1호(倫)
전 화	02)733-6771
f a x	02)736-4818
e-mail	pys@pybook.co.kr
homepage	www.pybook.co.kr
ISBN	979-11-303-3214-7 93360

정 가	42,000원